Manfred Freise

Ein Zahnarzt als Mittelsmann

Manfred Freise

Ein Zahnarzt als Mittelsmann

Erinnerungen

3. Aufl. 2016

BOUVIER

Redaktion, Satz und Layout: Dominik Rudolf und René Weiler

ISBN 978-3-416-03126-4

Gedruckt auf säurefreiem Papier

In Würdigung von
John J. McCloy.

Meiner Frau, meinen Kindern
und Enkelkindern gewidmet.

Inhaltsverzeichnis

Vorwort

Dieses Buch hat gleich vier Paten. Drei von ihnen sind bekannte Autoren und Schriftsteller: Günter Diehl (†), Erwin Wickert und Hans-Peter Schwarz. Der vierte Pate heißt Michael Buhr. Er ist ein Bonner Orthopäde und einer meiner Schwiegersöhne.

Ihnen gemeinsam ist: Sie saßen, bis ich, mit 68 Jahren, den Bohrer aus der Hand legte, bei mir im Zahnarztstuhl. Trotz dieser illustren fachlichen Assistenz wurde das eine lange, schwere Geburt. Sie dauerte über zwanzig Jahre. Ich mochte nicht einsehen, dass ich der großen Anzahl von Biographien mit den immer wiederkehrenden Ichs und den Selbstspiegelungen noch ein weiteres Stück gedruckter Eitelkeit hinzufügen sollte.

Aber Günter Diehl, einer der großen Baumeister der Bonner Jahre unserer Republik, Bundespressechef der Großen Koalition und Botschafter in Indien und Japan, sah das anders. Ich müsste mindestens über meine Beteiligung beim Zustandekommen der Koalition Brandt/Scheel, während der 69-iger Wahlnacht, schreiben. Das würde ich der Geschichtsschreibung schulden. Ich sollte wenigstens die einschlägigen Unterlagen, Briefe und Aufzeichnungen für die Forschung zur Verfügung stellen. Er sah aber ein, dass für einen mitten im Beruf stehenden Zahnarzt mit dem ihm bekannten Engagement in der Tagespolitik dafür damals Zeit und Muße fehlten.

Weit über ein Jahrzehnt später befand der Bonner Politikwissenschaftler und Mitherausgeber der VIERTELJAHRESHEFTE FÜR ZEITGESCHICHTE, H.P. Schwarz, dass das Material in dieser Zeitschrift veröffentlicht werden sollte. Mehr als dreißig Jahre nach Bildung der Sozial-Liberalen Koalition lieferte Daniel Hofmann, einer seiner früheren Doktoranden, einen mit viel Lob bedachten Beitrag, mit dem Titel »Verdächtige Eile«. Der Weg zur Koalition aus SPD und F.D.P. nach der Bundestagswahl vom 28. September 1969 (Dok. 1). Wesentliche Elemente seiner Arbeit finden hier Berücksichtigung.

Erwin Wickert, einer unserer großen Literaten und zuletzt Botschafter in Peking, schrieb mir nach meinem 70. Geburtstag und gab mir in dem Brief, mit seiner schönen Handschrift, wertvolle Hinweise für den Aufbau dieses Buches:

»Knapp, nur die Tatsachen, selbst dahinter zurückbleibend, Ihre Vorschläge, Memoranden, abgesandte und empfangene Briefe im Dokumentenanhang«. Fünf Jahre später schrieb er:

»...und vielleicht erfüllen Sie uns allen noch den Wunsch einer Autobiographie, in der Sie die Summe Ihrer politischen Erfahrung ziehen«.

Ich habe versucht, mich daran zu halten und Herrn Wickerts Vorschläge als Richtschnur zu nutzen. Darüber hinaus war ich bemüht, Persönlichkeiten hervorzuheben, deren Denken und Handeln eigenes Tun beeinflusst haben und Verwandter und Freunde zu gedenken, die mich, zum Teil ein Leben lang, begleitet haben.

Michael Buhr liegt daran, auf diesem Wege, aus der Feder eines Betroffenen, Antworten zu bekommen auf Fragen, die ihn und seine Generation noch immer beschäftigen. Wie war das von 1933 bis 1945? Wie war das alles möglich? Was habt ihr von den Grausamkeiten gewusst? Und schließlich, wie seid ihr aus dieser entsetzlichen Niederlage, aus dem Schlamassel wieder heraus gekommen?

Es sind die Fragen der Nachfolgegeneration nach ihrer eigenen Identität. Sie und die dazu gehörenden Antworten liefern die Berechtigung für dieses Buch.

Mit Freude gebe ich das Anliegen von John J. McCloy (†), des für das Nachkriegsdeutschland wichtigsten Amerikaners, weiter, mit ihm, trotz der Hitlerperiode, stolz zu sein, dem deutschen Kulturkreis anzugehören.

Der Buchtitel »EIN ZAHNARZT ALS MITTELSMANN« ist der Überschrift eines Artikels aus CHRIST UND WELT (Dok. 2) entlehnt. Da ging es um einen »geheimnisvollen Mittelsmann« (DER SPIEGEL v. 26.07.1971), der bei den Sowjets darauf gedrängt hatte, als Preis für die Ostverträge die außenpolitische Vertretung West-Berlins durch den Bund zu konzedieren. Es gelang (Brief 1).

Die Moral aus meiner Geschichte sollte auch die sein: Der Leser möchte erkennen, dass auch der so genannte »kleine Mann«, Nichtpolitiker und parteipolitisch Ungebundene hier und da sehr wohl etwas bewegen kann und dass wir Bürger, in unserem demokratischen Staatswesen, nicht nur an Wahltagen der höchste Souverän sind. Oder wie es Bundestagspräsident Norbert Lammert in einem Begrüßungsfaltblatt formuliert: »... Grund genug, den Bundestag im Blick zu behalten, Kontakt aufzunehmen, sich einzumischen. Denn die Abgeordneten arbeiten in Ihrem Auftrag.«

Der Textteil endet mit der vergangenen Geschichte. Gegenwärtiges wird im Anhang durch Abdruck von Essays/ Memoranden und durch Briefe von Gewicht dokumentiert. Es endet mit Papst Benedikt XVI., Dr. Henry Kissinger und William Jefferson Clinton.

Generell gilt die Tatsache, dass - aus Platzgründen - viele Briefe und von mir verfasste Beiträge nur auszugsweise Verwendung gefunden haben.

Mein Dank gebührt zwei Bonner Freunden, Dr. med. Richard Emmerich und Ministerialdirektor a.D. Reinhard Junker. Beide Herren haben mich während der letzten zwanzig Jahre mit ungezählten guten Gesprächen und eigenen Beiträgen begleitet.

Mein Dank geht auch an zwei Freunde, die Herren Dominik Rudolf und René Weiler von der Universität Bonn, für ihre unverzichtbaren Assistenzen und Beiträge bei der Umsetzung des Manuskripts auf dem Weg zu diesem Buch.

Bonn-Bad Godesberg im Oktober 2007

Familiengeschichte

Vaters Gene und Vorbild waren ausschlaggebend

Berlin 1932

»Ich höre schon den Stechschritt überall in Deutschland. Nationalsozialismus bedeutet Krieg.«

Das waren die letzten Sätze einer Rede von Friedrich Freise, meinem Vater, Ende Juli 1932, am Verfassungstag, auf dem Pariser Platz in Berlin.

Eingeladen hatten die Parteien, die sich, trotz der tumultartigen Verhältnisse in der Hauptstadt, in Geist und Buchstaben der Weimarer Verfassung verpflichtet fühlten. Es war eine Republikanische Kundgebung des Reichsbanners Schwarz-Rot-Gold. Die Mehrheit von ihnen stellten SPD und DDP, aber auch parteilose Patrioten wie Carlo Schmid. Vater Freise war als Mitglied der 1919 von Friedrich Naumann gegründeten Deutschen Demokratischen Partei (DDP) aufgetreten und in seiner Funktion als einer der westfälischen Reichsbannerführer. Er war umgeben von Otto Braun, dem von der SPD gestellten Ministerpräsidenten, und den mitangereisten Bielefelder Freunden, die sich, alle Weltkriegsteilnehmer, mit »Kamerad« ansprachen und dem nachgesetzten Hausnamen. Mit von der Partie, im großen Horch des Fabrikanten Lepper (DDP), waren Carl Severing, der langjährige Berliner Innenminister der SPD, Vaters Freund und Lehrerkollege, Arthur Ladebeck, der spätere Bielefelder Oberbürgermeister der SPD, und sein engster Freund, Friedrich Höppner, Chef der Ravensberger und Bielefelder Heimstätten, mit Sitz im Deutschen Haus in der Obernstraße in Bielefeld. Ab 1947 saß er, bis zu einer schweren Hirnoperation, für die FDP im Düsseldorfer Landtag.

Am 31. Juli 1932 sah die Mehrheit im Lande die Situation weniger dramatisch als Friedrich Freise; er hatte ein sicheres Gespür für die sich anbahnende Entwicklung. Man mokierte sich über den »böhmischen Gefreiten«, wie ihn der Generalfeldmarschall a.D. und amtierender Reichspräsident von Hindenburg zu nennen pflegte, über den nicht ernst zu nehmenden Postkartenmaler aus dem Wiener Männerheim. Und als er sechs Monate später legal an die Macht gekommen war, waren die drei Nationalsozialisten eingerahmt von acht Konservativen. Der Spuk würde bald wieder vorbei sein.

Friedrich Freise hatte den »Ver-Führer« während zweier Wahlkampfauftritte erlebt und die Reaktion der Zuhörer beobachtet: Ein sehr gefährlicher Demagoge, mit einstudierten Rollen, dessen Phrasen nur von denen des Jesuitenzöglings, seines Propagandachefs Joseph Goebbels, übertrumpft würden. Seine Klientel: das durch Krieg, Reparationen und Inflation verarmte Bürgertum, das Millionenheer von Arbeitslosen und das frustrierte Militär. Das Versprechen: Arbeit und Lohn für alle. Das erklärte Ziel: die Überwindung der Parlamentarischen Demokratie, die Revanche für das »Schanddiktat von Versailles« und die Ausschaltung des »Internationalen Judentums«.

Die seriöseste Quelle aus dem Berlin jener Tage sind die ERINNERUNGEN[1] von Theodor Eschenburg aus dem Jahr 2000 (der 1961 für den STERN meine Feststellungsklage gegen Erich Mende wegen gebrochenen Wahlkampfversprechens kommentierte). Sein 1. Kapitel über die Situation nach der Machtübernahme vom 31. Januar hat er mit »Wir wollten es nicht wahrhaben« überschrieben. Mein Vater verwies auf den Putsch von 1923, den Marsch zur Feldherrnhalle in München, den Versuch des Sturzes der gewählten Regierung und auf die Kräfte, die mitmarschiert waren. Den Versuch würde Hitler wiederholen, wenn sich dafür die nächste Gelegenheit bieten würde. Das sollte schon am 27.02.1933 der Fall sein, als der niederländische Kommunist van der Lubbe den Reichstag in Berlin in Brand gesteckt hatte.

Schularbeiten unter Gaslaternen

Wer war dieser Friedrich Freise, der nicht nur durch die gemeinsamen Gene, sondern durch sein Vorbild meinen eigenen Weg bestimmt hat? 1897 in Höxter, der Freisenstadt, geboren, verlor er schon mit drei Jahren seinen Vater, einen jungen Postler, gestorben an der damals weit verbreiteten Tuberkulose. Die Familie galt als gutbürgerlich. Tatsächlich ging es ihr mehr schlecht als recht. Die Reputation stammte noch aus längst vergangenen Zeiten, als sein Urgroßvater noch ein angesehener Tabakfabrikant und Kirchenältester war; er hatte, nach einer geschäftlichen Schieflage, den Erben mehr Hypotheken als Masse hinterlassen.

Da traf der frühe Tod des Vaters besonders schwer. Da musste die Mutter von zwei minderjährigen Kindern an Baugewerkschüler Zimmer vermieten und fremder Leute Wäsche waschen, die Sohn Friedrich von den Kunden holen und wieder zurückschaffen musste.

Petroleumlicht gab es nur für die Studentenzimmer, und wenn am Tage die Zeit für Schularbeiten fehlte – so hörte ich es später nur von seiner älteren Schwester – ging er mit Büchern und Heften auf die Straße, um die Schularbeiten unter den Gaslaternen zu machen. Die Brillengläser wurden, hin bis zur frühen Netzhautablösung, immer dicker.

---

[1] Eschenburg, Theodor: Letzten Ende meine ich doch. Erinnerungen 1933-1999, Berlin 1999.

Trotzdem und dennoch, oder gerade deshalb, hatte er die besten Zeugnisse und damit den damals einhergehenden Platz 1 in der Klasse und später ebenso im Lehrerseminar in Soest.

Väterlicher- und mütterlicherseits stammten alle aus Westfalen. Sie waren neben dem oben erwähnten Tabakfabrikanten: Bauern, Beamte, Lehrer, der Rektor einer Behindertenschule, der selbstständige Polsterer und Dekorateur, der gleichzeitig Vorsteher und Prediger in der Soester freikirchlichen Gemeinde war, die Missionarin in Kanton und in Bethel, Friederike Freise, unsere Tante Rickchen, die leitende Diakonisse im Haus Magdala. Alles »middle class familiy«, wie man den verlässlichen Teil der Gesellschaft in Amerika gern beschreibt.

Vater im 1. WK

Die schaurige Liste teilgenommener Schlachten

Anfang 1917 rückte Friedrich Freise als Kriegsfreiwilliger ein. Er kam an die Westfront, wurde 1918 bei Verdun schwer verwundet und wegen großer Tapferkeit dekoriert. Dazwischen liegt die Zeit des Horrors. Erst nach seinem Tode finde ich, bei Durchsicht des vergilbten offiziellen Militärdokuments, die ganze schaurige Liste der Schlachten - sie lassen den Leser das Martyrium erahnen: ab 09. Mai 1917 Frühjahrsschlacht bei Artois, vorher, auch gegen die Engländer, an der Siegfried-Linie, danach Stellungskämpfe im französischen Flandern, wieder Stellungskämpfe bis zur »Großen Schlacht« in Frankreich, »Durchbruchsschlacht«, wieder Stellungskämpfe, immer mit Datenangaben, Cambrai, Ypernbogen, Abwehr von englischen Tankangriffen, Gaskrieg.

Der Verlust, die Verstümmelung seiner engsten Freunde und Kameraden und die Vergeblichkeit des totalen Einsatzes für Kaiser und Reich, das Gemetzel auf beiden Seiten, bei Freund und Feind, hatten ihn geprägt im Sinne des Strebens nach einer Völkerverständigung, für eine aktive, auf Ausgleich und Versöhnung ausgerichtete Friedenspolitik in Europa und der Welt.

Nach langem Lazarettaufenthalt ging es zurück zur Präparande nach Soest. Von da stammte auch Magdalene Roer, die er bei der gemeinsamen Verwandtschaft, den Brücken-Bäcker-Freisen, in Hoexter getroffen hatte. Sie wurde die liebevolle, immer freundliche, in den schweren Jahren nach 1933 aber auch immer besorgte Mutter von Bruder Ernst-Friedrich und dem vier Jahre jüngeren Manfred. Ich sei ein Sonntagsjunge, wie die Mutter später häufig berichtete; und Vater und der Geburtshelfer Dr. Keining hätten in den Stunden, bis wir es geschafft hätten, über Politik diskutiert.

Friedrich Freise wird verhaftet

Die Erinnerung des Vierjährigen: Die Mutter steht im Elternschlafzimmer, im ersten Stock des Reihenhauses der Ravensberger Heimstätten, mit Blick auf die Heeper Fichten gerichtet. Die langen Haare sind noch aufgelöst; mit Entsetzen im Gesicht kommt der Satz:

»Wir haben keinen Vater und kein Brot mehr.«

Was war geschehen? Am 28. Februar 1933, am Tage nach dem Reichstagsbrand, hatte die SA- Hilfspolizei Vater im Morgengrauen in »Schutzhaft« genommen und ins Bielefelder Gefängnis gebracht. Man hatte auch verfügt, dass die Familie »zum eigenen Schutz« (vor wem?) die Stadt umgehend zu verlassen habe.

Hitler hatte am 30. Januar 1933 als Vorsitzender der stärksten Partei die Macht übernommen und zur »Wiederherstellung von Recht und Ordnung« und mit Hilfe des Ermächtigungsgesetzes ein totalitäres Regierungssystem errichtet. Alle Parteien, bis auf die Sozialdemokraten, hatten dem Gesetz zugestimmt. Daraus wurde die Entwicklung des Polizeistaates, mit Geheimer Staatspolizei (Gestapo), Sicherheitsdiensten und der Errichtung von Konzentrationslagern, Fortfall aller rechtsstaatlichen Garantien, Beseitigung aller Parteien und der Parlamente, Gleichschaltung des Presse- und Rundfunkwesens.

Der Reichstagsbrand, im Rückblick wohl das Schlüsselereignis für folgende innenpolitische Entwicklungen, schaffte die Basis, um sich aller dieser Machtmittel zu bedienen und mit einem Schlag unliebsame Oppositionelle aus dem Verkehr zu ziehen. So erging es auch meinem Vater.

Als er, wie die anderen kriegsbeschädigten, dekorierten Frontkämpfer, auf Geheiß von Innenminister H. Göring entlassen wurde, hatte er, wie alle anderen, einen Revers zu unterschreiben mit der Verpflichtung, über die Haft strengstes Stillschweigen zu bewahren, auch mit der Androhung, sonst wieder festgesetzt zu werden. Daran hat sich Vater gehalten. Er hat mir, lang vor seinem Tod, die Auflage gemacht, auch zu seiner Trauerfeier nichts über diese schändliche Zeit verlauten zu lassen. Bekannt wurden nach dessen Entlassung aus Oranienburg die sichtbaren Misshandlungen beim Intendanten Anton Flesch, dem Schwager von Paul Hindemith. Sie bewogen den Komponisten, wie ich von ihm in New Haven erfuhr, nicht endgültig nach Deutschland zurückzukehren.

Mein Bruder

Auch er blieb verschlossen.

Ernst-Friedrich Freise, wir nannten ihn Ernstfried, war nach Beginn der sowjetischen Winteroffensive, Mitte Januar 1945, in russische Gefangenschaft geraten. Als er im Oktober 1949, erst dreieinhalb Jahre nach Kriegsende, entlassen wurde, sah er, wie alle Spätheimkehrer aus der Sowjetunion, stark abgehärmt und eingefallen aus, hatte den typischen »Russenkopp«, abrasiert zum Schutz gegen Läuse und Flöhe. Nur einmal, in der ersten Nacht, eröffnete er sich nur mir, dem Bruder gegenüber, über die Jahre des Leidens. Später nie wieder. Eine posttraumatische Reaktion.

Er begann die Schilderung mit der Beschreibung der Umstände der Gefangennahme. Er verwies auf den letzten Feldpostbrief von Anfang Januar 1945 mit dem Hinweis, er würde den Tod der sowjetischen Gefangennahme vorziehen. Aber sein General, dem er als Funker zugeteilt war, hätte ihm erklärt, er habe mit seinen nur zwanzig Jahren noch sein ganzes Leben vor sich. Für ihn, den General, wäre das anders. Mit seiner frischen, schweren Oberschenkelverwundung und in seinem Alter wollte er den Russen nicht mehr in die Hände fallen. Er habe ihm befohlen, das angehaltene Sanitätsfahrzeug wieder zu besteigen und dem Fahrer Anweisung gegeben abzufahren, ohne sich um ihn zu kümmern. Er sei in ein neben der Straße gelegenes Waldstück gehumpelt. Ein Schuss, das sei wohl das Ende gewesen.

Seine eigene Gefangennahme sei brutal gewesen. Die hasserfüllten Schläge eines Rotarmisten hätte der erst eingestellt, als er aus Mund und Nase massiv blutend auf der eisglatten Straße gelegen hätte und ihn mit Fäusten und Tritten in die Weichteile getreten und ihm den Stiftzahn im Frontzahnbereich herausgeschlagen hätte.

Wegen seiner Tätigkeit als Feldscher (so hießen die Sanitäter) im Reichsarbeitsdienst sei er sehr bald mit einem Feldunterarzt zuständig gewesen für ein Großlager unter freiem Himmel. In der bitteren Kälte jenes Winters hätten hier tausende Kriegsgefangene dahin vegetiert. Ihnen oblag die medizinische Versorgung – mit nur wenigen Medikamenten und mit nur einfachstem Instrumentarium – der verletzten, kranken und zum Teil erfrierenden Kameraden.

Entsetzlich seien die von den Russen angeordneten Obduktionen gewesen. Ihre Aufgabe sei es gewesen, die Todesursachen aufzulisten. Vor dem Zelt hätten die Verstorbenen in Schnee und Eis gelegen, um, nach der Obduktion, am anderen Zeltausgang abgelegt zu werden. Tag um Tag, Woche um Woche, monatelang.

Man hätte sie nicht beerdigen können, der Boden sei zu hart gewesen. Erst als Typhus, Paratyphus, Diphtherie unter den Sterbenden diagnostiziert worden sei, habe die Lagerleitung Anweisung gegeben, die inzwischen zu großen Leichenbergen aufgeschichteten Kameraden zu verbrennen. Wie aus gleichen Gründen, zur gleichen Zeit, in Bergen-Belsen.

Als das Lager im Sommer in die Gegend von Kowel verlegt worden war, verbesserten sich die Lagerbedingungen ein wenig, wurde auch eine Krankenstation eingerichtet mit einer jungen Militärärztin, die sich in den Bruder verliebte. Sie lud ihn in ihre gut ausstaffierte Einzelbaracke zum Tee und amerikanischen Spezialitäten ein und näherte sich ihm in unzweideutiger Weise. Nach den Avancen bot sie ihm den Handel an: Für seine Bereitschaft, ein Jahr lang mit ihr zusammenzuleben, würde sie ihm die Heimkehr nach Deutschland nach dieser Zeit auf Ehrenwort versprechen. Ernstfried erbat sich 24 Stunden Bedenkzeit und sagte ab. Sein Selbstrespekt ließ es nicht zu, solche Sonderbehandlung zu genießen, während seine Kameraden den schweren Alltag sowjetischer Lagerhaft erdulden mussten.

Die russische Ärztin wollte nicht verzichten. Das hieß: Veschickung mit dem nächsten Gefangenentransport nach Innerrussland. Vor Abfahrt der offenen Güterwagen erschien sie, herausgeputzt in der Uniform eines sowjetischen Majors, und bot dem Gefangenen Freise an, er könne den Zug noch verlassen, wenn er es sich anders überlegt hätte. Auf sein »nein« hin warf sie in den abfahrenden Zug einen großen Beutel mit Brot, Speck, Zucker, mit amerikanischen Konserven, Schokolade und Zigaretten.

Seine konsequente Haltung und Charakterstärke haben ihn Jahre voller Not und Entbehrungen gekostet, verbannt hinter Stacheldraht und Wachtürmen in der Weite Russlands. Die Jahre hatten ihn, wie alle von da kommenden Spätheimkehrer, eine lange Zeit wesensverändert gemacht. Aus dem gutaussehenden jungen Mann, dem Schwarm aller Frauen, war über eine ganze Periode ein im Wesen und in der Physiognomie junger alter Mann geworden, der ohne erkennbaren Anlass zu depressiven Phasen neigte.

Die Einstellung in den vor der Einberufung begonnenen Forstdienst, unter Fürsprache des damaligen niedersächsischen Ministerpräsidenten H.H. Kopf, die Hochzeit mit seiner Klassenkameradin Inge Pieper, die eigene neue Försterei und die Geburt von zwei prächtigen Kindern, von Sabine und Ernst-Friedrich, haben ihn wieder dankbar und zufrieden gemacht.

Dann kam eine Borreliose, ein nicht erkannter Zeckenbiss, mit einer sich über ein Jahr hinziehenden Hirnhautentzündung. Auch fürsorglichste Bemühungen der Bonner Neurologie haben ihn nicht retten können. Ich vermisse ihn sehr.

Hitler täuscht die Welt

Strafversetzt nach Häverstädt

In Bielefeld war Familie Freise verschwunden. In einer Atmosphäre von totaler Geheimhaltung wagte man nicht einmal in der Melanchthon-Schule, der Lehranstalt von Vater und Bruder, zu fragen, was passiert war. Schon falsche Fragen zu stellen, war nicht ungefährlich. Erst zig Jahre später, als im Bielefelder WESTFALEN-BLATT mich betreffende Beiträge über Nahostpolitik und zum Thema Mahnmalumwidmung erschienen und über Vaters Geschichte berichtet worden war, meldete sich ein mit Vater befreundetes Ehepaar, das 1933 nicht hatte in Erfahrung bringen können, warum die ganze Familie Freise einfach nicht mehr da war.

Anfang März hatte es mein geliebter Onkel Höppner möglich gemacht, die Wohnung in der Heinrich-Ermann-Straße 13 zu verlassen und Mutter und Söhne nach Soest, zur Großmutter Roer, zu schaffen und die Möbel dort unterzubringen. Nach Vaters Entlassung kam die Strafversetzung nach Häverstädt, in ein kleines Dorf im Wiehengebirge. Was als Strafe gemeint war, sollte sich als gnädiges Geschick erweisen.

Vater Freise, vom Erscheinungsbild her ein typischer Intellektueller und, in seiner bescheidenen und zurückhaltenden Art, Gustav Heinemann nicht unähnlich, war durch die Ereignisse darin bestärkt, dass der Krieg kommen würde und unser Land mit Hitler untergehen würde. In der dörflichen Abgeschiedenheit sammelte er neue Kräfte, ging er in seiner Schularbeit auf, war bei seinen Schülern, ihren Eltern und im Dorf, wo es sich herumgesprochen hatte, wer er war, ein gut gelittener Mitbürger.

1934 lehrte er mich das ABC, die 10 Gebote und so viel mehr als in den Schulbüchern stand. Der Schulleiter war ein Nazi; der auf ihn angesetzte Aufpasser ein strammer, junger SA Lehrer. Er monierte offen, dass Vater sich »erdreistete«, die erste Stunde mit einem gemeinsamen Gebet zu beginnen. Erst vor ein paar Jahren hörte ich, bei einem Zusammentreffen mit Schülern seiner letzten Oberstufe, im Hause der uns eng verbundenen Familie Korsmeier, dass dieser SA-Mann immer wieder beobachtet wurde, wie er hinter der Tür stand und horchte. Obwohl wir, bis 1945, von Mutter die bittende Ermahnung hörten: »Vater, sei vorsichtig, denk an Deine Familie«, behielt er seinen Mannesmut, ging, mit seiner Familie, zum jüdischen Arzt Dr. Nussbaum in Minden und dem Halbjuden Dr. Schmidt in Bielefeld. Er zögerte nicht, Minna Vossmeier als Haushilfe für die kränkelnde Mutter anzustellen, obwohl und weil ihr Mann »saß«, wie das damals hieß. Er hatte

Anti-Hitler-Flugblätter verteilt. Minna, die gute Seele, ist mit heute über 100 Jahren, wie man im Dorf sagt, »immer noch jut dabei, aktiv und janz klar im Kopp«.

Vater, der große Bachfreund, spielte die Orgel und leitete den Kirchenchor. Für die Schule legte er einen Schul-Lehrgarten an. Er ergänzte die ungewöhnliche Steinsammlung und hatte eine große Bibliothek, die sichtbar durchgearbeitet war.

Olympiade. Wirtschaftlicher Aufschwung durch Aufrüstung.

Thomas Mann. Winston Churchill 1937.

Nach Ende der Arbeitslosigkeit in Deutschland - der wirtschaftliche Aufschwung war vornehmlich Ergebnis der Aufrüstung für den beabsichtigten Krieg - der friedlichen Besetzung des Rheinlandes und der im In- und Ausland großen Bewunderung für das siegreiche Deutschland bei der Berliner Olympiade von 1936, hatte der Führer und Reichskanzler Adolf Hitler seine Macht konsolidiert.

Selbst Thomas Mann sprach von angewiderter Bewunderung. Der Obersalzberg wurde für in- und ausländische Besucher und Bewunderer (wie für den abgedankten britischen König Eduard VIII und seine amerikanische Frau und den britischen Weltkriegspremier David Lloyd George) ein beliebtes Pilgerziel; und Winston Churchill schreibt in seinem Ende 1937 erschienenen Buch GREAT CONTEMPORARIES[2] von Hitlers »enormous dimensions«.

Nach dem Besuch von Anthony Eden bei Hitler schreibt Churchill: »Diejenigen, die Hitler in Staatsgeschäften oder gesellschaftlich gegenüberstanden, fanden einen sehr versierten, kühlen, bestens unterrichteten Funktionär vor sich, mit angenehmen Umgangsformen und einem entwaffnenden Lachen. Nur wenige blieben vom dem ganz eigenen höchstpersönlichen Magnetismus, den dieser Mann ausstrahlt, unbeeindruckt!«

Es war das Jahr, in dem Hitler vorübergehend die Zügel lockerte. Das galt auch für die vier Freisen am Hang des Wiehengebirges.

1937 gelang es einem alten Freund von der Mindener Bezirksregierung, Herrn Zobel, Vater in den Bielefelder Bereich zurückzuholen, nicht in die geliebte Stadt, aber in die Nachbarschaft, in das heute eingemeindete Hillegossen.

---

2 Churchill, Winston: Great Contemporaries, Michigan 1937.

Hitlers Krieg

«Most wars are based on miscalculations«

Das war die Aussage von Prof. Arnold Wolfers, bis 1933, als Schweizer, Direktor der Hochschule für Politik in Berlin und anschließend Chef des »International Relations Department« in Yale.

Er dozierte, diese Grundaussage sei sicher applikabel für Hitlers Kriegspläne.

Hitler hatte, dank seiner überlegenen, hochgerüsteten Armee und seiner – auch durch den Wahnsinn von Versailles – motivierten, von der Sache überzeugten, tapferen Soldaten, grob gezogen, drei Jahre lang gesiegt. Für ihn, den das Kriegserleben des 1. Weltkriegs entscheidend geprägt hatte, war – wie auch für Gustav Heinemann, der das am Tage seiner Vereidigung zum 3. Bundespräsidenten in Bonn so formulierte – der Krieg der Ernstfall, »in dem der Mann sich zu bewähren habe, wie das meine Generation, in der kaiserlichen Zeit, auf den Schulbänken lernte...«. Die beispiellosen Siege, besonders die schnelle Niederwerfung Frankreichs, stellten Napoleonische Siege in den Schatten. Hitler ließ sich feiern als der »größte Feldherr aller Zeiten«...und glaubte das selber.

Nachdem Paris kampflos in deutsche Hände gefallen war, fühlte sich Hitler, der Weltkrieg-Eins-Soldat, auf dem Gipfel der Macht. Roosevelt hatte den Franzosen eine Absage telegrafiert, in ihrem Untergang noch auf ihrer Seite in den Krieg zu ziehen. Und in den USA selbst hatte sich als Beispiel für die vorherrschende Stimmung im Lande der stark antisemitisch und isolationistische Henry Ford geweigert, für die britische Regierung Motoren zu produzieren. Botschafter Kennedy, der Vater des späteren Präsidenten J.F. Kennedy, bescheinigte den Briten in veröffentlichten Stellungnahmen eine hoffnungslose Unterlegenheit.

Da war sich Hitler seiner Sache so sicher, den Krieg schon gewonnen zu haben, dass er, zwei Tage nach seiner geheim gehaltenen Visite in Paris, mit seinem Stararchitekten Albert Speer und dem Bildhauer Arno Breker an seiner Seite, den gigantomanischen Ausbau Berlins zur von ihm so bezeichneten »wichtigsten Bauaufgabe des Reiches« bestimmt. Mit Absender aus Berlin und dem Datum vom 25. Juni 1940 schrieb er: »Berlin muss in kürzester Zeit durch seine bauliche Neugestaltung den ihm durch die Größe unseres Sieges zukommenden Ausdruck als Hauptstadt eines starken Reiches erhalten...« (Brief 2). Auch bei uns in Bielefeld wurde, zwischen Spindelstraße, unserer Helmholtzschule und dem Finanzamt, das Areal für die Siegesfeier vorbereitet.

Aber schon damals hatte Hitler zwei kriegsentscheidende Fehler begangen. Zuerst hatte der gottlose Antichrist in seinem Rassenwahn dem »Internationalen Judentum« den Krieg erklärt und in der Kriegserklärung in der Krolloper am 1. September 1939 die Vernichtung des europäischen Judentums angekündigt. Dann hatte er gegen seine Generäle entschieden, die Briten in Dünkirchen nach England entkommen zu lassen, und es versäumt, gleich auf die britischen Inseln überzusetzen, obwohl England am Boden lag.

Als Görings Luftwaffe versucht, England zur Kapitulation zu »blitzen«, er Tag und Nacht seine Angriffe fliegen lässt, Coventry »ausradiert« wird, Canterbury, wie London, an allen Ecken brennt, viele Reiche nach Kanada entkommen, andere in den U-Bahnschächten übernachten, beschließt, an einem solchen Abend Premier Churchill, sich im Old Vic eine Shakespeare-Vorstellung mit der Starbesetzung von Lawrence Olivier und Vivien Leigh anzusehen. Wie Lawrence Olivier dann Jahre später seinem Freund Hardy Krüger erzählt (der das in seinem Buch WANDERJAHRE[3] auf Seite 247 veröffentlicht hat), lud Churchill nach der Vorstellung zum festlichen Dinner in die Downing Street No. 10 ein. Da wird seine Haltung so beschrieben: Am Ende des Ersten Weltkrieges, als er im Kabinett von Lloyd George Kriegsminister war, hat er einen Versöhnungsfrieden mit Deutschland vorgeschlagen. Doch niemand hat auf ihn hören wollen. Stattdessen ist den Deutschen der Vertrag von Versailles aufgezwungen worden. Mit hohen Reparationskosten, mit Zahlungen in alle Ewigkeit. »So eine Demütigung«, sagt Churchill, »so eine Dummheit von Vertrag hat geradewegs zu Hitler geführt, geradewegs in die Katastrophe, die wir jetzt zu überwinden haben«. Eine Weile sinniert er in sein Glas hinein. Versöhnungsfrieden, sagt er dann, leise und mit einem kopfschüttelnden Lächeln.

Als Churchill nicht in die Knie geht, begeht Hitler den dritten großen Fehler. Er gibt Befehl, die Sowjetunion, die ihm durch bedeutende Wirtschaftsverträge verbunden ist, anzugreifen und auszuschalten. Er tat das gegen den fundierten Rat aller Russlandkenner, mit Graf von der Schulenburg, seinem Botschafter in Moskau, an der Spitze. Der Kampf gelte dem »jüdisch-bolschewistischen System« und sei der Kampf der arischen Herrenrasse gegen die »ostischen Untermenschen«. Er sagte, nach seinen Erfahrungen mit Frankreich werde auch Russland schnell am Boden liegen.

---

3 Krüger, Hardy: Wanderjahre. Begegnungen eines jungen Schauspielers, Bergisch-Gladbach 2001.

Baron von Herwarth

Zwischen Hitler und Stalin

Der gesamte Komplex wurde in faszinierenden Einzelheiten von Baron Hans von Herwarth zuerst in Englisch: AGAINST TWO EVILS[4] und 1982 in Deutsch: ZWISCHEN HITLER UND STALIN[5] dargestellt. Henry Kissinger schrieb mir: »...I am reading it with great fascination« (Brief 3).

Der später weltweit bekannte – und mir eng verbundene – »Jonny« von Herwarth, nach den »Nürnberger Gesetzen« wie auch Helmut Schmidt »Nichtarier«, war trotzdem bis zum Kriegsausbruch persönlicher Referent des Botschafters von der Schulenburg in Moskau. Während des Russlandfeldzuges diente er als Adjutant von General Köstring, dem die 800.000 russischen Freiwilligen unterstanden. Er war Verwandter von Claus Graf von Stauffenberg und Mitbeteiligter bei dessen Attentat gegen Hitler am 20. Juli 1944.

Als wir noch Minderjährigen zu dem Zeitpunkt in Oberschlesien eingesetzt und, im Blau der Luftwaffe, mit nur mäßigen Erfolgen bemüht waren, von den bis zu 1000 angreifenden »Flying Fortresses« und »Liberators« die Amerikaner vom Himmel zu holen, trugen diese achthunderttausend russischen »Untermenschen« längst das so genannte Ehrenkleid, die deutschen Uniformen. Sie kämpften ab 1943 tapfer an der Seite der Deutschen Wehrmacht, mit deutschen Rangabzeichen, mit General Wlassow an der Spitze, im Kampf gegen den von ihnen gehassten Stalin und sein System.

Und dann, weniger als sechs Monate nach dem Überfall auf die Sowjetunion, machte Hitler den folgenschwersten, den vierten Fehler. Er erklärte, nur vier Tage nach dem Angriff der Japaner auf Pearl Harbor, ohne Not den Vereinigten Staaten von Amerika, jener Weltmacht, die 1917 für die Niederlage des kaiserlichen Deutschlands die Entscheidung gebracht hatte den Krieg. In Verkennung von deren Größe und des Wirtschaftspotentials hatte Hitler damit, jetzt ganz offen, für Churchill die amerikanischen Arsenale geöffnet und den Weg bereitet für die überlebensnotwendigen Geleitzüge, mit Waffen aller Art, mit LKWs und Nahrungsmitteln, auf Liberty Schiffen auch in die Sowjetunion. Und dann gelang Churchill, was er mit Roosevelt schon im Geheimen vorbereitet hatte, Amerikas Strategieentscheidung »Germany First«, zuerst Deutschland auszuschalten. Damit war der Krieg für Deutschland verloren.

Als diese Konstellation an allen Fronten, zu Lande, zu Wasser und in der Luft, zum Tragen kam, von da an war es nicht mehr allein Hitlers Krieg gegen den Rest der Welt,

[4] Bittenfeld, Johnnie Herwarth von/ Starr, S. Frederick: Against two evils, London, New York 1981.

[5] Herwarth, Hans von: Zwischen Hitler und Stalin. Erlebte Zeitgeschichte 1931 - 1945, Frankfurt a. M./ Berlin 1982.

waren es nicht nur des Tyrannen Verbrechen gegen die Menschlichkeit, sondern war es, ganz offensichtlich, auch der Krieg gegen das eigene Volk. Von da an war es nicht mehr die Revision von Versailles und Revanche für die erlittenen Demütigungen. Von jetzt an war es gewissenloses Zerstören von europäischem Kulturgut, war es Töten und Morden auf allen Seiten, von Soldaten und Zivilisten. Millionen und Abermillionen. Sebastian Haffner weist in seinem gründlichen und glänzenden Buch über Hitler sehr überzeugend darauf hin: Für Hitler war die Ermordung der Juden wichtiger, als den Krieg zu gewinnen.

Cecil Driver, mein favorisierter Professor in Yale, beschrieb mir 1953 den abrupten Wandel einer eher pazifistischen amerikanischen Gesellschaft, nach Pearl Harbor und Hitlers Kriegserklärung, in eine »nation under war«. Nach Streiks und Massenarbeitslosigkeit seit 1929 kam jetzt der Einsatz aller Mittel und Ressourcen für den Krieg. Die Entwicklung ihrer gewaltigen Luftmacht sollten wir bald am Tage in großen Bomberströmen am Himmel über Deutschland erleben. Mit 1000 britischen Bombern – nach Nachtangriffen auf Köln – folgte jetzt der Feuersturm über Hamburg. Das britische Konzept von Terrorangriffen gegen die Zivilbevölkerung sollte sich als ebenso unwirksam erweisen wie die Angriffe der Luftwaffe auf England. Man zerstörte alle deutschen Großstädte und als keine mehr übrig waren, nahm man sich kriegswirtschaftlich völlig unbedeutende Kulturstädte wie Soest und Münster vor. Der Kriegstreiber und erfolgreiche Demagoge, Propagandaminister Goebbels, schrieb in den letzten Aufzeichnungen von 1945: »Der Luftkrieg feiert tollste Orgien, sechs Millionen Wohnungen im Reich völlig zerstört«, und am 2. März : »Das Reich wird allmählich in eine Wüste verwandelt«. Aber die Waffenproduktion, zum großen Teil unterirdisch verlagert, erreichte den Höchststand.

John J. McCloy

Hätten die Briten auf ihn gehört – der Krieg wäre schon 1943 zu Ende gewesen

John Mc Cloy, Staatssekretär im US-Verteidigungsministerium, hatte früh darauf gedrungen, dass sich die amerikanischen Luftangriffe auf kriegsentscheidende und kriegsverkürzende Ziele konzentrieren sollten. Hoch auf seiner Liste standen Eisenbahnknotenpunkte, Ölfelder, ölverarbeitende Fabrikationsanlagen und Hydrierwerke zur synthetischen Benzinherstellung. Neben den Ölfeldern im rumänischen Ploesti, die unter großen Verlusten für die amerikanischen Bomber von Libyen aus schwer zerstört wurden, galten die drei oberschlesischen Hydrierwerke als kriegsentscheidend. Diese Ziele waren wegen der zu großen Entfernungen von den Basen im Südosten Englands aus bis Mitte 1944 nicht erreichbar.

Als die deutsche Aufklärung ermittelt hatte, dass die Amerikaner nach ihrem Vorrücken auf die Gegend nördlich von Rom da einen riesigen Flugplatz bauten und eine Bomberarmada zusammenstellten, war deren Ziel klar: die drei oberschlesischen Hydrierwerke, das I.G. Farbenwerk bei Heydebreck, das in Blechhammer und das Treibstoffwerk in Odertal. Nach den Bombenzerstörungen im Ruhrgebiet war das oberschlesische Industriegebiet mit allen seinen Stahl- und Walzwerken, Kohlengruben und den größten europäischen Zinkbergwerken die größte Waffenschmiede des Reiches geworden.

McCloy wies später privat und öffentlich darauf hin: Hätten die Briten mit ihren Langstreckenbombern schon 1941 Waffenproduktionsstätten wie die Kugellagerproduktion in Schweinfurt, die Flugzeugfabrik in Regensburg und die erreichbaren Hydrierwerke zerstört, wäre der Krieg schon 1943 zu Ende gewesen, wären Millionen Menschen, auf beiden Seiten, nicht gestorben, Soldaten und Zivilisten. Dann hätte es keine Jaltakonferenz gegeben, wäre die Sowjetunion nicht in der Lage gewesen, Ost- und Mitteleuropa jahrzehntelang ihren Willen aufzuoktroyieren. Die »battle of the Bulge«, die deutsche Ardennenoffensive, sei allein wegen des Benzinmangels der Wehrmacht, trotz überlegener deutscher Waffensysteme wie Tigerpanzer, Strahlenjäger und V-Waffen, eine kriegsentscheidende Niederlage geworden.

Luftwaffenhelfer

Jetzt wird es ernst auch für Schüler, später auch für Lehrlinge. Bielefeld, Soest und Blechhammer/ Oberschlesien

Zurück zur damaligen Gegenwart: Die Westalliierten waren noch nicht in der Normandie gelandet. An allen Fronten, so auch der so genannten Heimatfront, mangelte es an Fliegerabwehr. Bei den steigenden amerikanischen Bomberzahlen – das erlebten wir auch in Bielefeld – war auch der Einsatz der schweren Flak nicht viel mehr als ein Placebo für die sonst schutzlose Zivilbevölkerung. In der letzten Phase waren die Abschusszahlen durch die Flak, in Relation zu denen der deutschen Jagdflieger, relativ gering.

Hitler hatte also seinen Krieg bekommen, und jetzt musste er auch auf noch nicht Erwachsene zurückgreifen.

Angenehm für mich war noch ein Wehrertüchtigungslehrgang durch Gebirgsjäger der Wehrmacht in der Ostmark, wie man Österreich seit dem Anschluss nannte. Mit einem Freifahrtschein nach Goisern am Dachstein zur Ausbildung als Skilehrer. Das war im Dezember 1943.

Aber dann wurde es ernst. Jetzt wurden wir 15-Jährigen, im Januar 1944, in den Krieg einbezogen, der seit Stalingrad verloren war. Der Einberufungsbescheid stand unter der Überschrift »Heranziehung von Schülern zum Kriegshilfsdienst der Deutschen Jugend in der Lufwaffe«.

Wir Bielefelder Helmholtzschüler kamen zur schweren Flak mit 10,5 cm- Geschützen, zuerst zwischen der Herforder Straße und der Bahnlinie Ruhrgebiet-Berlin. Das Schutzobjekt war der Viadukt. Im Falle des Viadukts hatte man Vorkehrungen getroffen, das Tal bei Schildesche durch eine Tieflegung der Bahntrasse für die Reichsbahn befahrbar zu machen.

Dann ging es, im Juni 1944, für einen Monat nach Lohne bei Soest, zum Schutz der reparierten Möhnetalsperre, und dann zum Schutz der noch kriegswichtigeren Hydrierwerke zur synthetischen Benzinherstellung nach Oberschlesien.

Also verlegte man uns, in einem Sonderzug der Reichsbahn, mit Geschützen, den Funkmess- und Kommandogeräten, mit Soldaten, Luftwaffenhelfern und den russischen Freiwilligen in die wunderschönen eichendorffschen oberschlesischen Wälder – auf eine große Schonung zwischen die Werke Blechhammer und Heydebreck. Schon zehn Tage später, am 7. Juli 1944, begann der erwartete erste schwere amerikanische Luftangriff mit Hunderten von »Vier-Mots«, von »Fliegenden Festungen« und Liberators mit Jagdschutz, auf unsere Schutzobjekte. Und das sollte sich, von da an in meistens nur 14-tägigen Abständen, wiederholen, nachdem deutsche und ausländische Kolonnen mit »unvorstellbarem Einsatz« (so McCloy, nach dem Kriege) in Tag- und Nachteinsätzen die Schäden an den Werken und den Gleisanlagen repariert hatten. Sobald die Lightning-Doppelrumpf-Fernaufklärer wieder rauchende Schornsteine meldeten, folgte der nächste Großangriff auf dem Fuße, mit noch steigenden Bomberzahlen. Die breite Streuung der abgeworfenen Splitterbomben – bis in unsere Batterie – war auch die Folge der breitflächigen Werksvernebelungen, sobald das Geschwader das Gebiet der Alpen erreicht hatte.

Auschwitz- Blechhammer

Unser Sperrfeuer hat, ohne es zu wollen, das Treffen des nur zwei Kilometer entfernten KZ`s verhindert, des Nebenlagers Ausschwitz-Blechhammer. Wie ich später von einem dort inhaftierten polnisch-jüdischen Häftling, der in den 70er Jahren zu mir zur Behandlung kam, hörte, wurden die dortigen Arbeitshäftlinge ordentlich behandelt, verpflegt und medizinisch versorgt. Niemand von ihnen oder von uns hatte bis nach

Kriegsende davon gehört, was sich im Hauptlager an Unfassbarem abgespielt hatte.[6] Bei ihnen habe es keinerlei Übergriffe gegeben. Als ich ihm anbot, ihm bei der Begleichung der Liquidation entgegenzukommen, weigerte er sich mit dem Hinweis, dafür gäbe es keine Veranlassung, ich hätte schließlich durch unser Sperrfeuer mitgeholfen, dass ihm der Tod durch amerikanische Bomben erspart geblieben wäre.

Das Schicksal der KZ-ler unterschied sich von den in der Gegend auch untergebrachten britischen und französischen Kriegsgefangenen insofern, als die Kriegsgefangenen mit dem Versprechen der freiwilligen Rückkehr in die Lager bei Voralarm zum eigenen Schutz in die Wälder, ohne Bewachung, ausschwärmen durften. Bei Entwarnung zogen mein L.H. Kamerad Hans Schäfer und ich mit unserer tragbaren Entwarnungssirene in die Wälder, um die überall verteilten Tommies und Poilus so zu informieren, dass es Zeit war für »Zurück-ins-Lager«. Bei den Treffen ergaben sich interessante Gespräche. Im französischen Lager gingen wir ohnehin ein und aus, zum französischen Friseur, ganz offiziell.

Ivor Dunstan

Einer Handvoll jener Tommis erlaubten wir im neuen Jahr, am 22. Januar 1945, sich abzusetzen. Die Ostfront hatte uns erreicht. Wir, zwei Soldaten, Stabsgefreiter Sepp Leblanc, Jupp Bessau und ich, hatten Streife am Trigometischen Punkt, in der Höhe jenes französischen Lagers Hugoslust, das offiziell, wie das KZ Auschwitz-Blechhammer, wegen der herannahenden Roten Armee aufgelöst war. Wir einigten uns, den geflohenen Tommies die Freiheit zu geben, sich im französischen Lager zu verstecken und da auf die Russen zu warten, um auf diesem Wege früher in die Heimat zu kommen. Das sollte auch gelingen. Ivor Dunstan, in Afrika von Rommels Armee gefangen genommen, war einer von ihnen. Er erreichte – über Odessa, Alexandrien und Gibraltar – das heimatliche Cornwall schon im März, zwei Monate vor Kriegsende in Europa.

Wir drei Deutschen führten sie in das französische Lager und fanden da noch ca. zehn Franzosen, die uns zusammen leicht hätten überwältigen können. Wir stellten unsere »französischen Kanonen« von 14/18 in die Ecke und hatten beim Rauch von »Players Navy Cut«, bei Tee und Milch, englischer Schokolade, französischem Rotwein und geschlachteten deutschen Hühnern längst den Irrsinn des europäischen Bruderkrieges be-

---

[6] Eine Tatsache, auf die ich – nach der törichten Selbstanklage der Deutschen Bank – im Brief an Johannes Gross (Brief 86) vom 7.02.1999 hingewiesen hatte.

klagt, privat Frieden geschlossen und tauschten Adressen aus. Das alles mit den Russen ante portas.

Nach Kriegsende gingen – zuerst durch britische Militärzensur – zwischen Cornwall und Bielefeld Briefe hin und her. Zuerst Dank für die Fluchthilfe.

1980, 35 Jahre später, beim Wiedersehen, hatte der 1945 Sechzehnjährige seinen 16-jährigen Sohn Christopher mitgebracht. Als Hausgäste trafen wir einen ebenso glücklichen Familienvater, einen Gentleman-Farmer in Redruth, in der Nähe von Landsend, des so wunderschönen Cornwalls. Unser Kommen war in der Umgebung avisiert; im Pub kannte auch der Reverend die Geschichte von der Fluchthilfe für den geschätzten Ivor. Der verkaufte jetzt auch Rindvieh nach Good old Germany und fuhr einen neuen Mercedes Benz. Europa war sichtbar zusammengewachsen. Peace at last. Aber diese Schilderung greift 35 Jahre voraus.

Ivor Dunstan, der 1945 befreite britische Kriegsgefangene, im tiefsten Frieden mit Sohn Christopher in Cornwall

Erdkampf an der Ostfront

Ab 23. Januar 1945, am nächsten Tag, wurde es wieder ernst. An der gleichen Stelle, wo wir am Vortag auf Posten standen, wurden zwei Kameraden von einer Kosakenschwadron gestellt, zusammengeschlagen, vor einem Bombentrichter zum Erschießen aufgestellt, einer von ihnen erschossen, der andere verfehlt, er ließ sich in den Trichter fallen. Hier, im selektierten Telegrammstil verkürzte wörtliche Tagebuchaufzeichnungen der nächsten zehn Tage: 23. Januar. Obergefreiter Schneeweiß gefallen, Gefreiter Bolz verhauen; Batterie Erdalarm. Schlitten gebaut, zum Stützpunkt Klein Althammer (Am 19. war schon der Stellungswechsel vorbereitet, auf der Westseite der Oder, die L.W. Helferinnen entlassen worden und hatten wir nachts 4 x geschippt, je eineinhalb Stunden, um das Funkmessgerät auszubuddeln). 24. Januar. Mit LKW zurück in die Stellung, Tiefangriff von Jac 2 (ca. zehn Maschinen) auf die Stellung.

(Ich sehe noch heute das anscheinend auf mich gerichtete Mündungsfeuer. Rolf Piayda, der inzwischen älteste Freund aus Bielefeld, der das miterlebt hat, erzählte mir erst bei Abfassung dieser Zeilen, er habe mit seinem langen, französischen Gewehr auf die Maschinen geschossen. Wir waren furchtlos, auch bei den Bombenangriffen, weil wir uns mit den Geschützen meinten wehren zu können, und nicht glaubten, hilflos ausgeliefert zu sein. Wenn unsere Abschussraten auch gering waren, so erfuhren wir nach dem Krieg, dass viele der »Flying Fortresses« und »Liberators« durch Flaksplitter durchsiebt waren. Nach der Landung lauteten ihre Meldungen meistens: »We got al lot of flak«, eine Redewendung, die heute in den USA zur Umgangssprache gehört – in der Regel ohne Kenntnis des geschichtlichen Hintergrunds, wenn jemand eine Situation beschreiben will, in der er starken Angriffen ausgesetzt ist. Über tausend Piloten und Mannschaften starben noch in der Luft oder bei der Landung in England. In der Umgebung von Cambridge hat der damalige Oberbefehlshaber, Dwight D. Eisenhower, für diese getöteten amerikanischen Flieger einen großen Soldatenfriedhof eingeweiht. Insgesamt beklagte die US Army Airforce 43.742 Tote und 1923 Schwerverletzte).

Fortsetzung 24. Januar. Posten von 23.00 Uhr bis 1.00 Uhr früh. 25. Januar. Munition zusammengetragen, circa 1200 Schuss. Sprengkommando bleibt zurück. Nach Klein-Althammer, gegen 21.00 Uhr mit LKW nach Reigersfeld. In der Schule geschlafen. 26. Januar. Muni in der Stellung gesprengt. Mit Rolf und Picko an der Kanone. Ab 19.00 Uhr Posten stehen. 27. Januar. Gruppe Panzerjäger bei uns. Panzerangriff erwartet. 25 Stukas (Rudel) zur Hilfe. Batterie zieht sich auf das Westufer der Oder zurück. Auf freiem Feld in Schützenkette gelegen. 28. Januar. Mit Rolf gehamstert. Kameraden nach Rosengrund. Mit Verpflegungswagen zum Schloss. Morgens früh zurück zur Front. Wieder Posten. Eingemachtes gegessen. Bauersfrau: 08, zwei nette Burschen.[7] 30. Januar. Brücke gesprengt, Russen bei Oderwalde mit ca. 400 Mann über die Oder gesetzt, eine Kanone an der Brücke, Wohnschiff gesprengt. 31. Januar. Nachts abwechselnd Posten, in Schneelöchern, mit Frank Swrschek, eisiges Schneewehen, kalt zum Erfrieren. Neue Stellung Kolonie Erlen. Batterie Oderwalde durchgeschlagen.

1. Februar. 5.00 Uhr Uffz. Klein und Uffz. Jähne gefallen. Mit Maschinengewehr und Uffz. Heger durchgeschlagen nach Pickau. Volkssturmmann neben mir verwundet. Beim Bauern geschlafen. Kein Posten.

2. Februar. 7.30 Uhr Aufstehen, getrocknetes Zeug! Strümpfe gestopft. Marsch nach Hartenau. Försterfrau. Verpflegung von Panzerjägern, Wanzen!!!

Als Luftwaffenhelfer entlassen

Aber der Krieg ist noch nicht vorbei

Nach Hause entlassen, um von dort aus zum Arbeitsdienst eingezogen zu werden. Selbst die Rotarmisten schickten Kriegsgefangene des Jahrgangs 1928 – als Kinder – nach Hause.

Auf dem Sammelfahrschein für die Reichsbahn stand: »Entlassen lt. Fernmündlicher Anweisung Luftgau O.S. West vom 20. Januar 1945. Für Lwoh. Manfred Freise und 16 weitere Luftwaffenhelfer. Zielort: Bielefeld!« Um 4.00 Uhr früh eingewiesen in den letzten Wagen eines Flüchtlingszuges, Richtung Liegnitz. Erleichtert nach den letzten zehn Tagen, nicht den Russen in die Hände gefallen zu sein. Russland hieß nach Goebbels Propagandanachrichten: Sibirien. Als sich die Luftwaffenhelfer der Baracke Martin, sieben Monate vorher, in aufgeräumter Stimmung vor dem offenen Abteil des sehr langen Zuges in Richtung Oberschlesien zum Foto aufgestellt hatten, stand noch am Nebenabteil: »MARTIN das Happy End«.[8] Und trotzdem: Welch eine gnädige Fügung, mit dem Zug nach Hause, in die angestammte Heimat, in den »Westen« entkommen zu können,

---

7 Beschrieben wird eine Situation, in der eine Mutter von zwei kleinen Söhnen mich fragte: »Soll ich in der entsetzlichen Kälte mit den Jungens fliehen? Ohne zu wissen wohin – nur weil es heißt, die Russen sind Barbaren und vergewaltigen alle deutschen Frauen? Ich möchte bleiben, werde den Russen zu essen geben. Wenn sie mich angreifen, hier ist eine 08 Pistole meines Mannes.« Ich habe nicht geraten zu fliehen. Eine ähnlich bittere Situation bei der Förstersfrau ein paar Tage später, bei der Franz und ich genächtigt hatten, in weißen Betten.

8 Auf der Hinfahrt verbanden wir mit dem Namen unserer Unterkunft noch ein Gefühl der Euphorie – endlich ging es los und es gab einen neuen Einsatz, weit entfernt in Oberschlesien.

während Millionen in eisiger Kälte aus den deutschen Ostgebieten auf der Flucht waren und Millionen ihr Leben verloren. Und wo zur gleichen Zeit, wie man bei Botschafter Scholz lesen kann, 15-jährige Japaner sich brieflich von ihren Eltern verabschiedeten, bevor sie sich – mit großem Stolz – als Kamikaze-Flieger auf amerikanische Kriegsschiffe stürzten.

Ute im Dresdner Angriff

Neun Tage nachdem unser Flüchtlingszug in Leipzig Station gemacht hatte, kam ein Flüchtlingszug aus Breslau mit Ute Köhler, ihrer Mutter und dem einjährigen Bruder Karl-Otto am 13. Februar mitten in die Hölle von Dresden. Der Bruder wurde unter den Trümmern hervorgezogen, scheintot. Jahrzehnte später entfernte ich Ute, inzwischen meine Frau, noch einen Splitter im rechten Oberkiefer. Noch heute gibt es einen Rest von Phosphor (oder Brandgel?) in der linken Wange. Mutter Köhler wollte in Dresden bei einer Schwester Unterkunft finden, nachdem Bochum mit einem Teil des Ruhrgebietes zur Todeszone erklärt worden war. Erst im Sommer konnten sie zurück ins Ruhrgebiet. Sie schlugen sich bis dahin, mehr schlecht als recht, bei manchmal wenig mitfühlenden Landsleuten durch. Das Haus in Bochum war total zerstört wie auch die im Ortsteil Riemke liegende Schwefelsäurefabrik, deren Direktor der Vater Köhler war. Als nach Kriegsende die britischen Piloten, die den Einsatz geflogen hatten, zufrieden den Zerstörungsgrad von 98% registrierten, schienen sie fast enttäuscht, dass keiner der Fabrikangehörigen bei den Angriffen umgekommen war.

In Hillegossen angekommen, fand ich die obere Etage belegt. Die Familie von Onkel Höppners Prokuristin, Meta Heinemann, hatte um Aufnahme gebeten, da ihr Haus in der Viktoriastraße, im Zentrum von Bielefeld, bombengefährdet war. So lebten meine Mutter und ich, Vater war nach dem 20. Juli 1944 von der Partei eingezogen worden, in zwei Zimmern sehr harmonisch mit der Familie meines späteren ältesten Freundes Robert W. Heinemann zusammen. Er war 1928 als Bankkaufmann zur Banco Alemán Transaltántico nach Spanien gegangen. Bis Stalingrad war er ein erfolgreicher Olivenexporteur in Sevilla. Das änderte sich, als Franco versuchte die Seite zu wechseln; davon später.

Ein Pole wird gehängt

Am Tage nach der Rückkehr gab es einen großen Menschenauflauf vor dem gewaltig großen Hillegosser Schulgebäude. Schon 1938 kamen wöchentlich Kompanien der in Stieghorst stationierten 18-er zu Sportveranstaltungen auf den vorverlagerten Sportplatz; hier fanden die großen schulischen Sportfeste statt; hier gab es die wöchentlichen Jungvolk- und Hitlerjugenddienste bis hin zur obligatorischen vormilitärischen Ausbildung für alle Über-Vierzehnjährigen. Hier, zwischen dem Schulgebäude und der großen Turnhalle, fanden die Bücherverbrennungen der von den Nationalsozialisten verfemten Autoren statt. Nach dem Polenfeldzug gab es im Schulgebäude und in den Wohnungen Einquartierungen für siegreiche Truppeneinheiten, auch in meinem Schlafzimmer.

Der große Menschenauflauf im Februar 1945 bestand aus zwei Gruppen, zum einen aus einer Reihe von Polizisten aus der ganzen Umgebung. Den großen Rest bildeten sehr viele Zivilisten, mit dem P. für Polen auf ihrer Brust. Die Polizisten ließen sich vor unserem Eingang unter der Fahnenstange fotografieren, wo bei »feierlichen Anlässen« die Flaggenhissung zelebriert wurde, mit Gesang des Deutschlandliedes (1. Strophe) und des Horst-Wessel-Liedes »Die Fahne hoch«.

Vor dem Abmarsch der polnischen Zwangsarbeiter wurde ein kleiner Polenjunge verjagt. Der Marsch ging, wie ich in Erfahrung brachte, in ein kleines Wäldchen neben der nach Hannover führenden Autobahn. Da hatte man einen Galgen errichtet, zur Abschreckung, um Terror zu verbreiten. Ein junger, mit einem geschlossenen Lieferwagen vorgefahrener Pole wurde vor seinen Landsleuten aufgehängt, weil er angeblich mit einem kleinen deutschen Mädchen »Doktor« gespielt hatte.

Am gleichen Tag griffen in Oberschlesien die Russen unsere Batterie in Reigersfeld, inzwischen bestückt mit 8,8-Geschützen für den Erdkampf, an. Es gab schwere Verluste, der Messoffizier Mielke verlor ein Bein. Mein Freund und Zugführer, Franz Swrschek, bekam einen Bauchschuss. Dieser Wiener Mathematikprofessor war einer in der begeisterten Menge gewesen, als Adolf Hitler, der österreichische Landsmann, »vor der Geschichte die Heimkehr meiner Heimat ins Deutsche Reich« meldete. Inzwischen ernüchtert, weigerte er sich Offizier zu werden und plante mit mir nach dem 20. Juli, durch Böhmen und Mähren in die »Ostmark« zu gelangen. Jahre nach dem Krieg besuchte ich ihn, der die Folgen der schweren Verwundung nie ganz verwunden hatte, durch Zucker fast blind, in einer heruntergekommenen Klinik bei Wien, in einem Saal mit 20 Betten.

Die Wochen vor dem Ende

Die Wochen bis zu den Kampfhandlungen mit amerikanischen Truppen in Hillegossen, am Tag nach Ostern, waren eher unwirklich, in Einzelheiten für Nichtbeteiligte fast unglaublich, weil alles diszipliniert, in relativer Ruhe und Gelassenheit ertragen wurde. Fast täglich Fliegeralarm, häufig bei Tag und bei Nacht. Nachrichten in Presse und Rundfunk, im deutschen Sender und aus London (auf Abhören des Feindsenders stand die Todesstrafe) ergaben ein ziemlich genaues Bild der Lage. Die Amerikaner griffen jetzt regelmäßig von Italien und England an, erreichten inzwischen alle Ziele in der Ostmark, griffen Raffinerien in Wiener Neustadt und Ungarn an. Ab August 1944, wie im Reich, auch Eisenbahnknotenpunkte und andere strategische Ziele. Immer wieder flatterten psychologisch geschickt aufgesetzte Flugblätter vom Himmel, die zu lesen verboten war. Die Gefallenenanzeigen in den Zeitungen wurden immer zahlreicher, fast immer noch mit dem Zusatz: »Gefallen für Führer, Volk und Vaterland«, aber deutlich weniger mit: »In stolzer Trauer«. Dazu kam das Verlesen von Briefen von der Kanzel in Stieghorst, in denen von den jeweiligen Kompaniechefs der Gefallenen die Umstände ihres Todes für die Angehörigen schonend beschrieben wurden. Zweimal musste unser Pfarrer Hof die eigenen Söhne abkündigen. Ein mutiger Mann, mit dem Vater manches offene Gespräch führte und der mehrfach, wegen der Predigtinhalte, zur Gestapo vorgeladen war. Ich denke in Dankbarkeit an meinen Pfarrer, der mich 1942, in feierlichem Rahmen, konfirmiert hatte.

Wie stellte sich der Kriegsverlauf für die eigene Bevölkerung dar?

Seit Stalingrad ging es an allen Fronten zurück. Keine Erfolgsmeldungen mehr außer Zerstörungen durch V-Waffen, immer weniger Abschüsse, trotz der überlegenen Düsenjäger ME 262, immer weniger Versenkungen von Feindtonnagen. Die demagogisch extrem geschickt aufgesetzten Reden von Goebbels mit dem Hinweis auf neue Waffen und den schließlichen Endsieg erzeugten Wunderglauben, an Wunderwaffen, die alles herumwerfen würden. Schaurig die Szene im Sportpalast, mit dem entsprechenden Tremor: »Ich frage Euch, vertraut Ihr dem Führer?«, mit Vokabeln »…wie zu einem Gebetsgang…« verrieten seinen Werdegang als Jesuitenzögling.

Nachdem er seinen gigantischen Speicher von Demagogie mit seiner »Wollt Ihr den totalen Krieg«-Rede geöffnet und den frenetischen Beifall bekommen hatte, schreibt er in seinem Tagebuch, dass er selbst erschrocken war über seine Macht, die Massen zu manipulieren.

Die amerikanischen Tiefflieger beherrschten den Himmel, ab März auch im Bielefelder Abschnitt. Sie schossen auf alles, was beweglich war, auch nach dem Angriff auf Dresden, selbst auf den einzelnen Bauern auf dem Feld, wie Karnickelschießen. Einer davon war der Vater meines Freundes Leo Elsbernd.

Man war seit Jahren an Meldungen über Materialschlachten gewöhnt, an überlegene Kräfte des Gegners, an strategische Rückzüge im fremden Land, jetzt kam das täglich näher, im eigenen Land.

Immer mehr Entbehrungen auf allen Gebieten, immer weniger zu essen, Hungerrationen von 30 – 50 % weniger Brot und Fett, mit dem Kommentar, in England und Amerika würde gestreikt, in Frankreich und Belgien gäbe es Hungerdemonstrationen, aus Paris kämen Vorwürfe von de Gaulle, die Alliierten ließen seine Leute hungern. Und die deutsche Presse, wie z.B. DAS REICH, meldete, im besetzten Deutschland würden fünf Millionen Deutsche verhungern. Die Quelle war in der Tat England, wo man verlauten ließ, man wäre nicht bereit, den Deutschen später eigene Lebensmittel zur Verfügung zu stellen. Im nichtbesetzten Deutschland bekamen nur werdende und stillende Mütter Milch. Aber als Luftwaffenhelfer erhielten wir täglich eine Sonderration von einem halben Liter Milch. Anstatt der Zigarettenrationen für die Landser. Im Spaß hieß es: Genießt den Krieg, der Frieden wird fürchterlich.

Kulturell wurde, nicht ohne Erfolg, Stimmung gemacht mit den populären Wunschkonzerten für Front und Heimat; mit Theater und Filmen. Die UFA schaffte die ganze Bandbreite von populären Heimatfilmen bis zu gewagten Oben-ohne-Vorläufern, bis zuletzt gab es auch anspruchsvolle neue Farb-Revuefilme mit internationalen Besetzungen, mit Marika Röck, Zarah Leander und Johannes Heesters, immer neue Lustfilme mit Theo Lingen, Heinz Rühmann und Hans Moser. Der letzte Farbfilm war das Propagandaepos von Kolberg, wo die Tapferkeit und der Mut in dem Film »Das Volk steht auf« aus einer drohenden Niederlage den gewaltigsten Sieg machten. Für den Film hatte man nicht nur Zivilisten als Komparsen rekrutiert, sondern auch Soldaten von der Ostfront abgezogen; mit dem Ergebnis, dass, als der Film in den Kinos erschien, Kolberg ohne großen Kampf schon verloren gegangen war.

Am 19. März schreibt Propagandaminister Joseph Goebbels: Die Räumung Kolbergs soll im OKW-Bericht nicht erwähnt werde, weil in den Kinos der Propagandafilm „Kolberg“ läuft.

Wir sind Frontlinie

Bei uns, im Bielefelder Raum, war es am Tag vor Ostern soweit, als Granatwerfer aus Lämershagen unseren Bereich, in dem eine Kompanie von Infanteristen Stellung bezogen hatte, mit Dauerfeuer belegten, während Sherman Panzer über die Autobahn vorgedrungen waren und sich ein bis zwei Kilometer entfernt festsetzten und die US-Infanterie die umliegenden Häuser besetzte. Da gab es Gefechte beschränkten Umfangs, die unterbrochen wurde, als ein Zug von unserer Seite über die Detmolder Straße mit einer großen Rote-Kreuz-Fahne den Amerikanern entgegen ging, um verwundete deutsche Kameraden einzusammeln. An der Spitze ging ein Offizier, mit dem Ritterkreuz um den Hals. In Lämershagen hatten Hillegosser Parteigenossen die große Talbrücke gesprengt, um so die Amerikaner beim Vormarsch in Richtung Hannover aufzuhalten. Welche phantastischen Vorstellungen, welche Illusionen. Mit bei uns noch nie gesehenen Bau- und Räumfahrzeugen reduzierten später amerikanische Pioniere ganz einfach so viel vom angrenzenden Teutoburger Wald, wie sie benötigten, um das vorher überbrückte Tal zuzuschütten, dann zu planieren und mit einer Asphaltschicht so stabil zu gestalten, dass zuerst in Richtung Norden die schweren Sherman Panzer darüber rollen konnten. Die standen jetzt in dem Bereich von Hillegossen, der durch die Autobahn durchgeschnitten ist. Ihnen gegenüber lagen die Unsrigen, auch mit einer Kriegsoffiziersbewerberkompanie. Angerückt waren sie mit neuen Dürkoppfahrrädern, die gegen Diebstahl mit abnehmbaren Lenkern ausgerüstet waren; bewaffnet nur mit Gewehren und Panzerfäusten, ohne automatische Waffen, ohne Nachschub. Der war abgeschnitten seit der Zerstörung des Viadukts bei Schildesche, unseres alten Schutzobjektes, durch zwei Staffeln von umgebauten Lancasterbombern (am 14. März) und durch den letzten Angriff von 200 Bombern auf Bielefeld und Paderborn (am 29. März).

Als sich am Ostertag die amerikanischen Panzer eingeschossen hatten, mehrere Häuser in unserer Nachbarschaft in Flammen aufgegangen waren, zog sich ein KOB Zug auf unser Schulgelände zurück, kamen viele von ihnen zu uns in die Keller, teilten mit uns ein karges Mahl und den Kaffee, Marke »Muckefuck«. Einer dieser 17-18-Jährigen nahm mich zur Seite und wagte, wie man das damals sagte, ein offenes Wort. Alles sei Wahnsinn, der Krieg sei verloren, er wolle nicht auch noch sterben und wolle sich absetzen. Würde ich ihm Zivilkleidung geben? Er war sich durchaus dessen bewußt, wenn er gefaßt würde, würde er am nächsten Baum hängen, mit einem Schild: »Ich war zu feige, deutsche Frauen und Kinder zu verteidigen«. Ich gab ihm das Zeug, das ich in den letzten Tagen für Gartenarbeit benutzt hatte. Seine Uniform verschwand im Waschkessel. Der Spieß gab Befehl, sich auf die besser zu verteidigende Linie, die Straße nach Oldentrup, abzusetzen, auf der reger »Verkehr« herrschte, wo Hillegosser Bürger schon seit Tagen »organisierte Kohle« nach Hause schafften, von einem Kohlenzug, der nach Tieffliegerbeschuss am Bahnhof festlag. Einige ließen sich von ihrem Organisieren auch nicht abhalten, als die Amerikaner längst auf alles schossen, was sich da bewegte. Es gab Tote.

Zwischen den Fronten

Da die Schule mit ihrem massiven Bruchstein Ziel der Panzer war und unsere Fenster mit automatischen Waffen beharkt wurden, galt es jetzt die amerikanische Seite wissen zu lassen, dass sich die Unsrigen, ihr Feind, zurückgezogen hatten. Ein von mir aus unserem Schlafzimmer gehängtes weißes Bettuch brachte sofortige Feuereinstellung. Jahre später schrieb Luise von Gross, eine der Hillegosser Lehrerinnen, in einer Bielefelder Zeitung, damit hätte ich Hillegossen gerettet. Das traf nicht zu. Wir waren nur etwa eine halbe Stunde lang im Niemandsland, in dem kein Schuss fiel. Wir, das waren alle Lehrpersonen mit ihren Familien, die Oelkers, die mit uns befreundete Familie Böhmer, die Beckers, die Gemeindeschwester, die ungemein symphatische Hausmeisterfamilie Wendt, dazu alle Flüchtlinge und Einquartierten. Die meisten saßen verängstigt im Keller. Als ich mit »Pea« Böhmer, der späteren Frau Siekmann, im Hauptgebäude die Lage eruieren wollte, standen plötzlich amerikanische Soldaten hinter uns, unbemerkt auf Stiefeln mit Gummisohlen. Bei den »Preußen« trugen die Ledersohlen Stahlnägel, die beim Appell auf intaktes Profil untersucht wurden. Die Frage des Soldaten an mich, der sie korrekt angesprochen hatte, lautete: »Gibt es hier noch deutsche Soldaten?«, was ich verneinte, alle Zivilisten seien ‚hier' im Keller, wobei ich den Weg wies. Alle Wohnungen seien menschenleer.

Er musste mehrere seiner Kameraden angewiesen haben, die Wohnungen zu inspizieren; mich ließ er in die Kellerräume vorgehen. Als er nichts fand, fragte er, ob es andere Kellerräume gäbe, da antwortete ich ihm: »Hier nur noch den Heizungskeller und im anderen Flügel des Gebäudes den Keller meiner Familie«.

Also will er zuerst den Heizungskeller sehen. Ich habe wieder den Vortritt, er mit seinem kurzen Gewehr halb im Anschlag. Und da kommen mir der Spieß, der eben noch seine Mannen in den Kampf geschickt hatte, und ein anderer Soldat entgegen. Sie hatten versucht, sich im Heizungskeller zu verstecken, beide im vom Hausmeister verpassten Räuberzivil; es war die Arbeitskleidung der im Feld stehenden beiden Söhne. Sie wurden mit erhobenen Händen abgeführt.

Dann ging es in den Keller unseres Flügels, wo Mutter und die Familie Heinemann nicht gerade glücklich ausschauten, als ich von einem Amerikaner, wieder mit dem Gewehr im Anschlag, vorgeführt wurde. Aber es sollte noch »besser« kommen. Die Inspektion der Zimmer im ersten Stock, Mutters und meiner Etage, ergab nur »Fahrkarten«. In der Heinemann-Etage, im zweiten Stock, öffnete ich die Tür zum ehemaligen Elternschlafzimmer, mit einem Blick auf die zur 100 Meter entfernten Siedlung, wo sich noch deutsche Truppen verbarrikadiert hatten. Sofort kam ein »Peng«, ein Knall, ein leichter Schlag auf der rechten Gesichtshälfte. Ich drehe mich um, der Amerikaner liegt am Boden, hatte sofort Deckung gesucht, bringt mich in den Keller, verbindet mich. Der Schuss hatte ihm gegolten.

Damit hatte sich die Gegnerschaft auf beiden Seiten gelegt. Schon nach wenigen Minuten war zu hören, dass man unser Haus in Beschlag genommen hatte. Nicht viel später beschloss ich, die »Gunst der Stunde« zu nutzen und zu eruieren, was die Fremden in unseren Wohnungen so anstellten. Man musterte mich, war freundlich und fragte mich, wie ich mich fühlte. Es mögen sieben oder acht gewesen sein. Zwei lagen auf unseren Betten. Das durch Einschüsse beschädigte Buffet war geöffnet. Man hatte sich bedient. Die Eier brutzelten auf dem Küchenherd. Der Kachelofen war in Betrieb; Ostern 1945 war kühl.

Als ich fragte, was sie mit unseren dort untergebrachten geräucherten Fleisch- und Wurstvorräten (es gab damals noch keine privaten Kühlschränke) gemacht hätten, hatten sie keine Ahnung, wovon ich redete.

Ein G.I. in vollem Kampfanzug in unserer Badewanne

Sie ließen es zu, dass ich das Buffet abschloss und mich dann auf den Weg ins Obergeschoss machte. Der ging über ein Badezimmer, welches durch ein Dachfenster mit Tageslicht versorgt wurde. In der leeren Badewanne saß, in voller Montur, ein Soldat mit einer Schreibmaschine auf dem Schoß.

Nebenan, in meinem alten Schlafzimmer, das die Heinemanns in ihre Küche umfunktioniert hatten, saß auf dem Boden, halb in der Ecke, aber so, dass er soeben aus dem Fenster blicken konnte, ein MG-Schütze. Sein schweres Maschinengewehr stand mit seinem »Vorderbein« auf der Fensterbank und mit dem schweren Geschossteil auf dem Küchentisch. Laufrichtung war zwo-zehn, wie wir bei der Flak sagten. Da, zweihundert Meter entfernt, hatten sich die Unsrigen in der Upmannschen Villa verschanzt. Mit einem großen Fernglas beobachtete der Amerikaner jede Bewegung, gab sich aber sicher – wenn sie nicht noch ein paar 8,8 Geschütze auftreiben würden, dass unsere Infanterie allein keinen Tagesgegenangriff wagen würde. Neben ihm stand eine Cognacflasche, halb leer, und in offenbarer guter Trinkerlaune bot er mir an, auch einen Schluck aus der »Pulle« zu nehmen, mich auch an, wie er sagte, guter Schokolade zu bedienen.

Der Mann in der Badewanne erklärte mir, in Eile zu sein; er schriebe nach Hause, nach New York. Der Postverteiler müsste in wenigen Minuten kommen, an jedem Tag, zu einer bestimmten Stunde. Der Mann kam tatsächlich, nahm seinen Brief, machte einen Spaß, den ich nicht verstand, und übergab zwei Briefe und ein Päckchen: Airmail. Wie er mir stolz zeigte, Postabgang von New York vor weniger als einer Woche. Unvorstellbar.

Da ich ab Karfreitag kein Tagebuch mehr geführt habe, muss ich mich, von jetzt an, auf das gute Langzeitgedächtnis verlassen.

Zurück im Keller, berichtete ich Mutter und den Heinemanns vom Ergebnis und über das, was sich über uns derzeit abspielte, über die freundliche Atmosphäre, und erwähnte dabei auch das Angebot von Schokolade und Cognac.

Beim Dunkelwerden erinnerte ich mich an den ersten Kontakt mit Amerikanern. Er stammte vom Herbst 1944, im Zusammenhang mit einer von uns abgeschossenen »Flying Fortress«, die explodiert war und deren Kanzel ganz in der Nähe unseres Batteriegeländes niedergegangen war. Eines der Besatzungsmitglieder war herausgeschleudert. Man befahl mir zu helfen, ihn neben die Kanzel zu betten. Er trug weiße Socken, und die khakifarbige Garnitur schob sich beim Anheben hoch, so dass ich einen kalten Unterschenkel zum Greifen bekam. Das war mein erster Kontakt mit einem Amerikaner. Der zweite, der Bordschütze, lag eingeklemmt in der Kanzel; in der mir zugewandten linken Hand war die eng umfasste Reißleine des Fallschirms erkennbar.

Der Tod kam aus meinem Schlafzimmer

In der Nacht kam es zum erwarteten Gefecht, gab es fast gleichzeitig heftige Explosionen im vorderen Kellerbereich, weil die Panzerfäuste im Winkel zu tief oder noch zu weit von uns entfernt abgefeuert worden waren. Dann folgte das Tacken des schweren MGs, Salve um Salve. Dann war plötzlich Ruhe. Im Morgengrauen gab es Bewegung im Gebäude. Von unserem Frontabschnitt war die US Army abgezogen, weil der Rest der Unsrigen sich zurückgezogen hatte. Kein Mensch mehr, kein MG, keine Schreibmaschine in der leeren Badewanne. Aber dann kam ein entsetzliches Bild, der Blick aus meinem umfunktionierten Schlafzimmer auf den Sportplatz mit seiner wechselhaften Geschichte; da lagen 18 der blutjungen KOBs hingestreckt von meinem freundlichen MG-Schützen. Wie ich feststellte, waren sie schon alle kalt, tot. Am nächsten Tag war

August Tiemann, ein Bauer aus der Nachbarschaft, auf mein Bitten hin, sofort bereit, die 18 toten Kameraden zum Friedhof nach Stieghorst zu bringen. Umständehalber geschah das mit einem Pferdewagen. Die erste Ruhe fanden sie in einem gemeinsamen Massengrab. Später wurden sie exhumiert, bekam jeder sein Einzelgrab mit dem Soldatenkreuz, mit den eigenen Daten. Einzelne Gefallene konnten lange nicht identifiziert werden. Für sie gab es nur ein Kreuz mit der Aufschrift »Unbekannter Soldat«, gefallen am 3. April 1945.[9] Heute gibt es an dieser Stelle nur noch neun Soldatengräber. Alle wurden inzwischen identifiziert. Die restlichen neun wurden in ihre Heimatgemeinden überführt und dort beigesetzt.

Die umkämpfte Schule Ostern 1945. Hinter dem Giebelfenster saß der amerikanische MG-Schütze.

[9] Wie schon erwähnt, campierte nach dem siegreichen Polenfeldzug in meinem Schlafzimmer schon einmal ein sympathischer Soldat im grauen Feldrock der Wehrmacht. Ein schauriger Kreis war für Deutschland geschlossen.

Die Stunde Null

Momentaufnahmen nach dem letzten Schuss

In Hillegossen, heute ein Teil von Bielefeld, damals ein Dorf mit 202 Familien, hatte die Stunde Null geschlagen, als das Schießen zu Ende war, die Kampftruppen abgezogen waren und eine kleine Einheit von Besatzungssoldaten bis zur Ablösung durch die Briten das Regiment übernommen hatte. Was sich bis zum 1. Mai ereignete, will ich durch Beschreibung von Momentaufnahmen, mit dem dazu gehörenden Umfeld, nachzuzeichnen versuchen.

Bild Nr. 1: Ich arbeite daran, das völlig zerschossene Küchenfenster notdürftig zu reparieren, als ein Jeep mit zwei amerikanischen Soldaten vorfährt und diese zwei übergroße Plakate an der Litfaßsäule ankleben, eins in Englisch und eins in deutscher Sprache: Damit beginnt sichtbar die Besatzungszeit, ist Hitlers Regime am Ende. General Dwight D. Eisenhower hat die neue »Notverordnung« unterzeichnet, stellt die Beseitigung von Nazismus und Militarismus in den Vordergrund und droht mit der Todesstrafe für den, der nicht alle Waffen abliefert und der deutsche Soldaten versteckt. Mein Eindruck: Jetzt drohen die als erstes auch mit der Todesstrafe; das hatten wir in den letzten zwölf Jahren doch zur Genüge.

Bild Nr.2: Mein Gott, was rollt da über die Straße, dieser Verkehr, nur Meter entfernt in Richtung Autobahn. Was wir bisher an Übermacht nur aus der Luft kannten, mit hunderten, bis zu über tausend amerikanischen Flugzeugen am Himmel, ist jetzt zum Greifen nah; Panzer hinter Panzer, endlos braune LKWs mit weißen Sternen rollen, voll beladen mit Nachschub aller Art, mit Munition und Benzin, Benzin, Benzin in 20 Liter-Kanistern, gesteuert von dunkelhäutigen Soldaten. Es sind die ersten »Neger«. Dann kommen auch superlange, offene LKWs, eng bepackt mit deutschen Kriegsgefangenen. Welch ein trauriges Bild. Bescheidenes Winken wird nicht erwidert. Aber sie haben überlebt. Für sie ist der Krieg vorbei.

Bild Nr. 3: Auch die Wirtschaft »Nagel« ist zerschossen und abgebrannt. Im Garten liegt ein gefallener amerikanischer Soldat, wie ich höre, schon seit Tagen.

Bild Nr. 4: Da stehe ich vor der geöffneten Haustür der hübschen, kleinen Villa der Geschwister Gross, vor dem angeblich zuständigen amerikanischen Offizier, habe mich vorgestellt und stelle ihm die Frage, ob er wüsste, dass da und da ein gefallener amerikanischer Soldat läge; wir hätten »our soldiers« beerdigt. Er erschien verwundert, dankte und sagte so etwas wie, dass er sich darum kümmern würde. Aber dann ist er entsetzt, als ich ihm eine amerikanische Eierhandgranate zeige. Er mag gedacht haben: »Was will der? Mich umbringen?« Ich sage, von diesem Zeug lägen so viele herum, eine Gefahr für die Bevölkerung, dass einer meiner Freunde (Udo Welschau) durch Hantieren damit schwer verletzt worden sei. Die Finger an beiden Händen seien abgerissen. Er sagt, ich solle dieses Ding sofort wegwerfen und so weit wie möglich. Was ich tat, ohne eine Explosion. Ähnliches war mir im Januar, in Oberschlesien, mit einer deutschen Eierhandgranate passiert; in der eigenen rechten Wachmanteltasche. In Ermangelung von Patronentaschen lag die ungesichert zwischen den losen Patronen. Beim Laden des Gewehrs war der Auslöser der Eierhandgranate betätigt worden; ein Blindgänger, wie hier. Der Kommentar von Unteroffzier Brinkmann: »Da haben Sie ganz schön Sau gehabt (Sau stand beim Militär für Glück), wäre das kein Blindgänger gewesen, hätten Sie ohne Bauch dagestanden«.

Bild Nr. 5: Ganz in der Nähe, an der Lämershagener Straße, haben amerikanische Soldaten am Hillegosser Bach eine Wasserpurifizierungsanlage installiert; sie trauen unserem Wasser nicht.

Neben Benzin liegt zum Verbrennen eine große Menge Essen, das sie nicht konsumiert haben, Fleisch, Käse, Brot, und was weiß ich noch. Ich frage, wie sie als Angehörige eines christlichen Volkes so etwas tun, wenn sie doch wüssten, dass wir hungern müssten. Er sagt mir, das sei Befehl, Teil der Non-Fraternisation-Order, die ihm eigentlich auch verbiete, mit mir auch nur zu sprechen. Aber ich sollte mal mit ihm in das requirierte Haus kommen. Da könnte er was für mich tun. Da sah ich Lebensmittel in einer Verpackung, die ich nie gesehen hatte. Er gab mir ein paar Dosen, die von der Seite mit einem einfachen Schlüssel zu öffnen waren, eine winzige Packung Nescafé und etwas Seife. Er geht mit mir vor die Tür, sagt mir, ich sei ein nice »guy«, das Wort kannte ich noch nicht; er sei auch Deutscher; worauf ich versuchte, weiter in Deutsch mit ihm zu konversieren. Nein, deutsch hieße nur deutscher Abstammung, wie ein Drittel aller Amerikaner. Er hätte eigentlich nach Ostasien gewollt, gegen die Japaner, wie die meisten Deutschstämmigen, aber das hätte nicht geklappt. Dann sagt er mir, worum es ihm geht; er wolle eine deutsche Armeepistole. Wenn ich sie ihm besorgen würde, könnten wir ein gutes Geschäft machen. Kaffee, Dosen, Weißbrot, Seife, Zigarren und Zigaretten. Meinen Einwand, auf dem Besitz stände doch die Todesstrafe, tut er mit einer Handbewegung ab. Ich verspreche ihm, mich umzuhören.

Das Bild Nr. 6: Ich bin mit dem Fahrrad zu Onkel Höppner ins Deutsche Haus an der Obernstraße nach Bielefeld gefahren. Große Freude über das gesunde Wiedersehen; auch »Kamerad Ladebeck« ist da. Dann folgt das ganz große Lob für Vater, was er alles geleistet hätte usw., sie hofften auf seine baldige Heimkehr von Frankenberg an der Eder, dem Giftgasdepot der Luftwaffe; er würde jetzt gebraucht.

Das Bild Nr. 7: In dem durch eine Bombe halbzerstörten Haus der Höppners an der

Wertherstraße. Rolf Höppner, der älteste Sohn, Wehrmachtsoffizier und Träger der Ehrenblattspange, hat eine 08 Pistole; ist angetan von der Geschäftsmöglichkeit, halbe-halbe, mit meiner Zusicherung, dass er nicht selbst in Erscheinung treten müsse. Wir kennen uns. Es wird kein Problem geben.

Das Bild Nr. 8: Da stehe ich auf dem Weg nach Hause in Stieghorst vor dem Gasthaus Eichenstätten im Gespräch mit russischen Verbindungsoffizieren. Da ich hoffe, dass Bruder Ernstfried vielleicht doch in russischer Gefangenschaft ist, frage ich sie, wann sie die deutschen Kriegsgefangenen entlassen würden. Die Antwort lautet: »Nicht bevor sie das von euch Deutschen zerstörte Russland wieder aufgebaut haben.«

Das sagen sie im freundlichen Ton, und bevor ich weiter fahre, geben sie mir ein ganzes Weißbrot. Sie hätten nichts gegen das deutsche Volk, nur gegen Hitler und seine Clique.

Das Bild Nr. 9: Während die Heinemanns ausziehen, ist Vater heimgekehrt. Mit einem Fahrrad, als Bauer verkleidet, mit einem Spaten und einer Harke ausgerüstet; an der Lenkstange ein Netz mit einer leeren Flasche, es macht den Eindruck, er komme zurück vom Feld. Sein Kommandeur habe angeordnet, das große Depot abzuschließen, auf den Gegner zu warten und sich gemeinsam in Gefangenschaft zu begeben. Vater hatte einen Gegenbefehl gegeben: Das sei Feigheit. Er hatte angeordnet die Tore zu öffnen und sich einzeln nach Hause durchzuschlagen. Mit einem der vorhandenen Fahrräder machte er sich auf den Weg, besorgte sich bei einem Bauern am Waldrand alte Arbeitskleidung und Harke und Spaten und wartete den Durchzug der amerikanischen Armee ab, vermied die Hauptstraßen und radelte stramm nach Hause. Großes Glück. Bei der Verabschiedung der Heinemanns nahm mich der eher stille Vater Heinemann zur Seite: »... übrigens, Sie sollten noch wissen: Ich habe nach Abzug der Amerikaner festgestellt, dass der Cognac und die Schokolade meine lang aufbewahrten Reserven waren«.

Bild Nr. 10: Ich sitze auf dem Rücksitz eines Leichtmotorrads, hinter meinem uniformierten amerikanischen Freund, er mit dem Stahlhelm auf dem Kopf, in Richtung Wertherstraße. Zwischen uns ein großer Beutel mit Kostbarkeiten, die er mir vor der Abfahrt gezeigt hatte. Er war nicht kleinlich, eher großzügig mit einer Packung Zigarren für Vater Höppner. Dankbarkeit bei der ganzen Familie Höppner und Freude bei der eigenen Familie.

Bild Nr. 11: Auf der Hillegosser Kreuzung, dem Ortsmittelpunkt, eine Ansammlung von Polen, russischen Zivilisten und amerikanischer Militärpolizei. Bäcker Brinkmann hat mich gerufen; ich sollte helfen, Ausländer wären in das Geschäft und die Backstube eingebrochen und schleppten alles weg. Die Militärpolizei schreitet ein, stoppt die Aktion. Wir müssten aber einsehen, die Leute hätten Anspruch auf Nahrung. Deshalb sollten sie mitnehmen, was sie jetzt hätten. Was sie in Zukunft brauchten, bekämen sie von der UNRRA, einer schon bestehenden Hilfsorganisation. Und so war es.

Bild Nr. 12: Manfred Freise im Gerangel mit scheinbar französischen Kriegsgefangenen, sie tragen deren Mäntel. Wieder in Stieghorst, mit Bruder Ernstfrieds schönem, praktisch neuen Fahrrad. Ich war auf dem auf der linken Seite befindlichen Radfahrweg, auf dem Weg nach Bielefeld, als ich die vermeintlichen Franzosen sehe, mit Fahrrädern, einer anscheinend mit einem Plattfuss. Halte an, frage, ob ich helfen kann. Gegenfrage eines der drei »Franzosen«:

»Du Deutscher?«

»Ja«

»Rad her!«

Mein Protest, ihnen doch helfen zu wollen, fruchtet nicht. Man wirft mir den vergammelten Blechesel hin. Das Gerangel bringt nichts. Ich habe gegen die Übermacht keine Chance. Also mit dem platten Ding ab in Richtung Sieker, zur Bülowkaserne, wo ein amerikanischer Militärpolizist Wache steht. Ich erkläre die Situation. Er hält die drei Braununiformierten an. Der Dieb erklärt, sie seien Polen. Ihm hätte die SS zu Hause auch sein Fahrrad weggenommen, dreht sich um und fährt weiter. Die Reaktion des Amerikaners: »Da kann ich nichts machen«; fragt mich, wohin ich wollte. »To a pharmacy.« Er empfiehlt, den Polen nicht zu folgen, auch weil die Curfew, die Ausgangszeit, bald beendet sei.

Bild Nr. 13: Dr. Walter Schmidt und ich stehen an der Ecke Goeben/ Detmolderstraße, beide mit dem Fahrrad. Ich hatte ihn gefragt, ob er Zahnarzt Dr. Schmidt sei. Ich kenne ihn nur im weißen Kittel. »Natürlich, mein Junge!«. Ich hatte gehört, er wäre beim Bombenangriff umgekommen, nachdem vor Wochen in der Zeitung gestanden hatte, er wäre zu einer Gefängnisstrafe verurteilt, »weil der Halbjude sich unsozial gegenüber bei ihm einquartierten Flüchtlingen« verhalten hätte. Er war, mit seinen sensiblen Händen, zur Reparatur von Bombenschäden an der Reichsbahn eingesetzt. Auch er hat sich dazu nie geäußert. Haft hieß Schande. Er sagte mir, Vater Freise müsste an die Mindener Regierung, mindestens aber Stadtschulrat von Bielefeld werden. Walter Schmidt sollte später meine Berufsentscheidung mitbestimmen.

Bild Nr. 14: Mit Vater zum Dankgottesdienst in die stark überfüllte Kirche nach Stieghorst. Not lehrt beten. Viele Gesichter, die sich sonst hier nicht sehen ließen. Vater führt ein bewegendes Gespräch mit Pastor Hof, der uns wissen lässt, dass hier anschließend ein Gottesdienst für amerikanische Offiziere stattfinden würde, von einem Pfarrer aus Bethel, der jahrelang als Missionar in Afrika gewesen sei. Rat zur Teilnahme. Wohlwollender Ausdruck auf den Gesichtern der Offiziere, als die Gemeinde aus der Kirche kommt. Bevor sie sich in die ersten Reihen setzen, legen sie in den hinteren Reihen ihre Waffen ab. Sie singen deutsche Kirchenlieder in englischer Sprache. Die Predigt ist gut verständlich. Ungewöhnlich das Amen als Ämen, mit der Betonung auf der 2. Silbe. Auf dem Rückweg gehen wir zum Massengrab der bei uns Gefallenen.

Bild Nr. 15: In sehr großen Lettern steht an der Außenwand der Stieghorster Fabrik

Bertelsmann und Niemann: DEUTSCHE MÄNNER, DEUTSCHE TREUE; DEUTSCHE FRAUEN, DEUTSCHE SÄUE!!! Hinter den Mauern der Fabrik lag eine Einheit schwarzer Truckfahrer. Ich, der eben 17-Jährige, war entsetzt. Solche Pauschalisierungen kann man doch nicht machen; das passt doch zu Hitlers Verdammung des deutschen Volkes gegenüber Speer (Im Sommer 1997 gab es im Bonner »Haus der Geschichte« eine Wanderaustellung mit Fotos eines viel geehrten amerikanischen Kriegsberichterstatters, mit Bildern aus diesen Tagen in Deutschland. Eines davon zeigt, wie ein deutsches Flittchen auf offener Straße in eindeutiger Position vor einem amerikanischen Soldaten niederkniet, mit der Unterschrift: »1 $«). Unvorstellbar in Bielefeld; aber in Hillegossen sah man sehr wohl angesehene, junge Damen auf offener Straße mit amerikanischen Offizieren poussieren, die noch vor wenigen Wochen stolze Freundinnen deutscher Offiziere gewesen waren. Und oben auf dem Jammerdahl, wo ein amerikanischer Versorgungstrupp ein großes Zelt für in Schwierigkeiten geratene Militärlaster errichtet hatte, genierten sich ehemalige Hillegosser BDM-Führerinnen nicht, ein und aus zu gehen. Grundsätzlich gilt wohl, dass Sieger schon immer und überall attraktiver waren als die Besiegten. In Frankreich flanierten nach 1940 auch die attraktivsten französischen Damen mit deutschen Offizieren über die Champs-Elysées.

Bild Nr. 16: Manfred Freise, angezogen wie ein junger Dandy, mit Überfallhosen und in schwarzen Halbschuhen, sitzt jetzt in einem Jeep, von amerikanischer Militärpolizei festgenommen, auf dem Weg nach Bielefeld. Nach zigfachen Kontrollen mit »Let me see your papers«, reichte dieses Mal mein Entlassungsschein vom 3. Februar nicht aus. Ich sei nach D-day, dem Tag der alliierten Landung in der Normandie, noch Angehöriger der deutschen Wehrmacht gewesen und unterliege damit dem automatischen Arrest.

Selbst P.O.W.

Bild Nr. 17: Der Ort; ein Büro in den Präsizionswerken in Sieker; vor mir sitzt ein feindlich dreinschauender Offizier, mit den Füßen auf dem Schreibtisch. Er will von mir wissen, was ein Luftwaffenhelfer sei, wenn ich zur Luftwaffe gehört hätte, wäre ich ab sofort Kriegsgefangener. Es ging hin und her. Also sage ich ihm wahrheitsgemäß, ich sei Schüler gewesen. Also Zivilist. Da weiß er auf einmal, was wir »angerichtet« hatten. Als Zivilist auf ausländische Streitkräfte geschossen, darauf stände nach dem Kriegsrecht die Todesstrafe. Kurz und bündig kommt dann der Militärpolizist, der mich festgenommen hatte: »Take him away!« Eine Stahltür wird aufgemacht und ich lande in einem kleinen Hof. Dann macht man unfeine Spiele mit mir, die mich annehmen lassen sollen, das wäre es gewesen. Als ich mich umdrehen darf, stehen um mich herum feixende Fremdarbeiter, die sich dann über den Inhalt meiner Tasche hermachen. Außer der Geldbörse war da nichts von Wert. In Befürchtung von solchen Vorgängen hatte ich hinten im Jeep meine Armbanduhr so hoch geschoben, dass man sie wohl nicht entdecken würde.

Als ich, wohl zwei Stunden später, auf dem Weg ins Gefangenenlager auf einen vorher beschriebenen superlangen, offenen Transporter in Richtung Autobahn »chauffiert« wurde, dachte ich auf der Höhe der 18-er Kaserne, dass man hier vor Tagen mit dem provisorisch eingesetzten Stieghorster Bürgermeister, unter den Augen der Bevölkerung, ein ähnliches Spielchen betrieben hatte. Noch eine Nummer schlimmer: Er musste zum Schein sein eigenes Grab ausheben.

Als mein Vater am nächsten Tag in Begleitung seines Freundes und späteren Oberbürgermeisters Arhur Ladebeck beim gleichen Vernehmungsoffizier erscheint und Herr Ladebeck ihm erklärt, wen er mit Vater vor sich hätte, wurde alles zivilisiert. Er bestätigte meine Festnahme, ich sei in einem Kriegsgefangenenlager. Bei der Menge der gefangenen deutschen Soldaten in amerikansicher Hand könnte mit einer Entlassung erst Ende des Jahres gerechnet werden. Am Ende des Gesprächs wechselt er ins Deutsche; er habe 1935 frühzeitig Deutschland verlassen. Zeit: 30. April (Hitler hatte sich soeben erschossen.)

Bild Nr. 18: Weddingen Stadion in Herford, jetzt ein amerikanisches Kriegsgefangenenlager unter freiem Himmel, gefüllt mit deutschen ehemaligen Wehrmachtsangehörigen. Es ist dunkel und es regnet. Dafür bin ich nicht ausstaffiert. Also bitte ich, als der Regen zunimmt, ob ich mich mit dem Kopf unter eine schon gut »belegte« Zeltbahn wohl unterstellen darf. Ja, das geht. Aber es regnet mir in den Nacken. Es ist wohl 23 Uhr; die Zeit verstreicht nur schleppend, ich kann meinen Platz nicht verlassen, muss also an der gleichen Stelle stehen bleiben. Dann, um 24 Uhr, hört man Stimmen hinten rechts, und dann fallen einige mehr und schließlich alle ein, laut und immer lauter, immer mehr, als wir merken, dass die Amerikaner die Scheinwerfer anmachen und in die Luft schießen: »DER MAI IST GEKOMMEN«, in allen Strophen; singen von den Bäumen, die ausschlagen, von den Sorgen, die man zu Hause lassen soll, vom himmlischen Zelt. Ich denke, wir hatten alle Tränen in den Augen, ich ganz bestimmt. Unsere Gefühle:

»Wir fangen neu an; wir schaffen es schon.«

Bielefeld viaduct after attacks by Allied Air Forces in March 1945. (Crown Copyright

Corriger la fortune

Nur eine dicke Lüge hilft hier

Bild Nr. 19: Im Morgengrauen vor dem Vernehmungszelt. Vor mir verwundete Soldaten und ein paar Zivilisten. Als ich dran bin, sitzt vor mir 1. Lt. Valetin, für den ich in der letzten Woche in Hillegossen ein kurzes Gespräch gedolmetscht hatte. Er erkennt mich in meinem durch und durch nassen Dress nicht, und ich ziehe es vor, nichts zu sagen. Spule meine zurechtgelegte Geschichte herunter: Festgenommen, weil ich nach der »Curfew« auf der Straße war, weil ich für die kranke Mutter noch Medizin von der Apotheke holen musste. Soldat gewesen? Nein! Warum nicht?

Jetzt hilft nur noch corriger la fortune: Weil mein Vater im KZ war, hätte ich als wehrunwürdig gegolten. Meine Sorge, ob er jetzt in den Packen von Begleitpapieren von Bielefeld hineinsieht, ist unbegründet; er tut es nicht. Der jetzt gefährliche Entlassungsschein der Deutschen Wehrmacht steckt, gut gefaltet, im rechten Strumpf, hinter der Wade. Dann fragt der gute Mann nach Name, Vorname, Geburtstag und Wohnort und schreibt das alles, mit einer kleinen Schreibmaschine, in ein vorgedrucktes Papier; das ist jetzt das Dokument für meine neue Freiheit. Damit müsse ich noch zur Herford Town Hall, zum Gegenzeichnen der hier bald zuständigen britischen Besatzungsmacht. Dann: Nur weg von hier, aus Scham, nicht zurücksehen auf die »armen Säcke«, die eingesperrt bleiben. Ich hatte wieder Glück gehabt, die Eltern hatten ihre Hände gefaltet.

Bild Nr. 20: Aber dann sollte es noch einmal gefährlich werden. Auf dem Weg nach Bielefeld werde ich »Am Vrehen« von einer dort stationierten amerikanischen Patrouille angehalten: »Your papers!«. Wohl strahlend hole ich meinen jetzt kompletten, alliierten Entlassungsschein hervor; da bellt mich der Visitator an, ob ich nicht lesen könnte, auf dem Papier stände »Not to use military roads«, und diese Herforder Straße wäre eine military road; und dass da auch stände, bei »violation« wäre eine Festnahme vorzunehmen. Ich erkläre, das nicht gelesen zu haben und nicht zu wissen, was eine military road sei. Da wirft einer der umstehenden Soldaten ein »Let that poor guy go!« ein. Dann kommt von dem Bösemann ein grimmiges »Get going«, und er macht eine Handbewegung in Richtung Schildesche/ Viadukt, wo ich gar nicht hin wollte, sondern in Richtung Heepen/ Hillegossen. Renne los und nach einigen hundert Metern liegt im Tal der zerstörte Viadukt vor mir, inmitten einer vorher nie gesehenen Trichterlandschaft, ein Bild, das man nur von Verdun aus dem 1. Weltkrieg kannte. Aber nach wohl einer knappen halben Stunde stehe ich vor der vertrauten Tür des Hauses Äbtissinnenweg 19, bei den alten Freunden, der Familie Wilhelm Künsting.

Zuhause angekommen erfahre ich, dass Vater gerade von Sieker, von dem Präziwerk, wie wir es nannten, von seiner versuchten Rettungsaktion zurückgekommen war.

Hitlers Ende und Auschwitz

An diesem 1. Mai wurde noch um Berlin gekämpft. Und Vater wiederholte das, was er seit dem 1. September 1939 immer wieder vorausgesagt hatte: »Hitler, dieser vom Wahn befallene Verbrecher, wird noch den letzten Gefreiten für sich sterben lassen, bevor er sich selbst 'ne Kugel in den Kopf schießt!« Es war eine der vielen Voraussagen, die am Ende durch Tatsachen bestätigt wurden.

Entsetzt ist er über den inzwischen aus verschiedenen Quellen bestätigten fabrikmäßigen Massenmord an den europäischen Juden in Auschwitz. Erste so lautende Nachrichten hätte er als Feindpropaganda abgetan und bezog sich dabei auf die fabrizierten britischen Horrormeldungen aus dem 1. Weltkrieg; danach hätten deutsche Soldaten in Belgien Kindern die Hände abgehackt und daraus Seife gemacht. Dieser Auffassung seien, bis zu den Dokumentationen, auch alle seine Freunde gewesen, alle erklärte Antinazis. Man hätte, aufgrund vertraulicher Informationen von Heeresseite seit Beginn des Russlandfeldzuges, von Judenerschießungen durch SS-Einsatzkommandos gehört. Aber fabrikmäßiges Töten, über Jahre gehende Vergasungsaktionen an Alten, Nichtarbeitsfähigen, an Frauen und Kindern jüdischer Konfession, das konnte niemand für möglich halten. Vater sagte voraus, dass die Welt unser tatsächliches Nichtwissen uns nicht glauben würde.

Um uns das abzunehmen, so der Naziverfolgte Friedrich Freise, müsse man um die Bedingungen von totaler Geheimhaltung unter einem Tyrannen mit einem Terrorregime zu Kriegszeiten wissen.

Vater sah die Gefahr voraus, dass aus Hitlers Mord an den Juden ein Verbrechen des deutschen Volkes gemacht werde. Das wäre so ungerechtfertigt wie die Liquidierung des polnischen Offizierskorps – durch Stalins NKWD im Wald von Katyn – dem russischen Volk anzulasten.

Wie John McCloy, so warnte mein Vater schon früh, aus dem Holocaust ein jahrzehntelanges Dauerthema über deutsche Schuld und Schande zu machen. McCloy's Anliegen war bis zuletzt die Stärkung des Selbstrespekts des deutschen Volkes.

Verlegung unserer Flakbatterie nach Oberschlesien. (Manfrd Freise: 2. von rechts)

Der Neuanfang

Ein schweres Erbe. Die britischen Besatzer verweisen uns aus unserer Wohnung. Zehn Wochen Intensivstation. Förderlehrgang für Kriegsteilnehmer.

Die eigenen Überlebensbedingungen entsprachen weitgehend den Verhältnissen aller Landsleute in den von den westlichen Siegermächten besetzten Zonen. Die großen Städte waren in ihren Stadtzentren durch jahrelange Bombenangriffe und durch die Kampfhandlungen bei den Eroberungen zusätzlich zerstört. Die erhalten gebliebenen Villengebiete wurden für Offiziere der Besatzungsmächte requiriert. Die Soldaten belegten neben intakt gebliebenen Kasernen Verwaltungsgebäude und Schulen. Den Rest teilten sich die Besitzer mit einquartierten Bombengeschädigten, Ostflüchtlingen und Vertriebenen.

Der Wohnraum war zwangsbewirtschaftet, ebenso wie Lebensmittel, Kohlen und Textilien. Helmut Schmidt, der spätere Bundeskanzler, schreibt in seinem Buch MENSCHEN UND MÄCHTE[10], dass er mit seiner dreiköpfigen Familie mit drei weiteren Familien in Hamburg in vier Zimmern zusammengelebt habe.

Die Verteilung war nicht immer leicht einvernehmlich zu regeln. In Häverstädt war es fast ein kultureller Schock, als das rein evangelische Dorf bombengeschädigte »Kataulschke« (so nannte man Katholiken in plattdeutsch) aus Aachen aufnehmen musste. Hervorzuheben ist in dem Zusammenhang das Wirken von Kai-Uwe von Hassel in Schleswig-Holstein. Der in Ostafrika geborene spätere Sisa-Kaffee- und Kokospalmenkaufmann übernahm 1945 die Leitung der Schlichtungsstelle für Wohnungssachen für den Landkreis Flensburg. Da kamen in 104 von 114 Gemeinden damals auf hundert Einheimische mehr als hundert Heimatvertriebene. Die Zustimmung für diesen ruhigen, auf Ausgleich gestimmten Patrioten war so groß, dass seine Karriere vorgezeichnet war: Vom Bürgermeister, Bürgervorsteher, Kreistagsabgeordnen, Landtags- Bundestagsabgeordneten, wurde er zum Ministerpräsidenten. 1969 war er zweiter Mann im Staate, nahm, als Bundestagspräsident, 1969 Gustav Heinemann den Amtseid als Bundespräsidenten ab. Von Hassel wurde Patient und Freund.

Auch meiner Familie blieb der Herauswurf aus der Schulwohnung, wie allen Bewohnern, nicht erspart. Bedarf war für eine britische Baukompanie, die 328 Royal Engineers. Auszug mit allem Inhalt, innerhalb von 10 Stunden, mit den Böhmers und der Familie Wendt in die benachbarte Turnhalle. Um die kärglichen Essensrationen aufzubessern,

---

10 Schmidt, Helmut: Menschen und Mächte, Berlin 1987.

bügelte Mutter, die Schulratsfrau, Hemden und Uniformen für etwas Weißbrot, Margarine und Kernseife. Die Briten hatten selbst nicht viel zu beißen, gaben sich aber uns gegenüber in allen Fällen reserviert und korrekt. Für gelegentliche Dolmetscherdienste und für Freund Knoches, des alten Freundes aus Volksschulzeiten, Hilfen bei technischen Problemen, durften wir in der Mess Hall Essensreste konsumieren, porridge und baked beans.

Als Vater schon früh gefragt wurde, ob er eine Stelle in der Leitung der Schulabteilung der Bezirksregierung in Minden dem Posten als Kreisschulrat von Bielefeld II und des Kreises Halle i. Westfalen vorziehen würde, war die Entscheidung für Bielefeld, mit Dienstsitz in Gadderbaum, der politischen Gemeinde von Bethel, für uns alle vorgegeben. Bielefeld blieb und bleibt unsere Stadt, das wirtschaftliche Zentrum Ost-Westfalens.

Ungemein wohltuend ist die Erinnerung an den Umfang der politischen Aktivitäten des Vaters, schon in den ersten Monaten nach Kriegsende. Besonders zu erwähnen sind die Gespräche mit alten Freunden, parteiübergreifend, alle im Bewusstsein, das schwere Erbe antreten zu müssen. Einer von ihnen war der Sozialdemokrat Emil Gross, der spätere Verleger der Bielefelder FREIE PRESSE; er brachte die Sicht von außen ein, nach zwölf Jahren Exil in Holland; wohl geschützt von der Sozialistischen Internationale vor der auf ihn angesetzten deutschen Geheimpolizei während der deutschen Besatzung. Einladende waren in der Regel die Bielefelder Freunde, auch Menzel und Severing. Von außen waren da Carlo Schmid und Theodor Heuss, über den Vater berichtete, er sei im Gesicht offenbar von Hunger geprägt gewesen, sehe aus wie ein »heulendes Elend«.

Viel besser ging es uns auch nicht, bei manchmal weniger als 1000 Kalorien. Bei der geschwächten Resistenz in der kalten Turnhalle holte ich mir eine hartnäckige Angina, die sich dann aber als spät entdeckte Diphtherie mit den Symptomen einer schweren Fehlatmung entpuppte. Die Folge: zehn Wochen Intensivstation.

Dann folgte der Förderlehrgang für Kriegsteilnehmer mit dem Ziel der Hochschulreife, im Schichtunterricht im Bielefelder Gymnasium und im Gebäude der höheren Mädchenschule. Auch unsere »Penne« war von den Briten belegt.

Brotstudium

Was sollte man studieren, in einer Zeit von Stillstand, von Demontagen und Hunger? Die Besatzungsmächte hatten auf allen Gebieten das letzte Wort und das, - so ließ man uns wissen -, sollte auch für Jahrzehnte so bleiben. Aus damaliger Sicht: In der Situation z.B. Politische Wissenschaft zu studieren, was meinen Neigungen entsprochen hätte, oder auch nur eine Richtung, in der ich am Ende nur das ausführende Organ, Befehlsempfänger einer fremden Macht sein könnte, verboten mir, sozusagen schon im voraus, Stolz und Selbstrespekt.

In dem Dilemma erwog einer meiner Conabiturienten, ins Ruhrgebiet zu ziehen und Bergmann zu werden. Da bekäme man bevorzugt Wohnraum, Sonderrationen und Care-pakete. Ein anderer wollte Architekt werden, erntete dabei aber nur Hohn und Spott. Für den Bau von zur Debatte stehenden Behelfsheimen brauchte man keine Architekten.

Bei mir stand im Abiturzeugnis: M.F. will Philologie studieren, Englisch, Geschichte und Geographie. Aber daraus wurde ein Brotstudium. Der schon erwähnte Dr. Walter Schmidt, der Bielefelder Prominentenzahnarzt für Nah und Fern, empfahl mir, Zahnmedizin zu studieren und nach seinem Ausscheiden seine Praxis zu übernehmen. Ich erfuhr von ihm, dass während des Krieges praktisch keine Zahnmediziner ausgebildet worden seien. Der Bedarf an so genannten Humanmedizinern sei wegen der kriegsbedingten Verwundungen so groß gewesen, dass der Fachbereich Zahnmedizin sich auf Behandlungen, nicht auf das Studium für den Nachwuchs konzentrieren musste. Daher gebe es einen nie da gewesenen Nachholbedarf.

» Stud. - Bau «

Um bei den Zahnmedizinern nicht Überfüllung zu erzeugen, gab es hier – und nur hier – einen numerus clausus, Zulassungs-Beschränkungen. Vor der Zulassung gab es einen Schnupperkurs im Labor von Doktor Schmidt bis zur Ableistung eines in Münster obligatorischen, so genannten »Bausemesters«. Das hieß für mich Arbeit auf dem Bau, als Hilfspolier, Steine- und Speisschleppen für den Wiederaufbau der durch Bomben zerstörten Kinderklinik. Unterkunft gab es in der intakt gebliebenen Reiterkaserne an der Steinfurter Straße. Bedingung: Anlieferung einer Tür, von Bielefeld nach Münster. Frierende Münsteraner hatten die ganze Kaserne ausgeschlachtet. Arbeitsbeginn 7.00 Uhr. Erst um 6.00 Uhr Anlieferung meines Bettzeugs, zum Schutz vor Diebstahl, bei dem inzwischen angestellten Hausmeister und der Empfang einer Tasse »Muckefuck«, für ein kleines Handgeld. Mein Fahrrad hatte ich an einem Abend einem Freund geliehen. Es wurde gestohlen. Der Anmarsch dauerte 45 Minuten. Mein Problem: Ich hatte keinen Wecker und meine große Sorge war, ich möchte, vor lauter Erschöpfung, verschlafen. Das Problem wurde am Tage der Währungsreform gelöst. Von den 40 Mark Kopfgeld,mit der neuen DM erstand ich einen wunderschönen Reisewecker, in rotem Leder. Aber den brauchte ich nur noch bis zum nächsten Ersten. Dann bekamen wir »stud-baus«, wie wir uns selbst nannten, die Papiere. Man brauchte uns nicht mehr, für »gutes Geld« bekamen die Bauunternehmer auf einmal genug gelernte Baufacharbeiter.

Essen bekamen wir an jedem Arbeitstag hinter der Inneren, am Westring. Wir, das waren alle Studienanwärter mit gleichen Papieren. Einer von ihnen war auch ein zukünftiger Zahnmediziner, Willy Hegemann. Er arbeitete nebenan, am Aufbau des Physikalischen Instituts. Wir hatten beide unser Wehrmachtskochgeschirr in der Hand und bekamen dann und wann, wenn die Polizei wieder einen Schwarzschlachter erwischt hatte, auch noch mal einen Nachschlag. Hunger und Essen, Essen und Hunger, das waren die Hauptthemen. Abends gab es in einer Kaserne auf dem Weg zu »meiner« Kaserne Lundspeise.[11] Das vergessen wir nie, wie auch die Schüler nicht die Quäkerspeisen vergessen. Christliche Nächstenliebe hatte längst vergeben und zeigte den Weg zum Neubeginn.

Es ging aufwärts in Münster, nicht nur beim Wiederaufbau der Kliniken, auch das gewaltige Schloss, das zukünftige Universitätshauptgebäude, näherte sich der Vollendung, als pünktlich zur 300-Jahrfeier des Westfälischen Friedens, Münsters Aushängeschild, der Prinzipalmarkt in altem Glanz erstrahlte. Die Stadt nahm wieder Form an. Unser aller Blick, überall im Land, hing nicht mehr an der noch vorherrschenden Trümmerlandschaft, sondern an der Pracht des Neuen, des Wiederauferstandenen aus Ruinen. Aus der gemeinsamen Bauzeit wurde mit Willy Hegemann ein gemeinsames Studium, ein gemeinsames Staatsexamen, die Wahl des gemeinsamen Doktorvaters, gemeinsames Schreiben über ein Thema aus Volkszahnpflege in Schweden, gemeinsame Arbeiten in der Klinik in New York, gemeinsame Weltreisen hin bis zur Gemeinschaftspraxis in Bad Godesberg; eine lebenslange Freundschaft mit Dr. Wilhelm Hegemann.

Aaseehaus-Kolleg

[11] Die Universität Lund spendete für bedürftige deutsche Studenten jeden Tag eine Extramahlzeit.

Stud. med. et stud. med. dent. et phil.

Aaseehaus-Kolleg

Mit der Aufnahme in das 1948 gegründete, malerisch gelegene Aaseehaus-Kolleg hatten vierzig so genannte Heimstudenten das große Los gezogen, aus einer langen Liste von Bewerbern aus der damals 4000-köpfigen münsterschen Studentenschaft ausgewählt zu werden. Wie symbolträchtig: hier der prächtige Neubau, mit der Verwirklichung neuer Ideen des studentischen Zusammenlebens, und daneben der in Trümmern liegende Bau der Nazi-Gauleitung. Professor Hoffmann, ein über die Grenzen bekannter Nationalökonom und ehemaliger Rhodes Scholar von Oxford, hatte es geschafft, mit Hilfe der McCloy-Stiftung und der Industrie, in das große Mensagebäude im zweiten und dritten Geschoss Räumlichkeiten für das Kolleg einzufügen.

Nachdem wir den Tutor und seine Gattin kennen gelernt und uns gegenseitig bekannt gemacht hatten, nahmen wir in dem für uns reservierten Teil des Mensabereiches unser erstes gemeinsames Mahl ein, serviert von adretter Bedienung im schwarzen Dress und weißen Schürzchen. Man beschloss, ohne einander zu kennen gelernt zu haben, nur vom ersten Eindruck her, sofort den Haussprecher zu wählen! Die Wahl fiel auf mich, den Benjamin. Nach Verteilung der Zimmer ging ich zu Professor Hoffmann, um mich vorzustellen. Er nahm sich viel Zeit, um mir sein Konzept zu erläutern

Aus der Sicht des ehemaligen Kollegiaten einer elitären Bildungseinrichtung in England, kurz vor dem Krieg, hatte er eine stark kritische Sicht des in der Zeit in Deutschland herrschenden Verbindungswesens. Er fand den Spott der Briten über schlagende Verbindungen, mit Schmissen im Gesicht, mit viel »Ehre auf den Backen«, berechtigt, in der Tat vergleichbar mit Praktiken in Schwarzafrika. Die Biergelage seien so überholt wie die Abhängigkeit von den Alten Herrn. Mein Hinweis, Verbindung hieße aber auch die Verbindung herstellen für die Zeit nach dem Examen, ließ er gelten, hoffte aber, dass sich unter den jetzigen und zukünftigen Kollegiaten ähnliche Verbindungen entwickeln möchten. So wurde es.

Seine Idee, die Verteilung von Kommilitonen verschiedener Fachrichtungen im Zweierzimmer und die Aufstellung von sich gegenüberstehenden Schreibtischen, um sich gegenseitig, über das eigene Fachgebiet hinaus, zu bereichern, war lebensnah gedacht und sollte sich besonders bewähren. Zimmerreinigen und Bettenmachen und die Bedienung bei den gemeinsam eingenommenen Mahlzeiten wie im Hotel, alles das sollte uns freimachen von unnötigen Belastungen und Zeit schaffen für Studien und Gemeinschaftsunternehmungen untereinander. Im großen Klubraum, mit allen gängigen Zeitungen, sollte auch der Ort sein für Postdinner-Gespräche mit unseren Gästen, z.B. mit Professoren, die wir, nach dem gemeinsam eingenommenen Essen, hierher bitten konnten. Die Wahl des Tutorenehepaares Professor Hager, des bekannten Kunsthistorikers, mit engen Bindungen in die Schweiz und nach Frankreich, wäre, seiner Meinung nach, eine glückliche. Der Charme und die Wärme seiner Frau, einer Wienerin, seien für uns Westfalen wahrscheinlich gewöhnungsbedürftig.

Die Aufnahme von zwei schwedischen Studenten aus Lund und eines Australiers, wogegen es anfänglich Bedenken der Militärregierung in Düsseldorf gegeben habe, sollte den internationalen Charakter des Kollegs unterstreichen. Über die Bedenken hatte sich der von Düsseldorf eingesetzte Universitätsoffizier hinweggesetzt. Professor Hoffmann empfahl, sich bald mit diesem Mr. Alldrige in Verbindung zu setzen. Das geschah in Begleitung von Wilhelm Theiss, eines Philologiestudenten, der bis kurz vor Kriegsende noch als Offizier der Wehrmacht in Budapest gekämpft hatte.

James Alldrige

Schon nach wenigen Tagen kam ein handgeschriebener Brief in Deutsch mit der persönlichen Ansprache: »Lieber Herr Freise! Meine Frau und ich würden uns freuen, wenn Sie und Herr Theiss zu uns kommen könnten... Mit herzlichen Grüßen, Ihr James Alldrige«. Er war M.A. vom Christ College, Oxford, sprach hervorragend deutsch; seine Frau war eine deutsche Kriegerwitwe. Hier war kein distanzierter Besatzungsoffizier, sondern ein Europäer im Geist von Churchills Rede in Zürich. Ein weiter Weg von dem »Pass«: »The bearer Freise, Manfred is allowed to pass through M.T. Park to Gymnasium Building. William Buyn Lt.R.R.No.1 Platoon 90 Filed Coy, R.E.« und der schriftlichen Genehmigung für »Friedrich Freise, to use Bicycle during the hours of 7 o'clock A.M. to 8.30 o'clock P.M.. By order of Lance C. Thorson Captain 215 th F.A. B.M.«.

Einige Monate später kam ein offizieller Besuch von Lady Robertson, der Gattin von Sir Brian Robertson, des Militärgouverneurs der Britischen Besatzungszone. Vor Ankunft bekamen wir Informationen, das Einmaleins einer Cocktailparty.

Jürgen, Karl und Helmut

Mein Zimmerkollege wurde Jürgen Rasner, Student der Volkswirtschaft, der eines der schönsten Zimmer im Haus, groß und mit Panoramablick auf den See und die Uferpromenade, getauscht hatte, um mit mir ein Zimmer zu teilen. Frau Hager hatte mir nahe gelegt, als Haussprecher eines der wenig attraktiven Eckzimmer zu wählen, mit nur einem Dachfenster und zwei schrägen Wänden. Je kleiner die Bude, umso besser die Stimmung. Jürgen und ich, wir verstanden uns prächtig; und wenn man sich Bilder aus jenen Tagen ansieht, da gab es urige Budenpartys, mit den beiden Schweden, Karl Völmicke, unserem Freund von nebenan, als Offizier in Russland böse zusammengeschossen, und dem zweiten Zahnmediziner, Helmut Behrens, der beim Bombardement am Monte Cassino hörgeschädigt wurde; das erfuhr man so nebenbei; Jürgen hatten die Belgier zweieinhalb Jahre unter Tage eingesetzt. Uns alle verbanden viel neuer Lebensmut und Zuversicht. Wir blieben lebenslang Freunde: Helmut Behrens hat sich, als Freund von Vater Köhler, 1959 einen Hut verdient (da machte er Ute und mich bekannt), Jürgen wurde Patenonkel meiner Tochter Gabriele; Karl übernahm die Patenschaft von unserem Sohn Christopher.

Geselligkeit hatte einen hohen Rang, die Sommerfeste, später kamen Winterfeste dazu, waren echte Ereignisse, boten sie doch auch die Gelegenheit, die damals jeweils aktuelle Dame des Herzens als Tischpartnerin einladen zu können. Das Haus hatte einen gewissen Modellcharakter für andere Universitäten; und so gab es dann und wann Besuche von Kommissionen aus dem ganzen Bundesgebiet. Der Universitätsbetrieb war, mit nur viertausend Studenten, gut überschaubar, heute sind es vierzigtausend.

Colonel Fillingham oder ASTA-Werke

Ein Semesterferienjob der besonderen Art

Als mir Colonel G.S. Fillingham, MC RO, im Sommer 1949 eine Stelle als »holiday-tutor« für seine Söhne Paul und Mark anbot, nahm ich, ohne zu zögern, sofort an, obwohl bei den ASTA Werken wieder einmal eine gutbezahlte Werkstudentenstelle als »Pillendreher« winkte, die wegen der Art der Arbeit wohl wieder die Chance geboten hätte, über die Lektüre der Rowohlts Buchausgaben etwas für die lückenhafte Allgemeinbildung zu tun. Ungelesen waren zu dem Zeitpunkt unter den Amerikanern noch Sinclair Lewis, Theodor Dreiser, Walt Whitman, außerdem der später geliebte walisische Lyriker Dylan Thomas und so viele mehr.

Der pensionierte Colonel, mit der Stellung als Head of Mail and Message für die britische Besatzungszone mit dem Sitz im Gildemeister Haus, gegenüber vom Bielefelder Bahnhof, war einer der faszinierendsten Persönlichkeiten, denen ich in meinem in der Hinsicht bis heute nicht gerade armen Dasein begegnet bin. In den zahlreichen, sehr offenen Gesprächen, in der Regel beim mir bis dato unbekannten Scotch Whisky, vermittelte er mir Einsichten, die mir sonst sicher lange verborgen geblieben wären. Im Herbst des gleichen Jahres öffnete er mir in England Türen und Tore, die 1949 für einen damals 21-jährigen Deutschen natürlich verschlossen gewesen wären.

Sein Weltbild entsprach den Vorstellungen von Winston Churchill, den er aber 1945, wegen der Arbeitslosensituation der Soldaten nach 1918, nicht gewählt hatte. Als stellvertretender Militärattaché der Britischen Botschaft in Moskau kannte er die gefährliche Wirklichkeit – aufgrund der Präsenz der nicht abgerüsteten Roten Armee – im Zentrum Europas und zweifelte an der Verlässlichkeit des amerikanischen Engagements, trotz der Truman-Doctrine.

Sein Credo war: Eine feste westeuropäische Allianz, mit Briten und Deutschen als Nucleus. Wir, die angelsächsische Rasse, hätten uns in zwei Weltkriegen irreparable Schäden zugefügt. Das Ergebnis sei das Ende des Empires und des Deutschen Reiches. Es gelte jetzt aufeinander zuzugehen und Brücken zu bauen. Er war der stärkste Befürworter der britischen Kulturinstitute in der britischen Besatzungszone in Deutschland, mit der »Bielefelder Brücke«[12] an der Spitze. Das geschah gegen den heftigen Widerstand des Finanzministers in London. G.S.F.'s überzeugendes Argument war, im Kriege habe niemand gefragt, ob man das Geld für die notwendigen Waffen hätte.

Der Colonel trug den höchsten britischen Militärorden, das Military Cross, als MC dem Hausnamen nachgesetzt, wie auch die akademischen Titel in der englisch sprechenden Welt. Wenn er von Mrs. Fillingham sprach, dann als von »the boy's mother, the princess«.

Beim ersten Unter-vier-Augen-Gespräch, bei tea and cookies, mit diesem attraktiven Mitglied des Britischen Königshauses war ich mehr als überrascht, als sie mich fragte, weshalb »wir« bei Dünkirchen nicht bis zur Küste vorgerückt wären, die britische Expeditionsarmee hätten entkommen lassen und die Invasion Englands unterlassen hätten. Zu der Zeit sei England absolut am Boden gewesen, hätten sie, trotz aller späteren Beteuerungen, keine Chancen mehr gehabt, die Niederlage zu verhindern.

Das Military Cross, das erfuhr ich erst später eher beiläufig, bekam G.S. Fillingham für die erfolgreiche Ausschaltung von Reinhard Heydrich. Das Ziel der von ihm geleiteten Aktionen war nicht der Konzeptor der »Endlösung der Judenfrage«, nicht der mächtigste, skrupelloseste und erfolgreichste Sicherheitschef in einer dämonischen Zeit, sondern

[12] Bezeichnung für britische Kulturinstitute in der britischen Zone.

der Statthalter Hitlers in Prag, der es geschafft hatte, mit der Politik von Zuckerbrot und Peitsche das unruhige Protektorat in eine gut funktionierende Waffenschmiede für das Deutsche Reich umzuwandeln. Die britische Strategie war, mit Heydrichs Ermordung Repressalien zu provozieren – alle männlichen Bewohner der Ortschaft Lidice wurden erschossen – , um den Hass gegen die Besatzer zu verstärken, die Waffenproduktion zu sabotieren und mehr Menschen zum Widerstand anzuhalten. Alles das wurde erreicht.

In dem Sinne äußerte sich Fillinghams Freund, der Labour Abgeordnete Ronald T. Paget nach dem gewonnenen Krieg.

Reinhard Heydrich: die Personifizierung des Bösen. 1941 auf der Prager Burg

England 1949

Die Tore öffnen sich. Nach potato picking Einladung in High Society. Rolls Royce und Parlament

Als die britische Labour-Regierung 1949 beschloss, ein Programm aufzulegen, das den Namen trug: »Lend a hand to the land, holiday with pay!«, da entschied man sich in der German-Section des Außenministeriums, ein bestimmtes Kontigent von deutschen und französischen Studenten einzuladen, um das Vereinigte Königreich kennenzulernen. Da Mr. Alldrige für Münster 40 Plätze bekommen hatte, hatte er das Problem einer sinnvollen Auswahl unter 4000 Studenten. Das reduzierte er, indem er mit anbot, unter den Aaseehäuslern und eigenen, engen Freunden 20 Bewerber auszuwählen. Zum ersten Mal, nach dem Krieg aus dem besiegten, auch von den Briten besetzten Land herauszukommen – es gab noch keine deutschen Pässe, nur »Temporary Travel Documents in lieu of passports for German Nationals«, ausgestellt von der Militärregierung für Deutschland - den Zug der britischen Streitkräfte bis Hook van Holland und dann die Fähre nach Harwich nutzen zu können, das war damals fast wie heute eine Sechs im Lotto.

Mit weit geöffneten Augen und sehr offenen Ohren nahmen wir das Unbekannte auf. Und als wir, von Osten kommend, in den da nicht sehr attraktiven Vorort von London einfuhren, waren alle aufgestanden, um noch mehr sehen zu können, und es kam von einem von uns die Bemerkung: »So wie das hier aussieht, kann man verstehen, dass die Engländer so lange wie möglich in Deutschland bleiben wollen!«. Aber als wir, acht Wochen später, das Land verließen, waren alle von uns große Fans dieses Landes, seiner Menschen und seiner Institutionen geworden. Die Hälfte von uns, dazu zählte ich, kam in die Nähe von Banbury, in Oxfordshire, zur Kartoffelernte, die anderen zehn in die Obsternte nach Mittelengland. Die Tage begannen mit dem unbekannten britischen Frühstück, mit schwarzem Tee von Ceylon , Porridge, scrambled eggs oder sunny side up mit Toast; Toast mit Butter oder Margarine und Orangenmarmelade und so häufigem Nachfassen wie gewünscht. Das zu einer Zeit, als in England noch vieles rationiert war. Arbeit hieß: Fünf Tage potato-picking, immer bei einem anderen Farmer, und am Ende eines jeden Tages gab es die geschätzten Pfundnoten.

Das machte uns beweglich für die Wochenendreisen, meistens durch hitchhiking, den Daumen hoch, hin bis nach Blackpool, zum Parteikongress der Labour Party. Oxford, mit der ganzen Pracht seiner Colleges, war nur eine halbe Stunde vom Camp entfernt. Und ganz in der Nähe lag der Blenheim Palace, Churchills Geburtsort. Seine Mutter war

Amerikanerin. Als Willy Theiss und ich uns über die kleinen weißen Kieselsteine dem Schloss näherten, da blieb Freund Willy stehen, überwältigt von der Pracht des Gebäudes und der umgebenden Parkanlage. Ich werde nie seine Reaktion vergessen: »Manfred, jetzt ist mir klar, weshalb wir den Krieg verlieren mussten; von hier stammte Hitlers Gegner, er selber dagegen kam aus einem Wiener Männerhaus. Er kannte die Welt nicht!«

Man reiste in der Regel zu zweit; und wenn man sich in London traf, dann am Piccadilly Circus, am Brunnen, unter dem Eros, nach dem Motto von Jawaharlal Pandit Nehru, des damaligen indischen Ministerpräsidenten: »Whatever my mood is, I love Piccadilly!«. Da traf man nicht nur seine Freunde, sondern das farbige, uns damals exotisch anmutende »multiculti« der Eliten des Commonwealth, der Völkerfamilie. Sie waren vereint durch gemeinsame Normen, im Fall von Kanada, Südafrika und Australien durch die gleiche Sprache, sehr angepasste Rechts- und Schulsysteme, von der Grundschule hin bis zu den Universitäten. Viele der Spitzenleute hatten Oxford oder Cambridge durchlaufen, Militärs die Kadettenschule Sandhurst.

Man war und ist geeint unter der Krone des Königshauses und in der korrekten britischen Nationalitätsbezeichnung UK & C, United Kingdom & Commonwealth und, analog, durch die dazu passende Benennung des Außenministeriums in FCO, Foreign and Commonwealth Office. Die diplomatischen Spitzenvertreter sind hervorgehoben durch den Titel High-Commissioner, anders als die über hundert ausländischen Botschafter. Very clever, dachte ich schon damals.

»Mein« Colonel G.S.F. war gut bekannt und z. T. befreundet mit Gott und der Welt: mit Politikern beider Lager, Professoren von Oxford und Cambridge, mit dem Bishop Bell of Chichester, mit bekannten Ärzten, Offizieren und, in unserer Nähe, mit Spencer Summers, vom Thenford House in Banbury und dem Headmaster der dortigen Bloxham School. Als er vom »German Students-Harvest Scheme« des Foreign Office hörte, erbot er sich, durch handschriftliche Einführungsschreiben und Abfassung meiner Begleitschreiben, Kontakte zu diesen Herrschaften herzustellen, die mir Einblicke in dieses großartige Land, seine besonderen Menschen und Institutionen gewähren sollten. Unvergessen bleiben Einzelheiten des ersten Treffens mit Henry Brooke, Form und Inhalt seiner vier Briefe und die zahlreichen Schreiben von G.S. Fillingham von 1949 bis 1955.

Ich habe mich entschlossen, wegen der Besonderheit und der hier zum Ausdruck kommenden exemplarischen Höflichkeit der Briten den zweiten Brief an dieser Stelle aufzunehmen. Zum Who is Who: Mr. Brooke war während des 2. Weltkrieges konservatives Mitglied des Unterhauses. Nach dem Sieg von Labour, 1945, war er Oppositionsführer im London County Council, dem Londoner Stadtparlament, im imposanten Gebäudekomplex, schräg gegenüber vom House of Commons, an der Themse. Unter Premier Harold Macmillan war er, von 1957 bis 1963, Secretary of the Treasury, Finanzminister.

45 REDINGTON ROAD · HAMPSTEAD · N.W.3
Telephone: HAMPSTEAD 2663

7th October 1949

Dear Herr Freise

I look forward to seeing you in London on Saturday 15th October. Unless you prefer to trust to hitch-hiking, I shall be very pleased to meet the cost of your fare to London by train, and I enclose £1 for the purpose (the fare is about 18/6 return). The trains are:-

Banbury	—	8.26	8.35	9.5	—	10.59
King's Sutton	7.51	—	—	—	9.12	—
Paddington	10.5	10.5	10.30	11.30	12.11	12.25

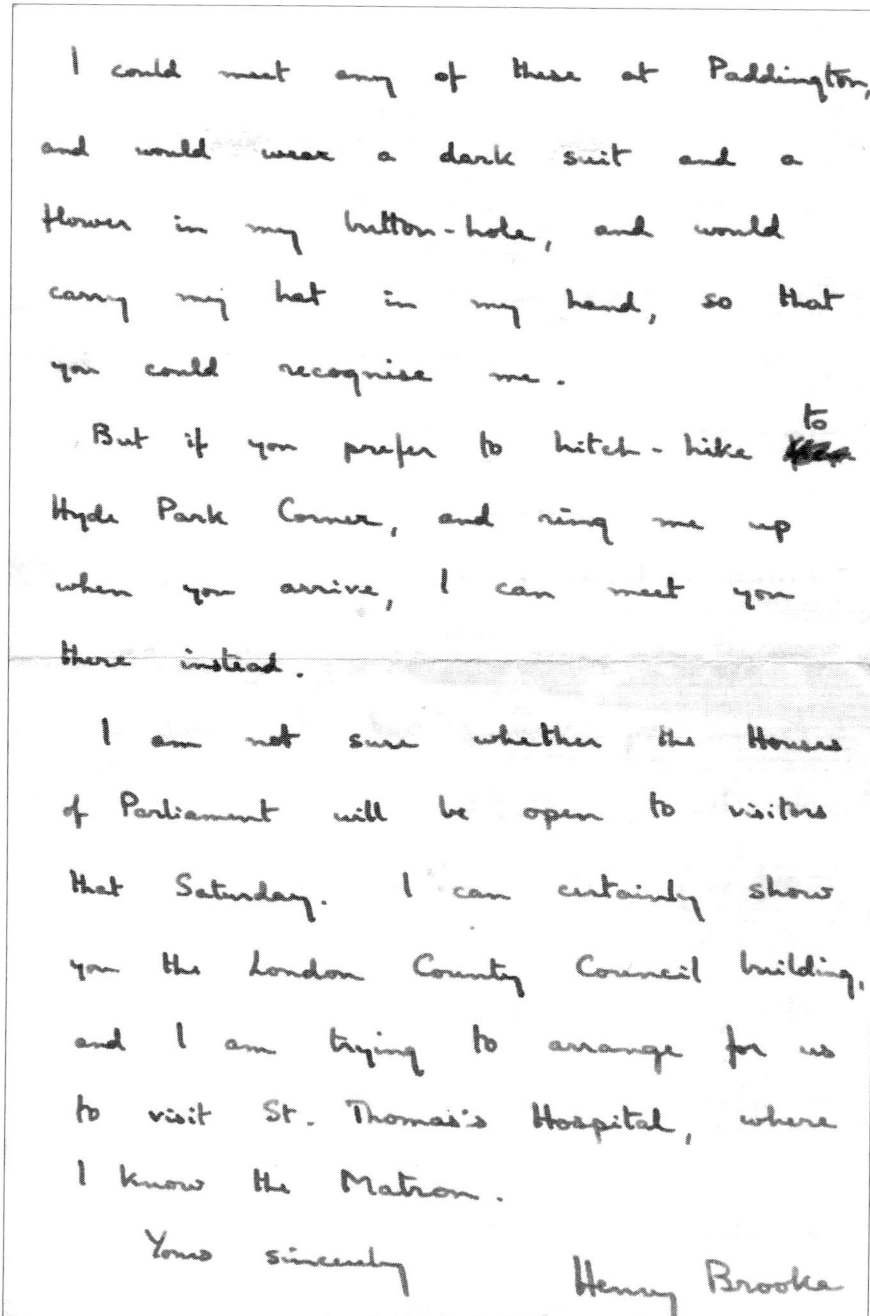
I could meet any of these at Paddington, and would wear a dark suit and a flower in my button-hole, and would carry my hat in my hand, so that you could recognise me.

But if you prefer to hitch-hike to Hyde Park Corner, and ring me up when you arrive, I can meet you there instead.

I am not sure whether the Houses of Parliament will be open to visitors that Saturday. I can certainly show you the London County Council building, and I am trying to arrange for us to visit St. Thomas's Hospital, where I know the Matron.

Yours sincerely

Henry Brooke

»Herr« Freise entschied sich für den Zug 8.35 ab Banbury an Paddington-Street, Station 10.30.

Und da stand Henry Brooke, ein distinguierter Gentleman, im dunklen Anzug, mit einer Nelke im Knopfloch und einem bowler hat in der Hand, neben einem Rolls-Royce mit livriertem Chauffeur.

Mr. Brooke hatte schon in seinem ersten Brief darauf hingewiesen, dass er erfreut wäre, mich in London zu treffen und versuchen würde, mir alles das zu zeigen, was zu sehen mich interessieren könnte. Nach der Begrüßung ließ er mich wissen, mir für den ganzen Samstag zur Verfügung zu stehen.

Wir fuhren in die City, die Mall herunter in Richtung Buckingham Palace, umfuhren das Empress Victoria Monument, als mein Gastgeber darauf hinwies, dass es Kaiser Wilhelm II. war, der die Enthüllung vorgenommen hatte. Während eines kurzen Spaziergangs, bei strahlendem Sommerwetter, durch den Hyde Park machte mich Mr. Brooke darauf aufmerksam, dass die Pfosten der Umfriedung des Palastes die Namen der Commonwealth-Staaten tragen. Bei einem light lunch im Grovener Hotel erkundigte er sich nach meinen ersten Eindrücken von Land und Leuten und, spaßeshalber, wie sich die britischen Soldaten in Deutschland benähmen.

Bei der Tour of the City hatte Henry Brooke auch die andere Seite der Medaille, das East End, eingeschlossen. Als ich wohl betroffen war, ob der hier von der Luftwaffe angerichteten Schäden, kam sein: »Don't feel bad about it!« Nur so käme man zu den längst überfälligen Erneuerungen mancher Viertel; man sei, hier und da, eben zu konservativ. Im St. Thomas Hospital hatte die »Matron« eine große Visite vorbereitet. Ich bin sicher, die galt nicht dem unbekannten, unwichtigen Studenten aus Deutschland, sondern dem offenbar überall hochangesehenen Henry Brooke, der mich anschließend, während der fortgesetzten Tour entlang der Themse, ermunterte zu sagen, wenn ich einen Fotostopp wünschte. Das erbrachte gerade da einen Bilderbuchschuss auf den Fluss und das breit auslandende House of Commons. Der Besuch im Tower zog sich hin, bis zur Zeit für Cocktails mit Freunden und der Familie im Privathaus der Brookes in Hampstead, dem vornehmsten Viertel von London. Butler in weiß, aus Ceylon, die Einrichtung Victorian, alles in unaufdringlicher Eleganz.

Trotz meiner – wie es in Preußen hieß – »ersten Garnitur«, war, denke ich, mein Gewand not quite-quite, was mich bewog, mir während der bald folgenden arbeitsfreien Wochen bis zur Abreise in der City noch einen »utility wear« Anzug bauen zu lassen. Das Gespräch bei Tisch war zukunftsgerichtet; es gab nicht einen Bezug auf den erst seit vier Jahren zu Ende gegangenen Krieg, der ja auch für das Vereinigte Königreich große Verluste gebracht hatte.

Bei der Verabschiedung sagte mir Mr. Brooke, man habe, wie ich sicher bemerkt hätte, den Abend allgemein genossen, ich sei der erste Deutsche in seinem Haus seit 1938, und:

»You have a good sense of humor«. Das war, an die Adresse eines als stiff geltenden German, wie ein Ritterschlag.

Wie mich Mr. Brooke dann Anfang November in einem wieder sehr detaillierten, handschriftlichen Brief wissen ließ, hatte er für die folgende Woche gleich zwei Termine arrangiert; bei sich, im London County Council, und im House of Commons. Im LCC konnte ich Henry Brooke in Aktion erleben, sehr beeindruckend, und neben ihm saß, The Hon. John Hare, M.P.L.C.C., der konservative Abgeordnete für Woodbridge (Suffolk).

Die genauen Hinweise, wie zu verfahren sei, um diesen Abgeordneten im House of Commons zu treffen, waren typisch für die herausragenden Umgangsformen der britischen Upper Class und für die Bereitschaft, einem jungen Deutschen zu demonstrieren, willkommen zu sein im demokratischen, westeuropäischen Club. Ich hatte mir Fillinghams Rat zu Herzen genommen, gelassen zu sein und offen zu reden.

Im Parlament empfing mich, ohne warten zu müssen, Mr. Hare höflich und sehr freundlich, übergab mich einem feierlich gewandeten Parlamentsdiener, der mich bat, scheinbar wie selbstverständlich, neben dem Speaker in der Loge für Distinguished Visitors Platz zu nehmen. Colonel Fillingham bleibt mir bis heute ein leuchtendes Vorbild. Er praktizierte das, was er lehrte. Sein letzter Posten war der des Chefs der Brücke in Dortmund. Über die Jahre waren wir Freunde geworden. In seinem letzten, vier Seiten langen Brief von Anfang Januar 1956, der mich in Singapur erreichte, ging er auf seine Bedenken ein, die er 1950 (Brief 4) zur Politik von Bundeskanzler Adenauer geäußert hatte:

»My Dear Manfred
Some long time ago you asked me what I thought of
Adenauer. My answer was not as complimentary as
you would have wished. You had faith in him.
I had none.
Time has shown. Your judgement appears, now,
to have been more accurate than mine.
His handling of the Sarre question, his skill in
bringing the French to agreement with him each is
beyond praise. More, the fact that the Sarre
has come back into the political orbit of Germany
has not been the occasion for hysteria. All has
been has done in quiet and in modesty.
This is supremely wise.
This inspires confidence.
[...]

I await your news with the greatest possible interest.

[...] your friend

George Fillingham [...]«

(»Lieber Manfred, es ist schon eine ganze Weile her, seitdem Du mich fragtest, was ich über die Politik von Adenauer denke. Meine Antwort war nicht so voll des Lobes, wie Du es Dir gewünscht hattest. Du hattest Vertrauen in ihn. Ich nicht. Die Zeit hat es nun gezeigt: Deine Beurteilung scheint nun doch genauer zuzutreffen als meine. Sein Umgang mit der Saarfrage, seine Fähigkeit, die Zustimmung der Franzosen zu seiner Politik zu erreichen, sind lobenswert. Mehr noch, die Tatsache, dass das Saarland wieder zum politischen Bereich Deutschlands gehört, wurde zu keinem Anlass für Hysterie. Alles wurde in Ruhe und Bescheidenheit durchgeführt. Dies erzeugt Vertrauen. [...] Ich erwarte Deine nächsten Neuigkeiten mit dem größten Interesse. [...] Dein Freund, George Fillingham [...]«)

Ich hatte Anfang Mai 1950 den Inhalt des Gesprächs, unter Nennung von Ross und Reiter und dem Hinweis auf verwandtschaftliche Beziehungen zum britischen Königshaus, Bundeskanzler Adenauer übermittelt. Der Persönliche Referent, Herr Wirmer, bedankte sich umgehend im Namen des Kanzlers mit dem Hinweis (Brief 4): »Es ist dem Herrn Bundeskanzler bekannt, dass psychologisch doch große Hemmungen zu überwinden sind, ehe die westlichen Alliierten von der Friedensliebe des Deutschen Volkes überzeugt sind... Diese Tatsache wird sich trotz allen Misstrauens mit der Zeit durchsetzen.«

Während der Woche potatoe-picking. Bildmitte mit Stab: Willy Theiss. Rechts von ihm der Autor.

Ein Jahr in Bonn

Studentenvereinigung. ISSF-Haus. Mehr Politik als Studium. Mit Parvis Movassaghi zurück nach Münster.

Im Rückblick war das Jahr in Bonn, beginnend mit dem Wintersemester 1951, mehr gefüllt mit dem, was man auf dem amerikanischen Campus extracurriculars nennt, als mit seriösen, studienbezogenen Bemühungen. Nach dem Physikum in Münster war ich nach Bonn gegangen, um bei Professor Korkhaus, dem bekannten Kieferorthopäden, mehr aus dieser Fachrichtung zu lernen, als andere Universitäten auf diesem Gebiet boten, aber auch, um die Nähe des dortigen politischen Geschehens hautnah zu erleben.

Der Einzug in das in Entstehung befindliche ISSF Haus[13] an der Koblenzerstraße und die mir übertragene Betreuung der ausländischen Mitstudenten waren richtungweisend für die ganzen zwölf Monate. Mein Zimmerkollege war ein hochbegabter (straight A), amerikanischer Theologiestudent. Jim Anderson stammte von einem lutherischen College in St. Peter, Minnesota.

Unser Zimmer wurde ein Debattierclub, nicht nur mit anderen Hausbewohnern aus dem Iran, Indien, Indonesien, anderen »fellow Americans«, sondern auch für Mitglieder des Lehrkörpers der Universität.

Dr. Ali Gitizad erzählt gern die Geschichte, ich sei der erste Deutsche gewesen, mit dem er am Tage seiner Ankunft am 16.03.1951 in Bonn gesprochen habe. Ich gab ihm ein Zimmer; später machte er das beste medizinische Examen, wurde ein begnadeter Chirurg, und unsere Familien sind seitdem lebenslange Freunde. Ein anderer Iraner, Abdolreza Movassaghi, war Shahstipendiat und so zielstrebig, dass ich ihn nach dem Jahr mit nach Münster nahm, wo er sich habilitierte. Er ging zurück nach Teheran, bekam eine Professur und kam erst nach der Machtübernahme der Mullahs zurück in sein geliebtes Deutschland. Auch hier gibt es eine lebenslange Freundschaft.

Jim bewog mich, nach Beendigung des Fachstudiums unbedingt ein Zusatzstudium in den USA anzuhängen, und gab mir den fundierten Rat, mich mit einem vorschnellen Urteil über dieses gewaltige Land mit seiner großen Verschiedenheit zurückzuhalten.

---

13 »Internationale Studentenvereinigung für Übernationale Föderation«

Erstes Treffen mit John J. McCloy

Es war die Zeit, als die Hochkommissare auf dem Petersberg bei Bonn in den drei Zonen Westdeutschlands und Westberlins das Sagen hatten: Francois Poncet, Sir Brian Robertson und John J. McCloy, der Primus inter pares. Mein erster Kontakt »to the hill« kam zustande, als mir oblag, Einladungen an die zuständigen Herren der Hohen Kommission zur Eröffnung des ISSF Hauses zu überbringen. Hochrangig vertreten war die französische Hohe Kommission. Frankreich hatte sich – aus Mitteln des Besatzungsfonds – großzügig bei der Errichtung des Hauses beteiligt.

In den Semesterferien verschaffte mir Jim, durch Freundschaft zu dem Verwaltungschef, einen Job als »Dispatcher« bei der High Commission Germany (kurz HIGHCOG genannt), mit der Aufgabe, die deutschen Fahrer aus dem großen Motor-Pool für Dienstfahrten einzuteilen. Mr. McCloy war als persönlich sehr bescheiden bekannt, verfügte aber, ob seines Amtes, über ein eigenes Flugzeug, das er zuweilen dem Bundeskanzler für Flüge nach Berlin zur Verfügung stellte, hatte einen eigenen Sonderzug und einen gewaltigen Cadillac. Von einem der Fahrer erfuhr ich, dass er in einem Fall auf der Autobahn anhalten ließ, um einem deutschen Autobesitzer mit Motorschaden helfen zu lassen.

Als von amerikanischer Seite beschlossen worden war, das gesamte Personal der HIGHCOG von Frankfurt in die Bonner Umgebung zu verlegen, entschied Mr. McCloy, der sich von Präsident Truman alle Deutschland betreffenden Entscheidungsbefugnisse ausbedungen hatte, im Bad Godesberger Ortsteil Plittersdorf eine große amerikanische Siedlung bauen zu lassen. Ein Kleinamerika, mit großzügig gestalteten und eingerichteten Wohneinheiten, Kindergarten, Schulen, Sportanlagen, Kino, Einkaufszentrum, Post, Tankstelle und einem Club, direkt am Rhein gelegen, mit allem, was das Herz begehrt. Aber ohne Kirche.

Da fühlte sich Jim, der immer sehr überzeugend argumentierende, später prominente amerikanische Theologe, mein Zimmerkollege, berufen, bei Mr. McCloy vorstellig zu werden und für den Bau einer »interdominational church« (für beide christlichen Konfessionen) zu plädieren. Wie ich erfuhr, war McCloy nicht ablehnend, aber auch nicht begeistert. Beim zweiten Treffen in der Deichmanns Aue, dem offiziellen Sitz des Hochkommissars, nahm mich Jim mit, was McCloys Umgebung nicht für ungewöhnlich hielt, auch weil mein Dispatcher Büro dem Eingang zur Deichmanns-Aue direkt gegenüber lag und man sich durch die täglichen Telefonate kannte.

Der High Commissioner schien von Jim schon überzeugt worden zu sein; ihm ging es offenbar noch um Gestalt und Namen des Gotteshaues. Jims Vorschlag in Richtung einer New England Colonial-Style-Church fand – ohne lange Diskussion – McCloys Zustimmung. Bei der Namensgebung lag ihm daran, seinem alten Chef und Freund, dem Kriegsminister Henry Stimson, ein Denkmal zu setzen.

Jim Anderson hatte mich als seinen »German roommate« vorgestellt, was Mr. McCloy nach Abschluss des Sachgesprächs bewog, von seinen »German roots« zu sprechen; von seiner, offenbar sehr geschätzten, deutschstämmigen Mutter, die nach dem frühen Tod seines Vaters seinen Lebensweg entscheidend geprägt habe, und von seiner Frau Helen, die eine Verwandte der zweiten Frau des Bundeskanzlers sei. Jahrzehnte später sagte er unserem Sohn Christopher und mir beim Tee in seinem Haus in Stamford, Conn., »Chancellor Adenauer was just, what the doctor had ordered for Germany«.

Unser Sohn wurde in dieser Henry Stimson Memorial Chapel von einem Studienfreund von Jim, dem ich in Münster ein Stipendium besorgt hatte, getauft und unsere Tochter Gabriele auch hier mit Michael Buhr ökumenisch getraut.

Nachdem die amerikanische Botschaft, zusammen mit dem größten Teil der Bundesregierung, von Bonn nach Berlin umgezogen war, vermachte Präsident Clinton am 20. Juli 1999 die Kirche der Stadt Bonn. Er fand die Entstehungsgeschichte und Rolle des von ihm hochgeschätzten John McCloy beim Bau »of this nice little church, very interesting«.

Mrs. Clinton war charmant und freundlich. Als ich in ihrer Gegenwart mit Sam Berger, dem Nationalen Sicherheitsberater, über die Rangfolge zwischen Harvard und Yale (er war in Harvard) gealbert hatte, schrieb sie mir auf die Einladung, mit Präsidentensiegel:

To Manfred Freise

with best wishes from
another Yalie

Hillary Rodham Clinton

Hillary Rodham Clinton und William Jefferson Clinton tragen sich sich bei Bärbel Dieckmann in das goldene Buch der Stadt Bonn ein. (Fotograf Michael Sondermann)

Spanien 1951

Colonel Fillingham macht es möglich

Nach Arbucias

Nachdem ein Germanistikprofessor der Universität Madrid im vollbesetzten Auditorium im Münsterschen Schloss einen mit viel Beifall bedachten Vortrag über Deutschlands Rolle im vereinten Europa gehalten hatte, beschlossen Jürgen Rasner und ich, eine Einladung seines Landes zu einem Sommerkurs nach Arbucias in der Nähe von Gerona anzunehmen, nach dem Prinzip, soviel von der bisher für uns verschlossenen Welt zu sehen wie möglich. Das Hindernis war der Vermerk in unserem Temporary Travel Document:

»All countries in Europe EXCEPT…Spain.«

An dem Sperrvermerk waren schon Studenten der Universität Köln gescheitert. Colonel Fillingham war wütend, nannte die »verdammten britischen Sozialisten« als Verursacher, die nicht wüssten, welche Stunde es in Europa inzwischen geschlagen hätte. Er erreichte, dass bei allen Antragstellern ein Vermerk von Combined Travel Board eingedruckt wurde:

»THIS DOCUMENT IS ALSO VALID FOR SPAIN«

Von Kehl bis Port Bou »Sans arrêt et retour«, quer durch Frankreich, was Jürgen auf dem Rückweg nicht eng auslegte, als er zehn Tage in Paris einlegte, mit entsprechendem Ärger bei der Ausreise. Das Campamento Español Universitario, am südlichen Hang der Pyrenäenausläufer gelegen, bot eine Menge Stoff und fast täglich Ausflüge mit modernen Bussen durch die Provinz, bis an die damals in Deutschland noch unbekannte Costa Brava; praktisch ohne Touristen. Note: gut bis sehr gut, bis auf den allmorgendlichen, von der Falange organisierten faschistischen Fahnenappell, mit erhobener Hand, von dem wir uns einheitlich, ohne Diskussion, dispensierten.

Schwieriger war eine ähnliche Situation, zwei Monate später, mitten in Madrid. Zurück von einem erfolglosen Vermittlungsversuch in Tanger, saß ich in der guten alten JU 52 auf dem Weg von Sevilla nach Madrid: neben einem spanischen Offizier, dekoriert mit dem deutschen E.K. 1 und der silbernen Nahkampfspange, verliehen in Russland, als Angehörigem der Blauen Division. Bei der Verabschiedung aus dem Zubringerbus bauten er und seine mitreisenden Offizierskameraden sich auf, erhoben die Rechte und riefen: »Sieg Heil«. Ich konnte nur lange und freundlich winken.

Das kleine Arbucias bot vielerlei Kontaktmöglichkeiten, am Tage im Freibad zu den gutbehüteten Schönheiten des Landes, am Abend für interessante Gespräche mit zahlreichen, während der heißen Wochen aus Barcelona geflüchteten Auslands-Deutschen. Ein großer Prozentsatz waren echte Flüchtlinge, Juden aus Deutschland. Es gab keinerlei Barrieren, gerade sie baten uns immer wieder um Absingen klassischer deutscher Lieder. Das relativ nahe Barcelona war, vom Tibidabo bis hinunter zu den Ramblas de las Flores, für uns Nordeuropäer in so vieler Hinsicht berauschend. Alle Preise, besonders für die für uns bis dahin zum Teil unbekannten Früchte, waren bei dem unterbewerteten Peso ungewöhnlich niedrig. Das Hotel in der Nähe des Bahnhofs kostete 5 Peseten, damals im Gegenwert 50 Pfennig.

Robert W. Heinemann

Barcelona war Ausgangspunkt für eine Reise nach Sevilla; mit der spanischen Eisenbahn war das damals ein schwieriges Abenteuer, angefangen mit stundenlangem Anstehen und einem großen Schein für die Tasche des Billetverkäufers. Mein Ziel: der Sohn der schon erwähnten Familie Heinemann. Zu Hause hieß er Werner, für die Spanier war er Don Roberto und war eine faszinierende Persönlichkeit, damals 42 Jahre alt. Die sich entwickelnde enge Freundschaft reichte bis zu seiner »Meldung zum letzten Appell«, als er, mit 95 Jahren, seinen Abgang ankündigte.

Als gelernter Bankkaufmann ging er, ohne Wissen des stark dominierenden Vaters, zur Weltausstellung nach Barcelona und zur dortigen Banco Aléman Transatlántico und wechselte, als er des Spanischen mächtig war, zur gleichen Bank nach Sevilla. Da traf ich ihn, beeindruckend, weltgewandt, im Temperament und in seiner Gestik wie der Spross dieser andalusischen Hauptstadt am Guadalquivir, so vielschichtig wie der Glockenturm der Kathedrale, das Minarett »La Giralda«. In seinem Äußeren wäre er damals selbst in Hollywood für Clark Gable durchgegangen.

Er hatte in Spanien sein Glück gemacht, nachdem ihn eine Kundin, Madame Gomez, gebeten hatte, die an der Ronda de Capuchinos gelegene Olivenfabrik als Leiter zu übernehmen, die sie ihm später vermachte. Er verarbeitete Oliven und exportierte in großem Stil, hauptsächlich in die USA und nach England. Roberto W. blieb Deutscher und seiner Heimatstadt Bielefeld verbunden; fuhr in jedem Jahr, von der spanischen Sonne überfüttert, in der für ihn schönsten Zeit, im diesigem November, in der Regel mit einem neuen Mercedes nach Deutschland. Er hatte eine Stadtwohnung neben der Fabrik und seine nach seinen Plänen errichtete Prachtvilla inmitten eines mit Pinien bestückten großen Grundstücks und mit einem zum Meer abfallenden breiten Privatstrand bei Rota, gegenüber von Cádiz. Heute dient sie als Residenz des amerikanischen Admirals, des Flotillenchefs der dort stationierten, mit Atomwaffen bestückten US U-Boote.

Da erzählte mir der neu gewonnene Freund seine Geschichte. Alles lief gut bis zur Kriegserklärung Hitlers an die USA. Er war gern gesehen im politischen Madrid und hoch geschätzt bei der Deutschen Botschaft, nachdem er seine Pläne für den in Russland eingesetzten, ferngesteuerten Minipanzer, den Goliath, übergeben hatte und außerdem einen bei Gibraltar abgeschossenen deutschen Piloten gerettet und auf abenteuerlichem Wege nach Madrid geschafft hatte. Es fehlten ihm nach dem Krieg die finanziellen Mittel, um beweisen zu können, dass er auch den Wankelmotor erfunden habe.

Seit Stalingrad, so erzählte er, wäre alles dramatisch den Bach herunter gegangen, wäre aus seiner Sicht die Fortsetzung des Krieges durch Hitler auch ein Verbrechen am Deutschen Volk gewesen.

Francos Stellungswechsel

Franco hätte einen Stellungswechsel vollzogen und die Blaue Division aus Russland abgezogen, die er Hitler auf der Höhe der deutschen Macht in Hendaya angeboten hatte. Das war ein Feigenblatt gegen Hitlers vergebliches Drängen nach Eintritt Spaniens in den Krieg und nach Öffnung der spanischen Grenze zum Durchmarsch der deutschen Truppen nach Gibraltar.

Seit Pearl Harbor sei er – Roberto – auf die schwarze Liste der Alliierten gekommen und seien seine Hauptabnehmer England und Amerika perdu gewesen. Nach dem Verlust Frankreichs 1944 wäre Franco ehrlos geworden und hätte nach Spanien übergetretene deutsche Soldaten in der spanischen Wochenschau in Handschellen mit dem miesen Kommentar vorführen lassen: »So endigen die Träume der Welteroberung an den spanischen Grenzen (Mein Beitrag in Bielefelds WESTFÄLISCHER ZEITUNG v. Oktober 1950 hatte die Überschrift DANKBARKEIT IN HANDSCHELLEN. DEUTSCHE KRIEGSGEFANGENE IN SPANIEN)!«.

Als die Alliierten in den Medien angekündigt hätten, auf Beschlagnahme des deutschen Vermögens in Spanien zu drängen, habe er seine Frau, der Condesa und Witwe eines, wie sich später herausstellen sollte, auf ungewöhnliche Art und Weise bei einem Autounfall zu Tode gekommenen Stabsoffiziers, alle Vermögenswerte, auch die Gelder in der Schweiz und in Tanger, die dortige Villa und das Haus in Rota übertragen. Damit hatte er sich in die Hände einer Abenteuerin begeben, war ein Spielball ihrer Lust; vor Scham und wegen verletzter Ehre brach er die Verbindung zu seiner Bielefelder Familie ab.

Vermittlungsversuche in Tanger

Mein Besuch in Sevilla war der erste Kontakt. Nach eingehenden Analysen machte ich zwei Monate später einen Vermittlungsversuch in Tanger bei der im Luxus lebenden Condesa, die unter keinen Umständen bereit war, nach Spanien zurückzukommen und auf einen Teil »ihrer« Gelder und Besitztümer zu verzichten. Ich drängte auf Rückkehr des Freundes nach Bielefeld und auf einen Neuanfang. Es bedurfte noch eines weiteren Besuches vor Ort, in Sevilla und Tanger im nächsten Jahr und des Drängens der ältesten Schwester Meta in Sevilla, bis er die Koffer packte. Er war so sehr Spanier geworden, dass »el honor« im Mittelpunkt seiner Überlegungen stand. Lange Prozesse und Gutachten in Deutschland und in der Schweiz brachten nur Kosten. Erst unter dem Einfluss seiner späteren Ehefrau Ursula willigte er in die Scheidung mit Tanger ein und entschied sich für einen Neuanfang auf der ganzen Linie. Nicht mehr im Stil von Spanien. Aber als er sein Rotahaus, in kleiner Ausführung in Talle, im Lipperland, auf dem Hügel – gegenüber dem Berg mit der damals ärmlichen Behausung des jetzigen Altkanzlers Schröder – bezog, da war der Grundstock für ein bescheidenes Glück gelegt: Eine neue Familie, mit Sohn Robert T. und Frau, mit Enkelsohn und Enkeltochter. Sohn Michael kam durch einen Unfall ums Leben, eine Trübung des neuen Glücks, aber Robert T. ist inzwischen Bankdirektor in München. Über Jahrzehnte tauschten wir uns regelmäßig aus, teilten Freuden und Sorgen und waren meistens einer Meinung, wollten zuweilen nur die Stimme des Anderen hören, von Roberto und Don Manfredo. Ich vermisse ihn sehr.

Vereinte Nationen als Weltenbummler

5 Studenten aus 3 Kontinenten im R 565 372

So lautete die Überschrift einer österreichischen Zeitung im September 1951.

Das war die Zeit, als besonders französische und deutsche Studenten auf ein größeres Tempo für Europas Einigung drängten. Das lag auf der Linie von Konrad Adenauer. Als fünf ISSFler, Jim Anderson, USA, Gurunath Rege, Indien, Abdolreza (genannt Parvis) Movassaghi, Iradj Homayoun (beide Iran) und Manfred Freise beschlossen, wenigstens einen Teil der westeuropäischen Problematik vor Ort zu studieren, war Konrad Adenauer von den Plänen so angetan, dass er Dr. Mai, seine rechte Hand, anwies, unsere Aktion mit einem Empfehlungsschreiben zu unterstützen und sich anerbot, die Kosten für unsere Vier-Länder-Standarte zu übernehmen.

Ford lieferte kostenlos einen neuen Ford Taunus, die Motorradwerke Bastert aus Bielefeld den Sitz für den fünften Mann, Shell das Benzin, Bayer Leverkusen für 600 DM Fotomaterial, die Firma Mädler die Koffer. Der Abt von Maria Laach, ein Freund von Konrad Adenauer, gab uns seinen Segen, obwohl Jim und ich Protestanten, Guru Hindu und die beiden Iraner Moslems sind. Seine einigende Formel war: »Wir alle haben einen gemeinsamen Gott!«

Der »schnöde Mammon« kam als Erlös von Zeitungs- und Radiosenderinterviews. Verabschiedet wurden wir offiziell vom damaligen Protokollchef, Baron von Herwarth, der ganz angetan schien von unseren Vereinten Nationen. Als gelungene Lokalität hatte er Schloss Bürresheim in der Eifel gewählt. Er sollte später Patient und enger Freund werden. Lübeck, Helmstedt, entlang am Eisernen Vorhang, Nürnberg, München, Salzburg, Triest, Venedig, Rom, Neapel, ans Dreiländereck Italien-Schweiz-Frankreich, entlang der Cote d'Azur, Pyrenäen, Barcelona, Gibraltar, Tanger, Sevilla, mit einem Besuch bei Werner Heinemann, der uns nach Madrid bis San Sebastian begleitete – und uns auch als Kunstführer durch Spanien dirigierte. Für Bordeaux hatte ich uns zwei Tage genehmigt, für Paris eine verkürzte Woche, um von Belgien und Holland wenigstens noch so viel zu sehen, dass Jim, mit unterdrückten Tränen in den Augen – nach fünfwöchentlicher Reise – noch so eben seine PAN AMERICAN – Maschine erreichte. Dann durch das »Kaffeeloch« Aachen zurück nach Bielefeld, wo Parvis, Iradj und Guru der »Freien Presse« ihre Faszination über Europa kundtaten, aber als Resümee vorbrachten: »So klein, aber so viele Probleme«. Die Bastert-Werke nutzten unser Material für einen farbigen Prospekt und schenkten mir die Maschine für Bruder Ernstfried, den Spätheimkehrer aus Russland.

Wir blieben Emil Gross, dem Herausgeber der »Freien Presse« und Mitglied des Düsseldorfer Landtages, eng verbunden.

FREIE PRESSE

„So klein — und doch so viele Probleme"

Studenten schildern Eindrücke einer 12000-km-Fahrt durch Europa / 48 Stempel im Pass

Vier von den sechs Bonner Studenten, die, wie wir berichteten, Anfang August zu einer Fahrt „Mit Auto und Zelt durch zehn Länder" starteten, sind wohlbehalten wieder nach Deutschland zurückgekehrt und statteten der „Freien Presse" einen kurzen Besuch ab, um ihr die interessantesten Erlebnisse mitzuteilen, die sie — ein Amerikaner, zwei Iraner, zwei Inder und ein Bielefelder Junge — auf ihrer 12000 km langen Fahrt durch Europa hatten.

In Helmstedt wurde es zum ersten Male aufregend. Der westdeutsche Grenzkommissar vermutete in ihnen FDJler, die an den Weltjugendfestspielen in Berlin teilnehmen wollten. Erst durch den am 9. August in der FP veröffentlichten Bildbericht, den ihm die sechs Globetrotter unter die Nase hielten, ließ er sich eines Besseren belehren. „Ein Glück, daß wir den Bericht in der Tasche hatten", meint der Bielefelder Student Manfred Freise. „Der Grenzkommissar hat uns am anderen Tag alle interessanten Punkte der grünen Grenze gezeigt."

Lächelnd lassen sich die vier Studenten — ein Inder, zwei Iraner und ein Bielefelder — vor dem Pressehaus fotografieren. Der Ford-Taunus und die Bastert-Maschine überstanden die 12000-km-Fahrt ohne Panne. Foto: FP (Gerke)

Schweden 1952

Mit Freund Hegemann und einem alten Opel P4 gen Norden. Materialsammlung für Doktorarbeit

Angeregt durch Professor Rudolf Müller, den Direktor der Münsterschen Universitätszahnklinik und gleichfalls durch Professor Alfred Kantorowisz, dem nach der Rückkehr aus dem Exil sehr beachteten Kariesforscher, beschlossen Willy Hegemann und ich im schwedischen nationalen Gesundheitswesen – Abt. foltkandvarden – Material für unsere Promotionsarbeiten zu sammeln. Weil Professor Müller der Auffassung war, das damals viel gelobte schwedische System könnte Vorbildcharakter haben, unterstützte er die Teilfinanzierung durch das NRW Wirtschaftsministerium; BP sorgte für Benzin für den alten Opel P4, und vor Ort erhielten wir Hilfen des schwedischen Gesundheitsministeriums in Form von Einführungen bei den exemplarischen örtlichen Kliniken. Von Lund im Süden bis nördlich von Stockholm reichte »unser« Territorium. Willy H. konzentrierte sich auf die Kinderzahnheilkunde, mein Terrain war die Erwachsenenbetreuung.

Die Untersuchungen führten uns auch in die Klinik von Dr. Lazarus, eines aus Hamburg geflüchteten »Nichtariers«, wie das bis 1945 hieß. Er war mit seiner Frau vor den Nazis nach den Synagogenbränden nach Kopenhagen geflohen, wovon später noch die Rede sein wird.

Mein Kollege Hegemann und ich behielten über Jahre enge Beziehungen zu dem Kollegen Dr. Lazarus und seiner Frau.

links: Willy Hegemann und der Autor betanken ihren P4.

rechts: Volkszahnklinik unter der Leitung von Dr. Lazarus.

Amerika

Eine lange Vorgeschichte. Möglich durch Senator Fulbright und John J. McCloy

Als der nationalistische iranische Ministerpräsident Mohamad Mossadegh die Wirtschaft des reichen Landes vor die Wand gefahren hatte, blieben die staatlichen Überweisungen ab Winter 1952 an die iranischen Studenten vollkommen aus. Um zu helfen, ihr Studium in der Bundesrepublik fortsetzen zu können, und, um nicht den Sirenengesängen aus Ost-Berlin zu erliegen, wandte ich mich über Emil Gross (MdL, SPD, aus Bielefeld) an die NRW Kultusministerin Christine Teusch. Düsseldorf war bereit, Studiengebühren zu erlassen und Freitische zu gewähren.

Da das nicht ausreichte, blieb nur der Weg zum amerikanischen Konsulat in Düsseldorf. Der Generalkonsul folgte meiner Argumentation und versprach, in Washington ein Hilfsprogramm prüfen zu lassen. Dann folgte, so weit erinnerlich, in etwa folgendes Gespräch: »Habe ich Sie richtig verstanden, dass Sie mitten im zahnmedizinischen Staatsexamen stehen?«

»Ja, weshalb die Frage?«

»Ich bin sicher, Sie würden ein guter Zahnarzt, aber, so wie ich Sie hier erlebe, würden Sie sicher auch ein hervorragender Politiker. Sie sollten an einer erstklassigen amerikanischen Universität Politik studieren!«

Als ich ihm dann sagte, ich wäre wegen der »falschen« Studienrichtung schon mit drei entsprechenden Bewerbungen für Postgraduate Studien in den USA gescheitert, sprach der Diplomat von einer neuen Chance, über ein Fulbright Stipendium doch das Ziel zu erreichen. Vor kurzem hätten Bundeskanzler Adenauer und der High Commissioner McCloy ein Abkommen unterzeichnet, das die Bundesrepublik in das schon bestehende Austauschprogramm einbezöge. Wenn ich interessiert sei, würde er sich, noch am gleichen Tage, für mich verwenden, so dass ich in den engen Kreis der Bewerber aufgenommen würde. Das änderte mein zukünftiges Leben. In der späten Phase setzte sich der Generalkonsul noch dafür ein, dass meiner Präferenz für die Yale University entsprochen wurde. Und als Dr. Heinrich Pfeiffer, damals Sekretär der Fulbright Commission, meine Hartnäckigkeit während einer dreitägigen, hervorragend ausgerichteten Vorbereitungskonferenz in Königswinter – ohne Namensnennung – als nachahmenswert herausstellte, kannten wir uns noch nicht. Später wurde Heinrich Pfeiffer Generalsekretär der Alexander von Humbold-Stiftung, gehörte zu meiner Klientel in der Bonner Zahnarztpraxis und wurde einer meiner persönlichen Freunde.

Der Glückwunsch zum Stipendium war von Professor James Conant, dem Präsidenten der Harvard University, unterschrieben; John McCloy, finanziell immer noch auf schwachen Füßen, war 1952 nach Amerika zurückgekehrt, Aufsichtsratvorsitzender der Chase Manhattan Bank geworden.

New York

Nach 26 Stunden, drei kurze Zwischenlandungen eingeschlossen, war die viermotorige Propellermaschine, eine DC-6 mit 48 Sitzen, eine Chartermaschine der SAS, in New York gelandet.

Beim ersten Zwischenstopp schickte ich einen Kartengruß an meine Familie: »...die mitreisenden Landsleute sind reineweg wild«. »Nix wie weg«, steht unter einem Bild der Festschrift »The First Class of Fulbrighters«. Weg aus dem von Krieg gezeichneten Land, in Richtung Land der unbegrenzten Möglichkeiten. Zoll und Einwanderungsbehörden gaben sich gegenüber den offensichtlich nicht reichen Fulbrightern großzügig. Aber dann kam an jeden von uns die Frage: »Waren Sie jemals Mitglied der kommunistischen Partei?«. Es war die Zeit der Untersuchungen »unamerikanischer Umtriebe« des Senators McCarthy.

Der für uns ausgesuchte Bus zur Insel Manhattan nahm die Schokoladenroute über die Triborough Bridge in die City. So bot sich uns das ganze Panorama, das wir nur von Postkarten und Filmstreifen kannten. Hier lag es vor uns, zum Greifen nah. Hin zum Busbahnhof und dann, mit einem Zubringerbus, hin zum Henry Hudson Hotel, mit 1200 Zimmern und ebenso vielen, großen Badezimmern; Es war für uns ungewöhnlich: an jedem Tag neue Bettwäsche, neue Hand- und Badetücher, Waschlappen; mit mehreren, täglich neuen Stückchen wohlriechender Seife; die Toiletten wurden täglich desinfiziert.

Der uns vom Flughafen zum Hotel begleitende Foreign Student Advisor hatte sich neben mich gesetzt und gab mir schon vor der Ankunft einen Stadtplan von Manhattan, erklärte das einfache Koordinatensystem, die Einteilung in Streets und Avenues; Er riet, die eigene Uhr auf Lokalzeit umzustellen und danach zu schlafen und aufzustehen. Schlimmer als die Hitze wäre anfangs die humidity, die hohe Luftfeuchtigkeit. New York hätte nicht nur viele Italoamerikaner, es läge auch auf dem Breitengrad von Neapel. Heute wäre es ratsam, nur ein Duschbad zu nehmen und den Rest des Tages die City von der Spitze des Empire State Building bei Tag und dann, bei Anbruch des Abends, als Lichtermeer zu genießen. Bus Nr. »so und so« Crosstown und mit einem »Transfer« bis hin zum »Empire State Building«. Und wenn ich dann noch Mut hätte, sollte ich window shopping machen und mit der subway zurück. Fragen nur an Männer stellen.

Wir hätten vier Tage zur eigenen Verfügung, dann käme die Verteilung, je nach Studienort, in eine andere Region des Landes. Mit Yale im Nordosten, hätte man für mich die DUKE Universität im Süden, in North Carolina, für den Orientierungskurs ausgesucht. Dahin ginge es, dann und dann, mit dem Zug.

Das waren perfekte Ratschläge »in a nutshell«, sagen die Amerikaner. Der Mann war typisch für das gesamte Programm, freundlich und entgegenkommend, wie alle Amerikaner. Der Mann an der Spitze: J. W. Fulbright, der deutschstämmige Senator aus Arkansas hatte das nach ihm benannte Fulbright-Gesetz schon im August 1946 ohne Widerspruch durchgesetzt. Vor uns fand es schon für 30 Nationen Anwendung. Alles lief wie geölt und alles entsprach der idealistischen Grundeinstellung, die dem amerikanischen Volk zu eigen ist.

Ich schaffte mein Tagesprogramm, wollte aber möglichst zu Fuß zurücklaufen. Um das zu packen, kaufte ich mir an einer Straßenecke einen »frank«, ein Frankfurter Würstchen, in einem lang gezogenen, aufgeschnittenen weichen Brötchen mit »Mustard or ketchup?« und »a coke with a lot of ice; franks oder Wiener oder hot dogs« so heißt die populäre Zwischenmahlzeit. Willy Hegemann und ich sprachen später gerne vom »heißen Hund«.

Das Angebot von Waren war am ersten Tag überwältigend. Die Preise schienen nie »regular« zu sein, sondern »Reduced to« oder »On Sale«, »One Day sale only«. An der Höhe der 42. Straße erstand ich die erste NEW YORK TIMES für fünf cents, Late Edition mit Datum des nächsten Tages, und die deutschjüdische Zeitung AUFBAU. Eigentlich noch interessanter als das Warenangebot war das Kaleidoskop der Gesichter, offenbar aus jeder Ecke der Welt.

Für den nächsten Tag hatte ich mir eingeteilt: Vereinte Nationen und Museum of Modern Arts. Beim Frühstück hatte sich nur die Hälfte der Fulbrighter eingefunden. Nichts Aufregendes: Nur einer war beim Kuck-in-die-Luft, um zwischen den Hochhäusern den blauen Himmel zu sehen, gleich zweimal mit entgegenkommenden Passanten zusammengestoßen. Kein Problem: Einer hatte gesagt: »You must be a foreigner, new in the city«. Meine Besuche sind nur Stippvisiten; von New Haven nach Manhattan sind es, wie ich höre, eben nur eineinhalb Stunden per Anhalter.

Am dritten Tag: Crosstown Bus durch Central Park zur 5th Avenue. Welcher Reichtum, welche Schönheit des Parks, mitten in der City. Jogger, Männer und Frauen. Schmucke Pferdekutschen, mit einem Kutscher (mit Zylinder) auf dem Bock; und dann in die andere Welt, abrupt von einer Strasse in die andere – Harlem. Als es dunkel wird, habe ich das Gefühl, ich sollte besser »Mücke« machen, setze mich in die Subway, mitten hinein zum Time Square. Mein Gott, wie viel Licht, wie viel Reklame, wie laut, welcher Reichtum fährt »off Broadway« in die Seitenstraßen zu Theatervorstellungen, ein paar Meter entfernt Betrunkene, Prostituierte, verbilligte »Markenwaren« hier, Schmutz und Schund daneben.

25 Jahre später sagt der 12jährige Sohn Christopher an dieser Stelle: »Ich will hier weg, das hier ist unter meiner Würde!« Er genoss sonst sehr wohl die Attraktionen der Stadt, die Weihnachtsstimmung mit dem Meer von elektrischen Birnen in den Bäumen, die immer wieder anziehende Szene der Schlittschuhbahnen am Rockefeller Centre und die Nussknackervorstellung im Lincoln Center. Heute hat Christopher geschäftlich viel in den USA zu tun, hatte eine Zeitlang eine green card, liebt das Land, wie sein Vater, als »home away from home«.

Beim Kassensturz vor der Abreise stellte ich fest, ich kann mir, sollte mir für die heißen Südstaaten noch die und die helle Hose kaufen, die ich da und da als »final sale« gesehen hatte. Der salesman (Verkäufer) tritt auf wie ein Freund und lässt mich wissen, dass die Saumanpassung nie im Preis inbegriffen ist; der besondere »deal« ist: die alterations wären in einer halben Stunde fertig; bis dahin könnte ich schon zahlen. Danach kein Wort mehr, kein Blick mehr: Später sollte ich erfahren, dass das typisch ist. Das Warten gab mir Gelegenheit mich umzusehen, und da entdecke ich immer wieder Verkäuferinnen im Großmutteralter.

Wie verkauft man hier seine Ware? Auf dem Rückweg zum Hotel sehe ich an einer belebten Ecke ein Blumengeschäft mit großer Auswahl. Die Reklame in farbigen, leuchtenden Neon-Lettern: »Open 24 hours«; und im Fenster eines Drugstores: Frühstück für 2 $, Eat as much as you like.

Und dann, arrangiert vom Foreign Student Advisor, Abschied von New York City, von der Grand Central Station, unübertroffen in Größe und Schönheit, was die Halle betrifft. Und was uns am Zug erwartet, habe ich in dem wöchentlichen detaillierten Bericht nach Bielefeld als größtes bisheriges Erlebnis beschrieben. Ein Pullmanschlafwagen in unbekanntem Luxus, mit schwarzer Bedienung, in weißer Jacke, mit schwarzer Kappe, unaufdringlich höflich. Und am Morgen der Speisewagen in gleichem Stil und Geschmack. Aircondition überall. Bis nach Durham, North Carolina.

Duke University

Welch ein atmosphärischer Wechsel für Augen und Ohren zwischen den Bildern bei der Abfahrt aus der Millionenmetropole Manhattan und der Ankunft in der kleinen Stadt Durham in Dixie, im damals noch alten Süden.

Die sprichwörtliche Gastfreundschaft des Südens, von Southern hospitality, begann schon am Bahnhof mit dem Empfang von Dr. Earl Hanson, Professor für Politologie und in diesem Jahr verantwortlich für den Orientation Kurs von 45 Fulbrightern aus Europa, Asien und Südamerika. Für uns vier Deutsche und einen Finnen hatte er zwei große Station Wagen bestellt und kutschierte uns mit einem davon selber zum Campus.

Der Weg durch die Stadt war eine Vorschau. In der Mitte die Chesterfield Zigarettenfabrik, Stiftung der Familie Duke, die der Universität alle finanziellen Mittel und den Namen gegeben hatte. Der Tabakgeruch gehörte genau so zur Stadt wie der für uns so ungewohnte Sing Sang des freundlichen Southern drawls. Sprachforscher bringen ihn mit der gutturalen Sprechweise der Schwarzen in Beziehung.

Duke, erbaut im Stil anglofranzösischer Gotik, ist neuer als andere bekannte Universitäten, hat ihnen aber den Rang abgelaufen und rangiert heute als Nummer vier, hinter den Ivy League Universitäten Yale (1.), Princeton (2.) und Harvard (3.). Präsident Nixon war Absolvent der Duke Law School und Kenneth Rush, später US Botschafter in Bonn, mein Patient und mir eng verbunden, war einer seiner Professoren. Zentral gelegen und optisch hervorgehoben ist die Duke Chapel; am Sonntagmorgen gefüllt bis auf den letzten Platz: Für die Methodisten war es nicht ungewöhnlich, auch noch zum Sonntagnachmittag-Service zu gehen. Dabei sind die Sonntage »dry«, kein Alkoholausschank oder Verkauf.

Unsere Kurse waren ein Gewinn, waren gut vorbereitet, wurden locker präsentiert. Amerikanische Geschichte, Innen- und Außenpolitik, Schul- und Hochschulwesen, manches im Seminarstil. Exkursionen zum Gouverneurssitz in Raleigh und zu historischen Stätten; Besichtigung eines Anwesens eines Southern Homes, vielen aus dem Film »Vom Winder verweht« mit Vivien Leigh und Clark Gable bekannt, aber auch des Armenviertels der Schwarzen. Und vieles mehr stand auf dem täglichen Nachmittagsprogramm.

Es gab nur eine kontroverse Diskussion über die Rassentrennung jener Tage und die Frage, warum man uns hierhin, in die Südstaaten, für diesen Kurs geholt hätte, wo wir doch täglich die für uns peinliche Praxis miterleben müssten, dass die »Schwarzen« im hinteren Teil der Busse sitzen mussten. Die Antwort: Das ist das Gesetz dieses Staates und im Übrigen wäre der Austausch keine Propagandavorstellung. Man wüsste, dass vieles im Lande verbesserungswürdig sei. »We are working on it!« Bis dahin gelte: Divided but equal, getrennt aber gleich. Dass das kein leerer Spruch war, erlebten wir ein paar Tage später bei der University of North Carolina, einer Universität für » Neger«, so hieß es damals; heute ist man zu der Sprachregelung übergegangen, von Afroamerikanern zu reden.

Diese Universität war von der Familie Duke mit den gleichen finanziellen Mitteln ausgerüstet wie Duke, nämlich mit 60 Millionen Dollar. Entsprechend modern war die Ausstattung. Alle Studenten und der ganze Lehrkörper waren von dunkler Hautfarbe, bis auf den Rektor, hier President genannt.

Dieser ansehnliche Mann, von großer Statur, ermutigte uns, alle Fragen zu stellen, die uns in den Sinn kämen. Das Ergebnis: ein pechschwarzer, indischer Fulbrighter stellte die Frage, weshalb er, der President, als einziger ein Weißer sei. Die Antwort: Ich bin nicht weiß, »I am coloured«, und er zeigte dem Frager seine Fingernägel, bei denen es keinen weißen Halbmond gäbe. Die peinliche Nachfrage des Inders lautete, wie das möglich sei. Die Antwort: »Vor einigen Generationen hat offenbar ein reicher Plantagenbesitzer gegen das Gesetz verstoßen und sich in eine Sklavin verliebt.« In meinen Notizen dieses Tages heißt es weiter… »im Rückblick auf die vergangenen Jahre«, sagte der President, »waren es schwere Zeiten, und hätten wir nicht so viel Humor, wären sie noch schmerzhafter gewesen«. In der Literatur nennt man sein »Weißsein« eine »Rezessive, dominante Vererbung«.

Amerika hat in der Tat »daran gearbeitet«. Noch 1957, in der zweiten Amtsperiode von Präsident Eisenhower, erzwang er mit der Nationalgarde die rassische Integration der Central High School in Little Rock, Arkansas, die gleiche Schule, die damals Condoleezza Rice besuchte. Ihre Laufbahn, hin bis zur US-Außenministerin, ist, wie bei ihrem Vorgänger Colin Powel, der Hinweis auf die erfolgreiche Entwicklung des Non-Discrimination-Act in den USA.

Die Kursteilnehmer besuchten auch die Duke Medical School. In der Oral Surgery war gerade ein Kollege ausgefallen, nach Korea eingezogen worden. Da kam die Frage des Klinikchefs, ob ich aushelfen wollte und könnte. Dr. Hanson stellte mich für die Nachmittage frei und war selber überrascht, dass ich schon nach einem Tag eine bezahlte Anstellung erhielt, einschließlich der Social Security Card. Nach voller »Integration«, mit dem Einzug ins Ärztehaus und dem überaus freundlichen Umgang mit den amerikanischen Kollegen, tat ich mich schon etwas schwer, eine angebotene feste Anstellung auszuschlagen. Das aber war nicht im Sinn des Programms, nicht die Absicht von J. W. Fulbright: eine Einwanderung durch die Hintertür.

Extracurriculars ergaben sich aus dem Kursgeschehen, wie die Einladung von Dr. Hanson zum Abendessen in sein Privathaus, aber auch als Folge der in Amerika stark beachteten Bundestagswahl in Bonn, kamen Vorträge bei den Rotariern, dem Durham Sertoma Club, ein Interview mit der größten Zeitung der Stadt und ein Vortrag im örtlichen Sender hinzu, den ich sinnigerweise im Hospitalbett hören konnte. Die Hitze und die Menge der Eindrücke, auch die Verarbeitung von Überfluss und Reichtum, hatten mir zugesetzt.

Ein überaus angenehmes Extracurricular war das erste amerikanische »date« mit Jo Fox, Arzttochter und College Queen des letzten Jahres. Sie war nicht nur hübsch, sondern auch intelligent. Nur für einen damals von ihr vorgebrachten Zukunftswunsch, »Nicht viel, nur eine kleine Insel für mich«, fehlte mir das Verständnis. Ich wusste so wenig von diesem gewaltigen Land, z.B. dass es in Minnesota 10.000 Seen gibt, mit entsprechend vielen Inseln, die meisten von ihnen ohne Namen. Vor Jahren nahm Jo zu Weihnachten über einen Gruß wieder Kontakt zu mir auf; sie hätte im Vormonat gleich zweimal von mir gelesen, im Life Magazin über politische Aktivitäten und in der New York Times eine ganze Doppelseite: »Facing Mayor Dental Work, Take your teeth to Europe«. Sie legte ein Bild bei, für den Fall, dass ich mich ihrer nicht erinnern würde und an: »dancing in the dark«. Das war in der Tat eine für mich, einem »stiff German«, ungewöhnliche Episode, wo sie mich, nach dem Besuch eines beliebten »Ratskellers«, während der Heimfahrt mit einem Wüstenschiff eines Kollegen bei guter Musik der fabulous and unforgettable fifties bat, anzuhalten, einfach so, um unter einem großen Baum mit ihr zu tanzen.

Die wunderschöne Weihnachtskarte, geziert mit bunten Blumen und einem Schmetterling, stellte eine Aussage von Goethe heraus:

»To know someone here or there; with whom you can feel there is understandig in spite of distances or thoughts unexpressed... That can make of this earth a Garden.«

Wie wahr, wie sinnvoll!

Mit Mitarbeiterinnen der Oral Surgery Clinic, Duke Hospital

Yale. Signe Culbertson.

International House 1953

International House, 406 Prospect Street, in New Haven, Conn., ist eine gute Adresse und zugleich, seit 1948, eine Institution. Damals hatte ein privater Stifter diesen herrschaftlichen Sitz der Yale University Christian Association vermacht.

Mein Einzug begann mit einer »Überraschung«, als mir, wie es sich herausstellte, von dem Hausmeister die Tür mit einem Hitlerspruch geöffnet wurde. Der arme Kerl leierte bei jedem Gast den Spruch herunter: »I am Bill Hittler, Hittler with double ‚t'. Der dann folgende herzliche Empfang kam von der Sekretärin, von Caroline Sikorsky. Trotz des bekannten Namens und der Sikorsky Helikopterfabrik im Hintergrund, war die Familie verarmt. Der Schwiegervater, gebürtiger Russe, hatte durch unsinniges Prozessieren Haus und Hof verloren. Carolines Mann studierte an der Yale Divinity School, direkt gegenüber dem International House, Theologie.

Anfang des achtzehnten Jahrhunderts, von zehn Geistlichen gegründet, stellt diese Theologische Fakultät den Nukleus der Universität Yale in New Haven dar. Da studierte auch der Direktor unseres Hauses, David Gillespie. Auch bei ihm war das soziale Umfeld interessant. Sein Vater hatte 1929, am »schwarzen Freitag«, sein großes Vermögen an der Wall Street verloren. Die Moral des Sohnes: Es war nur Geld. Er, David, hatte gerade drei Monate sozialen Hilfsdienst in Harlem hinter sich. Nichts Ungewöhnliches, wie ich später erfahren sollte. Auch er studierte Theologie.

Mehrere christliche Gemeinden übernahmen die festen Kosten des Hauses und luden im Wechsel sonntags nachmittags zum kultivierten Tee für die 24 Hausbewohner, deren Freunde und interessierte Gäste ein. Wir Stipendiaten waren »Postgraduates«, hatten alle ein abgeschlossenes Hochschulstudium hinter uns. Da gab es z.B. meinen »Doppelzimmerkollegen« aus Pakistan, der sich auf internationales Recht spezialisierte, eine Belgierin, die sich als Harfenistin in Europa schon einen Namen gemacht hatte, und einen, ebenso begnadeten, koreanischen Pianisten. Mir gegenüber lag das Zimmer von Hans Kornfeld, eines später zu großem Ansehen gekommenen Biochemikers aus England, geboren im westfälischen Herford. Sein jüdischer Vater, Offizier im 1. Weltkrieg, fühlte sich sicher und endete mit seiner Frau im Warschauer Ghetto (Brief 5).

Unsere Beziehungen waren unbelastet und freundlich. Für ihn, wie für die meisten Juden, war ich ein Vertreter des neuen Deutschlands. Beim noch latenten Antisemitismus in den USA und der Diskriminierung von Juden – auch in Yale – bei der Zulassung von Undergraduates (die jüdische Quote lag bei 3%), fühlte sich Hans Kornfeld in unserem kosmopolitischen Kreis offenbar ebenso wohl wie die einzigen Amerikanerinnen im Haus, Ruth Marossi aus Wien und Selma Weiß aus Prag, beide jüdischer Konfession. Sie beide waren seit 1945 naturalisierte US-Bürger.

Das Haus verfügte über eine große Bibliothek. Die NEW YORK TIMES, TIME und NEWSWEEK hielten mich über die internationale Lage auf dem Laufenden und ließen mich die Bonner Politik mit heilsamen Abstand beurteilen.

Über die Kontakte zu den christlichen Gemeinden war ich bald ein begehrter Redner, in Kirchen und Schulen. Das war zeitaufreibend, aber ganz im Sinne des Austauschprogramms, nicht nur zu lernen, sondern auch zu informieren; Verständnis zu schaffen für die deutschen Verhältnisse. Rührend waren Dankesbriefe von Schülern, zuweilen mit ein paar Dollars als Beilagen. Eine Fernsehkorrespondentin brachte mich in Verlegenheit, als sie vom vereinbarten Thema abwich und mich lange über Hitlers Judenverfolgungen auseinandernahm. Das Ergebnis waren zwei hochrangige Einladungen: Die erste von einer Sorority, einer weiblichen Studentenverbindung von Princeton, mit Übernahme aller Kosten. Die zweite führte in das ehrwürdige Faculty Building am New Haven Green, an der College Street. Eingeladen hatten die Ehefrauen der Fakultätsangehörigen.

Die hier frei gehaltene Rede war eher holprig, aber die nachfolgende Diskussion hatte wohl so überzeugt, dass mir Frau Bergman (ihr Mann, der aus Deutschland stammende Chemieprofessor, hatte während des Krieges das zweite »n« gestrichen) beim nächsten Treffen freudig berichtete, nach meiner Verabschiedung hätte sich eine jüdische Professorenfrau in dem Sinne geäußert, wenn dies der Geist des neuen Deutschlands sei, dann brauche man sich keine Sorgen mehr zu machen.

Zu den Hausgästen gehörte auch der frühere Gouverneur von Connecticut und U.S. Botschafter für Indien, Chester Bowles.

Er sah für das »Adenauer-Deutschland« eine sehr gute Entwicklung voraus. Mit Eisenhower als neuem Präsidenten und Dulles an seiner Seite würde Deutschland bald eine führende Rolle in Europa übernehmen. Das dortige Zusammentreffen mit Reinhard Lettau und Paul Becker vom Heidelberg-Yale Austauschprogramm sollte entscheidenden Einfluss auf Reinhards und meinen Lebensweg nehmen.

Ein anderer Hausgast war die eben aus Deutschland zurückgekehrte Signe Culbertson, eine Theologiestudentin aus Roncho Santa Fe, einer Stadt im südlichen Kalifornien, wo ihr Vater Pfarrer war. Signe war auch Fulbright-Studentin in der Divinity School. Sie bleibt mir bis heute ein leuchtendes Beispiel für amerikanischen Idealismus und praktizierte christliche Nächstenliebe. Ein von mir erbetenes Bild zeigt diese hübsche, junge Amerikanerin mit Schaufel und Schubkarre bei der Errichtung des Kreisjugendhofs in Rothenburg an der Fulda. Von den Quäkern organisiert, arbeitete ihre Gruppe in Work Camps auch beim Wiederaufbau der durch den Krieg stark zerstörten Stadt Kassel. Sie heiratete Rev. Frost, einen Studienfreund der Yale Divinity School. Nach Ausbildung ihrer vier Kinder studierte sie Psychologie und wurde eine über Kalifornien hinaus sehr bekannte Psychotherapeutin. Ihr viel beachtetes Standardwerk SOUL COLLAGE[14] ist die Basis ungezählter Vorlesungen und Seminare landesweit.

Die Universität

Yale's so genannter old campus, im neugotischen Stil errichtet, ließ mich an Cambridge denken. Das britische Erbe ist im ganzen Neuengland erkennbar. Die Universität ist, wie Duke und Harvard, um nur zwei weitere größere zu nennen, eine private Institution. Das Stiftungsvermögen geht auf Elihu Yale, einen englischen Überseekaufmann, zurück. Die vierjährige Ausbildung bis zum B.A. kostete schon damals ca. 200.000 DM. Hochqualifizierte Bedürftige erhielten Stipendien. Beim Auswahlverfahren, bei denen nur 10% die Zulassung schafften, waren auch soziales Engagement, musische Begabung und sportliche Aktivität gefragt. Einmal zugelassen, engagierten sich fast die Hälfte der Studenten in karikativen Organisationen, betreuten Rentner und Behinderte in Heimen oder wirkten in den verfallenen Ghettos der Umgebung.

Britisch als Vorbild sind die zwölf Colleges, wie Timothy Dwight und Pierson College, jedes mit eigenem Wappen und eigener Krawatte; symbolisch für den erstrebten Adel des Geistes. Das Freizeitangebot der Universität war für den bescheiden erzogenen deutschen Stipendiaten gigantisch. Das Sportzentrum war das größte der Welt; es gab das berühmte football stadium, eigene Segelboote, den obligatorischen Golfplatz usw. und, für den Geist: Debattierclubs, literarische Zirkel und Gesangsgruppen.

In den Colleges lebten (bis 1969) nur Männer, nur Weiße. Die inoffizielle Yalie-Uniform waren weiße Wildlederschuhe, helle Flanellhosen, weiße button-down shirts und Tweedjacke, kurzhaarig und bartlos, einfach proper.

Ohne Yalie-Look war die Graduate School, waren die elf Fakultäten. Hier gab es auch eine Minderheit von Studentinnen. Das traf auch auf das International Relations Department zu, dem Professor Arnolf Wolfers vorstand. Sein Seminar stand unter dem Titel »Analyse von Macht und Politik«. Der gebürtige Schweizer war, wie erwähnt, bis 1933 Direktor der Hochschule für Politik in Berlin. Theodor Heuss war einer seiner Dozenten. Während des Krieges gab er Politikvorlesungen für deutsche Kriegsgefangene. Adenauers Staatssekretär Hallstein war einer seiner Hörer hinter Stacheldraht. Helmut Schmidt

[14] Frost, Seena B.: Soulcollage. An Intuitive Collage Process for Individuals and Groups, Santa Cruz 2001.

bezog sich später gern auf Wolfers analytische Aussagen. Die waren für uns, seine 15 Seminaristen, schon seiner Zeit spannender Stoff. Seine Grundüberzeugungen basierten auf christlicher Ethik und Realpolitik.

Wie seine Kollegen erwartete er rege Mitarbeit im Seminar, Fleiß und Bewältigung des aufgegebenen Lektürestoffs. Für alle vier Seminare zusammen waren das bis zu 1000 Seiten Lesestoff in der Woche. Wir arbeiteten zuweilen bis um 3 Uhr in der Nacht. Die gewaltige Sterling Memorial Bibliothek, mit der siebtgrößten Büchersammlung der Welt, war an sieben Tagen in der Woche geöffnet, von neun Uhr früh bis Mitternacht. Niemand klagte.

Ein Paradies für alle Lernwilligen, bei 1500 Lehrkräften. Die Ergebnisse aller Seminararbeiten wurden am schwarzen Brett bekannt gegeben. Der oben erwähnte, aus Deutschland stammende Ordinarius für Chemie, Professor Bergman(n), beklagte den abgesackten Leistungs- und Forschungsstand an den deutschen Nachkriegsuniversitäten.

Mit der folgenden Geschichte greife ich zurück und zum Teil voraus. Der auch aus Deutschland stammende Joachim von Elbe, schreibt in seinem Buch UNTER PREUSSENADLER UND STERNENBANNER[15] die Leistungsanforderungen an der Yale Law School (Brief 38). Da avisierte der Dekan den straight A, d.h. den 1,0 – Studenten, man solle sich in seiner Nachbarschaft umsehen. Am Ende des ersten Jahres würde die Hälfte wegen »mangelnder Qualifikation« ausgeschieden sein.

Dr. von Elbe, der Rechtsberater des Senats der Freien Stadt Danzig und Sohn eines preußischen Landrats, musste in Amerika sein Studium wiederholen, nachdem man ihn im Deutschland Adolf Hitlers aus dem öffentlichen Dienst entlassen hatte. Er galt als »Mischling zweiten Grades«. Väterlicherseits stammte er von der Familie derer von Richthofen und mütterlicherseits von der Familie Mendelsohn-Bartholdy (Brief 38).

Als Rechtsberater von fünf amerikanischen Botschaftern in Bonn wurde er mein Patient und Freund der Familie. Nach seiner Pensionierung ließ ihm Bundespräsident Heinemann in Washington das »Große Verdienstkreuz« der Bundesrepublik Deutschland überreichen. Bei der Vorstellung seines Buches ROMAN GERMANY[16] bot sich die Gelegenheit, ihn in meinem Privathaus mit dem Ehepaar Heinemann bekannt zu machen. Wie häufig habe ich es schon in Amerika als schmerzlich empfunden, was wir neben dem unsagbaren Leiden für die Betroffenen – uns selber mit dem Verlust einer Elite von 500.000 deutschen Juden angetan haben.

Cecil Driver war mein Professor für Comparative Government. Schon nach der zweiten Seminarrunde hatte er mich zu einem kleinen Essen eingeladen. Vor der Verabschiedung bekundete er Sympathie und bot Kollegialität an. Ich hatte von seiner Geschich-

---

15 Elbe, Joachim von: Unter Preussenadler und Sternenbanner. Ein Leben für Deutschland und Amerika, Gütersloh 1983.

16 Elbe, Joachim von: Roman Germany. A Guide to Sites and Museums. Mainz 1975

te gehört, die eines hochgeschätzten Hochschullehrers. Seine Brillanz wurde von den undergraduates (sehr unamerikanisch) am Ende der Vorlesungen mit akademischem Klopfen belohnt. Dabei war er Land und Leuten gegenüber sehr kritisch bis ablehnend. Er war 1938 für ein Jahr über einen Professorenaustausch zwischen Oxford und Yale nach Amerika gekommen und – wegen des Krieges in Amerika »hängengeblieben«. Die schwere Krankheit seiner Frau und die verbrauchten finanziellen Mittel zwangen ihn zu bleiben, wo er sich, wie er sagte, nicht einen Tag wohl gefühlt hatte.

Er sei in all den Jahren nur zweimal in New York gewesen, wo die Menschen keine gemeinsamen Normen hätten. Er gab mir den Rat, meine Redeverpflichtungen einzuschränken, mit Amerikanern zusammenzuziehen, in ein Privathaus in der Nähe der Graduate School.

Ein amerikanischer Ferienjob

Nachdem R. Lettau und P. Becker, die Heidelberger »Yalies«, in der Radio City Music Hall eine erfolgreiche Wasserrevue gesehen hatten, bot ihnen der europäische Vertreter der Broadway Revue einen Ferienjob besonderer Art an. Es galt Teile dieser Dancing Waters Show in verschiedenen Zentren der USA zu managen. Man lud mich ein mitzumachen. Nach mehreren Wochenendausbildungen am Broadway entschied der Manager, nur zwei von uns zu nehmen. Ich bot an, zu Gunsten des Freundes Lettau zu verzichten; ich hatte ein Angebot von der Guggenheim Klinik. Der Manager, Jude wie das gesamte Management, zeigte sich ob dieser Loyalität beeindruckt; kein Amerikaner würde in dieser Situation auf ein Showbusinessgehalt verzichten.

Reinhard brauchte Geld und spielte in Greenwich Village, dem Künstler- und Schriftstellerzentrum Manhattans, Schach für Geld; traf bei der Gelegenheit eine reiche Tochter aus Boston, heiratete bald »in style« in der exklusiven Little Church around the Corner, promovierte in Harvard und wurde Professor für Vergleichende Sprachwissenschaften an der University of Southern California. Über den gefeierten Lyriker und unser neues Treffen in Deutschland, nach der Wende, später mehr.

Für mich bot sich die Chance, mehr von Amerika zu sehen, auf Kosten von Dancing Waters, und dabei noch ziemlich gut zu verdienen. Der erste Auftritt war ein »one night stand« im größten Stadium von Philadelphia, zusammen mit Eartha Kitt und Eddi Fischer, damals gefeierte Hollywood Stars. Die folgenden wochenlangen Shows waren eine Nummer kleiner, im Riverview Park in Chicago. Diese Stadt mit ihren großen Parks, der Skyline am Michigan See, mit ihren an vielen Stellen sichtbaren Elementen deutscher

Einwanderer, habe ich lieben gelernt. In den freien Stunden boten sich Gelegenheiten, an der North Western Universität zu »schnuppern«, und die Möglichkeit der Teilnahme an der Weltkirchenkonferenz in Evanston mit einem Treffen mit Gustav Heinemann, Martin Niemöller und Hanns Lilje.

Philipp Jessup und Vice Admiral Stevens im Club

Yales International Relations Club, mit Sitz im dominierenden Gebäude der Graduate School, war eine Institution. Die Mehrheit unserer Mitglieder stellten Angehörige des Lehrkörpers, die Vortragenden waren in der Regel Persönlichkeiten aus Washington oder von New York.

Faszinierend war ein Vortrag von Philipp Jessup, der »off the record« über die Zusammenhänge der hochexplosiven Berliner Blockade und der Alliierten Luftbrücke (von Juni 1948 bis zum Mai 1949) berichtete. Die Lösung kam, wie er uns wissen ließ, »geplant zufällig« durch ein Treffen mit dem sowjetischen UN-Vertreter an der Bar der UNO am East River.

Eine zeitgeschichtliche Begebenheit war das Referat des eben aus Moskau zurückgekehrten Marineattaches der US-Botschaft von Vice Admiral Stevens. Er zeigte sich begeistert, vor einem solchen elitären Auditorium sprechen zu können. Er sei bisher geradezu deprimiert, wie seine Vorträge über das Sowjetsystem und die absolute Rechtlosigkeit der anderen Superpower von allen Gremien landesweit völlig verständnislos aufgenommen worden wären. Die überall geäußerten Einwände hätten sich auf Aussagen konzentriert wie: »Das kann doch nicht wahr sein, das kann doch nicht sein!«

Am Ende seines Vortrages und der anschließenden Diskussion musste er erleben, dass die Yale Elite nicht anders reagierte als das übrige Amerika.

Hajo Holborn

Es schien mir nicht ratsam, mich an der Diskussion zu beteiligen, nachdem der neben mir sitzende Politik-Professor Hajo Holborn auch geschwiegen hatte.

Wir kannten einander recht gut. Als Mitglied seines Seminars »European Diplomace, 1914-1939« und Kenner seines Standardwerks THE POLITICAL COLLAPSE OF EUROPE[17] war ich mehrfach Gast in seinem Haus; wusste, schon seit unserem Kennenlernen, dass auch er Professor an der Hochschule für Politik in Berlin gewesen war und er Deutschland früh wegen seiner jüdischen Frau, Tochter eines Heidelberger Medizinprofessors, verlassen hatte und nur wegen seiner beiden Kinder Hanna und Frederick nach 1945 nicht nach Deutschland zurückgekehrt war. Die Verbindung zum neuen Deutschland war eng. Tragisch war, dass er während eines Besuchs bei »Inter Nationes« in Bad Godesberg an einem Herzversagen verstarb. Er war Kettenraucher gewesen, rauchte sogar während der Vorlesungen.

Seine wesentlichen Aussagen über die vergleichsweise große Toleranz in Deutschland vor der »Machtergreifung« gegenüber der jüdischen Minderheit von ca. 500.000 Mitbürgern decken sich mit späteren Veröffentlichungen zu dem Thema von Franz Oppenheimer – geboren in Mainz: VORSICHT VOR FALSCHEN SCHLÜSSEN AUS DER DEUTSCHEN VERGANGENHEIT[18], und dem Beitrag von Lew Kopelew. Holborn wiederholte auch im Seminar, dass der Antisemitismus ein Import aus Wien gewesen sei, gebunden an die Figur des judenhassenden, »erfolgreichen« Demagogen Hitler und des ihm hörigen Propagandaministers Goebbels. Holborn zitierte auch gern das Schicksal von Edward Teller, des Entwicklers der Wasserstoffbombe; für den von der Budapester Universität wegen Antisemitismus vertriebenen Physiker sei Berlin ein »heaven« gewesen, bewundert und anerkannt, bis der Wiener »Judenfresser« ihn auch von Berlin verjagt hätte.

Am Ende des Empfanges für den in Zivil erschienenen amerikanischen Admiral machte Hajo Holborn, der Weltkrieg I-Offizier des deutschen Kaisers, der den Anfang des Nazismus in Berlin erlebt hatte und jetzt als Politikwissenschaftler aussagekräftig war, mit einem jungen Deutschen an seiner Seite den Vorschlag zu einem Dreiergespräch in seinem Arbeitszimmer, schräg gegenüber auf dem gleichen Flur: »Ja« sagte Hajo Holborn, er verstände den frustrierten Admiral sehr wohl. Deshalb, weil die Beschreibung des sowjetischen Alltags deckungsgleich sei mit dem Nazideutschland ab 1933. In Berlin hätte man in der Zeit festgestellt, dass alles das, was die Nazis nach dem Reichstagsbrand an Rechtlosigkeit und Barbarei eingeführt hätten, Kopien des stalinistischen Terrors ge-

---

17 Holborn, Hajo: The Political Collapse of Europe, New York 1965.

18 Oppenheimer, Franz: Vorsicht vor falschen Schlüssen. Die Verführungen einer kollektiven Schuldbesessenheit, in: FAZ vom 14. Mai 1986, S.10.

wesen seien. Das Entmutigendste sei die Einsicht gewesen, dass es eines Militärputsches oder einer militärischen Niederlage bedürfe, um dieses dämonische System loszuwerden. Leider hätte sich das als zutreffend erwiesen.

Stevens Aufgabe müsste sein, die Politik von Dulles und Eisenhower – und von Churchill – in Washington durch unermüdliche Aufklärung zu unterstützen und der Sowjetunion in Forschung, Wirtschaft und in militärischer Bereitschaft den Rang abzulaufen und schließlich in Europa auf Dauer präsent zu bleiben. Zu dem langen Atem gäbe es keine Alternative. Wir hatten das Gefühl, der Vice Admiral verließ uns mit »Mission accomplished!«.

Der besorgte Psychiater

Auf Dr. Harts Schild stand MD, für Medical Doctor, wie üblich hinter dem Namen und darunter auch YALE PUBLIC HEALTH. Er war Psychiater und hatte zu mir Kontakt aufgenommen, um mit mir einmal in der Woche, für den Preis eines guten Mittagessens, sein angerostetes Deutsch aufzufrischen. Dabei sprachen wir auch über seine beruflichen Probleme. Besorgniserregend waren die traurigen Analysen jüdischer Studenten.

Vor dem Krieg hätten jüdische Patienten im Land, wo man White, Anglosaxon und Protestant sein sollte, unter dieser Diskriminierung gelitten. Ich wüsste sicherlich um das ungeschriebene Gesetz von nur 3% Juden bei den Undergraduates, dass für viele Wohngebiete die Auflage gelte: Gentiles only (nur für Christen), dass an den vornehmen Country Clubs am Eingang Schilder ständen: »No Jews, no Blacks, no Dogs«, und dass an der Wallstreet keine Juden angestellt würden.

Heute kämen die jüdischen Studentenpatienten, weil sie immer wieder wegen ihrer Aggressivität aneckten. Obwohl sie ja selber nicht betroffen seien, diagnostizierte er bei ihnen ein posttraumatisches Syndrom. Sie litten unter der Passivität ihres Volkes in Europa im Angesicht des Todes. NEVER AGAIN sei die Devise. Dabei neigten sie zum Exzessiven. Er sagte voraus, diese Generation würde alles mobilisieren, um im Nahen Osten zu dominieren, ohne Weitsicht, ohne dem Beispiel der sich in Europa abzeichnenden Zusammenarbeit unter früheren Feinden zu folgen (Dok 12). John McCloy sei ihre Zielscheibe, weil er es unterlassen hätte, Auschwitz bombardieren zu lassen. Mindestens die zuführenden Bahnlinien hätte er vernichten lassen müssen.

Dieser Auffassung war auch mein jüdischer Freund Rosenzweig, bis ich ihn 50 Jahre später – mit Unterstützung von Prof. Hans-Peter Schwarz und Dr. Klaus Stammen – von der Unhaltbarkeit seiner Vorstellungen überzeugen konnte.

Robert M. Rosenzweig und ein verändertes Land

Wie Dr. Hart hatte auch Robert M. Rosenzweig ein Problem mit der deutschen Sprache. Wir saßen im gleichen Seminar »International Organisation and Administration« von Professor Sharp, einem früheren Mitglied der US-Delegation bei den Vereinten Nationen.

Um in der Politischen Wissenschaft promovieren zu können, musste Bob über befriedigende Sprachkenntnisse in Deutsch und Französisch verfügen. Ich wurde sein Nachhilfelehrer. Daraus wurde eine lebenslange Freundschaft der Familien.

Seine Karriere: Nach der Promotion und einem »Zwischenstopp« in J.F. Kennedys Wahlkampfteam folgte die Professur für Politische Wissenschaft und eine Stellung als Provost an der Stamford Universtität, die später Dr. Condoleezza Rice übernehmen sollte. Sie sollte ihm – um Jahre versetzt – nach Washington folgen. Sie ins White House, Robert Rosenzweig als Präsident der Amerikanischen Rektorenkonferenz.

Die Entwicklung im Land ging einher mit dem veränderten Bild in allen Institutionen auf allen Ebenen, auch auf dem altehrwürdigen Campus von YALE. Seit dem Tod von Martin Luther King, seit den Erschütterungen durch die Niederlage des Landes in Vietnam und nach Eisenhowers Antidiskriminierungsgesetzen ist in New Haven das Bild geprägt von Gesichtern und von Farben aller Rassen. Bei der Gewandung der Undergraduates ist der YALE-Look abgelöst von Jeans und T-Shirts, hin bis zum gewaltigen Rauschebart, wie ihn der Student Bill Clinton vorführte. Dazu Coeducation, das Ende der Boys School – aber auch bei bleibender Exzellenz.

In seinem bewegenden Brief von April 1997 schrieb Bob Rosenzweig (Brief 67), dass unsere enge Freundschaft seine beruflichen Aktivitäten der letzten Jahre mitbestimmt hätte. Während seiner Präsidentschaft intensivierte er den deutsch- amerikanischen Studentenaustausch, organisierte forschungspolitische Gespräche mit Spitzenvertretern des Wissenschaftsrates, mit der Deutschen Forschungsgemeinschaft und der Max-Planck-Gesellschaft.

Es ging ihm, dem Autor des viel beachteten Standardwerks THE POLITICAL UNIVERSITY[19], um Erfahrungsaustausch bei der Zusammenarbeit von Universitäten und Industrie. In seine Zeit fiel die Stiftung der Kanzler (Kohl)-Stipendien, zu deren Präsentation er die Rektoren der zehn wichtigsten amerikanischen Universitäten nach Bonn begleitete. Er beriet die Bertelsmann-Stiftung und war, von amerikanischer Seite, Chef der Auswahlkommission der Alexander von Humbold-Stiftung in Bad Godesberg, deren damaliger Generalsekretär der gemeinsame Freund Heinrich Pfeiffer war.

---

[19] Rosenzweig, Robert M.: The Political University. Policy, Politics, and Presidential Leadership in the American Research University, Baltimore 1998.

John J. McCloy

John J. McCloy, der wichtigste Weichensteller für Deutschland.

Erst die Gespräche mit Prof. Holborn ließen mich die entscheidende Rolle erahnen, die McCloy schon vor dem Antritt seiner Rolle als Hochkommissar gespielt hatte. Er gab mir Material an die Hand, das später durch die dann vorliegenden Veröffentlichungen bestätigt wurde. Sehr persönlich war mir klar, dass ich beiden weitsichtigen großen Amerikanern meine Amerika-Chance verdankte. Zuerst dem deutschstämmigen Senator Fulbright von Arkansas und späteren Vorsitzenden des Außenpolitischen Senatsausschusses, der das nach ihm benannte Austauschprogramm initiiert hatte und eben dem mir schon bekannten Mr. McCloy, der, wie berichtet, 1952 die Bundesrepublik in das seit 1946 bestehende weltweite Programm mit einbezog.

Hierhin gehört ein zeitgeschichtlicher Einschub, gilt es Fakten aufzuzeigen, die beleuchten, wie dieser John J. McCloy kraft seines hohen Ansehens – er galt als »Head of the Washington Establishment« – schon ab 1943, also mitten im Krieg, entscheidenden Einfluss auf Deutschlands zukünftiges Geschick genommen hat.

Schon vor dem Bekanntwerden des industriellen Massenmordens in Auschwitz meinten Roosevelt und Churchill – in Unkenntnis der Wirklichkeit eines totalen Regimes in Kriegszeiten -, das ganze deutsche Volk bestrafen zu müssen. Der Hass war so groß, dass beide Regierungschefs dem Morgenthauplan zustimmten, der vorsah, Deutschland nicht nur wirtschaftlich die Lebensgrundlage zu entziehen, sondern darüber hinaus, es auch physisch zu vernichten. So schickte Roosevelt im August 1944 ein Memorandum an seinen Kriegsminister Henry L. Stimson, mit den Worten: »Wir müssen hart mit Deutschland umspringen, und ich meine damit das gesamte deutsche Volk, nicht nur die Nazis. Wir müssen das deutsche Volk entweder kastrieren, oder Sie müssen es so behandeln, dass es nicht einfach weiterhin Menschen produzieren kann, die weitermachen wollen, wie sie es in der Vergangenheit getan haben.«

John J. McCloy, damals stellvertretender Kriegsminister unter dem kränkelnden Minister Stimson, nahm zu beiden Vorhaben eindeutig und öffentlich Stellung und konnte beide Pläne mit dem Hinweis vereiteln, sie seien nicht nur realitätsfremd, sondern vielmehr einer christlichen Nation unwürdig.

Wenn man die vorhandene einschlägige Literatur, neben der ATLANTIK BRÜCKE / AMERICA'S GERMANY[20] auch die WISE MEN / SIX FRIENDS AND THE

[20] Schwarz, Thomas Alan: Die Atlantikbrücke, John McCloy und das Nachkriegsdeutschland,

WORLD THEY MADE[21] sorgfältig studiert hat, dann erkennt man deutlich, dass auf John McCloy das verkürzte Zitat von Heinrich von Treitschke zutrifft, dass Männer Geschichte machen.

Zu Recht hat Außenminister Genscher (auf mein Bitten hin) zu McCloys 90. Geburtstag telegrafisch darauf hingewiesen, dass der Jubilar in seiner aktiven Zeit gewichtigen Einfluss auf alle Deutschland betreffenden innen- und außenpolitischen Entscheidungen genommen hat, auf die Priorität des Bündnisses zwischen Bonn und Paris und die Aussöhnung mit Israel.

McCloy nahm sich in allen Fällen persönlich zurück. Typisch war der humorvolle Wortlaut seiner Widmung in THE WISE MEN

> To: Dr. Manfred Freise
> from one of the [not] so very wise men!
> John J. McCloy

Ich habe damals auf Bitten des Autors und des Verlages die ATLANTIK BRÜCKE mehrfach (u.a. im Bonner GENERAL-ANZEIGER und RHEINISCHEN MERKUR) rezensiert. Bundeskanzler Kohl schrieb, neben anderen, einen Beitrag für den Klappendeckel. Die Periode der WISE MEN gilt unangefochten als die goldene, die Glanzzeit der amerikanischen Diplomatie des vergangenen Jahrhunderts. Wahre Meister auf ihren Gebieten waren sie, auch in ihrer persönlichen Entwicklung Europa eng verbunden.

Präsident Roosevelt akzeptierte nicht nur McCloys harsche Kritik an seinen präsidialen Plänen und Anordnungen. Drei Monate vor Kriegsende und dem plötzlichen Tod des Präsidenten hatte er McCloy zu sich ins Weiße Haus gebeten und erwartete ihn im Oval Office (wie das McCloy Jahre später meinem Sohn, unserem gemeinsamen Freund und seinem Fast-Nachbarn, Josef Policastro und mir in seinem Haus beim Tee erzählte), mit erhobener Rechten, »with the Nazi salute« und in Deutsch mit den Worten: »Heil Hochkommissar Deutschland!«.

Als McCloy ihm antwortete, das entspräche nicht den alliierten Abmachungen, danach sollten nach Kriegsende zuerst Militärgouverneure eingesetzt werden, da habe Roosevelt ihn gefragt: »Whom have you got in mind?«. Als er dann Lucius Clay benannt habe, sei F. D. R.'s Antwort gewesen: »I have never heard his name! But I am too tired to argue with you!« (»Ich habe seinen Namen nie gehört! Aber ich bin zu müde, um mich mit Ihnen anzulegen!«)

Auch Dwight D. Eisenhower, seit der Landung in der Normandie Oberkommandierender der Westalliierten Streitkräfte, war – man sagt seit der Besichtigung des eben be-

---

Harvard 1991.

21 Isaacson, Walter/ Thomas Evan: The wise men, six friends and the world they made, New York 1986.

freiten Lagers Buchenwald, es liegt neben Goethes und Schillers Weimar – trotz seiner deutschen Vorfahren kein Freund von uns. Erst seit der Blockade Westberlins durch die Sowjets und die alliierte Luftbrücke, vom 25. Juni 1948 bis zum 12. Mai 1949, wurden aus Gegnern Partner.

Der große Atlantikbrückenbauer John J. McCloy

Als McCloy 1949 dann, praktisch zeitgleich mit Konrad Adenauers Wahl zum Bundeskanzler, doch Hochkommissar wurde und – wie er es später formulierte – von Präsident Truman mit Entscheidungsbefugnissen ausgestattet worden war, die »denen eines römischen Prokonsuls« entsprachen, waren die Weichen für eine enge Zusammenarbeit gestellt. McCloy fand in Adenauer, über dessen zweite Frau, wie schon erwähnt, weitläufig mit McCloys Frau Helen verwandt, einen erfahrenen, verlässlichen, demokratischen und weitsichtigen Bundesgenossen. Sein Einfluss auf McCloy war bald so groß, dass man Adenauer scherzhaft den »Real McCloy« nannte. McCloy formulierte es uns gegenüber mit den Worten: »Adenauer was just what the doctor had ordered for Germany.«

Als in Washington die Nato gegründet wurde und Eisenhower den Oberbefehl übernommen hatte, galt es, das seit 1945 gestörte Verhältnis zum deutschen Militär, den neuen Bundesgenossen, neu zu gestalten.

Wieder war es John McCloy, der als Mittelsmann die notwendigen Schritte übernahm. Das geschah mit Entgegenkommen für die deutsche Seite und mit dringenden Empfehlungen an die Adresse von General Eisenhower. McCloy arrangierte dessen Treffen mit Vizekanzler Blücher (FDP), Theodor Blank (CDU), den Wehrmachtsgeneralen Speidel und Heusinger und prominenten Persönlichkeiten, die alle als Offiziere im zweiten Weltkrieg gedient hatten. McCloy stellte seinen Sonderzug mit Speisewagen für die Fahrt nach Frankfurt a. M. zur Verfügung, ebenso wie seine Residenz in Bad Homburg auf der Höhe. Hier empfing Eisenhower die zukünftigen Bundesgenossen, vierzig bis fünfzig an der Zahl.

Dabei war der schon früher erwähnte Baron von Herwarth, seit dem ersten Kriegstag an vorderster Front, als sog. »Nichtarier« hochausgezeichneter deutscher Offizier. Er war mit Graf Stauffenberg, dem Vetter seiner Frau, im Widerstand.[22] Er war inzwischen Bonner Protokollchef geworden und Teilnehmer der Runde. Er beschreibt in seinen ERINNERUNGEN[23] die sehr versöhnliche Atmosphäre, als Eisenhower in seinen Einzelgesprächen, auch ihm gegenüber, erklärte: »Wie ich erfahren habe, dienten Sie in der deutschen Wehrmacht. Nach 1945 ist Ihnen eine harte Behandlung widerfahren. Ich hoffe, Sie können das vergessen und werden es mir nicht nachtragen. Denn von nun an werden wir zusammenstehen und Verbündete sein. Ich glaube, das ist eine gute Sache.«

---

[22] Die Beteiligung von Herwarths an dem Attentat auf Hitler am 20. Juli 1944 wird auch in einem Gespräch des Historikers Joachim Scholtyseck mit Philipp Freiherr von Boeselager, einem der Mitverschwörer, in der FAZ beschrieben. Von Boeselager berichtet darin: »...ich traf nach dem Krieg Hans-Heinrich Herwarth von Bittenfeld, der Staatssekretär in Bonn war. Und der erzählte mir, dass Stieff (Helmut Stieff, Anm. des Verf.) ihm damals einen Koffer gegeben habe, meinen Koffer, den sollte er aufheben. Kurz vor dem 20. Juli hat Stieff dann in seinem Beisein zwei Bomben aus dem Koffer genommen, da wusste Herwarth überhaupt erst, was er all die Zeit unterm Bett gehabt hatte.« Aus: FAZ vom 20. Juli 2007, Nr.166, S.42.

[23] Herwarth, Hans von: Erinnerungen von Adenauer zur Brandt, Propyläen 1990, S.114 u. 115.

Konrad Adenauers Ansehen im eigenen Lande, in Europa und in den USA war inzwischen so sehr gestiegen, dass ihn das TIME Magazin 1954, mit seinem Titelbild, zum Mann des Jahres kürte. Das war für jeden Deutschen in den Vereinigten Staaten der Mann zum Vorzeigen. Auch in meinem Studentenzimmer in der Dwight Street hing das Titelbild an der Wand. Nach der durch Hitler und den Krieg uns auferlegten Last und der nicht in jeder Situation leichten Aufgabe, sich als Deutscher erkennen zu geben, ließ sich das jetzt leichter schultern; Adenauer als Aushängeschild, das war Balsam für die deutsche Seele.

Als Adenauer, mit Baron von Herwarth an seiner Seite, zum Staatsbesuch nach Amerika kam, war Eisenhower inzwischen Präsident der Vereinigten Staaten und McCloy zurück in der Wirtschaft. Von Herwarth beschreibt, wie er vorausgeflogen sei, um sich von John McCloy Empfehlungen geben zu lassen, was in Washington und im übrigen Lande zum beiderseitigen Vorteil zu sagen und zu tun sei.

Es wirkt heute geradezu rührend, wie sehr die deutsche Regierung den Rat des guten, alten Freundes McCloy – auch nach dem Ende seines Wirkens in Bonn – noch suchte und fand. Von Herwarth war angetan von dem durch hohen Respekt gekennzeichneten Empfang für Adenauer durch den sonst reserviert auftretenden Präsidenten. Als Zeichen seiner persönlichen Wertschätzung hatte Eisenhower Adenauer ein selbstgemaltes Aquarell geschenkt, das man, wie das Gegenstück, ein Gemälde des anderen ehemaligen Kriegsgegners, von Winston Churchill, in seinem früheren Wohnhaus in Rhöndorf bei Bonn bewundern kann (Briefe 6, 7, 8).

Erster Besuch Adenauers in Washington. Begrüßung durch Präsident Eisenhower. Unter führenden Persönlichkeiten beider Länder sieht man hier: John J. McCloy (links hinter Adenauer), Botschafter Krekeler (zwischen Adenauer und Eisenhower), Baron von Herwarth (links neben Vizepräsident Nixon), General Lucius Clay (hinter Lyndon B. Johnson) und Dr. James B. Conant (dritter von rechts) der frühere Rektor der Harvard University, später Nachfolger von McCloy und erster US. Botschafter in Bonn.

Als Bundeskanzler Adenauer am 18. April 1953 den ersten Staatsbesuch in den USA beendet hatte, schrieb man in Washington: »a 13-day whirlwind tour of a great young old man, of a great statesman«.

Da hieß es: »Press Interview, New York City; Welcoming Ceremony, Washington D.C.; Georgetown University Address, Washington D.C.; National Press Club Address, Washington D.C.; Joint Communique, Washington D.C.; Senat Foreign Relations Commitee Statement, Washington D.C.; Exchange of Notes, Washington D.C.; Press Conference, Washington D.C.; Commonwealth Club Address, San Francisco; TV Interview, »See it Now«; TV Interview, »Youth wants to know«; Press Conference, Chicago; Chicago Club Address, Chicago; Germania Club Address, Chicago; Eitel Palace Theater Address, Chicago; Council on Foreign Relations Address, New York City; Radio Interview, »Voice of America«, New York City; City Hall Ceremony; New York City; American Commitee on United Europe Address, New York City; Press Conference, New York City; Harvard University Address, Cambridge, Mass.; Press Conference, Ottawa, Canada; University of Ottawa Address, Ottawa, Canada; Joint Communique, Ottawa, Canada; Press Statement, Boston; Farewell Telegrams, Canada and United States«.

Als Konrad Adenauer am 06.April 1953 in New York landete, war das der erste Staatsbesuch eines deutschen Regierungschefs in den Vereinigten Staaten von Amerika überhaupt. Hans von Herwarth war damals Protokollchef. Noch Jahre später kam er geradezu ins Schwärmen, wenn er über diese zwölf Tage in den Vereinigten Staaten und in Kanada erzählte. Es sei nicht nur eine »whirlwind tour« gewesen, sondern auch ein »honey moon«, den beide Seiten in vollen Zügen genossen hätten. Sowohl in Washington als auch in New York City wollte jeder dabei sein, um den strahlenden jungen, alten Herrn mindestens zu sehen, wenn möglich in der receiving line ihm und seiner Tochter Lotte die Hand zu drücken. Kardinal Spellmann, der Erzbischof von New York, hatte den Kanzler in seine Residenz eingeladen und Francis Kardinal McIntyre, den Erzbischof von Los Angeles, dazu gebeten. Zwischen den beiden Kirchenfürsten stand, vor einem grossartigen Portrait von Papst Pius XII, ein strahlender deutscher Kanzler. Das sei Adenauers Lieblingsbild gewesen.

Bis 1962 hat Konrad Adenauer Washington noch achtmal besucht. Kritische Beobachter meinen, das sei einige Male zu häufig gewesen. 1954, am 26. Oktober, konnte ich es einrichten dabei zu sein, als ihn John Forster Dulles sehr herzlich willkommen hiess. Die beiden verband eine echte Freundschaft. Sie hatten die gleichen Werte.

In den Fernen Osten

Ein Anruf in der Guggenheim Clinic

Nach einigen Monaten in der Guggenheim Clinic in New York kam ein urgent call, ein dringender Anruf, person to person von Hollywood, von Sam, dem New Yorker General Manager. Normalerweise saß der 20 Blocks entfernt am Broadway, im General Motors Building. Er brauche mich dringend als manager, als Ersatz für einen Mann, den Uncle Sam einberufen hätte nach Korea.

»Nein, Sam, sorry, aber ich bin jetzt wieder ein professional man und plane das auch ein Jahr lang zu bleiben, hier in New York in der Klinik.«

Er ließ sich nicht abwimmeln, er brauche mich dringend für den Orient (das war für mich, als Europäer, die Türkei, Persien). Ich könnte doch ein »professional man for the rest of my life« sein, er böte mir ein Ticket around the world, ein tolles Gehalt und ein Jahr in dem Fernen Osten »welcher Deutsche käme da wohl schon hin, nach Hong Kong, Japan, Singapur und angefangen in zehn Tagen nach Manila. Als ich nach mehr Gehalt verlangte, nannte er mich einen »son of a…« (not fit to print in der NEW YORK TIMES). Wir einigten uns und ich fragte, wie lange ich Zeit hätte zum Bedenken. »Three more minutes«. Ich brauchte nur eine, es ging um technische Fragen, wie bekomme ich die Visa. Er war großzügig und legte noch Extras drauf. Eine Übernachtung in San Francisco. Zwei Tage in Hawaii. Ich realisierte, das war in der Tat fast unvorstellbar. Die Welt sehen für ein Showbusinessgehalt, netto mehr als zu Hause der Kanzler brutto.

Alles war gut arrangiert. Abflug von New York bei Schneeregen, Zwischenlandung in Chicago bei schweren Schneeverwehungen. Landung in San Francisco bei 23 Grad Celsius, bei wolkenlosem, blauem Himmel. Sonne pur.

Erste Bilanz

Der elfstündige Flug mit einer viermotorigen TWA Propellermaschine, in einer Höhe zwischen zehn und elftausend Metern vom Atlantik zum Pazifik, von San Francisco weiter nach Hawaii, hinweg über drei Zeitzonen, bot nicht nur ein grandioses Schauspiel von »Continental USA«, sondern auch die Gelegenheit, eine erste persönliche Bilanz zu ziehen.

Der Leser wird wohl die Erregung verstehen, die ich empfand, nach dem Panorama des amerikanischen Kontinents im Begriff zu sein – im wörtlichen Sinne – den Horizont noch beträchtlich zu erweitern, noch so viel mehr von jener Welt zu sehen, die mir bis dahin vornehmlich aus dem Geographie-, dem Geschichtsunterricht, dem Studium und aus den Medien bekannt war. Seeing is believing; zu eigenen Analysen und Bewertungen zu kommen, welch ein Gewinn!

Es galt zugleich erst einmal, für ein Jahr Abschied zu nehmen von Land und Leuten der USA, die mich spürbar neu geprägt hatten. Mehr als der so große Kuchen für so relativ wenige Menschen, mehr als der manchmal fast überwältigende Reichtum waren es die Menschen, die in ihrer Vorbildlichkeit mir neue Wege gewiesen hatten. Die sprichwörtliche Freundlichkeit und ansteckende Höflichkeit, die bereitwillige Öffnung ihrer Türen für den Fremden, der Wille Differenzen zu überwinden, eine bessere Gesellschaft und eine gerechtere, friedliche Welt zu schaffen, alles das ließ und lässt mich an ihrem Optimismus teilhaben.

Wie ich erfahren konnte, hatte der «New Deal« eine neue Atmosphäre geschaffen, den klassischen Kapitalismus verändert und die Gegensätze zwischen Arbeitgebern und Arbeitnehmern gemildert. Man arbeitete weiter daran, fairer mit einander umzugehen. Das hatte ich in Evanston, beim evangelischen Weltkirchentag, erfahren und das Erstaunen von deutschen Teilnehmern wie Bischof Hanns Lilje, Gustav Heinemann und Martin Niemöller gespürt, als Reinhold Niebuhr, der führende amerikanische evangelische Theologe, Wege aufzeigte, wie man bemüht war, das soziale und politische Leben mit christlichen Grundsätzen zu durchdringen.

Der Anflug auf Hawaii war traumhaft. Ich konnte nicht umhin, an die deutsche Schnulze, »Eine Insel aus Träumen geboren, ist Hawaii…« zu denken. Mein Job auf der Insel war, mich mit dem lokalen Impresario bekannt zu machen, den wir unter Vertrag hatten. Er sei sehr shrewd (sehr gerissen…)

Aber in Sichtweite von meinem Hotel, nur zwei Blocks entfernt, hatte ich bei der Anfahrt bemerkt, liegt Pearl Harbor, wo für die USA der zweite Weltkrieg begonnen hatte. Inmitten des Hafens steht – scheinbar beziehungslos – ein schlichtes Denkmal, eine Betonplatte mit einer nach innen abgesenkten Vertiefung, errichtet auf dem versenkten Schlachtschiff SS ARIZONA, ein stählerner Sarg, als Seemannsgrab für 1777 Matrosen und ihren Kapitän.

Für mich auch ein Denkmal oder Mahnmal für die Millionen Soldaten und Zivilisten aller Seiten, deren Leidensgeschichten hier, auf Oahu, am 07.12.1941 ihren Anfang genommen hatten.

Hitlers Kriegserklärung an die USA, das wissen wir heute, war der Anfang des Endes des Deutschen Reiches. Dabei war Hitler Roosevelt »in die Falle gegangen«. Das waren die Worte eines »Fellow Yalies«. Er hieß Karl; sein Nachname ist mir entfallen; er war

Sohn deutscher Einwanderer und noch zu Friedenszeiten ab 1940 Deckoffizier bei der US Navy.

Sie fuhren bewaffneten Begleitschutz für britische Geleitzüge, die amerikanisches Kriegsmaterial – auf der Basis von Lend-Lease Acts v. 1. März 1941 (des Leih- und Pachtgesetzes) – von nordöstlichen amerikanischen Häfen nach England und Island transportierten. Viele Male habe sein Schiff Wasserbomben auf deutsche U-Boote abgeworfen, die sich dem britischen Geleitschutz genähert hätten. In einem Akt von Selbstverteidigung habe ein angegriffenes deutsches U-Boot den amerikanischen Zerstörer REUBEN JAMES (im Okt. 1941) versenkt.

Was wir da machten, so Karl, waren «acts of war in peace time and we knew it. Roosevelt wanted the war against Germany«.

Und das kann man auch bei Erwin Wickert, ein Amerikafreund wie ich, nachlesen. Ebenfalls von den Misskalkulationen des japanischen Oberkommandos, das noch von einem Sieg Hitlers gegen Stalin ausging, als dem Vormarsch der Wehrmacht zum gleichen Zeitpunkt – wegen des strengen russischen Winters – längst die Puste ausgegangen war und die deutschen Soldaten für ihr Leiden einen rot – weiß – schwarzen Orden für die »Winterschlacht im Osten von 1941-42« erhielten.

Erwin Wickert hat nach dem Kriege die Archive beider Seiten, der japanischen und der amerikanischen, studiert. Da liest man auf S.363[24] :

Am 25. November 1941 (also zwölf Tage vor Pearl Harbor) habe Roosevelt in einer Beratung im Weißen Haus gefragt, »wie man die Japaner in eine Position hineinmanövrieren könne, in der sie den ersten Schuss abfeuerten.«

Erwin Wickert kommt zu der Bewertung, der ich mich vollinhaltlich anschließe (auch mit Blick auf das Ergebnis des Untersuchungssausschusses im Kongress von 1919 zu der Frage nach dem Einfluss der »Munition Lobby« auf Amerikas Entscheidung, gegen uns in den Krieg zu ziehen): »Wenn man den Weg der Verhandlungen und Beratungen auf beiden Seiten, anhand der Dokumente, noch einmal nachgeht, ergreift einen vielmehr Trauer über die Ohnmacht, Blindheit, Gerissenheit oder Gleichgültigkeit der Menschen, selbst der großen Staatsmänner.«

Aber das soll nicht allein stehen bleiben. Im gleichen Buch beschreibt Erwin Wickert eine Szene, bei der er zugegen war. Chruschtschow hatte im November 1958 dem Westen ein Ultimatum gestellt, den Viermächtestatuts von Berlin aufzugeben. Bei einer Gipfelkonferenz der Nato in Paris beschloss die Allianz, sich dem Ultimatum nicht zu beugen. Schon von seiner tödlichen Krankheit gezeichnet, trieb Dulles die ängstlichen Europäer zusammen und beschwor West-Berlin nicht fallen zu lassen, sehr wohl wissend, dass Chruschtschow nun West-Berlin besetzen könnte und damit die Welt in einen neu-

[24] Wickert, Erwin: Mut und Übermut, Stuttgart 1991.

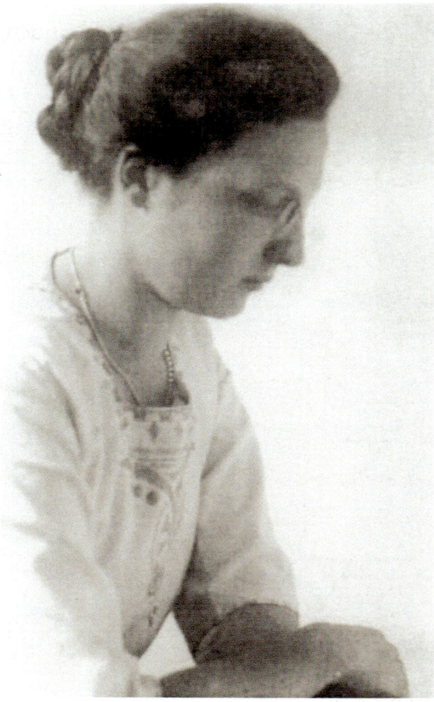

oben links: Vater Friedrich Freise.

oben rechts: Mutter Magdalene Freise, geborene Roer.

unten rechts: Mein Bruder, Ernst-Friedrich Freise.

oben: J. W. Fulbright, Chairman United States Senate, Committee on Foreign Relations, nach unserem Gespräch in Washington.

rechts oben: H.D. Genscher erzählt bei seinem Geburtstagsempfang eine gute Geschichte.

rechts unten: Mit Dr. Kissinger und Gabriele Henkel als Sponsorin (im Hintergrund) vor einem Vortrag bei der Deutschen Gesellschaft für Äuswärtige Politik in Bonn.

oben: Der Bundeskanzler erzählt US Botschafter Richard Burt in der Bonner Beethovenhalle lustiges über die Geburt seines ersten Sohnes (Siehe S. 201).

unten: Baron von Herwarth zum Tee in unserem Privathaus mit unserer Enkeltochter Johanna Buhr.

oben: Der »Wise Man« John J. McCloy empfängt in seiner Residenz in Stamford, Conn.. Sohn Christopher und ich erfahren Unbekanntes aus der gemeinsamen Geschichte.

unten: Der Bestseller THE WISE MEN - SIX FRIENDS AND THE WORLD THEY MADE erfährt eine spaßige Umwidmung von John J. McCloy.

oben: Einweihung des McCloy-Ufers. Zu sehen sind von links in erster Reihe: Ute und Manfred Freise, Botschafter (General a.D.) Walters, Willy Brandt, Richard Stücklen (Postminister a.D.), und der Godesberger Bezirksvorsteher Norbert Hauser.

unten: Die Enthüllung der Straßenbenennung mit Oberbürgermeister Daniels, Botschafter Walters und Norbert Hauser. Im Hintergrund der Petersberg.

links: Mit Helmut Schmidt nach einer seiner Reden, in der »Redoute« in Bad Godesberg.

rechts: Mit U.S.-Botschafter Arthur Burns beim Nationalfeiertag Irlands. Erste Diskussion über die »Deutsche Krankheit«. Im Hintergrund rechts General a.D. Bastian.

links: Freund, Botschafter a.D., Staatssekretär und Bundespressechef Günter Diehl bei Helmut Kohls 60. Geburtstag in der Beethovenhalle in Bonn.

oben: Mit Josef Wischeidt II., Chef des IAESTE, US-Diplomat und Freund seit 1954, jetzt Pensionär im heißen Florida.

links: Dancing Waters Revue in Tokio.

rechts: Deutschland in Japan.

links: Ein überflüssiges Mahnmal.

rechts: Reinhard Lettau, der Fellow Yalie, Universitätsprofessor und Schriftsteller, und Dawn Lettau in der LESE in Bonn.

darunter: Weihnachts- und Neujahrskarte von Reinhard und Dawn, 1995.

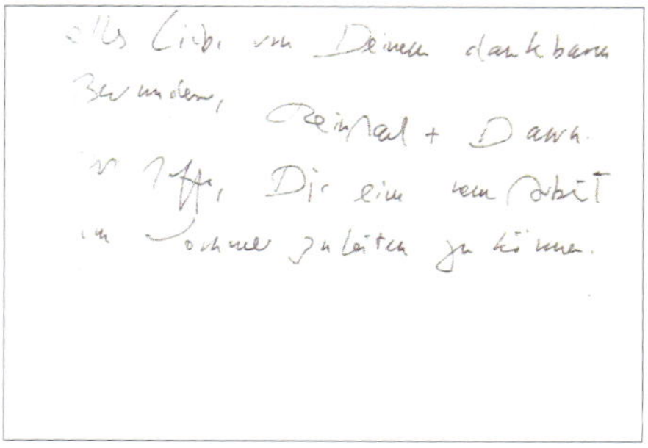

links: Teilansicht des Praxisbungalows in der Behringstraße 2, Bonn- Bad Godesberg.

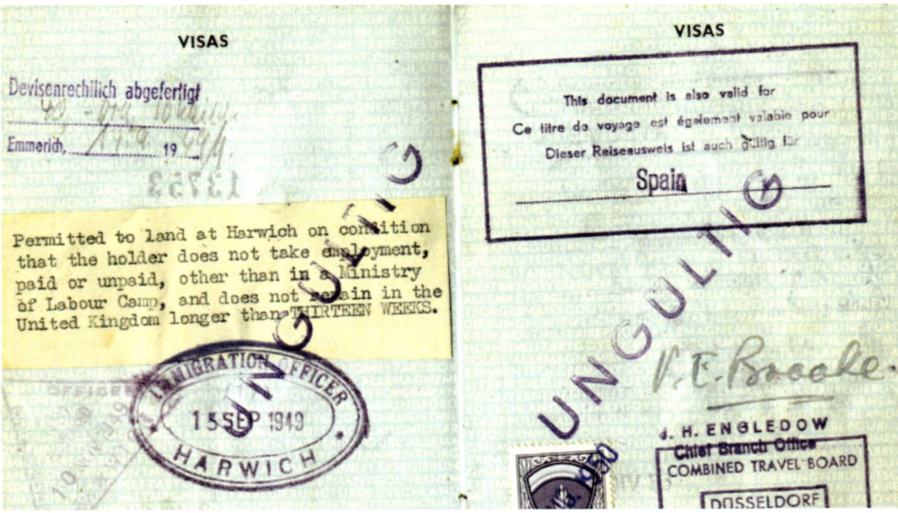

oben: Nach Colonel Fillinghams Intervention vorläufiger Reisepass für Deutsche Staatsangehörige, ausgestellt von der Britischen Kontrollkommission in Düsseldorf. Erweitert auch für Spanien. »Nebenprodukt«: Die Bedingung für die Landung in Harwich: Für Arbeit im Labour Camp.

links: Robert W. Heinemann aus Bielefeld. Banker, Fabrikant, Olivenexporteur in Sevilla. Nach seiner Rückkehr in die Heimat.

unten links: Kommentar im TV-Sender von Al-Jezira über mögliche Rolle Europas im Nahost-konflikt.

unten rechts: Manfred Freise mit Reg. Bürgermeister Diepgen am 50. Jahrestag der Luftbrücke in Berlin im Gespräch über das Thema »Mahnmal«.

links: Signe Culbertson im August 1953 bei Arbeiten für den Kreisjugendhof in Rotenburg an der Fulda.

links: Die Divinity-School der Yale Universität.

unten: Campus der Seligen. Campus der Yale Universität. Die neugotischen College-Gebäude liegen inmitten der 130.000-Einwohner-Stadt New Haven, eine der ärmsten Kommunen in den USA.

links: Teilansicht des International House, 406 Prospect Street, in New Haven, Conn. Geschenk eines privaten Stifters.

rechts: Oberseminarstil im Timothy Dwight College. Ein Jahr lang »Comparative Government« von Professor Cecil Driver.

links: Die Sterling Memorial Bibliothek, geöffnet von neun Uhr morgens bis Mitternacht, sieben Tage in der Woche.

oben: Botschafter Rush am Tage nach seiner Ankunft in Deutschland zum Frühstücksgespräch im Restaurant »Cäcilienhöhe« in Bad Godesberg.

unten links: Über den Dächern von Jerusalem, beim Besuch von Israel und Palästina.

unten rechts: Bild mit Segen anstatt Briefantwort.

en, vielleicht atomaren Krieg gestürzt werden könnte. In der Situation bat John Forster Dulles noch einmal ums Wort und sagte, er habe nie vor einer so schweren Entscheidung gestanden. Aber die Natomitglieder seien verpflichtet, die Freiheit West Berlins und seiner Bewohner zu verteidigen. Dann heißt es wörtlich: »Er bat um die Erlaubnis, ein Gebet sprechen zu dürfen. Die Regierungschefs und Außenminister waren überrascht. Das hatte es im Palais de Chaillot noch nicht gegeben. Sie erhoben sich, manche etwas verlegen, und hörten einem kurzen ernsten Gebet von Dulles um Frieden zu.«

Während, wie man bei SIX FRIENDS AND THE WORLD THEY MADE[25] lesen kann, sich auch Washington sehr wohl auf einen dritten, (jetzt atomaren) Weltkrieg einrichtete, hatte Kennedy John J. McCloy zu Chruschtschow geschickt. Während Chruschtschow Kennedy's Rede als »vorgezogene Kriegserklärung« geißelte und die strategisch stärkere Position der Russen in Berlin hervorhob, hatte er John McCloy, seine Frau und seine Tochter für zwei Tage in seine Datscha nach Sochi eingeladen. Das Bild auf Seite 605 zeigt den strahlenden Nikita mit McCloy im Wasser seiner Schwimmhalle, mit einem breiten Lachen und seiner Linken um McCloys Schulter gelegt. Es wurde berichtet, McCloy habe trotzdem Chruschtschows Drohungen ernst genommen. Aber McCloys Warnung an Chruschtschow hatte offenbar Wirkung gezeigt. Ähnlich war es bei der Kubakrise. Die Sowjets hatten ihren Spitzenmann in McCloys Privathaus für vertrauliche Gespräche geschickt. McCloy erklärte meinem Sohn, Joe Policastro und mir die Situation. »Der saß da, wo Sie jetzt sitzen. Aber er war sehr unruhig, bis ich merkte, was ihn bedrückte«, »he thought this place was bugged«.

Er bat, nach draußen in den Garten zu gehen. »Ja«, sagte John McCloy, »da auf der weißen Holzeinfriedung wurde der Kuba-Konflikt gelöst«.

Berlin blieb frei und Deutschland wurde auch durch die verlässliche Freundschaft von George Bush senior wiedervereinigt. Wir haben John J. McCloy und seine Dienste für den Frieden der Welt nicht vergessen, wie er es sich mit dem Blick auf sein Schreiben an mich wohl auch gewünscht hat (Brief 8).

Chruschtschow und McCloy bei einem gemeinsamen Bad.

[25] a.a.O.

Mit dem Pan American Clipper

Jetzt weiter nach Asien. »In Style« war auch ich erschienen.

Nach der zeitgeschichtlichen Exkursion kommt jetzt die Faszination der wohl ganz anderen Welt, auf der anderen Seite des Globus. Abflug von Hawaii.

Alles erfolgte damals »in style«. Fliegen war noch ein Privileg. Weibliche und männliche Passagiere waren sonntäglich gekleidet, die Damen der Schöpfung im modernsten Dress, frisch vom Hairstyling, die Herren kamen zum Einchecken ausnahmslos mit Hut, meistens im dreiteiligen Anzug und mit bunten, lustigen Seidenkrawatten. Ich hatte mich angepasst.

Von Honolulu ging es mit einem mir damals gewaltig erscheinenden Doppeldecker, einem Pan American Clipper, ab in Richtung auf die zu Amerika gehörende Wake Islands zum Auftanken und Füßevertreten; hinweg über die internationale Datumsgrenze, zur weiteren Zwischenlandung auf Guam, jetzt wieder ein amerikanischer Marine- und Flugstützpunkt. Das dem Marianen Archipel zugehörende Guam war, wie die Philippinen, bis 1898 spanisches Territorium, fiel dann an die USA und war, wie die Wake Islands und die Philippinen, in sehr harten Kämpfen von den Japanern erobert worden und bis 1944 japanisch besetzt gewesen. Zeit zum Umdenken von Deutschland und Amerika auf die noch kürzer zurückliegenden Konflikte in Asien.

Manila

Die Landung unseres Clippers gegen Mitternacht war der erste Kontakt mit den Tropen. Auch zu der Stunde waren die Temperaturen und die Luftfeuchtigkeit noch sehr gewöhnungsbedürftig. Der Empfang war ungewohnt, hatte VIP- Charakter. Das Warten auf das Gepäck und die Erledigung der Einreiseformalitäten spielten sich bei einem kühlen Mangogetränk in der Lounge der Ersten Klasse ab. Arrangiert war das durch Estela Valenzuela und Maria Luisa Mabanag, durch zwei Kolleginnen, die ich in der New Yorker Guggenheim Clinic kennengelernt hatte.

Vater Valenzuela war hoher Regierungsbeamter, Großgrundbesitzer und Enkel des gleichnamigen philippinischen Präsidenten aus der Zeit der spanischen Regentschaft. Eine Stadt ist nach ihm benannt. Der Vater von M.L. Mabanag war damals der angesehene Senator des Distrikts von Groß-Manila. Diese intensiven Kontakte verschafften mir bald Einsichten in diese multiethnische Gesellschaft, die, wenn man die ungelösten sozialen Gegensätze einmal außen vor lässt, für unsere problembelastete Multikultigesellschaft einen gewissen Vorbildcharakter haben können.

Geographisch liegt diese 7107-Inseln-Republik im Südchinesischen Meer; im Südosten liegt das Land in enger Nachbarschaft zu Malaysia und im Norden – im Bereich zwischen den von Japanern und Amerikanern heftig umkämpften Bataninseln – nur wenig unterhalb der nationalchinesischen Republik Taiwan. Diese Nachbarschaften und die wechselhafte Kolonialgeschichte haben das Land und seine Menschen geprägt. Reinrassige, sehr dunkelhäutige Filipinos und Filipinas sind in der Minderzahl. Die Mehrheit sind Mischlinge verschiedener Rassen und Kulturen, »mestizos«, malaiische Ureinwohner, vermischt mit Chinesen, Spaniern und Amerikanern. In geringer Zahl, ich lernte einige davon kennen, auch mit britischen und japanischen Vorfahren.

Die über dreihundertjährige spanische Kolonialherrschaft, mit der Neigung der Spanier, sich mit den Einheimischen zu vermischen, und der kreuzzugsartigen Verdrängung der Moslems – bis auf Reste von 5% der Gesamtbevölkerung, im südlichen Mindanao – haben die Philippinische Republik zum einzigen christlichen Land in Asien gemacht (davon sind 84% römisch-katholisch).

Bei aller Amerikanisierung des politischen und gesellschaftlichen Lebens haben die Filipinas die strengen moralischen Gesetze der spanischen Herrschaft beibehalten, die ja auch in Spanien selbst erst mit dem Abtreten Francos spürbar und sichtbar an Rigidität eingebüßt haben.

Die Familien sind intakt und das gegenseitige Füreinanderdasein eine praktizierte Selbstverständlichkeit. Eine schicksalhafte Ergebenheit in die Beschwernisse des Alltags hat mich sehr beeindruckt. Die Bilder der im Wasser stehenden, vorn übergebeugten Reispflanzerinnen sind bekannt, nicht aber deren Ausgelassenheit und Frohsinn nach getaner Arbeit. Ein fröhliches Völkchen, diese Filipinos; ganz gleich wo man sie trifft, im eigenen Land, in den Vereinigten Staaten und, seit Jahrzehnten, auch in Deutschland, sind sie gute Staatsbürger, angenehme Nachbarn und verlässliche Ehepartner. »Multikulti« schafft mit ihnen keine Probleme. Probleme gibt es jetzt vor Ort, besonders in ihrer 12-Millionen-Mega-City Manila. Das ist die soziale Unausgeglichenheit zwischen sehr reich und sehr arm; verschärft durch die von der großen Mehrheit der Armen akzeptierte Ablehnung der Geburtenkontrolle seitens der katholischen Kirche, mit der Konsequenz der explosiven Überbevölkerung, mit Drogen und Kleinkriminalität schon unter Kindern.

Bei dem gewählten Buchtitel will ich touristische und »showbis«-Aspekte nur streifen. Aber den auf der Welt wohl einmalige Sonnenuntergang an der Manila Bay, den muss man einfach erwähnen. Die 29-köpfige Dancing Waters Revue, mit so genannten »sideacts« aus Hollywood und dem Don Yada Ballet aus Tokio, war ein Erfolg.

Hong Kong

Das war die damalige Schreibweise dieser britischen Kronkolonie. Hong Kong heißt übersetzt »der wohlriechende Hafen«; ich weiß nicht, ob das damals zutraf. Überwältigend war der Ausblick von dem fast höchsten Punkt, vom Peak, wo Charly Gray, unser lokaler Impresario, am Hang eine mehrgeschossige Luxusvilla gebaut hatte. Vor dem breiten Balkon war das ganze Panorama in fast unbeschreiblicher Schönheit ausgebreitet, ein Urteil, dem sich meine Freunde und Teile meiner Familie, 28 an der Zahl, ausnahmslos anschlossen, als ich sie aus Anlass meines 50. Geburtstages auf dem Wege nach Shanghai und Peking, hier hoch geführt hatte.

Vor uns der gewaltige, natürliche Hafen mit ungezählten Frachtern, Kreuzfahrtschiffen, Sampans, Yachten, den Fährschiffen, der Star Ferry, mit britischen und amerikanischen Kriegsschiffen. Dahinter das Festland von Kowloon, den New Territories und, linker Hand, der Beginn des damals noch nicht freundlichen Rotchinas.

Mitten in diesem gewaltigen natürlichen Hafen lag dann, nach Tagen, der Frachter der P.O. Linie mit unserer Ladung, den Motoren, den Rohrkonstruktionen, den Beleuchtungssystemen und dem vielen Zubehör, wohl verpackt in den gewaltigen Holzkisten, das meiste »made in Germany«. Das Umladen auf die chinesischen Schunken mit einfachen Kränen ließ mich untypischerweise Böses befürchten. »Don't worry«, war der Kommentar des britischen Brokers, »These Chinese know, what they are doing!«

Das war eine gültige Aussage, die ich über Jahre bestätigt fand. Mit welcher Geschwindigkeit und Geschicklichkeit diese drahtigen Kulis am nächsten Tag im Imporium Building unsere overhead light Systeme installierten, war mehr als bewundernswert, fast erschreckend bei ihren Hungerlöhnen! Wofür elaborierte Stahlkonstruktionen mit Verschraubungen vorgesehen waren, da zauberten sie für uns Bambusrohrverschachtelungen, die untereinander nur durch Hanfgarne gesichert waren.

Damals lebten in der kleinen Kronkolonie auf engstem Raum 3,7 Millionen Menschen. Die große Mehrheit waren – seit Beginn des Koreakrieges – politische und wirtschaftliche Flüchtlinge aus Rotchina; untergebracht, besonders auf der Festlandseite, unter teilweise erbärmlichsten Verhältnissen; aber wie ich mir aus verschiedenen Quellen sagen ließ, waren sie zufrieden. Wir Weißen bildeten eine verschwindende Minderheit. Trotzdem erschien alles, wie ich damals meinen Eltern schrieb, unterkühlt, »very British-Chinese«. Nur Menschen, Menschen auf einen Blick, mehr als zu New Year's Eve Celebrations am Time Square. Die Lektion für mich lautete damals: keine Auswanderungspläne mehr in die »wide open spaces« von Amerika, sondern zurück nach good old Germany; da gab es noch genug Platz...und genug zu tun!

Japan

Für den Flug von Hong Kong nach Tokio wählte die BOAC die Route über Formosa. Die Auflage für die Überflugsgenehmigung von Seiten der abtrünnigen Inselrepublik Taiwan, von General Tschiang Kai-schek, damals noch als Gründungsmitglied der Vereinten Nationen die alleinige Vertretung aller Chinesen, war ein striktes Fotografierverbot während des ganzen Fluges und – wegen Spionageängsten – ein Verschluss der Flugkabinenfenster am helligten Tage im Inselbereich.

Beim Anflug auf Tokios damaligen Flughafen Haneda befielen mich gemischte Gefühle. Ähnliches hatte ich von einem befreundeten amerikanischen Chirurgen gehört, als er, allein im amerikanischen Wagen, zum ersten Mal nach dem Krieg die deutsche Grenze überfahren musste. Dabei war er schon vorher im Koreakrieg eingesetzt gewesen. Erwarteten mich hier die »Japsen«, Typen wie aus dem Film vom River Kwai, die gleichen Menschen, die noch vor ein paar Jahren im eroberten asiatischen Raum auch brutalste Verbrechen an wehrlosen, unschuldigen Zivilisten verübt hatten? Oder würden wir – wie es mir ein alter Japankenner, ein in Hong Kong praktizierender chinesischer Internist mehrfach versicherte – vom Moment der Landung in Haneda an hier ein ebenso höfliches wie äußerst kultiviertes Volk treffen und schätzen lernen? Das bestätigten mir auch die beiden aus Hawaii und Hong Kong stammenden jüdischen Impresarios. Wäre das nicht so, würden sie hier keine Geschäfte machen. Der aufgeklärte Japaner sei über die Kriegsverbrechen ebenso entsetzt wie wir Deutschen. Leo Levitt aus Hawaii ging so weit, die Japaner für kultivierter einzustufen als seine eigenen Landsleute.

Quartier bezogen wir im »San Bancho Hotel«, günstig gelegen zwischen Parlament, der German Bakery und unmittelbar neben dem Kaiserpalast. Die meisten Gäste waren amerikanische Geschäftsleute und amerikanische Soldaten in Zivil. Sie verbrachten hier »R & R«; das stand für »Rest und Recreation«, Kurzurlaub von Korea. Sie zählten die Tage, bis sie das durch bitterste Kampfhandlungen zerstörte Land verlassen könnten: Es gäbe nur »dirt und rats«, Dreck und Ratten.

Die Show wurde im »Korakuen Stadium«, der größten Halle des Landes, präsentiert. Mr. Tsuzuku, der Chef der »Korakuen Enterprises« war ein kultivierter Herr, der auf gute Formen Wert legte. Zu Beginn unserer Verhandlungen bekannte er sich als Freund Deutschlands und der Deutschen; er kannte unser Land. Am Ende der erste Konferenz machte er eine ungewöhnliche Äußerung in deutscher Sprache: »Wir verstehen uns, weil wir die gleiche Kinderstube hatten!«

Die von ihm arrangierten side acts bestanden aus dem Tokioter Symphonieorchester und dem klassischen Ballet des Landes. Wir hatten volle Häuser, verdienten alle gutes Geld, und ich stimmte zu, an den Nachmittagen für Tokios Jugend zusätzliche Vorstellungen zu geben, mit dem »Mambo King Orchester« und einem dazu passenden Ensemble. Es waren Wochen der Superlative. Nur war es in diesem Jahr sehr heiß. In der amerikanischen Soldatenzeitung STARS AND STRIPES stand die Überschrift: »How to beat the heat? Go to Dancing Waters from Radio City Music Hall in New York!«

Der gebotenen Kürze wegen hier eine Folge von ungewöhnlichen Momentaufnahmen: Mein Dolmetscher machte mich auf eine Ansammlung von Menschen aufmerksam, die gegenüber dem Imperial Hotel wie eine große Traube vor einem Fernsehgeschäft bewegungslos verharrten. Das sei nichts Besonderes, wurde mir bedeutet. Es gäbe nur wenige Besitzer von Fernsehgeräten. Aber zu dieser Stunde, kurz nach Geschäftsschluss, würden hier moderne Lyrik und neue Gedichtsammlungen einer interessierten Öffentlichkeit vorgestellt. Nicht weit entfernt, gleich neben dem Gewühl und der Hektik des Zentrums dieser Megastadt, lag der »Hibiya Park«, ein Ort der Ruhe, der Schönheit und Beschaulichkeit, mit allen Attributen eines klassischen japanischen Gartens. Dann, nur um wenige Straßen versetzt, der alles dominierende, gewaltige, angehobene Kaiserpalast, umgeben von dem ausgebauten, breiten Wassergraben: verkehrstechnisch gesehen ein immenses Hindernis.

Tokio ist die sauberste Stadt der Welt. Diszipliniert und rücksichtsvoll wie die Japaner sind, nimmt jeder seinen Abfall zur Entsorgung mit nach Hause. Das geschieht ohne Strafandrohung bei Übertretungen, alles ist so einladend »stubenrein« wie das ebenso saubere Singapur. Aber mit dem Unterschied: Da kostet die weggeworfene »Kippe«oder das ausgespuckte Kaugummi 500 Singapore $, das sind etwa 300 Euro. So sauber wie auch die Highways in Kalifornien, hoch über der Mojave Wüste, da wo Hardy Krüger seiner Frau Anita auf der Lichtung unter hohen Bäumen einen Bungalow hingesetzt hat. Aber da stehen an den Highways große Schilder: LITTERING 1000 $ FINE.

Das »cela ne se fait pas«, das schickt sich nicht, das ist in Nippon eng gespannt. Nur ein Beispiel: Ein deutscher Student aus reichem Haus klagte sein Leid. Bei aller traditionellen Freundschaft für alles Deutsche hatte er gravierende Probleme mit seinen japanischen Kommilitonen, die ihm vorwarfen, er verhalte sich eines Studenten unwürdig, wenn er bis in die »Puppen« im Bett läge, Vorlesungen schwänzte und in Japan vornehmlich deutsche Burschenherrlichkeit genießen wollte. Er klagte über Mobbing auf Japanisch, das in körperliche Züchtigungen ausartete. Was ihn schließlich bewog, nach München zurückzufliegen.

Als die Auslandspresse die Entlassung der letzten als Kriegsverbrecher verurteilten japanischen Generäle aus amerikanischem Gewahrsam avisierte, bat ich meinen japanischen Dolmetscher, mich dahin zu begleiten. Wir erlebten eine für mich fast bizarre, mindestens sehr ungewöhnliche Szene, wie die Entlassenen sich lange und sehr tief in Richtung Tenno, zum Kaiserpalast, verneigten und sich dann dafür entschuldigten, den Krieg verloren zu haben.

Wenn man Botschafter Wickerts DER FREMDE OSTEN – CHINA UND JAPAN

GESTERN UND HEUTE[26] (das er mir, als seinem »Gesinnungsgenossen«, herzlich gewidmet hatte) gelesen hat und wer in diesem Zusammenhang seine Ausführungen ab S.286 verfolgt, der weiß, dass das Verhalten der Generale keineswegs absonderlich war. Die überaus mutige Rolle des Tenno, der die japanische Kapitulation möglich machte, ist ebenso ausführlich dokumentiert wie die staatsmännische Rede von General Douglas McArthur nach Unterzeichnung der Kapitulationsurkunde auf dem Schlachtschiff MISSOURI: »Ein neues Zeitalter hat begonnen. Wir haben unsere letzte Chance gehabt. Wenn wir jetzt nicht ein umfassenderes und gerechteres System finden, steht uns Armageddon bevor. Unser Problem ist im Grunde theologisch und erfordert den Wiederaufbruch des Geistes und die Änderung des menschlichen Charakters. Es ist nur noch der Geist, der das Fleisch retten kann.«

Der Kommentar der Auslandspresse war kurz und versöhnlich. Man wusste inzwischen mehr um die tragischen Entwicklungen und Interdependenzen. Erwin Wickert schreibt das vor dem Hintergrund einer bewährten Freundschaft zu den USA, wo er schon vor dem 2. Weltkrieg ein Jahr als Austauschstudent die Stärken und Schwächen des Landes erlebt hatte, und nachdem er während des Krieges in Japan auf diplomatischem Posten war und die inzwischen veröffentlichten Archive gesichtet hatte. Für Wickert, den späteren Botschafter in Peking, stellt sich die unbeantwortete Frage »War Pearl Harbor ein Verbrechen? Es regen sich die Zweifel. War es Aggression oder Notwehr?«

Eine Sicht aus deutsch-japanischer Quelle aus meiner Zeit in Tokio: Da gab es ein deutsches Restaurant mit dem Namen »Old Heidelberg«, bekannt für die gute deutsche Kost und ebenso vorzüglichen Service. Die deutsche Wirtin hatte vor dem Krieg in Heidelberg studiert und dabei ihren späteren japanischen Ehemann kennengelernt. Ins »Old Heidelberg« ging ich gern mit meinem Freund Hegemann, den ich für einen heimwehkranken New Yorker Mitarbeiter hatte einfliegen lassen. Der Name der Wirtin ist mir entfallen, nicht aber das, was sie uns über Land und Leute und deren Verhältnis zu Deutschland als »Nachtisch« servierte: Die insulare Geographie habe die japanische Geschichte und die Mentalität seiner Bewohner entscheidend geprägt. Die erst vor damals hundert Jahren besonders von Amerika erzwungene Öffnung der japanischen Häfen habe den Nationalcharakter der Japaner nur sehr bedingt tangiert. Auch die Schmach der Niederlage von 1945 und die Besetzung des Landes werde man in absehbarer Zeit verdrängen. Die Entkrustung überholter Strukturen durch eine demokratische Verfassung wäre auch deshalb ein Erfolg gewesen, weil der Kaiser, der ja gegen den Krieg war, bereitwillig mitgespielt habe. Die eigene Identität der Japaner sei so voll erhalten geblieben.

Was Japan mit militärischen Mitteln nicht hätte sichern können, den Zugang zu überlebenswichtigen Rohstoffquellen, werde es in Zukunft mit großem Fleiß und wirtschaftlich

---

26 Wickert, Erwin: Der fremde Osten. China und Japan gestern und heute, Stuttgart 1988.

enger Zusammenarbeit mit dem so genannten Westen erreichen. Japan hätte keine Marshallplanmittel erhalten; deshalb würde der japanische Aufschwung noch etwas auf sich warten lassen. Die aggressiv angelegte japanisch-deutsche Militärallianz hätte zu katastrophalen Folgen für Japan und Deutschland geführt. Jetzt gelte es sich der traditionellen Freundschaft zwischen unseren Ländern zu besinnen. Diese Bande beständen seit der Öffnung Japans mit Hilfe der Meji-Reformen.

Erst damals erfuhren wir, wie viel Deutschland zu Japans westlich orientiertem Rechtswesen beigesteuert hatte. Das Gleiche gelte für die Entwicklung der westlichen Medizin und anderer Wissenschaftsbereiche. Deutsche Musik, die Werke der deutschen Klassiker und Philosophen gehören zum Rüstzeug eines jeden japanischen Abiturienten und Universitätsabsolventen. Und während ich dieses Kapitel konzipiere, gibt es eine kurze dpa-Meldung aus Tokio, mit Datum vom 02.12.2005:

> JAPANISCHE BRIEFMARKEN MIT BEETHOVEN UND BENZ IN TOKIO. Die japanische Post hat gestern Briefmarken zum »Deutschen Jahr« in den Verkauf gebracht. Auf den zehn verschiedenen Marken sind unter anderem Ludwig van Beethoven, der Benz-Motorwagen von 1886 sowie Meißner Porzellan zu sehen. Japan feiert bis 2006 die 150 Jahre alten diplomatischen Beziehungen zu Deutschland. Das Programm umfasst mehr als 1200 Kulturveranstaltungen.

Dem vorausgegangen war, im August 2003, die Ausstellung von 117 Kunstwerken aus der Sammlung des »Tokyo National Museum« in der Bonner Kunsthalle. Unter der Überschrift »Japans beseelte Schönheit« wurden Exponate vom Ende des 15. Jahrhunderts bis zum Beginn des 18. Jahrhunderts, vom feinen Lebensstil der Krieger bis zur kunstvollen Dramatik des »No-Theaters« einem breiten deutschen Publikum vorgestellt. Dazu gab es ein faszinierendes Panorama der Malerei, der Lackkunst, der Keramik, von Kimonos, Rüstungen, von Rollenbildern, von Kalligraphien, vieles entlehnt, wie die Schriftzeichen, von China.

Zurück zum Tokio von vor fünfzig Jahren: Nachdem General Mac Arthur nach Kriegsende den Tenno, den »Sohn des Himmels«, mit dessen eigenem Zutun zur kaiserlichen Symbolfigur entgöttert hatte, konnte man den scheuen Meeresbiologen von unserem Speisesaal aus gelegentlich in einem nicht mehr neuen Buick über die Palastbrücken herausfahren sehen. Er nutzte damals das gleiche Modell, auch in der gleichen grauen Farbe, das ich im nächsten Jahr für nur ein paar hundert Dollars in New York erstehen sollte.

Japan hatte zu der Zeit, ich meine, bis auf eine kleine Dreiradversion, keine weitere Autoproduktion. Aber in der englischsprachigen Presse konnte man von Plänen für neue

Schwerpunktindustrien lesen, von gewaltigen Produktionsstätten »auf der grünen Wiese«.

Im Gang war schon die Entwicklung einer eigenen Fotoindustrie. In der Lobby unseres Hotels war nicht zu überhören, wie japanische Konstrukteure und amerikanische Geschäftsleute Einzelheiten neuer Fotoapparate besprachen. Nach Deutschland zurückgekehrt, erntete ich bei Vermittlung solcher Nachrichten nur ein müdes Lächeln. »Die Japsen schaffen nur billige und minderwertige Imitationen!«

Ähnliche Reaktionen erntete noch 1964 der damalige Wirtschaftsreferent in der deutschen Botschaft in Tokio, Peter Scholz. Der mir freundschaftlich verbundene spätere Botschafter in Hanoi und Manila hatte sich »erdreistet«, Ähnliches nach Bonn zu berichten. Wie er auf S.84 in seiner sehr lesenswerten Biographie EXOTISCHE POSTEN[27] schreibt, hatte er mit seiner Prognose nur Staatssekretär Langer auf seiner Seite. Der hatte ihn wissen lassen, dass VW-Generaldirektor Nordhoff den Bericht vom Tisch gefegt hätte. Er sei einem Herzanfall nahe gewesen und habe ausgerufen: »Nie werden japanische Autos einen Volkswagen überholen!«

Man war von eigenen Erfolgen, vom weltweiten Käfer/beetle-Wunder verblendet. Erst in den 90er Jahren war die dumme Hybris dahin. Da pilgerten die deutschen Autobauer gen Nippon, um selber imitieren zu können. Da hatten die Japaner, ohne auch nur einen Gastarbeiter, längst gute und preisgünstigere Autos auf den Weltmarkt gebracht, das Ergebnis einer vollautomatischen Produktion.

Eine ähnlich frappierende Entwicklung hatten alle Nachbarländer der Region genommen. Besonders die Südkoreaner hatten durch Genügsamkeit und Fleiß aus »rats and dirt« schier Unglaubliches auf die Beine gestellt. Durch eigene Produktionen sind sie so erfolgreich, dass die SMI Hyundai-Finanzgruppe z.B. im alten Regierungsviertel in Bonn ein spektakuläres Konferenzzentrum baut und finanziert.

Der gesamte Ferne Osten ist aus beschaulichen Kolonien zu Tigerstaaten mutiert. Auch Hong Kong, Taiwan, Singapur und Malaysien haben uns mit dem »nicht-mehr-so-Rot-China« das Fürchten gelehrt.

Heute hat der japanische Lexus in Kalifornien Mercedes den Rang abgelaufen. Meine geliebte zweiäugige Rolleiflexkamera mit der Planar 1;3,5 f = 75 Linse von Carl Zeiss, die mich auf den Reisen um die Welt begleitet hat, ist leider längst ersetzt durch die handliche »Olympus« aus Tokyo, vor zehn Jahren in der 7th Ave. in New York, als »bargain« (Schnäppchen) erstanden. Assembled in China, Parts Made in Japan, heißt es diskret am Boden der Zoom 155 Dix. Die Klassiker Rolleiflex, die 1950 um die 250 DM gekostet hatte, wird nachgebaut, mit Gold und ähnlichem Firlefanz. Der Preis: 3500 Euro.

---

[27] Scholz, Peter: Exotische Posten. Was man im Auswärtigen Dienst so alles tun und erleben kann, Bonn 1995.

Singapore

So lautete die damalige postalische Bezeichnung, auch auf den Briefmarken. Singapur ist chinesisch und heißt »Löwenstadt«. Während der über drei Jahre dauernden Besatzung durch die Japaner nannten sie den Stadtstaat Syonan (»Licht des Südens«). Mein kleiner, von einem britischen Beamten ausgestellter, sehr ansehnlicher roter Führerschein trägt die Aufschrift »Colony of Singapore«. Die Bewohner waren damals zu 75% Chinesen, gefolgt von Malaien, Pakistanis, Tamilen, Europäern und Eurasiern, vereint unter der britischen Krone, regiert nach britischem Recht. Amtssprachen waren Englisch, Chinesisch, Malaiisch und Tamil. Man spürte das spannungslose Miteinander, sie selber empfanden sich als Multikulti at its best.

Durch die Geographie und mit dem damals zweitgrößten Hafen Asiens, heute dem größten Hafen der Welt, wirtschaftlich begünstigt, war Singapur damals schon der 1. Handelsplatz für alle Produkte Südostasiens, war der Singapore $ eine harte, voll konvertible Währung. Für uns hieß das: Wir konnten unsere Einnahmen, wie aus Hong Kong – im Gegensatz zu Japan – ohne Beschränkungen nach New York transferieren. Die einzige Belastung war die durch die unmittelbare Nähe zum Äquator (mit dem faszinierenden tropischen Sternenhimmel) bedingte Außentemperatur, gepaart mit der hohen Luftfeuchtigkeit, die selbst für unsere ebenholzschwarzen tamilischen Hilfskräfte Probleme schafften. In den Restaurants und in unseren Zimmern halfen die gewaltigen Deckenventilatoren. Der Arbeitsschweiß, auch auf den Köpfen, wurde einem der beiden aus Hongkong eingeflogenen weltberühmten Wang-Brothers, einem unserer beiden »side acts«, zum Verhängnis. Die Nummer hieß: »Upside down playing trumpet«, wobei Nummer 1 mit seinem Kopf auf dem Kopf von Nummer 2 stand und dabei ein Trompetensolo schmetterte: »Cherry pink and apple blossoms white«. Er rutschte während des Solos senkrecht ab und brach sich dabei das Genick. Nach kurzer Unterbrechung musste ich verkünden: »The show must go on.«

Eine erfreuliche Erinnerung: Das Präsent des späteren deutschen Konsuls in Singapur, Colin Hoffmann, an seinen Godesberger Zahnarzt ist der Linol-Holzdruck des bekannten Künstlers Gee Chren Tee aus Singapur. Der Titel »Returning« zeigt lose hintereinander aufgereihte typisch chinesische Fischerboote, wahrscheinlich auf dem Singapur River. Der Druck hängt in unserem Treppenhaus und erinnert an das alte Singapur, long time ago. Wenn man Colonial-Style pur erleben wollte, dann ging man ins altehrwürdige »Raffles Hotel« mit den breiten Fächerpalmen am Eingang und trank seinen Scotch an der längsten Bar Asiens. Das alte Singapur war das pittoreske down-town mit den vom Green abzweigenden Nebenstraßen. Wo, typisch chinesisch, wie im Happy Valley in Hong Kong die Wäsche zum Trocknen auf Bambusstangen aus den Fenstern hing, wo spärlich bekleidete Kulis ihre Lasten durch den Verkehr balancierten und wo alle

»Herrlichkeit auf Erden« (die unvergessliche Han Zuchin war eine der Ehrengäste bei unserem Eröffnungsabend) unter freiem Himmel geboten wurde, da gibt es seitdem eine Anhäufung von modernsten Wolkenkratzern, die in Höhe, Eleganz, Dichte und Zahl Frankfurt und Berlin wohl in den Schatten stellen.

Show in Singapur mit der tragischen Nummer »Upside down playing trumpet« von »Cherry pink and apple blossoms white«.

Ceylon

Ceylon, das heutige Sri Lanka – das Land der Seligen – war unser letztes asiatisches Showbusinessziel. Mr. Galsworthy, Nachfahre des britischen Schriftstellers und Nobelpreisträgers, war, bevor er als Diplomat nach Bonn kam, in Ceylon auf Posten gewesen. Für ihn war dieses Land – damals – »the closest place to paradise that I know«.

Bei Durchsicht meiner Unterlagen fand ich in einem Brief an meine Eltern mit der Beschreibung von »paradiesischen Verhältnissen« für dieses Stück Erde die gleiche Einstufung.

Wir traten bei der international beschickten, auf Briefmarken avisierten »Royal Agricultural and Food Exhibition« zuerst in Colombo auf und schlossen, hoch im Norden, in Jaffna ab.

Unser örtlicher Impresario war Donovan Andre, ein eher hellhäutiger, so genannter »burger«. So hießen die Abkömmlinge der portugiesischen und niederländischen Kolonialherren, die sich zuweilen mit den Ureinwohnern vermischten. D.A., wie man ihn nannte, war der reichste Mann des Landes. Er hatte seine Finger in allem, was gute Erträge einbrachte, in Edelsteinen, in Bodenschätzen, in Graphit und Kaolin, im Teehandel, Kautschuk, Kopra und Reis. Dazu in Pferderennen und Showbusiness. Da sein britischer Jockey im Urlaub in England war, überließ er meinem Freund Hegemann und mir dessen Haus mit Diener, in bester Wohnlage, im Ward Place, 4 Sukhastan Garden. Unser Diener ein Tamilie aus dem Norden, hieß John: Willy und ich beschlossen, ein Diener, in einem deutschen Haushalt müsste Johann heißen. Johann war perfekt, in jeder Hinsicht. Als er vor unserem Abschied gen Norden einen Umschlag mit einem Dankeslohn nicht annehmen wollte, ließen wir nicht mit uns handeln. Schwieriger war die Situation, als wir – eigentlich »unmöglich« – Johann einluden, mit uns die letzte Mahlzeit gemeinsam einzunehmen.

»Thank you, no, master, please, no master, thank you, no master«, war seine Antwort, bis ich verkündete: «Johann, this is an order!« Wir meinten es gut. Aber es war taktlos. Da hatte er Tränen in den Augen und sagte:

»Sorry, master, I cannot eat with you, I eat ‚widde' fingers!«

Das Problem lösten wir durch die gleiche Essweise…mit den Fingern.

D.A. hatte uns einen offenen, roten MG zur Verfügung gestellt. Da unsere Wasser-Licht-Show nur im Dunkeln ohne Halle vorgeführt werden konnte, waren unsere Tage frei. Da es damals politisch in Ceylon keine erwähnenswerten Probleme gab, will ich ausnahmsweise die paradiesischen Verhältnisse beschreiben.

Wir waren frei für Fahrten ins Landesinnere, ins Hochland mit tiefgrünen Teeplantagen, zu den zahlreichen Palästen, Tempeln und Klöstern, nach Kandy, zum »Zahn von Buddha« und, ganz in der Nähe, zum Reiten auf Arbeitselefanten. Dann ging es auf Reisen an die Küsten, zu den leeren Sandstränden mit Palmen, so weit die Augen reichten. Massentourismus war noch unbekannt.

Zum Afternoon Tea ging es bevorzugt zu dem unweit von Colombo gelegenen »Mount Lavinia Hotel«, im Colonial Style wie das »Raffles«. Es war so prächtig gelegen, auf einer Landzunge ins Meer gebaut, dass die BOAC ein farbiges Bild des Hotels jahrelang als Airline Sticker auf die Gepäckstücke klebten. Es war ein Must for Globetrotters, auch für John Forster Dulles, den wir, wie Lady Churchill, beim Verlassen des Hotels sahen. Beim Aussuchen von blauen Saphiren für Eigenbedarf in einem Edelsteingeschäft am Eingang des Hotels verkündete der Händler mit berechtigtem Stolz, Lady Churchill hätte gerade mehrere Rubine und Saphire von erster Qualität erstanden.

Danovan Andre war reich und großzügig. Beim Abschied gab er den »two German doctors« je ein kleines Säckchen mit Schmucksteinen, von gut geschliffenen Rauch- und Goldtopasen, von Halbedelsteinen der Gruppe der braunen Bergkristalle bzw. der geglühten Amethysten. Was die blauen Saphire angeht, hatten die es mir angetan. Jahre später fand meine Frau beim Schürfen einen 20 x 20 cm großen Rauchtopaz, der, nach Beschleifen durch einen mit uns reisenden französischen Glasfabrikanten, ansehnlich genug wurde, um auf meinem Schreibtisch Platz zu finden.

D.A. hatte zwei Probleme: Er war kein Weißer, und er war stark übergewichtig. Im »Colombo Swimming Club«, wo Willy Hegemann und ich nach Einführung durch ein Mitglied für die Dauer unseres Aufenthaltes »Temporary Members« waren, da war er wegen der Rasse ausgeschlossen, da, wie er es bitter formulierte, »where every white whore (Prostituierte) is welcome«, hatte er keinen Zutritt. Ich fand das ebenso empörend, muss aber hier zugeben, dass wir es später im Club als angenehm empfanden, stundenlang nur in weiße Gesichter zu sehen, offenbar ungewollt eine Frage der Identifizierung.

Für Donovan Andres Übergewichtsproblem hatte er, wie er selbst meinte, die perfekte Lösung gefunden: Wenn der britische High Commissioner (das ist, wie früher ausgeführt, der Titel der Britischen Botschafter in Commonwealth Ländern), der ihm, wie man sagte, wegen D.A.'Ss Reichtum offenbar sehr verpflichtet war, nach London in Pension ginge, wolle er ihm einfach dahin folgen. London sei, so Donavan Andre, für ein Member of Commonwealth die einzige weltoffene Stadt, in der es sich lohnen würde zu leben. Und als ich fragte, wie es ihm gerade da gelingen würde, sein Gewicht zu reduzieren, kam sein breites Lachen und sein Rezept: Da nähme er, nachdem er vorher die Internationale Presse informiert hätte, einen großen Stein, führe mit einer Taxe zur Downing Street No.10, würde da den Stein ins Fenster des Premiers werden und laut rufen: »LONG LIVE THE COMMUNIST PARTY!«

Dann müssten die »Brits« ihn einsperren, und schon wäre er seine zu vielen Pfunde los.

Aber, wie so häufig im Leben, es kam anders als geplant. Donavan Andre starb noch in Colombo an einer schweren Herzinsuffizienz. Und die Geschichte vom Paradies endete dann, wie Märchen beginnen: Es war einmal. Die moderne, weltweite Krankheit von rassistischer und religiöser Intoleranz hat auch dieses kleine Volk von Singhalesen und Tamilen ohne Erbarmen erwischt. Der Bürgerkrieg und die Erdstöße des Tsunami mit großen Menschen- und Sachverlusten haben eine Situation geschaffen, dass man schweren Herzens sagen muss: »PARADISE LOST.«

Heimreise

Nach Verschiffung unserer »unit« nach New York war mit Colombo der Punkt gekommen, um uns von dem interessanten, aber doch auch halbseidenen Showbusiness zu verabschieden. Das freie Airline-Ticket, rund um die Welt, ging von New York nach New York, auch für Freund Hegemann. Zuerst ging es nach Düsseldorf, mit Zwischenstopps in Bombay, Cairo, Zürich und Bern.

In Bombay waren wir bei der Familie meines Freundes Gurunath Rege avisiert. Die Leser mögen sich erinnern, dass ich beschrieben habe: Wir waren zusammen im Bonner ISSF-Haus und unternahmen 1951 gemeinsam die Studienreise durch westeuropäische Länder. Freund Hegemann und ich genossen die kultivierte Gastfreundschaft einer reichen indischen Familie, die die indische Filmindustrie beherrschte. Weltläufig, die Herren in Oxford und Cambridge zur Universität gegangen, kam es nach dem Essen, bei Kaffee und Tee, zur Tour-d'horizon, aber auch zu einer politischen Auseinandersetzung.

Zum Atombombenabwurf der Amerikaner: Die hätten die Bombe längst gehabt, sie aber nicht auf die weißen Deutschen abwerfen wollen, sondern auf die »Farbigen«, auf die »gelben« Japaner. Das passe zur Knechtschaft der »Neger« in der amerikanischen Geschichte. Zu Amerikas Kultur: Sie seien kulturlos; die Juden beherrschten die Medien, Hollywood und die Finanzwelt, Roosevelt hieße Rosenfeld und sei jüdischer Abstammung.[28] Die angeblichen Morde der Deutschen an den Juden seien doch reine Propagandalügen.

Als ich zu allen Punkten zur Gegenrede ansetzte, hatte ich offenbar alle Sympathien verloren. Und als ich die Wahrheit und über die Schande des industriellen Massenmordens an den Juden Europas berichtete, war ihr Entsetzten groß: Wie könnte ein so zivilisiertes und hochkultiviertes Volk, die Heimat von Kant, von Beethoven, Bach, von Goethe und Schiller und Martin Luther, so etwas getan haben?

[28] Das deckte sich mit den Aussagen eines meiner Professoren von Yale, der darin die Ursache für die Entscheidung »Germany first« sah; nicht den Angreifer Japan zuerst zu besiegen, sondern das judenfeindliche Nazideutschland.

Freund Willy und ich hatten uns für die zwei Tage in Bombay den Luxus des »Taj Mahal Hotels« - von unserem Zimmer mit dem Blick auf das Gateway to India – gegönnt. Der Preis war angemessen hoch und der Curry europäisch mild. Aber als wir dann das schreiende Elend auf der Straße – Tag und Nacht mit Menschen, die in der Gosse schliefen – erleben mussten, da konnten wir unseren Luxus nur noch mit schlechtem Gewissen genießen.

Auch in Kairo hatten wir nur zwei Tage eingeplant. Wir wollten beide einfach zurück nach Europa, nach Deutschland. In Kairo gab es, wie das Tagebuch aussagt, nur die üblichen Touristentouren: die Kamelritte zu den Pyramiden bei Giseh, Besuche der »Sultan-Hasab« und »Er-Rifai-Moscheen« und den »Chan-el-Basar« mit der arabischen Version von »Aller Herrlichkeit auf Erden«. Abends trafen wir im zum Nachtclub umfunktionierten König-Faruk-Palast zufällig einen bekannten »Yalie« mit seiner attraktiven und sehr kultivierten Ehefrau aus New England.

Jetzt ging es nach Zürich, in die damals offenbar grundsolide, ja vom Krieg unzerstört gebliebene Schweiz. Von Kloten nahmen wir die SSB nach Bern. Da waren wir mit Hannjörg Philippi, einem Bonner Konsemester, verabredet, der hier bei einem Schweizer Kollegen eine für deutsche Verhältnisse gut bezahlte Assistentenstelle bekommen hatte. Während unser Interesse sich auf seinen gerade in Behandlung befindlichen Prothetikfall konzentrierte, fand er das eher sonderbar. Sein Interesse lag in Kamakura, beim großen Buddha, bei Geishas in Teehäusern, in Hongkong, Singapur, in Ägypten, das er nur vier Jahre lang als deutscher Kriegsgefangener erlebt hatte und wo ihn ein Ägypter mit »See you next war!« verabschiedet hatte. Kurz: Ihn interessierte die große, weite Welt. Auf dem Weg zum Berner Bahnhof läuteten die Kirchenglocken. Die hatten wir über ein Jahr nicht mehr gehört. Wir waren zurück im christlichen Kulturkreis. Wir waren daheim.

Der erste Flug mit der Swiss Air über die sonnigen, verschneiten Alpen war grandios. Die damals aufkommenden Assoziationen mit den amerikanischen Bombergeschwadern, die, etwas östlich versetzt, 1944 und 1945 diese Route wählten, um über uns, in Oberschlesien, ihren »Bombensegen« abzuladen, haben mich auch bei späteren Flügen über die Alpen nie verlassen.

Auf Umwegen zum Ziel

M. F. als Zahnarzt in einer Brambauer Kassenpraxis. Willy als dentist in New York. Vorbereitung für internationale Praxis

In der Heimat angekommen ging es jetzt darum, die Pläne umzusetzen, die wir in den vergangenen Monaten geschmiedet hatten. Um Freund Hegemann an amerikanische Behandlungsmethoden heranzuführen und den Altphilologen sprachlich auf die geplante, englisch sprechende, international ausgerichtete Klientel vorzubereiten, war es möglich gewesen, ihn für ein Jahr in die Guggenheim Dental Clinic in New York City zu vermitteln. Für mich hieß es, mich wieder an Deutschland zu gewöhnen und die rauhe Wirklichkeit einer Knappschaftspraxis in Brambauer bei Dortmund für neun Monate mit einer steifen Oberlippe zu überbrücken. Das tat ich in der Praxis, in der Freund Willy, als ich ihn von Tokio anrief und ihm verkündete, er sollte in einer Woche eine andere Rolle in Japan spielen. Der Kollege Robben lieferte – bei Beachtung von Kassenauflagen – gute Arbeit. Seinen Rat, bei der Schwere des Berufes mittags ausgezogen eine halbe Stunde zu schlafen, habe ich dankbar befolgt.

Am Ende der neun Monate galt es, den Rest des »Einmal-um-die-Welt-Tickets« zu nutzen und dem Wunsch des Freundes zu entsprechen, gemeinsam noch einen Sommer lang »mein Amerika« zu erleben.

Der erste Schritt war die Aufgabe seines wenig attraktiven Hotelzimmers und die Anmietung eines reizvollen 2-Zimmerappartements, mit Bad und Kitchenette, in bester Gegend am Riverside Drive, südlich vom (General) »Grants Tomb« (Mausuleum) und der gewaltigen Riverside Church; viergeschossig, umgeben von »high rises«, mit 20 bis 30 Geschossen. Von den Balkonen ging, über ein zwischengelegenes »Green«, der weite Blick über den Hudson, hinüber nach New Jersey.

Um das Ersparte nicht zu strapazieren, galt es jetzt, bis zu Willys Abschluss in der Klinik einen Job zu finden, der interessant und ergiebig war. Wie das Leben so spielt, traf ich im Aufzug des Empire State Buildings, auf dem Weg zum deutschen Generalkonsulat, einen sympathischen »Mitreisenden« mit dem gleichen Ziel. Wie es sich herausstellte, war Joe Wischeidt, ein in Manhatten geborener Deutschamerikaner, in der Wirtschaftsabteilung verabredet, um Material über die Montanunion für seine Doktorarbeit zu suchen. Er war damals der amerikanische Chef der IAESTE, der »International Association for the Exchange of Students for Technical Experience«, mit Sitz im »Engineers Joint Council«, an der 47. Straße, gegenüber dem United Nations Building.

Die Geschichte geht nur auf, weil wir uns, nach Erledigung unserer Anliegen, im Aufzug auf dem Weg nach unten wieder sahen und Joe auf diesen Umstand hinwies und mir dann auf deutsch vorschlug, zusammen einen Kaffee zu trinken. Daraus wurde eine lebenslange Freundschaft.

Joe kannte schon damals Gott und die Welt und verschaffte mir mit nur einem Telefonat einen interessanten Job: bei der Einwanderungsabteilung der »Trans Canada Airlines«, im Idlewild Flughafen, dem später umgetauften J.F. Kennedy Airport.

Der im Zusammenhang mit dem Tenno erwähnte graue Buick kam jetzt von einem Used-Car-Dealer am Columbus Circle, der, bevor ihn die Nazis herausgeekelt hatten, die Horchvertretung in Berlin sein Eigen nannte. Mit dem eleganten Gefährt ging es dann drei Monate lang, um fünf Uhr früh, zur Frühschicht. Vom Hudson zum East River, quer über Manhatten Island durch den Midtown Tunnel, über den L.I. Expressway zum Flughafen. Es war jeden Tag ein neues Erlebnis, durch die Stadt, die angeblich nie schläft, zu pendeln, durch die menschen- und autolosen Straßen und Avenues zu kutschieren, hier und da gabe es einen Polizeistreifenwagen, sonst höchstens den Milchmann und streunende Katzen. »So rare« war ein morgendlicher Begleiter im Autoradio.

Im Immigrationsbereich der »Trans-Canada-Airlines« bzw. der »Flying Tiger Lines« war meine Hauptaufgabe, den nach Kanada einwandernden britischen Staatsangehörigen zu helfen, die Immigration Forms richtig auszufüllen. Die korrekte Staatsangehörigkeit hieß nicht »British« sondern »U.K. & C.« für »United Kingdom & Commonwealth«. Das Vierteljahr auf dem größten Flughafen der Welt war in vieler Hinsicht ein faszinierendes Erlebnis. Stoff genug für ein zweites Buch. Wie viele attraktive Stewardessen es doch gab! Unglaublich. Man gehörte dazu, wow!

Freund Hegemann hatte mein Nachkommen nach New York kaum abwarten können. Er war ein feiner Kerl und schon längst ein ausgezeichneter Zahnarzt. Aber für einen etwas schwerfälligen, auf gute Formen angelegten Münsteraner war, wie für meinen Yale Professor Cecil Driver, New York City »not his kind of town«. Das hatte nach Besteigen des ersten Taxis begonnen, als der »cabbie« ihn fragte, wo denn seine Frau sei. Wie, unverheiratet? »A good looking man like you?!« Typisch für New Yorker Taxifahrer. Dafür wurde ein entsprechendes Trinkgeld erwartet. Als das wohl nach New Yorker Standards ewas zu gering ausfiel, hieß es: »Mr., I make my living on tips!«

Das war noch erträglich. Bestürzt war der Freund, als er einen Supervisor, einen amerikanischen Oberassistenten, mit einer leichten Verbeugung gebeten hatte, sich einen abgeschlossenen Fall zur Entlassung anzusehen, und der ihn scharf abkanzelte: »Don't be so damn deitsch!«. Die vom jüdischen Guggenheim-Ehepaar errichtete Klinik hatte nur jüdische Supervisor eingestellt. Da Willy inzwischen mehr konnte als die Kollegen, wäre der Preis für ein Jahr New Yorker Kulturleben zu hoch gewesen, hätte es da nicht Aurora Lucas gegeben, eine bildhübsche, junge philippinische Kollegin. Engere Kontakte zu amerikanischen Kollegen beschränkten sich auf zwei Herren, die ich beim Abschiedsessen für ihn in der 86. Straße, in German Town, näher kennenlernte. Der eine war ein gut aussehender, großer Schwarzer, mit feinen Gesichtszügen und schönen, gepflegten Händen. Er war der bestgekleidete – wie es heute heißt – Afroamerikaner, dem ich je begegnet bin. Als ich ihn darob am Ende des Abends ein entsprechendes Kompliment machte, sah er mich länger an und sagte uns, wir seien ihm beide sehr sympathisch, deshalb die offene Antwort auf mein Kompliment: »Wenn ich mich nicht sehr gut anziehe, behandelt man mich in New York wie einen Nigger von Harlem!« Er kannte die Geschichte des anderen, polnisch-amerikanischen Kollegen, wußte, weshalb er von allen Amerikanern in der Klinik geschnitten wurde: Der jüdisch-polnische Kollege hatte in Auschwitz den vergasten Mitjuden die Goldarbeiten aus den Mündern entfernen müssen, Tag für Tag, Monat für Monat, Jahr für Jahr. Seine Weigerung hätte für ihn auch das Gas bedeutet. Er hatte ein Bild mitgebracht, das ihn Anfang der 30iger Jahre mit seiner Frau wohl gekleidet vor dem Reichstag in Berlin zeigte.

On the road again

Bevor Freund Willy und ich noch einmal ins Showgeschäft gingen, um auf Kompaniekosten dem Freund das »wirkliche« Amerika zu zeigen, war mein alter Freund und Aaseehaus-Zimmerkollege Jürgen Rasner als Vertreter von Phönix Rheinrohr nach New York gekommen. Er war glücklich, mit seiner jungvermählten Frau Liesel unser schönes Appartement zu übernehmen. Während ihrer Hochzeitsfeier hatte ich Jürgens Vetter, Will Rasner, kennengelernt. Er war nach einer beachtlichen Karriere im schwierigen Flensburg 1949 als überparteilicher Kandidat in den ersten Deutschen Bundestag gewählt worden. Inzwischen war er zum parlamentarischen Geschäftsführer der CDU avanciert und rechte Hand des Fraktionsvorsitzenden. Er war zuständig für Bundestag, Bundesregierung, Koalition, Opposition und Presse.

Wir waren während der Feierlichkeiten in Münster Tischnachbarn gewesen. Bevor wir uns trennten, hatte er mir, wie der amerikanische Generalkonsul in Düsseldorf inzwischen Jahre zurück, sehr nahe gelegt, Politiker zu werden. Nach den politischen Studien und meinen inzwischen gesammelten internationalen Erfahrungen werde er, wenn ich interessiert sei, bemüht sein, mich über eine Landesliste so bald wie möglich in den Bundestag zu bringen.

Nachdem die Wasserrevue acht Wochen lang mit dem City Ballet in der »Radio City Music Hall« in New York aufgeführt worden war, gab es bei Harold Steinbach und Sam

Shayon von Hollywood, Las Vegas, aber auch von den großen State Fairs des Landes Anfragen, die Shows im ganzen Land zu präsentieren. Da hatte Hans Hasslach, der European Representative, bei Freund Willy ein leichtes Spiel, ihn für Auftritte in den Südstaaten und im Mittleren Westen zu gewinnen. Noch in Brambauer mit Extraktionen und Amalgamfüllungen beschäftigt, stimmte ich zu, noch ein letztes Mal »to go on the road«, wie man das im Showbusiness-Jargon nennt.

Wir waren beide 29 Jahre alt, ungebunden und voller Wissens- und Tatendrang. Also wurde unser »Tennogefährt«, mit den New Yorker »The Empire State« - License Plates für eine Cross country Tour auf Schwung gebracht. So ging es los nach »Dixie«, mit Auftritten in Atlanta/ Georgia, Montgomery/Alabama, über Little Rock/ Arkansas, zurück in Richtung Norden, nach Nashville/ Tennessee, dann nach Columbus/ Ohio. In Ft. Wayne/ Indiana, packten wir dann wirklich das letzte Mal ein, nach unvergesslichen Erlebnissen und mit einem noch ansehnlicheren Konto bei der First National City Bank in New York; gut ausstaffiert für eine Gemeinschaftspraxis im Bonner Bereich.

Dann folgte der »Rest« von Amerika, eine selbstfinanzierte, große Rundreise durch die National Parks der Rocky Mountains, in Colorado, Utah und Nevada, durch die Sierra Nevada nach San Francisco, mit dem guten Freund Dick Hess herunter nach Tijuana im Norden Mexicos und zurück über die Route 40 »heim« in die bekannten Territorien, durch die Appalachen gen Norden und mit einem Schwenker, mit einigen Tagen in Washington, zurück zum »Big Apple« nach New York City.

Die gewonnenen Einsichten von Freund Hegemann, gefördert durch lange Diskussionen während unserer dreiwöchigen Rundreise, lauteten: New York City ist nicht typisch für Amerika, und die New Yorker sind nicht »die Amerikaner«. Er teilte inzwischen meine Liebe für dieses großartige Volk, für Land und Leute und die Bewunderung für ihren unerschütterlichen Optimismus. Wir beneideten sie um ihre auf christlichen Fundamenten basierenden Ethik, auf der Suche nach einer besseren Welt. Willy teilte inzwischen auch meine Vorliebe für Norman Rockwell, für Amerikas damals populärsten Maler.

Sein künstlerischer Beitrag für den Krieg waren seine »Four Freedoms« für die Zeit nach dem Krieg – es war seine idealistische Vision. 1943 entstanden die vier Gemälde: »Freedom from Want« (Freiheit von Not), die »Freedom of Speech« (Redefreiheit) mit der Darstellung einer altmodischen Gemeindeversammlung, die »Freedom of Fear« (Freiheit von der Angst) und schließlich die »Freedom of Worship« (Religionsfreiheit) unter der Überschrift: »Each According to the Dictates of his own conscience« (Jeder nach dem Diktat seines eigenen Gewissens)

Im Gegensatz zu der Mehrheit der eigenen Landsleute konnten die US-Amerikaner noch beten. Sie hatten damals intakte Familien, waren kinder- und mehrheitlich fremdenfreundlich. Dazu hatten sie offenbar auch intakte wirtschaftliche und politische Strukturen. Die waren in ihrer Geschichte gestärkt durch die selbstkorrigierenden Mechanismen einer freien Presse und von unabhängigen Gerichten. Sie hatten eine Service-Mentalität, bei der der Kunde König ist.

Sie hatten im Gegensatz zu uns, im Verhältnis auf die Gesamtbevölkerung, nur geringe Kriegsverluste. Und während wir durch die Judenverfolgungen 500.000 der Besten des Landes verloren hatten, waren zig tausend unserer Eliten in Amerika dankbar aufgenommen worden, war Amerika durch unser »brain drain« gestärkt worden.

Zum Abschied bekamen die beiden Junggesellen auf originelle Art und Weise noch einen diskreten Hinweis, nicht – wie Vater Freise die Spezies nannte, »Altgesellen« zu werden. Und das kam so: Da wir mit sauberen Oberhemden nach Deutschland kommen wollten, hatten wir sie mittags zur Hotelwäscherei gegeben. Am nächsten Morgen lagen sie nach dem Frühstück 1 A gebügelt auf unseren Betten. Jeder Packen war umgeben von einer Banderole mit der Aufschrift: »Good morning Sir! Have you kissed your wife this morning?« Bisher kannten wir nur die Standardversion: »Good morning Sir! Have a nice Day!« Willy nahm für die Rückreise die preisgünstigere Überfahrt mit dem Deutschen Hapag Lloyd. Ich hatte, als »frequent traveller«, längst das Angebot des New Yorker Council on Student Travel akzeptiert, »Information Director« (die Amerikaner lieben solche Titel wie President, Vice President und eben auch Director – ohne auf den Gedanken zu kommen, sich mit dem Titel anzusprechen) auf der unter Schweizer Flagge segelnden »Arosa Sun« zu spielen. Meine Aufgabe war es, den kanadischen Offiziersfrauen und ihren Familien und englischsprachigen Studenten Vorträge über Deutschland zu halten. Dazu kamen Deutschkurse für Anfänger und Fortgeschrittene. Die Entlohnung war: Freie Passage 1. Klasse.

Vor der Abreise hatten wir beschlossen, den Bonner Raum Düsseldorf als Niederlassungsort vorzuziehen. Bis dahin wollten wir noch ein halbes Jahr in Spezialpraxen gehen. Willy fand einen hervorragenden Prothetiker, Dr. Andreas in Duisburg-Hamborn, mit einem ebenso erstklassigen Technikermeister, Herrn E. R. Schäfer, der dann viele Jahre auch für uns beste Pinledgearbeiten machte, die auch die Bewunderung sonst nicht deutschfreundlicher amerikanischer Kollegen erfuhren. Ich ging zu Sargenti in die Schweiz.

Bad Godesberger Potenziale

Die goldrichtige Entscheidung. Auch die Heirat mit Ute Köhler

Nach Bad Godesberg zu gehen, das war in jeder Hinsicht eine »goldrichtige« Entscheidung, was die zu erwartende Klientel betraf, dazu die landschaftliche Schönheit der kultivierten Diplomatenstadt und die Nähe zur Bundesregierung.

Professionell war abzusehen, dass – trotz der großen Zahnarztdichte – von den etwa 20.000 Bundesbediensteten und deren Angehörigen aus dem Diplomatischen Korps und der großen amerikanischen Siedlung genug Privatpatienten auf unseren Stühlen landen würden, dass wir davon leben könnten. Die Nähe der Bundesregierung sollte jene Möglichkeiten bieten, die mit Will Rasner besprochen worden waren, und um mich bis dahin »über den Stuhl« mit Politikern auszutauschen und politisch Einfluss zu nehmen.

Wirtschaftlich lief das in der Tat so erfreulich, dass die Privat- und Ersatzkassenpraxis nicht nur genug abwarf, um die Brötchen zu kaufen, sondern auch die Möglichkeit bot, den erwähnten Junggesellenstatus bald zu korrigieren, um Ute Köhler aus Bochum zu heiraten – die beste Entscheidung meines Lebens. Nach neun Monaten und fünfzehn Tagen wurde unsere »number one«, Christiane, geboren.

Zum Thema Einflussnahme schrieb Thomas Kielinger, damals Chefredakteur des RHEINISCHEN MERKUR, nach vier Terminen eine Glosse, die die Möglichkeiten so darstellte: »…aber Manfred Freise ist noch mehr als die »graue Eminenz« der Bonner Politik berühmt geworden. Zeitgeschichtlich versiert und engagiert wie nur wenige, in Yale einst geschult, träufelt er seiner zum Teil hochstehenden Klientel das Vademecum der Vernunft und des common sense ein, während sie, in Vollbeseitz ihrer Sinne, wehrlos dem Behandelnden ausgeliefert, stumm zuhören müssen. Was einst die Rolle des politisch-literarischen Salons ausmachte, bewirkt heute die prägende Kunst des Dr. med. dent. Manfred Freise: Einfluss nehmen, Denken schärfen, Gedanken in Umlauf bringen. So stellt einer die Weichen der Zeitgeschichte, während er in Zahnruinen arbeitet. Ich kenne keine bessere Tarnung.«

Das erste prominente »Opfer« war Dr. Franz-Josef Wuermeling, über den seine Gegner lästerten, er sei so schwarz, dass er noch im dunklen Keller tiefe Schatten würfe. In der Tat war er ein angriffslustiger CDU-Politiker und seit 1953 Bundesfamilieminister.

Es muss wohl Ende 1960 gewesen sein, als ich, unter Kofferdam, an der Wurzelspitze des vier oben rechts arbeitete und ihm dabei unverblümt meine geänderte Meinung zu Kanzler Adenauer, zu unserem Bonner Bundestagsabgeordneten, zum Ausdruck gebracht hatte. Als ich über Adenauers nicht mehr funktionierendes Spiel klagte, bei dem er Leitfiguren gegeneinander ausspielte, Ludwig Erhard, den Vater des »Wirtschaftswunders«, immer wieder öffentlich herabsetzte, und mit dem Satz endete: »Der Alte muss weg!«, da wurde Wuermeling unruhig und nahm den Speichelzieher aus dem Mund; er brachte nur ein: »ABER HERR DOKTOR!« hervor. Mehr konnte er nach meiner Aufforderung: »Herr Minister, bitte den Speichelzieher zurück!«, nicht sagen.

Familienminister Wuermeling nach Empfang seiner Ernennungsurkunde durch Bundespräsident Heuss.

Wir blieben einander verbunden, auch als er nach Ausscheiden aus dem Bundestag nach Münster umzog, wo sein Vater einst Oberpräsident der Provinz Westfalen war. Nach dem obigen »Auftritt«, so berichtete er später einmal, hätten ihn junge Radikalinskis in der Halle Münsterland durch Schrei- und Pfeifkonzerte am Reden zu hindern versucht. Da habe er das Mikrofon noch lauter gestellt und verkündet: »Am Reden kann mich nur mein Godesberger Zahnarzt hindern, der steckt mir einfach den Speichelzieher in den Mund!«

Da habe er die Lacher und Beifallspender auf seiner Seite gehabt.

Was Konrad Adenauer anging, da hatte ich zu meinem Bedauern richtig gelegen. Seine Götterdämmerung hatte längst eingesetzt, als er F.J. Wuermeling, Siegfried Balke und Ernst Lemmer auf unfeine Art abservierte, weil sie unbequeme Wahrheiten offen aussprachen. Wuermeling beklagte das Scheidungsrecht; es erhalte nicht die Familie, sondern demontiere sie, indem es das Konkubinat staatlich sanktioniere (Brief 9). Für ihn war die wirtschaftliche Sicherheit der Familie das Fundament der sozialen Sicherheit des Volkes. Für ihn galten die Thesen: »Die Kinder von heute sind für alle die Ernährer von morgen!« In einem Vierteljahrhundert werde die Zahl der Versorgungsempfänger um 60 Prozent ansteigen, ohne dass die Zahl der produktiv Tätigen sich wesentlich erhöht habe. Eine große Steuerreform müsse die kinderfrohe Familie besonders begünstigen. Wuermeling wusste, wovon er da redete. Der Jurist mit beiden juristischen Staatsexamen hatte schon mit zwanzig Jahren zum Dr. rer. pol. promoviert. Heute weiss jeder, dass jedes Wort zutraf. Zum 80. Geburtstag, am 08.11.1980, schrieb die FAZ: »...bis 1969 blieb er Mitglied des Bundestages. In der nordrhein-westfälischen CDU hat er weiterhin eine Rolle gespielt; er hat strenge Forderungen an das Privatleben von Unionspolitikern gestellt. Ein grundsatzfester Mann ist er, und es läßt ihn gleichgültig, ob seine Grundsätze denen der Mehrheit und dem Zeitgeist entsprechen.«

Das Ehepaar Wuermeling kam weiter von Münster zur Behandlung nach Godesberg. In seinem letzten Brief (Brief 9) schrieb er: »...schade, dass wir uns nicht gelegentlich unterhalten können. Der Themen wären wahrlich genug. Gebe Gott, dass unser Land und unser Volk nicht in den Abgrund geritten werden!«

Ich suchte den sehr geschätzten, den wirklichen Herrn alter Schule, noch einmal in Münster auf. Welch ein Genuss, welch ein Gewinn!

Als Thomas Kielinger, inzwischen für die WELT in London und enger persönlicher Freund, seine Glosse schrieb, waren mir inzwischen so verschiedene politische Köpfe wie Viktor Preusker, Wohnungsbauminister unter Konrad Adenauer, Hermann Schäfer, der Vizepräsident des parlamentarischen Rates, Will Rasner und Frau, die Familie Rainer Barzel, das Ehepaar Wolfgang und Marion Döring, Herbert Ehrenberg, Georg Leber, Hans Katzer, Hans-Dietrich Genscher mit Mutter und Tochter, Kai-Uwe von Hassel, die Ehepaare Heinemann, Kohl, Teltschik, von Doynanji und Ost, »ausgeliefert«. Last not least war da Juliane Weber. Die Sympathie war beidseitig. Wir haben politisch viel bewegen und zurechtrücken können (Briefe 43a/b). Bei Carlo Schmid gab es einen sehr informativen Rollentausch. Da musste ich die doppelte Zeit einkalkulieren. Seine Monologe in den Behandlungspausen waren schwer abzubrechen. Der letzte politische Brief hatte ein P.S.: »Die Zähne sitzen ausgezeichnet!«

Die über die Praxis enstandenen engen Beziehungen zu den Botschaftern der Westmächte und ihren Gattinnen waren in der Regel politisch für beide Seiten von Interesse, aber auch in Bezug auf das damit einhergehende gesellschaftliche Leben für meine Frau und mich willkommenes internationales Flair. Das traf auch auf die Exzellenzen aus Argentinien, Jemen, Kuwait, USA, Frankreich, Großbritannien, China, Indien, Griechenland, Ägypten, Jordanien, Oman und Zypern zu. Hier entwickelten sich auch enge persönliche Freundschaften, die zum Teil Jahrzehnte überdauerten, bis heute.

Hilfreich waren 1986 die über die Praxis entstandenen freundschaftlichen Beziehungen zum spanischen Botschafter Eduard Foncillas und seiner Gattin, einer deutschen Gräfin. In meinem Archiv fand ich acht Schriftstücke. Der Mittlerdienst war erbeten von dem damaligen Landgerichtsdirektor Hans Rüter und dem Studiendirektor des Bielefelder Gymnasiums, Theo Schäpersmann. Es ging um Uwe W., der mit einem Freund von zu Hause durchgebrannt war und mit zwei Waffen in einem Hotel in der Nähe von Figueras festgenommen worden war und inzwischen acht Monate in einem mittelalterlichen Gefängnis einsaß, ohne einen Richter gesehen zu haben. Die Drähte von Bielefeld über Bonn und Madrid brachten die beiden Ausreißer dann doch relativ schnell zurück in die Kapitale von Ostwestfalen (Briefe 12, 13). Sie hatten davon profitiert, dass seine Fürsprecher und ich in Bielefeld Klassenkameraden gewesen waren.

Adenauer

Der »Alte« wird alt. Beleidigung Brandts am Tage des Mauerbaus. Telegramm an Adenauer

Nach dem Beitritt der Bundesrepublik zum Atlantikpakt, zur Westeuropäischen Union, nach dem Deutschlandvertrag und der Rückführung der letzten deutschen Kriegsgefangenen aus der Sowjetunion, hatte Adenauer genug Lorbeeren eingesammelt, um bei der Bundestagswahl von 1957 für die Union die absolute Mehrheit einzufahren.

Aber von da an ging es mit ihm bergab. Nachdem ich Godesberger Bürger geworden und in die CDU eingetreten war, erfuhr ich von den innerparteilichen Konflikten, ausgelöst durch die sich häufenden Fehler des »Alten«. Äußerlich noch imponierend in aufrechter Statur, zeigten sich immer häufiger die sekundären Alterserscheinungen. Als er auch in der bürgerlichen Presse lesen musste, dass seine Popularitätskurve stetig nach unten ging, ließ er wissen, er werde 1961 nicht noch einmal als Kanzlerkandidat antreten, sondern die Nachfolge des sehr populären Bundespräsidenten Heuss antreten. Das erschien noch einmal als gelungener Schachzug. Als er aber realisierte, dass von dem höchsten Amt keine Macht ausging und er sich von den eigenen Plänen wieder verabschiedete, war die Mehrheit im Lande wegen des Spiels mit dem höchsten Amt ebenso »abgefüttert« wie über seine Kritik am Bundesverfassungsgericht, das seine Deutschland-Fernseh-GmbH verworfen hatte.

Als Adenauer am 14. August 1961, am Tage nach dem brutalen Mauerbau in Berlin, nicht zu den erschütterten Berlinern in die belagerte Stadt flog und seinen Wahlkampf fortsetzte und den regierenden Bürgermeister von Berlin, Willy Brandt, mit dem Namen der unehelichen Geburt, »alias Frahm«, beleidigte und niemand aus der CDU/CSU sich davon distanzierte, da wusste ich: Das ist nicht mehr mein Verein; dazu darf man nicht schweigen. Als ich diese Nachricht im Autoradio hörte, fuhr ich zum nächsten Postamt und gab folgendes Telegramm an Korad Adenauer, meinem Bonner Bundestagsabgeordneten, auf: »Bestürzt über Ihre Nichtanwesenheit in Berlin STOP Entsetzt über Ihre beleidigenden Ausfälle gegen Willy Brandt. STOP Erkläre deshalb hiermit meinen Austritt aus der CDU. Dr. Manfred Freise, Bad Godesberg.«

Marion Gräfin Dönhoff geißelte Adenauers beleidigende Tiefschläge als Würde-Nehmen. Willy Brandt selbst schrieb in seinen ERINNERUNGEN[29], dass die Herkunft und Nachrede für ihn ein Stachel gewesen sei, und wie es ihn getroffen hatte, »...als Adenauer

---

[29] Brandt, Willy: Erinnerungen, Frankfurt a.M. 1992.

seinen halben Wahlkampf mit meiner Herkunft bestreiten ließ und mich am Tage nach dem Mauerbau alias Frahm titulierte.«

Das Ende meines politischen Traums

Bei Aufgabe des Telegramms war ich mir sehr wohl dessen bewusst, dass diese Aktion natürlich das Ende der erwogenen politischen Karriere sein würde. Bei allem gebotenen persönlichen Sich-Zurücknehmen darf ich sagen, dass ich fortan das Privileg genossen habe, unabhängig von Parteibindungen, aber bei bleibenden engen Kontakten zu führenden Liberalen, Sozial- und Christdemokraten Empfehlungen und Analysen liefern zu können, von denen ich überzeugt gewesen bin, sie würden dem Gemeinwohl dienen.

Im Sinne meines amerikanischen »Erbes«, sich vor den Großen nicht zu ducken, sondern »to stand up«, setzte ich noch eins drauf und ließ 25 Plakate drucken. Da stand dann am Zaun des Palais Schaumburg, am Zennigsweg in Rhöndorf und anderen markanten Plätzen im Bonner Raum mit großen schwarzen Lettern auf gelbem Grund:

Die Wahl zum vierten Deutschen Bundestag, am 17. September 1961, brachte der FDP 12,8 % der Stimmen und 67 Sitze im neuen Bundestag. Nur bei der ersten Bundestagswahl, am 14. August 1949, hatten die durch den schwäbischen Liberalismus von Theodor Heuss und Reinhold Maier geprägten Freien Demokraten mit 11,9 % ein ähnlich hohes Ergebnis erzielt.

Die Parole des neuen Parteivorsitzenden Erich Mende hatte gelautet: Die absolute Mehrheit der CDU/CSU brechen und eine Koalitionsregierung aus Union und Liberalen bilden, aber OHNE ADENAUER als Bundeskanzler. Die 12,8 % für die FDP entsprachen der Stimmung im Lande.

Eine überwältigende »...Mehrheit von 84 % aller Wahlberechtigten würde, wenn sie entscheiden könnte, den 86-jährigen Konrad Adenauer nicht mehr zum Bundeskanzler wählen«, das war das Ergebnis einer EMNID-Umfrage, die unmittelbar nach den Wahlen durchgeführt worden war. Auf die eindeutige Aussage der FDP hatte ich gesetzt, als ich, nachweislich durch Briefwahl, für die Liberalen votiert hatte.

Erich Mende, Dr. jur., machte eine gute Figur und war im 2. Weltkrieg als Major und Ritterkreuzträger sicher auch ein tapferer Soldat. Aber als Konrad Adenauer mit den damals noch sozialistischen Sozialdemokraten, sicher nur dem Schein nach, Sondierungsgespräche führte und auf Zeit arbeitete, ließ sich Mende ins Bockshorn jagen. Dabei hatte er gute Karten. Er hätte bei der Stimmung im Lande und bei den Sympathien in der Fraktion für Ludwig Erhard wissen müssen, dass Adenauer – nur um auf seinem Thron bleiben zu können – eine Große Koalition mit den Sozialisten, mit einem Verlust von Macht innerhalb der Union nicht hätte durchsetzen können.

Als ich aufgrund der Entwicklung befürchten musste, Mende möchte umfallen, erinnerte ich ihn telegrafisch an die beiden Wahlkampfversprechen und wies darauf hin, dass viele der neuen FDP-Bundestagsabgeordneten nur wegen beider Versprechen im Bundestag säßen. Wörtlich hiess es da:

»Wenn Sie Ihr Versprechen nicht einhalten, verlieren Sie Ihr Gesicht und die nächste Wahl« Dieser Gesichtsverlust bestätigte sich noch, als er im Oktober 1969 80 Jahre wurde und der seriöse Kolumnist des Bonner General-Anzeigers, Ekkehard Kohrs, seinen Lebensweg mit der Überschrift versah: »Erich Mende muss mit dem »Umfall« leben«.

Als das erwartete Einknicken kam, wuchs der Protest im Land, selbst in Teilen der FDP-Bundestagsfraktion (Brief 14, 15). Als Mende sich anschickte, mit Adenauer ins politische Bett zu gehen, reichte ich beim Bonner Amtsgericht eine Feststellungsklage wegen Nichteinhaltung eines Wahlversprechens ein. Eine Kopie des Originals der Klageschrift ging an die Agenturen.

Die nationale und internationale Pressereaktion war geradezu überwältigend, weltweit reichten sie von der amerikanischen Ostküste bis nach Kalifornien, von Südafrika bis nach Australien.

Da sowohl dpa als auch AP die Geschichte brachten, erschien sie wohl in allen deutschen Blättern; in den USA in allen überregionalen Zeitungen, im LIFE-Magazin, in der NEW YORK TIMES, im HAROLD TRIBUNE, dem WASHINGTON STAR, der BALTIMORE SUN, um nur die Blätter zu nennen, die traditionell von den amerikanischen Präsidenten gelesen werden (Dok. 7, 8).

Unterstaatssekretär William R. Tyler, Leiter der Europaabteilung im amerikanischen Außenministerium, in der Abstammung aus der Seitenlinie von Napoleon Bonaparte, bis 1960 unser Patient und als politischer Gesandter in Bonn mit unseren Verhältnissen eng vertraut, schickte mir ein Handschreiben (siehe unten).

Bevor der hochangesehene Berufsdiplomat sich für die besser dotierte Position als Chef von »Dumberton Oaks« entschied, hatte ich versucht, ihn als Botschafter nach Bonn zu bekommen und auch Senator Fulbright und Außenminister Rogers, damals Vorsitzender des Senatsausschusses für Auswärtige Beziehungen, gebeten, diesen Vorstoß zu unterstützen. Die Briefe von Fulbright und Staatssekretär Duckwitz und Außenminister Rogers in Anlage (Briefe 83, 84, 85).

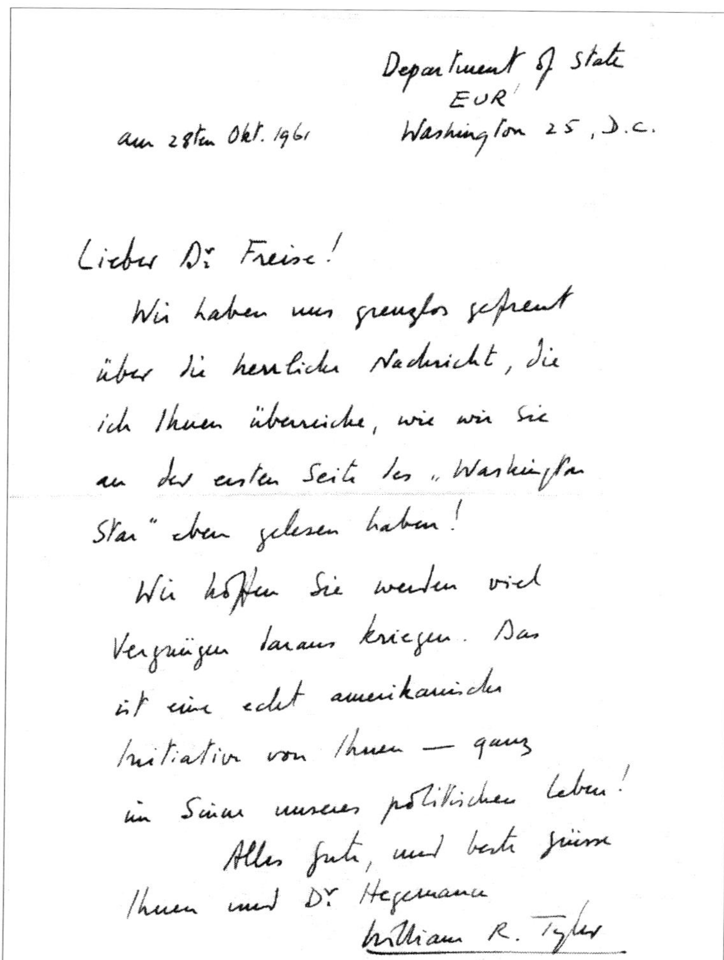

Department of State
EUR
am 28ten Okt. 1961 Washington 25, D.C.

Lieber Dr. Freise!

Wir haben uns grenzlos gefreut über die herrliche Nachricht, die ich Ihnen überreiche, wie wir Sie an der ersten Seite des „Washington Star" eben gelesen haben!

Wir hoffen Sie werden viel Vergnügen daraus kriegen. Das ist eine echt amerikanische Initiative von Ihnen — ganz im Sinne unseres politischen Leben!

Alles Gute, und beste Grüsse Ihnen und Dr. Hegemann

William R. Tyler

»Mende, gib mir meine Stimme wieder«

So lautete die Überschrift im STERN, der wie die QUICK ganzseitig davon berichtete (Dok. 3, 4).

Nachdem der Protest gegen Mende auch in FDP-Kreisen an Heftigkeit zugenommen hatte und die prominenten FDP-Bundestagsabgeordenten Dr. Kohut und Dr. Schneider aus der Partei ausgetreten waren und der sehr angesehene Dr. Bucher, der Hauptgegenkandidat gegen Bundespräsident Lübke bei der Wiederwahl im Jahre 1964, mir geschrieben hatte, er stimme meiner »Ansicht voll zu« (Brief 15), stellte sich für mich die Frage, ob ich das Land- oder sogar das Bundesverfassungsgericht anrufen sollte, nachdem sich das Bonner Amtsgericht als nicht zuständig erklärt und den Streitwert auf 3000 DM festgesetzt hatte. Das war für einen jungen Familienvater vertretbar.

Aber als das Bundesverfassungsgericht meinen Anwalt Weber hatte diskret wissen lassen, dass der Streitwert, wenn sich das höchste Gericht mit dem Fall befassen müsste, auf mehrere Hunderttausend DM belaufen würde, da war mir, nach dem Verdikt von Prof. Eschenburg im STERN, klar, dass ich den Fall ruhen lassen würde, bis der Wahlprüfungsausschuss die Beschwerde von Julius Schuster aus Stuttgart entschieden hatte, wegen nicht eingehaltenen Wahlversprechens die Bundestagswahl insgesamt für ungültig zu erklären.

Entscheidend war für mich der Hinweis, dass wir Bürger, besonders am Tage der Wahl, sehr sichtbar der oberste Souverän sind und Politiker sich nicht leichtfertig über eben gegebene Wahlversprechen hinwegsetzen dürfen. Dass der Grundsatz von Treu und Glaube auch im politischen Bereich Geltung haben sollte.

Mein Ansehen als seriöser, kompetenter Zahnarzt hatte in keiner Weise gelitten. Nicht einer der CDU-Politiker hat je ein Wort der Kritik ausgesprochen. Auch Will Rasner, der nach Adenauers Rücktritt als Bundeskanzler im Plenum sein Banknachbar geworden war, blieb mit seiner Frau mir privat und der Praxis verbunden. Die amerikanischen Kommentare deckten sich mit William Tylers Einstellung. Die Glosse aus der BALTIMORE SUN hatte ihren Reiz. Sydney Gruson, der Vertreter der NEW YORK TIMES in Bonn, hatte seine zwei Spalten mit »Politics and Pledges« (Politik und Versprechen) überschrieben und kam zu dem Schluss: »No one around Bonn will be surprised to find Dr. Freise standing for Parliament in the 1965 election.« (Niemand in Bonn wird überrascht sein, Dr. Freise 1965 als Anwärter für das Parlament zu finden). Dass er da irrte, konnte ich ihm verbindlich erklären, als seine Frau Sarah Lewis beim nächsten Mal zur Behandlung kam.

Die Aufforderung von QUICK (Dok. 4) an seine Leser, vor zwei Männern den Hut zu ziehen, hat mir gut getan. Der andere war Außenminister von Brentano.

Vor dem vereinbarten Rücktritt Adenauers in der Mitte der Legislaturperiode am 15.

Oktober 1963 schrieb mir der Partei- und Fraktionsvorsitzende Erich Mende einen Einschreibbrief (Brief 16), in dem er mich bat, öffentlich anzuerkennen, »dass die FDP damit, wenn auch mit Verspätung – nunmehr das Wahlversprechen Nr.2 erfüllt.« Ich empfand das für den Bittsteller als geradezu peinlich.

Nach einem Mittagessen mit Bundestagsvizepräsident Thomas Dehler, dem früheren FDP-Parteivorsitzenden und Justizminister unter Adenauer, ließ ich den baldigen Vizekanzler von Ludwig Erhard – in einem längeren Telefongespräch wissen, dass Dehler und ich der gleichen Meinung seien, es wäre besser, den Fall ruhen zu lassen und ihn nicht noch einmal publik zu machen. Der Dr. jur. sah das ein und stimmte zu.

Konrad Adenauer schreibt in seinen Memoiren, er habe Mende in Sachen Amtsenthebung erklärt: »Sie sind bestraft genug. Es ist doch besser, einen Sack Flöhe zu hüten als Ihre Partei zusammenzuhalten. Das ist meine ständige Rache an Ihnen!«

Im Retrospekt bot sich da ein tragisches Bild nach der Verabschiedung durch Bundestagspräsident Gerstenmaier, als der alte Herr, mit versteinerter Miene, die Regierungsbank verließ, um als »einfacher Bundestagsabgeordneter« den für ihn freigemachten Platz an der Seite von Will Rasner einzunehmen und dem ungeliebten Ludwig Erhard das Feld zu überlassen. Ich denke dabei an die großen Verdienste seiner geradlinigen Außenpolitik, die schließlich zur Wiedervereinigung führte, und einen flüchtigen Grußaustausch, als wir uns – nach einem Gespräch mit seinem Staatssekretär Globke – auf der obersten Treppenstufe im Palais Schaumburg trafen. Er schien erschöpft. Es waren die Tage der harten Auseinandersetzung mit Kurt Schumacher, der ihn als Kanzler der Alliierten attackiert hatte.

»Sie waren böööse auf mich«

Gespräch mit dem Altbundeskanzler. Er fühlt sich einsam, ich mache ihm Mut.

Nach seinem Rücktritt als Bundeskanzler war unser Bonner Bundestagsabgeordneter aus dem Palais Schaumburg in den Bundesratsflügel umgezogen. Da fand Anfang März 1964 ein Gespräch statt, das einen gewissen Reiz hatte. Seine »rechten Hände« hatten wiederholt darauf verwiesen, auch nach dem Ausscheiden aus dem Regierungsamt habe der Altkanzler noch so viele Verpflichtungen, dass es in absehbarer Zeit für ein Gespräch keine Zeit gäbe. Man bot mir prominente Namen aus der Fraktion als Ersatz an. Meine wiederholte Antwort hatte gelautet, ich wollte nicht den Bundeskanzler a. D. sprechen, sondern schlicht und einfach meinen Wahlkreisabgeordneten.

Auf einmal ging es dann doch und auch sehr schnell, als ich einem in Bonn sehr angesehenen amerikanischen Journalisten in einer Behandlungspause erzählt hatte, was hier Sache sei, und ich Wege finden würde, um mein Anliegen durchzusetzen. Er kannte Eduard Ackermann, der später selbst zu mir kam, dem der Amerikaner vermittelte: Der Dr. Freise hat recht, hier ein demokratisches Recht einzufordern. Vorsicht, der geht auf die Straße. Daher akzeptiert er kein Nein als Antwort. Edi Ackermann war damals der Mann, der in der CDU bei Kanzlern und Parteivorsitzenden Türen und Tore öffnete, wie später Juliane Weber (die Frau neben Helmut Kohl). Wir verstanden uns sehr gut.

Das kurze Vorgespräch in des Altkanzlers Vorzimmer ließ erkennen, dass man über den Besucher Erkundigungen eingeholt hatte. Als ich dann in das Chefzimmer geleitet wurde, stand da, in einem geschmackvoll eingerichteten Raum mit holzgetäfelten Wänden neben einem großen Schreibtisch ein großer, alter Herr, mein Wahlkreisabgeordneter. Nachdem ich mich mit einem Tagesgruß vorgestellt hatte und mit« ich heiße Freise«, grüßte er ebenso und sagte zu meiner Verwunderung »Adenauer«. Und dann folgte, im feinsten Kölner Singsang: »Dr. Freise, ich habe jehört, Sie wären BÖÖÖSE auf mich!« Was ich beschloss – ohne ein Wort – nur mit einem respektvollen lächelnden und leichten Kopfnicken zu beantworten.

Dann kam das obligate »Bitte, nehmen Sie Platz!«, wobei er auf eine Sitzgarnitur verwies, die uns sehr nahe gegenübersitzen ließ. Ich begann mit der Erklärung, ich würde versuchen, seine kostbare Zeit nicht unnötig zu strapazieren und würde nur wenige Minuten brauchen, um mein Anliegen zu erklären. In Amerika haben man mich gelehrt, wenn man überzeugt sei, politisch etwas besser zu wissen, dann müsse man sich engagieren. Und als ich dann meinen Vater mit den Worten zitierte, »Was du machst, das tue richtig oder gar nicht!«, da sah ich den alten Herrn wohlwollend nicken.

Mein Anliegen sei, meinen Wahlkreisabgeordneten dafür zu gewinnen, der schon ausgeuferten Anhebung der Versicherungspflichtgrenze einen Riegel vorzuschieben, wobei ich eine entsprechende tabellarische Aufstellung vorlegte. Es widerspräche dem konservativen Prinzip der Stärkung der Eigenverantwortung zur Lösung eigener Geldprobleme, anderen Leuten in die Tasche zu fassen, um eigene Schulden zu begleichen. Betroffene Patienten und Behandler seien gleichermaßen empört.

Als Vorbilder nannte ich - aus eigener Kenntnis – die Verhältnisse in Schweden und in der Schweiz, sehr bedingt auch die in den USA. Selbst bei Bedürftigen, wie in der Guggenheim Zahnklinik für Kinder in New York, würde vor Behandlungsbeginn ein Röntgenstatus erstellt. Bei uns hätte es, bei sparsamster Handhabungen im Röntgenbereich, rigorose Abstriche bei den Quartalsabrechnungen im Sozialkassenbereich gegeben. In der Bundesrepublik klaffe eine große Lücke zwischen dem in den Universitäten Erlernten und dem bei den Sozialkassen Umsetzbaren. Da man auf Dauer die Differenz nicht aus der eigenen Tasche bezahlen könnte, hätten wir schon nach zwei Jahren die Ersatzkassen abgegeben und das Schild durch »Privat und Wohlfahrt« ersetzt.

Dr. Adenauer hatte zugehört, ohne mich zu unterbrechen. Er dankte für die Kürze der Darstellung. Er verstände jetzt mein Drängen und meine Hartnäckigkeit. Was das »Richtig-oder-gar-nicht-tun« anginge, wären das gute Erziehungsgrundsätze; das hätte ihm auch sein Vater beigebracht. Dann kamen Fragen, was man meines Erachtens tun könnte, und Erkundigungen nach den medizinischen und zahnmedizinischen Verhältnissen in der Schweiz, in Schweden und in Amerika.

Amerika war das Stichwort für die Frage, wie wir es geschafft hätten, in kurzer Zeit einen so hervorragenden Ruf zu bekommen, dass selbst die Chefs der Kölner Fordwerke zu uns kämen und die große amerikanische Kolonie in Bonn. Meine Antwort bezog sich auf unser amerikanisches »Erbe«, aber auch darauf, dass sich auf Dauer Qualität durchsetzen würde. Da hätte ich eben als Freund und Partner mit Willy Hegemann einen erstklassigen Kollegen. Und wir hätten für fortschrittliche Technik in Essen einen ebenso erstklassigen Zahntechniker. Selber sei ich wohl auch ein ganz ordentlicher Klempner, was den alten Herrn lachen ließ. Meine wirkliche Stärke läge aber wohl in der Menschenkenntnis und richtigem gefühlvollem Eingehen auf jeden einzelnen Patienten im Stuhl.

Ähnlich direkt fragte Dr. Kissinger mich dazu viele Jahre später, bei unserem ersten Treffen in seinem Büro in der Park Avenue. Da waren von David Binder 1972 in dem NEW YORK TIMES »News Service« die Geschichten vom »Dental Commuter flies ocean often« und von der NORTH CAROLINA WOMAN, »Flies to Germany for Dental work« erschienen. Kurze Zeit später beschrieb Bynum Shaw, wieder ohne mein Wissen, auf einer ganzen Doppelseite die Geschichte in der Wochendausgabe der NEW YORK TIMES unter der Überschrift » FACING MAYOR DENTAL WORK TAKE YOUR TEETH TO EUROPE« (Wenn Sie umfangreiche zahnärztliche Arbeiten benötigen, dann gehen Sie damit nach Europa). Da mochte Daniel Schorr, der Chef vom Fernsehsender CBS und Patient von mir, nicht nachstehen und machte daraus eine »nation wide – from coast to coast« - Fernsehgeschichte, die mir eine wahre Flut von Anfragen nach

Behandlungen einbrachte, die ich nur durch eine Standardabsage eindämmen konnte.

Konrad Adenauer schien die entstandene Atmosphäre zu genießen, so dass er selber ins Erzählen kam, das, obwohl die Sekretärin den berühmten Erinnerungszettel schon zweimal hereingereicht hatte. Er winkte ab und sagte, wenn für mich richtig erinnerlich: »...ist schon gut!«

Adenauer in Rhöndorf

Er berichtete, er habe selber schon viele Stunden im Zahnarztstuhl zugebracht, vornehmlich als Folge eines von seinem Chauffeur verschuldeten Zusammenstosses mit einer Kölner Straßenbahn während seiner ersten Periode als Kölner Oberbürgermeister, vor 1933. In einer Kölner Klinik habe man sein Gesicht so zusammengeflickt, dass er jetzt aussähe wie ein alter Indianer.

Und als ich dann sein zerfurchtes Gesicht musterte, das linkseitig durch ein massives Ektropium senile gekennzeichnet war, bei dem das Unterlied schlaff herunterhing und die freiliegende Bindehaut entzündlich verdickt war, wies er selber auf diesen Befund hin. Jetzt sähe er wirklich wie ein uralter Mann aus. Ich widersprach ihm, dieses sei ein lokaler

Befund; es gelte die Formel, dass man so alt sei, wie man sich fühle, und redete mit dem großen alten Mann wie mit einem Patienten, was er offensichtlich genoss.

Dann wurde er philosophisch, alt sei er, weil er keine Zukunft mehr vor sich habe und beide Frauen längst verstorben wären, wie alle Freunde seines Alters. Da wäre man einfach zu einsam. Ich sprach von seinen Aufgaben und den Möglichkeiten, seine Erfahrungen einzubringen und Einfluss zu nehmen als Parteivorsitzender. Ja, er sollte nicht undankbar sein, die Fraktion hätte hier in diesen Räumen, in denen er schon 48/49 als Präsident des Parlamentarischen Rates gewirkt hätte, ihm doch eine sehr anspruchsvolle Arbeitsatmosphäre geschaffen. Er zeigte mir ein Gemälde von Winston Churchill, das hinter seinem Schreibtisch hing, daneben zwei alte Stiche von Rom, Geschenke von de Gasperi. Der Blick aus dem Fenster ließe ihm den Blick auf den Rhein.

Beim sehr freundlichen Abschied wiederholte er, was das Fachgespräch anbetraf, sähe er ein, dass hier ein Handlungsbedarf bestünde und »Fachleute ran müssten!«. Für das erste Gespräch hatte er Hans Katzer empfohlen und war wieder ins Kölsche verfallen: »Der isne jute Mann!«.

Ein paar Tage später kam der Brief mit dem Bundesadler und darunter Dr. Konrad Adenauer, Mitglied des Deutschen Bundestages – Persönliches Büro – an Hans Katzer mit Abschrift an mich zur gefl. Kenntnis (Brief 17).

Die Zigarre von Hans Katzer

Ein sehr persönliches Gespräch, in der Sache gab es keine Lösung. Mir ging die Zigarre aus.

Hans Katzer war die treibende Kraft der CDU-Sozialausschüsse. Er wäre sicher nicht meine Wahl gewesen. Adenauer, der alte Fuchs, hatte für mich den linken Flügelmann ausgesucht, die härteste Nuss, wie ich mir sagen ließ.

Für ein so schwieriges Thema sollten wir erst einmal zusammen eine gute Zigarre rauchen, meinte Katzer. Als ich ihm antwortete, ich hätte noch nie eine Zigarre geraucht, fand er, es wäre nie zu spät, damit anzufangen. Für einen erfahrenen Politiker war es ungewöhnlich, dass er eine lange Vorrede hielt und mir seine Lebensgeschichte darbot, die mit seinem Vater begann, der unter dem Oberbürgermeister Adenauer Kölner Zentrumsabgeordneter gewesen sei; er selber sei bis 1933 Leiter des katholischen Jugendbundes »Neues Deutschland« gewesen. Nach dem Reichsarbeitsdienst sei er im Winter 1941/42 als Leutnant der Wehrmacht vor Moskau schwer verwundet worden. Schon 1945 sei er in die Kölner CDU eingetreten.

Die Heirat mit einer Tochter von Jakob Kaiser, die wegen Sippenhaft in den KZs Buchenwald und Dachau gesessen hätte, wäre ein hilfreicher Sprung nach oben gewesen. Die sehr sympathische Frau Katzer sollten meine Frau und ich später bei einer kleinen Familienfeier der Familie Barzel bei Ria Maternus kennenlernen (Brief 18).

Rainer Barzel hat uns mit Freunden zur Ria Maternus eingeladen, im Hintergrund Frau und Herr Katzer.

Der erste Versuch, in Sachen Versicherungspflichtgrenze etwas zu bewegen, scheiterte wie der Versuch mit der Zigarre, die immer wieder ausging. Hans Katzer wurde bald nach Familie Barzel auch mein Patient. Bis heute ist das Thema Anhebung der Versicherungspflichtgrenze von damals 660 DM auf heute 6600 Euro ein strittiges Thema.

Dabei lautet die klassenkämpferische Devise der heutigen linken Gesundheitsministerin Schmidt: Bessere Behandlung für weniger Geld. Katzer gegenüber hatte ich damals einen gängigen amerikanischen Spruch zitiert: »There is no free lunch!« (Essen gibt es – in der Regel – nicht umsonst!) Und ich blieb Nichtraucher.

Hilda und Gustav Heinemann

Der Beginn einer Freundschaft über den Zahnarztstuhl

Als Hilda Heinemann im Oktober 1963 zum ersten Mal von Essen nach Godesberg zur Behandlung kam, war das der Anfang einer sehr harmonischen und später auch politisch produktiven Beziehung.

Frau Heinemann schrieb am gleichen Tag einen ungewöhnlichen Brief, in dem sie sich für den Erfolg bei einer schwierigen Behandlung bedankte. Gustav Heinemann, damals ein einfacher MdB, folgte einige Tage später. Der angeblich humorlose Zeitgenosse führte sich mit einem Scherz ein über eventuell indizierte Notschlachtung, falls der Heil- und Kostenvoranschlag für die anfallende größere Behandlung die Mittel eines nichtversicherten Privatpatienten übersteigen würden.

Aus der Arzt-Patientenbeziehung wurde bald ein freundschaftliches Verhältnis mit gegenseitigen Besuchen und Einladungen, die mit der Ernennung zum Justizminister der Großen Koalition und später mit der Wahl zum Bundespräsidenten nicht nachließen, sondern an Gewicht zunahmen.

Die Beziehung von Geben und Nehmen erbrachte auch ein Zusammenführen von eigenen Freunden. Bei Heinemanns war das Treffen mit dem Ehepaar Gollwitzer, mit Probst Grüber und Diether Posser in der Villa Hammerschmidt und mit Johannes Rau – noch in der Rosenburg – ein bleibender Gewinn. Bei mir im Privathaus gab es geschichtsrelevante Gespräche der Heinemanns mit dem Amerikaner Dr. von Elbe, mit dem Polen Dr. Graf Liwski und dem jordanischen Botschafter Farhan Shubeilat.

Als Professor Wichelhaus, Ehemann von Barbara Heinemann-Wichelhaus, im Namen seines Schwiegervaters zu dessen 69ten Geburtstag am 23. Juli 1968 in dessen Amtssitz in der Bonner Rosenburg eingeladen hatte, nahm der Jubilar die Sitzverteilung vor. Als er mir sagte, »ich möchte Sie an meiner Seite haben«, und Johannes Rau neben mich platzierte, war das eine gelungene Konstellation für gute Gespräche mit beiden Herren. Erinnerlich ist mir eine kritische Bemerkung G. Heinemann gegenüber. Ich hatte vorher gelesen, der Justizminister habe Pressevertreter verscheucht, als sie versucht hätten, aus einem Krankenbesuch von ihm eine Story zu machen. Als ich ihm sagte »ein Christ tue Gutes ohne darüber zu reden, aber ein Politiker müsste darüber reden und auch darüber berichten lassen, auch um zur Nachfolge zu animieren«, da rief er seinen Pressechef und erzählte die Geschichte und gab Anweisung, in Zukunft entsprechend zu verfahren.

Nachdem der Essener Pastor Friedrich Graeber ihn überzeugt hatte, dass es in dieser

Welt zur tätigen Nachfolge Christi keine Alternative gibt, begann der Wandel von einem religiösen Skeptiker zu einem engagierten Kirchenmann. Das war nur möglich durch die Frau an seiner Seite, sie war mütterlicherseits Tochter eines Pfarrers aus Bern, die er in Marburg getroffen hatte, wo sie bei Bultmann das theologische Examen gemacht hatte.

Entscheidende Einflüsse kamen vom dem Schweizer Theologen Karl Barth und von Helmut Gollwitzer. Der hatte 1938 den Mut gehabt, die Dahlemer Gemeinde des von Hitler ins KZ geworfenen Pastor Martin Niemöller zu übernehmen.

Als Gollwitzer 1951 als Spätheimkehrer aus der Sowjetunion seine Erkenntnisse unter dem Titel »Und führen, wohin Du nicht willst« herausgebracht hatte, verschaffte ihm der Bestseller Respekt von links bis rechts. So führte er durch Bonn den Trauerzug von Elly Heuss Knapp an, und der damalige Innenminister Schröder lud ihn ein, die Gedenkrede zum 17. Juni zu halten.

Wenn man die teilweise klar gegensätzlichen Positionen der beiden evangelischen Freunde und alten Kampfgefährten miterlebt hat, kann man nachvollziehen, dass Heinemann mehrfach erwähnte, dass gerade diese ausdiskutierten Gegensätze ihn immer wieder inspiriert hätten.

Nach den bürgerkriegsähnlichen Unruhen in Berlin und dem Mordanschlag auf Dutschke wirkten beide Freunde an verschiedenen Plätzen und wurden Brückenbauer. Professor Gollwitzer und Bischof Scharf traten noch in der Ostermontagnacht im überfüllten Audimax in Berlin auf und mahnten eindringlich zur Besonnenheit. Am selben Tag konnte man den Justizminister der Großen Koalition, Gustav Heinemann, im Radio und Fernsehen erleben. Auch er mahnte zur Selbstbeherrschung der Studenten und verlangte Respekt vor dem Gesetz.

Mit Blick auf das aufgebrachte, verunsicherte Bürgertum sprach G.H. den versöhnlichen Satz: »Wer mit dem Zeigefinger allgemeiner Vorwürfe auf den oder die vermeintlichen Anstifter oder Drahtzieher zeigt, sollte daran denken, dass in der Hand mit dem ausgestreckten Zeigefinger zugleich drei andere Finger auf ihn selbst zurückweisen.«

Diese über Parteigrenzen anerkannte Funktion des Brückenbauens sollte für Sozial- und Freidemokraten ein Motiv sein, ihn als gemeinsamen Präsidentschaftskandidaten für März 1969 zu nominieren.

Der Berliner Probst Heinrich Grüber hatte sich international ein hohes Ansehen erworben. Es war ihm während der Judenverfolgungen der Nazis gelungen – mit Zustimmung eben dieser Nazis – bis 1940 durch Abschiebung ins Ausland eine große Anzahl von deutschen und europäischen Juden vor dem Tod zu bewahren.

Als die Auswanderung wegen mangelnder Tonnage zum Erliegen kam, wurde Grüber den Nazis – auch wegen seiner engen Beziehungen zu den amerikanischen Quäkern – mehr als ein lästiges Hindernis. Man nahm ihn in »Schutzhaft«, verfrachtete ihn dann über Sachsenhausen ins KZ Dachau.

Präsident Roosevelt erfuhr das von den Quäkern und verbreitete die Nachricht sofort durch eine Pressekonferenz weltweit.

Yehuda Bauer, der Direktor von Yad Vashem, hat 1996 auf 464 Seiten ausgeführt, dass mit Hilfe Himmlers Millionen Juden hätten gerettet werden können »Aber sowohl die Tore Palästinas als auch anderer Länder waren für Juden versperrt und verschlossen, und die Forderung der USA und der UdSSR nach einer bedingungslosen Kapitulation verhinderte das Ende der Vernichtung.

Probst Grübers Brief aus Berlin vom 27. Januar 1969 (Brief 19) und Erich Mendes Hinweis an mich über unsichere Kantonisten innerhalb der SPD – wegen Heinemanns Position in der Verjährungsfrage – und analoge Beschuldigungen aus der SPD gegenüber der FDP ließen mich bis zum Wahlabend wirklich Lobbyarbeit praktizieren, die Zahnmedizin etwas stiefmütterlich behandeln.

Es gab Gespräche mit Herrn Genscher, mit Frau Hamm-Brücher und Diether Posser, Gustav Heinemanns früherem Sozius in der Essener Anwaltskanzlei, Mitstreiter in der Gesamtdeutschen Partei und zu dem Zeitpunkt Minister für Bundesangelegenheiten des Landes Nordrhein-Westfalen. Er war neben Gustav Heinemann selbst die lauterste Persönlichkeit, der ich in all den Jahren im politischen Bonn begegnet bin.

Da gab es Briefwechsel mit Helmut Schmidt, Johannes Rau, Karl Wienand und Hans Friderichs. Die Spannung hielt bis zum 3. Wahlgang an, als ich Willy Brandt telegrafisch bedrängte, nach dem 2. Wahlgang nicht einen anderen Kandidaten anzubieten. Viele Einzelheiten sind nur erinnerlich nach Durchsicht der von allen wichtigen Vorgängen gefertigten Karbokopien. Die Wiedergabe aller Dokumente würde den Rahmen dieses Buches sprengen.

Kampagne für Heinemanns Präsidentschaft. Briefwechsel mit von Weizsäcker.

Erwähnt sei, dass ich Schröder, der bereit war, sich mit den Stimmen der NPD wählen zu lassen, ohne Anschreiben eine Kopie des Briefes von Probst Grüber übersandt hatte. In einem längeren Schreiben hatte ich Dr. von Weizsäcker, dem zeitweise 3. Kandidaten, nahegelegt, auf seine Kandidatur zu verzichten. Nachdem er gegen Schröder unterlegen war, hieß es dann u. a. in seinem Antworttext: »Persönlich und beruflich, von der Familie zu schweigen, bin ich froh, aus dem Kandidatenkreis für das Amt des Bundespräsidenten ausgeschieden zu sein.«[30]

---

30 Brief in Besitz des Verfassers.

Nach Eingang des Briefes ergab es sich, dass Dr. Heinemann der nächste Patient war. Während einer kurzen Behandlungspause zeigte ich ihm von Weizsäckers Brief. Fast angewidert gab er ihn mir mit dem Kommentar zurück: »Das trifft doch alles nicht zu. Ich mag den Mann nicht: Er ist krankhaft ehrgeizig und scheinheilig!«

Einzuschieben ist eine Diskussion in der CDU/CSU-Fraktion vom 18. Juni 1979 unter dem Vorsitz von Dr. Kohl. Zur Debatte stand u. a. die Ämteranhäufung durch Herrn von Weizsäcker von zwei Parlamentsmandaten im Berliner Abgeordnetenhaus und als Bundestagsvizepräsident in Bonn. Die Erklärung von Weizsäckers war so unklar und ausweichend, dass Dr. Hugo Hammans von der CDU nachhakte. Da heißt es: »Herr Vorsitzender, ich würde es sehr begrüßen, wenn Herr von Weizsäcker mir noch deutlicher erklären würde, warum er nach dem großartigen Auftakt in Berlin nicht doch seine politische Arbeit eindeutig und vollständig fortsetzt. (Beifall).

Die folgende Antwort von Herrn von Weizsäcker vor der Fraktion bestand wieder nur aus vernebelnden Allgemeinplätzen. Die wirkliche Antwort kam in einem von Weizsäcker gesuchten Vier-Augen-Gespräch mit Dr. Hammans am Ende der Sitzung vor dem Eingang zum Sitzungssaal der CDU/CSU-Fraktion.

»Herr Hammans, ich habe sechs Kinder, ich brauche das Geld.«

Der Widerspruch ist evident!

Gustav Heinemann zum Bundespräsidenten gewählt.

Die Wahl war bis zuletzt eine Wackelpartie. Lob und Zustimmung aus dem In- und Ausland. Eine Richtungswahl.

Nachdem Gustav Heinemann im dritten Wahlgang die Mehrheit erhalten hatte, bezeichnete ihn der britische DAILY TELEGRAPH als »Aushängeschild« eines »anständigen Deutschen« und aus Bern verlautete es: »Mit der Wahl Heinemanns zum neuen Bundespräsidenten hat die Mehrheit der Bundesversammlung die demokratische Reife demonstriert, die wir uns bei unserem nördlichen Nachbarn wünschen...«

Der Brief von Hans Friderichs, dem Bundestagsgeschäftsführer der F.D.P. sollte – wegen seiner grundsätzlichen Aussagen – zitiert werden. Das war auch der Geist, in dem sich Hans-Dietrich Genscher – seit Jahren mit Mutter und Tochter Martina meiner Klientel angehörig – geäußert hatte. Das hatte ich schriftlich auch Gustav Heinemann wissen lassen. (Briefe 81, 82)

Meine Rolle als »Hebamme« (Ernst Cramer) für die Sozial- Liberale Koalition

Bundestagswahl

Der 28. September, eine logische Konsequenz. Bereit, mich zu engagieren. Zum Engagement für die F.D.P.

Nach Dieter Genschers Erklärung für Heinemann war ich gerne bereit, einer Anregung von ihm zu entsprechen, meinen Namen für eine auffällig platzierte F.D.P.-Wahlanzeige zur Verfügung zu stellen. Da stand im Bonner GENERAL-ANZEIGER:

»Liebe Bonner Mitbürgerinnen! Liebe Bonner Mitbürger! Damit keine Stimme im Bonner Raum verloren geht, ist es wichtig, die Erststimme und die Zweitstimme der F.D.P. zu geben. Dazu sagt auch der Bad Godesberger Zahnarzt Dr. Manfred Freise: Nach der Wahl Dr. Heinemanns zum Bundespräsidenten kann man wieder F.D.P. wählen!«

Zur Erläuterung des persönlichen Umfeldes sollte auf eine Passage von D. Hofmann in VERDÄCHTIGE EILE auf S.527[31] hingewiesen werden, weil sie die Bedingungen und Voraussetzungen schildern, unter denen ich tätig sein konnte:

»Tatsächlich kamen wichtige Anstöße aus der Umgebung Heinemanns, doch weder erkennbar von ihm selbst, noch auf seine Veranlassung hin.

Kein Mitarbeiter des Bundespräsidialamtes, sondern der Heinemann privat nahe stehende Zahnarzt Manfred Freise trug als »Mittelsmann, Kurier und Katalysator« dazu bei, an jenem Abend den Stein ins Rollen zu bringen. Freise, dem der mit der Bonner Szene vertraute GENERAL-ANZEIGER ,eine charakteristische Symbiose mit der Politik' bescheinigte, hatte als Fulbright-Stipendiat in den fünfziger Jahren die ausgeprägte personelle Verflechtung von Wissenschaft, Wirtschaft und Politik in den Vereinigten Staaten kennengelernt und seither Kontakte dorthin gepflegt. Frei von Berührungsängsten gegenüber der Politik, wirkte er seit seiner Rückkehr verschiedentlich auf das politische Geschehen ein, ohne parteipolitisch festgelegt zu sein. (…) Über seine berufliche Tätigkeit war er mit einer Vielzahl prominenter Bonner Politiker bekannt. Alles das verschaffte ihm eine eigentümliche Mischung aus Selbstbewusstsein, Vertrautheit und Unabhängigkeit, die für einen Vermittler von Vorteil ist.«

---

[31] Hofmann, Daniel: »Verdächtige Eile«. Der Weg zur Koalition aus SPD und F.D.P. nach der Bundestagswahl vom 28. September 1969, in: Vierteljahreshefte für Zeitgeschichte, Heft 3, Juli 2000, S. 515-564.

Die meisten Zeitzeugen haben uns verlassen; geblieben sind H.D. Genscher, Diether Posser, Helmut Schmidt und Manfred Wichelhaus. Dokumente (Dok. 1) sind u. a. eigene Briefe an Friedrich Freise, meinen Vater, vom 1. Oktober 1969 und an Minister Brandt vom 18.10. nach meinen Gesprächen im amerikanischen Außenministerium und mit Senator W. Fulbright, dem damaligen Vorsitzenden des Außenpolitischen Senatsausschusses.

Die briefliche Information für Friedrich Freise war notwendig wegen seiner Schwersthörigkeit als Folge der operativen Entfernung eines Epithelioms am Kleinhirnbrückenwinkel. Wie ich dem Noch-Außenminister Brandt schrieb, hätte ich keine politischen oder personellen Ambitionen; wichtig allein sei, dass er gewählt würde und die vorgesehene Koaltion zustande käme. Und dass der Bundespräsident wegen der gebotenen – und tatsächlich praktizierten – Unparteilichkeit nicht ins Gerede käme.

Dr. med. Zygmunt Graf Liwski

Ich traf ihn während meiner zweiten Ostblockreise. Die erste Tour hatte die Schweizer »Hotelplan« arrangiert. Die Teilnehmer waren mehrheitlich amerikanische, in Bayern stationierte Offiziere in Zivil. Das war im Jahre 1965 und für meine Frau und mich der erste Kontakt mit dem Ostblock. Die Hinreise ging mit »Swiss Air« über Prag und Budapest nach Moskau mit dem Besuch des uns nahestehenden Patientenehepaares Hans-Heinrich Sante, unseres Wirtschaftsgesandten in ihrer heruntergekommenen »Residenz«, in einem, wie sie uns, für ihre Abhörer vernehmbar, sagten, »verwanzten« Hochhaus.

Die Rückreise ging über die alte Rollbahn unseres Vormarsches von 1941, über Smolensk, Warschau nach Breslau/Wroslaw, das wir beide noch unzerstört in Erinnerung hatten, wo Utes Bruder Karl-Otto geboren war und wo ihre Großeltern mütterlicherseits, die hugenottenstämmige Familie Cabanis, noch Haus- und Grundbesitz hatten. Charlot Cabanis war in den 30iger Jahren von Berlin aus dem Ruf, in der attraktiven Stadt die Stelle eines leitenden Regierungsbaudirektors zu übernehmen, gefolgt. Der Versuch, bei dem neuen Besitzer seines Hauses ein Porträt von ihm, in jenen Jahren erstellt von einem bekannten Breslauer Maler, ausfindig zu machen, scheiterte an der Sprachbarriere. Zu verstehen war, dass es an einen bekannten Kunsthändler der Stadt verkauft worden sei.

Da erschien ich ein Jahr später in Besitz von einem Foto, das die Familie mit anderen Papieren auf die Flucht nach Westfalen mitgenommen hatte. Rein zufällig traf ich in diesem Geschäft Graf Liwski, der sich anbot zu dolmetschen. Er übersetzte die Fama des Händlers, dieses Bild sei vor einiger Zeit verkauft worden. Der Maler sei ein bekannter polnischer Künstler des frühen 19.Jahrhunderts gewesen. Man kenne den Käufer nicht, aber selbst wenn wir es ausfindig machen könnten, wäre die Ausfuhr alter polnischer Kultur untersagt... Der Kommentar von Dr.Liwski zeigte sein Weltbild: »Sie müssen wissen, das schlechte Gewissen wegen der Vertreibung der Deutschen führt zu so lächerlichen Ausreden, die darauf hinauslaufen, von polnischer Seite jede Beziehung der sogenannten wiedergewonnenen Westgebiete zur deutschen Geschichte in Abrede zu stellen!«

Diese Ausführungen erschienen mir so interessant, dass ich eine Einladung in seine Wohnung zu einer Tasse Kaffee gern annahm. Was er da zu sagen hatte, war so aufschlussreich, dass ich mir nach Rückkehr ins Hotel darüber Notizen machte, über die ich dann in Bonn berichtete. »Wir, die hier aus Ostpolen angesiedelten Polen, sind Vertriebene wie die alten Breslauer, die überall hin verstreut sind. Wir sind späte Opfer des Versailler Vertrags, mit dem für Deutschland unakzeptablen polnischen Korridor und dem Status von Danzig. Das war Zündstoff für deutsche und polnische militante Nationalisten, die schon auf ihren Plakaten Berlin erobern wollten.

Er fühle sich von den Kommunisten ausgesondert, seiner Besitztümer in Ostpolen beraubt; am schlimmsten sei jedoch die geistige Abschottung vom freien Westen. Er träume von einer Überwindung der Grenzen; der größte Wunsch sei eine Reise in diesen freien Westen, nach Westdeutschland. Bis dahin wollten wir uns brieflich austauschen (Brief 20).

Der Bundespräsident lädt ein

Die Gelegenheit zu einer Reise sollte sich durch die Wahl Gustav Heinemanns zum Bundespräsidenten früher als erwartet anbieten, als Dr. Heinemann am 01. September, zum 30. Jahrestages des Kriegsausbruches, eine Versöhnungsrede hielt. Als ich dem Freund am 03. September den Wunsch des polnischen Kollegen vortrug, diktierte er sofort das Einladungsschreiben nach Wroclaw/Breslau (Brief 21).

Nach Empfang im Bundespräsidialamt und der privaten Einladung der Familie Heinemann für Graf Liwski, war es nicht schwierig, Gesprächstermine bei allen gewünschten, interessanten Adressen für ihn in Bonn zu arrangieren. Die Gespräche mit Staatssekretär Duckwitz vom Auswärtigen Amt und mit dem Oppositionsführer Rainer Barzel lieferten Informationen für beide Seiten und schafften ein verbessertes Klima für die anstehenden Gespräche und späteren Verhandlungen in Bonn und Warschau, wo Sts. F. Duckwitz ein Jahr später das deutsch-polnische Abkommen unterschrieb.

Die eingetretenen Entwicklungen haben die damaligen Vorstellungen von Dr. Liwski

Wirklichkeit werden lassen. Er starb nach dem vierten Besuch in Bonn an einer Leber-Zirrhose und war, wie es im letzten Brief hieß, »dankbar bis zum letzten Atemzug«. Bis zu dem Zeitpunkt war ich noch zweimal in Polen; darüber später mehr.

Zurück nach Bonn. Mein Ziel, den Ablauf der Ereignisse sehr vertraulich zu halten, war so gelungen, dass selbst der Bundespräsident nach Jahren seinen mitengagierten Schwiegersohn fragte: »Wie war das eigentlich in der 69iger Wahlnacht?« Prof. Wichelhaus, der evangelische Theologe, kennzeichnet alles als »reichlich apokryph: die zwei Stunden, die wir zusammen agierten, waren die weitaus interessantesten »Szenen« der Jahre an der Seite Heinemanns.«[32] Auch Willy Brandts Erkenntnisstand blieb, wie er mehrfach erwähnt, beschränkt. Er war eben während verschiedener Etappen nicht zugegen. Walter Scheel erfuhr vieles erst nach dem Staatsakt für Rainer Barzel am 22. September 2006 (Brief 89).

Gespräche in Washington

Drei Tage nach der Wahl trat ich mit meiner Frau, ihrem Bruder Karl-Otto Köhler und mit dem aus dem ISSF-Haus in Bonn befreundeten Ehepaar Dr. med. Ali und Marga Gitizad eine Reise in die USA an.

Für die geplanten Gespräche im US State Department waren über die Bonner US-Botschaft Termine mit dem Leiter der Deutschland Abteilung, James Sutterlin, und dem Leiter der Europaabteilung, Martin Hillenbrandt, arrangiert. Beide waren mir als Patienten während ihrer Bonner Zeit gut bekannt. Martin Hillenbrandt wurde später Botschafter in Bonn. Mit Senator Fulbright hatte es Briefwechsel gegeben. Staatssekretär Spangenberg sah mich in der Rolle eines Sonderbotschafters - mit dem Wissen des Wahlsiegers Willy Brandt.

Bei den über dreieinhalb Stunden gehenden Gesprächen im Außenministerium und im Senat ging es den amerikanischen Gesprächspartnern um meine Einschätzung der Bonner Situation nach der Wahl und - wegen der schwachen Parlamentsmehrheit – um das Stimmrecht der Berliner Bundestagsabgeordneten. Eine der diskutierten Fragen lautete: Wie wird sich in diesem Punkt der wahrscheinliche Oppositionsführer Rainer Barzel verhalten? Meine Antwort in Washington lautete: »Wie ein Patriot!« Ich versprach nach Rückkehr eingehende Berichte.

---

[32] Die Ereignisse dieser beiden Stunden, welche die Geschichte veränderten, sind in dem Brief an meinen Vater beschrieben (Dok. 1).

Auch zu Barzel bestanden über die Praxis enge Beziehungen. Auch zu seiner Frau Kriemhild und zu Tochter Claudia. Nach Rückkehr aus Washington trafen wir uns, auf seine Bitten hin, zu einem kurzfristig arrangierten Geschäftsessen im Godesberger Hotelrestaurant »Zum Adler «.

Wir besprachen die Lage, und ich berichtete ihm vertraulich entscheidende Details - auch über meine Rolle in der Wahlnacht. Das irritierte ihn keineswegs, vielmehr beschrieb er genüsslich den Rollentausch in der Union. Er werde der starke Mann der CDU und der Oppositionsführer im Parlament sein. Seine derzeitige Aufgabe sei es, den »a.D.es« einen Wagenpark zu beschaffen. Natürlich würde er dafür sorgen, dass die Berliner Abgeordneten das volle Stimmrecht hätten. Ja, meine Formulierung in Washington, er sei ein Patriot, träfe natürlich zu und das sollte ich Washington auch sofort wissen lassen. Von da an blieben wir auch politisch in engem Kontakt und tauschten uns jahrzehntelang direkt und brieflich regelmäßig aus. Ich vermittelte ihm Kontakte innen- und außenpolitischer Natur. Nach Besprechung seiner zukünftigen Rolle schickte er mir eine Einladung zu seiner ersten Rede als Oppositionsführer im Deutschen Bundestag.

Die engen menschlichen Beziehungen blieben bis in die letzten Tage seines Lebens erhalten (Brief 22).

Der Brief nach Washington mit Durchschrift an Botschafter Rush bestätigte meine Einschätzung. Briefe von Senator James W. Fulbright (Brief 23) und die von James Sutterlin sind erwähnenswert (Brief 24).

Was mir Sutterlin über Rush schon vor dessen Ankunft in Bonn schrieb und was Rush mir antwortete (Brief 25), war für beide sehr zutreffend. Was mir Sutterlin geschrieben hatte, hatte ich für die Demarche bei Außenminister Brandt genutzt, aber auch beim damaligen Chef des Bundeskanzleramts Carstens, einem ehemaligen Yale-Stipendiaten. Seine unveröffentlichte Antwort in Anlage (Brief 26).

Schon am Tage nach seiner Ankunft am Rhein hatten Rush und ich ein Frühstückstreffen beim Italiener in der »Cäcilienhöhe«. Er war kein Karrierediplomat, sein letzter Posten in der Wirtschaft war der des Präsidenten von »Union Carbide«. An der Duke Universität lehrte er Juristerei, als der damalige Präsident Nixon zu seinen Studenten gehörte.

Valentin Falin, sein russisches Gegenüber bei den Berliner Verhandlungen, lobt ihn in seinen ERINNERUNGEN[33] als äußerst kompetent und vertrauenswürdig (Brief 27). Rush hatte bald ein Zahnproblem. Er war ein sehr angenehmer Patient; die neue Brücke schien gut gelungen. Beim Kontrolltermin war sein Kommentar: »I think I can eat horse meat.« (Das ist so stabil; ich denke, ich könnte Pferdefleisch essen).

Unvergessen bleibt das von mir arrangierte Zusammentreffen von Botschafter Rush

---

[33] Falin, Valentin: Politische Erinnerungen, München 1993.

mit Bundespräsident Heinemann in meiner Praxis am 06. September 1972, am Tag nach dem Münchner Geiseldrama während der Olympischen Spiele. Der Präsident berichtete über den letzten Stand der Dinge und die anstehende Frage, ob die Spiele fortgesetzt werden könnten und sollten.

Rushs Antwort: »Bis zu diesem Terrorakt waren das großartige Spiele, heiter und friedlich. Was geschehen sei, »nobody can be blamed for that!«. Genscher habe als zuständiger Minister umsichtig und mit Mut gehandelt, er habe versucht zu vermitteln, sei aber an den gegnerischen Parteien und an der Weigerung Kairos, sich einzuschalten, gescheitert. Er, Rush, meinte, man müsse nach einem Trauerakt die Olympischen Spiele fortsetzen. Das sagte er, nachdem der Bundespräsident um seine Meinung gefragt hatte.

Vor und um die Praxis herum wimmelte es an diesem Tage von »Sicherheit«, auch um die wuchtigen Limousinen mit den Nummernschildern »0-1« (Bundespräsident), »0-1000« (US-Botschafter).

links: Botschafter Rush hat Bundespräsident Heinemann sein Beglaubigungsschreiben übergeben.

unten: Bundespräsident Heinemann beim Verlesen seiner Rede zum Terroranschlag in München.

Mittlerdienst beim ersten innerdeutschen Gipfel

Gespräch mit Dr. Köhler (DDR) bringt den Durchbruch. Fahrt durch die gefährliche Grenze ohne Anhalten. Information an besorgten Bundespräsidenten, Dr. Sahm vom Bundeskanzleramt, ans US-Außenministerium, Botschafter Rush und Senator Fulbright.

Günther Köhler[34] war Vertriebener aus Schlesien. Sein Vater, Bruno Köhler, Bruder meines Schwiegervaters, blieb als Reserveoffizier seit den letzten Kriegsmonaten vermisst. Günther selbst, ein hochdekorierter aktiver Offizier, stand mit Mutter und Ehefrau auf der Straße. Desillusioniert wollte er Landwirtschaft studieren. Da das in den Westzonen ehemaligen aktiven Offizieren verwehrt war, blieb nur eine Ostzonenuniversität als Ausweg. Mein Schwiegervater half mit den Finanzen durch Überweisungen nach Westberlin. Der Plan, nach Studium und Promotion eine Stelle als Gutsverwalter im Westen zu ergattern, blieb eine Illusion. Solche Stellen hatten heimatvertriebene Gutsbesitzer aus den verlorenen Ostgebieten bekommen. Also richtete Günther Köhler sich ein. Wenn er in die SED einträte, gäbe es keine Grenzen nach oben.

1970 lernte ich ihn und seine Familie kennen, wir trafen uns in Ost-Berlin und fuhren dann in die Zone, nach Woltersdorf.

Hier wurde auch Tacheles geredet auf die Frage nach der Namensgebung für den Fall, dass Christiane ein Sohn gewesen wäre.

»Ich hätte ihn dann gerne John Forster genannt!«

»Nach dem amerikanischen Kriegstreiber Dulles? »

»Nein, dieser Mann erhält uns durch sein »brinkmanship« die Freiheit. Er weist euch und euren sowjetischen Bundesgenossen die Grenzen – auch in Berlin.«

Der sonst gegenseitig empfundenen Sympathie besann ich mich, als Anfang März 1970 die Gespräche Schüssler (Ost)/ Sahm (West) mit dem Ziel eines ersten Innerdeutschen Gipfels zwischen Brandt und Stoph in Berlin-Ost an der Einreise Brandts über West-Berlin zu platzen drohten. Ich bot Vermittlung an. Ein Eil-Telegramm von Dr.Köhler mit dem Vorschlag eines Treffens im »Linden Korso«, schon am nächsten Morgen, ebnete den Weg zum Kompromiss (Briefe 28, 29, 30). Zugegen war Heinz, dessen Nachname mir entfallen ist, er war nur stiller Beisitzer. Als ich nach sechsstündigen Gesprächen auf die Uhr sah und darauf hinwies, dass das Flugzeug nicht warten würde und die Perso-

[34] Selbst innerhalb der Familie fanden beide Schreibweisen (Köhler und Koehler) Anwendung.

nenkontrolle der Ostberliner Grenzpolizei und die des Mietwagens zeitaufwendig wäre, verschwand Heinz im Nebenzimmer. Nach wenigen Minuten kam er zurück; man würde mit dem großen Tatra bis zum Grenzpunkt vor mir herfahren. Ich könnte die Fahrt fortsetzen, ohne an der Grenze anzuhalten. So geschah es. Heinz X. war der Mann der Staatssicherheit.

Auf Westberliner Seite war man erstaunlicherweise informiert. Erste Informationen über das Gespräch gab ich dem Bundespräsidenten, der von Bremen aus anrief und sich besorgt äußerte: »Wegen Ihres Gesprächs in Ost-Berlin hängen dunkle Wolken über Bonn!« Ich könnte ihn beruhigen; ich säße schon an der Schreibmaschine und fasse, wie mit Generaldirektor Dr. Köhler vereinbart, alle Vorschläge und Überlegungen zusammen. Ich hätte Botschafter Rush und Dr. Sahm verständigt, dass das Papier noch in der Nacht vorliegen würde (Brief 31). Offenbar zufrieden, rief mich der Bundespräsident am nächsten Morgen an und bedankte sich, ebenso wie Dr. Sahm, der den schriftlichen Weg wählte. John Kornblum, damals persönlicher Referent von Kenneth Rush, - und später selber US-Botschafter in Bonn und Berlin - hatte das Papier wohl noch in der Nacht übersetzt, denn Botschafter Rush rief mich ebenfalls an und gratulierte mir. Zwei Kopien gingen nach Washington an Mr. Sutterlin und an Senator Fulbright. Er dankte und freute sich auf einen neuen Besuch bei sich in Washington (Brief 32).

Gefährliche Polenreise

Kontakt zum Bundespräsidenten beendet die Inhaftierung in Oppeln. Die Russen hatten sich eingeschaltet.

Nach Dr. Liwskis Besuch in Bonn kam von polnischer Seite vom Außenministerium die Gegeneinladung. Polen stände mir offen, wohin ich auch reisen wollte, auch mit dem PKW. Das war 1971 noch eine Ausnahme. Dazu genehmigte man mir noch einen Mitfahrer. Ich wählte Dr. Hans-Friedrich Bartelt, einen Konabiturienten, Flüchtling aus Pommern; er war Neffe von Pastor Martin Niemöller. Hans wollte die alte Heimat wieder sehen.

Zum Abend vor unserer Abreise hatte ich das Ehepaar Heinemann zu uns eingeladen, eine Tatsache, die sich zwei Wochen später im alten Oberschlesien als sehr hilfreich erweisen sollte. Der Bundespräsident sprach von gegensätzlichen Tendenzen innerhalb der polnischen Regierung. Auf der einen Seite gäbe es die auf Ausgleich mit der Bundesrepublik tendierende Linie von Premier Gomulka. Dagegen ständen Kräfte um den Innenminister, die weiter auf Abgrenzung setzten und konfliktbereit wären.

Insofern sei unsere Reise nicht ganz ungefährlich. Was würden wir tun, wenn man uns Schwierigkeiten machte? Meine Antwort:

»Das ist kein Problem; wir haben hier in Bonn einen starken Freund, den Bundespräsidenten!«

»Das stimmt, den haben Sie ganz sicher!«

Das war der Einwurf unserer »First Lady«.

Ja, es sollte Probleme geben. Zuerst in einem kleinen Dorf in der Nähe des pommerschen Stolp, als ich, wie ich meinte, eine typisch ländliche idyllische Szene fotografierte, als eine Schar fetter Gänse uns den Weg versperrte. Das Pech war, dass im Hintergrund ein zerfallenes Bauernhaus lag. Die uns folgende Polizei nahm mir die Kamera ab, entfernte den Film, befahl uns auf die örtliche Polizeistation und telefonierte mit Warschau. Ebendort erzählte uns der mir gut bekannte Ernest Kucza, der während des Krieges in der deutschen Wehrmacht gedient hatte und sich als Brückenbauer verstand,die Polizei in Pommern sei davon ausgegangen , wir wollten das Bild als Beweismaterial nutzen, um zu dokumentieren , in den ehemaligen deutschen Ostgebieten würde alles verfallen.

Man folgte uns sodann in die Kirche, in der der Vater des Freundes Pfarrer war, wo Hans getauft und konfirmiert worden war. Man fotografierte uns, als Hans Bilder des verwüsteten deutschen Friedhofs machte, wo die Grabsteine umgestürzt und die Namen unkenntlich gemacht worden waren, da wo seine Vorfahren die letzte Ruhe gefunden hatten. Das sollte kein Einzelfall sein, sondern gezielter Vandalismus in allen ehemaligen deutschen Ostgebieten.

Es wurde eine bewegende Reise in das verlorene, nahe und zugleich ferne Land, von dem ich manches wusste, das ich aber bisher nicht persönlich kannte. Jetzt war alles verloren, für nichts und wieder nichts verspielt, weil Hitler seinem Volk weisgemacht hatte, wir seien ein Volk ohne Raum, seien die Herrenrasse, die Anspruch hätte auf die Fleischtöpfe im Osten. Die dort lebenden Polen und Russen sollten umgesiedelt werden oder für immer ein Sklavendasein erdulden.

Mein Gott, welch ein schönes Land. Es ging hoch bis nach Danzig zur Besichtigung der nahezu vollständig rekonstruierten Altstadt mit dem Hohen, dem Goldenen und Grünen Tor, der Brigitten- und Marienkirche und dem Krantor. Die Heimat der Freunde Thomas Kielinger und der Familie Knitter. Und dann zur Westerplatte, wo am 1.September 1939 der 2. Weltkrieg begonnen hatte.

Es ist das Land von Gräfin Dönhoff, von Günter Grass, von Herbert Ehrenberg und von Horst Ehmke, das Land mit seinen breiten Alleen, den einsamen Seen und stillen Wäldern. Viele der Kulturstätten waren noch zerstört, Opfer der Kämpfe während der letzten Kriegsmonate. Andere, wie die Stadt Stolp, waren nach der Eroberung von den Siegern gebrandschatzt worden, weil die Sowjets den Polen die schöne alte Stadt nicht intakt übergeben wollten.

Es ging über die Weichsel, die Kurische Nehrung entlang über die Nogat nach Elbing, Pr. Holland, über Allenstein nach Neidenburg, der Heimatstadt von Christel Schmidt, geborene Witkowski, meines Vaters Sekretärin, die bei uns im Hause meinen Konabiturienten Walter Schmidt kennenlernte, der aus Breslau stammte und in der Festung bis zur Kapitulation gekämpft hatte. Walter studierte in Bethel Theologie und wurde stellvertretender Akademieleiter in Iserlohn. Hans Bartelt und ich waren erleichtert, als wir, ganz in der Nähe von Neidenburg, im Vorkriegspolen angekommen waren.

Marion Gräfin Dönhoff, die große völkerversöhnende Ostpreußin, spricht von der über alles prägenden Landschaft. Im Vorwort ihres bei dtv erschienen Taschenbuchs NAMEN DIE KEINER MEHR NENNT[35] sagt sie: »Die Landschaft gehört im letzten und höheren Sinne ohnehin niemandem, allenfalls vielleicht dem, der imstande ist zu lieben ohne zu besitzen«. Herbert Ehrenberg erzählte mir einmal, er habe Bremen als neue Heimstätte gewählt, weil die Lage am Meer ihn mit der ostpreußischen Heimat verbinden würde.

Im Warschauer Außenministerium, in dem während der deutschen Besatzung das

---

[35] Dönhoff, Marion Gräfin: Namen die keiner mehr nennt. Ostpreußen – Menschen und Geschichte, Stuttgart 1963.

SS-Hauptquartier und die geheime Feldpolizei untergebracht waren, wurden wir sehr freundlich empfangen. Man bedauerte das Missgeschick bei Stolp und gab mir den falsch entwickelten Farbfilm zurück. Hans Bartelt bot man eine ausgedehnte Tour der Hauptstadt durch einen Kunsthistoriker an, auch alles das, was man Ute und mir auf unserer Rückreise von Moskau geboten hatte (damals aber mit stark antideutschen Auslassungen). Hans war sehr angetan.

Die politischen Gespräche mit Herren der Westeuropa- und Deutschlandabteilung waren gehalt- und sinnvoll. Man war dankbar für die Vermittlung der Bonner Kontakte für Dr. Liwski. Besonders die beiden Gespräche mit Staatssekretär Duckwitz hätten gezeigt, dass man auf beiden Seiten auf dem richtigen Weg sei. Für zukünftige gute Dienste wäre man dankbar.

Auf ein angebotenes Gespräch mit dem Außenminister musste ich verzichten, da die Zeit drängte.

Meine offenen Worte zur Verschandelung der deutschen Friedhöfe wurden ohne Widerspruch hingenommen, auch als ich erklärte, das sei einer katholischen Nation unwürdig. Man wusste, dass Vater zu den Verfolgten des Naziregimes gehörte. Also konnte ich darauf hinweisen, dass selbst die Nazis die Judenfriedhöfe in Deutschland nicht angetastet hatten. Man versprach, um Abhilfe bemüht zu sein.

Das nächste Ziel, Heydebreck-Cosel, das heute Kedzierzyn-Kozle heißt, wollte ich bis zum Dunkelwerden erreichen, mit einem Schwenker zum ehemaligen I.G.Farbenwerk, unserem früheren Schutzobjekt. Aber es sollte anders kommen. Da begann das Malheur. Das Werk war von einer hohen Mauer umgeben. Im Halbdunkel konnte man nur die Hohen Schornsteine mit den farbigen Qualmausstößen mit der Rolleiflex ins Bild bekommen. Der Werkschutz hatte uns wohl beobachtet, besonders weil der Wagen des Freundes unser Nationalitätenzeichen D trug. Schon an der nächsten Ecke hielten uns gleich mehrere aufgeregte Uniformierte an, verlangten die Herausgabe der Kamera, führten uns in ein Wachhaus und verschanzten den Apparat - das offenbar wichtige »corpus delicti« - sofort in einem Panzerschrank, schon wenig später kam ein Polizeiwagen angebraust und hielt mit quietschenden Bremsen. Am Telefon hatten wir schon was von Spionen mitgekriegt. Es erschienen vier Milizionäre unter der Führung eines Polizeihauptmanns, der sich unsere Papiere zeigen ließ und die erste Befragung vornahm, alles in gehässigem Tonfall wie in Pommern. Der Hauptmann war Oberschlesier und sprach die gemeinsame Muttersprache. Das eingehendere Verhör erfolgte einige Kilometer entfernt in einem Hotel, getrennt in zwei Räumen. Nach einer Mahlzeit, in zwei Schlafzimmern serviert, blieben wir unter Bewachung bis zum nächsten Morgen.

Dann ging es mit zwei Milizionären in unserem Wagen und einem Polizeiwagen vor uns nach Opole, dem früheren Oppeln, der Woiwotschaft mit der größten deutschstämmigen Minderheit. Es war am 17.Juni, und niemand hinderte uns im Deutschlandfunk die Feier aus Bonn im Deutschen Bundestag zum Jahrestag des Aufstandes in der DDR zu hören. Man brachte uns zum früheren großen Postscheckamt, in dem, wie ich bald feststellen sollte, ein Gefängnis und der polnische Geheimdienst untergebracht waren. Während man den Wagen in Gegenwart von Hans gründlich auf »links« drehte, wurde ich im obersten Stockwerk in ein Vernehmungszimmer geführt, musste meinen Pass abgeben und den Tascheninhalt auf den Tisch legen, und dann begann die wohl über zwei Stunden dauernde Vernehmung von dem gleichen Hauptmann, beginnend mit der Geburt, wo ich während des Krieges gewesen sei, ob es Kontakte zu Vertriebenvertretern gäbe, und die Beziehungen in Bonn. Die gleichen Fragen stellte man Hans Bartelt, der zwei Zimmer entfernt untergebracht war. Gottlob hatte es das gemeinsame Treffen mit dem Bundespräsidenten und das Treffen in Warschau gegeben. Nach dem Verhör musste ich sehr detailliert und schriftlich niederlegen, was ich vorher ausgesagt hatte. Dazwischen gab es Wartezeiten, die ich mir vertrieb, indem ich, wie Hans Bartelt, aus dem offenen Fenster starrte, wo wir kommunizieren konnten und dabei beobachteten, wie Gefangene in gestreifter Häftlingskleidung unter Bewachung offene Wehrmachtsspeisekanister tragen mussten; die Suppe klatschte über und war gleich willkommener Fraß für dicke Ratten. Dann kamen Kreuzverhöre, die mich so mitnahmen, dass ich, aufgrund der Hypertonie, eine bei mir sonst unbekannte heftige Epistaxis, ein beidseitiges schwer stillbares Nasenbluten bekam. Während ich da ohne Hilfe vor mich hin blutete, dachte ich an eine ähnlich gefahrvolle Situation von Januar 1945, allein mit Franz Szworscheck in Erwartung eines sowjetischen Angriffs, nur ca. 25 km von Oppeln entfernt, aber ich hatte damals ein Gewehr, und der vermeintliche sowjetische Vorstoß, auf den ich im Halbdunkel viel zu weit entfernt meinen Munitionsvorrat verballert hatte, entpuppte sich als mehrere Kompanien deutscher Infanteristen – auf dem Rückzug.

Mein Schutz war jetzt mein reines Gewissen, war Warschau, war Dr. Liwski und im fernen Bonn mein gewichtiger Freund. Nach etwa zweistündigem Warten bedeutete man uns, man habe Informationen eingeholt, die es erlaubten, uns in einem Hotel in der Nähe nächtigen zu lassen, getrennt, aber mit der von mir verlangten Erlaubnis, mit meiner Frau zu telefonieren. Das Mithören hatte ich einkalkuliert.

Das brachte die Wende. Ich informierte meine Frau über die missliche Lage, bat sie aber, noch nichts zu unternehmen. Falls sie aber nicht innerhalb von 24 Stunden von unserer Freilassung hören würde, möchte der Bundespräsident den sowjetischen Botschafter einbestellen und ihm bedeuten: »Mein Freund Freise ist kein Spion. Er und Dr. Bartelt müssen sofort freigelassen werden.«

Der Hinweis auf den sowjetischen Botschafter ließ die polnische Seite einen sowjetischen Herrn aus Wroslaw/ Breslau und Dr. Liwski zu einem Mittagessen in einem passablen Restaurant um die Ecke hinzuziehen. Jetzt hatte der Russe das Sagen. Er war ein mit allen Wassern gewaschener Feuerlöscher. Man habe sich vergewissert, dass ich die

Brandtsche Politik des Ausgleichs und der Versöhnung unterstützte, usw. Das verdiene Lob, willkommen in Moskau! Prost. Doswedanije.

Der bisher so gehässige oberschlesische Polizeihauptmann hatte offenbar vor den »echten« Polen seine antideutsche Linie demonstriert und jetzt den Auftrag, auf Freundschaft zu machen. Das wurde dann eine schleimige Posse. Man wisse inzwischen aus verschiedenen Quellen, besonders durch Dr. Liwski, dass ich ein Freund Polens sei und das gemachte Bild der Schornsteine ein harmloses Erinnerungsfoto gewesen wäre. Zum Beweis, wie er unsere Verhältnisse kenne, schwadronierte er mit häufigen Besuchen (als Spion?) in der Bundesrepublik. Das war ein Fehler, weil seine Stahl-Vollkrone auf dem rechten oberen seitlichen Schneidezahn ihn leicht identifizierbar machte. Besonders Ray Cline, mein Patient und Geheimdienstchef der amerikanischen Botschaft, war für diese und andere Hinweise dankbar. Der Sohn Liwski, der bei einem der nächsten Besuche mitgekommen war, hatte sich als Elektro Dipl. Ingenieur um ein Praktikum bei AEG bemüht. Daraus wurde nichts, weil er sich weigerte, die Auflage Warschaus zu erfüllen, geheimdienstliche Informationen zu liefern.

Nachdem Hans überflüssige Bekleidungsstücke an deutsch-oberschlesische Hotelangestellte verschenkt hatte, konnten wir, mit Dr. Liwski als Beifahrer, nicht schnell genug das Weite suchen. Auf dem Weg nach Breslau gab uns der Kollege Liwski seinen Report, wie er selber verhört worden war. Seiner Einladung, noch einen Tag bei ihm oder in einem kultivierten Hotel in Breslau/Wroslaw zu verbringen, mochte Hans nichts abgewinnen. Während Hans eine Besichtigungstour mit Herrn Liwski in der Altstadt machte, die ich ja kannte, konzentrierte ich mich auf das prachtvoll restaurierte Rathaus, eines der schönsten Profanbauten vom Mittelalter zur Frührenaissance, das Wahrzeichen der Stadt; hörte die am gotischen Hauptgiebel befindliche astronomische Uhr aus dem Jahre 1580; stand an der Stelle, wo ich noch Anfang Januar 1945 die Pracht bewundert hatte, auf dem Rückweg von der Bürgerwerder Kaserne, wo ich eine Kriegsoffiziersanwärterprüfung abgelegt hatte (um Gebirgsjäger zu werden), zurück in die Flakstellung bei Blechhammer. Dabei war ich mir natürlich bewusst, dass das bittere Ende nahe war. Nach Besichtigung des im Rathaus befindlichen Museums für Bürgerliche Kunst blieb Zeit für den Besuch der Maria-Magdalenenkirche, eines der wertvollsten romanischen Kunstwerke Europas. Als ich alte deutsche Grabplatten entdeckte, sprach ich den anwesenden Probst an, der sich auch als Oberschlesier entpuppte. Es war ein gutes Gespräch; er wusste um die Schändung der deutschen Gräber und machte mir Mut, von Bonn aus hier energisch Abhilfe einzufordern. Der polnische Klerus sei sich dessen bewusst, hier nach 1945 versagt zu haben und bei der schändlichen Behandlung vieler niederschlesischer Priester teilweise beteiligt gewesen zu sein (Briefe 33, 34, 35).

Nach einer kurzen Mahlzeit mit den Freunden im Kellerrestaurant des neuen Rathauses drängte Hans auf Abreise nach Prag. Es ging über Schweidnitz, Waldenburg,

Landshut, an der Schneekoppe vorbei, durch das Riesengebirge auf Umwegen nach Prag und am nächsten Tag zurück in die Heimat. Wir waren uns bewusst, dass eine Menge zu tun war, bis die vielen Gräben zugeschüttet und tragbare Brücken errichtet sein würden. Im Westen waren wir so viel weiter; das machte Mut. Graf Liwski schrieb, wenn unsere Völker unsere persönliche Freundschaft zum Vorbild nähmen, wäre alles überwunden. Es gäbe keine Alternative. Wie recht er doch hatte.

Guido Del Mestri, Apostolischer Nuntius, beim Neujahrsempfang von Bundespräsident Walter Scheel in der Bad Godesberger Redoute. Der Bundespräsident begrüßt hier Botschafter Tasos Panayides von Zypern. Halb verdeckt ist Aussenminister Hans-Dietrich Genscher.

Herbert Wehner versus Gustav Heinemann

Gustav Heinemann war gesundheitlich nicht sonderlich stabil; er hatte sich seit Kriegsende maßlos überfordert und war keinem Konflikt ausgewichen. Der Reizmagen war vorprogrammiert. Von Seiten seiner Familie wurde ich schon vor Antritt der Präsidentschaft gebeten, Kraft meines weißen Kittels zu raten und Einfluss zu nehmen. Das geschah schriftlich und mündlich. Eine Zeit lang sah ich ihn täglich, wenn wir in der kleinen Schwimmhalle (Briefe 36, 37) hinter der Villa Hammerschmidt die Runden zogen oder Wasserball spielten.

Als die Kräfte spürbar nachließen, war seine Devise: Man muss gehen, solange man noch laufen kann. Das hieß: Keine 2. Amtsperiode nach 1974. Aber das passte nicht in das Konzept von Herbert Wehner, der ihm lauthals Vorwürfe machte. Als Gustav Heinemann, wie er in seinem politischen Testament schrieb, »gegangen« war, schickte ich Herbert Wehner zum Weissdornweg am 11. Juli 1976 den folgenden Brief[36]:

Sehr geehrter Herr Wehner!
Darf ich Ihnen zuerst zum heutigen 70. Geburtstag von Herzen Glück wünschen? Seit ich durch Gustav Heinemann und auch durch Frau Kühn mehr um Sie weiß, gehöre ich zu den Mitbürgern, die gern für Herbert Wehner Partei nehmen - obwohl wir in der 69er Wahlnacht ja nicht besonders nett zueinander waren.
Mein eigentliches Anliegen: Als Freund von Gustav Heinemann weiß ich, wie sehr ihn Ihre Vorwürfe – wegen seiner Entscheidung, sich nicht zur Wiederwahl zu stellen – getroffen haben. Im Nachhinein war dieser Entschluss doch sicher richtig. Scheel heute zur Wahl stehend, würde wohl eine andere Koalition eingeleitet haben. Wäre es nicht eine noble Geste, das Frau Heinemann zu sagen oder zu schreiben und auch morgen am Grabe zu stehen – wie alle seine Freunde.
Ich schreibe das ohne Abstimmung mit irgendjemand und verspreche Ihnen absolute Vertraulichkeit. Vielleicht ist das alles überflüssig, weil Sie das sowieso vorhatten. Dann bitte ich um Ihre Nachsicht.

Mit freundlichen Grüßen
Ihr Manfred Freise

36 Der Brief ist hier nur auszugsweise abgedruckt.

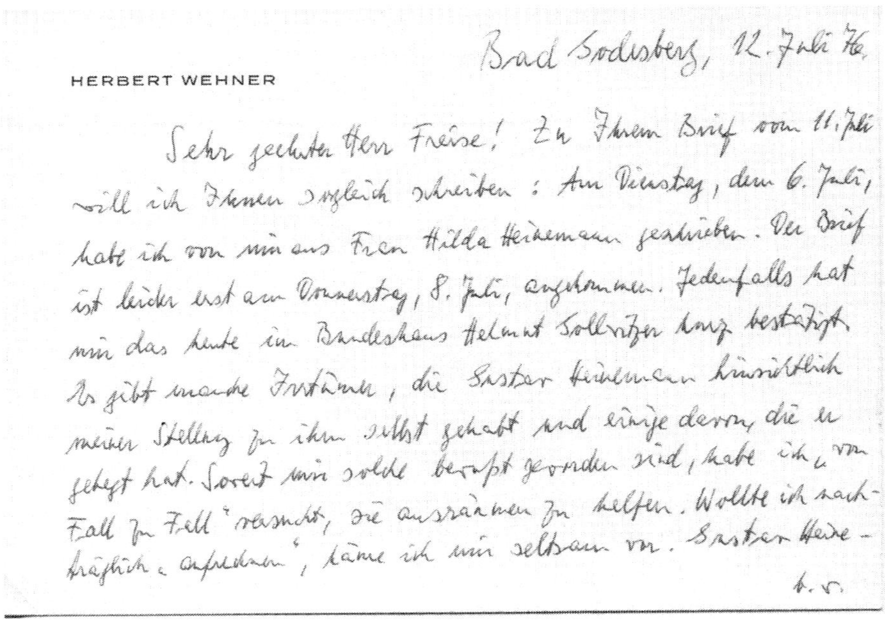

HERBERT WEHNER

Bad Godesberg, 12. Juli 76.

Sehr geehrter Herr Freise! Zu Ihrem Brief vom 11. Juli will ich Ihnen sogleich schreiben: Am Dienstag, dem 6. Juli, habe ich von mir aus Frau Hilda Heinemann geschrieben. Der Brief ist leider erst am Donnerstag, 8. Juli, angekommen. Jedenfalls hat mir das heute im Bundeshaus Helmut Gollwitzer kurz bestätigt. Es gibt manche Irrtümer, die Gustav Heinemann hinsichtlich meiner Stellung zu ihm selbst gehabt und einige davon, die er gehegt hat. Soweit mir solche bewußt geworden sind, habe ich „von Fall zu Fall" versucht, sie ausräumen zu helfen. Wollte ich nachträglich „aufrechnen", käme ich mir seltsam vor. Gustav Heine-

b.w.

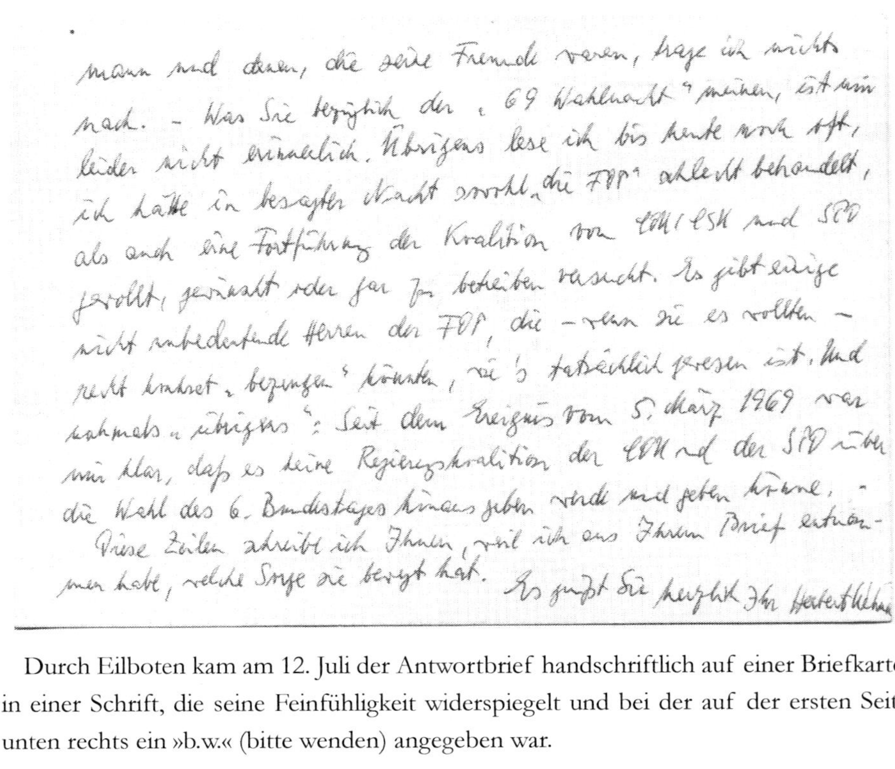

mann und denen, die seine Freunde waren, trage ich nichts nach. – Was Sie bezüglich der „69 Wahlnacht" meinen, ist mir leider nicht erinnerlich. Übrigens lese ich bis heute noch oft, ich hätte in besagter Nacht sowohl „die FDP" schlecht behandelt, als auch eine Fortführung der Koalition von CDU/CSU und SPD gewollt, gewünscht oder gar zu betreiben versucht. Es gibt einige nicht unbedeutende Herren der FDP, die – wenn sie es wollten – recht konkret „bezeugen" könnten, wie's tatsächlich gewesen ist. Und nebenbei „übrigens": Seit dem Ereignis vom 5. März 1969 war mir klar, daß es keine Regierungskoalition der CDU und der SPD über die Wahl des 6. Bundestages hinaus geben werde und geben könne. –

Diese Zeilen schreibe ich Ihnen, weil ich aus Ihrem Brief entnommen habe, welche Sorge Sie bewegt hat. Es grüßt Sie herzlich Ihr Herbert Wehner

Durch Eilboten kam am 12. Juli der Antwortbrief handschriftlich auf einer Briefkarte, in einer Schrift, die seine Feinfühligkeit widerspiegelt und bei der auf der ersten Seite unten rechts ein »b.w.« (bitte wenden) angegeben war.

Nicht erst als Herbert und Greta Wehner meine Patienten geworden waren, habe ich mich mit diesem gewichtigen Sozialdemokraten und außergewöhnlichen Menschen auseinandergesetzt. Die erwähnte Patientin, Frau Kühn, war jahrelang seine Sekretärin gewesen. Niemand kennt die leitenden Herren besser als die Chefsekretärin. Für Frau K. gab es keinen lauteren und gewissenhafteren Politiker als Herbert Wehner. Für private Post habe er in jedem Fall die Briefmarke aus der Geldbörse entnommen und nicht den Rollenstempel der Fraktion, und das nicht erst seit seinem Wiedereintritt in die evangelische Kirche.

Mindestens seit dem Godesberger Programm, das seine Handschrift trägt, hatten die Sozialdemokraten Abschied genommen von sozialistischen Verstaatlichungsprogrammen, galt er ‚neben Fritz Erler, als der bedeutendste Kopf und lebendigste Denker der aufgeklärten deutschen Sozialdemokratie. Schwer litt er unter manchem, was er sagte; da war er dem ebenfalls Naziverfolgten Thomas Dehler ähnlich. Sein Misstrauen, seine Empfindlichkeit und seine Scheu sind nur auf dem Hintergrund der Traumata seines Exils in Moskau und der Gefängnisperioden in Prag und Schweden verständlich. Sie sind ein Teil der deutschen Geschichte, wie Ausbürgerungen und die Jahre im Exil von beiden Sozialdemokraten, von Herbert Wehner und Willy Brandt. Sein bei Kiepenheuer & Witsch erschienenes ZEUGNIS[37] und seine Ansprache in der Hamburger Michaelis Kirche im Oktober 1964 sagen nicht nur Entscheidendes über ihn aus .Nein, die Sätze aus Hamburg möchten manchem Leser über die eigene Situation zu denken geben, ein Halt werden. Da heißt es:

»Ich kenne die Situation des Menschen, der versucht, ohne die Kirche zu leben und meint, er vermöge ja dennoch (oder gerade so) mit dem Evangelium zu leben. In Wirklichkeit hält er die Spannung nicht aus. Sie geht über seine Kraft. Entweder zerbricht er an ihr, oder sein Glauben und seine Hoffnung zerbrechen. Mit dem Verstand vermag ich zu begreifen, wie man aus Protest oder aus Trotz gegen Formen, Personen oder Verhaltensweisen, in denen einem die Kirche entgegentritt, sogar den Glauben und die Hoffnung verlieren und zum Strohhalm des Atheismus greifen kann.«

Bei der gleichen Gelegenheit sprach er die Sätze: „Wir müssen zu Gott beten, uns die Kraft und die Geduld zu verleihen, das Menschenmögliche zu tun, um im Geltungsbereich des Grundgesetzes Gesellschaft und demokratischen Staat in das harmonische Verhältnis zu bringen.«

Als er Gustav Heinemann kritisierte, konnte er sein eigenes Schicksal, das sich einschleichende mentale Siechtum, das eigene »Nicht-mehr-zur-Verfügung-stehen-Können« nicht ahnen, nicht voraussehen.

Als Gustav Heinemanns Kräfte nachließen und Frau Heinemann mir sehrieb, er fühle

---

[37] Wehner, Herbert: Zeugnis, Köln 1982.

sich nicht gut, wussten wir, er hatte richtig entschieden, auf dem Höhepunkt seines Ansehens abzutreten.

Herbert Wehner. Das Bild, überbracht von seiner Frau, gleich nach seinem Ableben.

»Seht Ihr nun, daß es richtig war?« fragte er seine enttäuschten Freunde.

Ich habe Herbert Wehner in seinen schweren letzten Jahren begleiten dürfen, mit seiner sich aufopfernden Frau Greta. Als er erlöst war, brachte mir seine Frau sein Bild mit der Widmung:

»Herrn Dr. Manfred Freise in Erinnerung und Dankbarkeit für die geduldige, warmherzige, ärztliche Hilfe für Herbert Wehner

30. April 1990

Greta Wehner

In Gustav Heinemanns Nachlass hatte der letzte Satz gelautet: »denn sie haben viel zu tun«.

Zum nächsten Termin brachte mir Hilda Heinemann ein großes offizielles Foto ihres Mannes mit, das bis dahin in der Wachbaracke der Polizei, neben ihrem Essener Privathaus, gehangen hatte. Sie überreichte es mir mit dem Hinweis: »Dieses Bild meines Mannes soll jetzt hier bei Ihnen hängen. Sie wissen, wie sehr mein Mann Sie geschätzt hat.« (Siehe S. 156)

In dem Sinne von »noch viel zu tun«, habe ich bis heute versucht, in seinem Geist parteiübergreifend Einfluss zu nehmen.

Schmidt versus Genscher

Schmidt scheitert an eigener Partei. Stärke Genschers Rücken.

Seit Jahren schätze ich Helmut Schmidt und halte ihn heute für den bedeutendsten deutschen politischen Kommunikator. Was immer er, begünstigt durch seine Rolle in der ZEIT, sagt und schreibt, ist zutreffend; sein und unser Dilemma ist, seine auf Sachverstand gründenden Empfehlungen werden ignoriert, vornehmlich von seiner eigenen Partei. Seine intellektuelle Brillanz war und ist von der Mehrheit der Genossen schwer verdaulich; er war nie ein echter Sozi. Wir haben uns über die Jahrzehnte zu verschiedenen Themen brieflich ausgetauscht. Am aufschlussreichsten ist sein Brief vom 15.September 1997, nachdem ich ihn gebeten hatte, sich, unabhängig von der Parteilinie, für das Steuerpapier von Union und FDP auszusprechen; weil der Inhalt des Koalitionspapiers auf seiner eigenen Argumentationslinie lag. Ein Freund aus der SPD-Fraktion hatte sein Ausweichen vorhergesagt. Er würde die Parteilinie nicht verlassen. Nach Eingang des Briefes zeigte ich ihn Otto Graf Lambsdorff, nachdem er Arnulf Barings Neuerscheinung SCHEITERT DEUTSCHLAND?[38] vorgestellt hatte. Sein Kommentar lautete: »Wie schade, damit ist die letzte Chance für eine von einer breiten Mehrheit getragenen Steuerreform dahin!« Helmut Schmidt mochte nicht auf das linke Niveau heruntersteigen. Da hatte Gerhard Schröder keine Hemmungen. Er sagte, es seinen Genossen mit rauher Stimme, drohte mit Rücktritt und endete mit »Basta«. So setzte er, gegen den linken Flügel und gegen die Gewerkschaften, Reformen durch, die den Aufschwung der großen Koalition ermöglichten.

H. D. Genscher schreibt in seinen ERINNERUNGEN[39], auf Seite 159 , wie tief ihn Schmidts Worte der Anerkennung und Wertschätzung nach dem Geiseldrama während der 72er Olympiade in München berührt hätten. Er fährt fort: »Als Persönlichkeit, als Menschen habe ich ihm gegenüber immer Respekt empfunden, auch wenn wir leider nie ein enges Verhältnis zueinander gefunden haben«.

Die Ursache liegt vornehmlich in der bei Schmidt besonders ausgeprägten Arroganz vieler Wehrmachtsoffiziere. Seine Hybris beschrieb Walter Henkels in seinem letzten Opus DIE LAGE WAR IMMER SO ERNST, EIN CHRONIST ERINNERT SICH[40], das er zum nächsten Zahnarzttermin mitbrachte (mit der Widmung: »Für Dr. Manfred

---

[38] Baring, Arnulf: Scheitert Deutschland? Abschied von unseren Wunschwelten, Stuttgart 1997.

[39] H.-D. Genscher: Erinnerungen, Berlin 1995.

[40] Henkels, Walter: Die Lage war immer so ernst - ein Chronist erinnert sich, München 1982.

Freise als Erinnerung an die Regierungsbildung 1961. Walter Henkels 30.09.82). Schon ein Jahr vor dem Wechsel der FDP zu Helmut Kohl, am 21.August am Brahmsee, habe Helmut Schmidt über seinen Koalitionspartner und Vizekanzler Genscher folgendes zu sagen gehabt: »Die Intellektuellen von heute werden erst mit fünfunddreißig reif. Die Kriegsgeneration war das schon mit zweiundzwanzig, weil wir die Kriegserfahrung hatten«.

Genscher habe den Krieg nur noch als Flakhelfer erlebt; ihm fehle die Identität. Komme er aus Wuppertal, aus Bremen oder Halle? (S.233).

Das war unzutreffend und ehrabschneidend. Zu Genschers Status als Flakhelfer: Das gilt für alle Oberschüler und Gymnasiasten der Jahrgänge 1926 bis 1928. Genscher war Jahrgang 1927. Helmut Schmidt war Jahrgang 1918. Genscher konnte also 1944 nicht Offizier sein, wurde aber noch zum Heer eingezogen und kam als Pionier und Angehöriger der Armee Wenck 1945 in amerikanische Gefangenschaft. Zur Frage seiner Identität war das eine Beleidigung für Millionen Vertriebene und Flüchtlinge aus Ost- und Mitteldeutschland.

Als Schmidt das sagte, da hing der politische Haussegen in meiner damaligen Wunschkoalition schon eine Zeit lang schief. Das lag nicht an den Liberalen, an Genscher und Lambsdorff. Das lag an Helmut Schmidt , dessen Genossen ihm in seiner richtigen Wirtschafts-, Außen- und Sicherheitspolitik (Nato-Doppelbeschluss) nicht mehr folgen wollten. Als es ob der Blockaden innerhalb seiner Fraktion dann zum Abdriften der Freien Demokraten kam, war das Ende der Koalition die bedauerliche Folge. Genscher deshalb treulos zu nennen, war nicht nur schofel, sondern ganz einfach nicht den Tatsachen entsprechend.

Es ist wohltuend, dass Theo Sommer 2004 in einem, in einem »Symposium zum 85. Geburtstag des Altbundeskanzlers« diese Fakten endlich schonungslos ausgebreitet hat. »...Das Steuer musste herumgerissen werden. Des Kanzlers Analyse unterschied sich da kaum von der seines Wirtschaftsministers Lambsdorff. Aber als er der SPD Fraktion im Juni 1982 die Leviten las, traf seine Botschaft auf verschlossene Mienen. An der SPD scheiterte er, nicht an der FDP. Es blieb Schmidt nur noch, seinen Abgang stilvoll zu inszenieren.«

Seit 1980 plädierte ich für den Wechsel und unterstützte voll das Lambsdorff- Papier. Genscher tat sich hier sehr schwer, auch aus Respekt und Loyalität gegenüber Helmut Schmidt. Aber das Ende war unvermeidbar.

Dass Rainer Barzel, Helmut Schmidts Freund und geschätzter Mitstreiter in der Großen Koalition, den Misstrauensantrag einbrachte und die Freundschaft erhalten blieb, war bemerkenswert. Die Mehrheiten waren klar, Helmut Kohl übernahm den Part von Helmut Schmidt und setzte das durch, was dem seine Fraktion verwehrt hatte. Am spektakulärsten: den Natodoppelbeschluss, der im Lande nicht populär war. Trotzdem stellten sich Kohl und Genscher kurzfristig dem Wählervotum. Das Trommelfeuer gegen die FDP, besonders gegen ihren Vorsitzenden, den »Abtrünnigen«, den »Treulosen«, setzte ein.

Erste Testwahl für Schwarz-Gelb.
»Deutschland braucht Kohl und Kohl braucht Genscher«

Meine Befürchtungen sollten sich bewahrheiten. Nach der Wende wurde die FDP abgestraft und verlor mit 3,5 % ihren Sitz im Bayrischen Landtag. Robert Held schrieb in der FAZ eine Glosse mit der Überschrift »Die FDP zwischen zwei Rächern«.

Meine Wertung von Genschers Psychogramm sollte zutreffend sein, nachdem ich seine deprimiert wirkende Mutter getroffen hatte, die sich gegen die Angriffe gegen den Sohn verwehrte, »der doch nur das Beste fürs Land will«. Also Anruf bei Gisela Reitzer, seiner ersten Sekretärin:

»Wo ist der große Meister?«

»In der Parteivorstandsitzung, in der FDP Zentrale in der Baunscheidstraße!«

Frau Reitzer und ich waren eng verbunden, tauschten regelmäßig Informationen und Bewertungen nicht nur in der Zahnarztpraxis aus. Sie stimmte mir zu: H.D.G. braucht Hilfe.

Nur an diesem Tage und am nächsten habe ich die Patienten der ersten drei Stunden um ihre Einwilligung für eine Terminverlegung in die Mittagspause gebeten. Auch nur zum ersten Mal suchte ich das Thomas- Dehler- Haus, die Parteizentrale, auf, wo man mir den Zutritt verwehren wollte, bis Frau Reitzer die Tür öffnen ließ. Kurz darauf war die Vorstandssitzung beendet und Genscher verkündete mir nicht nur das schlechte Abstimmungsergebnis, sondern auch die Konsequenz für ihn selbst: Er habe eben schon einem anwesenden Journalisten mitgeteilt, er würde mit sofortiger Wirkung alle Parteiämter niederlegen.

Meine Antwort:» Das habe ich befürchtet. Deshalb bin ich hier. Aber dafür besteht keine Veranlassung. Wir sollten reden!«

Begleitet von Herbert Schmülling, seinem engsten Vertrauten, schlug er vor, hier in der Zentrale gemeinsam zu essen. Mein Gegenvorschlag: »Sie essen, und ich liefere Ihnen in der Zeit meine Analyse zur Lage!« Ihr legte ich die Glosse von Robert Held zugrunde; die beiden »Rächer« waren Helmut Schmidt und Franz-Josef Strauß. Mein Resümee lautete:

»Sie behalten Ihre Ämter und Ihre politische Linie bei. Die nächste Rede im Parlament wird kämpferisch und angriffsfreudig sein. Sie werden einen argumentativen Wahlkampf führen und den Wählern die liberale Linie an der Seite von Helmut Kohl verkünden, ohne sich beirren zu lassen. Und nehmen Sie mich beim Wort: In einem halben Jahr werden Sie wieder der beliebteste Politiker im Lande sein. Ich möchte weiterhelfen dürfen und Ihnen einen Entwurf für die nächste Rede im Bundestag liefern.«

Am nächsten Morgen traf ich mich in der Zentrale noch einmal mit Herbert Schmülling, auch Patient und Freund, um bestimmte Informationen abzuholen, nachdem ich in der Nacht die letzte SPIEGEL –Ausgabe durchgearbeitet hatte. Sie trägt auch handschriftliche Vermerke von Rainer Barzel, mit dem ich für den Wahlkampf eine gemeinsame Linie von FDP und CDU erarbeitet habe. Freund Schmülling teilte nicht meine Siegeszuversicht und auch nicht die Einschätzung von Genschers persönlicher und politischer Zukunft. Ich war meiner Sache so sicher wie am 28.September 1969, am Abend der Bundestagswahl, als die Stunde dieses Liberalen geschlagen hatte, mit einem Siegeszug des Bundesministers Genscher für 23 Jahre, davon fünf Jahre (1969-74) als Innen- und achtzehn (1974- 92) als Außenminister.

In dieser Siegeszuversicht im geistigen Gepäck verließ ich die Parteizentrale, ab zum Auswärtigen Amt, um dort meinen begonnenen Bundestagsredeentwurf fortzusetzen und dann das Gerippe dem Minister vorzutragen. Frau Reitzer, damals waren wir - wie auch mit Frau Juliane Weber, Helmut Kohls persönlicher Referentin - noch per Sie, bot an, den weiteren Text ins Diktat aufzunehmen.

„Nein, danke!«

Was ich brauchte, sei ein Raum, wo ich, auf meiner mitgebrachten Schreibmaschine, den Text fortsetzen könnte. Ich bekam das Frühstückszimmer, wo der Außenminister, Vizekanzler und Parteivorsitzende in der Regel mit den FDP- Spitzen Beratungsgespräche führte. Da tippte ich mein Konzept, während im Nebenzimmer der Außenminister mit einem ausländischen Staatsbesucher konferierte.

Die Rede war noch nicht komplett, als ich ins Ministerzimmer, wo ich bisher nie gewesen war, gebeten wurde. Frau Reitzer gab Regieanweisungen:

»SIE bitte ohne Jacket und ohne anzuklopfen!«

In der Besucherecke saßen dann wir drei, H. D. Genscher, Herbert Schmülling, zum stellvertretenden Regierungssprecher und zeitweise Staatssekretär im Wohnungsbauministerium avanciert - und der Freise.

Ich trug den Text nicht ohne Bewegung vor und beendete, ungeplant und unvorbereitet, die letzten Sätze im Stehen; dann, sehr untypisch für mich folgte, der Klassiker Goethe in »Hermann und Dorothea«:

»Denn der Mensch, der zur schwankenden Zeit auch schwankend gesinnt ist, der vermehret das Übel und breitet es weiter und weiter;

Aber wer fest auf dem Sinne verharrt, der bildet die Welt sich.

HANS DIETRICH GENSCHER BLEIBT AUSSENMINISTER!«

Der stand auf, umarmte mich und dankte.

Im Bundestag hielt er eine bewegende und zugleich kämpferisch-argumentative Rede und bezog sich, ohne die Quelle zu nennen, auf die beleidigenden Passagen von Schmidt gegenüber Walter Henkels; erwähnte auch das Flüchtlingsschicksal seiner Frau Barbara, die aus Wickelstadt in Schlesien stammt, von wo ich ihr Jahre später einen großen Findling, ein Stück aus der Heimat mitgebracht habe.

Dann folgte ein kurzer Wahlkampf, um den Wählerwillen zu dem Regierungswechsel abzufragen. Dazu gab es eine Reihe von Briefwechseln mit namhaften Kommentatoren (Brief 39) der bürgerlichen Presse und mit Rainer Barzel, der mir versicherte, die FDP würde es auch ohne Wahlhilfe aus der Union schaffen.

Mit Freunden, zwei Generalstabsoffizieren a. D., Oberst Karbe und Oberst Behrens, beide der CDU angehörig, und mit Hilfe von Viktor Preusker, dem mir auch durch die Praxis sehr zugetanene ehemalige FDP-Wohnungsbauminister, fabrizierten wir bei mir im »blauen Salon«, eine Großanzeige im Bonner GENERAL-ANZEIGER mit der Überschrift »Deutschland braucht Kohl, und Kohl braucht Genscher«, mit einem Text, der es offenbar in sich hatte. Am nächsten Tag rief H. D. Genscher an, dankte, und sagte: »Ihre Anzeige hat wie eine Bombe eingeschlagen!«

Handschriftlich hieß es nach der gewonnenen Wahl (Brief 40):

„Lieber Herr Freise... Sie haben mir in den letzten Monaten mehr geholfen, als Sie selbst ermessen können. Dafür werde ich Ihnen immer dankbar sein. Mit herzlichen und freundschaftlichen Grüßen Ihr Hans-Dietrich Genscher.« (Brief 41)

In dem o.a. Text hatte ich ja darauf hingewiesen, dass er - neben Gromyko - der dienstälteste Außenminister der Welt sei. Er blieb es, bis sein Ziel erreicht war. Deutschland war wiedervereinigt.

Umgeben von Freunden, gesichert durch die erweiterte Allianz der Nato. Das war ein diplomatisches Kunststück, eine Meisterleistung, sicherlich begünstigt durch die Gorbatschowsche Reformpolitik und mit Unterstützung von Vater Bush und seinem Freund Helmut Kohl.

Ich kannte sein Psychogramm, das durch Gene und einen frühen erfolgreichen Überlebenskampf geprägt ist, und war davon überzeugt, dass er für die Liberalen in Deutschland unverzichtbar war.

Mit nur neun Jahren verlor er als Einzelkind seinen Vater, einen Justitiar, an den Folgen einer Oberkieferhöhlenentzündung. Mit dem gleichen Befund begann 1946, ein Jahr nach Kriegsende, auch sein Leidensweg .Weil in Deutschland damals noch keine Antibiotika zur Verfügung standen, kam es zu einer Ausweitung nach kranial, in die Stirnhöhle und abwärts in den Pulmonalbereich, zuerst mit einer Pneumonie, dann in den Interkostalbereich. Inzwischen Student der Jurisprudenz in Halle und später in Leipzig, Lungentuberkulose. Das ist die Diagnose aus der Sicht des Mediziners.

Professor Hülse, ein mutiger Mann aus dem Widerstand gegen Hitler, ein begnadeter

Internist und sehr engagierter Psychotherapeut, wies ihm den Weg, aus eigener Kraft zu überleben und mit eisernem Willen Stärke zu entwickeln. Genschers ERINNERUNGEN beschreiben dessen jahrelangen Leidensweg und lassen nachempfinden, dass er die schließlich volle Genesung mit einem »unbeschreiblichen Glücksgefühl, das bis heute eine Triebfeder meines Lebens geblieben ist«, empfand.

Dass der politische Weg, der mit dem Eintritt in die LPDP begann, über den Zusammenstoß mit Hilde Benjamin, als politischer Flüchtling mit der BEA von Berlin nach Hamburg ausgeflogen, sein Weg über Bremen als wissenschaftlicher Mitarbeiter der FDP- Fraktion, das kann man im Internet nachlesen. Sein geradliniger, steiler Weg im Kreise der Bonner Liberalen und als erfolgreicher und geachteter Innen- und Außenminister, das ist jedem politisch Interessierten bekannt.

Der Mann mit Gardemass machte über alle Jahre in Bonn eine gute Figur. Die Gene des Vaters und das geschulte Denken des Juristen, die Pflege von Freundschaften im In- und Ausland waren entscheidend dafür, in der Partei und in den Regierungen an der Spitze zu bleiben. Seine große Intelligenz konnte man noch bei seiner 80. Geburtstagsfeier in Berlin bewundern. Die Fähigkeit druckreif zu formulieren, niemand kam an ihn heran.

Es war ein Privileg, Hans-Dietrich Genscher mehrere Jahrzehnte begleiten zu dürfen. Es werden wohl Hunderte von Briefen gewesen sein, mit Analysen und Bewertungen, die ich nach Durchsicht der FAZ und des Bonner GENERAL-ANZEIGERS als »Frühstückslektüre« um 7.00 Uhr am Kottenforst 16 einwarf. Nur einen dieser Art findet man unter Briefen (Brief 42) als Beispiel für den Rest.

Als seine ERINNERUNGEN in der NEW YORK TIMES besprochen wurden, stand da unter

AFTER THE WALL, REBUILDING A HOUSE DEVIDED

HANS-DIETRICH GENSCHER was among the great statesmen in Europe in the second half of this Century. Foreign Minister of West Germany for an astonishing 18 years (1974-92), and Interior Minister for five years before that he helped define a foreign policy that firmly placed a united Germany in the Western camp while reassuring Germany's former enemies, East and West. Sharp-witted and sharp-tongued, Genscher personified the stable center during the political battles of the second half of the cold war....

Die NEW YORK TIMES Book Review hat die wesentlichen Aussagen über diesen deutschen Staatsmann an den Anfang gesetzt. Ich habe den Wortlaut und die deutsche Übersetzung bewusst in den Textbereich und nicht in den Anhang genommen.

Hans- Dietrich Genscher gehört zu den großen Staatsmännern in Europa in der zweiten Hälfte dieses Jahrhunderts. Außenminister Westdeutschlands für erstaunliche 18 Jahre (1974-92), vorher fünf Jahre lang Innenminister, half er eine Außenpolitik zu definieren, die ein vereinigtes Deutschland fest im westlichen Lager verankerte, während sie Deutschlands ehemaligen Kriegsgegnern Verlässlichkeit bot. Extrem intelligent und schlagfertig, personifizierte Genscher während der zweiten Hälfte des kalten Krieges die stabile Mitte.

Die Hauptstadtfrage

H. D. Genscher und ich waren in allen wesentlichen Punkten einer Meinung. Bis auf die Hauptstadtfrage. Für ihn war das m. E. vornehmlich emotional begründet. Hier plädierte der gebürtige Hallenser von Anfang an für die Hauptstadt im Osten.

Die Frage war auch für mich eine Zeitlang offen und unentschieden. Als mein Kollege Hegemann und ich uns 1958 in Bad Godesberg niederließen, hatte ich auf einer Klausel im Mietvertrag bestanden, die uns gestattete, vor Vertragsende zu kündigen, wenn die Regierung nach Berlin umziehen würde.

Was mich bewogen hat, diese Position aufzugeben, ist in ganzseitigen Gastbeiträgen im RHEINISCHEN MERKUR vom 1. Dez. 1989 unter der Überschrift »Mit Bonn als künftiger Hauptstadt« und im gleichen Blatt mit einem OFFENEN BRIEF an Lothar de Maizière vom 01. Juni 1990 beschrieben. Dahin gehören auch die beiden Gast-Kolumnen im GENERAL-ANZEIGER »Der Beschluss ist eine nicht trennbare Einheit« (vom 18. Sept. 1991) und »Richtige Diagnose, falsche Therapie« (vom 11.05.93)(Dok. 10).

1989 war das schon ein kontroverses Thema, auch bei sonst unaufgeregten Freunden und Zeitgenossen. Als mir der Hauptstadt-Artikel druckfrisch hereingereicht wurde, saß Hannelore Kohl im Stuhl. Unsere Beziehungen waren eng bis herzlich, auch weil ich sie in nur zweiwöchentlichen Abständen sehen musste. Ihre Reaktion auf die Überschrift: »Sie können sich ganz schön freuen, dass das abgedruckte Bild so schlecht ist, dass man Sie nicht erkennen kann; sonst müssten Sie Angst haben, auf offener Straße Hiebe zu kriegen«. Diese Reaktion war nicht von Dauer. Nach einer By-pass –OP schickte sie einen Bildband und einen langen, sehr persönlichen Brief und schrieb: »Ich vermisse Sie sehr.«

Die Gegensätze gingen bis mitten in die Familie. Hannelore Kohl war gebürtige Berlinerin und evangelisch. Sie war die Hälfte, die sich durch historische, landsmannschaftliche, kulturelle »Mentalität« vom rheinländisch-pfälzischen, katholischen Ehepartner Helmut Kohl unterschied. Er lag lange auf der Linie Pro-Bonn. Meine Erkenntnisse stammten vornehmlich aus seiner Umgebung, von Juliane Weber, seiner langjährigen persönlichen Referentin. Unsere gegenseitige Wertschätzung drückte sich auch in einem Brief von ihr an meinen Paderborner Studienfreund Dr. Ahle aus (Briefe 43a/b), »Ihr Freund Dr. Freise ist nicht nur ein exzellenter Zahnarzt, sondern auch ein großartiger Mensch«.

Ohne die »Langenmarck«-Rede von Dr. Schäuble wäre die Entscheidung des 20. Juni 1991 nicht pro Berlin, sondern pro Bonn ausgefallen. Das sollte man nie vergessen.

Meine vier Darlegungen im RHEINISCHEN MERKUR und im GENERAL-AN-

ZEIGER waren keine Einzelmeinungen. Horst Ehmke, Ostpreuße von Geburt, Nachfolger von Gustav Heinemann als Justizminister und stellvertretender Fraktionsvorsitzender der SPD Bundestagsfraktion, schickte mir vor der Abstimmung den bei Bouvier erschienenen Beitrag von Alois Rummel, »Bonn. Sinnbild deutscher Demokratie«. Darin schrieb Horst Ehmke »Nur keine Neuauflage preußisch-deutscher Mystik«. Da hieß es von Klaus Harpprecht, früher Redenschreiber von Willy Brandt, »Berlin ist keine Stadt des Westens«, und Michael Stürmer »Der Glanz des Berlins ist von Bonn finanziert worden« (für mich der auf zwanzig Seiten wohl bedeutendste geschichtliche Beitrag unter den 21 Autoren). Luigi Vittorio Ferraris, römischer Staatsrat und ehemaliger italienischer Botschafter in Bonn, verbindet in seinem Beitrag mit Bonn keine »nationalistischen Übertöne«, sondern Nüchternheit, Ausgewogenheit, Verantwortungsbewusstsein und eine ruhige Betrachtungsweise der Realität. Seine Überschrift hieß »Berlin den Europäern schenken«. Er zitiert Gräfin Dönhoff, die große Dame der deutschen Nachkriegspolitik, mit der Gefahr von »falschen Zielen«. Ihr Beitrag hatte die Überschrift: »Soll die Metropole Hauptstadt werden?« In der ZEIT vom 4. Mai 1990 kommt sie schließlich zu Empfehlungen, die sich mit meinen Vorschlägen weitgehend decken: »Zwei Zentren: Bonn und Berlin, das wäre die ideale Lösung.«

Der erwähnte Klaus Harpprecht, Journalist, Publizist und ehemaliger politischer Berater von Bundeskanzler Willy Brandt, hatte Bedenken wie weiland der ostelbische, protestantische Fürst Otto von Bismarck. Am 04. März 1881 sagte der Reichsgründer und erste Reichskanzler vor dem Deutschen Reichstag: »Ich habe mich immer dem Gedanken nicht verschließen können, dass der Reichstag und die Zentralbehörden besser in einer anderen, weniger bevölkerten und der Unruhe weniger ausgesetzten Stadt wie Berlin ihre Sitzung hielten.«

Die Bedenken von Klaus Harpprecht gegen Berlins Hauptstadt-Anspruch konzentrierten sich auf den entscheidenden Satz: »Wir haben mit Berlin kein Glück gehabt!«. Peter Scholl-Latour spricht von Bonns Tiefstapelei, dem Westen Zugewandsein, und Rainer Barzel, in Ostpreußen geboren und in Berlin zur Schule gegangen, war so sehr im Westen verankert, dass er noch in seiner letzten Talkshow beklagte, die Bonner Demokratie sei in ihrer Nüchternheit und Bescheidenheit nicht mit nach Berlin umgezogen.

Ich bin heute eher zuversichtlich: Die gemeinsamen Jahre im Bonner Bundeshaus, bis zum Umzug in den von Norman Forster umgebauten Wallotschen Reichstag, waren hilfreich. Die vom Bonner Wohnungsbauminister Schneider durchgesetzte Glaskuppelkonstruktion ist ein »runner« geworden und hat die Akzeptanz des Parlaments sicherlich vergrößert.

Die Arbeitsräume für die Abgeordneten waren in Berlin immer ein Problem. Die jetzige Anordnung – so empfindet es jedermann – gleicht in der Optik einer Strafanstalt.

Die kyrillischen, zotigen Schmierereien der Rotarmisten von Mai 1945 hat man mit

Hilfe der russischen Botschaft entschärft; dass man einen Rest belassen hat, ist mir unverständlich. Da habe sich der britische Architekt durchgesetzt.

Das moderne Bundeskanzleramt ist, von der Optik her, ein gelungener Wurf. Wie ich in der Bonn-Berlin-Diskussion ausgeführt hatte: Mit der Stadt kann man Staat machen. Besonders wenn man, wie beim Auswärtigen Amt am Werderschen Ufer, den genius loci verdrängt. Da, an der Stelle lagerte, in der Zentrale der Deutschen Bank, das herausgebrochene Zahngold der vergasten Juden Europas. Und an der Stelle, in der Zentrale der SED, wurden später Mauer, Schießbefehl und alle möglichen Verbrechen des Unrechtssystems beschlossen.

Am Abend vor der Abstimmung über Bonn/Berlin am Bonner Rathaus. Man beachte das Zeichen »JA« zu Bonn am Revert des Oberstadtdirektors Diekmann.

Die Fußballweltmeisterschaft hat gezeigt, dass wir Deutschen gute Weltbürger und Freunde für jedermann geworden sind. Eine amerikanische Fulbright-Studentin schrieb im FUNNEL begeistert von dem Meer von schwarzrotgoldenen Fahnen (in der Luft und auf den Wangen auch von den kleinsten Mädchen). Sie schrieb, dass die Weltmeisterschaft den deutschen Stolz (wieder) erweckt habe. Und: »…never before in my life had

I listened to 66.000 people singing the German national anthem. It really gave me goose bumps« (»Nie in meinem Leben hatte ich gehört, wie 66.000 Menschen die deutsche Nationalhymne sangen. Ich bekam wirklich eine Gänsehaut.«).

Die Klage der Kulturstadtbewunderer lautet: Berlin liegt zu weit im Osten, zu weit entfernt von den Kapitalen des Westens, zu weit entfernt von Straßburg und Brüssel.

Die Wiedervereinigung ist vornehmlich das Verdienst von Bundeskanzler Kohl, von Außenminister Genscher, von Michael Gorbatschow und George Bush (sen.). Betrieben wurde sie von CDU/CSU und FDP, zu einer Zeit, als führende Sozialdemokraten solche Bestrebungen noch eine Lebenslüge nannten. Da tat sich Oskar Lafontaine besonders hervor.

Die Mehrheit von CDU/CSU und SPD hatte für den Verbleib der Regierung und des Parlaments in Bonn gestimmt. Die Mehrheit für Berlin kam aus der FDP und der PDS.

Hans-Dietrich Genscher und Wolfgang Schäuble wissen, dass der Bonn-Berlin-Vertrag auf ihren Schultern ruht. Pacta sunt servanda. Ich habe dazu in der FAZ geschrieben; die Zustimmung war einhellig. Der Beitrag mit dem Brief an Hans-Dietrich Genscher befindet sich im Anhang (Brief 45).

Es geht auch um die Glaubwürdigkeit der Politiker. In dem Begriff geht es um Glauben und Würde.

Briefe dazu von Bundespräsident a.D. Prof. Karl Carstens (Brief 46) unter Bezugnahme auf das, was mir der Bundestagsvizepräsident a. D. von Hassel, mein Freund und Mitstreiter Emil Preusker und Helmut Herles dokumentiert haben (Brief 47). Der Brief des Bundestagspräsidenten a. D. zu Bonn-Berlin und sein langes Interview mit Helmut Herles im GENERAL-ANZEIGER, die Briefe von Ministerpräsident Lothar Späth und Prof. Arnulf Bahring und von Dr. Kissinger sind Zeitdokumente (Briefe 48, 97, 105).

Hoffen wir, dass die wirtschaftliche Situation im Lande weiter günstig verläuft; dann werden NPD und die alten PDS/Linken keine Chance haben, die positive Entwicklung in Berlin nachhaltig zu stören (Professoren widersprechen da energisch).

Dann haben wir, mit einem hoffentlich bescheideneren Berlin, das mit Bonn zu teilen gelernt hat, dieses Mal Glück gehabt.

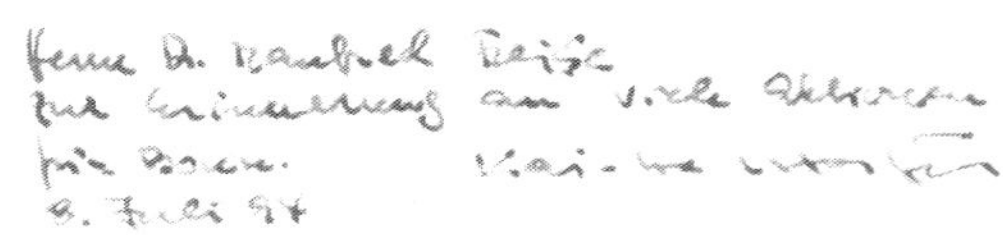

links: Kai-Uwe von Hassel.

oben: Widmung von Kai-Uwe von Hassel.

Das Holocaust Mahnmal

Einspruch gegen Monstrosität beim Bundeskanzler. Johannes Rau. Ignatz Bubis. Mein Redeentwurf für Revision. Rede für Umwidmung im Bundestag

Als ich am 24. Januar 1998 im GENERAL-ANZEIGER eine schematische Darstellung von »Kohls Wahl für das Holocaust-Denkmal« sah und las, der Bundeskanzler neige zu diesem gemeinsamen Entwurf der amerikanischen Architekten Peter Eisenmann und Richard Serra, der vorsah, inmitten von Berlin, auf einem Areal von der Größe von zwei Fußballfeldern, ein Labyrinth von 4000 bis zu 7, 50 Meter hohen Betonpfeilern zu errichten, war ich entsetzt. Dieser Einschätzung stimmten mir am nächsten Morgen, nach dem Kirchgang, drei mir nahe stehende Herren uneingeschränkt zu: »schrecklich, entsetzlich, unglaublich«.

In einem Brief an den Bundeskanzler, über Frau Weber, hatte ich schon am 26. Januar meine Ablehnung unverblümt zum Ausdruck gebracht und mindestens eine Überarbeitung und eine Vertagung dringend empfohlen.

Da entsann ich mich eines langen Waldspazierganges mit dem alten Freund und »Fellow Yalie« Reinhard Lettau, im Oktober 1994 auf dem Heiderhof in Bad Godesberg. Der deutsch- amerikanische Lyriker, der ein Jahr später den Bremer Literaturpreis bekommen sollte, hatte Anfang der neunziger Jahre seine Professur in San Diego aufgegeben und beschlossen, auf Zeit in Berlin zu leben, weil sich die »Pflichten des Lehrenden mit den Ansprüchen des Schriftstellers in der für Deutschland schwierigen Zeit nicht länger vereinbaren ließen.«

Er hatte mir von Plänen berichtet, in Berlin Mitte sollte ein solches »Schandmal« errichtet werden. »Das könnt Ihr Bonner den Berlinern nicht »antun« und »enough is enough!«, wie man in Amerika sagt.

Natürlich wäre es eine Schande, was Hitler und seine Verbrecherclique den Juden Europas und uns selber damit auch angetan hätte; aber diese Schande mit einem solchen Monstrum inmitten der neuen Hauptstadt zu zementieren, das geschähe ohne jede Sensibilität, ohne Beachtung einfachster, psychologischer Gesetzmäßigkeiten, ohne Rücksicht auf Verluste. Verlieren würde der innere Frieden, die deutsch-jüdische Zusammenarbeit und das atlantische Bündnis. Ohne jede Not. Ein entsetzliches Selbsttor, mit fortlaufender Stigmatisierung. Dahinter stände eine unverantwortliche Wichtigtuerin, eine »Hippietypin«, die ihren Namen verändert habe, um jüdisch zu klingen. In ihr läge viel Selbsthass, viel Antideutsches, viel Publicitysucht, alles zu Lasten von Berlin und des wiedervereinigten Deutschlands. Die gängige Formel hieße in Amerika: »There is no business like Holocaust-business«. Das gälte auch hier.

Seine Aussagen, dass das amerikanische Judentum den Holocaust zur Stärkung der eigenen Identität brauche, deckten sich mit der These von Michael Wolffsohn. Reinhard Lettau wusste, wovon er redete: Dawn Lettau, seine zweite Frau, ist amerikanische Jüdin.

Wir haben Reinhard am 17.06.96 infolge eines tragischen Unfalls, nach Besuch seiner sehr betagten Mutter in Erfurt, inmitten von Arbeiten an seinem neuen Werk verloren. Als Träger auch des Berliner Literaturpreises ehrte ihn die Stadt mit einem Dichtergrab auf dem Friedhof Jerusalem I in Berlin Kreuzberg, neben E.T.A. Hoffmann. Reinhard Lettau war ein deutscher Patriot mit einem amerikanischen Pass.

Als deutscher Patriot mit einem deutschen Pass möchte ich darauf hinweisen: In den USA gibt es kein Mahnmal zur Erinnerung an die ungezählten Morde an den »American Indians«, den Indianern, kein Mahnmal für die Leiden der afrikanischen Sklaven vor und nach ihrer Deportation in die amerikanischen Südstaaten. In den USA gibt es eine besondere Begabung im Vergessen und Verdrängen eigener nationaler Sünden. Auch in Russland gibt es kein Mahnmal für die unter Stalin ermordeten Millionen eigener Bürger, von Juden und Nichtjuden. Niemand lastet die Verantwortung dem eigenen Volk an. Auf die stalinsche Urheberschaft hat Präsident Putin bei den Erinnerungsfeiern für die von der NKWD ermordeten polnischen Offiziere im Wald von Kathyn hingewiesen. So einfach!

Für das, was polnische Christen 1941 in der ostpolnischen Kleinstadt Jedwabne ihren 1600 jüdischen Mitbürgern angetan haben, sie auf dem Marktplatz zusammenzutreiben und dann in einer Scheune bei lebendigem Leib zu verbrennen, davon wollten die Täter und die katholische Kirche Polens nichts wissen. Erst sechzig Jahre später bekannte wenigstens Präsident Kwasniewski ein »schmerzhaftes Eingeständnis der Schuld«.

Nachdem der Generalsekretär des Jüdischen Weltkongresses, Israel Singer, im Juli 1993 geschrieben hatte, »die Juden brauchen das Mahnmal nicht«, und der Historiker Arnold Lustiger erklärt hatte, er wäre froh, wenn die Bundesregierung das stoppen würde, bevor weiteres Geld in dieses Unsinnsprojekt gesteckt wird«, kam es, nach der Ablehnung auch von Michael Wolffsohn, im Februar 1998 zur öffentlichen Abrechnung mit den Vorstellungen jener sich Rosh nennenden Initiatorin dieses Unsinnsprojekts .

Nachdem neunzehn prominente Intellektuelle, unter ihnen Marion Gräfin Dönhoff, Walter Jens, Günter Grass, George Tabari und G. Konrad in einem offenen Brief zum Verzicht auf die Errichtung eines Holocaust Mahnmals mit den Worten aufgerufen hatten: »Wir sehen nicht, wie eine abstrakte Installation von bedrückend riesigem Ausmaß, einen Ort der stillen Trauer und Erinnerung, der Mahnung oder sinnhaften Aufklärung schaffen könnte.« Und als später bekannt wurde, dass der inzwischen über alle Grenzen geschätzte Helmut Schmidt sich dem angeschlossen hatte, und Ernst Cramer, der für mich bedeutendste in Deutschland lebende Jude, sowie H.D. Genscher das Haus der Wannseekonferenz als Mahnmal empfohlen hatten, der Regierende Bürgermeister Eberhard Diepgen das Stelenfeld in Berlin-Mitte ebenso wie die große Mehrheit der deutschen Bevölkerung ablehnte, fragte man sich nach dem Stellenwert der deutschen Elite, aber auch: Woher nehmen die Noch-Befürworter ihre Legitimation?

In der Situation erkundigte sich Johannes Rau, dem ich in einem Brief vom 15. März dringend empfohlen hatte, den Demissionstermin anzubieten - »Nur keine weiteren Demontagen durch Abwarten und miese Interviews« - ob ich mich bei meinen allseits bekannten engen Kontakten zum Bundeskanzler wohl in der Lage sähe, »Helmut Kohl zum Verzicht auf dieses entsetzliche Monstrum« in Berlin zu bewegen (Brief 50). Ich gab mich vorsichtig optimistisch. Versprach, mich sehr zu bemühen. Nachdem die FAZ Ende März die Frage gestellt hatte: »Was will eigentlich Ignatz Bubis?«, beschloss ich, diesen Weg über den Vorsitzenden des Zentralrats der Juden zu wählen, und bat den Bundeskanzler, die für den 22.April angesetzte Entscheidung, unter Hinweis auf das für den 27.April vereinbarte Gespräch, auszusetzen (Briefe 51, 52)

Bubis und ich kannten einander durch die ATLANTIK BRÜCKE[41]. Da hatte sich ein langes, ungewöhnlich offenes Gespräch anlässlich der Einführung von Botschafter Richard Holbrooke, mit seiner aus Hamburg stammenden jüdischen Mutter, entwickelt (Briefe 87, 88).

Das Gespräch am 27.April fand im Thomas Dehler Haus in guter Atmosphäre statt. Nachdem ich das geplante Mahnmal als eine den gesunden Selbstrespekt erwürgende Monstrosität bezeichnet und auf die entsprechende Passage des vorgelegten Briefes von John J. McCloy verwiesen hatte, machte Ignatz Bubis nicht nur keinerlei Einwände, sondern stimmte meinen Argumenten ausdrücklich zu. Er wandte sich in sehr scharfer Form gegen die sich Lea Rosh nennende Person, sie schade mit ihrem Auftreten und diesem Monstrum der Versöhnung zwischen Deutschen und Juden. Er weigere sich, ihr die Hand zu geben, und vermeide es, mit ihr zu sprechen.

Die SPIEGEL- Ausgabe 3/2000 zitierte aus dem Stiftungs-Kuratorium. Ihre Reaktionen basierten auf einem irrationalen Aggressionsstau.

Was die Größe des Areals beträfe, ginge er davon aus, dass der Bundeskanzler bei der Zusage gegenüber Galinski und angeblich auch in Jerusalem, ein Mahnmal für die ermordeten Juden zu errichten, von der monströsen Größe nichts gewusst habe.

»Weniger Stelen, nicht 4000, sondern nur 20%, Höhen kürzen auf die Hälfte und das alles in einem großen Hain«.

Damit bezog ich mich auf den ersten Vorschlag von G. Konrad. „Ja, das wäre gut«,

[41] a.a.O.

meinte Bubis. Ich möchte in dem für den gleichen Tag vereinbarten Bericht an den Bundeskanzler (mit Faxkopie an ihn) diesen ihm so wichtigen Punkt an die Spitze setzen. Ohne Kenntnis der beiden Empfänger ging der Brief mit einem Zusatz auch an Johannes Rau (Brief 52).

Der Bundeskanzler ließ den Termin verlegen und gab die Anweisung, neu zu planen. Das war die »Beerdigung« von Eisenman I. Architekt Serra zog sich zurück, auch »weil die Mehrheit der Deutschen das Mahnmal nicht will«. Die Position der SPD kam in einer Meldung im SPIEGEL zum Ausdruck, in der Wolfgang Clement zitiert wurde, die SPD werde nach einem Wahlsieg die Mahnmalpläne kippen. Das war auch die Position des Kanzlerkandidaten Gerhard Schröder. Er segelte damit auch im Fahrwasser des damals noch designierten, in New York aufgegabelten Bundeskulturbeauftragten Michael Naumann, der im Juli die bisher vehementeste Philippika gegen das »Reichsopferfeld« in »Albert-Speerhafter Dimension« abgeschossen hatte, schien schon das Schicksal des Mahnmals besiegelt , obwohl H. Kohl noch an den Plänen mit dem Argument festhielt, „das Mahnmal muss gebaut werden, schon wegen der Reaktion der Weltöffentlichkeit, etwa der amerikanischen Ostküste; darauf zu verzichten, das ist undenkbar«.

Nachdem Naumann schon im Juli darauf hingewiesen hatte, dass die »vorhandenen KZ-Gedenkstätten die authentischen Orte des Gedenkens sind«, wusste er sich da, lt. Umfrageergebnissen, in Übereinstimmung mit der überwältigenden Mehrheit aller Deutschen. Als er dann, im August, noch einmal mit dem Argument nachlegte, bei dem Denkmal bestehe die Gefahr, dass es gegenüber dem Ausland als »demonstratives Reueobjekt« aufgebaut werde, erklärte Ignatz Bubis: »Das Mahnmal ist tot«. Die Welt schien in der Hinsicht für ein paar Wochen in Ordnung. Helmut Kohl hatte die Entscheidung bis nach der Bundestagswahl verschoben.

Der erwartete Wahlsieg von SPD und GRÜNEN hatte zwar klare Mehrheiten geschaffen, aber keine starke Regierung. Kulturstaatsminister Naumann machte sich selbstständig. Und damit kam die dramatische Wende. In New York sah man in den Weihnachtstagen die Herren Naumann und Eisenmann einträchtig zusammensitzen. Das Ergebnis war die unglaubliche Nachricht. Der schärfste Gegner des Holocaust Mahnmals in Berlin, Naumann, verkündete, fern von Bonn, ohne Abstimmung mit Kanzler und Parlament, dass das Mahnmal doch gebaut werde: 2700 Stelen, bis zu 4 m hoch.

Nur mit Hinweis auf die damalige Schwäche der Regierungsspitze und der von Kanzler Schröder wohl gewährten langen Leine ist erklärbar, weshalb man in Bonn Herrn Naumann nicht gleich die rote Karte zeigte und ihn nicht aufforderte, seinen Hut zu nehmen.

In Bonn kam es aber sehr wohl zu heftigen Diskussionen, auch zu öffentlichen Anhörungen. Bei der SPD war ich wegen einer Lungenentzündung verhindert.

Einigermassen wieder auf den Beinen, kam es dann zu einem Vier-Augen-Gespräch mit der mir gut bekannten SPD-MdB Elke Leonhard. Sie war selbst irritiert über Naumann, den sie als zuständige Kulturausschussvorsitzende noch nicht erreicht hätte, und fragte mich nach meiner Auffassung. Sie gab sich die Antwort schließlich selbst. Ihr Mann, Wolfgang Leonhard, zitiere da die gängige Formel: »There is no business like Holocaust business!«

In einem Sitzungssaal der Unionsfraktion bot ich vor einer Parlamentariergruppe der Union meine Analyse der Gesamtsituation, lieferte vertrauliche Hintergrundinformationen und Empfehlungen für Alternativlösungen.

Nach der Diskussion kam ein sympathischer CDU-Abgeordneter mittleren Alters auf mich zu, der sich als Martin Hohmann aus dem Wahlkreis Fulda vorstellte. Er schrieb am nächsten Tag (Brief 53).

Wir sollten auch nach dem Umzug des Parlaments und von Teilen der Regierung nach Berlin in den folgenden Jahren in Sachen Mahnmal eng zusammenarbeiten.

Bis seine Partei ihn, wie im Fall des CDU-Bundestagspräsidenten Jenninger, wegen falsch interpretierter »antisemitischer Äußerungen« ausschloss. Teile der deutschen Presse ließen Frau Merkel wissen, die Medienkampagne würde so lange fortgesetzt, bis man Martin Hohmann aus der CDU herausgeworfen hätte. Seine Rede war durchaus strittig, die Verwendung des Begriffs »Tätervolk« aus dem Munde eines CDU-Abgeordneten ein Missgriff. Wie er vor der CDU/CSU-Fraktion ausführte, war aber sein Denken bestimmt von der völkerrechtswidrigen Vertreibung seiner Eltern aus Ostpreußen und dessen Annektion, als klarer Bruch des internationalen Rechts (wie auch die Vertreibung der Palästinenser aus ihrer Heimat in Palästina). Prof. Arnulf Baring erklärte im Bayerischen Fernsehen: »Natürlich ist seine (Hohmanns) Rede problematisch, aber sein Ausschluss ist ein Armutszeugnis für die Union wie für das liberale Grundverständnis dieses Landes.«

Wegen einer Vorverurteilung war dieser charakterstarke, sehr angenehme, untypische Politiker in die Schlagzeilen geraten. Diese Kampagne hat die Union im Lande viele Stimmen gekostet.

Zum Fall Jenninger hatten mir gleich zwei amerikanisch- jüdische Politologen geschrieben, sie hätten den vollen Wortlaut der Rede unseres »Speakers« gelesen und absolut nichts Antisemitisches darin entdeckt.

Am Tage vor der Abstimmung über das Mahnmal, am 25.06.1999, bot sich beim Geburtstagsempfang von Rainer Barzel im Konrad-Adenauer-Haus, die Chance, mit Gerhard Stoltenberg, Theo Waigel, Rita Süssmuth und Wolfgang Schäuble über die Abstimmung zum Mahnmal zu sprechen. Wobei, ähnlich wie später Helmut Kohl, Wolfgang Schäuble erklärte, die Rot/Grüne-Koalition sei so schwach, dass sie bei dieser Gelegenheit mit ihrer Mehrheit wahrscheinlich ihre Macht demonstrieren würde. Unabhängig davon, dass sie wohl nicht hinter Naumanns umgekippter Position stehen würde. Tatsächlich hatte Frau A. Vollmer am Tage der Abstimmung intern verlauten lassen, Naumann dürfe hier nicht sein Gesicht verlieren. So kam es: 314 von 669 Abgeordneten stimmten für den Antrag der Regierung, 209 dagegen, bei elf Enthaltungen; der Rest war gar nicht erschienen. Ein Votum für sich.

K.- G. von Hase. Ernst Cramer und Jobst Siedler

Als Martin Hohmann und ich uns, zwei Jahre später, am 11. Juli 2001 auf dem Wege zum Bahnhof Speyer wieder sahen, da kamen wir von den bewegenden Feierlichkeiten für Hannelore Kohl im Dom zu Speyer. Für den tiefgläubigen Martin Hohmann war das Treffen kein Zufall, sondern eine Fügung.

Auf seinem CDU-Wahlplakat stand unter seinem Bild: »…auf den Charakter kommt es an.« Er war ein Mann ohne Gehabe, Jurist, Bürgermeister a. D., Kriminaloberrat, und hatte als Major der Reserve den Mut des Fallschirmjägers.

Parlamentsentscheidungen sind nicht immer der Weisheit letzter Schluss, besonders wenn man bedenkt, wie sie in diesem Fall zustande gekommen waren. Eine Notlösung auf Zeit, die der Revision bedarf.

In dem Sinne hatte ich schon im Juni 2000 ein zwölfseitiges Papier verfasst, das die Überschrift trug: »DEN MAHNMAL-BESCHLUSS REVIDIEREN! ‚Für die säkularisierten Juden stiftet nur der Holocaut jüdische Identität.' Zu Lasten Deutschlands.«

Der Kernsatz stand im Mittelpunkt eines Vortrages, den Michael Wolffsohn in Bonn-Bad Godesberg gehalten hatte. Der Nachsatz stammte von mir.

Jetzt galt es, fortbestehende Widerstände gegen ein Mahnmal zu bündeln und daraus eine parlamentarische Aktion vorzubereiten. Herr von Hase, Godesberger Mitbürger, Vetter von Bonhoeffer, ein Mann großer Reputation (Brief 54, 55) spielte dabei eine wichtige Rolle. Er war wegen der Beteiligung seines Onkels, General von Hase, am Putsch gegen Hitler aus dem Generalstab verstoßen worden, Staatssekretär im Verteidigungsministerium, unter drei Kanzlern Bundespressechef, Botschafter in London und, nach der Pensionierung, fünf Jahre Intendant des ZDF. Er schaffte den Kontakt zu Ernst Cramer, dem prominentesten deutschen Juden aus der Spitze des Springer Verlages (Brief 56).

Ernst Cramer hatte immer wieder dafür plädiert, die Juden nicht wieder auszugrenzen, sondern die Gedenkstätte durch eine Umwidmung zu einem »Mahnmal für alle Opfer des Nationalsozialismus« akzeptabel zu machen. Helmut Schmidt hatte zu dem Zeitpunkt sogar empfohlen, alle Opfer einzubeziehen, auch die gefallenen Soldaten. Dadurch könnte die Akzeptanz erreicht werden, eine nationale Gedenkstätte. Cramers Briefe an mich, deren Inhalt in Berlin für Aufregung gesorgt hatten, zeigen sein Anliegen und seine

Empfehlungen, die für mich über den Tag hinaus Geltung haben. Als Wolf Jobst Siedler, der bekannte Berliner Verleger und Naziverfolgte, in der SÜDDEUTSCHEN in Berlin über die anstehende Flut von Mahnmalen in Speerschen Dimensionen einen glänzenden Beitrag lieferte, war das das Signal für Herrn Hohmann und mich, einen Antrag für eine Umwidmung des Mahnmals im Parlament vorzubereiten.

Karl- Günther von Hase. Vetter von Pfarrer Dietrich Bonhoeffer und Mitstreiter gegen das monströse Mahnmal in Berlin. Hier: Als Pressechef unter drei Bundekanzlern übergibt er das Zepter an Günter Diehl.

Die für den 25.01.2002 geplante Rede im Deutschen Bundestag hatte folgenden Inhalt:

»Herr Präsident, verehrte Kolleginnen und Kollegen!

Das jüdische Museum und das Holocaust-Mahnmal stehen auf der Tagesordnung. Zwei Themen, die sowohl im Konzept wie auch in der Wirkung kaum gegensätzlicher sein können. Während Daniel Libeskind mit seinem faszinierenden Bau, schon mit seinen noch leeren Räumen, Zehntausende begeisterte, zahlende Besucher registrieren konnte, hat allein der erste symbolische Spatenstich für das geplante Berliner Holocaust-Mahnmal die Ultra-Rechte zum ersten Mal seit 1945 mit wehenden Fahnen durch das Brandenburger Tor ziehen lassen. Meine Damen und Herren, ich sage voraus, der Protest wird sich fortsetzen mit unermesslichem Schaden für unser weltweites Ansehen, wenn wir nicht neue Akzente setzen.

Von nur wenigen von uns wahrgenommen, hat Paul Spiegel, der Präsident des Zentralrats der Juden in Deutschland, schon in der Weihnachtsnummer des Jahres 2000 des Bonner GENERAL-ANZEIGERS – also nur wenige Monate nach unserem Mahnmal-Beschluss – zur allgemeinen Nichtakzeptanz des Mahnmals entsetzt Stellung genommen. Die Kernsätze lauten: »Der Antijudaismus stellt sich in den vergangen Monaten in einer enthemmten Art und Weise dar (…) man wirft mir in der feinen Gesellschaft, nicht am Stammtisch, vor, dass ich Antisemitismus erzeuge, dass die Juden Deutschland wieder aussaugten, weil sie das Mahnmal forderten… Dabei interessiert es gar nicht, dass die Juden kein Mahnmal verlangt hätten.«

Einige Wochen vorher hatte Rafael Seligmann geschrieben: »Ein solches Denkmal ist überflüssig wie ein Kropf. Ein Mahnmal für EINE Opfergruppe ist ein Unding. Doch keiner wollte sich des Antisemitismus zeihen lassen, und somit entschied sich der Bundestag mit großer Mehrheit für das Mahnmal.« Marion Gräfin Dönhoff hatte in der ZEIT noch einmal eine Glosse geschrieben und in einem ihrer privaten Briefe heißt es: »Jetzt kann man nur noch hoffen, durch Verzögerung dieses Ungeheuer zum Erliegen zu bringen.«

Wir, verehrte Kolleginnen und Kollegen, sind – egal, wie wir damals abgestimmt haben – fraktionsübergreifend aufgefordert, endgültig Stellung zu beziehen, nachdem der Herr Bundespräsident, wie wir uns erinnern, in seiner bedeutenden Rede zum letzten Gedenktag für die Opfer des Nationalsozialismus dazu aufgerufen hat, sich mit dem Unwillen vieler Menschen gegen Form und Ausmaß des Gedenkens auseinanderzusetzen. Die Politik – das sind wir – dürfe dieses Unbehagen und diesen Unwillen nicht ignorieren. Wir können auch nachlesen, dass Herr Bundestagspräsident Thierse am gleichen Tage sagte: »Wir suchen nach neuen, angemessenen Formen des Erinnerns.«

Nur wenige hier im Hohen Hause wissen, dass Johannes Rau diesen Unwillen teilte, als er im März 1998 einen ihm bekannten parteilosen Mittelsmann, mit engen persönlichen Beziehungen in Bonn, bat, beim damaligen Bundeskanzler Kohl den Versuch zu unternehmen, gegen das Ausmaß und die Größe des geplanten Mahnmals zu intervenieren. Das war nicht ohne Erfolg. Das geschah zu einer Zeit, als nicht nur Rudolf Augstein und Günter Grass in sehr deutlichen Worten, sondern auch der über die Parteigrenzen geschätzte frühere Bundeskanzler Helmut Schmidt in Vorträgen und in der ZEIT sich kritisch zu dem Projekt geäußert hatten. Die deutlichste Kritik kam zu dem Zeitpunkt von dem damals noch designierten Kulturbeauftragten Naumann. Er wetterte gegen ein

»Reichsopferfeld« im Zentrum der Bundeshauptstadt und geißelte die Maßlosigkeit mit den gleichen Worten wie der Oberrabiner von Paris als »Speersche Dimensionen« (Brief 57).

Was nur wenige wissen, teilte, wie dokumentarisch festgehalten, der vom Vermittler eingeschaltete Ignaz Bubis alle Bedenken und ließ Bundeskanzler Kohl wissen, auch er halte das Areal für zu groß, die Stelenzahl von 4000 mit Höhen bis zu 7,50 m für erdrückend und provokativ. Ignaz Bubis wollte höchstens 1000 Stelen, bis zu 4 m hoch, und alles in einem Hain in Anlehnung an die Vorschläge von György Konrad. Helmut Kohl ließ dementsprechend neu planen und die Entscheidung bis nach den Septemberwahlen vertagen. Architekt Serra stieg aus, auch, weil nach seinen Worten die Mehrheit der Deutschen dieses Mahnmal nicht wolle.

Ich möchte unser Augenmerk darauf lenken, welche Pesönlichkeiten mit welchen Argumenten zu der Rede des Herrn Bundespräsideten vom 27.01.2001 Stellung bezogen haben. Da ist an der Spitze Prof. Ernst Cramer, einer der international bekanntesten deutschen Juden, an der amerikanischen Ostküste als Senior Editor der WELT und wichtige jüdische Stimme aus Deutschland geschätzt. Ihm folgte der Verleger und Publizist Wolf Jobst Siedler aus Berlin und der ostdeutsche Schriftsteller Günter de Bruyn. Beide vereint, neben der Gegnerschaft gegen das geplante Holocaust-Mahnmal, die gemeinsame Auszeichnung mit dem diesjährigen Nationalpreis. Wolf Jobst Siedler ließ mich wissen, wie sehr er diese, meine Rede sekundiert mit dem ausdrücklichen Hinweis auf seine bekannte schlimme Unterdrückung ab 1933. Er ist offiziell als Verfolgter der Nazi-Regimes registriert. Auch Günther von Hase rief an und machte mir Mut. Auch seine und seiner Familie NS-Gegnerschaft ist bekannt. Wegen Sippenhaft – als Neffe des hier in Berlin nach dem 20. Juli 1944 hingerichteten Generals von Hase, wurde der spätere Chef des Bundespresseamts, der Botschafter in London und Intendant des Zweiten Deutschen Fernsehens – aus dem Generalstab entfernt und verbrachte fünf Jahre in sowjetischer Kriegsgefangenschaft. Dann gab es Kritik an der »Säulen-Armada«, wie er sie titulierte von dem berühmten Architekt Gustav Peichl; dann von dem viel beachteten Bayerischen Rundfunk Wochenendkommentar, von Thomas Kielinger aus London: »DAS HOLOCAUST-DENKMAL: Beflissenheit blamiert die Geschichte des Gedenkens, Umdenken tut not«; schließlich gab es die kritischen Kommentare von Ekkehard Kohrs und von Jonathan Mollfels, bekannte Journalisten, die nur stellvertrendend genannt seien für viele ihrer Kollegen.

Weitere gewichtige Einzelheiten können hier aus Platzmangel nicht erörtert werden.

Aber eingegangen werden muss noch detaillierter auf die Ausführungen von Ernst Cramer. Der schon in Buchenwald inhaftierte, 1945 aus Amerika heimgekehrte bedeutende Journalist ist seit 1995 nicht mehr müde geworden, das geplante Mahnmal für die europäischen Juden als eine ihn verletzende neue AUSSONDERUNG der Juden zu attackieren. Die Aussonderung habe für ihn 1933 begonnen und für Millionen Juden an der Rampe von Auschwitz geendet. Ihn kränkt die durch das Mahnmal für die Juden Europas wieder erfolgte Absonderung. Nach unserem Parlamentsbeschluss habe er sich – wie viele – aus Respekt vor dem Parlament oder so genannter policital correctness nicht mehr öffentlich erklärt, wartet aber auf eine Initiative aus dem Parlament.

Nach Wolf Jobs Siedlers großem Beitrag in der SÜDDEUTSCHEN zum Thema der »Flut von Mahnmalen in Berlin«, hat Ernst Cramer in der WELT noch einmal die Debatte eröffnet. Unter der breiten Überschrift »Wir sollten die Opfer nicht trennen«, sagt er in dem Subtitel: »Noch ist es nicht zu spät ein Mahnmal für alle Gruppen zu schaffen.« Damit trifft er sich wieder mit Helmut Schmidt in der Forderung eines Mahnmals für alle Opfer des nationalsozialistischen Terrors.

Wie recht haben diese beiden großen Deutschen. Oder wollen wir fortsetzen, wie geplant und am Südflügel des Reichstagsgebäudes, dieses großartigen Bauwerks, schon avisiert, demnächst ein Holocaust-Mahnmal für die im NS-besetzten Europa ermordeten Sinti und Roma bauen? Wohin dann das nächste für die homosexuellen Opfer, für die Zeugen Jehovas, für die ermordeten evangelischen und katholischen Geistlichen, für die Opfer der Euthanasie und vielleicht noch eines für die so genannten Arbeitsscheuen, fragt Ernst Cramer. Wohin sollen sie alle und wie groß müssen sie sein? Wie groß sind die Proportionen? Für sechs Millionen ermordete Juden zwei Fussballfelder , für 500.000 Sinti und Roma sechs Millionen durch 500.000 usw. usw.

Größen und Kosten sind nicht unwichtig. Wir werden parteiübergreifend – auch im Sinne der Forderungen des Bundestagspräsidenten – Mittel und Wege finden, auch in Fairness gegenüber dem Architekten. Es ist noch nicht zu spät. Entscheidend ist die Umwidmung. Helmut Schmidt hat sie in weiser Vorraussicht schon vor Jahren in einem Brief an meinen geschätzten Vorgänger in Fulda, Alfred Dregger, vorgegeben. Er empfahl »EINE GEDENKSTÄTTE FÜR ALLE TOTEN, GLEICH WELCHER KONFESSION ODER NATIONALITÄT, OB ZIVILIST ODER SOLDAT«.

Sie alle waren Opfer des Nationalsozialismus. Die Millionen Toten des Rassenwahns, die Sinti und Roma, die Homosexuellen, politische Gegner des NS-Systems, überzeugte Christen, die verhungerten und erfrorenen Kriegsgefangenen auf allen Seiten, die Millionen Opfer der Vertreibungen, des Widerstandes und alle schon erwähnte Gruppen.

Ihrer aller mit einem Mahnmal für NS-Opfer zu gedenken, schafft die allgemeine Akzeptanz dieser nationalen Gedenkstätte. Die Darstellung der Verbrechen auch am eigenen Volk verdeutlicht die Distanz zu Nazismus und Neonazismus. Wir hätten einen Integrationspunkt für unsere Demokratie in der Mitte Berlins. Innen- und Außenpolitischer Schaden wäre vermieden. Die wichtigste Opfergruppe, die Juden, würden sich nicht mehr ausgesondert fühlen. Meine Damen und Herren, das Parlament ist Herr auch über seine eigenen gefaßten Beschlüsse. Daher möchte ich anregen, die Widmung des

Holocaust-Mahnmals zu revidieren. Die neue Widmung sollte lauten: »Den Opfern des Nationalsozialismus.« Hierfür bitte ich Sie um Ihre Zustimmung, es ist noch nicht zu spät! «

Herr von Hase hatte es übernommen, Ministerpräsident Clement zu bitten, eine Kopie der Rede dem Fraktionschef vorher zur Kenntnis zu bringen. Das Ergebnis: Der SPD- Fraktionschef Struck ließ seinen Kollegen Merz wissen: »Wenn diese Rede gehalten wird, gibt es Krieg!« Die Notlösung lautete: Der stellvertretende Vorsitzende der CDU/CSU- Bundestagsfraktion Günter Nooke baute in seinen Antrag vom 25.Januar 2002 zur Sache »Jüdisches Museum, Topographie des Terrors, Mahnmal für die ermordeten Juden Europas« den Satz ein: »Eine Diskussion muss auch darüber geführt werden, ob vielleicht sogar die Widmung für dieses Denkmals noch einmal zu überdenken ist.« Von der Richtigkeit unseres Anliegens überzeugt, konnte das für uns in der Phase nicht Aufgeben bedeuten: Der GENERAL-ANZEIGER und besonders das BIELEFELDER WESTFALENBLATT spielten mit sehr detaillierten Berichten mit. Ich versuchte zusätzlich noch einmal den Weg über Juliane Weber, bei ihr zu Hause, in Stieldorf. Sie bewegte Helmut Kohl, den einstmals allmächtigen Toni Pfeiffer zu animieren, in der Fraktion Unterstützung einzufordern. Herr Hohmann hörte das, wie er sagte, von mir sehr energisch geführte Telefongespräch mit und vermerkte Pfeiffers »Fahrplan«. »Wenn die SPD einverstanden ist, wird die CDU in 5 Minuten für eine andere Widmung sein.« Clemens möge (von dem ja bekannt war, dass er mit dem Inhalt der Rede einverstanden war) auf seine Vorstandskollegen einwirken. Diese Nachricht gab ich an Friedrich Merz, der seinen Duzfreund Martin wissen ließ, wenn er 20 Stimmen von der SPD beschaffen könnte, würde er, Merz, im Parlament einen neuen Antrag einbringen. Die gab es natürlich nicht!

Um dieses schon überdehnte Kapitel nicht noch breiter auszuweiten, will ich nur auf die wesentlichen Passagen von Dr. Peter Voegeli, dem Deutschlandkorrespondenten des liberalen Schweizer Blattes DER BUND und anderer Schweizer Zeitungen, verweisen. Der damals schon seit fünf Jahren aus Berlin berichtende Schweizer kannte sich aus. Seine Balkenüberschrift lautete: »Holocaustmahnmal für alle Opfer?«, mit dem Untertitel: »Berlin. Es knirscht im Gebälk der deutsch-jüdischen Beziehungen.« Im Vorspann schrieb er: »Das zunehmende Unverständnis über Israels Nahostpolitik, die Angst der jüdischen Gemeinde vor einem Stimmungswechsel und ein wachsender Unwille gegen die als Korsett empfundene »Political Correctness« in Sachen Holocaust, könnten Vorboten eines neuen deutsch-jüdischen Verhältnisses sein. (…) Dieser Tage reiste Freise nach Berlin, um noch einmal Politik-Lobbying zu betreiben. Er will die ausländische Presse dafür gewinnen, das geplante Holocaust-Mahnmal, unweit des Brandenburger Tors, nicht exklusiv den ermordeten Juden Europas, sondern allen Opfern des Nationalsozialismus zu widmen – auch den gefallenen deutschen Soldaten. (…) Zudem würde sonst jede Opfergruppe künftig ein eigenes Mahnmal in Berlin Mitte beanspruchen. In dieser Form wäre es nicht nur gerechter, auch weniger provozierend, argumentiert Freise. Der Zahnarzt hat durchaus prominente Sympathisanten gewonnen. So plädierte der jüdische Publizist Ernst Cramer in einem Brief gegen ein Mahnmal nur für die Juden: ‚Ich weiß gewiss, dass die Juden die Hauptopfer waren. Aber mich kränkt die wieder erfolgte Aussonderung, denn Aussonderung der Opfer war auch eine der Nazi-Methoden gewesen.'

Der israelische Botschafter in Berlin, Shimon Stein, konstatierte in Interviews einen natürlichen Revisionismus in Deutschland, eine Neubewertung der nationalen Vergangenheit durch eine Generation, die nicht mehr persönlich schuldig sei. Stein scheint einen solchen Revisionismus nicht grundsätzlich abzulehnen, sofern er nicht einem Schlussstrich das Wort redet. Auch Bundespräsident Johannes Rau hatte am Holocaust-Gedenktag 2001 einen weit verbreiteten »Unwillen« gegen die Art des Holocaust-Gedenkens thematisiert: »Wer kennt nicht den Verdacht, das öffentliche Erinnern sei eine besondere Art des Wohlverhaltens gegenüber dem Ausland? Wer von uns ist nicht schon dem Missverständnis begegnet, dass Gedenkstätten und Gedenktage jeder neuen Generation ein Schuldgefühl vermitteln sollen?« Rau betonte, »dass die Politik diesen Unwillen nicht ignorieren darf.«

Dazu kommt: Wer in Deutschland die Deutungshoheit über einen korrekten Umgang mit dem Holocaust für sich beanspruchen kann, hat viel Macht. Die Angriffe auf Günter Grass' neue Novelle »Im Krebsgang«, die den Untergang der »Wilhelm Gustloff« 1945 und damit die Leiden der Deutschen thematisiert, oder die abwegigen Vorwürfe, Bernhard Schlinks Bestseller »Der Vorleser«, die Geschichte einer ehemaligen KZ-Wächterin, sei ein Versuch, die Grenze zwischen Tätern und Opfern zu verwischen, sind Ausdruck von Rückzugsgefechten um die Deutungshoheit. Im sicheren Wissen um diese Überlegenheit lehnte Jakob Schulze-Rohr, Vorstandsmitglied des Förderkreises für das Holocaust-Mahnmal, eine Erweiterung der Gedenkstätte auf alle Opfergruppen ab: Man wolle keine »belanglose, geschichtliche Sauce.«

Und die Juden in Deutschland? Der Vorsitzende der Jüdischen Gemeinde, Paul Spiegel, schweigt. Das Holocaust-Mahnmal, aber auch das neu eröffnete jüdische Museum in Berlin verstehen die Juden Deutschlands offenkundig als Einrichtungen für die Deutschen.

»Das ist ein Museum für Euch, für Nichtjuden«, hatte der Direktor des jüdischen Museums, Michael Blumenthal, bei der Eröffnung gesagt: »Wir Juden brauchen kein Museum.«

Was Paul Spiegel mehr umtreibt als das Holocaust-Mahnmal und seine Widmung, ist die Sorge, vielleicht sogar die Angst um die Zukunft der jüdischen Gemeinde in Deutschland, wenn ihre Exponenten dereinst nicht mehr mit der Autorität auftreten können, selbst zur Shoah-Generation zu gehören.

Paul Spiegel ist wahrscheinlich der letzte Vorsitzende der jüdischen Gemeinde, der zu dieser Generation gehört. Viel schriller als sein Vorgänger Ignatz Bubis warnt er vor

Rechtsextremismus und Antisemitismus. Menschen anderen Glaubens und anderer Hautfarbe seien »nirgends in diesem Land sicher.«

Herr Hohmann arrangierte für mich Treffen mit gewichtigen Kollegen der verschiedenen Parteien und begleitete mich in der schwierigen »Geographie« des Bundeshauses. Bei den Runden traf ich auch den Noch-Fraktionsvorsitzenden der FDP, Dr. Wolfgang Gerhardt, der - ohne lange Diskussionen - der Umwidmung »Für alle Opfer « sofort zustimmte. Dr. Norbert Lammert, der heutige Bundestagspräsident, hatte keine Bedenken und ließ mich wissen, genau dafür habe er bei der Abstimmung in Bonn gestimmt. Ludwig Stiegler, der gewichtige Mann mit dem roten Pulli, war uncommited, wie das in Amerika so bezeichnet wird. Er schien mehr interessiert, den Vermittler von 1969 zu treffen, der, wie ich vorgestellt wurde, »Willy Brandt zum Kanzler gemacht hätte.«

Auf der prominenteren Ebene war Jobst Siedler sehr engagiert. Aber auch in seinem in Berlin berühmten politisch-kulturellen Salon brachten getrennte Einladungen für den Bundespräsidenten und Helmut Kohl keine greifbaren Ergebnisse. Auch seine Bemühungen beim Regierenden Bürgermeister mussten ins Leere laufen. In der Situation beschloss ich, nach Übergabe des Heinemann Bürgerpreises an Erhard Eppler, unter der ausgestreckten Hand von Willy Brandt in der Parteizentrale Bundeskanzler Schröder den Vorschlag zu machen, das Thema aus dem Wahlkampf herauszuhalten. »Das halte ich für einen guten Vorschlag«, war seine Antwort. Das geschah vor dem Hintergrund, dass ich vom Bundespräsidenten erfahren hatte, nach der Wahl würde die SPD der Umwidmung zustimmen. Er selber war von dem gesamten Komplex wenig angetan, hielt auch die unabgestimmte Entscheidung von Bundespräsident Herzog, jedes Jahr am 27. Januar, dem Jahrestag der Befreiung von Auschwitz, in einer Feierstunde im Bundestag zu gedenken, für ungut. Die »Ruckrede« Herzogs war auch von Helmut Kohl als Kritik an seiner Regierung empfunden worden. Im Adlon, »Unter den Linden«, das zu zelebrieren, empfanden wir als PR - Nummer für das Luxushotel (Brief 58).

Die schärfste von Peter Voegeli beschriebene Ablehnung der Umwidmung als »belanglose, geschichtslose Sauce«, war von Jakob Schulze-Rohr gekommen. Er wusste nicht, dass dieser Architekt Ehemann der Initiatorin war.

Die Ablehnung eines Schlussstrichs mag aus israelischer Sicht verständlich sein. Mit Nahum Goldmann waren Wiedergutmachungszahlungen von einer Milliarde Mark vereinbart worden. Dafür bekam er in Israel großes Lob. Daraus wurden 100 Milliarden.

Als Deutsche sollten wir uns an das halten, was der seiner deutschen Heimat noch immer eng verbundene Dr. Kissinger in seiner letzten Talkshow mit Frau Christiansen sagte. Er wolle keine weiteren Diskussionen über den Holocaust, auch nicht über den Mord an Teilen seiner Verwandtschaft. Man müsse endlich darunter einen Schlussstrich ziehen. Danke, lieber Dr. Kissinger.

Erster von sieben Transporten von 400 Bielefelder Juden am 12. Dezember 1941 nach Riga.

(Fotos: Stadtarchiv Bielefeld)

Alles ist eingeschlafen. Das mir Mögliche war getan (Brief 59, 60). Gräfin Dönhoff und Helmut Kohl zollten nur noch Respekt, auch Helmut Schmidt winkte ab (Brief 61). Da gilt es sich daran zu erinnern, was Professor Cramer im ersten Brief als Fahrplan für zukünftige Generationen uns auf den Weg gegeben hat: Die meisten der schon jetzt lädierten Stelen abtragen (E.C. sprach von »Spitzhacke zum Opfer fallen«), weniger Beton, mehr Grün und »Allen Opfern des Nationalsozialismus von 1933-1945.« Eine Nationale Gedenkstätte. Bewusst füge ich hier die Position der Gegenseite ein (Brief 62). Sehr persönlich empfinde ich Scham und Trauer über das unsagbare Leid, was diese Mörderbande, da am Wannsee, in einer alten Villa eines jüdischen Berliner Kaufmanns, im Auftrag dieses wahnsinnigen Massenmörders aus Braunau beschlossen und dann drei Jahre lang exekutiert hat.

Da gab es im Hause der Wannseekonferenz vor Jahren Bilderserien, die typisch seien für die Abtransporte der europäischen Juden in den verschiedenen europäischen Ländern. Für Deutschland hatte man ausgerechnet »mein« Bielefeld ausgesucht, da, wo ich damals 14- jährig zur Schule gegangen bin. Hier sah ich in die Gesichter von Mitbürgern, einer Elite, denen Verbrecher, meistens in deutschen Uniformen, ihr Leben genommen haben. Mitbürger, die für uns für immer verloren sind. Die hier wiedergegebenen Bilder stammen aus dem städtischen Archiv der Stadt Bielefeld.

Aber das ist Geschichte, wie John J. McCloy uns sagte und immer wiederholt hat: Drei von 12 Jahren eines Regimes, aber auch eines Volkes, das, inmitten dieses Kontinents, so viele Beiträge für die europäische Kultur und die gemeinsame Zivilisation geleistet hat. »Gute Leute«, wie er es meinem Sohn und mir gegenüber während des letzten Treffens formuliert hatte.

Bewusst hatte John J. McCloy selbst den Ablauf für seine Trauerfeier bestimmt. Die Gemeinde möge im Stehen Martin Luthers »Ein feste Burg ist unser Gott« singen; als Orgel Präludium gleich zweimal J.S. Bachs »Fantasie« in Minor und Johannes Brahms »Ein deutsches Requiem«. Unsere Redner waren hoch angesiedelt, Prof. Karl Carstens, Helmut Schmidt vor Henry A. Kissinger. Zu Adenauers Rolle hatte er – wie erinnerlich – gesagt: »Adenauer war genau das, was der Doktor den Deutschen verordnet hatte.«

Adenauer und Heuss hatten würdige Nachfolger, Kanzler und Präsidenten, jetzt eine Kanzlerin, die ihr Handwerk versteht, sehr gute und annehmbare Parlamente in Bonn und Berlin.

Zum Mahnmal: Gottlob sind die von uns allen befürchteten Aufmärsche und Anschläge von extrem rechts ausgeblieben. Die unterirdischen Informationsräume sind beeindruckend und geschmackvoll gestaltet, liegen in gleicher Tiefe, nur ein paar Steinwürfe entfernt, wo der wahnsinnige Massenmörder mit seiner Geliebten/Frau seinem irdischen Dasein unter einem heutigen Parkplatz ein so makabres Ende bereitete.

Zum Mahnmal selbst schrieb der immer nüchterne Ekkehard Kohrs im Mai 2007:

»Mittlerweise ist aus dem umstrittenen Mahnmal eher eine Erholungsstätte für fußmüde Berlin-Besucher als eine Stätte des Gedenkens geworden.« Eigene Beobachtungen ergänzen das: Die verschieden hohen Betonklötze sind für Youngsters aller Nationalitäten ein gefundenes Feld zum Versteckenspielen, man hört: »Let us play hide and seek!«

Brennende Synagoge in Bielefeld

»Wie war das… Was habt ihr von den Grausamkeiten gewusst?«

Die für mich wichtigsten Zeugen sind mein Vater, der Naziverfolgte, sind alle seine Freunde. Über ihr Nichtwissen von organisierten Massenmorden und Vergasungen in den Konzentrationslagern in den besetzten Ostgebieten, über die Gespräche mit ihm über das Thema, darüber habe ich früher berichtet.

Theodor Eschenburg hatte in seinen ERINNERUNGEN[42] über das Gehörte geschrieben, von Prügelstrafen, Misshandlungen und anderen Brutalitäten. »Das war alles, was ich in zwölf Jahren direkt über Konzentrationslager erfahren habe«.

In seiner Abrechnung mit Goldhagens Buch HITLERS WILLIGE VOLLSTRECKER[43] hatte Lew Kopelew seinen Beitrag in der ZEIT vom 27.09.1996 (Brief 63) mit den Überschriften versehen: »Im Widerspruch zur Geschichte«, und »Daniel Goldhagen versteht die Situation der Menschen in Diktaturen nicht«. Ich traf Kopelew zweimal und es gab einen Briefwechsel. Zur Erinnerung: Er war Jude, in seiner Jugend überzeugter Kommunist, Major in der Roten Armee, wurde verhaftet wegen seiner Beschwerden gegen die gedeckten Übergriffe von sowjetischen Soldaten gegen die deutsche Zivilbevölkerung bei der Eroberung Ostpreußens, »wegen Mitleid mit dem Feind«. Über seine Wandlungen in der zweijährigen Haft, seine Freundschaften mit Jean-Paul Sartre, mit Sacharow, Friedrich Dürrenmatt, Gräfin Dönhoff und Heinrich Böll hat er in AUFBEWAHREN FÜR ALLE ZEITEN[44] dickbändig berichtet. Das ist noch heute sehr lesenswert.

Zur Frage »Was habt Ihr gewusst?«, schreibt er in der ZEIT, dass russische Partisanen, auch kämpferische Juden unter ihnen, später berichtet hätten, dass man in unmittelbarer Nähe der Vernichtungslager Maidanek und Treblinka operiert hätte, aber nichts gesehen oder auch nur erfahren hätte, was sich da abgespielt habe.

Mein Freund Hans von Herwarth, selbst nach den Nürnberger Gesetzen ein Nichtarier, war als Offizier der Deutschen Wehrmacht im Osten eingesetzt. In seinem Buch ZWISCHEN HITLER UND STALIN[45] schreibt er von seinem Wissen von Massenerschießungen von Juden im Mittelabschnitt. Aber auch er hat von Vergasungen, von Auschwitz erst nach dem Kriege erfahren.

---

42 Eschenburg, Theodor: Letzten Endes meine ich doch. Erinnerungen, 1933-99, Berlin 1999.

43 Goldhagen, Daniel J.: Hitlers willige Vollstrecker. Ganz gewöhnliche Deutsche und der Holocaust, Berlin 1996.

44 Lew Kopelew: Aufbewahren für alleZeit!, Göttingen 1996.

45 a.a.O.

So erging es auch Oberleutnant Helmut Schmidt, auch er mit einem jüdischen Großvater »belastet«. Als W. Michael Blumenthal, der Direktor des Jüdischen Museums in Berlin, der selbst in Berlin geboren war und mit seiner Familie in Shanghai überlebt hatte, im Oktober 1999 in der FAZ mit dem STREIT UM DIE ERINNERUNG an die Öffentlichkeit ging, überschritt er eine Grenze (Briefe 64, 65).

Ich verwehrte mich dagegen, dass er den Fall eines Freundes, der angeblich nichts gewusst habe, so in Einzelheiten dargestellt hatte, dass für Kenner der Vita von Helmut Schmidt hier klar seine Identität erkennbar war. Und der Gipfel der Geschichte: »Ich glaube ihm nicht.« Ich hatte dem inzwischen hochgeschätzten Altkanzler den ganzen Vorgang geschickt, einschließlich der eher apologetisch gehaltenen Antwort von Michael Blumenthal. Die Antworten seines Freundes Helmut Schmidt habe ich ihm kommentarlos übersandt (Brief 66).

Was wusste Ernst Frhr. von Weizsäcker, damals Staatssekretär im Auswärtigen Amt in der Reichshauptstadt Berlin, von dem Beschluss der Wannseekonferenz, von der »ENDLÖSUNG DER JUDENFRAGE«? Als seinen Stellvertreter hatte er den Unterstaatssekretär Martin Luther an den Großen Wannsee delegiert, ein Protegé von Außenminister von Ribbentrop. Die Konferenz stand unter der Leitung des Chefs des Reichssicherheitshauptamtes, Reinhard Heydrich; Der »Deportationsexperte« Adolf Eichmann fertigte das Protokoll an, es trug den Stempel »GEHEIME REICHSSACHE«. In, wie berichtet wird, nur eineinhalb Stunden beschlossen am 20. Januar 1942 fünfzehn Spitzenvertreter von SS, NSDAP und der verschiedenen Ministerien die Ermordung aller europäischen Juden, die sich in dem damaligen Befehlsbereich der deutschen Streitkräfte befanden. Dieses Protokoll wurde 1947 in den Akten des Auswärtigen Amtes gefunden.

Im Wilhelmstraßen-Prozess wurde Ernst von Weizsäcker, wie bekannt, von seinem Sohn Richard, dem späteren Bundespräsidenten, verteidigt. In Sachen »Wannsee-Beschluss« hatte Ernst von Weizsäcker im Prozess jede Kenntnis von diesem millionenfachen, organisierten Massenmord abgestritten. Luther stand als Zeuge nicht zur Verfügung. Der war als »privilegierter Schutzhäftling« im KZ Sachsenhausen bei Befreiung des Lagers durch sowjetische Truppen am Herzversagen verstorben. Dahin war er deportiert worden, nachdem er gegen seinen Gönner von Ribbentrop intrigiert hatte.

Ernst von Weizsäcker wurde zu sieben Jahren Haft verurteilt, aber vom amerikanischen Hochkommissar McCloy frühzeitig begnadigt. Über die Mitwisserschaft habe ich Bundespräsident von Weizsäcker die Meinung des gemeinsamen Freundes, des ehemaligen Staatssekretärs Frhr. H. H. Herwarth von Bittenfeld, wissen lassen. Er bescheinigte Ernst von Weizsäcker, kein Nazi gewesen zu sein. Dass er nicht durch Luther informiert worden sei, das wird allgemein für undenkbar gehalten. Einen Beweis dafür gibt es aber nicht. Der Direktor der Schoah-Gedenkstätte Yad Vashem, Prof. Yehudin Bauer, geht auch von einer »Mitschuld von Ernst von Weizsäcker aus, weil er es unterlassen hatte, die neutralen Botschafter der Schweiz und von Schweden über diese Ungeheuerlichkeit zu informieren.« Bei Bekanntwerden dieses Massenmordauftrages, der »ENDLÖSUNG DER JUDEN-FRAGE«, davon gehen alle mir bekannten Zeitzeugen aus, hätten die Proteste der Kirchen, der Aufschrei im eigenen Land und in der Welt dieses Verbrechen wohl verhindert.

Der Bundespräsident von Weizsäcker hat im Amt eine gute Figur gemacht. Er muss sich aber beim o. a. Tatbestand fragen lassen, was er von seinem Vater erfahren hat.

Der mir durch die gemeinsame Zeit im Bonner ISSF-Haus eng verbundene Wilhelm Haas schreibt über seine Zeit als Botschafter in Israel, auch über den Staatsbesuch von Bundespräsident von Weizsäcker. Beim Gespräch mit jungen Israelis wurde Weizsäcker gefragt, wie er weiter an der Ostfront habe dienen können, nachdem er von den Mordtaten der Einsatzgruppen erfahren habe. Zitat: Langes Schweigen. Dann der Bundespräsident: »Ich bin nicht sicher, dass alles, was ich in jener Zeit getan oder unterlassen habe, vor dem jüngsten Gericht standhalten wird.«

In diesen Zusammenhang gehören auch zwei leuchtende Gegenbeispiele, das des mehrfach erwähnten späteren Bonner Staatssekretärs Ferdinand Duckwitz und das von John Rabe. Duckwitz war im Kriege auf Posten im besetzten Dänemark. Als der alte NS-Parteigenosse offiziell von dem beabsichtigten Abtransport aller Juden seines Bereichs in das Inferno der KZs im Osten erfuhr, nahm er Kontakt mit der schwedischen Regierung, dem dänischen Widerstand und der jüdischen Gemeinde von Kopenhagen auf und arrangierte, dass unter den Augen der Geheimen Feldpolizei, der Deutschen Kriegsmarine und der eigenen Besatzungsarmee in einer einzigen Nachtaktion, mit allen greifbaren Schiffen, alle Juden Dänemarks (darunter der früher erwähnte Hamburger Zahnarzt Dr. Martin Lazarus und seine Frau, unter einer Ladung Kohlen versteckt) nach Schweden entkommen konnten.[46]

Als der Kollege Lazarus Freund Hegemann und mir, nachdem wir auch in seiner Volkszahnklinik Material für unsere Doktorarbeiten gesammelt hatten, die Umstände seiner Flucht beschrieben hatte, entdeckten wir beide Tränen in den Augen des Anderen. Eine Mischung aus Scham, Rührung und Stolz auf den Mannesmut eines aufrechten Landsmannes – den, wie es Probst Grüber in seinen ERINNERUNGEN[47] beschreibt, »keine Drohung und Gefahr davon abbringen ließen, dem Nächsten ein Bruder zu sein«.

Erwin Wickert schrieb nach der Erwähnung des Mannesmutes von John Rabe in seinem MUT UND ÜBERMUT[48] zusätzlich ein, beim DVA verlegtes Buch mit dem Titel:

---

46 Dazu liefert das Forschungsinstitut der Wannseekonferenz folgende Zahlen und Informationen: 1940 lebten in Dänemark 8000 Juden, davon 1500 Flüchtlinge. 7900 Juden wurden versteckt und über den Öresund nach Schweden in Sicherheit gebracht.

47 Grüber, Heinrich: Erinnerungen aus sieben Jahrzehnten, Köln/Berlin 1968

48 a.a.O.

JOHN RABE. DER GUTE DEUTSCHE VON NANKING[49]. Darin berichtet Rabe: »Ich hatte keine andere Waffe (gegen das brutale Vorgehen der japanischen Soldateska gegen die wehrlosen chinesischen Zivilisten) als mein Parteiabzeichen und meine Armbinde mit dem Hakenkreuz.« Der Kommentar der NEW YORK TIMES lautete: »Ein Nazi in China, der sein Hakenkreuz benutzte, um Menschenleben zu retten. Unglaublich packend, mit enormen Reichtum an Details und Drama.«

Teilansicht der Wannseevilla. Im hinteren Raum wurde das Protokoll erstellt. Im vorderen Bereich wurde die »Endlösung der Judenfrage« erörtert und beschlossen

[49] Wickert, Erwin (Hrsg.): John Rabe. Der gute Deutsche von Nanking, Stuttgart 1997.

Was wussten die früheren Alliierten?

Was wussten unsere damaligen westlichen Kriegsgegner? John McCloy, damals Staatssekretär im amerikanischen Verteidigungsministerium, stützte sich, was Europa betraf, auf Allan Dulles, den Bruder des späteren Außenministers John Forster Dulles. Er saß mit seiner Spionagezentrale in Bern und hatte alle Mittel zur Verfügung. Selbst ihm fehlten gesicherte Informationen, was nicht verwunderlich ist, wenn man die eben erwähnten Aussagen von Lew Kopolew bedenkt.

Gesichert ist die Geschichte eines ehemaligen polnischen Diplomaten in Berlin und Offiziers in der polnischen Armee von 1939. Nachdem dieser Jan Karsk am 13. Juli 2000 gestorben war, widmete ihm THE ECONOMIST einen ganzseitigen Nachruf.

Da heißt es u.a.: »Es war ihm gelungen, aus dem besetzten Polen zu entkommen, mit dem Ziel, einflussreiche Persönlichkeiten des Westens über die Brutalitäten der SS und ihrer ukrainischen und baltischen Helfershelfer in Warschau zu informieren (nicht über den Massenmord/ Vergasungen in den KZs).«

Man wollte ihm nicht glauben und erinnerte sich der Propagandalügen der Briten im Ersten Weltkrieg. Da heißt es: Selbst Felix Frankfurter, der Richter am amerikanischen Supreme Court, ein Jude, sei noch 1943 sehr skeptisch gewesen. Er habe gesagt: »A man like me, talking to a man like you, must be totally frank: So I say: I'm unable to believe what you told me.«

Ich denke, die Aussagen und Erklärungen aller dieser bekannten, unangreifbaren Persönlichkeiten beantworten die Fragen meines Schwiegersohns von Dr. Michael Buhr, erschöpfend: »Wie war das? Was habt Ihr von den Grausamkeiten gewusst?«

Neben den Teilnehmern der Wannseekonferenz haben es auch die ausführenden Organe gewusst. Dies waren: das Zugpersonal der Reichsbahn, die jene Todestransporte ausführten und jene Schergen der Waffen-SS, die die mörderischen Befehle in den Vernichtungslagern widerspruchslos ausgeführt haben.

Der Kanzler, Frau Kohl und Juliane Weber

Zwei gute Geschichten, die man nicht im Geschichtsbuch findet.

Der Bundeskanzler und Frau Kohl hatten, nach einer Gemäldeausstellung im Bundeskanzleramt, einen ausgesuchten, kleinen Kreis in den Kanzlerbungalow eingeladen. Es gab mehrere Tischrunden; man hatte mich an den Kanzlertisch platziert. Helmut Kohl war eben erst von einem offiziellen Besuch aus Warschau zurückgekehrt, bei dem sich die Spitze der Katholischen Kirche hatte verleugnen lassen.

Mein Kommentar war, die Beziehungen blieben schwierig, aber man sei als Nachbarn auf einander angewiesen, und lieferte als Beweisstück die bezeichnende Geschichte, die ich eben von einem befreundeten Radiologen, Prof. Jürgen Rassow vom Essener Klinikum, gehört hatte. Nach seinem Vortrag in Warschau habe ihm ein polnischer Kollege anvertraut, er habe sich in seinem Vertrag mit der Universität ein dreimonatiges Sabbatical im Jahr ausbedungen, um in der Zeit als Landarbeiter in der Bundesrepublik zu arbeiten. Da verdiene er in einem Vierteljahr weit mehr als in einem Jahr als Professor in Polen.

Es war eine entspannte Atmosphäre am Tisch, bei der Juliane Weber im Stehen zuhörte. Ich fragte den Kanzler nach seinen Söhnen und, so nebenbei, bot ich Frau Weber meinen Platz an. Ich könnte nicht sitzen, wenn sie stände. Helmut Kohl: »Ich habe ihr schon einen Platz am Tisch angeboten. Versuchen Sie es gar nicht; wenn sie etwas nicht will, dann tut sie es auch nicht!« Da kam Juliane Weber um den Tisch herum und nahm den ihr angebotenen Platz ihres Zahnarztes.

Am gleichen Abend, so erzählte es mir Frau Kohl beim nächsten Termin, habe ihr Mann ihr erklärt, jetzt wisse er, weshalb sie alle zu mir nach Godesberg liefen, ich sei ja wirklich ein netter Mann. Sie habe ihm entrüstet geantwortet, sie gingen zu mir nicht, weil ich ein netter Mann sei, sondern der beste Zahnarzt weit und breit.

Die zweite Geschichte: Am Tage vor seinem 60. Geburtstag hatte der Kanzler ein akutes Zahnproblem und kam zum ersten Mal auch zu dem »netten Mann« in den für diesen Zweck erbauten Bungalow in der Behringstraße 2 in Bad Godesberg.

Am nächsten Tag gab es für den Jubilar in der Beethovenhalle den üblichen großen Bahnhof für alles, was in Bonn Rang und Namen hatte, wie drei Jahre vorher, beim 60. Geburtstag seines Freundes und Außenministers H. D. Genscher. Unter den mehr als 3000 Gästen in der Bonner Beethovenhalle war auch der junge amerikanische Botschafter Richard Burt - ohne seine hübsche Frau Gaal. Als der Kanzler erfuhr, dass der Botschafter im nächsten Monat zum ersten Mal Vater werden sollte, bot er ihm eine wirklich amüsante Story (in Deutsch): Als seine Frau mit seinem ersten Sohn niederkommen sollte, wollte er, der damalige Ministerpräsident von Rheinland-Pfalz, dabei sein. Aber da habe die Leitende Schwester der Entbindungsstation kein Pardon gegeben und ihn mit den Worten vor die Tür gesetzt: »Wir können Sie hier nicht gebrauchen. Wofür Sie gebraucht wurden, das haben Sie vor neun Monaten geleistet.« Meine miteingeladene Tochter Christiane konnte, wie das Bild zeigt, sich vor Lachen nicht halten. Der Botschafter, des Deutschen nicht mächtig, hatte eine schöne Geschichte verpasst.

Hannelore und Helmut Kohl in ihrem Haus in Oggersheim.

Zahnarzt i.R.

Als ich 1996, inzwischen 68-jährig, mit nur noch einem Drittel-Magen und mit einem durch eine By-Pass-OP geflickten Herzen zahnärztlich in den Ruhestand gegangen war, hatte ich mehr Zeit, mich auf mein zweites Standbein, die Politik, zu konzentrieren, so wie das Helmut Herles in einer Glosse zum 70. Geburtstag richtig beschrieben hatte.

Wenn ich heute die Stapel der politischen Korrespondenz durchsehe, frage ich mich, wie ich dabei verantwortlich Patienten versorgen konnte. Ich denke, es ist mir gelungen, aber mit dem gesundheitlichen Raubbau, vor dem die behandelnden Ärzte gewarnt hatten. Aber, wie Günter Diehl mir nach der By-Pass-Operation schrieb (die er auch hinter sich hatte): »Wir sind noch da!« (Brief 68)

Als ich dann, nach mündlichen Ankündigungen in der Praxis und persönlichen Briefen an alle Patienten, mitteilte, dass ich aufhören wollte, kamen, je nach Temperament und diplomatischen Usancen, unterschiedliche Reaktionen. Die Gattin von Oberkirchenrat H. K., der Tochter Gabriele und Michael Buhr in einer ökumenischen Zeremonie in der Stimpson »Memorial Chapel« in Plittersdorf getraut hatte, begann zu weinen. R. E., ein ehemaliger U-Boot- Kommandant, den ich so schätzte, wie er offenbar auch mich, erwiderte kurz und bündig: »Antrag abgelehnt!« Vor der Praxis, auf dem Weg ins gegenüber liegende Privathaus, ließ ich den Studiendirektor G.S. vom Amos Comenius Gymnasium von den Plänen wissen. Sein lautes NEEEEEIIIIIN war sicher weit entfernt zu vernehmen. Wir sind einander verbunden geblieben. M.H., der Chef eines wissenschaftlichen Institutes in Godesberg, brachte mir DEUTSCHE GEDICHTE[50], herausgegeben von Karl Carstens, die mir auch Kanzler Kohl zum 60. Geburtstag mit Widmung geschenkt hatte. M.H. schrieb als Widmung: »Meinem Samariter und Sanierer, vor allem aber dem prächtigen Arzt aus und mit Leidenschaft als kleines, sehr herzliches Dankeschön mit allen guten Wünschen für den dritten Lebensabschnitt.« Der britische Botschafter und Lady Br. schrieben so persönlich, wie ich das über Jahrzehnte von den Spitzen gewohnt war, zum Tod des Vaters, nach gelungener Operation und zu Ordensverleihungen »Very British«. Ich liebe dieses Volk. Text mit Hinweis verkürzt (Brief 69).

Der bewegendste Brief kam vom Ehepaar Erwin und Inge Wickert (Brief 70). Ich habe mehrfach auf Wickerts Buch MUT UND ÜBERMUT[51] Bezug genommen, es trägt die Widmung »Für Manfred Freise, den ich nicht nur wegen seiner Kunst, sondern auch wegen der Gespräche mit ihm gerne aufsuche. Mit Dank und herzlichen Grüßen, Erwin Wickert 1992«.

---

[50] Carstens, Karl (Hrsg): Deutsche Gedichte, München 1983.

[51] a.a.O.

Ein P.S.: Ich lasse Sie, meine geschätzte Leserschaft, ein bis heute gehütetes Geheimnis wissen. Ich habe neulich geträumt, ich wäre dabei, eine schöne Brücke von Meister Hartmut Scholz einzusetzen. Auch im »Real Life« wünsche ich mir zuweilen, noch einmal behandeln zu können. Aus dem Brotberuf war über die Jahre Passion geworden. Wie schön!

Fünf führende Köpfe aus »meiner« Koalition von September 1969.
Drei davon waren meine Patienten: Gustav W. Heinemann, Hans-Dietrich Genscher und Georg Leber

Farhan Shubeilat und der Nahostkonflikt

40 Jahre Engagement für Frieden im Nahen Osten

Der Textteil der Biographie kann nicht enden, ohne Bezug zu nehmen auf den Nahostkonflikt, der seit Jahrzehnten einen so wichtigen Teil meines Lebens eingenommen hat.

Es begann 1967, also vor vierzig Jahren, mit einer Einladung nach Jordanien durch den indischen Charge d'Affairs, der auch zuständig war für die von Israel besetzten Gebiete im Westjordanland. Ashok Gokhale war in Bonn auf Posten gewesen. Was als Besuch bei engen Freunden und als Touristenreise angelegt war, wurde für den Politologen ein aufwühlendes Erlebnis. Ja, da gab es den Besuch in der 2000 Jahre alten Stadt Petra, der ganz im rötlichen Sandstein gehauenen Felsenstadt, eine Blüte des Nabatäerreichs, die Kamelritte in die Wadi Rum Wüste und den Badeurlaub am Golf von Akaba. An der gleichen Meerenge, durch Meer und Sand und auf Sichtweite, auf der anderen Seite, friedlich verbunden mit dem israelischen Urlaubszentrum Eilat und in der nahen Ferne mit den Felsengebirgen von Saudi Arabien, friedlich, wie es überall sein könnte.

Aber dann erlebten wir die zahlreichen Flüchtlingslager für die vertriebenenen Palästinenser, die Opfer, wie ich sie nannte, unserer Opfer; ein Begriff, den Bundespräsident Heinemann übernahm. Wie ich erfuhr, machen sie die Hälfte der jordanischen Bevölkerung aus. Zudem sagte man mir, sie wollten keine festen Unterkünfte, weil sie zurück wollten in ihre alte Heimat, wo, wie es heißt, »Milch und Honig fließen«.

Nachdem ich mit Ashok, dem in Oxford studierten indischen Staatsrechtler, die wichtigsten Aspekte des Konflikts durchdekliniert hatte, verwies er mich, wie er sagte, auf die beste Quelle in Bonn. Das sei der jordanische Botschafter Shubeilat, ein Mann mit hohem Ansehen, auch weil er eine undiplomatisch offene Position von Common sense einnähme. Der gemeinsame andere enge Freund in Bonn war Tasos Panayides, Botschafter von Präsident Makarios, später von der britischen Königin geadelt zum Sir Tasos, nannte Farhan »the philosopher«. Wie ich von Ashok Gokhale erfuhr, rührte seine Position auch von den Genen seiner Vorfahren, den Beduinen. Aufgrund der geschichtlichen Gegebenheiten kannte er nicht einmal sein genaues Geburtsdatum. Er war Lehrer – auch des durch familiäre Krankheiten praktisch vaterlosen Königs Hussein, Bürgermeister von Amman, Verteidigungsminister, Botschafter in Bonn, »Ambassador of the Hashemite Kingdom of Jordan« in Washington D.C., und wieder in Bonn, weil er nach dem Sechstagekrieg undiplomatisch offen für Frieden, Anerkennung und Versöhnung mit Israel auf Basis der Vorkriegsgrenzen eingetreten war. In Washington freundete er sich eng mit dem amerikanischen Juden Yehudi Menuhin, dem begnadeten Geiger, Dirigenten und Empfänger des Friedenspreises des Deutschen Buchhandels, an. Als Weltbürger war Menuhin ein scharfer Kritiker der israelischen Expansionspolitik und trat, ähnlich wie Sadat, in einer mutigen Rede vor der Knesset auf. Die Arabische Liga habe auf eine sofortige Abberufung von Shubeilat bestanden. Deshalb sei er jetzt wieder in Bonn. Ein Juwel. Er sei, so Ashok, ein Mann meines Kalibers. So war es.

Farhan war selbst, wie seine Frau Farida und vier seiner Kinder, Absolvent der amerikanischen Universität in Beirut. Reith, der plastische Chirurg und spätere Generalarzt in der jordanischen Armee, war, wie der Physiker, in England ausgebildet. Talal hatte einen Abschluss vom Georgetown University in Washington D.C. Als der Vater pensioniert war und im Schloss Beylical in Karthago lebte, war Talal Chef der Arabischen Liga in Bonn. Auch er hatte den unabhängigen Geist des Vaters. Sein mir übergebenes Essay »Pax Americana für den Nahen Osten« hatte es in sich; ein Papier von Common Sense, das ich, mit seinem Wissen - ohne die Quelle zu nennen - dem israelischen Botschafter Primor übergab, der davon sehr angetan war. Der Vater hatte mich sofort in seinen Bann gezogen. Ich hörte und hörte und las die wichtigsten Papiere und Dokumente, besuchte die wichtigsten arabischen Länder, Israel und Palästina.

Das wichtigste Papier erschien mir der Beitrag von Professor Arnold J. Toynbee (Briefe 71, 72), des britischen Kulturphilosophen und Historikers, über die Friedensausichten im Nahen Osten, veröffentlicht 1964 in der amerikanischen Zeitschrift MID EAST. Ich nahm Kontakt zu dem Gelehrten auf und übergab das Original an Rudolf Augstein. Er ließ eine vorzügliche Übersetzung erstellen und nahm einen Nebensatz für die provokante Überschrift »Man hätte den Juden das Rheinland geben sollen«. Es war nicht schwierig, den designierten Bundespräsidenten dazu zu bewegen, den neu gewonnenen arabischen Freund auf der Rosenburg zu empfangen. Eine nette Episode: Als der »President-Elect« darauf bestand, ihn bis zum Ausgang zu begleiten, habe Heinemann ihm gesagt: »Ich bin von lauter Lebenslänglichen (Beamten) umgeben. Ich muss verhüten, dass ich hier eventuell noch einen zusätzlichen bekomme!« Gustav Heinemann war von Farhan Shubeilat, dem so untypischen Botschafter, so angetan, dass er sofort eine Einladung von König Hussein, Jordanien zu besuchen, annahm. BK Kiesinger bat, das zurückzustellen (Brief 73).

Manus manum lavat. Ich bat Farhan um Vermittlung eines kurzfristigen Gesprächstermins bei der sowjetischen Botschaft. Mission accomplished, so Farhan. Falin schätze ihn auch sehr.

Obwohl ich mich, der gebetenen Kürze wegen, auf die wichtigsten Dokumente und Briefe beschränken möchte, scheinen die folgenden Darstellungen noch von Belang.

Dr. Rosenzweig, der mehrfach erwähnte Freund und Brückenbauer, war zu einem offiziellen Besuch in Bonn. Sein kurzfristig avisierter privater Besuch fiel mit einer Einladung in die Residenz des jordanischen Botschafters zusammen. Ich bat um Verständnis, beide Termine miteinander verbinden zu wollen, zumal ich annahm, das möchte auf beiden Seiten von Interesse sein.

Sadat. »Lived for peace and martyred for principles«.

Als der amerikanische Wissenschaftler und Jude scheinbar spaßhaft die Frage stellte, mit wem die arabischen Staaten denn im Konflikt leben würden, wenn es Israel nicht gäbe, war das ein schlechter Scherz. Farhan war not amused. Die Antwort gab seine sehr attraktive, sehr intelligente Schwiegertochter, die Frau des Chirurgen. »Warum wurden meine Familie und ich, offenbar mit amerikanischer Unterstützung und mit amerikanischen Waffen, und mit uns 900 000 Palästinenser von den Israelis aus unserer Heimat vertrieben, nur weil die Deutschen 6 Millionen Juden umgebracht haben?« Bob war sichtlich betreten: »I'm sorry!« (Briefe 75, 76).

Nach mehrstündigen Diskussionen auf hohem intellektuellen Niveau gab er zu, dass Macht nicht (mit internationalem) Recht gleichzusetzen sei. Noch am Abend wurde auf der Terrasse des Schaumburger Hofs mit den sechs Shubeilat Kindern, der Schwiegertochter und den beiden Freisen bei gutem Wein Freundschaft geschlossen. Die manifestierte sich dann auch dadurch, dass der amerikanische Freund jüdische Witze erzählte.

Vierzig Jahre sind vergangen, viele Wege wurden beschritten. Wie Präsident Clinton schrieb: »Die Hingabe an das Ziel, der Region Frieden zu bringen, bleibt.«

Mit Ute und Mohamed Kaamel, dem Botschafter und späteren Außenminister Ägyptens, in der Godesberger Stadthalle.

Der Briefwechsel mit Dr. Toynbee ist inzwischen ein Arbeitspapier geworden (Brief 71). Präsident Clinton hatte sich, wie im FOCUS 44/ 1994 dokumentiert, mit dem syrischen Staatschef Hafis el Assad, dem »Löwen« in Damaskus, auf alle Punkte des Toynbee- Briefes geeinigt. Assad hatte, nach meinen relevanten Fernsehinterviews beim Sender Al-Jezira, die an einem Tag zu jeder vollen Stunde ausgestrahlt wurden (obwohl, wie ich erfuhr, die Amerikaner auf Streichung gewisser Passagen gedrängt hatten), und nach einem großen, ganzseitigen Beitrag in der saudiarabischen Zeitung AL ACHAM, mit Sitz in London, mit der Überschrift »Aus der Sicht eines Europäers« über seine Botschaft in Bonn anfragen lassen, ob ich bei der geschilderten Grundhaltung bereit wäre, eine Rede an sein Volk zu konzipieren. Ich berichtete Helmut Schmidt darüber. Aber Jerusalem verweigerte sich und die israelische Lobby in den USA hatte der eigenen Regierung wieder die Rote Karte gezeigt.

Bei allen Rückschlägen denke ich bis heute an die Aussagen des Psychiaters in Yale, über dessen Prognose ich im GENERAL-ANZEIGER (Dok. 12) berichtet hatte. Wie George Ball (Brief 80) waren J.W. Fulbright und Mr. McCloy über die kurzsichtige, die amerikanische Innen- und Außenpolitik beherrschende Rolle Begins entsetzt.

Bedrückt verließen zehn führende amerikanische Juden Jerusalem, als, wie in meinem Papier beschrieben, Begin nach Camp David das Abkommen damit torpedierte, dass er noch in Amerika verkündete, jetzt werde das Westjordanland weiter besiedelt. Dr. Rosenzweig war einer aus der Zehnerdelegation. Ihr Urteil sei gewesen: Da hätten sie mit Begin jemanden kennengelernt mit dem Verstand »of a small town Polish lawyer«. Seine »Legitimation« stammte aus seiner Zeit als Chefterrorist der IRGUN. Er war für den Anschlag auf das »King David Hotel« in Jerusalem verantwortlich.

Zu meinem Ende 2006 vorgestellten Papier »Im Nahostfriedensprozess – die Stunde der Europäer. Die Ursachen des Terrors am Fall von Bin Laden« (Dok. 19) ist folgendes nachzutragen. Bevor der mir eng befreundete Mohamed Kaamel, der vorher an der Seite Anwar al Sadat als ägyptischer Botschafter in Bonn gewesen war, zum Camp-David Treffen als Außenminister nach Washington flog, hatte ich ein dreistündiges Vier-Augen-Gespräch mit ihm. Meine These lautete: »Ihr könnt mit Israel kein Separatfrieden schließen. Bei nur einem Rückzug Israels von den besetzten ägyptischen Territorien zerbricht die Einheit der arabischen Welt, mit allen auch persönlichen Konsequenzen für Präsidenten Sadat: Das kannst Du nicht mittragen.« »All or nothing at all«, war meine Lösung. Der Freund war von der Richtigkeit meiner Thesen überzeugt. Als Sadat Carter mehr vertraute als den Thesen seines Außenministers, trat der noch in Camp David zurück.

Weiter gilt nachzutragen, dass die Zustimmung zum o. a. Papier einhellig war; Bedenken hatte der Staatssekretär a.D. Dr. Lautenschlager. Ich schrieb ihm am 28. Oktober 2006:

Lieber Herr Lautenschlager,
hier ist das besprochene Papier, das zurzeit die Runde macht. Sie
hielten die Situation für eines der nicht lösbaren Probleme.[52]
Wir waren über die Jahre meistens der gleichen Meinung. Drei Jahre
als unser Botschafter bei der UNO haben Ihre Sicht geprägt. Ich sehe

[52] Die erbetene Korrektur lautete: »Nicht zu unseren Lebzeiten!«

das anders, wie auch Herr von Hase, der sich in Israel bemüht.
Die Amerikaner sind »a nation of quitters«, sind sprunghaft. Wenn Sie realisieren, dass sie mit der Einseitigkeit zu Gunsten Israels ihre Weltgeltung und die Sicherheit im eigenen Lande aufs Spiel setzen, dann besteht die Gefahr eines radikalen Wechsels der Positionen, hin bis zum neuen Antisemitismus.
Eben sprach ich mit Freund Genscher, der das Papier als sehr verdienstvoll bezeichnete. Wenn man Konflikte lösen wollte, dann sei auch dieses Problem lösbar. Jahrzehntelang hätte man auch das deutsche Problem für unlösbar gehalten. Voilá. Ich habe versucht ihn zu bewegen, bei James Baker Einfluss zu nehmen.
Ernst Cramer fragte, ob ich nicht zu einseitig sei, und Begin läge doch so lange zurück. Meine Antwort gab ich ihm in einem Brief an Botschafter Stein Leshem. Es gilt, Ursache und Wirkung zu beachten: Meine Intervention bei Henry Kissinger wird als Antwort nicht mit den üblichen warm regards enden.
Mit herzlichen Grüßen
Ihr Manfred Freise

Aus dem Essay über die Stunde der Europäer im Nahostfriedensprozess (Dok. 19) wurden Interviews bei der DEUTSCHEN WELLE in Deutsch, Englisch und Farsi. Der Asien/Iran- Redakteur Dr. A. Koushk Jalali hatte die Thematik auf den Iran/Israel Konflikt ausgedehnt.

Meine sehr kritische Betrachtung der unsinnigen Position der Teheraner Führung und meine Sicht der Gesamtsituation haben ihn, wie er mir am nächsten Tag berichtete, kaum zur Ruhe kommen lassen. Wie ich von meinen iranischen Freunden hörte, war die Reaktion der iranischen Jugend beachtlich und hoffnungsvoll. Bei den Auslandsiranern hatte ich uneingeschränkte und begeisterte Zustimmung bekommen.

Der Einladung der christlich-jüdischen Gesellschaft, die »BERLINER ERKLÄRUNG« zu unterstützen, folgte ich selbstverständlich. Deutschland ist damit auf dem richtigen Weg. Von den zwei Seiten mit schriftlicher Unterstützung habe ich, aus Platzgründen, hier nur eine wiedergegeben (Dok. 20 und Brief 77).

Es gibt keine Alternative zur Versöhnung. Mit engen Freunden auf beiden Seiten, mit Simon Peres inzwischen als Staatspräsidenten an der Spitze und Zipi Livni hoffentlich bald als neue Minister-Präsidentin, ist die Situation besser als irgendwann seit Gründung des Staates Israel. Um es mit Bill Clintons Worten zu sagen: „Der Frieden wird eines Tages kommen, und zwar auf eine Weise, die alle Bemühungen, die ihm vorausgingen, widerspiegeln wird« (Siehe Brief von Clinton am Ende des Textteils).

Ich setze auch auf Henry Kissinger. SALAM, SHALOM. (Brief 78)

Die Zusammenarbeit über die bestehenden Hindernisse hinweg, das bleibt auch die Devise für uns Christen in Deutschland und die Christenheit weltweit (Brief 79).

Mit der Entscheidung für eine »Mischehe« und der Unterstützung durch meine sehr verehrte, wie erwähnt hugenottenstämmige Schwiegermutter, hatten Ute und ich gezeigt, dass uns das Christsein verbindet. Ich bin dankbar, dass wir es »gewagt« haben, obwohl die Umsetzung auch bis heute nicht immer leicht ist (Brief 19).

Die Schwierigkeiten bei der Einschulung der Kinder in die bis dahin in Bonn geltenden Konfessions-Grundschulen konnte ich, mit Hilfe einsichtiger, zum Teil ebenso betroffener Eltern, durch ein Mehrheitsvotum für die erste, neu errichtete Gemeinschaftsgrundschule im Bad Godesberger Ortsteil Heiderhof überwinden. Der Bericht im GENERAL-ANZEIGER vom 25. September 2007 mit der Überschrift »Am Anfang stand der Kulturkampf« ist ohne mein Dazutun zustande gekommen.

Im Gegensatz zu meinem Vater bin ich theologisch nur mangelhaft informiert. Nach der m. E. 1517 notwendigen Reformation sollten wir uns bewusst sein: Gemeinsam bleibt uns das Streben nach Gerechtigkeit, Frieden und der Bewahrung der Schöpfung; wie auch das Bekenntnis aus Rom: »Wir haben uns die Hände gegeben und lassen sie nicht wieder los.« Auch wenn es Rückschritte gibt, sollten wir nicht aufgeben, auch in dem Verlangen nach einem gemeinsamen Abendmahl. Das dazu heute noch mehrheitliche Kopfschütteln erinnert mich an den Vorwurf der »Lebenslüge« zu der staatlichen Wiedervereinigung.

Der gemeinsame Wille wird auch hier den Weg weisen.

In einer Zeit, in der besonders in Deutschland Minarette wie Pilze aus dem Boden schießen, sollten wir uns der Gemeinsamkeiten nicht nur im Vaterunser bewusst sein. Nur eine wiedergefundene überkonfessionelle Einheit gibt uns die Stärke, weiter zu bestehen.

In Deutschland ist die Ökumene auf dem richtigen Weg und kann weltweit Vorbildfunktion einnehmen.

Der RHEINISCHE MERKUR, der Katholischen Bischofskonferenz traditionell nahestehend, kam in Nr. 38 in der zweiten Hälfte von September 2007 mit einer historischen Nachricht heraus. Da heißt es:

»Zum ersten Mal seit Martin Luther fand im Innenhof der Wartburg zu den Feiern des 800. Geburtstages der heiligen Elisabeth ein katholischer Pontifikalgottesdienst statt; Kardinal Sterzinsky aus Berlin predigt, und der evangelische Superintendent betont die ausgestreckte Hand der Protestanten.« Der Kommentar des Chefredakteurs des RHEINISCHEN MERKUR Michael Rutz, vor vielen Jahren der Nachfolger auf dem Stuhl meines Freundes Thomas Kielinger, lautete: »Luther wäre einverstanden gewesen.«

Wir sind aufgerufen, die bestehenden Unzulänglichkeiten zu überwinden und uns des christlichen Erlösergedankens bewusst zu sein. Lebenskunst ist, einen neuen Anfang machen. Um mit Gustav Heinemann zu enden: »Es gibt noch viel zu tun.«

Soest, Evangelische Kirche St. Maria zur Wiese. Die Taufkirche des Autors.

Positionen Dr. Kissinger und Präsident Clinton

HENRY A. KISSINGER

April 30, 2007

Dear Dr. Freise:

Many thanks for your recent letters and articles, which I appreciated your sharing with me, and especially for the Roman coin from your collection, which you were thoughtful to send.

It was good to see you last month in Berlin, and I look forward to our staying in touch.

Best regards,

Henry A. Kissinger

Dr. Manfred Freise
[illegible]

[illegible]

(Siehe hierzu auch Brief 91)

WILLIAM JEFFERSON CLINTON

June 27, 2007

Dr. Manfred Freise
[redacted]

Dear Manfred:

Thank you very much for your letter. I appreciate your insight on the Middle East, and I commend you on your ongoing commitment to making the area more peaceful. Resolving the conflicts in this region remains a deeply important issue to me.

Some day, peace will come in a form that will reflect the labors that preceded it. I know I speak for all who value peace in thanking you for being a part of this legacy.

As I continue to do what I can to help strengthen and improve our world, I am grateful for the support of people like you. Best wishes for continued success in your important work.

Sincerely,

Bill Clinton

Lieber Manfred,

haben Sie vielen Dank für Ihren Brief. Ich weiß Ihre Einsichten den Nahen Osten betreffend sehr zu schätzen und kann Ihre Hingabe an das Ziel, der Region mehr Frieden zu bringen, nur Beifall zollen. Den Konflikt in dieser Region zu lösen ist mir selber ein tiefes Anliegen.

Aber der Frieden wird eines Tages kommen, und zwar auf eine Weise, die alle Bemühungen, die ihm vorausgingen, widerspiegeln wird. Ich weiß, dass ich für alle, die den Frieden lieben, spreche, wenn ich Ihnen dafür danke, dass Sie Teil dieses Vermächtnisses sind.

In meinen Versuchen, so viel ich kann beizutragen, dass unsere Welt sich festigt und vorankommt, denke ich dankbar an die Unterstützung von Menschen wie Sie. Meine besten Wünsche begleiten Sie für einen fortgesetzten Erfolg Ihrer so wichtigen Arbeit.

Beste Grüße

Bill Clinton

SEAL OF THE PRESIDENT OF THE UNITED STATES

To Manfred Freise
With best wishes from
another Yalie –
Hillary Rodham Clinton

Papst Benedikt XVI.

Im Namen des Vaters

und des Sohnes

und des Heiligen Geistes

Benedikt XVI

Papst

Dr. Manfred Freise

[redacted]

Verehrter, lieber Heiliger Vater,

in einem meiner letzten Briefe erbat ich :Keine Antwort.

Die Antwort war Ihr Bild mit dem handschriftlichen Segen. Farbko=pien davon stehen,bzw.hängen, in=zwischen in vielen christlichen Häusern.

Die Antwort auf das provokative Schreiben der Glaubenskongreta=tion und auf das Vorgehen der die Juden wieder aussondernden Prie=sterbruderschaft kann m.E. nur sein: Ihr Segen für das gemeinsame Abend=mahl aller Christen.

In herzlicher Verbundenheit bin ich - und mit Grüßen aus Bonn -

Ihr

Se.Heiligkeit
Papst Benedikt der XVI.
Palasto Apostolico Vaticano
V-00120 Citta del Vaticano

Anhang

Briefe

DR. MANFRED FREISE

53 BN-BAD GODESBERG, den 11. 7. 1971

Mr. James S. Sutterlin

Country Director
German Desk, r. 4228
Department of State
Washington, D.C. 20520

Sehr geehrter Mr. Sutterlin!

Minister Cash wird Sie wahrscheinlich über unser Gespräch am Freitag informiert haben.

Echte Sorge habe ich ob unserer gemeinsamen westlichen Position - nach einer zu erwartenden Berlinregelung.
Eine Anzahl meiner politischen Freunde aus der FDP empfindet das in Berlin bisher Erreichte als Status quo minus, als keineswegs in Übereinstimmung mit dem Konzept des Moskauer Vertrages und speziell seinem Artikel 1, Absatz 2.
Sollten sich in den nächsten Wochen und Monaten nicht noch entscheidende Fortschritte ergeben, sehe ich die Situation voraus, dass die "4 Berlin-alliierten" eine für sie befriedigende (d.h. für sie z.Zt. optimale Lösung) Berlinregelung finden, die aber im Bundestag keine Mehrheit für die Ratifizierung des Moskauer Vertrages bringen wird. Das habe ich Botschafter Rush schon vor sechs Wochen gesagt, und als ich es Botschafter Jackling neulich andeutete, schien er entsetzt, weil diese Konsequenz wiederum die eben ausgehandelte Berlinlösung gefährden würde.

Ich sagte Popow am Donnerstag, ich sei fest davon überzeugt, dass man für den Moskauer Vertrag keine Mehrheit finden würde - und dann ganz von neuem zu verhandeln anfangen müsse, - falls die S.U. nicht
1.) die aussenpolitische Vertretung West-Berlins in den Ostblockstaaten und der UN (ohne juristische und optische Beschränkungen) durch Bonn zugestehe,

2.) für das gewünschte sowjetische Konsulat in West-Berlin Bonn das Erteilungsrecht auf das Exequatur zugestehe.

Der Mann Popow verstand nach einer Abhandlung in "Realpolitik" diese Sprache sehr wohl, gab aber zu bedenken, dass die S.U. in ihren Ver-

Brief 1 (Die zweite Seite ist aus Platzgründen nicht abgedruckt)

ADOLF HITLER

Hauptquartier, 25/Juni
BERLIN, DEN
1940

Berlin muß in kürzester Zeit durch seine bauliche Neugestaltung den ihm durch die Größe unseres Sieges zukommenden Ausdruck als Hauptstadt eines starken neuen Reiches erhalten.

In der Verwirklichung dieser nunmehr w i c h t i g s t e n B a u a u f g a b e d e s R e i c h e s sehe ich den bedeutendsten Beitrag zur endgültigen Sicherstellung unseres Sieges.

Ihre Vollendung erwarte ich bis zum Jahre 1950.

Das Gleiche gilt auch für die Neugestaltung der Städte München, Linz, Hamburg und die Parteitagbauten in Nürnberg.

Alle Dienststellen des Reiches, der Länder und der Städte sowie der Partei haben dem Generalbauinspektor für die Reichshauptstadt bei der Durchführung seiner Aufgaben jede geforderte Unterstützung zu gewähren.

Brief 2

HENRY A. KISSINGER

Dear Dr. Freise:

I much appreciated your recent letter and kind words on my article and read with interest the material you enclosed. You were thoughtful to ask Mr. von Herwarth to inscribe a copy of <u>Zwischen Hitler und Stalin</u> for me. I received it and am reading it with great fascination.

It would be good to see you while you're in New York later this month. If you have some time on Friday, February 16th, perhaps we can get together then, as I have to go out of town later that afternoon until the following Wednesday. My assistant in New York, Mrs. Maré, is reachable at [redacted] and will look forward to hearing from you once you know your schedule.

Best regards,

Henry A. Kissinger

Dr. Manfred Freise
[redacted]

[redacted]

Brief 3 (Die angesprochene Widmung stammte vom 16. Januar 1990.)

BUNDESREPUBLIK DEUTSCHLAND
DER BUNDESKANZLER

Der Persönliche Referent

BK-Z - 2705/50

BONN 9. Mai 1950
W/A

Herrn
Manfred F r e i s e
G a d d e r b a u m

Sehr geehrter Herr Freise !

Ihr Schreiben vom 2. Mai 1950 hat dem Herrn Bundeskanzler vorgelegen, der Ihnen für Ihr Bemühen, ihn über die Beurteilung seiner Politik in England zu unterrichten, seinen Dank aussprechen lässt.

Es ist dem Herrn Bundeskanzler bekannt, dass psychologisch doch grosse Hemmungen zu überwinden sind, ehe die westlichen Alliierten von der Friedensliebe des Deutschen Volkes überzeugt sind. Herr Bundeskanzler weist immer wieder darauf hin, dass unter den europäischen Völkern das Deutsche am europäischsten denkt. Diese Tatsache wird sich trotz allem Misstrauens mit der Zeit durchsetzen.

Mit freundlichem Gruss !
Ihr

(Wirmer)

Brief 4

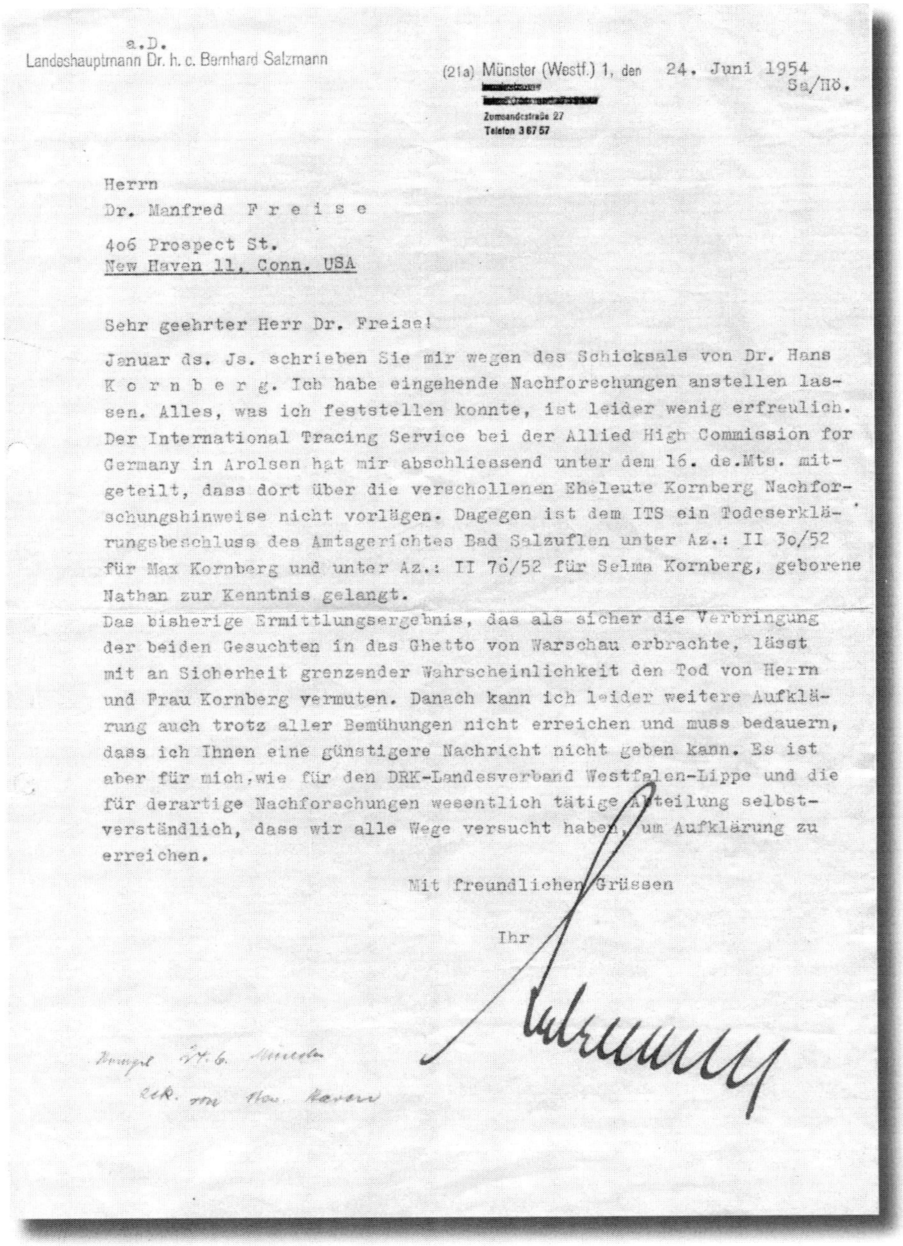

a.D.
Landeshauptmann Dr. h. c. Bernhard Salzmann

(21a) Münster (Westf.) 1, den 24. Juni 1954
[redacted]
Zumsandestraße 27
Telefon 3 67 57

Sa/Hö.

Herrn
Dr. Manfred F r e i s e

406 Prospect St.
New Haven 11, Conn. USA

Sehr geehrter Herr Dr. Freise!

Januar ds. Js. schrieben Sie mir wegen des Schicksals von Dr. Hans K o r n b e r g. Ich habe eingehende Nachforschungen anstellen lassen. Alles, was ich feststellen konnte, ist leider wenig erfreulich. Der International Tracing Service bei der Allied High Commission for Germany in Arolsen hat mir abschliessend unter dem 16. ds.Mts. mitgeteilt, dass dort über die verschollenen Eheleute Kornberg Nachforschungshinweise nicht vorlägen. Dagegen ist dem ITS ein Todeserklärungsbeschluss des Amtsgerichtes Bad Salzuflen unter Az.: II 30/52 für Max Kornberg und unter Az.: II 76/52 für Selma Kornberg, geborene Nathan zur Kenntnis gelangt.

Das bisherige Ermittlungsergebnis, das als sicher die Verbringung der beiden Gesuchten in das Ghetto von Warschau erbrachte, lässt mit an Sicherheit grenzender Wahrscheinlichkeit den Tod von Herrn und Frau Kornberg vermuten. Danach kann ich leider weitere Aufklärung auch trotz aller Bemühungen nicht erreichen und muss bedauern, dass ich Ihnen eine günstigere Nachricht nicht geben kann. Es ist aber für mich, wie für den DRK-Landesverband Westfalen-Lippe und die für derartige Nachforschungen wesentlich tätige Abteilung selbstverständlich, dass wir alle Wege versucht haben, um Aufklärung zu erreichen.

Mit freundlichen Grüssen

Ihr

Brief 5

Dr. Manfred Freise

Mr. John J. McCloy
[redacted]

5300 Bonn 2
[redacted]

2.March,1987

Dear Mr. McCloy.

after having returned to Bonn, I should like thank you for giving my son Christopher and myself the chance of meeting you in your lovely home.Thank you for giving us so much of your time and for sharing with us your thoughts about historical events and the exchange of ideas of present day internatio= nal relations.

I am most grateful to my friend and patient Mr.Joe P o l i c a s t r o to make this meeting possible.

The study of THE WISE MEN has shown to us - beyond what we knew already - the immense positive influence which you have exercised, from an early stage on ,in reconstructing Germany. Your policy of giving the Ger= mans back their sense of selfrespect has certainly been fruitful. As you expressed it :"A d e n a u e r was just what the doctor ordered for Germany ". Kanzler K o h l is following just that path and is also stres= sing - like you - that the 12 years of Adolf Hitler are just a passing short interval of a history we can be proud of. I did let him know - as well as Herr G e n s c h e r - about our visit to you and what you said.

March 21 st will mark Herr G e n s c h e r 's 60th birthday, another "spring chicken" compared to you. Do you think - if and when Mr. P o l i c a s t r o would be good enough to purchase another edition of the WISE MEN - that you might be able to sign it?

Kind regards and best wishes
sincerely yours,

Brief 6

HENRY A. KISSINGER

May 3, 1990

Dear Dr. Freise:

In principle I would come for the ceremony honoring John McCloy if I could, but what date do they have in mind? The question may be academic, since, unfortunately, I am not planning to be in Germany this month, but can you get me any more information?

Warm regards,

Henry A. Kissinger

Dr. Manfred Freise
[redacted]

Brief 7

JOHN J. McCLOY

[redacted]

March 17, 1987

Dear Dr. Freise:

Thank you for your courteous note of March 2nd. I, too, enjoyed my visit with you very much. I would be very glad to autograph any book that Mr. Policastro brings around to me.

While I take a great deal of satisfaction in the efforts to improve and maintain the vigor and self-respect of the Federal Republic of Germany following the period of Hitler, I do not feel that it is appropriate for me to seek any acknowledgement for whatever contributions I may have made. I look forward to the fact that history, itself, may record them.

All the best.

Sincerely,

Dr. Manfred Freise
[redacted]
5300 Bonn 2
Federal Republic of Germany

Brief 8

[redacted]

Dr. Wuermeling
Bundesminister a. D.
~~Mitglied des Deutschen Bundestages~~

53 ~~Bonn~~ 26. Jan. 1973
~~Fernruf 2 06 29 84~~
~~Die Wahl dieser Rufnummer vermittelt den gewünschten Hausanschluß.~~
~~Kommt ein Anschluß nicht zustande, bitte Nr. 2061 (Bundeshaus-Vermittlung) anrufen.~~
532 Bad Godesberg
Robert-Koch-Straße 61
Fernruf 6 53 37

Herrn
Dr. Manfred Freise
[redacted]

Sehr geehrter Herr Dr. Freise !

Es tut mir leid, Sie ~~mit~~ um eine~~r~~ Ergänzung Ihrer Liquidation vom 30.11.72 bitten zu müssen, weil meine Behörde noch mehr wissen will. Man wünscht eine Ergänzung dahin,"daß die Kosten für die Nummern 23a und 100c getrennt von den übrigen ~~Kxxxxx~~ Leistungen ersichtlich sind". Ich denke, das dies keine besondere Schwierigkeit für Sie ist.

Ich darf die Rechnung nebst Durchschlag für den gedachten Zweck beifügen.

Gern benutze ich diese Gelegenheit, Ihnen sehr herzlich dafür zu danken, daß Sie im November die Behandlung meiner Frau in so konzentrierter Zeit durchzuführen bereit waren. Es war dies eine

b.w. !

Brief 9 (Seite 1 von 2)

grosse Erleichterung für meine Frau, für die wir Ihnen ebenso dankbar sind wie für die wiederum hervorragende fachliche Leistung.

Schade, daß wir uns nicht gelegentlich wieder unterhalten können. Der Themen wären wahrlich genug. Gebe Gott, daß unser Land und Volk nicht in den Abgrund geritten wird !

Mit besten Grüssen -meine Frau ist z. Zt. in Kur in Bad Salzuflen-

bin ich

Ihr

Brief 9 (Seite 2 von 2)

DR. ERWIN WICKERT

[redacted]

22. Mai 1986

Herrn
Dr. Manfred Freise
[redacted]

Lieber Herr Freise,

mein Sohn Wolfram sandte mir eine Fotokopie Ihres Briefes an Herrn Bangemann. Ich danke Ihnen dafür. Ich stimme Ihren sehr scharfen und richtigen Worten zu. Ich bin ganz Ihrer Ansicht und habe mich ebenso wie Sie über die unüberlegte Äußerung Herrn Bangemanns an dem Tage nach dem Angriff auf Tripolis sehr geärgert.* Ebenso entsetzt war ich über Herrn Möllemanns Ansichten, die er glaubte, dem staunenden deutschen Publikum unmittelbar nach dem Angriff auf Tripolis über den Deutschlandfunk zumuten zu dürfen. Am Tage darauf fand ein Empfang bei der "WELT" statt. Ich habe ihn da gesucht, um ihn beleidigen zu dürfen, fand ihn aber bedauerlicherweise nicht mehr.

In diesem Jahr findet das 50.Jahrestreffen meiner College-Klasse in den USA statt. Ursprünglich hatte ich nicht hinfahren wollen. Aber da ich sehe, wie die Amerikaner bei uns behandelt werden, habe ich mich entschlossen, das nun doch zu tun.

Haben Sie, lieber Herr Freise, besten Dank für Ihren Brief, der mir aus der Seele gesprochen ist.

Mit herzlichen Grüßen

Ihr
Erwin Wickert

* genau so töricht war kürzlich seine Bemerkung, wir sollten von Moskau Schadenersatz für Tschernobyl fordern. Meint er, wir kriegen auch nur einen Rubel? Nichts als Ärger kriegten wir

Brief 10

Dr. Manfred Freise

[redacted]

Herrn
Dr.Martin BANGEMANN
Bundesminister für Wirtschaft
und Vorsitzender der Freien Demokr.Partei
Postfach 14o26o

53 BONN 1

18.o4.86

Sehr geehrter Herr B a n g em a n n ,

am 1.Tage des Falklandkonfliktes war H.D. G e n s c h e r bei mir und beschrieb seine Haltung mit der abgeänderten englischen Sentenz : "RIGHT OR WRONG MY COMMUNITY."

Am 15.4. hielten Sie es anders,nicht right or wrong my Atlantic alliance ... nein,Sie haben die amerikanische Libyen Aktion,ohne jeden Versuch von Verständnis für unsere Bundesgenossen und unsere Berliner Schutzmacht,verurteilt UND haben dieses Urteil bisher nicht korrigiert.Damit haben Sie der Allianz und der Koalition geschadet. Wenn Sie sich mit diesem Urteil auch in Übereinstimmung mit 7o % der sog.Volksmeinung,mit den kleinmütigen und undankbaren Bundesbürgern befinden,so ist das nicht die Meinung Ihrer Klientel ,so trifft das nicht für Ihre Wähler zu,soweit ich das aufgrund einer privaten Umfrage feststellen konnte.Wir haben erwartet,daß Sie nachdem Sie ausgeschlafen und die Situation bei Tageslicht analysiert hatten,zu einem anderen Ergebnis gekommen wären und dieses vor Ihrer Fraktion und im Parlament,für Ihre Wähler nüchtern und auf Tatsachen gegründet,dargelegt hätten und um Verständnis für unsere amerikanischen Freunde geworben hätten.

Wenn man sich nicht selber etwas vormacht,sind die Tatsachen doch so einfach: Es handelt sich im Gegensatz zur RAF,zur IRA und den paläst.Terroristen um staatlich gelenkten,um libyschen Staatsterrorismus.Nachdem wir als Staat bzw. Staatengemeinschaft - immer mit dem kleinsten gemeinsamen Nenner - nicht in der Lage bzw.bereit waren,diesem Staat die diplomatische Anerkennung zu verweigern und nicht bereit waren,diesem Staat kein Öl mehr abzukaufen,um ihm auf diese Weise die wirtschaftliche Basis zu entziehen,nachdem wir unseren Hauptbundesgenossen allein im Regen stehen liessen und nur mehr oder weniger kluge Sprüche klopften,haben die USA,nach den bekannten Anschlägen gehandelt.Die Verantwortung für die Folgen trägt allein der,der immer wieder Wind gesät hat,nicht nur hier,sondern auch in seiner Region,unter seinen sog.Brüdern(H.D.Genscher weiß mehr als andere,was ich für einen Teil dieser " Brüder " getan habe).
Ihm hatte ich noch am 13.4.empfohlen,bei der SDI Debatte Ihre und des Kanzlers Rolle für den gewonnenen Kompromiß herauszustellen - als Beweis für die intakte Allianz und die intakte Koalition - sozusagen aus der gezeigten Schwäche argumentativ eine Stärkeposition zu machen.Und jetzt kommt diese unmögliche Position der FDP Fraktion und ihres Vorsitzenden.

Brief 11 (Die zweite Seite ist aus Platzgründen nicht abgedruckt)

DER BUNDESMINISTER
DES AUSWÄRTIGEN
BONN

Bonn, den 25. August 1986
511-531 E 1143/85

Herrn
Dr. Manfred Freise

Sehr geehrter Herr Dr. Freise,

für Ihr Schreiben vom 11. Juli 1986 in der Angelegenheit Kai Uwe Waymann danke ich Ihnen.

Das Generalkonsulat Barcelona war in dieser Sache bereits mehrmals tätig. Nunmehr ist die Eröffnung des Verfahrens für den 2. September 1986 festgesetzt worden. Die Mutter des Jungen, die nach Information des Generalkonsulats Mitte Juli zu einem Haftbesuch in Spanien war, ist hierüber informiert. Sie soll mit der Betreuung ihres Sohnes im Gefängnis und der großzügigen Besuchserlaubnis den Umständen entsprechend zufrieden sein.

Wie Ihnen der spanische Botschafter in seinem Schreiben vom 8. Juli mitgeteilt hat, schließen die spanischen Behörden nicht aus, daß es sich um einen "Fall von einigem Gewicht" handelt. Offenbar wird der Sachverhalt also in Spanien anders gesehen als hier. Die Bundesregierung bzw. die Auslandsvertretungen haben keine Möglichkeit, in das Gerichtsverfahren einzugreifen, da wir die Unabhängigkeit der spanischen Justiz zu respektieren haben.

Brief 12 (Die zweite Seite ist aus Platzgründen nicht abgedruckt)

El Embajador de España

Bonn, den 8. Juli 1986

Herrn
Dr. Manfred Freise
[redacted]

Sehr geehrter Dr. Freise,

bezüglich Ihres Schreiben vom letzten 29. Mai und Ihrer Bitte folgend, habe ich mich bemüht die Angelegenheit zu klären.

Wie mir das Justizministerium aus Madrid mitteilt, es kann sich hier um einen Fall von einigem Gewicht handeln, und die Gerichtsbehörden sowie das Justizministerium sind über die Angelegenheit voll auf dem Laufenden.

Ich übersende Ihnen anbei die erhaltenen Schreiben mit entsprechender Übersetzung.

Mit freundlichen Grüssen

Eduardo Foncillas
Spanischer Botschafter

Brief 13

XBonn Langen, den 26. Okt. 196
Dr.K. / h

Fernruf 206................

Die Wahl dieser Rufnummer vermittelt den gewünschten Hausanschluß.
Kommt ein Anschluß nicht zustande, bitte Nr. 2061 (Bundeshaus-Vermittlung) anrufen.

Dr. Oswald A. Kohut
Mitglied des Deutschen Bundestages

Herrn
Dr. Manfred Freise
Zahnarzt
[redacted]

Sehr geehrter Herr Dr. Freise,

Sie waren so freundlich, mir eine Kopie des an Herrn Ministerpräsident Maier gerichteten Schreibens vom 15. Oktober 1961 zu übermitteln.

Ihre Auffassung hat mich sehr interessiert. Ich gehe in den meisten Punkten mit Ihnen einig.

Leider scheint mir aber inzwischen die Entscheidung zugunsten des Adenauer-Kabinetts gefallen zu sein. Ich selbst habe infolgedessen meine Parteiämter zur Verfügung gestellt.

Mit freundlichen Grüßen !

Dr. Oswald A. Kohut

Brief 14

Bonn, den 24. Oktober 1961
Bundeshaus
Fernruf 206 2363
Die Wahl dieser Rufnummer vermittelt den gewünschten Hausanschluß.
Kommt ein Anschluß nicht zustande, bitte Nr. 2061 (Bundeshaus-Vermittlung) anrufen.

Dr. Ewald Bucher
Mitglied des Deutschen Bundestages

4

Herrn
Dr. Manfred F r e i s e
[redacted]

Sehr geehrter Herr Dr. Freise !

Ich danke für die Übersendung der Abschrift Ihres Briefes an Herrn Dr. Reinhold Maier. Ich stimme Ihrer Ansicht voll und ganz zu und kann selbst nicht verstehen, wie Herr Dr. Maier, der ja in den Jahren von 1953 bis 1956 im Bundestag war, und die Behandlung der FDP durch Dr. Adenauer miterlebt hat, uns heute den Rat geben kann, wieder mit Adenauer zu gehen.

Mit freundlichen Grüßen

Bucher

Brief 15

DEUTSCHER BUNDESTAG
FDP-FRAKTION
DER VORSITZENDE

BONN, den 28. 9. 1963 st
Tel. 2062348

Herrn
Dr. Manfred F r e i s e
Zahnarzt
[redacted]

Einschreiben!

Sehr geehrter Herr Dr. Freise!

Sie hatten mir nach der Bundestagswahl 1961 den Vorwurf gemacht, ein Wahlversprechen gebrochen zu haben. Es war damals zwar gelungen, die absolute Mehrheit der CDU/CSU zu brechen und eine Partnerschaft im Rahmen der 4. Bundesregierung zu erreichen, das zweite Wahlziel jedoch, anstelle Dr. Konrad Adenauers Professor Ludwig Erhard zum Bundeskanzler zu wählen, scheiterte damals, da die CDU nicht bereit war, zu diesem Zeitpunkt den Kanzlerwechsel zu vollziehen. Die FDP mit ihren 67 Abgeordneten war daher, wenn sie nicht auch das Wahlziel Nr. 1 einer Koalition mit der CDU/CSU preisgeben wollte, durch die 242 Abgeordneten der CDU zu einem Kompromiß veranlaßt worden: Bundeskanzler Adenauer erklärte, er werde sein Amt in der Mitte der Wahlperiode von sich aus niederlegen. Ich hatte es abgelehnt, in das Kabinett Adenauer einzutreten, um meine, für mich persönlich erfolgte Wahlaussage, keinem Kabinett Adenauer anzugehören, zu halten.

Nunmehr hat der Ältestenrat den Terminplan für den Kanzlerwechsel festgelegt. Entsprechend seiner Vereinbarung mit der FDP wird Dr. Adenauer am 15. Oktober 1963 sein Amt niederlegen, am 16. Oktober wird Professor Erhard zum Kanzler gewählt werden. Die FDP erfüllt damit – wenn auch mit Verspätung – nunmehr das Wahlversprechen Nr. 2.

-2-

Bei Antwortschreiben bitten wir, unser Zeichen anzugeben

Brief 16 (Seite 1 von 2)

- 2 -

Nachdem Sie bei unserer zufälligen Begegnung im September 1962, vor meiner Reise nach Tokio, mir erklärt hatten, daß Sie aus Loyalität bei Eintreten dieser Lage sich dazu öffentlich äußern würden, erlaube ich mir, auf diese Entwicklung hinzuweisen.
Ich bin überzeugt, daß Sie, sehr geehrter Herr Dr. Freise, schon aus Fairness mir gegenüber, aber auch aus der objektiven Betrachtung der inzwischen eingetretenen Lage, zu Ihrem Versprechen stehen werden. Ich wäre Ihnen daher für die Mitteilung dankbar, welchen Weg Sie wählen wollen, um der von mir angedeuteten Entwicklung Rechnung zu tragen.

Mit den besten Grüßen verbleibe ich

Ihr

Erich Mende

Brief 16 (Seite 2 von 2)

9. März 1964

Dr. K. Adenauer

-Persönliches Büro-

Herrn

Hans Katzer, M.d.B.

Bonn

Bundeshaus

Sehr geehrter Herr Abgeordneter!

In diesen Tagen hat Herr Dr. Adenauer den Zahnarzt Dr. Freise empfangen. Herr Dr. Freise hat ihm als seinem Wahlkreisabgeordneten seine und verschiedener Kollegen Auffassung zur Versicherungspflichtgrenze vorgetragen. Herr Freise hat dabei den Wunsch geäussert, mit einem Fachmann der CDU-Fraktion dieses Gespräch zu vertiefen und gefragt, ob Sie bereit seien, ihm für eine Unterredung zur Verfügung zu stehen. Diesen Wunsch, den Herr Dr. Adenauer befürwortet, darf ich hiermit an Sie weiterleiten. Herr Dr. Freise wird sich in den nächsten Tagen mit seiner Frage noch einmal unmittelbar an Sie wenden.

Mit ausgezeichneter Hochachtung

Ihr sehr ergebener

(Selbach)

Abschrift

Herrn Dr. Freise

[redacted]

zur gefl. Kenntnis.

Brief 17

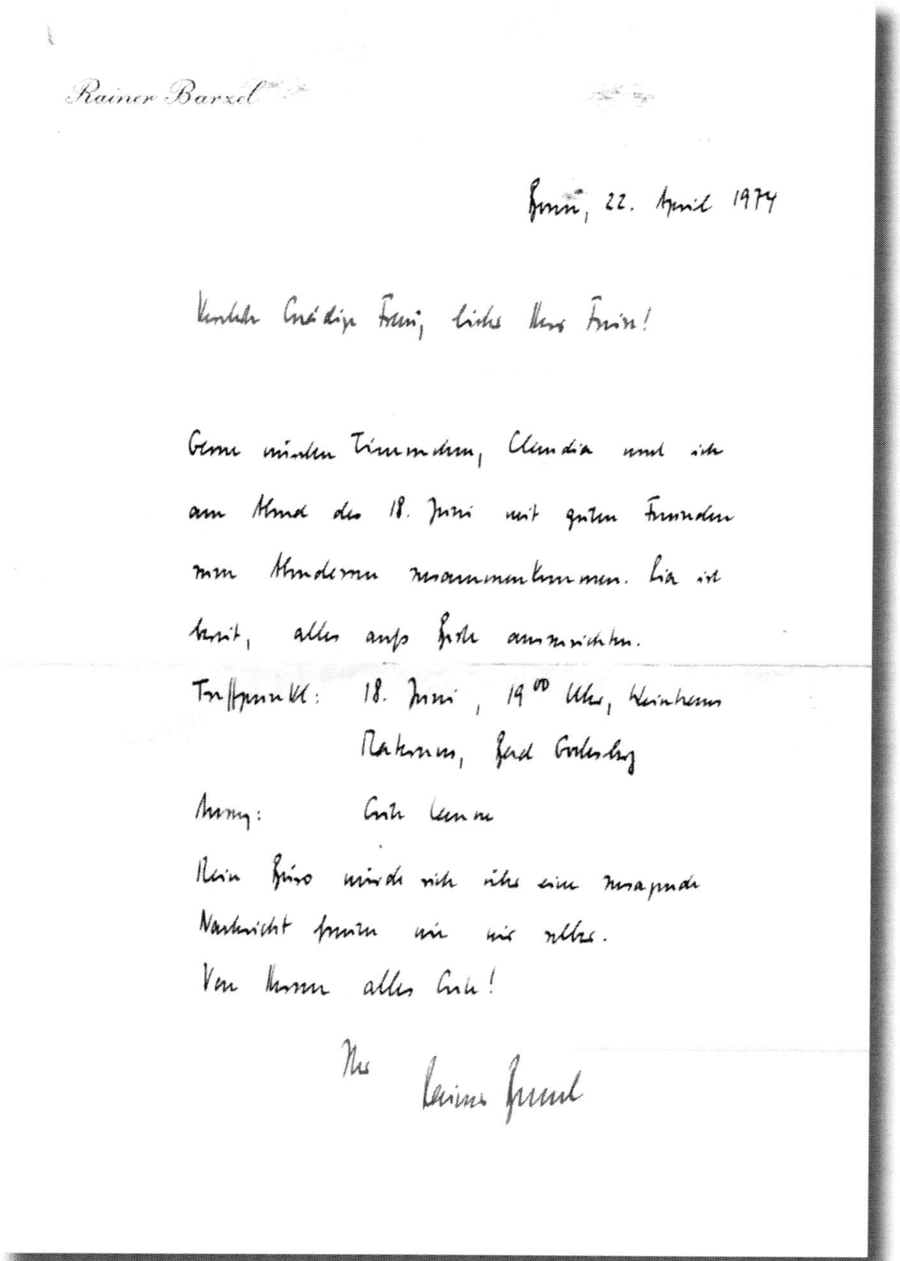

Rainer Barzel

Bonn, 22. April 1974

Verehrte Gnädige Frau, lieber Herr [illegible]!

Gerne würden [illegible], Claudia und ich am Abend des 18. Juni mit guten Freunden zum Abendessen zusammenkommen. Sie ist bereit, alles aufs Beste auszurichten.

Treffpunkt: 18. Juni, 19^{00} Uhr, Weinhaus Rathaus, Bad Godesberg

Anzug: Gute Laune

Mein Büro würde sich über eine passende Nachricht freuen wie wir selbst.

Von Herzen alles Gute!

Ihr
Rainer Barzel

Brief 18

D. Dr. Heinrich Grüber

Propst zu Berlin

Berlin 37 (Zehlendorf), den 27.1.69
Teltower Damm 124
84 38 46

Herrn
Dr.Manfred Freise
[redacted]

Sehr verehrter, lieber Herr Freise,

nach einem kurzen Urlaub im Harz habe ich in Berlin so viel Post vorgefunden, daß ich leider Ihren Brief nicht so ausführlich beantworten kann wie Sie es erwarten. Trotzdem möchte ich zu den einzelnen Punkten Stellung nehmen.

Was die Mischehe angeht, so ist ja die katholische Kirche jetzt sehr entgegenkommend, und von dort aus ist ja nun auch der Friede in der Ehe nicht mehr so gefährdet. Die Lösung, wie Sie sie in Ihrer Familie praktizieren, halte ich für sehr gut.

Was die Wahl von Heinemann angeht, so wissen Sie, daß er meine ganze Sympathie hat. Die einzige Möglichkeit ist noch, daß man versucht, Abgeordnete der FDP zu gewinnen. Die CDU ist ja leider durch Fraktionszwang gebunden und selbst Leute wie Lemmer, die ja Heinemann sehr schätzen und ihm nahestehen, sind nicht in der Lage, sich von dem Fraktionszwang zu befreien. Daß Schröder eine kurzfristige Gastrolle in der SA gegeben hat, stört mich gar nicht. Er ist nicht nur zu wenig kontaktfähig, sondern ihm fehlen auch viele andere Eigenschaften für dieses Amt, das nach dem Weggang von Lübke wieder einmal aufgewertet werden müßte. Die große Unwahrhaftigkeit ist die, daß Schröder in der CDU gerade von den Männern energisch gefördert wird, die in ihm einen Konkurrenten für irgend einen Posten sehen oder die ihn gern von irgendeinem Posten weghaben möchten, auf den sie selbst spekulieren.

Die Frage nach Israel ist zu vielschichtig, als daß ich sie in einem kurzen Brief beantworten kann. Ich würde allenfalls wenn ich in Bonn bin versuchen, Sie einmal aufzusuchen. Meine Telegramm an Ben-Natan ist weniger proisraelischen oder antiarabischen Erwägungen entsprungen, als aus der Erinnerung an die bitteren Erfahrungen, die ich vor 30 Jahren mit den sogenannten Großmächten machte, und ich habe auch dem Botschafter von Jordanien, der mir im Auftrage von König Hussein eine Einladung nach Jordanien gesandt hat, in gleicher Weise geantwortet.

Mit besten Grüßen von Haus zu Haus,

Ihr

Heinrich Grüber

Brief 19

Dr ZYGMUNT LIWSKI

Wrocław, den 25. September 1969.

Vorgang anl.

Bundespräsidialamt
Eing. - 7. OKT. 19[illegible]
Nr.

Zum [illegible] unz

Hochgeehrter Herr Präsident.

Ich habe mit grosser Freude dankend Ihres wertes Schreiben mit der Einladung nach Bonn erhalten. Es hat wieder meine Hoffnung auf uahe Reise zum Besuch meiner Freunde erweckt. Der Weg zum Erhalten den ausländischen Pass ist nicht kurz, aber ich erwarte, dass die höchste staatliche Assistenz mir die Ausreisegenehmigung schaffen wird. Ich danke Ihnen, Herr Präsident, für Ihre [illegible] Höflichkeit. Während meiner Weilung bei Herrn Dr Freise erlauben Sie mir bitte Ihnen meine Dankbarkeit persönlich aussprechen zu dürfen.

Hochachtungsvoll mit höchster Ehrerbietung

Liwski

Brief 20

Der Präsident
der
Bundesrepublik Deutschland

Bonn, den 3. September 1969

Sehr geehrter Herr Dr. Liwski!

Von dem mir befreundeten Zahnarzt Dr. Freise, Bad Godesberg, höre ich, daß er Sie zu einem Besuch nach hier einlädt. Ich würde es sehr begrüßen, wenn die dortigen Behörden Ihnen diese Reise erlauben würden. Sollte es dazu kommen, daß Sie Herrn Dr. Freise besuchen, so würde ich mich meinerseits über einen Besuch hier bei mir ebenfalls freuen.

Mit vorzüglicher Hochachtung

Herrn
Dr. Zygmunt L i w s k i

Brief 21

Rainer Barzel

München, 12. Mai 2004

Lieber Herr Frein!

Ihr freundschaftlicher Brief belebte gute Erinnerungen und löste Freude aus!
Von Herzen Dank.

Seit dem 12. März 2003 bin ich „aus dem Verkehr gezogen": Rückenoperation, PLASMOZYTOM. Es geht nicht aufwärts!!

So Gott will, werde ich am 20. Juni achtzig Jahre alt. Wir laden dann zu einem Dankgottesdienst. Anschließend wird Frau Merkel einen Empfang mit H. Schmidt als Redner geben. Sie sind herzlich eingeladen. Wenn es Ihnen passt, würde ich Ihnen eine Einladung schicken lassen.

Meine Schrift? Ich arbeite daran!

Gott segne Sie!

Mit Dank und Respekt

Ihr

Rainer Barzel

Brief 22

United States Senate

COMMITTEE ON FOREIGN RELATIONS

WASHINGTON, D.C. 20510

October 24,1969

Dr. Manfred Freise
[redacted]

Dear Dr. Freise:

Thank you so much for your cordial letter. Your description of the new Government is extremely interesting, and, as you know, all of us are deeply concerned about the success of this new Government. I do hope that Wehner is able to control his temper because he does have a great talent and is a perceptive man. In any case, we shall watch the developments in Bonn, and all of us wish you well.

With all best wishes, I am

Sincerely yours,

J. W. Fulbright

JWF:at

Brief 23

DEPARTMENT OF STATE

Washington, D.C. 20520

July 2, 1969

Dr. Manfred Freise
[redacted]

Dear Dr. Freise:

It was very good to receive your letter of June 14, 1969 on my arrival here in Washington last week. I appreciated the clipping from Spiegel which was flattering indeed, particularly in view of Spiegel's predeliction for criticism rather than compliments.

Our new Ambassador, Mr. Rush, has just arrived in Washington this week to begin his consultations prior to assuming his post in Bonn. He appeared before the Senate Foreign Relations Committee yesterday and Senate confirmation should be forthcoming in the next few days. As desirable as it might have been it is obvious that time will not permit him to be in Bonn for the Fourth of July. Perhaps he may still be among the Ambassadors to present credentials to the new German President since he will be arriving in Bonn before the end of the month.

I might add that Mr. Rush is a most delightful man with a very keen intelligence and a quiet but sharp sense of humor. I feel sure he will enjoy great success in the Federal Republic.

The Sutterlin family is just settling into a newly purchased house in Washington with all the pain and discomfort that it involves. One could compare it to a session with the dentist if sessions with dentists had not in the past years been made so painless. We

Brief 24 (Die zweite Seite ist aus Platzgründen nicht abgedruckt)

KENNETH RUSH

[redacted]

July 3, 1969

Dr. Manfred Freise
[redacted]

Dear Dr. Freise:

Thank you very much for your nice letter and for sending me the newspaper extract.

I am very interested to know that you are a friend of James Sutterlin, with whom I shall be working very closely. I have already developed a deep admiration for him. He has been of immense help to me and will undoubtedly be even more invaluable as time passes.

I am very much looking forward to seeing you when we are in Bonn/Godesberg.

Sincerely yours,

Kenneth Rush

Brief 25

DER CHEF
DES BUNDESKANZLERAMTES

53 BONN 1, DEN 21. Juli 1969
POSTFACH
FERNRUF 201117/HAUSRUF: 105/370

Sehr geehrter Herr Dr. Freise,

ich danke Ihnen für Ihr Schreiben vom 19. Juli 1969, mit dem Sie mich auf den Artikel in "Newsweek" über den neuernannten amerikanischen Botschafter für Bonn aufmerksam machen.

Die der Umgebung des Herrn Bundeskanzlers in den Mund gelegte Äußerung ist frei erfunden. Ich selbst habe dem hiesigen Korrespondenten von Newsweek, Herrn von Voorst, vor einiger Zeit gesagt, wie sehr wir es schätzten, daß Präsident Nixon eine so hervorragende Persönlichkeit seines Vertrauens nach Bonn entsendet. Um keine Mißverständnisse aufkommen zu lassen, habe ich Herrn Gesandten Fessenden diesen Sachverhalt mitgeteilt.

Ich bin sicher, daß dieser Vorfall uns nicht hindern wird, zu dem neuen amerikanischen Botschafter enge und vertrauensvolle Beziehungen herzustellen.

Mit freundlichen Grüßen
Ihr

Herrn
Dr. Manfred Freise
[redacted]

Brief 26

DR. MANFRED FREISE

53 BN-BAD GODESBERG, 25.5.72

Herrn Bundespräsident Dr.G.HEINEMANN

Sehr geehrter Herr B u n d e s p r ä s i d e n t !

Es möchte Sie interessieren,dass im Anschluss an das letzte,Ihnen bekannte,Gespräch mit Popow,dessen Grundlage - mit Äusserungen Falin's-ich Ihnen bei mir im Auszug am 15/5 . übergab, noch zwei weitere Kontakte statt-fanden. ~~Am Mittwoch ,d.17.5. früh kam nach vielem Hin und Her dabei heraus,dass nur der Weg Falin - Zentralkomitee Moskau-Zentralkomitee DDR Berlin,auf höchster Ebene, Aussicht auf baldigen Erfolg haben könnte.~~ Das sollte versucht werden. Am 19.5. habe ich noch einmal nachgeschoben ,dass mit dem Passieren der Verträge in Bonn die Dinge nicht vom Tisch seien, dass sich Bonn sicher der "guten Dienste" seiner Verbündeten - sowohl bei der Sicherheitskonferenz - als auch bei der geplanten Aufnahme in die UNO ,und dann,sicherlich, mit öffentlichen Forderungen nach Aufhebung des Schiessbefehls, bedienen würde. Die Bewahrung der Diskretion und die von mir vorgeschlagene Nichtveröffentlichung waren immer Teil des Gedankenpakets. Ich habe das Gefühl, es könnte klappen.

X nicht zustande gekommen wegen Strauß' Enthaltung

Die Beiträge auf Seite 3 der heutigen ZEIT lassen mich an mein Schreiben vom 1.Mai denken, wo ähnliche Argumente und Thesen benutzt wurden. Ich meine immer noch,dass die Lösung Genscher der ansehbarste Weg für alle ist. Scheel und Ertl bleiben auf ihren Posten und die restlichen Ministerien werden zu 50-50 auf die beiden grossen Parteien verteilt. Von den beiden Grossen darf niemand einen Vorteil oder einen Nach-teil haben, das ist allein entscheidend. Dann ist es auch nicht wichtig,ob im November 72 , im Frühjahr 73 oder zum normalen Termin gewählt wird. Das ist alles nicht schön. Aber es hat kei-nen Zweck,sich etwas vorzumachen und sich gegenseitig das Por-zellan zu zerschlagen. Auch auf die Gefahr hin, Ihnen auf den "Wecker" zu fallen, ich glaube wirklich, dieses ist die Stunde des Präsidenten.

Herzliche Grüsse von Haus zu Haus

Ihr

Manfred Freise

Herrn Bundesminister
des INNERN H.D. G E N S C H E R

mit der Bitte um Kenntnisnahme übersandt. Am 17. mittags hatte mich Herr Barzel um Vermittlung eines persönlichen Wortes gebeten. Es sei betrübt,durch die Um-stände,das Ihnen und Herrn Scheel zugesagte JA nicht einlösen zu können. - Ich könnte mir denken,dass er nach seinem Urlaub an einem gemeinsamen Gespräch (evtl. bei mir) interessiert sein möchte. Ich läute Sie in den nächsten Tagen an.

Herzl.Gruesse
Ihr

Brief 27

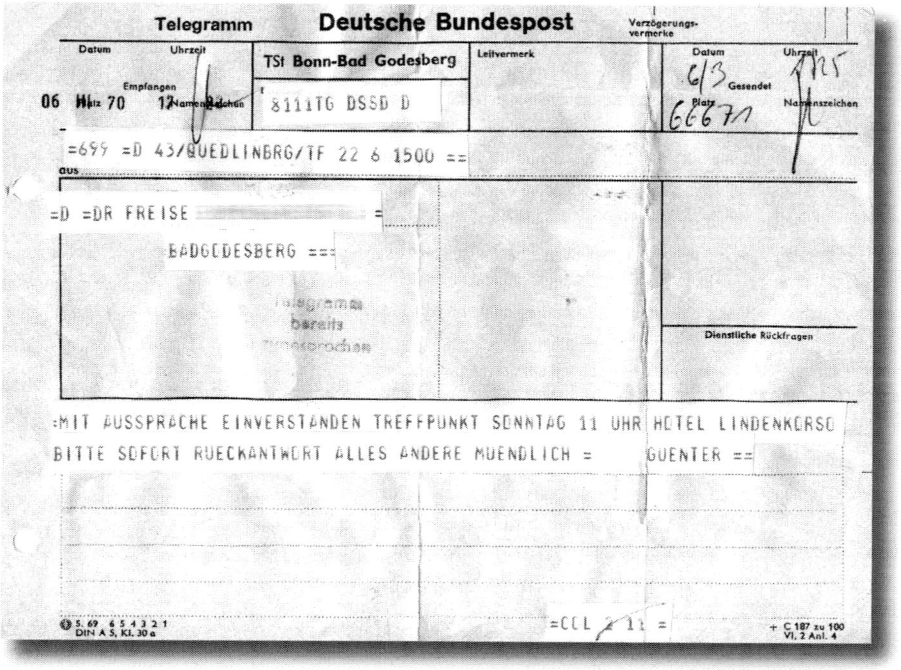

Telegramm **Deutsche Bundespost**

Verzögerungsvermerke

Datum | Uhrzeit | Empfangen | Namenszeichen
06 März 70 17

TSt Bonn-Bad Godesberg

8111TG DSSD D

Leitvermerk

Datum 6/3 | Uhrzeit 1125 | Gesendet | Platz 66671 | Namenszeichen

=699 =D 43/QUEDLINBRG/TF 22 6 1500 ==

aus

=D =DR FREISE =

BADGODESBERG ===

Telegramm bereits durchgesprochen

Dienstliche Rückfragen

:MIT AUSSPRACHE EINVERSTANDEN TREFFPUNKT SONNTAG 11 UHR HOTEL LINDENKORSO
BITTE SOFORT RUECKANTWORT ALLES ANDERE MUENDLICH = GUENTER ==

=CCL 2 11 =

5. 69 6 5 4 3 2 1
DIN A 5, Kl. 30 a

+ C 187 zu 100
VI, 2 Anl. 4

Brief 28

DR. MANFRED FREISE

DR. WILLY HEGEMANN

Zahnärzte

53 BONN-Bad Godesberg

532 Bad Godesberg ,den 8.März,197o

[redacted]

Herrn

Generaldirektor Dr.G.KÖHLER

[redacted]

Mein lieber G ü n t h e r !

Vor drei Stunden bin ich wohlbehalten nach Bonn zurückgekehrt und erfülle jetzt, nachdem ich die wesentlichen Informationen "abgeliefert" habe , mein Versprechen das Wesentliche unseres Gesprächs Dir noch heute schriftlich zuzusenden und sie meinen interessierten Bekannten zuzuleiten. Ich bestätige Dir und Heinz von jeder Art der Veröffentlichung in der Presse abzusehen und habe diese Auflage auch meinen Bekannten gegeben.

Wir waren schon telefonisch davon ausgegangen,dass unser Treffen auf persönlicher und privater Basis stattfinden sollte. Meine einzige"Vorbedingung"war, dass der Geist und das Ziel unserer Aussprache der Wille zur Entspannung sein müsste, auf der "Bais von Geben und Nehmen", d.h."nicht auf der Bais von Maximalforderungen". Und vor und am Ende des Gesprächs habe ich darauf hingewiesen, dass ich ohne Auftrag gekommen bin, ohne Funktion, ohne Zugehörigkeit zu einer Partei und für niemanden sprechen kann ausser für mich selbst - auch ,dass ich mir der Gefahr der Misinterpretation von verschiedener Seite bewusst bin und dass ich heute früh vor unserem Treffen noch meinen Bekannten, Probst Grüber aus Berlin anrief und Ihm sagte am Ende dieses Gesprächs mit Euch könnte es mir so ergehen wie er es in seinem Buch so drastisch treffend beschrieb:,wenn Kanalarbeiter wieder an die Oberfläche kommen sagen viele Leute:"Pfui, der stinkt!". Aber sollte auch so sein, ich würde es gern hinnehmen wenn sich die Beziehungen zwischen unseren beiden Staaten durch diese und von Euch weiter in Aussicht gestellte Aussprachen bessern und normalisieren werden.

Zur Essenz waren wir uns einig,dass die Vorbereitungen für die Vorgespräche besser hätten sein sollen,sonst wäre diese "Panne" am Freitag nicht passiert. Es hat unglückliche Formulierungen gegeben, aber Bundeskanzler Brandt konnte jetzt nicht mehr zurück und hätte nach den vorhergegangenen Gesprächen via Checkpoint Charlie mit dem sowj.Botschafter und den Post und Verkehrsverhandlungen via West Berlin und den Anreisen von Herrn Sahm via West Berlin als von vorne herein akzeptiert unterstellt werden können. Es spricht für Euren guten Willen wenn Ihr morgen " nur zur Kenntnis nehmt" und beide Seiten wieder zur strikten Geheimhaltung zurückkehren.Natürlich könnt Ihr unterstellen,dass das von der Regierung Brandt nicht als Sieg herausgestellt wird und als normales Geben und Nehmen wohlwollend interpretiert wird.Euer Wille zur Entspannung ist grösser als die Insistierung auf diesem Punkt.

Ich hatte unser politisches Gespräch gleich nach dem Zusteigen in Euer prächtiges Staatsauto mit der Bemerkung begonnen, dass ich Euch zum Aufbau von Ost-Berlin beglückwünschte, was Ihr in den vergangenen Jahren für jeden sichtbar geschaffen habt, und dass sich das äussere Bild von West Berlin praktisch nicht mehr unterscheide.

Brief 29 (Seite 1 von 4)

II. DR. MANFRED FREISE an Dr. Köhler
DR. WILLY HEGEMANN
Zahnärzte

532 Bad Godesberg

[redacted]

Wir sprachen dann von der Ausgangssituation von der Stunde 0 im Jahre 45 , dass unsere vermeintlichen Entscheidungen zuerst einmal bedingt waren durch geografisch+geschichtliche Zufälligkeiten :die Sowjetunion marschierte bei Euch ein und die Westalliierten bei uns und etablierten Regierungen, die Ihrem politischen Konzept und ihren Interessen entsprachen. Die Unfähigkeit der 4 Kriegsalliierten sich nach Potsdam noch zu einigen,was Ihre Vorstellungen für ein Gesamtdeutschland betraf,bedingte dann folgerichtig eine verschiedenartige gesellschaftliche Ausrichtung-sprich Produktion und Verteilung - Eurer und unserer Verwaltungen und dann Regierungen. Beide Seiten sind inzwischen von der grösseren Fortschrittlichkeit , von ihrem besseren, gerechteren, friedlicheren "demokratischeren"(wir waren uns einig,dass wir solche Formulierungen nicht ohne präziserere Erläuterungen zur Diskussion gebrauchen konnten) Staat überzeugt.

Wir waren uns einig, dass eine gerechte Beurteilung der gegenseitigen Leistungen unbillig ist ,wenn man die Grund-voraussetzungen des Starts nicht in Rechnung stellt: hier Marshallplan -da Demontagen aus der laufenden Produktion, hier der grössere Teil, der bodenschätzemässig geschen reiche Teil - da, bei Euch das ärmere Land. Dass dabei ein Gefälle,physikalisch gesehen,entstehen musste,wird jeder Wohlmeinende anerkennen;und ich erkannte es Euch an,dass Ihr es Euch einfach nicht leisten konntet dem daraus sich ergebenden Abfluss von Leuten tatenlos zuzusehen. Die Mauer ist ein scheussliches Stück Wirklichkeit, die man aber nicht einfach wegdiskutieren kann- auch mit gutem Willen nicht. Und wer bei uns von " menschlichen Erleichterungen" spricht und damit heute schon den Abbruch der Mauer will, der ist ein Illusionist. Ihr habt viel geschafft und habt als Regierung und Bevölkerung der DDR ein Recht darauf stolz zu sein, aber sowohl in der Identifizierung des Bürgers mit Eurem Staat und dem wirtschaftlichen Aufholen seid Ihr noch nicht so weit,dass Ihr das Trauma des Verlustes eines hohen Prozentsatzes Eurer Bewohner vor dem Mauerbau schon überwunden haben könntet. In ein paar Jahren, und wir waren uns in der Hoffnung einig ,dass es so bald wie möglich sein möchte, werdet Ihr es verkraften können und den Mut haben können,die Mauer niederzulegen,weil nach einem geringen Anfangsstoss der Hin- und Rückstrom sich ausgleichen.

Heute noch gilt für mich als ganz realistisch die Eintragung von Herrn Gromyko in das Ehrenbuch am Brandenburger Tor:THE FIRMNESS OF THE NATIONAL BORDERS OF THE DDR MUST BE UNDERSTOOD BY EVERY REASONABLE PERSON. Das war "westliche Sprache" an uns im Westen gerichtet.

Mauer, leider noch ja , aber wir sollten alles tun, um Euch gleichberechtigt zu behandeln, international die Anerkennung fördern - wir müssen endlich ein Verhältnis zu einander bekommen wie zur Oppositionspartei nach unserem westlichen politischen Prozess(Parlamentarismus).Ich verstehe Euch,wenn Ihr es ablehnt,wenn Herr Brandt von "Opfern" spricht; ich verstehe Euren Stolz,obwohl ich ein glühender Anhänger unserer Art von Freiheit und loyaler Bürger unseres Staates bin. Euer Stolz lässt natürlich "keine Gnade von uns und kein Entgegennehmen von Entgegenkommen" zu. Und wir sollten schnell solche Vokabeln vergessen. Auch sollten wir nicht mehr zuständig sein,wie Ihr Euer Land verwaltet- wie Ihr Euch nicht mehr abfällig über uns auslassen solltet (ich meine als Teil der Regierungspolitik). Aber

Brief 29 (Seite 2 von 4)

III. DR. MANFRED FREISE an Dr.Köhler

DR. WILLY HEGEMANN

Zahnärzte

532 Bad Godesberg

[redacted]

als Mitmensch habe ich Euch sehr bewegt gebeten, der Menschen wegen, und zur Wahrung Eures eigenen Ansehens den Schiessbefehl an der Mauer ohne Ankündigung aufzuheben. Unsere Regierung sollte so etwas nie verlangen , auch nur erbitten, das geschieht ja auf Eurem Territorium. Und eine solche Bitte sollte nie Teil eines Protokolls, geschweige denn einer Veröffentlichung sein. Das sollte Einsicht sein - nicht ein Propagandastück für uns. Menschliche Erleichterungen (und ich betone hier, dass wir das wegen Zeitmangels trotz unserer fast 6 stündigen Diskussion noch nicht behandelt haben) kosten Euch aber nichts bei der Erleichterung der Einreisen von hier nach dort UND besonders für die Besuchsmöglichkeiten für West Berliner nach Ostberlin ohne Diskriminierung gegenüber den Bürgern der Bundesrepublik. Natürlich sollten wir bei unseren Westalliierten Freunden darauf dringen, dass als Geben von unserer Seite Eure Diskriminierung beim Allied Travel Board aufhört und besser noch, dass diese Institution abgebaut wird. Ich war beschämt zu hören, dass man Dich, Günther, bis zu 6 Stunden unter entehrenden Bedingungen hat warten lassen für die Abwicklung einer Englandreise, während das brt. Konsulat höflich und entgegenkommend war. Das muss aufhören. Aber Ihr wisst, das war die westliche Antwort auf Nadelstiche durch Euch: langsame Abwicklungen auf der Autobahn, Tiefflüge der Sowjetsichen Luftwaffe über West Berlin. Dazu gibt es eine englischsprachliche Formulierung: West gegen Ost- if you beat my German then I beat your German.

Aber das wird nach der Anerkennung anders - für diesen Prozess aber, bitte, Eile mit Weile. Juristisch leben wir eingebettet in 4 Mächte Vereinbarungen, die zu jurischen Vereinbarungen von 6 Mächten werden müssen- auf der Basis von gemachtem Recht, gewordenem Recht und von Tatsachen. Das gilt für beide Seiten. Anerkennung von Realitäten kann nicht heissen, dass z.B. eine sowj. Machtposition als Rechtsposition übernommen wird und Ihr dann so operiert, dass man sich dann über den uns verbleibenden Teil anfängt zu streiten. Wie President Kennedy einmal die sowj. Taktik umschrieb: Status quo heisst für die Sowjetunion: Was wir haben, gehört uns, was Ihr habt darüber wird verhandelt. Das ist keine Enspannung sondern Rossverkauferei. Eure staatliche Anerkennung und unser Zurückstellen des Begriffes der Selbstbestimmung bedeutet für Euch, darüber waren wir uns zwar nicht einig, aber darauf habe ich kompromisslos hingewiesen, ebenfalls die Anerkennung von Realitäten: West Berlin ist keine besondere Einheit sondern gewachsen, realistisch und nach dem Willen seiner Bewohner ein Teil der Bundesrepublik Deutschland. Das das für Euch Unannehmlichkeiten bringt, gebe ich gern zu, und es tut mir leid, aber auch für uns ist es unangenehm uns der Kontrollen zu unterwerfen und umständliche Umwege zu machen. Aber tun wir es ab damit, dass es ein nachträgliches, lang preserviertes Geschenk des Herrn Adolf Hitler ist - ich meine die Unannehmlichkeiten. Und hoffen wir, dass nach Überwindung der Mauer sich das Berliner Problem noch weiter löst - ohne einer Illusion zu verfallen, dass Kommunismus und unsere Form des Kapitalismus mit einander vermischen lassen.

Zur völkerrechtlichen Anerkennung, waren wir uns einig ,dass die Einheit der Nation gewahrt bleiben muss, weil sie eine Tatsache ist, wie der Umstand, dass meine Frau und Du den gleichen Grossvater habt. Nation hat ja mit Geburt zu tun, was den sprachlichen Kern des Wortes

Brief 29 (Seite 3 von 4)

IV. DR. MANFRED FREISE an Dr. Köhler

DR. WILLY HEGEMANN
Zahnärzte

532 Bad Godesberg
[redacted]

anbetrifft und bleibt somit neben der gemeinsamen Sprache und geografischen Zugehörigkeit das uns verbindende Element.Und darüber freuen wir uns - haben wir doch so vieles andere ?noch? verspielt. Anerkennung Eures Staates,so hörte ich,glaube ich,einmal heraus,sollte evtl.die Mauer überwinden, d.h. wir sollten die Republikflüchtigen ausliefern. Ich bin optimistisch ,dass bei gutem Willen viel getan werden kann- von beiden Seiten. Aber das Nichtgewähren von Asyl erscheint mir nach Auffassung und Empfinden hier einfach nicht denkbar. Anerkennung sollte jeden Ausdruck finden nur den einer Botschaft im Sinne von Ausland. Eure Vertretung hier könnte doch sogar einen Ministerstatus haben und unsere bei Euch- und das sollten nicht nur"Schildervertretungen" sein für stetige Beratungen neben - wie wir uns einig waren - neben institutionalisierten Beratungen wie sie bei uns und bei Euch zum politischen Alltag mit unseren Verbündeten gehören.

p. 10
Brandt
Erfurt

Wir sprachen über die Bundespräsens in West Berlin, die nach Meiner Auffassung ein betonter Hinweis gegenüber Eurer Fabrizierung und steten Wiederkehr der Vokabel "Besondere Einheit" West Berlin sein sollte. Dass die West Berliner Abgeordneten im Bundestag - bis auf die die 4 Westalliierten betreffenden Befugnisse - nach Euren Ost-Berliner Abgeordneten Vorbild (NPT - Nichtverbreitungsvertrag) in Bonn gleichberechtigt mit abstimmen, versteht sich von selber .Dass die 4 Mächtebesprechungen nicht allein West Berlin betreffen können, sollte,das war meine Meinung,ein Zeichen des guten Willens und der Anerkennung des Rechts durch die Sowjetunion sein.

Ihr stimmtet meiner Argumentation über die unnütz verbrauchten Energien während 25 langer Jahre zu. Wir haben soviel gegeneinander gearbeitet ,dass aus dieser Einsicht aus "Konfrontation Kooperation werden" muss - und wenn wir noch so klein anfangen. Wesentlich ist die Anerkennung des berechtigten Eigeninteresses "der anderen Seite" bei allen unseren beiden Staaten angehenden Beziehungen.

Lasst mich nach einer Bitte um Grossmut über die Form und die Formulierungen dieses Schreibens , ich habe es nach anstrengenden Tagen selbst sofort in die Maschine geschrieben mit einer mich bewegenden, komischen Geschichte, die ein wenig vor 11 Uhr heute früh bei Euch UNTER DEN LINDEN passierte. Ich stieg aus meinem Mietwagen mit Kennzeichen E - geliehen am Flughafen Tempelhof - , schloss die Tür und da kommt ein sympathischer Herr mittleren Alters, langsam heran: A, Sie sind von ESSEN ? Die haben gestern wieder verloren - gegen Borussia DORTMUND... oder nein, doch nicht, die haben 3:3 gespielt. Das war der Herr, der mich noch die paar Meter bis zum Hotel "UNTER DEN LINDEN" begleitete, als wir uns vor dem Eingang trafen.

Hoffen wir nicht auf eine Besserung der Beziehungen - tun wir was, aber Du, Günther, und Du Heinz, Ihr könnt mehr tun, Ihr seid Regierung und ich flicke hauptamtlich nur Zähne.

Herzliche Grüsse

Euer

Manfred Freise

P.S.
Danke für Eure Einladung zu "unserer Grossfamilienfeier".Wir kommen.

Brief 29 (Seite 4 von 4)

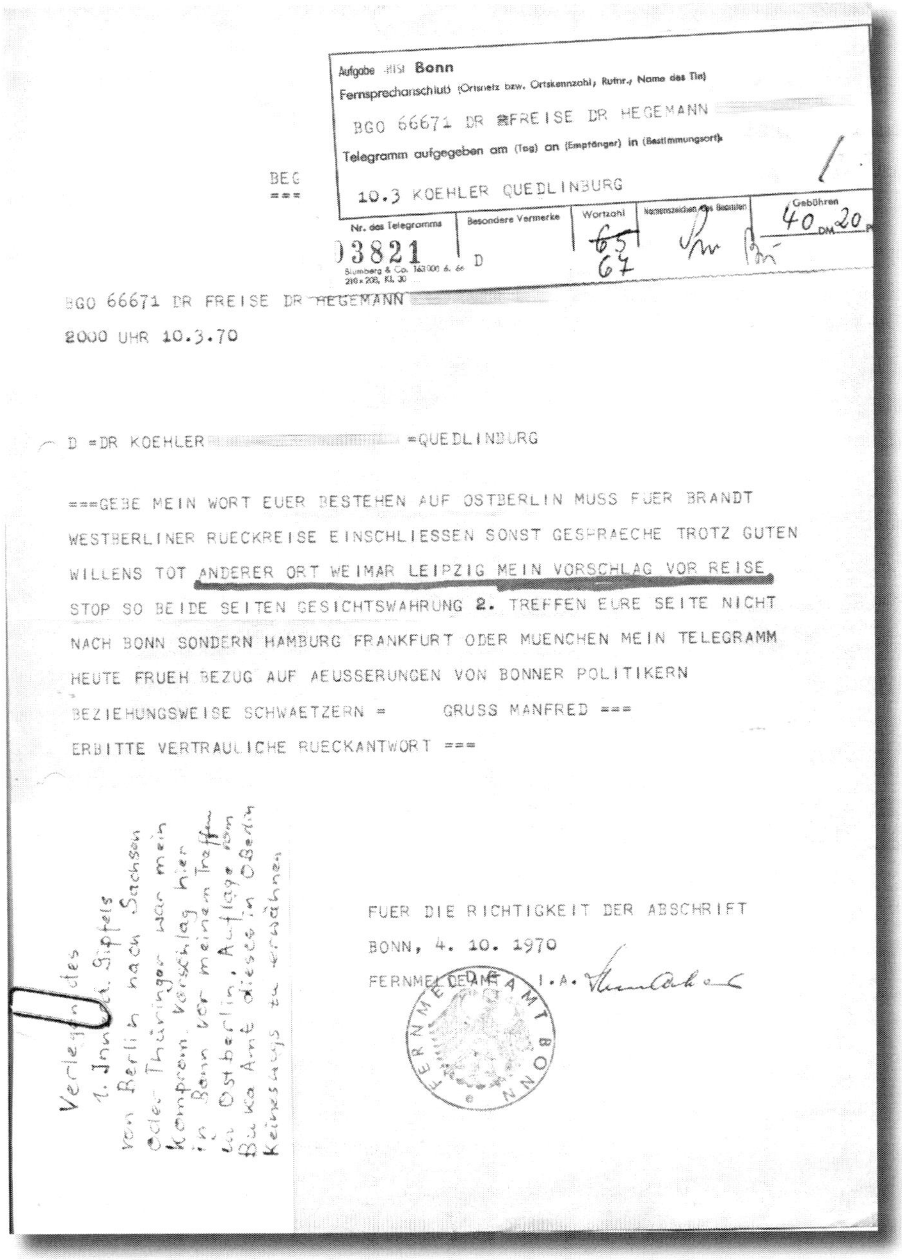

Aufgabe (BISt) Bonn

Fernsprechanschluß (Ortsnetz bzw. Ortskennzahl, Rufnr., Name des Tln)

BGO 66671 DR FREISE DR HEGEMANN

Telegramm aufgegeben am (Tag) an (Empfänger) in (Bestimmungsort)

10.3 KOEHLER QUEDLINBURG

Nr. des Telegramms	Besondere Vermerke	Wortzahl	Namenszeichen des Beamten	Gebühren
03821	D	~~65~~ 67		40 DM 20 Pf

Stürmberg & Co. 163 000 6. 66 210 × 208, Kl. 30

BEG
===

BGO 66671 DR FREISE DR HEGEMANN

2000 UHR 10.3.70

D =DR KOEHLER =QUEDLINBURG

===GEBE MEIN WORT EUER BESTEHEN AUF OSTBERLIN MUSS FUER BRANDT WESTBERLINER RUECKREISE EINSCHLIESSEN SONST GESPRAECHE TROTZ GUTEN WILLENS TOT ANDERER ORT WEIMAR LEIPZIG MEIN VORSCHLAG VOR REISE STOP SO BEIDE SEITEN GESICHTSWAHRUNG 2. TREFFEN EURE SEITE NICHT NACH BONN SONDERN HAMBURG FRANKFURT ODER MUENCHEN MEIN TELEGRAMM HEUTE FRUEH BEZUG AUF AEUSSERUNGEN VON BONNER POLITIKERN BEZIEHUNGSWEISE SCHWAETZERN = GRUSS MANFRED ===

ERBITTE VERTRAULICHE RUECKANTWORT ===

Verlegen des 1. Innerd. Gipfels von Berlin nach Sachsen oder Thüringen war mein Kompromißvorschlag hier in Bonn vor meinem Treffen in Ostberlin, Auflage vom BuKaAmt dieses in OBerlin keinesfalls zu erwähnen

FUER DIE RICHTIGKEIT DER ABSCHRIFT

BONN, 4. 10. 1970

FERNMELDEAMT I.A.

FERNMELDEAMT BONN

Brief 30

BUNDESKANZLERAMT

Dr. Ulrich SAHM

53 BONN 1, den 11. März 1970
Postfach
Fernruf 105 - 444

Herrn
Dr. Manfred F r e i s e
[redacted]

Sehr geehrter Herr Dr. Freise!

Für Ihr Schreiben vom 10. März d. J. danke ich Ihnen. Die Lektüre Ihres Schreibens an Herrn Dr. Köhler hat mich sehr interessiert.

Mit verbindlichen Empfehlungen

Sahm

Brief 31

DEPARTMENT OF STATE

Washington, D.C. 20520

April 3, 1970

Dr. Manfred Freise
[redacted]
Germany

Dear Dr. Freise:

I very much appreciated your letter of March 27 with its interesting enclosures. In accordance with your request I am returning the copy of the letter which you sent to Herr Barzel. I had learned indirectly of your role in the historic meeting between Chancellor Brandt and Herr Stoph. It is strange in what unexpected ways people are occasionally called upon to help history on its course.

I was particularly interested in the assessment you provided Barzel of the talks with the GDR. I seem to detect some slight change in your thinking since our good talk here in Washington. I shall be seeing Ambassador Rush next week and will no doubt hear from him of the conversations which he has had with you. At the moment we are busy with preparations for the Brandt visit and will naturally be interested to hear what he and members of his party have to say concerning Eastern policy.

I hope all goes well in the Freise family. Our son is flourishing, having just enjoyed immensely his fourth birthday. I imagine your family is going through a similar happy experience.

With best regards.

Sincerely,

James S. Sutterlin

Brief 32

NUNTIATURA APOSTOLICA

Nr. 10.967

Bonn 2, den 26. November 1980

Sehr geehrter Herr Dr. Freise!

Im Namen des derzeit abwesenden Herrn Apostolischen Nuntius sage ich Ihnen aufrichtigen Dank für Ihr geschätztes Schreiben vom 20. November.

Die Nuntiatur ist gerne bereit, das vertrauliche Anliegen, von dem Sie berichten, dem Heiligen Stuhl gegenüber wahrzunehmen.

Mit freundlichen Grüßen

Ihr

(Msgr. Dr. Juliusz Janusz)
Geschäftsträger a.i.

Herrn
Dr. Manfred Freise
[redacted]

Brief 33

DER SEKRETÄR
DER DEUTSCHEN BISCHOFSKONFERENZ

[redacted]

AZ

JNr. S 8o3o/83 - H/za

Datum 26. Juli 1983

Herrn
Dr. Manfred Freise
[redacted]

Sehr geehrter Herr Dr. Freise,

der Herr Apostolische Nuntius hat der Deutschen Bischofskonferenz Ihr an ihn gerichtetes Schreiben vom 16. Juli 1983 zugeleitet bezüglich der Grabstätten Deutscher insbesondere in Schlesien und um entsprechende Berücksichtigung in den Gesprächen mit dem polnischen Episkopat gebeten.

Gern teile ich Ihnen mit, daß die von Ihnen mit Recht angesprochene Frage seit Jahren in den Gesprächen zwischen der Deutschen und der Polnischen Bischofskonferenz erörtert werden.

Der polnische Episkopat hat seinerseits die Pfarrer angewiesen, für eine gebührende Pflege der deutschen Gräber Sorge zu tragen. Dabei hat sich u.a. ergeben, daß manche Gräber leider erst ausfindig gemacht werden müssen und daß hier noch viel Arbeit zu tun ist. In den periodischen Kontakten zwischen den beiden Episkopaten nehmen diese Fragen weiterhin einen wichtigen Stellenwert ein.

Auch sind wir dieserhalb mit der Geschäftsstelle des Bundes für Kriegsgräberfürsorge im Gespräch, der leider in Polen noch nicht tätig sein kann, obschon sich der polnische Episkopat seit einiger Zeit diesbezüglich bei der polnischen Regierung bemüht.

Gern werde ich Ihren Brief bei der nächsten Besprechung mit dem polnischen Episkopat zur Kenntnis geben und ich danke Ihnen sehr für Ihren Brief.

Mit freundlichen Grüßen
Ihr

(Dr. Homeyer)

Brief 34

NUNTIATURA APOSTOLICA

Nr. 15.360

Bonn 2, den 25. Juli 1983

Sehr geehrter Herr Dr. Freise!

Sie haben mir in Ihrem Brief vom 16. d.M. freundlicherweise das anläßlich Ihres Besuches hier in der Nuntiatur vorgetragene Anliegen nochmals schriftlich unterbreitet. Dafür danke ich Ihnen bestens.

Nach mir auf meine inzwischen unternommenen Erkundigungen bislang zugegangenen Informationen unterstehen die Friedhöfe in den von Ihnen besuchten Gegenden tatsächlich den staatlich-politischen Verwaltungen und nicht den jeweils örtlichen Kirchengemeinden. Ich werde mich jedoch darum bemühen, daß durch die guten Verbindungen, die zwischen den beiden Bischofskonferenzen bestehen, das Anliegen der Friedhöfe nicht in Vergessenheit gerät, insbesondere auch als ein weiteres Zeichen, das auf Aussöhnung und gegenseitige Vergebung zwischen Deutschen und Polen hinweisen soll.

Nach meinem Dafürhalten sollten Sie dennoch auch Ihre Möglichkeiten nützen, Ihre politischen Freunde zu bewegen, ihren guten Einfluß geltend zu machen und um Bereinigung des beschriebenen Übelstandes hinzuwirken.

Mit allen guten Wünschen und mit einem freundlichen Gruß verbleibe ich

Ihr

Guido Del Mestri

Apostolischer Nuntius

Herrn
Dr. Manfred Freise
[redacted]
[redacted]

Brief 35

GUSTAV W. HEINEMANN

[redacted] 25. Juni 1975

Herrn
Dr. Manfred Freise
[redacted]

Lieber Herr Freise!

Herzlichen Dank für Ihren Brief vom 17. Juni 1975, mit dem Sie eine fast schon offenstehende Tür noch einmal bewegen. Ich habe am 28. April d. J. zusammen mit meiner Frau Herrn Staatssekretär Gaus in seiner Ostberliner Residenz besucht und mit ihm verabredet, zu späterer Zeit mit unseren beiderseitigen Ehefrauen zwei oder drei Tage durch die DDR zu reisen. Das steht also ohnehin bevor, wenngleich es bisher noch nicht möglich war, eine genaue Terminabrede zustande zu bringen.

Meine Frau hat übrigens am 29. April zusammen mit Frau Gaus Potsdam besucht und sich dort alles Interessante wieder vorführen lassen.

Zu Ihrem Untergartenschwimmbad beglückwünsche ich Sie. Ich weiß, was das bedeutet und wünsche Ihnen ohnehin gute Gesundheit für Ihre große Arbeit. Meine Frau ist zur Zeit auf der Rückreise von Kiel, wo ihr der Kulturpreis der Stadt Kiel verliehen worden ist.

Wir grüßen Sie herzlich von Haus zu Haus.

Ihr

Heinemann

Brief 36

[redacted]

DR. MANFRED FREISE

53 BN-BAD GODESBERG, den 17. Juni, 1975

[redacted]

Herrn
Bundespräsident Dr. G. HEINEMANN
[redacted]

Lieber Herr P r ä s i d e n t !

Diesen überholten" Feiertag " wollte ich sinnvoll nutzen, einmal und das ist geschehen , durch Pat. Behandlungen und durch diesen Brief.

Vor Antritt Ihres Amtes hatten Sie einen privaten Besuch in der DDR geplant. Kiesinger und Kabinett hatten damals Einwände.

Heute werden die damaligen Bedenken nicht mehr bestehen, und niemand wird Ihnen das Visum verweigern. Wenn es Ihnen und Ihrer Gattin jetzt gesundheitlich relativ gut geht, könnten Sie diesen Sommer auch für eine solche Reise nutzen?

Nach Besprechung mit kompetenten Freunden und Bekannten , die dem Plan uneingeschränkt zustimmten und ihm sehr gut fanden , könnte man sich die Reise vielleicht so vorstellen:

Sie und Ihre Frau reisen mit ?? (z.B. Golo Mann , z.B. Gollwitzer oder einem anderen "neutralen" -nicht politischen Freund - womit ich meine nicht politisches Amt aktiv -) für 5 Tage bis eine Woche in die DDR , ohne Journalisten von hier , vielleicht nur mit einer einzeiligen Fernsehankündigung am Vorabend der Abreise.
Zur Entkrampfung des derzeitigen Verhältnisses wäre Ihr Interesse z.B. am neuen Zivilgesetzbuch und Einrichtungen des Bildungswesens hilfreich und Besuche Ihrer Frau in Kunstausstellungen und in Stätten des Gesundheitswesens und Heimen der Kirchen, gäben den Leuten drüben Gelegenheit der Selbstdarstellung.

Ihr Interesse zu sehen und als Ausdruck der Zusammengehörigkeit, von vielen Bewohnern der DDR auch gesehen zu werden - ohne "Willy, Willy" Effekte, beides wird nicht ohne Wirkung sein.
Jeder , hier wie dort , weiss, dass mit Ihnen niemand kommt, der publicity sucht, ohne persönliche Ambitionen und frei vom politischen Tagesgeschäft - nur um der Menschen und der Sache willen.

Ich bin überzeugt, dass der Versuch, die Dinge so etwas in Bewegung zu bringen, für beide Seiten dienlich sein möchte.

Ein persönliches Wort zum Abschluss: Die Freisen haben sich ein Untergartenschwimmbad einbauen lassen. Wenn auch die Vorräume fertig und eingerichtet sind -dürfen wir Sie einladen? Der Gedanke kam vom Schwiegersohn Manfred - ich habe ihn gern aufgenommen.

Herzliche Grüsse -von Haus zu Haus -

Ihr [signature]

Brief 37

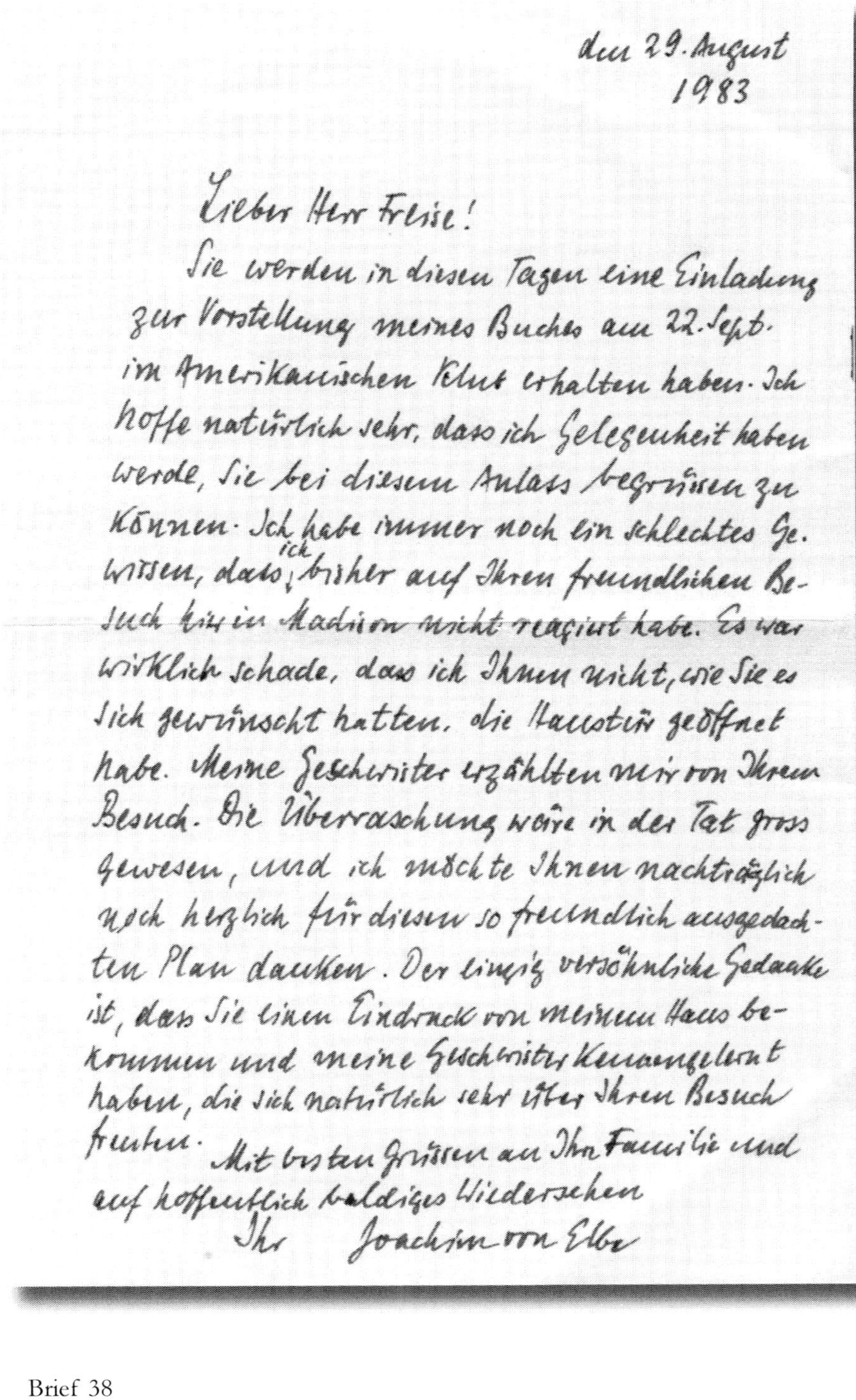

den 29. August
1983

Lieber Herr Freise!

Sie werden in diesen Tagen eine Einladung zur Vorstellung meines Buches am 22. Sept. im Amerikanischen Klub erhalten haben. Ich hoffe natürlich sehr, dass ich Gelegenheit haben werde, Sie bei diesem Anlass begrüssen zu können. Ich habe immer noch ein schlechtes Gewissen, dass ich bisher auf Ihren freundlichen Besuch hier in Madison nicht reagiert habe. Es war wirklich schade, dass ich Ihnen nicht, wie Sie es sich gewünscht hatten, die Haustür geöffnet habe. Meine Geschwister erzählten mir von Ihrem Besuch. Die Überraschung wäre in der Tat gross gewesen, und ich möchte Ihnen nachträglich noch herzlich für diesen so freundlich ausgedachten Plan danken. Der einzig versöhnliche Gedanke ist, dass Sie einen Eindruck von meinem Haus bekommen und meine Geschwister kennengelernt haben, die sich natürlich sehr über Ihren Besuch freuten.

Mit besten Grüssen an Ihre Familie und auf hoffentlich baldiges Wiedersehen

Ihr Joachim von Elbe

Brief 38

DIE WELT

UNABHÄNGIGE TAGESZEITUNG FÜR DEUTSCHLAND

Dr. Herbert Kremp

Herrn
Dr. Manfred Freise
[redacted]

[redacted]

Bonn, 24. Januar 1983

Sehr geehrter Herr Dr. Freise,

heute sprach ich mit unserer Verlagsabteilung, um herauszufinden, in welcher Weise Ihre Anzeigeninitiative Unterstützung finden könnte.

Ich persönlich bin nicht abgeneigt, Ihrem Gedankengang zu folgen. Im Augenblick kann aber noch niemand erkennen, ob die Zweitstimme für die FDP eine sinnvolle Investition ist.

In der vergangenen Woche sagte mir ein demoskopisches Institut, daß es hinsichtlich der FDP eine Positiv-Spirale und eine Negativ-Spirale gebe: die Positiv-Spirale beginne, wenn die FDP in der nächsten Woche 4,2 Prozent annoncieren kann, die Negativ-Spirale beginne, wenn sie in der nächsten Woche noch bei vier Prozent sitzt.

Das ist die schwierige Ausgangslage.

Da eine Anzeige in der BILD am SONNTAG, die eine Auflage von über drei Millionen hat, zu teuer ist, um sie zu bezahlen, käme eine Anzeige in der WELT in Frage, obwohl wir damit eigentlich nur die Klientel erreichen, die sowieso Kohl und Genscher wählt.

...

Brief 39 (Seite 1 von 2)

- 2 -

Mein Verlag würde eine derartige Anzeige auch aufnehmen, zeigt aber keine Neigung, sich mit dem Inhalt durch eine Rabattierung zu identifizieren.

Ich bitte dafür um Ihr Verständnis.

Gerne bereit, mit Ihnen weiter im Gespräch zu bleiben,

bin ich Ihr

- Dr. Herbert Kre

Donnerstag, 27. Januar 1983 • D *

Pflichtblatt an allen deutschen Wertpapierbörsen

Belgien 36,00 bfr, Dänemark 7,50 dkr, Frankreich 6,00 F, Griechenland 60 Dr, Großbritannien 55 p, Italien 1300 L, Jugoslawien 63,00 Din, Luxemburg 27,00 lfr

TAGESSCH

DER

POL

Emnid-Umfrage: Fünf Prozent für die FDP

Hey, **Bonn**

Die Freie Demokratische Partei ist auf dem besten Weg, ihr Tief in der Wählergunst endgültig zu überwinden. Aus einer am 18. Januar abgeschlossenen Umfrage des Meinungsforschungsinstituts Emnid geht hervor, daß sich fünf Prozent der Befragten für die FDP ausgesprochen haben. Damit liegt erstmals seit dem Bonner Koalitionswechsel im vergangenen Herbst für die Freien Demokraten wieder ein Ergebnis vor, das deren Rückkehr nach Neuwahlen in den Bundestag möglich erscheinen läßt. Dagegen setzt sich nach der Emnid-Erhebung, die die Bundesregierung in Auftrag gegeben hatte, der Negativtrend für die Grünen fort: Sie sind inzwischen bei der Fünf-Prozent-Marke angekommen. Praktisch unverändert geblieben sind die Werte für die Union und die Sozialdemokraten. Für die CDU/CSU ermittelte Emnid 47 Prozent und für die Sozialdemokratische Partei 43 Prozent.

KOMMENTAR

Bürger Trend

HERBERT KREMP

Den Auguren ist seit langem klar: Solange demoskopische Institute die Freien Demokraten unter 4,2 Prozent plazieren, trudelt die Partei in der „Negativ-Spirale" nach unten weg. Signalisiert das Meinungs-Barometer mehr als 4,2 Prozent, stößt sie in der „Positiv-Spirale" durch die Wolkendecke. Ist der zweite Fall jetzt, fünf Wochen vor der Bundestagswahl, eingetreten?

Laut Emnid haben sich mit dem 18. Januar fünf Prozent der Befragten für die FDP ausgesprochen. Die Grünen auf der anderen Seite des politischen Spektrums verlieren hingegen an Höhe. Emnid steht mit seiner Voraussage nicht allein. Das spricht auf jeden Fall für einen Trend – für den „Bürger" Trend. Nach Durchqueren einer langen Rüttel-Zone der Emotionen geht der Flug in die Normallage über. Es ist wichtig, die Gründe und die Folgen mit rationalen Mitteln zu bedenken.

Die Mehrheit der Bürger wünscht den parlamentarischen Rechtsstaat. Eine von den Grünen mehrheitlich abhängige Sozialdemokratie vermag seinen Bestand aber nicht zu garantieren. Selbst wer Hans-Jochen Vogel beste Absichten zuerkennt, kann die reißende Dynamik einer grün-roten Machtkombination in Richtung einer fremden „anderen Republik" nicht abstreiten. Die Signale sind unbestimmt und in irritierender Weise irrational. Wohin würde das Land treiben, vollzöge es den Abschied vonderbisherigenGeschichte?

Wiederum die Mehrheit der Bürger zieht eine Koalition der absoluten Mehrheit einer Partei vor. Das ist zwar kein Naturgesetz, aber eine politische Einstellung, die durch die Ausnahme bestätigt wurde. Gedanken an Machtbalance, an die relativ große Lebensdauer der bisherigen Koalitionen, an die Brennpunkte einer Ellipse, an die Diversifikation des bürgerlich wählbaren Angebots, an liberale Nuancen schwingen dabei mit. Anders wäre der Auftrieb für die schon Baumgipfel streifende FDP vernünftig nicht zu erklären. Das Führungspersonal der Mitte zeigt insgesamt betrachtet mehr Qualität und Nuance. Die Stirn ist breiter und höher – bei aller Relativität.

Schließlich spielt in der Politik die „Tageskondition" eine Rolle. In der Steuerdiskussion der Regierung hat sich die FDP in den letzten Wochen das Schwanken der Union zunutze gemacht. Lambsdorff, wohl allein gut für fünf Prozent, marschierte durch, als wolle er nach dem „weißen Wal" sehen. Entscheidungskraft ist in böigen Zeiten ein unbedingtes Erfordernis.

Brief 39 (Seite 2 von 2)

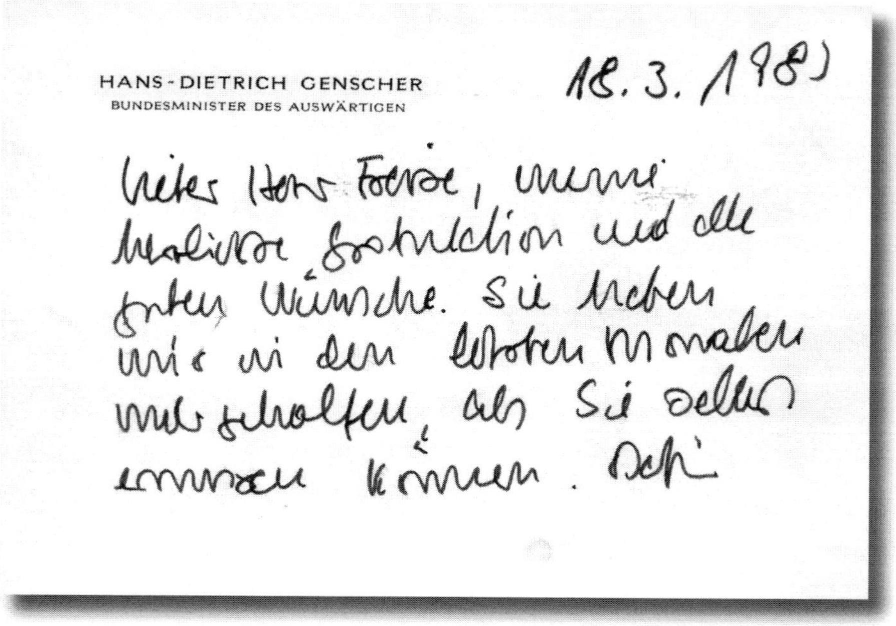

HANS-DIETRICH GENSCHER
BUNDESMINISTER DES AUSWÄRTIGEN

18.3.1983

Lieber Herr Foerster, meine herzlichste Gratulation und alle guten Wünsche. Sie haben mir in den letzten Monaten mehr geholfen, als Sie selbst ermessen können. Dafür

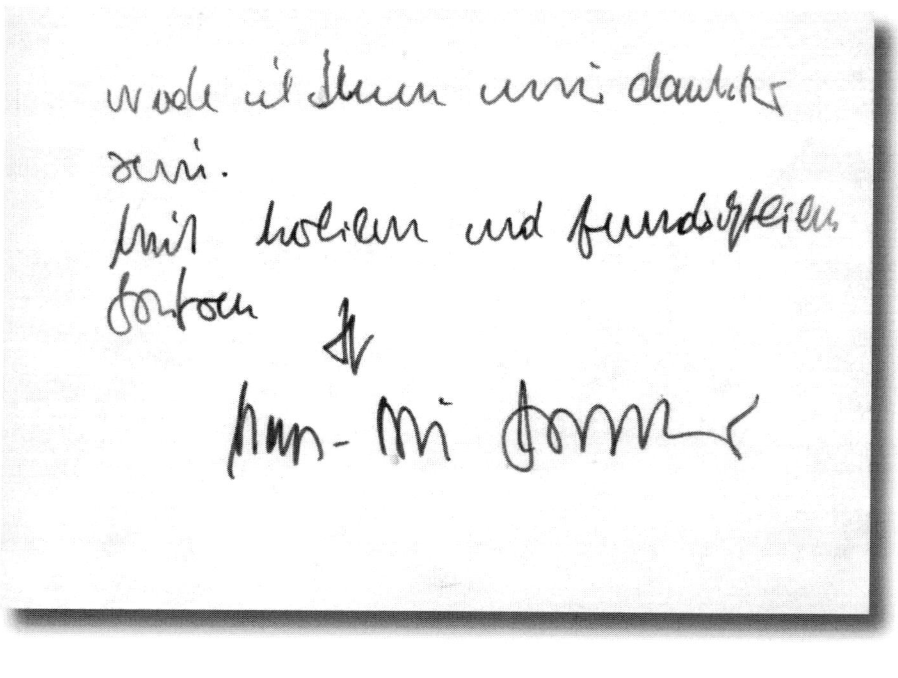

werde ich Ihnen immer dankbar sein.
Mit herzlichen und freundschaftlichen Grüßen
Ihr
Hans-Dietrich Genscher

Brief 40

HANS-DIETRICH GENSCHER
BUNDESVORSITZENDER DER F.D.P.

Herrn
Dr. Manfred Freise
Bürgerinitiative
"Macht die F.D.P.stark"
[redacted]

[redacted]

Bonn, **den 18.4.1983**

Sehr geehrter Herr Dr. Freise,

die F.D.P. hat am 6. März ein gutes Bundestagswahlergebnis und die zentralen politischen Ziele erreicht.

1. Der Freien Demokratischen Partei ist der Wiedereinzug in den Deutschen Bundestag gelungen.

2. Die Freie Demokratische Partei bleibt politisch die Dritte Kraft in unserem Lande.

3. Die Koalition der Mitte ist von 55,7 % der Wähler bestätigt worden.

Zu diesem Erfolg haben auch Sie durch Ihre Initiative wesentlich beigetragen. Dafür möchte ich Ihnen herzlich danken.

Ich würde mich sehr freuen, wenn Ihre Liberale Initiative fortbestehen würde, damit wir auch weiterhin für die Liberale Sache gemeinsam kämpfen können.

Mit meinem Dank für die geleistete Arbeit möchte ich auch die besondere Anerkennung für Ihr staatsbürgerliches Engagement zum Ausdruck bringen, auf das eine lebendige Demokratie immer angewiesen sein wird.

Mit freundlichen Grüßen

Ihr

Brief 41

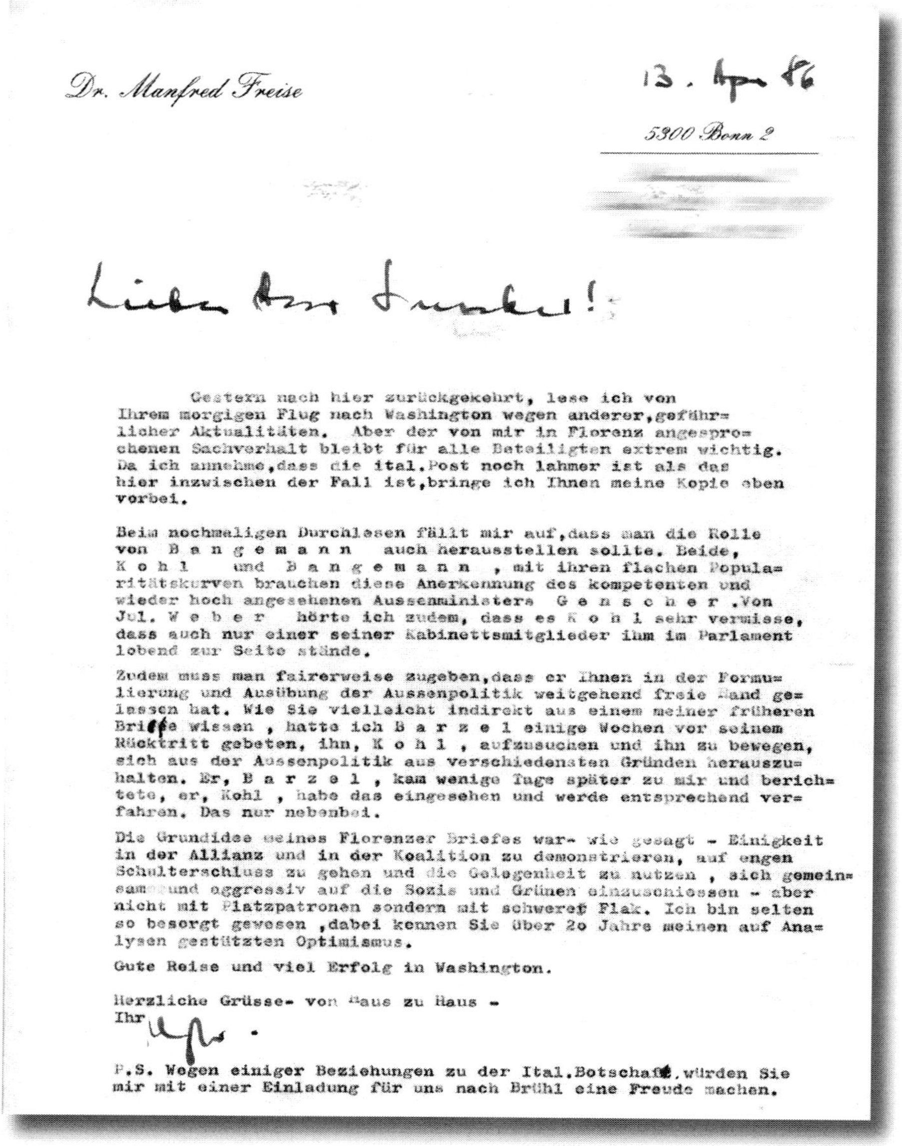

Dr. Manfred Freise

13. Apr 86

5300 Bonn 2

Lieber Herr Genscher!

Gestern nach hier zurückgekehrt, lese ich von Ihrem morgigen Flug nach Washington wegen anderer,gefähr= licher Aktualitäten. Aber der von mir in Florenz angespro= chenen Sachverhalt bleibt für alle Beteiligten extrem wichtig. Da ich annehme,dass die ital.Post noch lahmer ist als das hier inzwischen der Fall ist,bringe ich Ihnen meine Kopie eben vorbei.

Beim nochmaligen Durchlesen fällt mir auf,dass man die Rolle von B a n g e m a n n auch herausstellen sollte. Beide, K o h l und B a n g e m a n n , mit ihren flachen Popula= ritätskurven brauchen diese Anerkennung des kompetenten und wieder hoch angesehenen Aussenministers G e n s c h e r .Von Jul. W e b e r hörte ich zudem, dass es K o h l sehr vermisse, dass auch nur einer seiner Kabinettsmitglieder ihm im Parlament lobend zur Seite stände.

Zudem muss man fairerweise zugeben,dass er Ihnen in der Formu= lierung und Ausübung der Aussenpolitik weitgehend freie Hand ge= lassen hat. Wie Sie vielleicht indirekt aus einem meiner früheren Briefe wissen , hatte ich B a r z e l einige Wochen vor seinem Rücktritt gebeten, ihn, K o h l , aufzusuchen und ihn zu bewegen, sich aus der Aussenpolitik aus verschiedensten Gründen herauszu= halten. Er, B a r z e l , kam wenige Tage später zu mir und berich= tete, er, Kohl , habe das eingesehen und werde entsprechend ver= fahren. Das nur nebenbei.

Die Grundidee meines Florenzer Briefes war- wie gesagt - Einigkeit in der Allianz und in der Koalition zu demonstrieren, auf engen Schulterschluss zu gehen und die Gelegenheit zu nutzen , sich gemein= sam und aggressiv auf die Sozis und Grünen einzuschiessen - aber nicht mit Platzpatronen sondern mit schwerer Flak. Ich bin selten so besorgt gewesen ,dabei kennen Sie über 2o Jahre meinen auf Ana= lysen gestützten Optimismus.

Gute Reise und viel Erfolg in Washington.

Herzliche Grüsse- von Haus zu Haus -
Ihr

P.S. Wegen einiger Beziehungen zu der Ital.Botschaft,würden Sie mir mit einer Einladung für uns nach Brühl eine Freude machen.

Brief 42

BUNDESREPUBLIK DEUTSCHLAND
DER BUNDESKANZLER
PERSÖNLICHES BÜRO
- Persönliche Referentin -

5300 Bonn 1, 18.4.1991
[redacted]

Sehr geehrter Herr Ahle !

Herr Bundeskanzler Dr. Kohl ist Ihrem Wunsch gerne nachgekommen und hat Ihnen beigefügtes Buch mit einer Widmung versehen.
Ihr Freund Manfred Freise ist nicht nur ein excellenter Zahnarzt sondern auch ein großartiger Mensch.

Mit besten Grüßen und allen guten Wünschen für Sie

Ihre Juliane Weber

BUNDESREPUBLIK DEUTSCHLAND
DER BUNDESKANZLER
PERSÖNLICHES BÜRO

Bonn, den 22.9.1993
[redacted]

Lieber Herr Doktor Freise !

Minister Seehofer, mit dem ich heute in Sachen "Kostenerstattung....." telefoniert habe, sieht keine Möglichkeit, von dem in der Koalition gefaßten Beschluß abzuweichen.
H.D. Genscher hat in dieser Sache ebenfalls noch einmal mit Seehofer gesprochen-mit dem selben Ergebnis.
Es tut mir leid !

Beste Grüße
Ihre Juliane Weber

P.S. Nochmals danke für den netten Abend.

Briefe 43a/b

DER OBERSTADTDIREKTOR DER STADT BONN

Herrn
Dr. Manfred Freise
[redacted]

Sehr geehrter Herr Dr. Freise,

vielen Dank für die per Telefax vom 08.12.1991 übersandten Unterlagen und Ihre wertvollen Hinweise.

Auch nach der Kabinettsentscheidung vom 11.12.1991 ist noch eine Vielzahl von Fragen offen geblieben, die in wortgetreuer Umsetzung des Bundestagsbeschlusses vom 20.06.1991 geklärt werden müssen. Ich würde mich freuen, wenn wir dabei auch weiterhin mit Ihrer Unterstützung rechnen dürften.

Mit Herrn Schlaich von der Initiative "Ja zu Bonn" habe ich bereits Kontakt aufgenommen und ein erstes Gespräch geführt, das im kommenden Jahr fortgeführt und vertieft werden soll.

Ihnen und Ihren Angehörigen wünsche ich ein frohes Weihnachtsfest und uns allen ein erfolgreiches Jahr 1992.

Mit freundlichen Grüßen

Dieter Diekmann

Bonn, 18. Dezember 1991

Brief 44

Briefe an die Herausgeber

Seite 8 / Mittwoch, 23. Mai 2007, Nr. 118

Willy Brandts Vermächtnis: Bonn und Berlin

Zum Leitartikel von Günter Bannas „Bundeshaupt- und Bundesstadt" (F.A.Z. vom 25. April): Es ehrt Leser Friedrich Hagemann aus Berlin, wenn er zum oben genannten Thema schreibt: Wir sollten „Wort halten" und „Pacta sunt servanda" (F.A.Z. vom 12. Mai). Unter diesem Leitsatz hat Wolfgang Schäuble seinen 103 Seiten umfassenden Bericht über die fortdauernde Aufgabenteilung zwischen Berlin und Bonn verfassen lassen. Pacta sunt servanda: Das war auch die stetige Formel seines ehemaligen Vorgängers im Amt, Hans-Dietrich Genscher, der wie er, obwohl Bonner Bürger, Mitverfechter des Berlin-Antrages von 1991 war. Wenn die „Totalumzügler" nach der Devise „Stark behauptet ist halb bewiesen" darauf setzen, sie könnten auch diese beiden politischen Ikonen irgendwann überstimmen, dann irren sie sich gewaltig. Das nicht nur wegen deren Glaubwürdigkeit, sondern auch wegen der Tatsache, dass das Bonn-Berlin-Gesetz auch die Handschrift unseres hochgeschätzten Mitbürgers trägt. Willy Brandt sprach mehrfach von der „Hauptstadtpartnerschaft" zwischen Bonn und Berlin. Am 14. März 1990 sagte er in einem Interview mit dem Bonner „General-Anzeiger": „... Mein Interesse ist es aber, an etwas mitzuwirken, das Berlin nicht außen vorlässt, was aber auch nicht eine Lösung ist, die überwiegend und einseitig zu Lasten von Bonn ginge. Denn wir haben Platz für mehr als einen Ort, für die Regierung und die anderen Instanzen, ganz abgesehen davon, dass natürlich in Bonn eine Menge investiert worden ist, was nicht einfach in den Sand geschrieben werden darf." Aber ebendies hört man in diesen Tagen in Berlin. Wegen „mangelhafter Effektivität" kommt jetzt die groteske Formel: Da es, nach dem Totalumzug nach Berlin, in der Tat keinen Bedarf für die etwa 240 000 Quadratmeter bundeseigener Büroflächen in Bonn gebe, bleibe nur die Lösung des Flachmachens mit den Abrissbirnen. Ja, das gelte auch für das im letzten Jahr für 100 Millionen Euro renovierte Ministerium für Bildung und Wissenschaft, auch für den Neubau des Gesundheitsministeriums in Bonn-Duisdorf und natürlich auch für das frühere Außenministerium im Zentrum von Bonn. Bonn lebt seit Gründung der Bundesrepublik Deutschland von diesen Strukturen. Der Abriss würde einen Dominoeffekt haben. Von den sehr gravierenden Folgen für die Stadt und die Region einmal abgesehen: Bonn–Berlin, das ist Geschichte; da greift man nicht ein. In dreißig bis vierzig Jahren kann man weitersehen.

Dr. Manfred Freise, Bonn

24.Mai durch Faxübertragung

Lieber Herr Genscher,

ich hatte übrigens Dr.Kissinger dringend empfohlen, im Nahen Osten - auf der Basis des Genfer Abkommens - publizistisch in die Offensive zu gehen.Auch mit der Empfehlung alle Siedlungen in den besetzten Gebieten zu räumen und intakt für die Ansiedlung palästinensischer Flüchtlinge zu übergeben.Er kannte das Toynbee Papier und meinen Beitrag EINE GENERATION VERSUCHT DEN NAHEN OSTEN ZU DOMINIEREN. Grosser hatte mir aufgetragen,ihn wissen zu lassen,dass er voll hinter der BERLINER ERKLÄRUNG stände.

Herzliche Grüße von Haus zu Haus

Ihr

Brief 45

KARL CARSTENS

[redacted]

16. Mai 1991

Herrn
Dr. Manfred Freise
[redacted]

Sehr geehrter Herr Dr. Freise,

für Ihren Brief vom 14. Mai mit der Bitte unseres verstorbenen Freundes Victor Preusker danke ich Ihnen herzlich.

Ich werde sie dort zur Sprache bringen, wo es mir im Sinne des Verstorbenen zu liegen scheint. Ferner denke ich daran, die Parteivorsitzenden Kohl und Waigel und die Fraktionsvorsitzenden Dregger und Bötsch davon zu unterrichten.

Mit freundlichen Grüßen

Karl Carstens

Brief 46

Dr. h. c. Kai-Uwe von Hassel
Bundestagspräsident a. D.

Bonn, den 17. April 1990
Präs/Ge

Sehr geehrter Herr Dr. Freise!

Für die Papiere, die Sie mir zuleiteten, danke ich sehr. Ich habe sie sorgfältig studiert. Ihre Auffassung teile ich weithin, aber nicht in vollem Umfang.

Ich möchte Ihnen daher einige Bemerkungen zu Ihren Kompromißüberlegungen mit der Bitte darlegen, daß Sie diesen Gedankengängen noch einmal Ihre besondere Aufmerksamkeit zuwenden.

Zunächst einmal dieses: Das Argument von Karl Carstens ist mir bekannt. Im Ältestenrat der CDU, den Carstens leitet, habe ich meine Überlegungen zur Hauptstadtfrage dargelegt; Carstens teilt meine Auffassung, macht jedoch sehr nachdrücklich darauf aufmerksam, daß eine Hauptstadt Berlin so lange ohnehin nicht in Frage käme, wie die sowjetische Besatzungsmacht im Umfeld Berlins und in der DDR verbleibt.

Diese Argumentation ist gegenwärtig sicher hilfreich. Sie läßt aber offen, wenn sie Hauptargument für unsere Meinung ist, daß nach Abzug der Russen die Frage der Hauptstadt neu auf die Tagesordnung kommen könnte. Und da ich davon ausgehe, daß die Sowjets in wenigen Jahren die DDR und Polen räumen werden, befürchte ich, daß die Befürworter Berlins das ganze Thema dann sofort wieder hochbringen und dann leicht eine Chance haben, ihr Ziel doch noch zu verwirklichen, wenn der wesentlichste Grund unserer Gegenargumentation entfallen sein wird.

Zum Zweiten: Meine gesamte Argumentation geht dahin, daß man nicht davon spricht, daß es zunächst keine Hauptstadt Berlin geben darf und das im einzelnen begründet, sondern daß Berlin auch in Zukunft nicht Hauptstadt sein wird. Man muß also die Argumentation so aufbauen, daß bei einem Fortfall unserer <u>heutigen</u> Argumente das Thema alsdann leichter lösbar wäre. Sie

Brief 47 (Die zweite Seite ist aus Platzgründen nicht abgedruckt)

LOTHAR SPÄTH
Ministerpräsident

Stuttgart, 19. April 199o

Sehr geehrter Herr Dr. Freise,

herzlichen Dank für Ihren Brief vom lo.d.M. zur Frage der Hauptstadt-Diskussion.

Ich will nicht bestreiten, daß ich gefühlsmäßig stark die Stadt, die Symbol des geteilten Deutschlands war, auch gerne neu geeinigt als Hauptstadt des neuen vereinigten Deutschen Bundesstaates sehen würde.

Ich will mich aber Ihren Überlegungen nicht verschließen und meine vor allem, die Frage sei gegenwärtig noch nicht diskussionsreif. Was übrigens aus Ihren Darlegungen und den mir freundlicherweise übersandten Beiträgen, auch von Herrn Bundespräsident a.D. Karl Carstens und dem FDP-Vorsitzenden, Herrn Wirtschaftsminister a.D. Graf Lambsdorff, sichtbar wird.

Ich verspreche Ihnen jedenfalls, daß ich mich sehr intensiv mit Ihren Überlegungen beschäftigen werde.

Mit besten Grüßen
Ihr

Brief 48

Lieber Dr. Kissinger !

Der Inhalt des Vortrages von Dr.M.Wolffsohn deckt sich leider mit meinen eigenen Beobachtungen und Befürch - tungen .
Bedauerlich , daß die jüngere , nicht beteiligte Generation jetzt in die Schußlinie kommt und unsere Beziehungen zu Ame - rika darunter leiden werden .
Ich meine, das müßte angesprochen werden , in Amerika am besten von Ihnen .

Herzliche Grüße , bis zum 25.Mai in Hamburg.

Ihr,

P.S. Danke für Ihren Brief. Don't bother to reply this one.
Fr.

Brief 49

JOHANNES RAU
MINISTERPRÄSIDENT
DES LANDES NORDRHEIN-WESTFALEN

Spiekeroog, 9. April 1998

Herrn Dr. Manfred Freise
[redacted]

[redacted]

Lieber Herr Freise,

Sie wissen ja, daß ich Ihnen bei meinem Telefongespräch nach Bielefeld dringend geraten hatte, sich doch nicht der Mühe einer Reise nach Spiekeroog zu unterziehen. Daß Sie dann diese Reise doch gemacht haben und mir nun auch noch einmal einen Brief schreiben, bewegt mich sehr und ich möchte Ihnen herzlich danken für die Treue und für die Anteilnahme, die Sie gezeigt haben. Vieles von dem, was wir miteinander erörtert haben, leuchtet mir ein und will ich zu bedenken versuchen, wenn nächste Schritte zu gehen sind. Ob das und inwieweit das für den Parteitag in Leipzig zutrifft oder zutreffen kann, vermag ich gegenwärtig noch nicht einzuschätzen.

Mir liegt heute nur daran, Ihnen noch von der Insel aus meinen herzlichen Dank zu sagen und gute Wünsche für Sie in allem, was Sie tun und vorhaben. Daß ich gelegentlich von Ihnen höre, dessen bin ich sicher!

Mit herzlichen Grüßen, denen meine Frau sich anschließt,
bin ich Ihr

Johannes Rau.

Brief 50

JOHANNES RAU
MINISTERPRÄSIDENT
DES LANDES NORDRHEIN-WESTFALEN

Düsseldorf, 20. April 1998

Lieber Herr Freise,

ich will auch nach dem Parteitag noch einmal kurz schreiben - Sie werden vielleicht bei Phoenix oder ntv die Dramaturgie mitbekommen und dann sehr schnell erkannt haben, daß für einen Redebeitrag von mir keinerlei Chance bestand. Gleichwohl werde ich den einen oder anderen der Gedanken, die Sie mir nahegebracht haben, in den nächsten Tagen und Wochen verwenden und aussprechen, wo immer das möglich ist.

Ich möchte Ihnen für Ihre Mühewaltung noch einmal herzlich danken und begebe mich jetzt ans Aufräumen und Abwickeln...

Mit freundlichen Grüßen
bin ich
Ihr

Brief 51

Dr. Manfred Freise [redacted] *53177 Bonn*

[redacted]

Herrn Bundeskanzler
Dr.Helmut K o h l
über Frau Juliane W e b e r
Persönliches Büro
[redacted]

27.April,1998

Sehr geehrter Herr Bundeskanzler,
lieber Herr Doktor K o h l ,

wie angekündigt , hat heute ein intensives Gespräch mit Herrn B u b i s wegen des geplanten Holocaust Mahn=mals stattgefunden.
Nachdem das Für und Wider anderer Ausführungen - auch an anderen Orten -durchgesprochen und schließlich verworfen wurde, konzentrierte sich das Gespräch auf Berlin und die Ausführung der Herren Eisenman und Serra.
Herr Bubis führte aus, daß er Ihnen schon früher die anderen Orts angestellten Bedenken - wegen der Zahlen und Größen - als zutreffend vorgetragen hätte.
Seine Lösung sei die der reduzierten Zahlen (von 4000 auf 1000) und wohl auch die Anpassung der geplanten Höhen von 7,50 Metern auf die nachbarschaftliche Bebauung.Nach seiner Vorstellung ständen die Stelen im Zentrum eines Hains. Das müßte die bisher vorgebrachten Bedenken zerstreuen und eine Entscheidung jetzt möglich machen. Er, Herr B u b i s , kön=ne auch mit einem Nein für das ganze Vorhaben leben.

Mein Kommmentar: Das wäre ein guter Kompromiß.
Ich würde die Zahl wahrscheinlich noch mehr reduzieren.
Auf der Vorderseite der Stelen der ersten Reihe würde ich die Namen der bekannten europäischen Vernichtungszentren anbringen.Die dahinter Liegenden, Unbeschrifteten - ständen für die Stätten des unbekannten Grauens. Wer will,kann sich in ihnen symbolisch da der ungekannten, unbenannten 1.5 bis 2 Millionen Juden aus der früheren Sowjetunion erinnern.

Eingefaßt in einem kleinen Hain, als organische Fortsetzung des Tiergartens,dann wirkt das nicht mehr wie ein,die Um=gebung erschlagender Fremdkörper.

[redacted] · *53135 Bonn*

Brief 52 (Seite 1 von 2)

- 2 -

Und wenn am Eingang des Parks ein Hinweis steht, dieses sei ein Ort des Gedenkens an unschuldige Opfer, Männer, Frauen und Kinder, mit der Bitte um Respekt für das Andenken der Toten, dann würde das die Zahl der Respektlosen reduzieren. Die Zahl der unbelehrbaren Schmierer würde des Nachts durch einen Wachmann und am Tage durch ein/zwei Gärtner entschuldbar niedrig gehal= ten.

Dieser Lösung kann ich zustimmen.

Sollten Sie sich dafür entscheiden, möchte ich empfeh= len dürfen, bei der Bekanntgabe auf diese entscheidenden Veränderungen hinzuweisen.
Kranzniederlegungen würde ich ausnahmslos auf die „Neue Wache" beschränken.

Mit freundlichen Grüßen

c.c. Herrn
Ignatz B u b i s
Vorsitzender des
Zentralrats der Juden
in Dutschland

F r a n k f u r t

Lieber Herr R a u ,

haben Sie Dank für Ihren Brief vom 20. April.
Es war schon bei Beginn des Parteitags sichtbar, daß für Sie ein Redebeitrag keine Chance hatte.
Wir sprachen in Spiekeroog über das Schicksal des Holo= caust Mahnmals. Es war möglich gewesen, die für die vergange= ne Woche angesetzte Entscheidung, mit dem Hinweis auf das heutige Gespräch mit Herrn Bubis, auszusetzen.
In Sachen Nahostgipfel hatte sich Herr Netanyahu geweigert, an einem solchen Treffen teilzunehmen. Lange wird er das nicht durchhalten können. Er wird nach Washington GEHEN MÜSSEN.

Nur Gutes!

Brief 52 (Seite 1 von 2)

Martin Hohmann
Mitglied des Deutschen Bundestages

Bundeshaus
[redacted]

Martin Hohmann, MdB · Bundeshaus, · 53113 Bonn

Herrn
Dr. Manfred Freise
[redacted]

Bonn, den 18. Juni 1999

Sehr geehrter Herr Dr. Freise,

die gestrige Begegnung mit Ihnen hat mich sehr beeindruckt. Sie haben sich mit großer Kompetenz, aber auch mit viel Mut das Ziel gesetzt, beim Problem Holokaust-Mahnmal den wirklichen, den langfristigen Interessen unseres Landes zu dienen. Hoffentlich eint uns bald der gemeinsame Erfolg.

Anliegend wie versprochen zwei Exemplare des neuen Kürschners.

Mit freundlichen Grüßen

Ihr
Martin Hohmann

Brief 53

Karl-Günther von Hase
Staatssekretär a.D.

Bonn, 2.08.00

Herr
Bundeskanzler a.D. Helmut Schmidt
ZEITVERLAG Gerd Bucerius GMBH

2 0 0 7 9) HAMBURG

Sehr verehrter Herr Bundeskanzler,

Die Diskussion um das geplante Holocaust Mahnmal beschäftigt und bedrückt mich sehr. Ich hoffe, dass es noch nicht zu spät ist, sich dazu zu äußern.
Um Ihre Zeit nicht zu sehr in Anspruch zu nehmen, darf ich mich kurz fassen und Sie auf das Schreiben des Dr. Manfred Freise an Sie vom 5. Juli 2000 hinweisen. Ich stimme im Ergebnis voll mit den in diesem Schreiben geäußerten Bedenken und Anregungen überein.
Zur Person des Herrn Dr. Freise, der Ihnen wie ich weiß, bekannt ist und Ihr Vertrauen genießt, erübrigt sich eine Stellungnahme meinerseits. Ich habe die Ehre, ihn auch seit vielen Jahren zu kennen und weiß mich mit ihm in vielen parteipolitisch übergeordneten Fragen von nationaler und internationaler Bedeutung einig.
Ich würde mich sehr freuen, sehr verehrter Herr Bundeskanzler, wenn meine Stellungnahme zur Aktivierung des Einspruches gegen das Holocaust Denkmal- in der jetzt beschlossenen Form – beitragen könnte.

Ihr sehr ergebener

Karl-Günther von Hase.

Brief 54

Karl-Günther von Hase
Staatssekretär a. D.

[redacted]

Bonn, 7.Oktober 2000

Herrn

Regierenden Bürgermeister
Eberhard Diepgen
Berliner Rathaus
10173 Berlin

Sehr geehrter Herr Regierender Bürgermeister,

Ich darf Sie davon unterrichten, daß ich mit Herrn Dr. Freise, in Sachen Revidierung des leidigen Mahnmalbeschlusses, engagiert bin.
Ich stimme <u>im Ergebnis voll</u> mit den bisher geäußerten Bedenken und Anregungen überein. So auch mit dem Inhalt des mir heute übermittelten Manuskripts (Anl.). Meines Erachtens geht von dem jetzt durch den Bundestag beschlossenen Mahnmal nicht die für uns Deutsche notwendige Mahnung aus. Es provoziert wegen seines Umfanges Kritik. Die an unser Inneres gerichtete Mahnung wird – wenn überhaupt – erst in zweiter Linie angesprochen.

Ich hatte mich, nach Bekanntwerden des erwähnten Briefes von Herrn Cramer an Herrn Dr. Freise, telefonisch eingeschaltet. Daraufhin kam es zu dem Anruf von Herrn Cramer an Dr. Freise, in dem Ernst Cramer empfahl, in dieser Sache nicht aufzugeben. Er regte eine verkürzte Fassung des damals vorliegenden Schriftsatzes an.

Ich habe den Vorzug, Herrn Dr. Freise seit vielen Jahren zu kennen, als einen Patrioten alter Schule, dessen Analysen und Aktionen über Jahrzehnte in der Regel aufgegangen sind.

Mit besten Grüßen
Ihr sehr ergebener

Karl Günther v. Hase

Brief 55

ERNST CRAMER
IM HAUSE
AXEL SPRINGER VERLAG

19. September 2000

Sehr geehrter Herr Dr. Freise,

haben Sie vielen Dank für Ihre Zeilen vom 10. September. Ganz besonders aber bedanke ich mich für die mir zugeeigneten Überlegungen von Daniel Hofmann. Dass Sie damals eine Art Hebammenrolle spielten, war mir bislang unbekannt.

Beim Regierungswechsel 1998 war alles ja viel einfacher. Da haben die Wähler die bisherige Koalition abgewählt. (Ob sie bekommen haben, was sie wollten, ist eine andere Frage.)

Ihre Gedanken zum Holocaust-Mahnmal habe ich mit Interesse gelesen. Ich habe sie an Redaktionen unseres Hauses weitergereicht. Auf mögliche Veröffentlichungen nehme ich schon seit längerer Zeit keinen Einfluss mehr.

Brief 56 (Seite 1 von 2)

- 2 -

Dass der Bundestag sich des Themas „Mahnmal für die ermordeten Juden“ angenommen hat, finde ich gut, auch wenn ich mir eine andere Entscheidung gewünscht hätte. Ob und wie man in diesem Fall das Rad der Geschichte, das nun einmal ins Drehen gekommen ist, noch aufhalten oder zumindest bremsen kann, weiß ich nicht. Ich befürchte nur, dass das Mahnmal, wenn es so wie geplant gebaut wird, in wenigen Jahrzehnten der Spitzhacke zum Opfer fallen dürfte. Man sollte eben bei solchen Plänen nicht nur an die Vergangenheit und die Gegenwart denken, sondern auch an die Zukunft.

Nochmals vielen Dank und freundliche Grüße

Herrn
Dr. Manfred Freise
[redacted]

[redacted]

Brief 56 (Seite 2 von 2)

Dr. Manfred Freise

53177 Bonn
[redacted]

z. Zt. Büro Abgeordneter
Martin Hohmann
[redacted]

Herrn
Prof. Ernst Cramer
[redacted]

Berlin, den 7. Februar 2002

Lieber Herr Cramer,

Herr Martin Hohmann, CDU-Bundestagsabgeordneter aus dem Wahlkreis Fulda, mein Mitstreiter in Sachen Mahnmal, wollte Ihnen die gute Nachricht selber überbringen, hörte aber, dass Sie zur Zeit in Urlaub sind. Laut EMNID-Umfrage, haben sich 72 Prozent der Bevölkerung für die erste der drei Fragen entschieden. Das heißt: Das Mahnmal soll **allen Opfern des Nationalsozialismus** gewidmet werden. Weitere Mahnmale sollen in Berlin nicht errichtet werden. Das entspricht Ihren jahrelangen Forderungen: **„Wir sollten die Opfer nicht trennen. Noch ist es nicht zu spät, ein Mahnmal für alle Gruppen zu schaffen."**

Das Umfrageergebnis liegt bis zum 11.02. exklusiv bei Focus.

Gestern machte das ZDF drei Kurzinterviews mit Innenminister Schönbohm, Frau Edith Rohs – also known as Lea Rosh – und mit dem Bundestagsabgeordneten Hohmann zu dem Thema. Das wird am Freitag, dem 08.02., 14.00 Uhr, gebündelt gesendet.

Jetzt hoffen wir nur, dass die Herren in der SPD-Spitze die Chance ergreifen, der Mehrheit im Lande in dieser Frage zuzustimmen. Einige der Herren hatten unseren Redeentwurf offenbar so interpretiert, als ob wir den ganzen Beschluß zur Disposition stellen wollten. Nein, wir wollen nur eine Akzentverschiebung, d. h. die Umwidmung. Sie schafft Akzeptanz und Frieden in Berlin-Mitte, wie das Herr Hohmann gestern dem ZDF sagte. Ich werde Herrn Hohmann, der sich im Wahlkreis befindet, empfehlen, beim jetzt für Mitte der nächsten Woche vorgesehenen Pressegespräch darauf hinzuweisen, dass es bei der SPD wahrscheinlich nur dieser Klärung bedarf. Das läßt die Türen offen.

Ich werde gleich Frau Voigt diesen Brief und die Ergebnisse zufaxen. Sie hat mir eben zugesagt, Ihnen beides an Ihren Urlaubsort weiterzuleiten.

Herr Hohmann hat mich gebeten, auch Dr. Kissinger die wichtigsten Papiere zuzusenden.

Wie immer, freundliche Grüße

Ihr

(Manfred Freise)

c/c Dr. Henry A. Kissinger
c/c Ministerpräsident Wolfgang Clement

Anlagen

Brief 57

Dr. Manfred Freise

53177 Bonn

Herrn
Prof.Ernst Cramer
Axel-Springer-Strasse 65
10888 B E R L I N

Telefax (030) 251 / 4526

1.1.2001

Lieber Herr Cramer,

heute gilt es Ihnen gleich für zwei Briefe zu danken, einmal für die Gedenken mit den Neujahrsversen von O.B.Bierbaum, aus der „INSEL", dann für Ihr Schreiben in Sachen Holocaust- Mahnmal.

Zu Bierbaum passt die Antwort von Bonn nach Berlin, aus der Feder von Heinrich Heine. Im Godesberger Hotel ZUM ADLER schrieb er :

> „JAHRE KOMMEN UND VERGEHEN, IN DEM WEBSTUHL LÄUFT GESCHÄFTIG SCHNURREND HIN UND HER DIE SPULE . WAS ER WEBT, DAS WEISS KEINER".

Sie haben mich gebeten, Sie in Sachen Mahnmal nicht mehr zu zitieren. Ja, Sie hatten geschrieben, Sie wollten sich in der Sache „nicht mehr aus dem Fenster hängen". Ich hatte mich als Transporteur gewichtiger Aussagen – wie auch der unbekannten Vermächtnisse von Ignatz Bubis und Reinhard Lettau – verstanden, mit deren Hilfe wir die Revision des unseligen Beschlusses meinten einleiten zu können. Die Zustimmung war ermutigend.
Aber ohne die Überzeugungskraft Ihrer schwerwiegenden Argumente und ohne die Unterstützung der Springer Presse, wäre es naiv anzunehmen, das, z.B. über eine Unterschriftenaktion in Berlin, bewegen zu können. Nicht in Kenntnis der gewaltigen Ausgaben, von 1.910.800.00, die über den Kulturetat nach Berlin geflossen sind. Bei über 1,9 Milliarden gehen 49 Millionen für das Mahnmal fast unter... wenn man vergißt, wer die Rechnung zu zahlen hat und daß z.B., allein in Niedersachen, über 17 000 Obdachlose, das heisst, ohne Dach, auf der Strasse liegen.

Zu Ihrer „Stimme", sollten Sie wissen, dass die begeisterte Zustimmung zu Ihren Gedanken allgemein war und sich nicht auf Gräfin Dönhoff (Anl.) beschränkt hat. Ein Freund, aus SPD Spitze, bemerkte dazu: „Cramers Sätze einen Monat vor den Beschluss in der Springer Presse verbreitet, dann hätten wir, selbst bei diesem, qualitativ schwachen, Parlament ein anderes Ergebnis gehabt".

Brief 58 (Seite 1 von 2)

- 2 -

Ebenso bedauerlich, wie Ihre Bitte, nicht öffentlich zitiert zu werden, ist die von Schimon Peres, mit seiner Aussage, dieses geplante Mahnmal sei ein „Unsinn“, der dazu angetan sei, „ das auch für Israel notwendige Selbstwertgefühl der Deutschen, des Jahres 2000, zu lädieren“.

Ja, in der Tat, besonders mit diesem Mahnmal in Berlin, braucht die uns nachfolgende, nicht beteiligt gewesene, weitgehend uninformierte Generation unsere Hilfe, um mit ihrer Identität fertig zu werden.

Nach meinem Briefwechsel mit Herrn Blumenthal, über die Kenntnis/Unkenntnis von Helmut Schmidt, in Sachen Judenmord, hatte ich empfohlen, sich des umfassenden Materials von Franz Oppenheimer, Lew Kopelew und Theodor Eschenburgs, in geeigneter Form, in Schulen und anderen Bildungseinrichtungen zu bedienen. Diese Überlegungen fanden allerorts, bei Jung und Alt, fast begeisterte Zustimmung.

Dafür brauchen wir die Hilfen des betroffenen Helmut Schmidt und des Bundespräsidenten.

In der Situation ist es wohltuend prominente, lebenserfahrene und betroffene jüdische Vertreter, wie Ernst Cramer, Michael Blumenthal, Heinz Berggruen, Daniel Barenboim und Györy Konrad in Berlin, vor Ort, zu wissen.

In dem Sinne wünsche ich allen Beteiligten Weisheit, Mut und Kraft unserem Land und seinen Bürgern zu dienen.

Ihnen persönlich für dieses neue Jahr alles das, was Sie sich selber wünschen.

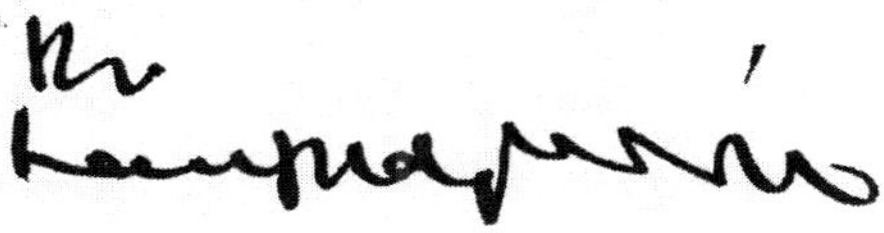

c.c. Herrn Bundespräsident
Dr. h.c. Johannes Rau,

c.c. Herrn Regierenden Bürgermeister
Eberhard Diepgen,

c.c. Herrn Staatssekretär a.D.
Karl-Günther von Hase.

Brief 58 (Seite 2 von 2)

DIE ZEIT
WOCHENZEITUNG FÜR POLITIK · WIRTSCHAFT · HANDEL UND KULTUR

Herrn
Dr. Manfred Freise
[redacted]

Dr. Marion Gräfin Dönhoff
28. Nov. 2000

Sehr geehrter Herr Freise,

Sie haben so recht mit Ihren Betrachtungen zum Mahnmal - ich kann alle Punkte unterschreiben und finde Cramers Brief sehr bewegend und goldrichtig; aber einem Aufruf möchte ich mich nicht anschließen.

Meine Geduld ist erschöpft. Die Entwicklung ist über vernünftige Lösungen hinweggegangen, jetzt kann man nur hoffen, durch Verzögerungen dieses Ungeheuer zum Erliegen zu bringen. Deshalb habe ich neulich in diesem Sinne eine kleine Glosse geschrieben, die ich beilege.

Mit Bewunderung für Ihre Zähigkeit und besten Grüßen

Marion Dönhoff

Brief 59

Helmut Schmidt

11. August 2001

Herrn
Dr. Manfred Freise
[redacted]

[redacted]

Sehr geehrter Herr Freise,

besten Dank für Ihren Brief vom 14. Juli und die Anlagen. Wie Sie aus unseren zahlreichen Briefwechseln wissen, stimme ich Ihrer kritischen Haltung gegenüber dem geplanten Holocaust-Mahnmal in Berlin zu. Gleichwohl muß es dabei bleiben, da ich mich nicht öffentlich in dieser Sache engagieren und mich deshalb auch nicht dem Aufruf anschließen möchte.

Mit freundlichen Grüßen

[redacted]

Brief 60

Dr. Helmut Kohl MdB
Bundeskanzler a.D.

10117 Berlin, den 27. November 2000
Deutscher Bundestag
[redacted]

Herrn
Dr. Manfred Freise
[redacted]

Sehr geehrter Herr Doktor Freise,

für Ihren Brief vom 22. November 2000 besten Dank.

Ich schätze Ihre Bemühungen für eine vernünftige Lösung im Zusammenhang mit der Errichtung eines Holocaust-Mahnmals sehr hoch ein. Leider muss ich Ihnen zu meinem großen Bedauern mitteilen, dass ich aufgrund meiner Erfahrungen nicht die geringste Chance sehe - angesichts der Mehrheitsverhältnisse hier in Deutschland - eine Änderung herbeizuführen.

Deshalb möchte ich mich auch an keiner neuen Aktivität beteiligen.

Mit freundlichen Grüßen

Brief 61

STIFTUNG DENKMAL FÜR DIE ERMORDETEN JUDEN EUROPAS
- Geschäftsführerin -

Dr. Sibylle Quack

Berlin, 7.12.2000

[redacted]

Herrn
Dr. Manfred Freise
[redacted]

Ihr Schreiben an Bundestagspräsident Thierse vom 29. November 2000

Sehr geehrter Herr Dr. Freise,

der Vorsitzende unseres Kuratoriums, Bundestagspräsident Thierse, hat mich gebeten, Ihnen für Ihren Brief zu danken und ihn zu beantworten. Auch Ihr Brief an Bundeskanzler Schröder wurde an mich weitergeleitet.

Die den Briefen beigefügte Zusammenstellung von eigenen Gedanken, Zitaten, Briefen und anderen Schriftstücken habe ich aufmerksam gelesen. Ich respektiere Ihre durch und durch kritische Haltung dem Denkmal gegenüber und werde gar nicht erst versuchen, Sie von der Auffassung, die der Bundestagspräsident, der Bundeskanzler wie auch die Mehrheit des Parlaments teilen, zu überzeugen. Bei der Entscheidung des Deutschen Bundestages, ein unübersehbares Denkmal für die ermordeten Juden Europas im Herzen Berlins zu errichten, handelt es sich um ein Bekenntnis der Bundesrepublik Deutschland zu ihrer historischen Verantwortung. Wie diese Verantwortung sich ästhetisch und inhaltlich manifestieren solle, darüber wurde vorher in der langjährigen Debatte um das Mahnmal trefflich gestritten. Die Exponenten der Debatte mögen nicht Ihrem Geschmack entsprechen; doch ihre Positionen und ihr Engagement gehören zur lebendigen Erinnerungskultur in Deutschland.

Bitten möchte ich Sie, als Demokrat nun die Entscheidung des Deutschen Bundestages zu akzeptieren. Sie wurde in vollem Bewusstsein der Tragweite und Bedeutung des Themas von den Abgeordneten getroffen. Ich hoffe, dass Sie Ihre Aversion allmählich verlieren werden und die große Ruhe und Würde, die das Denkmal ausstrahlen wird, eines Tages doch erleben können. Auch die eher karge, aber wohlüberlegte Ausstellung des künftigen, unter dem Denkmal angesiedelten Ortes der Information wird Ihnen helfen zu erkennen, dass Zusammenspiel und Arbeitsteilung der drei großen Institutionen der Erinnerung hier in Berlin, die im Prozess der Entstehung sind – Jüdisches Museum, Denkmal für die ermordeten Juden Europas und Topographie des Terrors – Sinn und Berechtigung haben.

Mit freundlichen Grüssen

Sibylle Quack

Brief 62

BUNDESREPUBLIK DEUTSCHLAND
DER BUNDESKANZLER

Bonn, den 28. Oktober 1996

Herrn
Dr. Manfred Freise
[redacted]

[redacted]

Sehr geehrter Herr Doktor Freise,

haben Sie vielen Dank für Ihren ausführlichen Brief vom 27. September 1996.

Sie werden gewiß verstehen, daß ich zu dem von Ihnen genannten Buch nicht Stellung nehmen möchte. Ihre Anregung, den Artikel von Lew Kopelew in der "ZEIT" im Rahmen unserer Politischen Öffentlichkeitsarbeit Ausland zu verwenden, finde ich sehr gut. Ich habe dafür Sorge getragen, daß Ihr Vorschlag an das dafür zuständige Presse- und Informationsamt der Bundesregierung weitergeleitet wird.

Mit Genugtuung entnehme ich Ihrem Brief, daß Sie die Notwendigkeit, die Entgeltfortzahlung im Krankheitsfall einzuschränken, ebenso sehen wie die Bundesregierung.

Seit der Vorlage ihres Berichts zur Zukunftssicherung des Standortes Deutschland im September 1993 hat die Bundesregierung immer wieder nachdrücklich auf die hohen Lohnzusatzkosten in Deutschland hingewiesen, die unsere Wettbewerbsfähigkeit zunehmend beeinträchtigen. Die Bemühungen der Bundesregierung um Aufklärung hierüber waren nicht umsonst; denn in der Öffentlichkeit verstärkt sich das Bewußtsein, daß ein Gegensteuern notwendig ist. Dies gilt auch für die Entgeltfortzahlung im Krankheitsfall. Ich hoffe, daß auch die Gewerkschaften sich dieser Einsicht nicht länger verschließen.

Brief 63 (Die zweite Seite ist aus Platzgründen nicht abgedruckt)

JÜDISCHES
MUSEUM
BERLIN

Prof. Dr. W. Michael Blumenthal

Herrn
Dr. Manfred Freise

4. November 1999

Sehr geehrte Herr Dr. Freise,

ich bestätige gerne den Erhalt Ihres gedankenvollen Schreibens vom 17. Oktober 1999.

Ich kann Ihnen versichern, dass ich Ihre hohe Meinung über Helmut Schmidt hundertprozentig teile. Ich schätze ihn als einen großen Staatsmann, Demokraten und als einen ganz besonderen Menschen. Wir kennen uns seit über 20 Jahren, und ich bin mir seiner hohen persönlichen Qualitäten voll bewusst.

Wie Sie richtig bemerken, ist sein Name in dem FAZ-Artikel nicht genannt. Wen ich also gemeint habe, ist daher pure Vermutung und wird es auch bleiben. Dazu kann ich aber berichten, dass ich erstaunlich viele Brief-Kommentare zu meinem Aufsatz erhalten habe, mit allgemein positiver Resonanz. Kein einziger Brief jedoch hat auch nur beiläufig auf meinen unbenannten Freund reagiert, geschweige denn ihn mit dem Altbundeskanzler Schmidt in Verbindung gebracht.

Eins muss ich jedoch energisch zurückweisen. Ich habe meinem unbenannten Freund absolut nicht eine bewusste Unwahrhaftigkeit unterstellt. Für Helmut Schmidt würde das sowieso nicht in Frage kommen. Ich habe in meinem Artikel versucht klar zu machen, wie schwierig es für uns alle mit der Erinnerung ist, und wie man sich ehrlich an manches erinnern kann, aber auch manches vergisst und nur selektiv im Gedächtnis behält.

Selbsttäuschung ist etwas ganz anderes als Unwahrheit. Unter schwierigen Bedingungen sind wir alle dessen fähig, und der Holocaust ist das denkbar schwierigste Ereignis. Aber dies sind Fragen, die wohl besser irgendwo anders debattiert werden sollten.

- 2 -

Brief 64 (Seite 1 von 2)

- 2 -

Dass die Nazizeit und die Kriegsjahre für alle schwierige Zeiten waren, ist mir natürlich vollkommen klar, und Ihre Erläuterungen dazu habe ich mit Interesse gelesen. Auch weiß ich genau, dass es von Anfang an Menschen wie Ihren Vater gab, die gegen die Nazis kämpften und bis zum Schluss versteckten Juden geholfen haben. Ich wünschte nur es hätten mehr Menschen, wie Ihr Vater, frühzeitig das wahre Gesicht der Nazis erkannt und sich gegen sie gewehrt.

Meine Aufgabe in Deutschland ist es, im Jüdischen Museum Berlin die 2000-jährige Geschichte der Juden in Deutschland mit allen Höhen und Tiefen zu zeigen. Es ist sowohl eine glorreiche wie auch tragische Geschichte. Wir wollen, dass spätere Generationen nicht vergessen, das deutsche Juden und Nichtjuden viel zusammen geschafft haben und wie wichtig die Toleranz gegenüber Minderheiten ist.

Ich verstehe Ihren Standpunkt über das Mahnmal sehr gut, habe mich aber als Ausländer prinzipiell aus dieser Frage herausgehalten, denn dieser Fragenkomplex muss von Deutschen gelöst werden.

Mit freundlichen Grüssen

W. M. Blumenthal

Brief 64 (Seite 2 von 2)

HELMUT SCHMIDT

ZEITVERLAG GERD BUCERIUS GMBH
20079 HAMBURG

3. November 1999

Herrn
Dr. Manfred Freise
[redacted]

Sehr geehrter Herr Freise,

haben Sie besten Dank für Ihren Brief vom 18. Oktober und die Anlagen, die ich mit Interesse gelesen habe. Michael Blumenthal bin ich seit vielen Jahren freundschaftlich verbunden. Er weiß übrigens, daß ich seine Interpretation in Bezug auf meine Person nicht teile. Nochmals Dank und

freundliche Grüße

Brief 65

HELMUT SCHMIDT

Herrn
Dr. Manfred Freise
[redacted]

14. Februar 2000

Sehr geehrter Herr Freise,

besten Dank für Ihren Brief vom 30. Dezember und die Anlagen. Beides erhielt ich erst jetzt, nach Beendigung eines mehrwöchigen Auslandsaufenthaltes. Ihren Briefwechsel mit meinem Freund Mike Blumenthal las ich mit Interesse.

Mit freundlichen Grüßen

[redacted]

Brief 66

Robert M. Rosenzweig

[redacted]

April 12, 1997

Dear Manfred and Ute,

I was delighted to receive your letter, although I was concerned that you thought that I might have been offended by the television show we watched. Please believe me that I have seen movies and TV programs and read books about the Nazi period and the Holocaust for many years. This one was nothing new to me, or out of the ordinary in any way. My friendship with the two of you over all these years has been the single most important reason I have been able to come to terms with the terrible crimes of the German nation during that period. It is impossible to hate a whole people when two of your dearest friends are members of it. As you know well, life is very complicated; it does not yield to simple explanations or sweeping stereotypes. Our friendship has helped me see that, and it was the key to an extensive network of other associations in Germany that have been such an important part of my life. So, stop worrying, friends. I left Bad Godesberg when I did because my plane ticket called for me to do so. As I said, I had business in London, after which I had to return home. It had nothing to do with any TV program.

It was a delight to see the two of you, especially Ute, whom I haven't seen in years. Your daughter is beautiful, and her children are, like all grandchildren, the smartest and most beautiful children in the world--except maybe for ours. Adelle is still arranging dried flowers, and I am putting the finishing touches on the editing of my book. It should be out in the Fall. Our kids are doing well. Kathryn and her children are thriving, and we see them often. David is working hard as a lawyer. We are looking forward to seeing him at Passover.

I hope to see you soon, and the next time Adelle will be with me. With warmest regards and all our love,

Bob

Brief 67

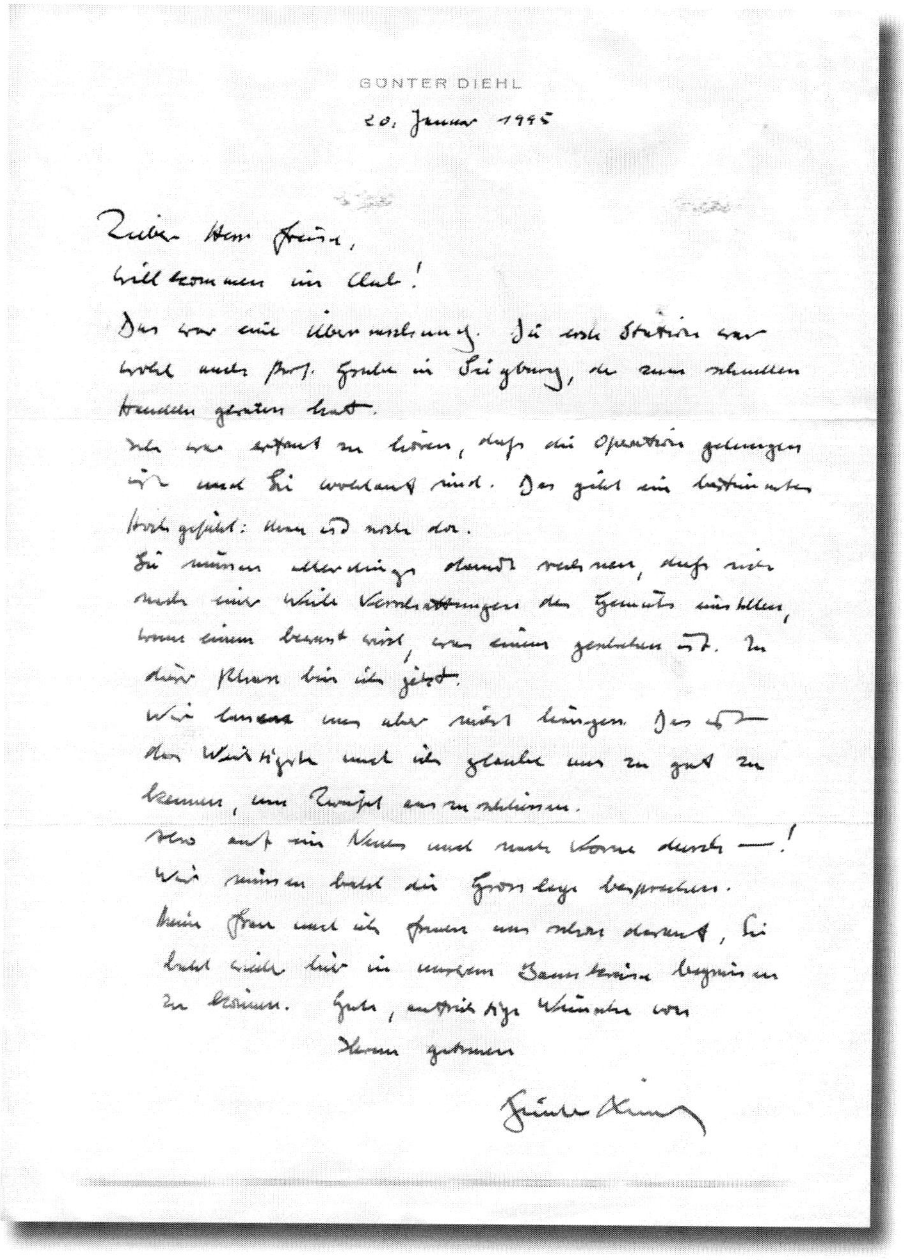

GÜNTER DIEHL

20. Januar 1995

Lieber Herr Franz,

Willkommen im Club!

Das war eine Überraschung. Die erste Station war wohl auch Prof. Grube in Siegburg, der zum schnellen Handeln geraten hat.

Ich war erfreut zu hören, daß die Operation gelungen ist und Sie wohlauf sind. Das gibt ein bestimmtes Hochgefühl: man ist noch da.

Sie müssen allerdings damit rechnen, daß sich noch eine Weile Verschattungen des Gemüts einstellen, wenn einem bewußt wird, was einem geschehen ist. In dieser Phase bin ich jetzt.

Wir lassen uns aber nicht kriegen. Das ist das Wichtigste und ich glaube uns zu gut zu kennen, um Zweifel auszuschließen.

Also auf ein Neues und nach vorne durch —!

Wir müssen bald die Grosslage besprechen.

Meine Frau und ich freuen uns sehr darauf, Sie bald wieder hier in unserem Bauernhaus begrüssen zu können. Gute, aufrichtige Wünsche von

Ihrem getreuen

Günter Diehl

Brief 68

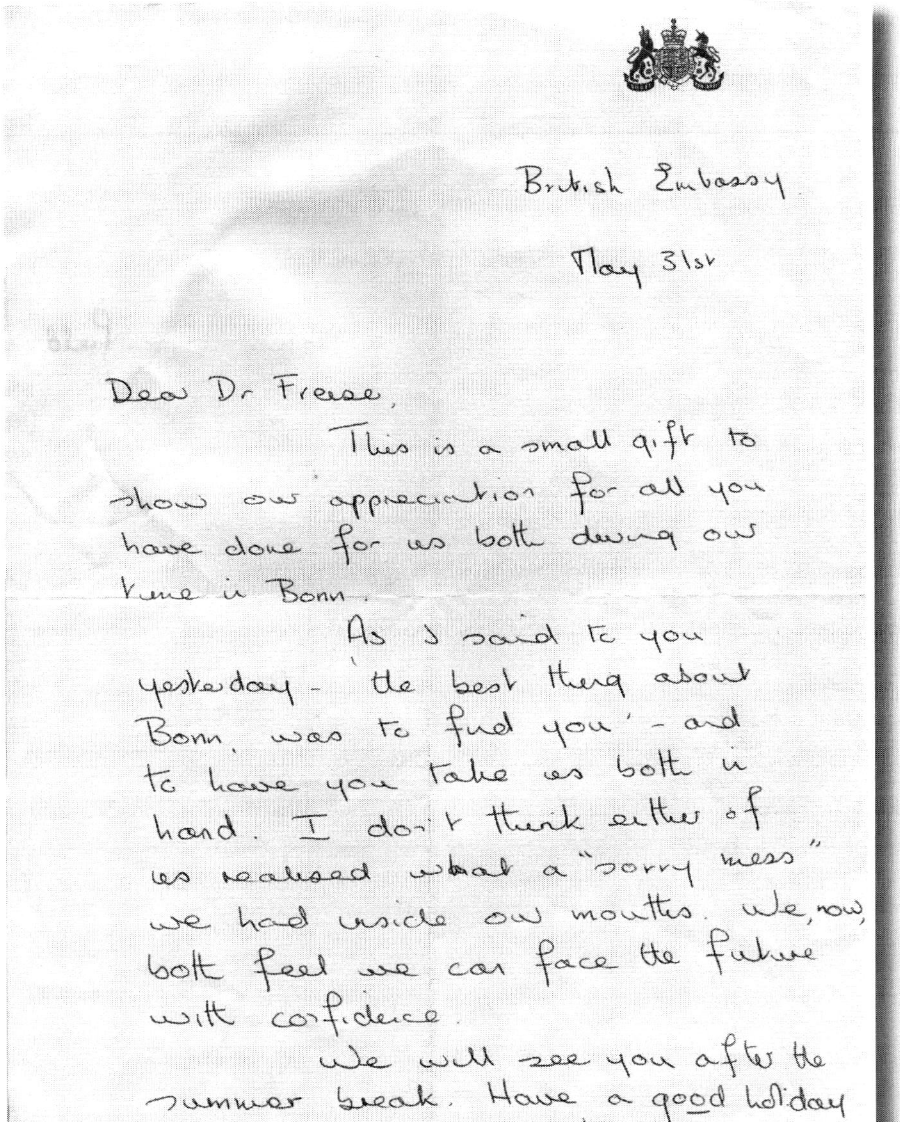

British Embassy

May 31st

Dear Dr Freese,

This is a small gift to show our appreciation for all you have done for us both during our time in Bonn.

As I said to you yesterday - 'the best thing about Bonn, was to find you' - and to have you take us both in hand. I don't think either of us realised what a "sorry mess" we had inside our mouths. We, now, both feel we can face the future with confidence.

We will see you after the summer break. Have a good holiday and a well deserved rest.

With all our best wishes + thanks and all

Brief 69 (Die zweite Seite ist aus Platzgründen nicht abgedruckt)

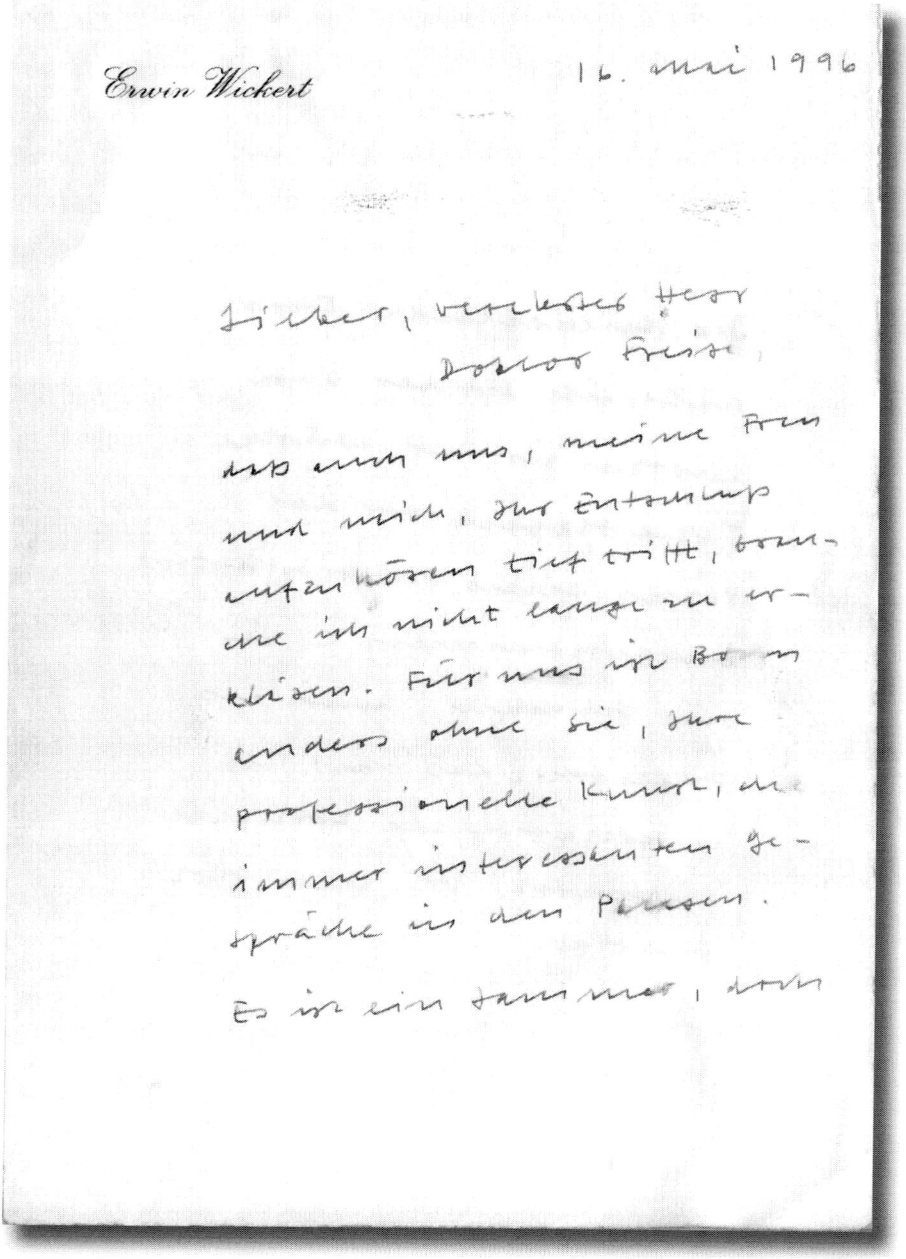
Erwin Wickert

16. Mai 1996

Lieber, verehrter Herr
Doktor Freise,

daß auch uns, meine Frau
und mich, Ihr Entschluß
aufzuhören tief trifft, brau-
che ich nicht lange zu er-
klären. Für uns ist Bonn
anders ohne Sie, Ihre
professionelle Kunst, die
immer interessanten Ge-
spräche in den Pausen.

Es ist ein Jammer, doch

Brief 70 (Seite 1 von 2)

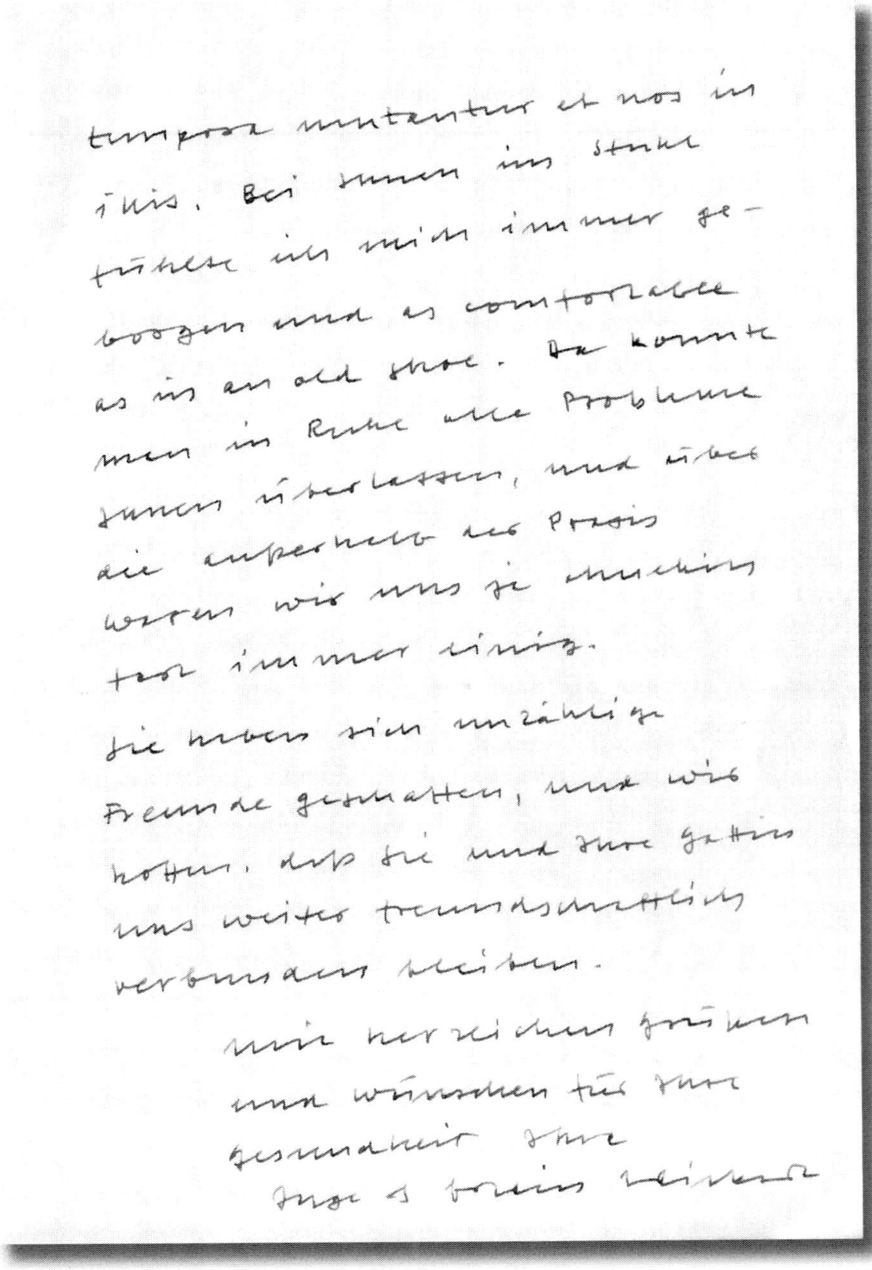
tempore mutantur et nos in
illis. Bei Ihnen im Stuhl
fühlte ich mich immer ge-
borgen und as comfortable
as in an old shoe. Da konnte
man in Ruhe alle Probleme
Ihnen überlassen, und über
die außerhalb der Praxis
waren wir uns ja ohnehin
fast immer einig.

Sie haben sich unzählige
Freunde geschaffen, und wir
hoffen, daß Sie und Ihre Gattin
uns weiter freundschaftlich
verbunden bleiben.

Mit herzlichen Grüßen
und Wünschen für Ihre
Gesundheit Ihre
Inge u. Francis Heisler

Brief 70 (Seite 2 von 2)

The Royal Institute of International Affairs

Chatham House 10 St James's Square London SW1Y 4LE
Telephone [redacted] Cables Areopagus London

Patron Her Majesty the Queen

23 April, 1974

Dear Dr Freise,

Thank you very much indeed for your kind letter to me of 14 April 1974, enclosing copies of your letter to Senator Fulbright and of King Hussein's letter to you.

I entirely agree with all the points in your proposal. The way has been opened for a genuine and lasting peace settlement by the Arabs' willingness to co-exist with Israel along permanent frontiers coinciding with the pre-1967 armistice lines. I believe all Palestinian Arabs, except for a very small intransigent minority of militant guerrillas, would accept this settlement. Like you, I think that the keys to peace are (i) to give the Palestinians a national home, however small, in which they can make a new start in life (with generous international help, I hope); (ii) to give to both Arabs and Israelis, through the presence of friendly foreign troops, the security that neither party can win for itself by military force of its own. I do hope the present opportunity will not be lost; a further military collision in the Middle East might have very grave consequences for the whole world.

On a personal point, I am much touched by the news that you give me of the kind note that was taken in Germany of my 85th birthday. I had not previously heard of this. I greatly value my relation with the German public.

Yours very sincerely,

pp. Arnold Toynbee
L.O

Arnold Toynbee

Dr Manfred Freise,
[redacted]
Germany.

Brief 71

BUNDESREPUBLIK DEUTSCHLAND
DER BUNDESKANZLER

Bonn, den 10 .Dezember 1997

Herrn
Dr. Manfred Freise
[redacted]

Sehr geehrter Herr Doktor Freise,

haben Sie herzlichen Dank für Ihren Brief vom 2. Dezember. Ihre Überlegungen habe ich mit großem Interesse zur Kenntnis genommen. Das gilt auch für den Brief von Arnold Toynbee, den ich Ihnen - Ihrer Bitte entsprechend - hiermit zurückschicke.

Mit allen guten Wünschen für die bevorstehenden Festtage

und freundlichen Grüßen

Brief 72

THE ROYAL PALACE,
Amman, Jordan,
February 22, 1969
NO. 25/3/90

Dr. Manfred Freise,
532 Bad Godesberg,
[redacted]
W. Germany.

Dear Sir,

Thank you for your kind letter of February 8th, 1969 addressed to His Majesty King Hussein.

I have been instructed by His Majesty the King to convey to you his sincerest thanks and deepest appreciation for the kind sentiments expressed in your letter.

I hope that better circumstances will permit both His Excellency Dr. Heinemann and your goodself to visit Jordan in the very near future. We will be very glad to welcome you in our country at any time.

I thank you again for all the valuable efforts you have been exerting to promote better understanding of our just Arab cause among the friendly German people. We are confident that such understanding will contribute to the achievement of a just and lasting peace in this area.

I take this opportunity to express to you the assurances of my highest consideration.

Yours sincerely,

Zaid al-Rifai

Zaid al-Rifai
Secretary-General of the Royal Court

Brief 73

L'AMBASSADEUR DE FRANCE EN ALLEMAGNE

Berlin, den 14. März 2003

Sehr geehrter Dr Freise,

mit Interesse habe ich Ihre Überlegungen zur Irak-Krise zur Kenntnis genommen.

Wie Sie sicherlich wissen, setzt sich Frankreich mit der Unterstützung vieler anderer Länder der internationalen Gemeinschaft dafür ein, dass jede Möglichkeit genutzt wird, damit eine friedliche Lösung für die Irak-Krise gefunden werden und eine wirksame Abrüstung unter Kontrolle des Sicherheitsrats erfolgen kann. Diese Lösung muss unter Achtung des Völkerrechts erarbeitet und umgesetzt werden.

Frankreich und Deutschland vertreten in dieser Frage einen gemeinsamen Standpunkt, der den Werten entspricht, die Europa infolge der Lehren aus seiner Geschichte heute in der Welt verteidigt.

Mit freundlichen Grüßen

Claude MARTIN

Herrn Dr. Manfred Freise

Brief 74

Palästinensische Generaldelegation المفوضية العامة الفلسطينية

Herrn
Dr. Manfred Freise
[redacted]

[redacted]

Bonn, den 20. März 1998

Lieber Herr Dr. Freise,

zu Ihrem 70. Geburtstag möchte ich Ihnen - auch im Namen aller Mitarbeiter der Palästinensischen Generaldelegation - meine herzlichsten Glückwünsche aussprechen.

Verbunden mit meinen besten Wünschen ist mein tiefster Dank an Sie für Ihre ständige Unterstützung und Ihr persönliches Einstehen für Überlebensfragen des palästinensischen Volkes, wie Selbstbestimmung und politische Rechte. Das Volk Palästinas ehrt Ihre aufrichtige Persönlichkeit.

Bitte, nehmen Sie auch die besten Geburtstagsgrüße von meiner Frau entgegen.

Ich bedaure außerordentlich, daß wir Ihrer Einladung für den 22. März 1998 - über die wir uns sehr gefreut haben - nicht Folge leisten können, da wir an diesem Tag in Frankfurt sein werden.

Herzlichst

Abdallah Frangi
Generaldelegierter Palästinas

Brief 75

Dr. Manfred Freise

[redacted]

S.E.Herrn Botschafter
Avraham P R I M O R
Kanzlei der Botschaft
des Staates Israel
[redacted]

den 12.3.1998

Sehr geehrter Herr Botschafter, lieber Herr Primor,

das war eben ein gutes Telefongespräch.

Wie von mir angeboten, schicke ich Ihnen in Anlage a l l e Papiere von Belang.
Was immer ich in dem Zusammenhang tat und weiter tun werde, geschah und wird geschehen in dem eben beschriebenen Geist. Meine Gedanken und Pläne deckten sich ohne Einschränkung mit dem , was mir Ihr/unser Freund Shaul B e n - H a i m anvertraute, als er mich Mitte August 1993 von Jerusalem abholte, um in seinem Haus in Tel Aviv seine Familie und gemein= same Freunde wieder zu sehen.

Sollte es noch Fragen, vor Ihrer Abreise nach Israel und Amerika, geben, stehe ich selbstverständlich zur Verfügung.

Ihnen gute Besserung und beste Grüße an Ihre Gattin und Ihre Frau Schwiegermutter.

Mit freundlichen Grüßen

Brief 76

DR. NORBERT LAMMERT

PRÄSIDENT DES DEUTSCHEN BUNDESTAGES

11011 Berlin, 9. März 2007
Platz der Republik 1

Herrn
Dr. Manfred Freise
[redacted]

[redacted]

Sehr geehrter Herr Dr. Freise,

mit Schreiben vom 24. Februar 2007, dem Sie freundlicherweise ein gemeinsames Foto von uns sowie weitere Unterlagen beigefügt haben, bitten Sie mich um Unterstützung der Initiaitive „SCHALOM 5767“ (Berliner Erklärung).

Im Januar dieses Jahres hatte ich die Gelegenheit, mich während eines Besuches in Israel über die Situation am Ort zu informieren. Was ich dort sehen und erleben konnte, berechtigt zu der Hoffnung, dass eine israelisch-palästinensische Annäherung etwa durch den Abbau von Mobilitätshindernissen, die Überweisung von Steuereinnahmen oder die Einrichtung von gemeinsamen Kommissionen erreicht werden kann. Verstärkt wird diese Hoffnung durch das forcierte Engagement, mit dem die USA und das Nahostquartett eine Verwirklichung der Zwei-Staaten-Lösung herbeizuführen versuchen. Die Europäische Union unterstützt diesen Prozess maßgeblich und hat dies auf dem Europäischen Rat am 15. Dezember 2006 und auf dem Außenministerrat vom 22. Januar 2007 wiederholt bekundet.

Zur Unterstützung dieser Bemühungen können Initiaitven wie die Berliner Erklärung hilfreich sein; dennoch bitte ich um Verständnis dafür, dass ich als Bundestagspräsident mich dem Weg einer an die Bundesregierung gerichteten öffentlichen Aufforderung nicht anschließen kann und demzufolge von einer Unterzeichnung absehe.

Dessen ungeachtet wünsche ich der Initiative viel Erfolg.

Mit freundlichen Grüßen

Brief 77

Dr. Manfred Freise

[redacted]

Dr.Henry Kissinger

[redacted]

26.März 2007

Lieber Dr.Kissinger,

der von Bundeskanzlerin Merkel arrangierte Jubiläumsgipfel war ein fröhliches Ereignis und in jeder Hinsicht ein Erfolg. Bei den Feiern denke ich mit Dank an zwei wichtige Architekten des neuen Europas,an den durch New York geprägten Jean Monnet und an unseren John J.McCloy. Jack McCloy,das wissen wir,wollte zu Lebzeiten keinen Ruhm und keine Ehrungen. Aber im letzten Satz seines Briefes vom 17.März 1987(Anl.) verwies er auf mög=liche geschichtliche Erwähnungen. Da ist DIE ATLANTIKBRÜCKE von Thomas Alan Schwartz JOHN McCLOY UND DAS NACHKRIEGS-DEUTSCH=LAND,das ich im RHEINISCHEN MERKUR auf einer ganzen Seite und im Bonner GENERAL-ANZEIGER rezensieren durfte.

Wie Sie sich erinnern,haben wir Bonner ihn durch eine Namens=benennung an einem der schönsten Abschnitte des Rheins,zwischen dem gegenüber liegenden Petersberg und seinem ehemaligen Amts=sitz geehrt.Jene Passage,wo er zuweilen mit Konrad Adenauer ver=trauliche Gespräche führte. Jener Konrad Adenauer,von dem er mei=nem Sohn Christopher und mir beim letzten Treffen beim Tee in seinem Haus sagte :„Adenauer was just what the doctor had ordered for Germany".

Aber was Sie wahrscheinlich nicht wissen,war sein tiefes Verletzt=sein durch die,wie er mehrfach wiederholte,nicht betroffen gewese=ne Never Again Generation junger Juden,von deren posttraumatischen Syndrom mir der mir befreundete Studenpsychiater von Yale schon 1953 berichtet hatte(s.Anl.EINE GENERATION VERSUCHT DEN NAHEN OSTEN ZU DOMINIEREN). Sie würden ihm vorwerfen,durch die Nichtbombardie=rung von Auschwitz am Völkermord der Nazis mitschuldig zu sein. Er war so verletzt,dass er uns erklärte,er habe Anweisung gegeben, auf seinem Grabstein sollte es heissen:„He tried to do his duty!".

Die andere Seite war sein Sinn für Humor und von understatements bis in seine letzten Tage,dokumentiert durch die Einfügung des NOT vor dem „so very wise men" als Teil der Widmung in THE WISE MEN -Six Friends and the world they made (Robert Lovett,John J.McCloy, Averell Harriman,Charles Bohlen,George Kennan und Dean Acheson)

Das leitet mich über zu unserem Treffen in Berlin und der Übergabe der Papiere zur anderen BERLINER ERKLÄRUNG,SCHALOM 5767 und der Ver=mittlung des Auftrages von Alfred Grosser,der sich mit Paul Öster=reicher und Rupert Neudeck mit der KÖLNER ERKLÄRUNG ähnlichen In=halts „WIR WOLLEN NICHT LÄNGER SCHWEIGEN"in die Debatte eingeschal=tet hatte, Grosser bat um Vermittlung der Nachricht an Sie,diese

-2-

Brief 78 (Die weiteren Seiten sind aus Platzgründen nicht abgedruckt)

Vatikanstadt
31. 5. 2006

Herrn
Dr. Manfred Freise
[redacted]

[redacted]

Sehr geehrter Herr Dr. Freise!

Im Auftrag Seiner Heiligkeit Papst Benedikt XVI. danke ich Ihnen für Ihren Brief vom 18. April 2006 sowie für den Roman von Morris West *„Lazarus"*, den Sie ihm freundlicherweise zukommen ließen.

Indem ich Ihnen beste Grüße und Segenswünsche des Heiligen Vaters übermittle, bin ich

mit freundlichen Grüßen aus dem Palazzo Apostolico
Ihr

G. Gänswein

Prälat Dr. Georg Gänswein
Privatsekretär von Papst Benedikt XVI.

Brief 79

GEORGE W. BALL

December 6, 1982

Dear Dr. Friese -

I am sorry not to have replied earlier to your letter of 5 September 1982, but as my assistant has written you, I have only just concluded a protracted season of foreign travel.

You were generous in your comments about the positions I have taken. I am myself appalled at the position of my own government with regard to the nuclear issue, and I have been working with a number of my countrymen to try to redirect our policies in a more rational way. I wholly agree with the views you express. The belief that nuclear weapons can be used without a practical certainty of escalating into a nuclear exchange, the idea that a nuclear war is winnable, indeed any thoughts that nuclear warheads can be used as war-fighting weapons--these are, it seems to me, the ultimate heresies that must be conclusively put down if we are not to be caught up in an arms race that can end only in catastrophe.

I have expressed my position on the pipeline in an article I published in the New York Times Magazine, a copy of which I am enclosing. I have also written extensively on the Middle East in an effort to persuade the United States Executive and Congress to use America's leverage with Israel to bring about a just and enduring settlement. For the moment I am writing nothing on the subject, since the Begin government is validating my contentions by their own brutal and insensitive actions.

President Reagan's proposal of September 1st will result in a test of his Administration's seriousness. Either he uses the leverage we possess to enforce his proposals, or America's remaining authority in the Middle East will be dangerously depleted.

Many thanks for writing.

With best wishes.

Sincerely yours,

George Ball

Brief 80

DR. MANFRED FREISE

DR. WILLY HEGEMANN

Zahnärzte

532 Bad Godesberg, den 20.Februar,1969

[redacted]

Herrn
Dr. Erich M E N D E , MdB
[redacted]

Sehr geehrter Herr M e n d e :

Als wir vor einem Monat unser längeres Gespräch führten und Tags darauf noch einmal telefonierten,waren wir m.E. so verblieben, dass ich mich mit Botschafter Shubeilat wegen einer Besprechung in Verbindung setzen würde.

Herr Shubeilat war und ist über die Möglichkeit Sie kennenzulernen und die Aussicht auf das geplante Gespräch sehr erfreut und hatte empfohlen,dass ich Ihr Büro bitten sollte,sich mit ihm oder seiner Sekretärin zur Festlegung eines Termins in Verbindung zu setzen.Der Botschafter würde auch gern nach Bonn in Ihr Büro kommen und hatte gefragt, ob Sie für einen Dolmetscher sorgen könnten. Ich habe entsprechend mit Ihrer IOS Sekretärin gesprochen, aber, wie ich gestern erfuhr, ist es bisher nicht zu einer solchen Kontaktaufnahme gekommen.Vielleicht ist da etwas schief gelaufen und Sie haben die Möglichkeit, sich dieser Sache wegen in den nächsten Tagen einzuschalten.

Übrigens hat Minister Heinemann heute die Einladung König Hussein's mit der Übersendung einer entsprechenden Note an den Botschafter,auch unter Hinweis auf die satzungsgemäss notwendige Zustimmung des Bundeskanzlers, angenommen. Durch die Krankheit des Aussenministers und Herrn Epplers Besuch in Jordanien und die notwendigen internen Abstimmungen, war die schriftliche Zusage nicht früher möglich gewesen, obwohl die mündliche Bereitschaft in einem persönlichen Gespräch mit dem Botschafter auf der Rosenburg unmittelbar nach unserem Gespräch gegeben worden war.Ich schreibe Ihnen diese Einzelheiten , weil Sie das Vorhaben selbst ja sehr begrüssten und mit mir der Ansicht waren,dass es in deutschem Interesse liegt, nach dem Besuch in Israel auch ein arab.Land zu besuchen, um so unsere Neutralität zu dokumentieren.

Herr und Frau Heinemann waren erfreut über Ihre, mir aufgetragene Nachricht an Sie, dass Sie klar entschieden seien , seine Kandidatur , evtl.am Abend vor der Wahl sogar im FDP Wahlmännerkreis offen , zu unterstützen.

Ich selber habe mich gefreut,dass es zu diesem guten Gespräch zwischen uns gekommen ist und damit der Rest von Differenzen, die sich aus der"Nachwahlklage" Freise gegen Mende ergeben hatten , beseitigt ist.

Ihnen und Ihrer Gattin freundliche Grüsse

Manfred Freise

Brief 81

DR. HANS FRIDERICHS
Mitglied des Deutschen Bundestages

[redacted]

den 26. März 1969
- Dr.F./BF. -

Herrn
Dr. Manfred Freise
[redacted]

Sehr geehrter Herr Dr. Freise!

Bitte haben Sie Verständnis dafür, daß ich infolge der Turbulenz der vergangenen Wochen erst heute dazu komme, Ihnen für Ihre Zeilen vom 26. Februar 1969 zu danken.

Über Ihre Ausführungen, speziell die von Ihnen positiv beurteilten Entwicklungschancen der F.D.P., habe ich mich sehr gefreut.
Daß ich Ihnen damals nicht unmittelbar geantwortet habe, werden Sie sicherlich verstehen.

So überzeugend die von Ihnen vorgeschlagene "Erfolgskontrolle" (Pappkarton) auf den ersten Blick auch scheinen mag, ihre praktische Durchführung würde selbst bei den gutwilligsten Wahlmännern einen Sturm der Entrüstung hervorrufen, ganz abgesehen von den miserablen Auswirkungen auf die öffentliche Meinung, für die andere sicherlich gesorgt hätten.

Mit der getroffenen Entscheidung hoffen wir Freien Demokraten,im Interesse unseres Staates einen Bundespräsidenten gewählt zu haben, der sein Amt nutzt, um ein Klima in Deutschland zu schaffen, in dem endlich die dringend notwendigen politischen, sozialen und rechtlichen Reformen verwirklicht werden können. Es geht darum, freiheitliche und fortschrittliche Formen des demokratischen Lebens zu schaffen.

Nur auf diesem Weg läßt sich beispielsweise die auch in unserem Land zwischen den Generationen aufgebrochene Kluft überwinden. Davon aber nicht zuletzt wird es abhängen, ob wir als Deutsche und Europäer den von uns geforderten schöpferischen Beitrag zur Gestaltung eines friedlichen Zusammenlebens der Völker zu leisten vermögen.

Wir wissen, daß uns die Zustimmung derer gewiß ist, die in einer Vielzahl von Briefen uns aufgefordert haben, Dr.Dr. Gustav Heinemann zum Bundespräsidenten zu wählen.

Mit freundlichen Grüssen
Ihr
Fri[illegible]

P.S. Die von Ihnen angesprochene Frage der Verlässlichkeit der SPD-Wahlmänner sehe ich auch heute noch nicht als so eindeutig gegeben wie Sie es offensichtlich vor der Wahl annahmen. Die arhythmetischen Ergebnisse in allen drei Wahlgängen haben deutlich gezeigt, daß nicht alle SPD-Leute Dr.Dr. Heinemann tatsächlich gewählt haben. Sie werden sicherlich Verständnis dafür haben, wenn ich meine persönlichen Vermutungen nicht schriftlich darlegen möchte.

Brief 82

DER STAATSSEKRETÄR
DES AUSWÄRTIGEN AMTS

BONN, den 24. Februar 1969

Sehr geehrter Herr Dr. Freise!

Ich danke Ihnen für die Zusendung der Durchschrift Ihres Briefes an Herrn Dr. Barzel. Ich teile Ihr Bedauern, daß unser guter Freund Bill Tyler aus den von Ihnen genannten Gründen vermutlich als Botschafter für Bonn nicht in Frage kommt. Wir wären mit ihm gut "bedient" gewesen.

Mit freundlichen Grüßen

Ihr

Herrn
Dr. Manfred Freise
[redacted]

Brief 83 (Siehe dazu auch Briefe 84, 85)

William P. Rogers

January 17, 1969

Dear Dr. Freise,

Thank you very much for your letter on my appointment. I appreciate your taking the time to write.

I appreciate also receiving your views regarding an Ambassador to Germany and will certainly keep William R. Tyler, as well as your recommendation of him, in mind. I know we share a desire for harmonious relations between our two countries.

I wish you the best for the New Year.

Sincerely,

William P. Rogers

Dr. Manfred Freise
[illegible]
[illegible]

Brief 84 (Siehe dazu auch Briefe 83, 85)

J. W. FULBRIGHT, ARK., CHAIRMAN
JOHN SPARKMAN, ALA.
MIKE MANSFIELD, MONT.
WAYNE MORSE, OREG.
ALBERT GORE, TENN.
FRANK J. LAUSCHE, OHIO
FRANK CHURCH, IDAHO
STUART SYMINGTON, MO.
THOMAS J. DODD, CONN.
JOSEPH S. CLARK, PA.
CLAIBORNE PELL, R.I.
EUGENE J. MC CARTHY, MINN.
BOURKE B. HICKENLOOPER, IOWA
GEORGE D. AIKEN, VT.
FRANK CARLSON, KANS.
JOHN J. WILLIAMS, DEL.
KARL E. MUNDT, S. DAK.
CLIFFORD P. CASE, N.J.
JOHN SHERMAN COOPER, KY.
CARL MARCY, CHIEF OF STAFF
ARTHUR M. KUHL, CHIEF CLERK

United States Senate

COMMITTEE ON FOREIGN RELATIONS

WASHINGTON, D.C. 20510

January 11, 1969

Dr. Manfred Freise
[redacted]
Germany

Dear Dr. Freise:

Thank you so much for your letter. It is always a great pleasure to hear from a former Fulbright student.

I know Ambassador William R. Tyler well, and think highly of him. I shall be pleased to promote his appointment to Bonn, if this is at all feasible with the new Administration. The new President may have his own views about these matters, but I shall do anything I can to be of assistance.

With best wishes, I am

Sincerely yours,

J. W. Fulbright

JWF:kj

Brief 85 (Siehe dazu auch Briefe 83, 84)

Dr. Manfred Freise — *53177 Bonn*

[redacted]

7.2.1999

[illegible],

es war gut, Sie heute bei unserem Freund Günter Diehl wieder getroffen zu haben.

Es freut mich,daß Sie Rolf Pauls und mir in der Bewertung des Deutsche Bank/Auschwitz Komplexes zustimmten.
Wenn wir das nicht an Hand der Tatsachen korrigie= ren, bringt das nicht nur große wirtschaftliche Schäden für die Deutsche Bank sondern auch ver= meidbare politische Probleme für unser Land.Der psychlogische Schaden im Gesamtkomplex Holocaust ist schon gewaltig. McCloy hat uns früh gewarnt, die eigene Geschichte auf die zwölf Jahre des Man= nes aus dem Wiener Männerhaus zu reduzieren.Mein Engagement erkennen Sie aus dem vertraulichen Schrei= ben an Helmut Schmidt.

Ich stehe morgen früh von 10.oo h bis 13.oo und am Nachmittag ab 15.oo Uhr für eine telefonische Absprache in Sachen Interview zu Verfügung. Reim. Jochimsen sagte ganz richtig, daß ich in dieser Situation einer der wenigen Zeitzeugen bin.

Wegen der Vertraulichkeit des Briefes vom 29.August 1998 schicke ich den Vorgang an Ihr privates Tele= fax.
Mit Blick auf das heutige Ableben von König Hussein lege ich einenBrief von Arnold Toynbee bei.

Mit freundlichen Grüßen
Ihr ergebener

[redacted]

Brief 86

Dr. Manfred Freise — *53177 Bonn*

[redacted]

Frau
Hannelore K O H L
[redacted]

20.Oktober,1993

Liebe Frau Kohl!

Hier ist ein persönliches Anliegen:
Der neue amerikanische Botschafter H o l b r o o k e hat gestern dem Bundespräsidenten sein Beglaubigungs=schreiben übergeben.
Seine Mutter ,Frau Trudi Kearl Holbrooke , hat in bösen Zeiten unser Land verlassen müssen und war nie wieder hier.
Von Seiten des Botschafters, der ,wie ich es vorgestern beim Essen zu seinen Ehren in der Atlantik Brücke erlebte, seine Mutter ganz offensichtlich sehr verehrt, war die Bit=te geäußert worden, seine Frau Mutter möge bei dem Zere=moniell zugegen sein. Leider wurde dem Wunsch nicht statt=gegeben ..keine Ausnahme ,um keine Berufungsfälle zu schaf=fen. Wieviele Berufungsfälle könnte es denn geben,daß eine von uns vertriebene Jüdin zurückommt,in das Land ihrer Geburt! Es wäre eine leichte Geste gewesen,die soviel bewirkt hätte.

Mein Vorschlag , meine Bitte : Vielleicht sehen Sie sich bald einmal dazu in der Lage,Mrs.Kearl-Holbrooke zu sich zu einem Tee einzuladen. Sie haben manches gemeinsam: Auch ihr Sohn, der Botschafter,(52) ist PhD von Harvard. Ich erlebte ihn als menschlich sehr angenehm, politisch sehr kompetent. Bestes Amerika. Es ist gut ihn in Bonn zu haben.

Wie ich höre, sehen wir uns professionell ja in der nächsten Woche.
Nur Gutes

[redacted]

Brief 87

HANNELORE KOHL

[redacted]

Herrn
Dr. Manfred Freise
[redacted]

[redacted]

Bonn, den 16. März 1994

Lieber Herr Dr. Freise,

ich darf Ihnen zunächst sehr herzlich für Ihre lieben Glückwünsche zu meinem Geburtstag danken, die pünktlich in meinen Besitz kamen.

Inzwischen hatte ich den Besuch von Mrs. Kearl im Bungalow. Ich glaube, sie hat sich bei mir recht wohlgefühlt, denn die Dankeszeilen des Botschafters brachten dies deutlich zum Ausdruck.

In der Angelegenheit der Bodenläge für Ihre Zahnarztstühle bin ich in der Zwischenzeit fündig geworden. Das von Ihnen gewünschte Material, abgeschrägt an den Rändern, damit für Rollsitzstühle geeignet, kann geliefert werden. Ich schlage vor, Sie gehen in Kontakt mit folgender Firma:

[redacted]

Brief 88 (Seite 1 von 2)

- 2 -

Herr Kehl rief mich heute an. Ich gab ihm zugleich Ihre Anschrift und Telefonnummer. Er wartet auf Ihren Anruf möglichst bald, da er ab Dienstag kommender Woche in Urlaub sein wird. Wenn ich ihn recht verstanden habe, hat er einen Hersteller, der aber von Ihnen die genauen Maße braucht, da es sich jeweils um Einzelanfertigungen handelt.

Heute, Mittwoch nachmittag, konnte ich Sie telefonisch nicht erreichen. Da ich ab morgen sowohl in Hannover als auch in Hamburg bin, hielt ich es für gut, Ihnen diesen Brief sofort zukommenzulassen. Ich hoffe, Ihnen hiermit ein wenig gedient zu haben. Es wäre mir recht, Sie würden mir zu gegebener Zeit mitteilen, ob die Sache zu Ihrer Zufriedenheit geregelt werden konnte.

Für heute bin ich

mit freundlichen Grüßen

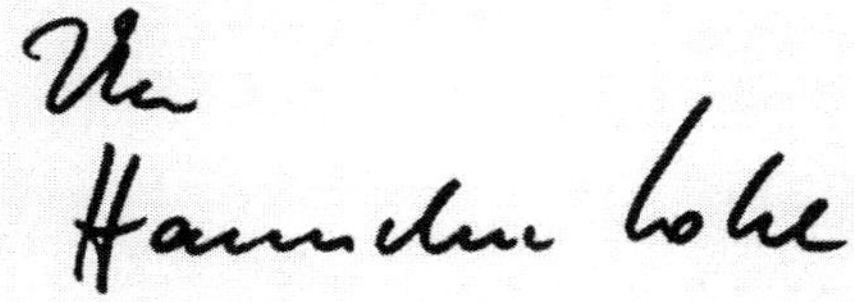

Brief 88 (Seite 2 von 2)

Walter Scheel

[illegible]

Berlin, den 6.10.2006

Herrn
Dr. Manfred Freise
[illegible]

Sehr geehrter Herr Dr. Freise,

vielen Dank für Ihr freundliches Schreiben und das beigefügte Konvolut.

Im Nachhinein bin ich sehr glücklich, dass Prof. Arnulf Baring ein so vorzügliches Werk geschrieben hat. Der „Machtwechsel" gibt über so viele Dinge aus der Zeit einen neutralen Bericht, wie es kaum besser möglich ist. Tatsächlich ist dies wohl auch ein Grund, weshalb so wenig wissenschaftliche Literatur zu diesem Zeitrahmen entstanden ist.

Wie Sie wissen, war ich selbst in die Vorgänge in der Wahlnacht 1969 involviert. Obwohl ich eigentlich sehr wenig beteiligt war. Mit Ausnahme der bekannten Absicht, dass ich die sozial-liberale Regierungsbildung als mein politisches Ziel ins Auge gefasst hatte.

Lange Zeit hatte ich an jenem Abend zu Hause das Geschehen des Wahlabends und die Ergebnisse verfolgt. Als dann am späten Abend sicher schien, dass FDP und SPD eine Mehrheit hatten, kam der verabredete Anruf von Willy Brandt, der mir sagte, er wäre überzeugt, dass wir eine Mehrheit haben, und er die Absicht habe, jetzt vor die Fernsehkameras zu treten und seinen Anspruch auf die Regierungsbildung mitteilen möchte. Er fragte dann: „Sind sie damit einverstanden?"

- „Ja!"

Das war mein bescheidener Anteil an der Regierungsbildung, an diesem Abend.

Hoffentlich sehen wir uns bei nächster Gelegenheit bei einem etwas fröhlicheren Anlass einmal wieder, als bei einem Staatsakt.

Mit freundlichen Grüßen

Ihr Walter Scheel

Brief 89

Der Familie Freise die besten Wünsche zum Neuen Jahr!
Ich hoffe sehr auf ein Wiedersehen 1980, wenn ich, wie ich plane, in Deutschland sein werde, wahrscheinlich im Frühjahr.
Es freut mich, zu hören, dass es allen Godesberger Freises gut geht. Von mir ist im wesentlichen zu berichten, dass ich einigermassen mit meinem "Römerbuch" zu tun habe, das im nächsten Jahr als Ausgabe des Bertelsmann-Leseringes herauskommen soll. Da auf diesem Gebiet ja dauernd etwas geschieht, war manche zusätzliche Arbeit erforderlich. Ich kann vieles hier erledigen, aber eine Reise nach Deutschland wird doch unvermeidlich sein. Ich werde mich wohl für ein paar Wochen in Bonn installieren.

Ihnen allen herzliche Grüsse
Ihr
Joachim von Elbe

Brief 90

Dr. Manfred Freise
53177 Bonn
[redacted]

10.Juli,2007

Lieber Herr Dr.Kissinger,

nach Erhalt des ermutigenden Schreibens von Präsident Clinton vom heutigen Tage,sind meine Freun= de und ich,mehr den je,der Auffas= sung,dass Sie sich einschalten sollten.

Frieden zwischen Israel und seinen arabischen Nachbarn,auf der Basis des Genfer Abkommens und des Toynbee Papiers,Sie können ihn möglich machen.

Der Preis für einen dauerhaften ,ge= rechten Frieden:Israel übergibt alle Siedlungen intakt und entlässt alle Gefangenen.

Die Ausstrahlung auf die gesamte Re= gion ist gesichert.

Sorry for repeating myself,again and again:You can do it and you should do it.

Herzliche Grüße

Ihr

Manfred Freise

Anl.

Dr.Henry A.Kissinger
[redacted]

c.c.: Herrn Helmut Schmidt
-Bundeskanzler a.D.-

m.d.B.u.K.und frdl.Grüßen übersandt

Ihr

Brief 91

HELMUT SCHMIDT

Herrn
Dr. Manfred Freise

15. September 1997

Sehr geehrter Herr Dr. Freise,

haben Sie besten Dank für Ihren Brief vom 25. August. Auch wenn mir die implizit in Ihrem Appell an mein Pflichtgefühl zum Ausdruck kommende Wertschätzung durchaus guttut, so kann ich Ihrem Wunsch leider momentan nicht entsprechen.

Vielleicht erinnern Sie sich, daß ich in den Jahren 1993 und 1994 jeweils bei Rowohlt ein Buch veröffentlicht habe, um auf die Probleme der Gegenwart und Zukunft hinzuweisen und Lösungswege aufzuzeigen (Handeln für Deutschland 1993, Jahr der Entscheidung 1994). Meine Analysen und Handlungsvorschläge standen somit jedem Bürger zur Verfügung. Parallel dazu habe ich mit unterschiedlicher Schwerpunktsetzung in der ZEIT ausführlich zu den Problemen unseres

- 2 -

Brief 92 (Seite 1 von 2)

- 2 -

Landes Stellung genommen (vgl. z.B. „Rezepte gegen die deutsche Krankheit" in der Nr. 3 vom 13. Januar 1996).

Angesichts meines Alters, ich befinde mich im 79. Lebensjahr, und der vermutlich geringen Wirkung - wenn nicht gar Wirkungslosigkeit meiner Arbeiten - sehe ich mich trotz der desolaten wirtschaftlichen Lage unseres Landes nicht unmittelbar verpflichtet, zusätzliche regelmäßige Arbeit in wiederholte Vorschläge zu investieren. Gleichwohl werde ich mich allerdings zu einem geeigneten Zeitpunkt sicherlich wieder zu Wort melden, um abermals ein sachbezogenes und zukunftsweisendes und -sicherndes Handeln einzufordern.

Nochmals Dank für Ihre Zeilen und

freundliche Grüße

Brief 92 (Seite 1 von 2)

BDZ Bundes verband der Deutschen Zahnärzte e.V.

Bundeszahnärztekammer

BDZ, 5000 Köln 41, Postfach 410168

Der Präsident

Dr. Erich Pillwein

[redacted]

Herrn
Dr. Manfred F r e i s e

[redacted]

[redacted]

Aichwald, den 03.12.87

Sehr geehrter Herr Kollege Freise,

erst heute kommt mir Ihr sehr engagierter Brief an den Herrn Bundeskanzler vom 21.10. zu Gesicht.

Sie haben Herrn Dr. Kohl unmißverständlich und unter klarer Herausarbeitung die gravierendsten Fehlentscheidungen dieses Bundeskabinetts vor Augen geführt.

Natürlich könnte man sich fragen: cui bono ?
Aber, so bitter es ist knapp nach der Verabschiedung schon von Novellierung sprechen zu müssen-- auch Ihr Brief meldet bereits eine Option auf unvermeidliche Korrekturen an; auf Bereinigung des Unsinns, den wir trotz all unserer Bemühungen n i c h t verhindern konnten. Und das war wichtig und richtig.

Sie wissen, daß wir alle, aber auch ich ganz persönlich, Ihnen zu großen Dank für den Einsatz Ihrer Beziehungen verpflichtet sind. Ich hoffe, Sie werden uns diese, sollte es in den nächsten Monaten wegen der Strukturreform nötig sein, wieder zur Verfügung stellen; auch wenn Sie selbst durch das dort Geplante nicht direkt betroffen sein werden.

Mit besten kollegialen Grüßen

Brief 93

Dr. Manfred Freise

53177 Bonn

[redacted]

Herrn

Bundesminister
Peer Steinbrück

[redacted]

Eilt/Persönlich

20.08.2006

Kopie nach Godesberg

Sehr geehrter Herr Minister,
lieber Herr Steinbrück,

Sie haben ja so recht, Sie sind eben so klar wie Helmut Schmidt, der schon vor zwei Jahren in der BILD Zeitung schrieb: SAGT DEM VOLK ENDLICH DIE WAHRHEIT!

Aber darüber hinaus, nicht nur ich meine: Nutzen Sie die Gunst der Stunde, von erhöhtem Optimismus, von mehr Binnennachfrage und von mehr Geld in Ihren Kassen und entschliessen sich für eine nur 2 %ige Erhöhung der Mehrwertsteuer. Der Nebeneffekt: Wieder eine gute Presse.

Mit freundlichen Grüßen – auch an Ihre Frau–

Ihr

1 Anl.

Brief 94 (Siehe hierzu auch Brief 95)

PEER STEINBRÜCK
BUNDESMINISTER DER FINANZEN

Berlin, 11. September 2006

Sehr geehrter Herr Dr. Freise,

haben Sie vielen Dank für Ihren Brief vom 20. August.

Nach der letzten Woche, in der wir bei den Beratungen zum Bundeshaushalt 2007 mit der Opposition auch heftig über die Erhöhung der Mehrwertsteuer gestritten haben, ist die Debatte um ein Aussetzen oder eine geringere Erhöhung hoffentlich bald vorbei. Bitte verstehen Sie mich nicht falsch: Jeder Hinweis darauf, wie wir das schaffen könnten, ist herzlich willkommen. Und jeder Punkt weniger, um den wir die Mehrwertsteuer erhöhen müssten, wäre für mich ein Grund, freiwillig Vergnügungssteuer für mein Amt zu zahlen.

Sie kennen sicherlich die Gründe, warum wir diesen Schritt tun müssen, und so will ich Ihnen keine seitenlangen Begründungen schreiben. Auch wenn die Wirtschaft endlich in Fahrt kommt und auch die Steuereinnahmen steigen – das ändert nichts an der dramatischen Lage der öffentlichen Haushalte. Auf die Mehrwertsteuererhöhung zu verzichten, wäre doch immer auch ein falsches Signal an die Bürgerinnen und Bürger, dass wir genauso weiter machen können wir bisher. Und das können wir definitiv nicht.

Einmal andersherum gefragt: Wann, wenn nicht jetzt (besser gesagt: erst 2007), sollen wir mit einer ernsthaften Konsolidierung beginnen? Dafür brauchen wir ebenso wie die Länder die Einnahmen aus der Mehrwertsteuer, auch dafür, um die Beiträge zur Arbeitslosenversicherung zu senken. Ich fürchte, wenn wir alles das jetzt nicht tun, fragen uns unsere Kinder und Enkel sehr bald und sehr zu Recht: Warum habt Ihr das damals nicht getan, als es wieder wirtschaftlich aufwärts ging? Und sie werden sagen: Wir müssen jetzt Eure Mutlosigkeit ausbaden.

Brief 95 (Seite 1 von 2; Siehe hierzu auch Brief 94)

Ob eine geringere Mehrwertsteuererhöhung den Nebeneffekt einer besseren Presse hätte, wage ich zu bezweifeln. Da würde nicht sonderlich differenziert. Und unter uns: Ich freue mich natürlich über eine gute Presselage. Nur ist das für mich nicht das Kriterium, das darüber entscheidet, ob politische Schritte richtig und sinnvoll sind. Ich bin sicher, Sie werden das auch so sehen.

Ich hoffe, dass es Ihnen persönlich gut geht und verbleibe
mit freundlichen Grüßen
Ihr

Brief 95 (Seite 2 von 2; Siehe hierzu auch Brief 94)

Bundesministerium
für Wirtschaft
und Technologie

Michael Glos MdB
Bundesminister

HAUSANSCHRIFT [redacted]
POSTANSCHRIFT [redacted]

TEL [redacted]
FAX [redacted]
E-MAIL [redacted]

DATUM Berlin, 6. Januar 2006

Herrn
Dr. Manfred Freise
[redacted]

Sehr geehrter Herr Dr. Freise,

vielen Dank für die Übersendung Ihres äußerst interessanten Papiers „Die deutsche Krankheit, Anamnese und Therapie".

Dieses Papier erlaubt dem Leser quasi im Zeitraffer eine Reise durch die politische Entwicklung in der Bundesrepublik Deutschland seit der Großen Koalition Ende der 60er Jahre – mit einer Reihe von interessanten Schlussfolgerungen für die Politik der kommenden Jahre.

Eine Reihe der von Ihnen genannten Maßnahmen hat sich die jetzige Regierungskoalition bereits auf ihre Fahnen geschrieben. Ich denke dabei an das Thema Bürokratieabbau, den Subventionsabbau, die Senkung der Lohnnebenkosten, die Innovationsförderung usw. Für die großen Reformvorhaben wie die Föderalismusreform, die Stabilisierung des Rentensystems, die Finanzierungsreform der gesetzlichen Krankenversicherung oder die Unternehmensteuerreform sind ebenfalls bereits Entscheidungen getroffen oder die Vorbereitungen hierzu sind angelaufen.

Die Experten im Bundesministerium für Wirtschaft und Technologie werden die von Ihnen gemachten Vorschläge im Einzelnen in ihre politischen Überlegungen mit einbeziehen.

Mit freundlichen Grüßen

Brief 96 (Siehe auch Dok.22)

FREIE UNIVERSITÄT BERLIN **FU BERLIN**

Fachbereich Geschichtswissenschaften
Friedrich-Meinecke-Institut

Prof. Dr. Arnulf Baring

Freie Universität Berlin,
FB Geschichtswissenschaften, Habelschwerdter Allee 45, 1000 Berlin 33

Herrn
Dr. Manfred Freise
[redacted]

Ihr Zeichen	Ihre Nachricht vom	Unser Zeichen	Telefon/Durchwahl	Datum
			[redacted]	6.11.90
			intern [redacted]	
			Telefax [redacted]	

Lieber Herr Dr. Freise –

mit Ihrem Brief vom 21. Oktober, den ich bei der Rückkehr von einer Reise am vergangenen Wochenende hier vorfand, haben Sie mir eine große Freude gemacht, mich gleichzeitg zu neuer Nachdenklichkeit angeregt. Ich möchte Ihnen ganz ausdrücklich dafür danken, daß Sie so ausführlich geschrieben haben und Ihre eigenen Erwägungen durch die Reaktionen bekannter Zeitgenossen ergänzten. Ich muß sagen, daß ich nach der Lektüre Ihrer gewichtigen Sendung mich sehr viel besser unterrichtet fühlte als vorher.

Ich glaube, daß Ihre Vorschläge in der Richtung liegen, in der sich das Meinungsbild in unserem Lande gegenwärtig verfestigt; davon muß man ausgehen. Ich glaube gleichzeitig nicht, daß dies langfristige Voraussicht beweist. Denn wie soll die Zukunft Berlins aussehen, wenn die beträchtliche finanzielle Unterstützung, die dem Ostteil der Stadt seitens der DDR-Regierung und dem Westteil durch die Bundesregierung zuteil wurde, künftig ausbleibt; weder die Perspektive einer sozialistisch-alternativen Gegenhauptstadt oder einer sozial verarmten heimlichen Hauptstadt wird uns ruhig schlafen lassen. Meine ganz große Sorge ist, daß man am Rhein wegen des Idylls andererseits viel zu spät merken wird, welche Probleme sich im Ostteil des Landes

./2

Brief 97 (Seite 1 von 2)

ansammeln. Sie werden gewiß mit mir einer Meinung sein, daß man ein Problem nicht dadurch aus der Welt schafft, daß man es ignoriert. Insofern vermute ich, daß über die zukünftige Funktion Berlins in den kommenden Jahrzehnten noch sehr viel länger nachgedacht werden muß. Die bisherigen Erwägungen, wie die Stadt aussehen könnte, werden im Lichte der neuen Realitäten sich als unzulänglich erweisen.

Sie merken gewiß aus meinen Erwägungen, wie stark mich Ihre Ausführungen angeregt haben. Ich würde mich freuen, wenn wir bald einmal uns über diese Fragen persönlich austauschen könnten.

Mit freundlichen Grüßen

Ihr

Arnulf Baring

Brief 97 (Seite 2 von 2)

DEPARTMENT OF STATE

Washington, D.C. 20520

August 10, 1971

Dr. Manfred Freise
53 Bonn-Bad Godesberg
[redacted]

Dear Dr. Freise:

It was good to receive your letter of July 11 concerning current attitudes in Bonn toward the Moscow treaty and the Berlin negotiations. As you can imagine I have been working very hard on this subject during recent weeks and I am well aware both of its complexity and its sensitivity from the point of view of German domestic politics. I am convinced that if an agreement is reached it will be one which offers real advantage to the Western side. Beyond that there is not much I can say at this point. I noticed, by the way, the article in Spiegel recently about a meeting between prominent FDP members and Ambassador Falin and it occurred to me you may have been involved.

Betty and the children left a week ago for a month's stay in New Hampshire. I had hoped to be with them but the Berlin negotiations have kept me here. Depending on developments in the negotiations I may be able to join them later this week and can then contemplate all of the implications of an agreement while sitting on the shore of a quiet lake. Perhaps everyone concerned should have more frequent opportunities to do just this.

I hope your family is well. We continue to enjoy young Jay enormously and find it hard to realize that he will be in kindergarten next year.

With best regards.

Sincerely,

James S. Sutterlin

Brief 98

Dr. Helmut Kohl MdB
Bundeskanzler a.D.

10117 Berlin, den 27. März 2000
Deutscher Bundestag
Unter den Linden 71
[redacted]

Herrn
Dr. Manfred Freise
[redacted]

Lieber Herr Freise

für Ihren Brief vom 20. März 2000 und vor allem für das mir übersandte Leserforum besten Dank. Bitte übermitteln Sie auch Herrn Professor Movassaghi meinen herzlichen Dank für seine Unterstützung. Diesen Dank möchte ich auch Ihnen aussprechen. Es ist für meine Frau und meine Familie eine schwierige Zeit und es tut gut, Sympathie und Freundschaft zu spüren.

Mit freundlichen Grüßen

Ihr

Brief 99

Der Bundespräsident Berlin, den 30. September 1999

Lieber Herr Dr. Freise,

haben Sie Dank für Ihren Brief vom 23. September, auf den Sie keine Antwort erwarteten, und für die Nachricht vom 30. September, die Sie mir gefaxt haben.
Ich will Ihnen nur schnell sagen, daß Frau Gisela Diekmann mir eine Todesanzeige geschickt hat und daß ich ihr in den nächsten Tagen schreiben werde. Was den Brief von Dieter Diekmann angeht, so will ich mich auf jeden Fall danach erkundigen, wieso er acht Wochen lang auf eine erste Vernehmung gewartet haben soll.

Zu dem, was Sie an den Bundeskanzler geschrieben haben, möchte ich mich aus meinem Amt heraus nicht äußern. Das werden Sie gewiß verstehen.

Mit freundlichen Grüßen bin ich

Ihr

Brief 100

Bundesrepublik Deutschland
Der Bundeskanzler

Bonn, den 1. Dezember 1987

Herrn
[redacted]

Sehr geehrter Herr Dr. Freise,

für Ihr Schreiben vom 21. Oktober 1987, in dem Sie kritisch zur neuen Gebührenordnung für Zahnärzte Stellung nehmen, danke ich Ihnen. Mein Dank gilt auch Ihren Bemühungen um Vermittlung zwischen dem Bundesministerium für Arbeit und Sozialordnung und der Zahnärzteschaft während den Verhandlungen über die Gebührenordnung für Zahnärzte.

Die Stärkung der Eigenverantwortung der Bürger und der Abbau von unnötiger Bürokratie sind Ziele, die von der Bundesregierung energisch verfolgt werden. Die Regierung eines demokratischen Staatswesens hat aber auch dafür Sorge zu tragen, daß ein gerechter Ausgleich zwischen berechtigten, aber divergierenden Interessen gewährleistet ist.

Die Bundesregierung beabsichtigt mit der neuen Gebührenordnung für Zahnärzte nicht, ein "auf verantwortliche Freiheit geprägtes Vertrauensverhältnis zwischen Privatpatient und Behandler" zu stören. Es muß aber berücksichtigt werden, daß die Privatpatienten bis auf einen sehr geringen Teil entweder in einer privaten Krankenversicherung voll versichert oder Beihilfeberechtigte im öffentlichen Dienst sind und damit abhängig von der Finanzkraft der Erstattungssysteme. In verbindlichen Vorgaben über den Behandlungsvertrag und die zahnärztliche Rechnung sehe ich deshalb eine Maßnahme, die unnötigen Konflikten vorbeugt.

Brief 101 (Seite 1 von 2)

Die Umstrukturierung im Bewertungsgefüge zahnärztlicher Leistungen ist politisch gewollt, um Fehlentwicklungen der vergangenen Jahre zu korrigieren. Zahnerhalt soll Vorrang erhalten vor Zahnersatz. Wenn zur Unterstützung dieses gesundheitspolitischen Zieles, dem auch viele Zahnärzte zustimmen, entsprechende Leistungsanreize geschaffen werden, sehe ich darin keine Systemveränderung.

Ich bin zuversichtlich, daß sich die neue Gebührenordnung für Zahnärzte zum Wohle der Patienten und der Zahnärzte bewähren wird. Dies setzt allerdings Unvoreingenommenheit im Umgang mit der neuen Gebührenordnung voraus. Darum bitte ich alle Zahnärzte.

Mit freundlichen Grüßen

Brief 101 (Seite 2 von 2)

HANNELORE KOHL

Bonn, den 15. März 1995

Lieber Herr Dr. Freize,

die knappe Form der allerbesten Wortwahl in Ihrem Glückwunschtelegramm entspricht der Präzision Ihrer Skalpellführung. Für beides herzlichen Dank.

In diesem Sinne beste Grüße

Ihre Hannelore Kohl

Brief 102

Helmut Schmidt

23 August 2002

Herrn
Dr. Manfred Freise
[redacted]

~~Sehr geehrter Herr Freise~~,

besten Dank für Ihren Brief vom 18. Juli und die Anlagen. Ich selbst habe nicht vor, mich in der Tagespolitik oder im Wahlkampf zu engagieren. In der ZEIT Nr. 36 vom 29. August werde ich mich einmalig mit einem Beitrag zu Wort melden, der benennen wird, was in Deutschland mittel- und langfristig geschehen muß.

Mit freundlichen Grüßen

Brief 103

From: General Sir Peter Inge KCB

COMMANDER-IN-CHIEF
BRITISH ARMY OF THE RHINE
BRITISH FORCES POST OFFICE 140
[redacted]

CinC/Pl

Herrn
Dr Manfred Freise
[redacted]

12 January 1990

Dear Dr Freise,

Thank you for your letter and for sending me a copy of the article in the Rheinischer Merkur.

I wonder whether you and your wife could come to Dinner on Wednesday 14 March. Tisha and I would be delighted if you could come.

Yours sincerely,

Peter Inge

Brief 104

HENRY A. KISSINGER

September 10, 1993

Dear Dr. Freise:

I was very interested to read your letter and the material you sent about the Berlin question. I still don't believe I should take any position publicly, but I much appreciated your keeping me informed about the debate.

I do hope we will have an opportunity to meet again soon.

Warm regards,

Henry A. Kissinger

Dr. Manfred Freise
[redacted]

Brief 105

Anhang

Dokumente

48. Jahrgang 2000 / 3. Heft / Juli ISSN 0042-5702 B 2176 F

VIERTELJAHRSHEFTE FÜR Zeitgeschichte

HERAUSGEGEBEN VON
KARL DIETRICH BRACHER HANS-PETER SCHWARZ
HORST MÖLLER

THOMAS RAITHEL/IRENE STRENGE
Die Reichstagsbrandverordnung vom 28. Februar 1933

GERALDIEN VON FRIJTAG DRABBE KÜNZEL
Zum Einsatz deutscher Strafrichter in den Niederlanden
und in Norwegen

MARTIN GRESCHAT
„Mehr Wahrheit in der Politik!"
Das Tübinger Memorandum von 1961

DOKUMENTATION
„Verdächtige Eile".
Der Weg zur Koalition aus SPD und F. D. P.
nach der Bundestagswahl vom 28. September 1969
(Daniel Hofmann)

Dok. 1

Die Kriegsopferrenten werden ab 1. 1. 1970 erhöht. Dabei sind strukturelle und generelle Maßnahmen vorgesehen. Die Anpassung erfolgt nach den entsprechenden Berichten der Bundesregierung alle zwei Jahre. Eine besondere Arbeitsgruppe aus Vertretern beider Parteien soll diese Frage klären.

Nach den Angestellten müssen in der Altersversorgung jetzt weitere Gruppen einbezogen werden. Gedacht ist in erster Linie an Selbständige und Hausfrauen.

Das aktive Wahlalter wird von 21 auf 18, das passive von 25 auf 21 herabgesetzt. In bezug auf die Überprüfung der Volljährigkeitsgrenze wird eine Absichtserklärung abgegeben.

Die Bildungsplanung muß zentral beim Bund erfolgen. Das Ministerium für Wissenschaft und Forschung muß die Aufgaben der zentralen Bildungsplanung mit übernehmen.

In der Frage der Länderreform muß ein Weg zur Erarbeitung eines konkreten Vorschlages gefunden werden.

Fragen der Außenpolitik werden am 1. 10. 1969 behandelt. Der Bundesaußenminister legt dazu ein Papier vor.

Die Koalition wird für vier Jahre vereinbart. Diese Absicht muß Gegenstand der Koalitionsvereinbarung sein.

Die notwendigen Entscheidungen sollen möglichst noch in dieser Woche getroffen werden.

Dokument 8

[Schreiben Manfred Freise an Friedrich Freise, Bad Godesberg, 1. 10. 1969][167]

Mein lieber Vater, sei mir gegrüßt!
Es war gut, Dich gestern abend, wenn auch nur kurz, zu hören.

Mutter hat Dir sicher das meiste übermitteln können, was es zu den Ereignissen am Sonntag und Montag[168] an Interessantem zu berichten gab. Ich hatte versprochen, Dir das Wesentliche zu schreiben, um Dich in die Lage zu versetzen, Dich an dem mitzufreuen, was auch mit Hilfe Deines zweiten Sohnes, Deines Schülers im doppelten Sinne, wohl auf den Weg gebracht worden ist. Die Vorgeschichte bis Sonntag früh kennt ihr. Die FDP-Annonce vom letzten Samstag[169] habt ihr, wie ich von Mutter hörte, bekommen. Die Ausgangslage war klar. Wir drei, nein, wir zwei Freises, von Pitti[170] weiß ich es nicht, wählten zum ersten Mal SPD Erststimme und FDP Zweitstimme.

---

[167] Privatpapiere Manfred Freise. Hs. unterzeichnete Durchschrift.

[168] 28. und 29. 9. 1969.

[169] Der im Bonner General-Anzeiger vom 27./28. 9. 1969 auffällig plazierte Wahlaufruf lautete: „Liebe Bonner Mitbürgerin! Lieber Bonner Mitbürger! Damit keine Stimme im Bonner Raum verloren geht, ist es wichtig, die Erststimme und die Zweitstimme der F. D. P. zu geben. Dazu sagt auch der Bad Godesberger Zahnarzt Dr. Manfred Freise: ‚Nach der Wahl Dr. Heinemanns zum Bundespräsidenten kann man wieder F. D. P. wählen!'" Mit der Annonce war Freise nach eigenem Bekunden einer Anregung Genschers, „seit Jahren selber u. mit Tochter und Mutter Patient", nachgekommen; „Machtwechsel 1969 – Eine Nachlese", unveröffentlichtes Manuskript Manfred Freise, 33 S., hier S. 20.

[170] Ernst Friedrich Freise, älterer Bruder von Manfred Freise.

Ich hatte Euch erzählt, daß die Heinemanns zu einem „open house" in die Diensträume des Präsidialamtes eingeladen hatten. Das sollte erst eine große Sache werden, für Spitzenleute querfeldein. Als seine Freunde gehörten wir sozusagen wie die Familie dabei, wie bei seiner Geburtstagsfeier am 22. Juli, abends im Garten der Villa Hammerschmidt, zu einer Gesprächsrunde mit Imbiß. Alles auch so am Sonntag, unprätentiös, so wie das Ehepaar eben ist.

Als Ute[171] und ich, etwas verspätet, im Präsidialamt eintrudelten, hatte ich im Autoradio gehört, daß die FDP und [die] SPD eine Mehrheit von sechs Mandaten hätten. Mit der von mir verkündeten Nachricht kommen wir in die Runde von ca. 20 Leuten, Frau Heinemann und Nachbar Wichelhaus, die engsten Mitarbeiter des Präsidialamtes, einige Politiker wie Nau[172], Spitzenbeamte und SPIEGEL-Schreiber[173]; der war hängengeblieben, nachdem Chef Augstein, als wir hereinkamen, mit Helmut Schmidt das Amt verlassen hatte. Ich kam neben Schreiber zu sitzen. Trotz meiner tollen Nachricht, daß sich die Situation gewendet hatte, behält die Runde die langen Gesichter, die ich beim Hereinkommen registriert hatte, wie bei einer Beerdigungsfeier. Als ich dann aber unbekümmert weiterrede, von den sich bietenden Möglichkeiten spreche und von einer Mehrheit spreche, die nun mal Mehrheit ist, werde ich von dem Schreiberling Schreiber angeblubbert, gibt der mir eine Lektion wie ein Oberlehrer, Politik für Anfänger, und dann, so von oben herab: „Herr Freise, es hat einen Rechtsruck gegeben, gegen den man nicht anregieren kann." Und, was meine Zahlen anginge, das wäre eben nur einfaches Rechnen, nicht einmal Mathematik. Ihr kennt mich, daß ich nicht aufgebe, wenn ich von etwas überzeugt bin, also rede ich weiter, nicht nur nicht aufgeben, sondern drauflegen, man sollte „noch heute nacht Gespräche mit der FDP führen", trotzdem finstere Miene von Herrn Schreiber, und ich sage ihm böse, wenn die Sozis, ich unterstelle, daß er einer ist, keinen Mumm hätten und die Oppositionsrolle lieber übernähmen, als die Kanzlerpartei unter Willy Brandt zu spielen, dann hätten sie es nicht besser verdient. Nach ein paar Minuten mit Gesprächen mit Manfred Wichelhaus und Utes mit Frau Heinemann heißt es, daß im Nebenzimmer eine Sendung im Fernsehen laufe. Mischnick und seine Kollegen Barzel und H. Schmidt debattierten über das Wahlergebnis. Der Präsident, Manfred Wichelhaus und ein paar andere Herren gehen, ich dabei, rüber, um die Sendung zu sehen. Der Raum war gefüllt mit Journalisten, bekannte und mir nicht bekannte. Nach hin und her konzentrierte man sich schließlich auf die Frage, wer ist der Stärkste, und wer hat aufgrund der Stärke das Recht, zuerst mit wem (wohl mit der FDP) zu reden. Barzel sagt, sie seien die Stärksten, also würden sie zuerst reden. So wäre das seit zwanzig Jahren gewesen. Das entspräche dem Gesetz. Als H. Schmidt darauf zurückgibt, das stände aber nicht in der Verfassung, ruft Euer Sohn BRAVO und klatscht in die Hände, [ich] sehe den Präsidenten an; da macht er gar kein frohes Gesicht. Das ist ihm offensichtlich peinlich, ob der ihm auferlegten Neutralität, und das vor versammelten Journalisten.

Dann verließen wir das Fernsehzimmer gemeinsam, als mich einer von G. Heinemanns engsten Mitarbeitern ansprach: Er sei der Pressereferent[174] und hätte dem zustimmen können, was ich eingangs gesagt hätte. In der Tat solle man noch am Sonntagabend mit der FDP reden, vor der CDU. Und ich sagte, genau das plante ich jetzt zu tun. Man

[171] Ute Freise, Ehefrau von Manfred Freise.

[172] Alfred Nau, Schatzmeister der SPD.

[173] Hermann Josef Schreiber, Korrespondent des Nachrichtenmagazins „Der Spiegel".

[174] Geert Müller-Gerbes.

kannte meine Annonce, also war das meine Linie. Ute, die, wie ich nach meiner Aktion hörte, CDU gewählt hatte, brachte mich mit unserem Wagen zum Bonner Talweg, zur FDP-Bundeszentrale, die ich Dir neulich mal gezeigt habe.

Nachdem ich eben irgendeinem Adlatus gesagt hatte, ich würde gern Herrn Genscher sprechen, kommt der mir schon entgegen, auch mit einem langen Gesicht, als ob er Zahnschmerzen hätte, nicht der sonst übliche Ausdruck des ewigen Strahlemanns. Ich sagte ihm, woher ich käme: Er konnte den Eindruck haben, mit Wissen des Präsidenten. Daß ich bzw. wir da die Wahlnacht verbringen wollten, wußte er nach einem Gespräch in der Vorwoche. Er beklagte die entsetzliche Situation der FDP, die fast die Hälfte ihrer Klientel verloren hatte, alle wären sehr „down", Scheel sei extrem deprimiert nach Hause gefahren und fühle sich als Verlierer der Wahl, sehr persönlich. Keiner wisse, wie es weitergehen solle. Er sei jetzt mit Kohl von Rheinland-Pfalz verabredet, worüber ich nur den Kopf schütteln konnte ... (schon wieder ein Umfaller?). Als ich ihm erkläre, warum die die Hälfte verloren hätten; [daß] Scheel mir noch vor zehn Tagen geschrieben hätte, er wäre offen für die beste Option[175], habe er sich am 25. September in der Appel-Sendung „Journalisten fragen, Politiker antworten" mit der klar erkennbaren und sogar klar ausgesprochenen Präferenz für eine Koalition mit der SPD ausgesprochen. Damit wäre alles vorentschieden gewesen. Wer die Koalition mit der CDU gewählt, nein gewollt hätte, der hätte nicht gewählt oder [mit] Erst- und Zweitstimme CDU/CSU. Wenn er jetzt mit der CDU anbändeln würde, wäre die FDP den Rest der Glaubwürdigkeit los und wieder die Umfallerpartei, dann ständen sie beim nächsten Mal ohne Wähler da. Das sieht er ganz bedröppelt ein und fragt dann, was sie jetzt denn tun könnten, [„]WIR GREIFEN NACH JEDEM STROHHALM["]; sage ich ihm: „Nicht nach jedem Strohhalm, ich werde mich noch heute abend dafür einsetzen, daß die FDP auch heute abend noch ein Angebot für eine Koalition mit der SPD von Willy Brandt bekommt." Von dem Moment an war es mir klar, jetzt geht alles nur noch im Schnellgang. Ute war nach Hause gefahren, es war wie ein Krimi. Kein Auto, keine Taxe in Sicht, keine Zeit zum Anrufen. Da sehe ich im Vorhof der Zentrale einen VW stehen, mit einem Fahrer in der Nähe. Ich sagte ihm, ich müßte auf dem schnellsten Weg in das Präsidialamt, in die Kaiser-Fr[ie]dr[ich-]Straße; weiß er auch nicht. Also dirigiere ich ihn stadteinwärts, bis zur Weberstraße, will nach rechts, ist aber Einbahnstraße, und verspreche ihm, außer dem vereinbarten großen Trinkgeld für das Fahren auch noch jedes Strafmandat zu bezahlen. Er macht mit, und dann sind wir zwei Minuten später am Schlagbaum des Präsidialamtes. Hoch zum Staatssekretär D. Spangenberg, dem alten Mitstreiter von Brandt aus der Berliner Staatskanzlei, ein eher dröger Mecklenburger, Träger des Deutschen Kreuzes in Gold und dann im Strafbataillon, habe ich von den Heinemanns gehört. Aber guter Kopf. Allein in einem Zimmer, sage ich ihm, was eben gelaufen ist, beschreibe die Situation der FDP und wiederhole genau das, was eben zwischen Genscher und mir gesprochen wurde bzw. was Euer Sohn, Dein guter Schüler in Sachen Politik, ihm als Lagebeschreibung angeboten hatte. Dann stellt der

[175] Das mit persönlicher Anrede und der Signatur Scheels versehene Standardschreiben wurde eröffnet mit „Frage Nummer 1, die uns gestellt wird: Mit wem macht die F. D. P. eine Koalition?" Die Antwort laute, „wo wir unser Konzept am besten durchsetzen können – mit dieser Partei werden wir zusammenarbeiten". Was „die Regierung Kiesinger kaputtgeschlagen" habe, müsse die nächste Regierung „mühsam kitten". Es dürfe „keine Regierung der großen Koalition mehr geben". Das Schreiben mündete in den Aufruf, Erst- und Zweitstimme für die F. D. P. zu geben. Schreiben Walter Scheel an Manfred Freise, 19. 9. 1969, in: Privatpapiere Manfred Freise.

Mann nur eine Frage – [„]Und was denken Sie, was ich jetzt tun soll?["] Worauf ich ihm sage, Willy Brandt anrufen und ihm sagen das, was ich eben berichtet habe, wer der Überbringer der Nachricht ist im Verhältnis zum Präsidenten, zu Genscher und zur FDP, auch meine Auffassung von [„]Mehrheit ist Mehrheit["]. Auch, daß man der CDU zuvorkommen müßte, noch heute abend, mit einem Angebot an die FDP und über die Fernsehkanäle. Der Mann macht ein Pokerface, dreht sich nach halb rechts, sieht hoch an einem grauen Veloursvorhang, UND ZÖGERT, für mich fast zu lang, und sagt dann schließlich – [„]Ja, ich mach's["]. Ruft die Baracke an, verlangt nach W. Brandt, es vergehen wohl ein bis zwei Minuten, dann macht der Mann den besprochenen Spruch, recht genau, und legt auf. Als ich frage, wie Brandt reagiert habe, sagt Sp., er sei einsilbig gewesen, habe nur mehrere Male [„]Ja, ja["] gesagt und – [„]Wir wollen sehen["]. Das war's, und dann sagte Sp., man müßte den Präsidenten trotzdem informieren. Im übrigen wäre es richtig, daß ich G. H. da rausgehalten hätte. Heinemann stand mit Manfr. Wichelhaus zusammen, als Sp. ihn informiert, der Pressereferent tritt mit mir dazu. Gustav Heinemann scheint alles andere als begeistert, nein, er guckt nach unten rechts, wie es für ihn typisch ist, wenn er etwas nicht mag oder verlegen ist. Dann sagt er, daß er große Zweifel hat an der Machbarkeit meines Plans, hauptsächlich wegen der innerparteilichen Situation bei der SPD und der FDP. Die Liberalen hätten ihren Mende und – [„]wir haben unse . . .["], zögert, und ich beende den Satz [„. . .] unseren Herbert Wehner["]. Heinemann: [„]Genau so.["] Also, Euer Sohn, worauf warten, auf zu Herbert Wehner, und Manfr. Wichelhaus, Freund und Nachbar, sagt spontan: [„]Da mache ich mit.["] Keine Reaktion vom Präsidenten, war wohl auch nicht zu erwarten. Wir erreichen, einen Dienstwagen vom Präsidialamt zu bekommen, den schwarzen Mercedes mit dem Kennzeichen BD 5-5, nicht ganz korrekt, Heinemann hätte es wohl abgelehnt. Aber es ging um die Wurst. Wir erreichen ziemlich schnell die überfüllte Baracke (mit langen Gesichtern tragenden Anhängern) und auch im Zimmer von Nau Herbert Wehner. Der kommt mit heruntergelassenem Visier, mürrisch im Ausdruck, und ich sage gleich, nach Vorstellung, ich käme von der FDP, die noch für diesen Abend ein Angebot für eine Koalition von der SPD brauchte, beginnt der gleich, mich anzubellen. [„]FDP, FDP, die Pendlerpartei, wenn die was wollen, dann sollen die gefälligst kommen.["] Was die sich vorstellten, jetzt und dann noch mit diesen Zahlen. Usw. Da werde ich böse ob soviel Dummheit und wegen des Stils, als ob ich ihm eine alte Hose verkaufen wollte! Und blubbere in gleichem Tonfall zurück; er wolle der Cheftaktiker der SPD sein, was er da liefere, sei nur peinlich. Sage, die FDP läge mit der Nase im Dreck und solle da noch gekrochen kommen. Ob er nicht wüßte, daß das die Partei wäre, mit der die SPD in Berlin nur ihren Kandidaten für den Bundespräsidenten durchgebracht hätte und ohne deren Mandate es auch keinen SPD-Bundeskanzler geben würde; oder ob er wieder in die Opposition wollte oder wieder Juniorpartner unter Kiesinger spielen wollte – [„]Herr Wehner, entscheiden Sie sich, Sie können nur das eine oder das andere haben.["] Ich hatte ihn dabei scharf beobachtet und stellte fest, der Mann knickt ein. Und tatsächlich wird der Mann geschäftsmäßig und sagt – [„]Na gut, wo ist Kühn.["] Dann gab es noch ein Wortgeplänkel, als man dessen Telefonnummer nicht findet, aber mit dem Ergebnis, daß sich M. Wichelhaus und ich anboten, ihn aus der Landesregierung[176] in die Baracke zu holen. Der war übererregt, als er von mir hört, was anliegt, wirft Messer und Gabel zur Seite und rannte heraus. Wir fuhren dann zur Baracke, und ich erkläre ihm

[176] Gemeint: „Landesvertretung".

die Situation. Dann fuhren wir mit „unserem[“] Wagen zurück ins Präsidialamt und informierten unseren neuen Präsidenten, was sich inzwischen ereignet hatte und daß davon ausgegangen werden könnte, daß Brandt, ohne Wehners Widerstand, sich so verhalten würde, wie vorgeschlagen, d. h. auch das Vorhaben, mit der FDP eine Regierung zu bilden, am Fernseher bekanntzugeben. Was ihn nicht umstimmt, und [er] sagt uns/[„]Ich halte nichts von solchen Ankündigungen, genausowenig wie von Verlobungsanzeigen.[“] Zurück in der Landesvertretung, Du kennst sie, ich habe sie Dir im Juli noch gezeigt und Dir erzählt, daß zum Hausherrn[177] ein enges Verhältnis besteht. Wir hatten ihn neulich zum Essen in die Cäcilienhöhe eingeladen, nachdem er sich für die Einbürgerung eines pers[ischen] Kollegen verwandt hatte. Gute Schule, Tatchrist wie Gustav Heinemann. Er schickte Ute nach dem Essen einen großen Blumenstrauß. [. . .][178]

Zurück in der Landesvertretung, harren wir der Dinge, die da kommen sollten, d. h. auf Heinz Kühn, unseren M[inister-]P[räsidenten], der schließlich mit erhobenen Händen hereinkommt. Auch hier kommt jetzt: [„]Wir machen's![“] Er hatte Georg Leber[179] und Senator Hoppe von der Berliner FDP im Schlepptau. Inzwischen war der große Konferenztisch ziemlich besetzt. Alle SPD-Minister, glaube ich, jedenfalls Arbeitsminister Figgen, Landwirtschaftsminister Deneke und Herr und Frau Neuberger[180] (der Sohn, heißt es, ist isr[aelischer] Pilot). Kühn berichtet von den Erfolgen, daß, im Grunde genommen, alles gelaufen sei, wie vorhersehbar. Das Problem sieht Kühn, daß die FDP vor einer „nie dagewesenen Zerreißprobe“ stände. Als der das sagt, wende ich ein, da gibt es die Lösung, man gibt der FDP ein Extraministerium und wertet sie auf, da antwortet er, das sei kein Problem, das sei machbar. Er hätte das bei gleichen Verhältnissen in NRW eben so gehalten.

Dann kommt schließlich Helmut Schmidt, die große Wolke, setzt sich neben Kühn, und Diether Posser spricht ihn als Hausherr an, er kenne ja die Runde, kenne sicher auch Manfred Wichelhaus, Gustav Heinemanns Schwiegersohn; aber wen er wohl nicht kenne, daß sei wohl Dr. Freise, hier neben uns. Sagt, ich hätte heute abend zwischen FDP und SPD den Kontakt hergestellt, von Genscher über Spangenberg zu Herbert Wehner, und erzählt dann kurz die bekannte Geschichte. [„]Herr Freise ist nicht nur Freund und Zahnarzt von Gustav Heinemann, sondern auch von Genscher und der von Rainer Barzel.[“] Dann Schmidt: „ZAHNARZT VON BARZEL? Nach dieser Nacht braucht die CDU keinen Zahnarzt mehr, die sind jetzt zahnlos.“ Dann kommen weitere lose Sprüche von ihm – damit sei die paritätische Mitbestimmung vom Tisch . . ., „aber das war ja sowieso alles Quatsch“. Da gibt es nur einen Satz von Sozial-Figgen, „na, so kann man das aber auch nicht sagen“. Ende. Auch das Mehrheitswahlrecht sei damit wirklich vom Tisch. Es hörte sich an, daß die dazugehörigen Wahlaussagen nur eine „lästige Last“ waren. Dann flachst man herum. Helmut Schmidt renommiert mit den Stimmenzahlen in seinem Wahlkreis. Da wirft jemand ein, da hätten ihn sicher alle Nutten von St. Pauli gewählt.

Das ist mir sehr peinlich vor der anwesenden Dame, Frau Neuberger, eine gutaussehende Jüdin. In welchem Verein bin ich hier gelandet? Aber Schmidt antwortet keß: Besser,

177 Diether Posser (SPD), Minister für Bundesangelegenheiten des Landes Nordrhein-Westfalen.

178 Es folgen drei Sätze themenfremden Inhalts.

179 Bundesminister für Verkehr.

180 Werner Figgen, Minister für Arbeit und Soziales des Landes Nordrhein-Westfalen, Diether Deneke, Minister für Ernährung, Landwirtschaft und Forsten, Justizminister Josef Neuberger und Ilse Neuberger.

daß die Nutten SPD wählen als die Betschwestern CDU und CSU. Gut, daß es Leute wie D. Posser, Joh. Rau[181] und Gustav Heinemann in der neuen SPD gibt ... Man bricht schließlich auf, es war ein langer Tag. Kühn und ich verabreden, uns morgen auszutauschen. Da tritt, auf dem Wege von der L[andes]-Vertretung, Herr Senator Hoppe auf mich zu, welche Rolle er in Berlin spiele und daß er, wie ich heute, in Berlin 1963 auch eine FDP/SPD-Koalition vermittelt hätte. Aber dieses hier sei eine Nummer größer, und wenn das klappen würde, hätte ich in die Geschichte eingegriffen. Ich muß zugeben, lieber Vater, mein großes Vorbild, das hat mir gutgetan. Ähnlich wie das, was Heinz Kühn Montag mittag sagte, nachdem er vor der TV-Kamera gefragt worden war, ob er der Vater der sich anbahnenden SPD/FDP-Koalition sei, da sagte er, nachdem die Kamera ausgeschaltet wurde, Eurem hinter ihm stehenden Freise Junior (2): [„]Die Frage war mir unangenehm, ich konnte doch nicht sagen, dafür brauchten wir als Mittelsmann einen jungen parteilosen Zahnarzt aus Bad Godesberg.["]

Das war's. Ich denke, Ihr freut Euch mit mir. Ich bin fest davon überzeugt, daß das unserem Land helfen wird. Wir brauchen doch den Wechsel, darüber waren wir uns doch einig. Heute gibt es eine Menge Tippfehler. Ich bin etwas müde; es waren doch aufregende Tage, mit nur wenig Schlaf.

[...][182]

Das war's. Herzliche Grüße und beste Wünsche von Eurem Euch sehr liebenden Sohn

Manfred

Dokument 9

[Schreiben Manfred Freise an Willy Brandt, Bad Godesberg, 18. 10. 1969][183]

Sehr geehrter Herr Minister!

Bei der Ankunft von US-Botschafter RUSH[184] waren wir wegen des Newsweek-Artikels in Kontakt[185].

Ob Sie inzwischen von Herrn Spangenberg erfahren haben, daß ich es war, der am Wahlabend um 21.45 Uhr, als alle durch die Ergebnisse entmutigt waren, die Initiative ergriff und von der Villa Hammerschmidt aus – ohne Wissen des mir befreundeten Bundespräsidenten – zur FDP den Kontakt aufnahm, zu Genscher fuhr, von ihm das fortgesetzte Interesse an der jetzt zu bildenden Koalition erfuhr, diese Nachricht über Herrn Spangen-

---

[181] Vorsitzender der SPD-Fraktion im Nordrhein-Westfälischen Landtag.

[182] Es folgen fünf Sätze über Reisepläne und bevorstehende Gespräche mit Vertretern des amerikanischen Senats und des Außenministeriums in Washington, D. C. Vgl. Dokument 9.

[183] Privatpapiere Manfred Freise, Bonn; Durchschrift, datiert: „Bad Godesberg, den 18. Oktober 1969".

[184] Kenneth Rush, amerikanischer Botschafter in der Bundesrepublik Deutschland.

[185] Die Wochenzeitschrift „Newsweek" hatte Mitte Juli 1969 über angebliche abfällige Äußerungen aus der Umgebung des Bundeskanzlers über den designierten Botschafter Rush berichtet. Dazu Schreiben Manfred Freise an den Chef des Bundeskanzleramtes, Karl Carstens, 19. 7. 1969, und Schreiben Freise an den Bundesminister des Auswärtigen, Willy Brandt, 20. 7. 1969. Mit Schreiben vom 21. 7. 1969 antwortete der Leiter des Ministerbüros, Gerhard Ritzel, im Auftrag Brandts. Alle Schreiben in: Privatpapiere Manfred Freise.

berg an Sie weiterleitete, dann mit Dr. Heinemanns Schwiegersohn bei Ihnen in der Baracke mit Herrn Wehner über dieses Angebot sprach, Herrn Kühn von der NRW-Vertretung holte und zu Alex Möller brachte, am frühen Morgen SPIEGEL-Schreiber bat, den angekündigten Spiegel-Titel: [„]KIESINGER Sieger der Wahl[“] auf Grund der anders gelaufenen Entwicklung gegen [„]Machtwechsel in Bonn[“][186] auszutauschen (was die Spiegel-Leute von sich aus schon nach Ihrem Fernsehauftritt um Mitternacht entschieden hatten) und schließlich über Minister Fessenden[187] Montag früh Sutterlin in Washington bat, die Nixon-Botschaft an Kiesinger zu korrigieren durch den dann um 22.00 [Uhr] ausgestrahlten Hinweis ... gute Beziehungen zur Bundesregierung, unabhängig davon, ob der Kanzler Kiesinger oder Brandt heißt – weiß ich nicht. Das ist auch nicht so wichtig; ich habe keine politischen oder personellen Ambitionen. Wichtig allein ist, daß Sie gewählt werden und die vorgesehene Koalition zustande kommt.

Diese Einleitung nur zur Erklärung meines Anliegens: Nach Äußerung von Herrn Spangenberg vor meinem Abflug nach New York und Washington hatte ich Ihr Einverständnis zu Gesprächen mit den mir gut bekannten Herren Sutterlin und Hillenbrand[188] im State Department und mit Sen[ator] J. W. Fulbright[189] im Senat. [...][190]

Meine Kontaktaufnahmen in der Wahlnacht habe ich natürlich schon mit Rücksicht auf die Stellung des Bundespräsidenten für mich behalten. Es gäbe sicher sonst von der Gegenseite unangebrachte, ungerechtfertigte Kombinationen, die nur schaden würden.

Mit freundlichen Grüßen und besten Wünschen
Ihr sehr ergebener

Dokument 10

[Niederschrift eines Gesprächs von Gustav W. Heinemann mit Manfred Wichelhaus, vermutlich Juli 1975, Wolpadingen][191]

[Wichelhaus:] 1. möchte ich, daß Du noch mal erzählst, was Du gerade erzählt hast, die Bundestagswahl Herbst 1969 und die Regierungsbildung der neuen Koalition SPD/FDP.

---

186 Das schlicht gestaltete Titelblatt trug die Überschrift: „SPD/F. D. P. Machtwechsel in Bonn?“. Der Spiegel, Nr. 40, 30. 9. 1969.

187 Russel Fessenden, Gesandter an der amerikanischen Botschaft im Range eines „Minister“.

188 James S. Sutterlin, Leiter des Deutschlandreferats, und Martin J. Hillenbrand, Leiter der Europaabteilung im amerikanischen Außenministerium.

189 James W. Fulbright, Vorsitzender des Ausschusses für Auswärtige Beziehungen des Senats.

190 Es folgen nähere Ausführungen Freises über die stattgefundenen Unterredungen in den Vereinigten Staaten von Amerika.

191 AdsD, Nachlaß Gustav W. Heinemann, Teil 2, Mappe 037 (b), ms. Niederschrift, 3 S. Hs. überschrieben: „1. B[undes-]P[räsident] Herbst 1969 (Bundestagswahl)“. Das Gespräch ist eines von mehreren, die Heinemann in den Jahren 1974/75 mit Diether Posser, Wichelhaus, Helmut und Brigitte Gollwitzer führte; die Gespräche wurden auf Tonband aufgezeichnet, niedergeschrieben und in einem thematisch orientierten Inhaltsverzeichnis erfaßt. Zeit, Ort und Wichelhaus als Teilnehmer des vorliegenden Gesprächs ergeben sich mit hoher Wahrscheinlichkeit aus dem Kontext der anderen Gesprächsniederschriften. Gemeinsam mit einer weiteren, abweichend paginierten Niederschrift eines Gesprächs zwischen Wichelhaus und Heinemann zum gleichen Thema bildet es die Nummer 17 des Inhaltsverzeichnisses der Tonbandgespräche Heinemanns.

CHRIST UND WELT

30. Juli 1971, Nr. 31
Einzelpreis DM 1,–

Wochenzeitung für Deutschland

Bonner Periskop

Ein Zahnarzt als Mittelsmann

Seit Tagen geistert ein geheimnisvoller Mittelsmann durch die Bonner Gerüchteküche. Er soll sich guter Beziehungen zu Bundespräsident Heinemann, zum CDU/CSU-Fraktionsvorsitzenden Barzel, zum stellvertretenden FDP-Chef Genscher und zu Angehörigen der Bonner Sowjet-Botschaft erfreuen. Kenner der rheinischen Szene meinen, auf seine Informationen hin sei letztlich auch das Gespräch zwischen der FDP-Führungsspitze und dem sowjetischen Botschafter Falin in Genschers Godesberger Reihenhaus zurückzuführen. Am Montag dieser Woche orakelte „Der Spiegel" über die Kontaktperson: „Beim Mittagessen am 8. Juli hatte jener Mittelsmann ... dem Ersten Sekretär der UdSSR-Botschaft, Alexej G. Popow, anvertraut, fünf bis sechs potentielle Renegaten aus der FDP-Bundestagsfraktion warteten nur darauf, einen schlüssigen Grund für den Absprung zur CDU/CSU noch in diesem Herbst zu finden." Der Mittelsmann, von dem hier die Rede ist, existiert wirklich. Er praktiziert als Zahnarzt in Bad Godesberg und zählt viel Bonner Prominenz zu seinen Patienten. Er hat bereits während der Koalitionsverhandlungen im Herbst 1969 eine Rolle gespielt und danach mehrfach Gespräche zwischen Barzel und Genscher außerhalb des parteioffiziellen Rahmens vermittelt.

Dok. 2

Mende, gib mir meine Stimme wieder

Gewählt und des Wortbruchs beschuldigt: Dr. Mende

Klage um die verlorene Stimme: FDP-Wähler Freise

Der Godesberger Zahnarzt Dr. Manfred Freise gab bei der Bundestagswahl seine Stimme der FDP. Er tat dies, weil er genug hatte von Adenauers Politik und weil FDP-Chef Mende versprach, daß seine Partei nie und nimmer dem alten Kanzler ihre Stimmen geben würde. Was aber nach der Wahl geschah, mußte den Zahnarzt erbosen: Dr. Mende und seine Gefolgschaft waren nicht mehr grundsätzlich abgeneigt, Adenauer wieder das Zepter der Macht in die Hand zu geben. Das Ende des Bonner Koalitionshandels wartete Dr. Freise gar nicht ab. Er fühlte sich betrogen und ging zum Amtsgericht Bonn. Mit einer Klage gegen Dr. Mende will er feststellen, ob es ein Treuebruch ist, wenn ein Politiker Versprechen bricht, auf die Millionen seiner Wähler bauten. Der Stern hat dazu Prof. Eschenburg von der Universität Tübingen gefragt. Seine Antwort: „Durch ein Wahlversprechen entsteht kein Rechtsverhältnis. Folglich ist ein Wahlversprechen nicht einklagbar. Das Entscheidende aber ist, daß nach dem Grundgesetz ein Abgeordneter an Aufträge nicht gebunden und nur seinem Gewissen unterworfen ist. Also ist er auch an seine Versprechungen nicht gebunden. Dr. Freise kann Dr. Mende nur moralisch verurteilen – und sich bei der nächsten Wahl in vier Jahren daran erinnern."

stern 17

Dok. 3

Abschrift (auszugsweise)

aus: Quick Nr. 46 v. 12. 11. 61 München S 11:

Lieber Quick-Leser

Ich möchte Ihnen heute zwei Männer vorstellen, vor denen wir den Hut ziehen sollten.
Der eine heißt Manfred Freise und ist Zahnarzt in Bad Godesberg. Sie werden ihn nicht kennen.
Der andere heißt Heinrich von Brentano und war bisher Außenminister in Bonn. Sie kennen ihn bestimmt.
Die Geschichte des Dr. Freise ist schnell erzählt: Am 17. September hatte er die FDP gewählt. Er hatte . .
weil der FDP-Vorsitzende Mende versprochen hatte,
seine Partei werde niemals . .
und niemals in eine Regierung mit Adenauer zu führen.
Was den Zahnarzt Freise nun auszeichnet, ist die Tatsache, daß er sich nach der Wahl noch an die Versprechen vor der Wahl erinnerte. Und daß er beim Amtsgericht Bonn eine Feststellungsklage gegen Herrn Mende eingereicht hat –
wegen Nichteinhaltung von Wahlversprechen.
Spötter mögen nun sagen

Aber zwischen dem üblichen Wehklagen am Stammtisch und der öffentlichen Anklage vor den Schranken des Gerichtes liegt ein weiter, weiter Weg. Der Zahnarzt Freise ist ihn gegangen. Als einziger. Und dafür sollten wir

den Hut ziehen.

Gleichgültig, ob Dr. Freise mit seinem Prozeß Erfolg hat oder nicht.

Die Klage des Dr. Freise ist nur ein Teil jenes Trauerspiels, das zur Zeit auf der Bonner Bühne gespielt wird.

Der Abschied des Heinrich von Brentano ist der zweite Teil.
Und auch vor dem Helden dieses Teils sollten wir
den Hut ziehen.
Brentano hat . .
. . zu dieser Stunde hat er die Stunde seines größten Triumphes gemacht.
Er ist gegangen.

Was Bonn dem Wahlvolk zumutet, ist wirklich und wahrhaft unerträglich.
In Bonn werden

Bonn tut, als ob . . .

Wie nannte Brentano die Bonner Koalitionsspielereien?
. . „gefährlich und für die Stellung der Bundesrepublik in der Welt schädlich ...“

Ihr Günter
(Unterschrift)

Bem.: Unterstreichungen
vom Abschreiber.
14. 11. 61

Dok. 4

Nr. 257 / Samstag, 4. Nov. 1961

Endlich ein Mann

Von GUNTER MUGGENBURG

Alle Propheten machten am Donnerstag um Mitternacht lange Gesichter. Noch kurz zuvor hatten sie froh getönt: „Wir sind uns einig. Wir werden heute noch fertig." Ministerlisten wurden verteilt u[illegible]nan gab sich optimistisch. Strauß und Mende lächelten, wenn auch etwas gezwungen, so doch breit in die Kameras, und alles schien eitel Freude und Koalition.

Wenig später war alles wieder in Frage gestellt. Die Koalition wackelte, der Kanzler wackelte und Sorge und Ärger breitete sich in den Fluren des Bundeshauses aus. Ein CDU-Abgeordneter kommentierte bitter: „Trotz Stacheldraht, Todesstreifen und der Mauer ist es in Bonn in den letzten Tagen gelungen, in einem Stoß bis Weimar vorzudringen." Wie er, vergleichen viele Politiker in der letzten Zeit die Vorgänge in Bonn mit der Schwäche und Labilität der Weimarer Demokratie.

*

In der ihm eigenen Forschheit hatte der CDU-Geschäftsführer Rasner am Donnerstag um 19.30 Uhr pointiert erklärt, wie sich die CDU die Zusammenarbeit denkt. Aber [illegible] hatte die Rechnung ohne die F[illegible] gemacht. Nach insgesamt achtstündiger Sitzung siegten bei den Freien Demokraten die Kanzler-Rebellen und die Mißtrauischen. Die Übertaktik der CDU verstärkte ihre Besorgnisse. Die Formulierung der Unionsparteien, daß nicht nur das Koalitionsabkommen vom 20. Oktober, sondern auch spätere Änderungen und Zusätze die Basis der Zusammenarbeit markieren sollten, trieb die Liberalen auf die Barrikaden. Durch die Zusätze, so meinten sie, werde die ursprüngliche Arbeitsbasis völlig durchlöchert und damit wertlos.

Mende, der seit seinem Geburtstag vor acht Tagen mit einem neuen Mercedes 220 mit dem Kennzeichen BN — M 1 durch die Lande fährt, konnte sich in seiner Fraktion diesmal nicht durchsetzen. Seine Beschwichtigungsversuche wurden von den Wortführern der Adenauer-Gegner, Kohut und Achenbach, unterlaufen. So vertagte man sich schließlich, verhandelt neu und hofft weiter.

*

Bei der CDU haben sich die Rebellen demgegenüber nicht durchsetzen können. Der Hamburger Abgeordnete Bucerius verdiente

sichts der schleppenden Verhandlungen vom Kampf gegen den alten Kanzler gesprochen. „Sie werden es sehen", hieß es nach dem vierten Kognak. Aber man sah nichts. Auch die drei Unionsknappen, die morgens im Zug nach Bonn fuhren, schwiegen später. Im Abteil hatten sie noch (ein FDP-Mann saß still in der Ecke) stark aufgetrumpft und von Adenauer über Krone und Schröder bis zum Oppositionsfreund Bucerius alle abgekanzelt.

*

Durch einen besonderen Vorfall ist die seit Wochen laufende Kritik gegen den FDP-Chef Mende neu angefacht worden. Ein Godesberger Zahnarzt hat ihn wegen „schweren Treuebruchs" verklagt, da Mende sein Wahlversprechen,

die FDP werde nicht in eine Regierung Adenauer eintreten, gebrochen habe. Der Zahnarzt wird seit diesem Tage mit Briefen überschüttet, denen zum Teil Geld für die Gerichtskosten beiliegt.

Die prominenteste Zustimmung kommt von William Tyler, einem hohen Beamten im US-Außenministerium. Schrieb er: „Grenzenlos erfreut über die herrliche Nachricht. Ihre Klage ist eine echt amerikanische Initiative und ganz im Sinne unseres politischen Lebens." Andere meinten: „Bravo, sehr geehrter Herr Zahnarzt, daß Sie dem Mende den Zahn ziehen wollen." „Meines Erachtens dürfte Adenauer mit einem so unehrlichen Politiker keinen Kompromiß schließen." Das Urteil des Gerichts steht ebenso noch aus wie das Urteil der Wähler, das erstmals am 12. November bei den Hamburger Bürgerschaftswahlen erkennbar werden dürfte.

*

Unvorhergesehen gewonnen hat

Dok. 5

NOVEMBER 11, 1961.

Politics and Pledges

Bonn Startled by Suit Charging Mende Broke a Pledge by Joining Adenauer

By SYDNEY GRUSON

Special to The New York Times

BONN, Germany, Nov. 10—A young dentist with a crusader's zeal has Bonn's politicians in a dither. He has sued one of them for "breach of trust" for failure to keep an election campaign promise. Not only has this never been done here before, which makes it bad enough in customs-conscious Germany, but the remote possibility that he might win in the Constitutional or Supreme Court gives the politicians nightmares.

The Talk of Bonn

The dentist is Dr. Manfred Freise, whose heavy-rimmed glasses and receding hairline make him look older than his 33 years. The politician is Dr. Erich Mende, chairman of the Free Democratic party, he received Dr. Freise's and many others' votes in September's election by pledging not to join in a coalition government under Dr. Konrad Adenauer.

What shatters Americans here is Dr. Freise's insistence that by suing Dr. Mende he is really following the American way of doing things.

"Heavens!" exclaimed one American resident, "the courts would never get around to anything else if this went on at ..."

Associated Press

Sued on Pledge

Erich Mende, above, head of West Germany's Free Democratic Party, has been sued by Dr. Manfred Freise, a Bonn dentist, on a charge of failing to keep a campaign promise. Freise said Mende promised him and other West German voters that his party, which won 67 seats in the parliamentary election last month to gain

the case to the Supreme Court at Kalrsruhe.

"I know a politician is not bound by anything but his own conscience," Dr. Freise said, "but what kind of a conscience is it that breaks promises so easily just to get some government posts."

The young dentist has a file of hundreds of letters received since he filed the suit and only three, he says, were against him. Not only do the great majority support the suit but many indicated, according to Dr. Freise, that if what Dr. Mende did was democratic political action the politicians could wait until shrimps whistled before the letter writers voted again.

Dr. Friese is a man who believes in action. He was, he said, a member of Dr. Adenauer's Christian Democratic Union until the 85-year-old Chancellor failed to go to West Berlin after the Communists began to build the wall between the two halves of the city.

"He did not understand what was happening," Dr. Freise said. "If we insist on retiring teachers at the age of 65, though we are so short of them, how much more valid to retire a man of eighty-five."

He resigned from the Christian Democratic Union, spent 70 marks—$17.50—to have twenty-five posters printed and pasted them on trees near the Palais Schaumburg, Bonn's White House, and other prominent sites.

Four were torn down the first night. He replaced them. The Sunday before the election he marched up and down before Dr. Adenauer's residence holding aloft one of the posters. It called Dr. Adenauer "too old, too rigid," Economics Minister Ludwig Erhard "too weak, too unpolitical," and Defense Minister Franz Josef Strauss "too power-hungry."

No one around Bonn will be surprised to find Dr. Freise standing for Parliament in the 1965 election.

•

Bonn is an earnest capital that takes its fun as well as its politics seriously.

The West German Carnival Association met in a solemn conclave the other day and decided that a carnival must be held this year, too, despite the international situation.

The association said it did not want the responsibility of "lowering public morale" by calling off the celebration. The "defeatism" that would result, it went on, could only serve to persuade the Russians that their attempts to intimidate the West were being successful.

Dok. 6

IRATE VOTER ACTS

Bonn Politician Sued On Broken Promise

BONN, Germany, Oct. 28 (AP).—It has happened at last: A voter is taking a politician into court on a charge of failing to keep a campaign promise.

The stunned politician's reaction: "Why, I've never heard of a case like it before. It can't be legally possible."

Dr. Manfred Freise, a dentist, has filed a complaint in court against Erich Mende, head of the Free Democratic Party which won 67 seats in West Germany's parliamentary election last month to gain the balance of power.

Dr. Freise said Mr. Mende promised him and other West German voters that his party would never enter into a coalition government under Chancellor Konrad Adenauer, and on this basis got 4 million votes.

Now, the dentist said, it seems that just such a coalition government is about to be formed. This, he said, constituted "breach of faith with voters."

An oral hearing will be held soon in Bonn's lowest court to determine if there are legal grounds for the complaint.

Dr. Freise said he is not seeking damages but only to establish the principle that a politician can be held to his promises.

A spokesman for Mr. Mende protested the anti-Adenauer promise had never been made in a completely unequivocal form during the campaign. This, he said, happened only later, so there could be no real breach of confidence of the kind Dr. Freise meant.

WASHINGTON STAR
SAT. OCT. 28 1961

Dok. 7

Politicians Stunned

Political campaign promises are designed to attract votes to the promiser. They sometimes (alas!) wither on the vine between the time the maker is counted in and the time he assumes office and finds himself face to face with real life. Maybe this isn't the way it should be. It certainly isn't the way it should be in the opinion of Dr. Manfred Freise, a dentist in Bonn, West Germany.

Dr. Freise has haled into court none other than Erich Mende, head of the Free Democratic party, which won 67 seats in West Germany's parliamentary election last month. It is charged that Mr. Mende promised before the election that his party would not enter a coalition government—a move which may be in the offing. Dr. Freise says that such a move would be a "breach of faith with the voters."

Here, indeed, we have something new: an effort in court to make a politician abide by a preelection promise. According to reports from Bonn, German politicians are stunned. Of course they are. Every politician this side of the Iron Curtain who has heard of the action is stunned, not excluding the lesser precinct bosslets in our own Baltimore. We await the result of the German case with bated breath. If failure to keep campaign promises is to become actionable we are in for a revolution such as the hustings have never seen before.

Dok. 8

Mein Besuch bei John McCloy

Als er 90 wurde, sagte H. Kissinger in Anlehnung an ein Bismarckzitat: „John McCloy, so glaube ich, hörte Gott auf dem Pfade durch die Geschichte wandeln, und diejenigen unter uns, die nicht ehrfürchtig genug oder deren Ohren nicht wach genug waren, zu hören, haben den Vorzug genossen zu erkennen, daß, wenn wir McCloys Spuren folgen würden, wir auf dem Wege sein würden, Gottes Werk zu tun." Natürlich waren das pathetische Worte der Huldigung, wie sie bei solchen Anlässen für bedeutende Staatsmänner gesprochen werden.

Nichtsdestoweniger wußte Kissinger da, von wem und was er da sprach. Er wußte um McCloys Wirken und Verdienste um Amerika und die Welt, in dessen Zeit als Staatssekretär für Verteidigung von 1940–1945, als Hoher Kommissar für Deutschland (1949–1952), Sonderberater in Abrüstungsfragen, als Präsident der Weltbank, als Vorsitzender der Fordstiftung, als Chef der Chase Manhattan Bank, als Chairman des Council of Foreign Affairs und des American Council on Germany und als Berater aller amerikanischen Präsidenten seit Franklin D. Roosevelt.

McCloy hatte notabene auch Kissingers eigene Karriere begründet, als er dem 1956 noch obskuren, jungen Harvard-Professor einen Lehrstuhl über sowjetisch-amerikanische Beziehungen verschaffte und ihn mit Rockefeller bekannt machte.

In einer Zeit, als sich Amerika anschickte, seine Soldaten wieder heimzuholen, um „ins Kino zu gehen und Coca-Cola zu trinken" (Harriman) und der Kongreß – auch, um Steuern senken zu können – die Regierung zwingen wollte, Europa wieder den Europäern zu überlassen, wie 1919, unter Wilson, wieder „America first" zu praktizieren, kam mit McCloy ein Mann in das geschlagene Deutschland, der sich schon 1944 der Verpflichtung Amerikas für den Frieden, die Freiheit und die wirtschaftliche Zusammenarbeit mit Europa bewußt war, und der von Präsident Truman für seine Aufgabe eine absolute Entscheidungsfreiheit bekommen hatte. Ohne ihn und seine Freunde wären Truman-Doktrin, Marshall-Plan, die Freiheit West-Berlins, die Europäische Wirtschaftsgemeinschaft und die NATO nie zustande gekommen. Sie waren die „Europäer" und Atlantiker der ersten Stunde.

Vermittelt durch einen gemeinsamen Freund, traf ich ihn vor einiger Zeit wieder. Mr. McCloy hatte uns zum Morgentee in sein Haus an der June Road in Stamford, Connecticut, eingeladen.

„Ich habe mich eigentlich – trotz meines Namens – immer als deutschstämmig gefühlt", sagt McCloy und fährt fort: „Ich wuchs in einer guten deutschen Nachbarschaft von Pennsylvania Dutch-Bürgern in Philadelphia auf. Mein Vater starb, als ich sechs war und meine Erziehung lag ganz in den Händen meiner sehr deutschstämmigen Mutter. Die deutschen Nachbarn waren „gute Leute" (er sagt das in deutsch), wie die große Mehrzahl der Deutschen, die ich vor und besonders nach dem Kriege in Deutschland traf."

„Jack" McCloy, Absolvent einer Quäkerschule und später der renommierten Harvard Law School, erlebt das Ende des ersten Weltkrieges als junger Kavalleriehauptmann in Metz, kommt dann zum ersten Mal nach Bonn und Köln, wird Wallstreet-Anwalt, bereist mit seiner Mutter und seiner auch deutschstämmigen Frau Ellen, einer Cousine von Frau Adenauer, mehrmals Deutschland; kommt nach Berlin zur Olympiade, wird 1940 Staatssekretär im Verteidigungsministerium und bekämpft schon 1944 mit seinem Freund und Chef, dem Verteidigungsminister Stimson, den Morgenthau-Plan, der aus Deutschland, durch totale Demontagen, ein Acker- und Weideland machen wollte.

Er verhinderte, daß Heidelberg bombardiert wurde: John McCloy, Sohn einer deutschstämmigen Mutter.

Dann kommt eine eher kuriose Geschichte, die uns McCloy selbst in Einzelheiten erzählt. Er wird im Februar 1945 zum Präsidenten ins Weiße Haus gebeten. „Da erwartet mich Roosevelt mit erhobener Hand zum Hitlergruß und sagt (in deutsch) HEIL HOCHKOMMISSAR FÜR DEUTSCHLAND. McCloy wehrt ab, das sei zu früh, für die ersten Jahre nach dem Kriege brauche man einen Militärgouverneur. Roosevelt will nicht, fragt dann aber, ob er, McCloy, denn jemanden Geeigneten kenne. Ja, sagt McCloy, da gäbe es General Clay, der auch etwas von Politik verstände. Roosevelt hat noch nie von ihm gehört. Gibt aber schließlich nach, weil er, wie er sagt, zu müde sei, um sich deswegen mit McCloy anzulegen.

Dann erzählt McCloy die ihm viel wichtigere Geschichte von April 1945. Er flog mit einer einmotorigen Maschine im Tiefflug über Rothenburg ob der Tauber, das noch von deutschen Truppen besetzt gehalten war, jene Stadt, von der ihm seine Mutter so viel erzählt hatte. Rothenburg ist schon zum Teil von amerikanischen Truppen eingekesselt, soll mit Artillerie sturmreif geschossen werden. Er läßt hinter den amerikanischen Linien landen und den amerikanischen Abschnittsgeneral Devers zu sich kommen, fragt ihn, ob er wüßte, was da vor ihm läge, „ein Juwel europäischer Zivilisation". Der weiß es nicht. Und McCloy sagt ihm: „Wenn Sie diese Stadt vernichten, wird Ihr Name mit Schande in die Geschichte eingehen." Sie wird nicht beschossen und durch Telefonkontakt mit dem deutschen Befehlshaber von Wehrmacht und SS geräumt. Der Ehrenbürgerbrief und der Rothenburger Humpen sind in seinem Arbeitszimmer zwischen Briefen von Churchill und Bildern von Roosevelt, Eisenhower und Kennedy hervorragend placiert.

Sein ganz großes Lob gilt Konrad Adenauer, ohne den der deutsche Wiederaufbau in Freiheit, die europäische Einigung und die NATO, zu der man sich erst nach der von Stalin genehmigten Invasion der Nordkoreaner nach Südkorea entschlossen habe, nicht möglich gewesen wäre. Ihre Zusammenarbeit sei hervorragend gewesen. Er sagt uns: „Adenauer, was just what the doctor had ordered for Germany." Und wie er immer war, ist er zu bescheiden, all jene Dinge zu erwähnen, die in ihrer Vielfalt und Mannigfaltigkeit den Wiederaufbau der Bundesrepublik und Europas ausmachen und die auf seine Initiative und Durchsetzungsfähigkeit zurückgehen.

Manfred Freise

Dok. 9

4 General-Anzeiger Dienstag, 11. Mai 1993 **Politik**

„Richtige Diagnose, falsche Therapie"

Manfred Freise: In Sachen Bonn/Berlin bahnt sich eine beunruhigende Entwicklung an

Manfred Freise, Sohn eines von Hitler verfolgten liberalen Reichsbannerführers, war von 1953 bis 1955 Fulbright Stipendiat für Internationale Beziehungen und Politische Wissenschaften an der Universität Yale. Als jahrzehntelanger Ratgeber von Hans-Dietrich Genscher und Freund von Gustav Heinemann war er 1969 am Zustandekommen der SPD-FDP-Koalition und ebenso 1981/82 an der Wende zum Bündnis von CDU/CSU-FDP beteiligt. Er ist Autor der „Niederlande-Lösung", der Idee der Trennung zwischen der Hauptstadt und dem Regierungs- und Parlamentssitz, der Aufgabenteilung zwischen Bonn und Berlin.

In Sachen Bonn/Berlin bahnt sich eine sehr beunruhigende Entwicklung an. Sie könnte darauf hinauslaufen, daß der Beschluß vom 20. Juni, die Kabinettsentscheidung vom 11. Dezember 1991 und der Beschluß des Ältestenrates vom 17. Juni 1992 zu Lasten Bonns gekippt werden. Wie beim Berlin-Beschluß sind die Hauptakteure wieder Wolfgang Schäuble und Hans-Jochen Vogel.

Weg von Bonn, den Reichstag sofort nutzen; das sind Schäubles Antworten auf die Folgen der um sich greifenden Rezession, auf die alarmierende Zunahme der Arbeitslosenzahlen, auf die wirtschaftlichen Zusammenbrüche in den neuen Bundesländern, auf die immer weiter ausufernde Staatsverschuldung – auf die Nöte und Sorgen der Menschen im ganzen Land und er tut so, als sei der Umzug ein Wert in sich.

Der Fraktionschef der CDU/CSU will, nach eigenem Bekunden, „die aufwendige Neugestaltung Berlins ein paar Jahrzehnte verschieben", weil man es „den Menschen nicht erklären kann, daß ungeheuere Milliardenbeträge in den Ausbau Berlins gesteckt werden." Mit dieser – an sich richtigen – Diagnose kommt Schäuble dann aber zu einer nicht indizierten Therapie, die ihn zudem noch in Gegensatz bringt zu den Beschlüssen des Bundestags, des Kabinetts, der Konzeptkommission und zu den präzise festgeschriebenen Beschlußempfehlungen des Ältestenrates vom 17. Juni 1992. In dem vom Bundestag angenommenen Empfehlungen – zustandegekommen auch unter Mitwirkung des Berliner Senats – werden die Bedingungen festgelegt, „unter denen die Arbeitsfähigkeit hergestellt ist". Hier steht expressis verbis: „... unter Vermeidung erneuter Provisorien,... dauerhafte und funktionelle Arbeitsverhältnisse ..." und „nach Fertigstellung einer ausreichenden Anzahl von Wohnungen für die Beschäftigten ...". Die Drucksache 12/2850 beschreibt weiter sehr detailliert die „Zukunft Bonns", mit Bildung von Politikbereichen, Verlagerung von Bundeseinrichtungen, Ausbau der Region Bonn als Wissenschafts-, Forschungs-, Bildungs- und Kulturzentrum, darüber hinaus zu einem Standort mit zukunftsorientierter Wirtschaftsstruktur.

Diese Einvernehmlichkeiten entspechen – nach allgemeinem Verständnis – dem Geist und Inhalt des Berlin-Beschlusses, und die Entscheidung des Bundeskabinetts überbrückten die vorher noch bestandenen Gegensätze und lassen die für Bonn wohlwollende Richtlinienkompetenz des Bundeskanzlers erkennen. Das will Wolfgang Schäuble jetzt alles aushebeln?

Bedenkt der Fraktionschef nicht, was er hier alles aufs Spiel setzt, daß ihn seine Aktion schießlich in einen leicht erkennbaren Gegensatz zu sich selbst bringt? Hatte er doch noch im Mai '92 in einem Gespräch mit dem General-Anzeiger erklärt: „Es ist klar, daß erst in Berlin die Voraussetzungen für den Umzug geschaffen sein müssen, ehe er stattfinden kann" und „die Solidität der Umsetzung des Bundestagsbeschlusses ist für mich wichtiger als das Element der zeitlichen Beschleunigung". Aber jetzt liest sich das alles anders. Nachdem er jetzt im Grunde genommen die Argumente der Bonn-Seite zur Kostenfrage übernimmt, geht er im kleinen Kreise sogar über das in Interviews Abgedruckte hinaus. Alles, die komplette Regierung, sollte so schnell wie möglich nach Berlin. Die Bonner Region sei reich genug und könne auf die Ausgleichsmaßnahmen verzichten.

Warum macht er diese dramatische Kehrtwendung? Erwartet er von der größeren Stadt größere Ideen und Einsichten, andere politische Dimensionen? Doch wohl kaum. Konrad Adenauer veränderte Mitteleuropa aus Rhöndorf, hinter den „sieben Bergen", und Helmut Kohl konzipierte im ruhigen Bonn die richtungsweisenden zehn Punkte.

Manfred Freise Foto: Darchinger

Eine parallele Aktion, den Berlin-Beschluß auszuhöhlen, geht von seinem früheren Kollegen, dem ehemaligen SPD-Fraktionschef Hans-Jochen Vogel und von Berlin aus. Er, der am 19. Juni fast allein gegen die Vertagung der Abstimmung bis nach 1994 eingetreten war, den sogenannten Schäuble-Plan zur Ablehnung brachte und dann vornehmlich für Wortlaut und Inhalt des Berlin-Beschlusses verantwortlich zeichnet, geht heute wie der Berliner Bürgermeister Diepgen vom „Rutschbahneffekt" aus, und sie beide sprechen es aus: die schließliche Abwanderung aller Ministerien von Bonn nach Berlin, dann, wenn der Hauptumzug stattgefunden hat.

Die Einvernahme des durch einen später nochmals zu überprüfenden Beschluß in Bonn angesiedelten Bundesrates durch den Berliner Architekten Axel Schulte für das neue Parlaments- und Regierungsviertel in Berlin war provokativ genug.

Die bisher äußerst loyale Bonn-Seite – das schließt Stadt, Region, die Länder Nordrhein-Westfalen und Rheinland-Pfalz und ihre Freunde im Parlament ein – muß jetzt den hingeworfenen Fehdehandschuh aufnehmen.

Sie wird jetzt mehr denn je auf der Einbringung eines Bonn-Gesetzes bestehen müssen und ein neues, unabhängiges Kostengutachten verlangen. Und das sofort, vor Beginn der Wahlkämpfe. Es ist aber säuberlich zu trennen zwischen ohnehin entstehenden Kosten, die mit dem Bonn-Beschluß des Hauptstadtausbaus und den zusätzlichen Folgekosten, entstehen. Über das Ergebnis, nach vorheriger Anhörung des Haushaltsausschusses, der schon vor dem Junibeschluß hätte gehört werden müssen, wird die Bonn-Seite eine namentliche Abstimmung beantragen. Die Abgeordneten werden dabei ihren Wählern größere Bedeutung zumessen als der eventuellen Meinung von Parteispitze oder der Fraktion. Heute hat der Souverän hierzu jedenfalls eindeutige Vorstellungen.

Dann ist sachlich mit den Vorstellungen abzurechnen, ein Umzug nach Berlin brächte neue Investitionen und Aufträge nach Pommern, Sachsen und Thüringen, nach Rügen und Rostock und Görlitz. Die Antworten gab schon im Sommer 1991 Manfred Stolpe, Ministerpräsident von Brandenburg: Er sorge sich um die Sicherstellung des Föderalismus und um die Sogwirkung nach Berlin, weil beim „Run" auf die Hauptstadt (der zur Zeit größten Baustelle Europas), wie um die Jahrhundertwende, selbst für das Land Brandenburg – trotz des Speckgürtels um Berlin – nicht viel übrig bleibe. Man verläßt nicht das Gebot der Fairneß, wenn man außerdem auch das kriminelle und politisch gefährliche Umfeld der vereinigten Stadt beim Namen nennt. Berlin liefe schon jetzt Gefahr, Hauptstadt der Kriminellen zu werden, sagte der neue Berliner Polizeichef bei seinem Amtsantritt.

Gast im GA:
Manfred Freise

Das ist keine Häme, nicht von jemandem, der sich seit Beginn der Debatte für eine Aufgabenteilung zwischen Bonn und Berlin stark gemacht hat. Hauptstadt mit breiten Alleen, mit Schlössern und Monumenten, auf daß der Staat Staat machen kann und als symbolische Hinwendung für die Menschen im östlichen Teil unseres Vaterlandes: ja. Aber Regierungs- und Parlamentssitz da, wo sich alles bewährt hat, wo alles steht und funktioniert. Konrad Adenauer von Köln aus im Preußischen Landtag und mit den beiden Städten Berlin und Bonn vertraut, sah das auf seine alten Tage ebenso. Seine beiden ältesten Söhne sagten beim Empfang zu Helmut Kohls 60. Geburtstag, ihr Vater würde bei einer Entscheidung zwischen Bonn und Berlin sicher für Bonn stimmen. Aber das mag für viele Berlin-Befürworter nicht maßgeblich sein. Für sie könnte die Aussage des ostelbischen, protestantischen Fürsten Otto von Bismarck, des Reichsgründers und ersten Reichskanzlers, vor dem Deutschen Reichstag am 4. März 1881 mehr Gewicht haben: „Ich habe mich immer dem Gedanken nicht verschließen können, daß der Reichstag und die Zentralbehörden besser in einer anderen, weniger bevölkerten und der Unruhe weniger ausgesetzten Stadt wie Berlin ihre Sitzung hielten."

Dok. 10

Dok. 11

Ein „Mittelsmann, Kurier und Katalysator" der Politik

GESCHICHTE In der Nacht der Bundestagswahl von 1969 half ein Godesberger Zahnarzt bei der Bildung der sozial-liberalen Koalition mit. Politikwissenschaftler beschreibt bislang unbekannte Details des damaligen Machtwechsels in Bonn. Um 23.30 Uhr waren die Weichen gestellt

Von **Ekkehard Kohrs**

BONN. Die Geschichtsbücher müssen nicht umgeschrieben werden. Aber ein nicht unwichtiges Detail bei der Bildung der sozial-liberalen Koalition nach der Bundestagswahl vom 28. September 1969 müssen Historiker und Politikwissenschaftler wohl zur Kenntnis nehmen. Siege haben bekanntlich viele Väter, aber nicht jeder, der im Hintergrund mitgemischt hat, wird in den einschlägigen Büchern erwähnt.

Der Zeitgeschichtler Arnulf Baring schrieb über die Ära Willy Brandt und Walter Scheel das Standardwerk „Machtwechsel". Politische Akteure wie Hans-Dietrich Genscher lieferten dicke „Erinnerungen" ab. In beiden Büchern kommt ein Mann nicht vor, der in der entscheidenden Wahlnacht seine Finger im Spiel hatte. Kein Politiker, kein Journalist, kein Historiker, sondern ein Zahnarzt, zu dessen Hobbys es gehört, hinter den Kulissen versuchsweise Politik zu beeinflussen.

Über die bislang unbeschriebene Rolle dieses Mannes schreibt in der neuesten Ausgabe der „Vierteljahrshefte für Zeitgeschichte" der derzeitige Mitarbeiter des Bundesarchivs in Sankt Augustin und promovierte Politikwissenschaftler, Daniel Hofmann, in seinem Beitrag „Verdächtige Eile". Die Schriftenreihe wird von den renommierten Professoren Karl Dietrich Bracher, Hans-Peter Schwarz und Horst Möller herausgegeben.

Hofmann berichtet, dass Willy Brandt selbst in seinen Memoiren den Hinweis gegeben habe, dass „auch Jüngere" hinter den Kulissen mitgeholfen hätten, noch am Wahlabend den Machtwechsel nach den Jahren der Großen Koalition vorzubereiten. Auch der Name von Gustav Heinemann fiel. Als Staatsoberhaupt war Heinemann aber zur Unparteilichkeit verpflichtet, was er auch war. Aus seiner Umgebung, so Hofmann, seien wichtige Anstöße gekommen, „doch weder von ihm selbst, noch auf seine Veranlassung hin".

Hier kommt Hofmann auf den damals Anfang 40 Jahre alten Zahnarzt Manfred Freise aus Bad Godesberg zu sprechen. „Kein Parteistratege, kein Mitarbeiter des Bundespräsidialamtes, sondern der Heinemann privat nahe stehende Zahnarzt Manfred Freise trug als Mittelsmann, Kurier und Katalysator wesentlich dazu bei, an jenem Abend den Stein ins Rollen zu bringen."

Freise, der heute noch in Bad Godesberg lebt, war damals das, was man einen Prominentenarzt nennt. Er fühlte zahlreichen Politikern im wahrsten Sinne des Wortes auf den Zahn. Nach der Wahlnacht schrieb Freise ausführlich über die Geschehnisse in einem Brief an seinen Vater. Diese Äußerungen wurden später von Heinemanns Schwiegersohn, Manfred Wichelhaus, bestätigt. Freise verstand es raffiniert, in einer Art aufzutreten, dass Außenstehende den falschen Eindruck bekamen, er sei irgendwie von Heinemann legitimiert.

Der Mann *im Hintergrund: Zahnarzt Manfred Freise aus Bad Godesberg.* FOTO: Archiv

Hofmann stellt den Ablauf des Abends nach. Nachdem der CDU/CSU-Fraktionschef Rainer Barzel im Fernsehen den Führungsanspruch der Union unter Kanzler Kurt Georg Kiesinger angemeldet hatte, kam Freise zu der Überzeugung, FDP und SPD müssten vor der Union initiativ werden. Er fuhr zu Genscher in die Bundesgeschäftsstelle der FDP. Genscher zögerte, so Hofmann, sich festzulegen. Die Liberalen hatten damals mit 5,8 Prozent ein sehr schlechtes Wahlergebnis erzielt.

Von Genscher fuhr Freise zu dem ihm ebenfalls bekannten Chef des Präsidialamtes, Dietrich Spangenberg. Der rief Willy Brandt an, der natürlich wusste, dass Spangenberg ein Heinemann-Mann war. Gegen 22 Uhr erklärte Genscher öffentlich, SPD und CDU/CSU sollten ihre Koalitionsabsichten deutlich machen. „Zufall?", fragt Hofmann. „Wohl kaum. Die Intervention Freises muss bei Genscher das Empfinden geschärft haben, dass die Situation sich zuspitzt." Unterdessen hatte sich gezeigt, dass SPD und FDP eine Mehrheit hatten. Brandt telefonierte mit Walter Scheel, der äußerst deprimiert war. Ihm kündigte er an, der FDP ein Angebot zu machen. Schon vor der Wahl war in einer Sendung von Reinhard Appel deutlich geworden, dass beide Politiker über ein Zusammengehen nachdachten. Für die SPD votierte Karl Schiller am Wahlabend im Fernsehen für ein Bündnis aus SPD und FDP.

Zu dieser Zeit war Manfred Freise bei Herbert Wehner in der „Baracke". Wehner reagierte wie gewohnt zunächst mürrisch. Er hielt die FDP für eine Pendlerpartei. Dann fragte er plötzlich nach Heinz Kühn, der in Düsseldorf eine Modell-Koalition mit der FDP des einflussreichen Willi Weyer betrieb. Nach Hofmanns Darstellung waren bei Wehner vier Momente erkennbar: ein strategisches, ein empirisches, ein machtpolitisches und ein taktisches Moment. Dem alten SPD-Fuhrmann sei aufgegangen, dass er unverhofft zeitig am Ziel seiner Politik war, der SPD-Regierungsfähigkeit ohne CDU. Noch in der Nacht sagte Wehner Brandt telefonisch seine Unterstützung zu.

Weil damals die Telefonnummer der NRW-Landesvertretung, wo Kühn war, nicht sofort auffindbar war, fuhr Freise zur Bonner NRW-Botschaft. Kühn muss wie elektrisiert gewesen sein. Gemeinsam ging es zurück zur SPD-Zentrale. Von dort fuhren Kühn und Alex Möller in Möllers Wohnung. Dort waren mehrere FDP-Politiker: Werner Mertes, Hans Wolfgang Rubin und Hans-Günter Hoppe. Dann kamen Hans-Jürgen Wischnewski und Wolfgang Mischnick hinzu. Kühn telefonierte mit Weyer, der sofort für eine SPD/FDP-Koalition war. Weyer sagte Scheel telefonisch, er werde sich um FDP-Chef Erich Mende kümmern.

29. September 1969: *Willy Brandt und Walter Scheel am Tag nach der Wahl.* FOTO: AP

Willy Brandt formulierte bereits seine TV-Erklärung, die er um 23.30 Uhr abgab. Kühn fuhr zurück in die Landesvertretung, wo auch Freise und Wichelhaus waren. Georg Leber war auch da, etwas später kam Helmut Schmidt. Hoppe suchte Scheel in dessen Privathaus auf, wo zu fortgeschrittener Stunde auch Mischnick und Genscher auftauchten.

Am Tag nach der Wahl trafen sich Scheel und Brandt unter vier Augen. Hofmann fand einen Brandt-Brief, aus dem das damalige Kalkül hervorgeht. Bereits zwei Tage nach dem Wahlsonntag war die Koalition so gut wie perfekt. Der weitere Vorgang dieser historischen Tage ist weitgehend bekannt. Willy Brandt wurde der erste sozialdemokratische Bundeskanzler und Walter Scheel sein Vize und Außenminister.

Eine Generation versucht den Nahen Osten zu dominieren

Die Europäer sollten Israel von der Selbstzerstörung abhalten 27. Nov. 2005

Avi Primor, von 1993-1999 Botschafter Israels in Deutschland, hat das Buch vorgestellt: Terror als Vorwand. Die Sprache der Gewalt. Das war mutig, weil Amerika Israels einziger Bundesgenosse und Freund ist.

Was er schreibt ist so informativ, dass ein politisch interessierter Zeitgenosse nicht um die Lektüre herumkommt. Vieles ist kriminell genug, wie die von ihm beschriebene Kriegsschuld der USA am Vietnamkrieg und die Manipulationen der Bush-Administration beim lang geplanten Krieg gegen Irak. Trotzdem ist das Bild nicht komplett. Es sollte hier von einem jahrzehntelangen „Brückenbauer" durch einige Hinweise nachgezeichnet werden.

Was mir fehlt, sind Worte des Mitleids, für das Schicksal, für das Volk der Palästinenser, „die Opfer unserer Opfer", wie sie Bundespräsident Heinemann nannte. Es fehlt das Mitgefühl für die alten Nachbarn. Er erwähnt nicht die freundliche Aufnahme für die europäischen jüdischen Flüchtlinge vor Beginn des 2. Weltkrieges. Nicht die gute Nachbarschaft im damaligen britischen Mandatsgebiet Palästina. Primor erwähnt nicht, dass der erste Terror in Palästina gegen die Briten angeführt wurde: vom späteren Premierminister Begin. Sie wollten die Heimkehr in das biblische Land erzwingen, für die das Gesetz der Verjährung galt.

Der mir befreundete Studentenpsychiater von Yale diagnostizierte den Befund vieler seiner Jüdischen Studenten als posttraumatisches Syndrom. Sie litten unter der Passivität ihres jüdischen Volkes in Europa im Angesicht des Todes. Never Again (nie wieder). Sie neigten zum Exzessiven. Er sagte voraus, diese Generation würde alles mobilisieren, um im Nahen Osten zu dominieren, ohne Weitsicht, ohne dem Beispiel der sich in Europa abzeichnenden Zusammenarbeit zu folgen. Es ist die Generation der Perles und Wolfowitz. Macht vor Recht. Zur Strategie hatte Henry Kissinger gesagt: Das Öl ist zu wichtig, dass wir die Entscheidungen nicht den Arabern überlassen können.

Avi Primor erwähnt nicht, dass seine Reaktion auf den 11. September war (über Deutschlandfunk): Bush soll sich mit Arafat treffen, um mit seiner Hilfe die Moslememe der Welt zu erreichen und gemeinsam Front zu machen gegen den Terror. Er erwähnt nicht die Episode am Kabinettstisch als der damalige Aussenminister Peres Scharon nahe legte, auf die amerikanischen Interessen in der Region Rücksicht zu nehmen, und dass Scharon ihm antwortete: Amerikanische Interessen, dass ich nicht lache, die haben wir in der Hand, die tun, was wir ihnen sagen, im Kongress wie im Senat. Die israelische – und noch mehr die der Palästinenser – Wirtschaft gehen den Bach herunter, die Touristen bleiben aus, und die Menschen leben in Furcht vor dem gegenseitigen Terror. Norman Birnbaum, der aus New York stammende emeritierte Professor der Georgetown Universität, beklagt Europas Unmündigkeit. Birnbaum schrieb schon vor über einem Jahr im Spiegel „Gerade wegen des Holocaust sollten die Europäer Israel von der Selbstzerstörung abhalten."

Dabei haben wir Avi Primor und die erfolgreich operierende Gruppe der im Genfer Abkommen vereinigten prominenten Palästinenser und Israelis auf unserer Seite.

Dr. Manfred Freise, Bonn

Dok. 12

Brückenbauer und Nahostkenner Manfred Freise – Teil 1:

Israel muss sich zurückziehen

Bielefeld (WB). Israel soll sich auf auf sein Kerngebiet zurückziehen und die Siedlungen zurückgeben. Allein durch die Aufgabe aller besetzten Parzellen im palästinensischen Autonomiegebiet habe der Frieden jetzt, nach den Terrorattacken vom 11. September, noch eine Chance: Thesen des Gastbeitrages von Manfred Freise, Nahost-Kenner und diplomatischer Brückenbauer aus Bonn.

Da lebt ein Volk »Am Wendepunkt von Demokratie zum Fundamentalismus?« (Buchtitel von Chaim Schneider). Ein Land, in dem 45 Prozent einen innerjüdischen Bürgerkrieg befürchten, ein Volk, im Konflikt mit sich selbst, mit allen seinen Nachbarn und zudem inzwischen im offenen Dissens mit den USA, seinem einzigen militärischen Verbündeten.

Die Region braucht unparteiische Hilfe, auf beiden Seiten. Zu vieles ist da, fünfzig Jahre lang, entsetzlich falsch gelaufen. In Jerusalem, Tel Aviv, Washington und New York hat man sich über den Satz von Leon Magnes, des ersten Rektors der Hebräischen Universität von Jerusalem, hinweggesetzt, dass die einzige sichere Basis einer jüdischen Gemeinschaft in Palästina, der »Good will« der Araber sei. Zwei politische Generationen haben einen Ausgleich mit den Nachbarn, eine Entschädigung und/oder Rückkehr der Flüchtlinge und die Anerkennung eines schon von Ben Gurion empfohlenen Palästinenser-Staates verhindert. Niemand hat das mehr und offener beklagt als J. W. Fulbright, jahrzehntelang der hochgeschätzte Vorsitzende des Außenpolitischen Senatsausschusses. In »The Price of Empire« schreibt er: »...dabei versuchte ich nur pro-amerikanisch zu sein«, aber »so komplett sind viele unserer Spitzenpolitiker unter israelischen Einfluss geraten, dass sie nicht nur die Rechtmäßigkeit der Palästinensischen Ansprüche ablehnen, sondern darüber debattieren, wer noch leidenschaftlicher als der Andere gegen einen Palästinenser-Staat opponiert.

Seit Scharons gezielter Provokation auf dem Tempelberg weiß die aufgeklärte Welt: Der Mann will keinen akzeptablen Frieden, der will »Greater Israel« und bekam die Al-Akza-Intifada. Das können und werden die Amerikaner, nach dem 11. September, nicht mehr decken wollen. Seine 40 Panzer im heiligen Bethlehem, 21 Tote, gezieltes Töten als Rache für einen provokanten Kriegstreiber. Die Hubschrauber, Granaten und Panzer sind finanziert vom US-Steuerzahler. Auch die, laut UN illegalen Siedlungen, zum größten Teil über »charity« steuerabsetzbar, sind ebenfalls aus Amerikas Steuerschatulle. Das Schießen und Töten auf arabischem Gebiet, auch auf wehrlose Kinder, erreicht über zwanzig arabische Sender, jedes arabische Haus; auch die Teestuben der übrigen islamischen Welt, von 1,5 Milliarden Menschen.

> »Der Bonus aus dem Malus ist die Einsicht der Bush-Administration auf die Freunde in der Welt doch angewiesen zu sein.«
>
> Manfred Freise

Was ist zu tun? Das Menetekel steht blutig an der Wand. Das starke, einst so selbstsichere Amerika, ein liebenswertes, früher sorgloses Volk, sieht sich dem Hass ausgeliefert, wird von Angst und Selbstzweifel getrieben. Tausende Unschuldige mussten durch menschenverachtenden, kaltblütigen Terror ihr Leben lassen. Einzelfälle von leicht behandelbarem Milzbrand legen tagelang den Kongress lahm, schicken die Aktienkurse in den Keller.

Der Bonus aus dem Malus ist die Einsicht der Bush-Administration auf die Freunde in der Welt doch angewiesen zu sein. Senator Jesse Helms war zuvor der neue Typ von »America first«, der die UNO missachtete, der den nur in Israel verwünschten Ägypter Butros Ghali zum Abschuss frei gab, seine Wiederwahl verhinderte und gleichzeitig Beitragsschulden von 1,5 Milliarden Dollar zu zahlen sich weigerte. Dieses Land braucht Beistand und Rat seiner Freunde. Wir sind seine Freunde.

Wer die Region kennt, weiß um die Kränkungen Arabiens. Wer die Menschen kennt, weiß um die jahrzehntelangen Demütigungen und Bevormundungen, weiß um die peinlichen Fremdbestimmungen, mit dem Ziel von Sicherheiten für das große Geschäft mit arabischen Öl, für amerikanische Waffen und – bei Verfolgung der »never again« Politik (nie wieder Judenverfolgung), um die übertriebene, massive einseitige Unterstützung Israels.

Es ist Sache der Völkergemeinschaft – und in diesem Fall – noch einmal der USA, darauf hinzuweisen, dass es, als Preis für Frieden und Sicherheit, keinen Raum mehr gibt für israelische Siedlungen in Arabien. Das Restpalästina macht nur 20 Prozent von Alt-Palästina aus. Es gibt vier Millionen palästinensische Flüchtlinge, die nicht zurück sollen in ihre Heimat, obwohl jeder ausländische Jude sich überall in Israel ansiedeln kann. Bei so wenig Land ist kein Platz mehr für die meist aggressiven, dort angesiedelten Neu-Israelis. Nicht endende Auseinandersetzungen wären vorprogrammiert, wie die Schüsse und Brände in Belfast.

Es wäre ein Einstand für den Frieden, wenn Amerika Israel bewegen würde, nicht nur die Siedlungen freiwillig aufzugeben, sondern auch den vertriebenen Palästinensern intakt zu übergeben. Amerika hat mehr dafür bezahlt, in so vieler Hinsicht.

Lesen Sie morgen an dieser Stelle im zweiten und letzten Teil des Beitrags von Manfred Freise: »Das Townbee Papier«. Die 1974 aufgestellten Thesen des britischen Geschichtsphilosophen und Nahostkenners erhalten neue Aktualität.

John W. Fulbright, Ex-Vorsitzender des Außenausschusses im Senat.

Dok. 13

Brückenbauer und Nahostkenner Manfred Freise – Teil 2 und Schluss:

Israel muss sich zurückziehen

Bielefeld (WB). Israel soll sich auf sein Kerngebiet zurückziehen und die Siedlungen zurückgeben: Manfred Freise, Nahost-Kenner und diplomatischer Brückenbauer aus Bonn, geht im zweiten und letzten Teil seines Gastbeitrages auf die bereits in den 70er Jahren gestellte Forderung nach einer klaren Lösung im Nahostkonflikt ein. Freise und seine internationalen Gesprächspartner sind überzeugt, dass die USA gegenüber Israel künftig eine stringentere Haltung einnehmen. Die Zeit des Langmuts sei vorbei.

In diesen Tagen macht das in allen Kanzleien bekannte Toynbee-Papier wieder die Runde. Es zeigt Perspektiven für Frieden und Sicherheit für alle auf. Die Basis ist eine Textstelle aus einem Brief des »Gurus« unter den Historikern des 20. Jahrhunderts, des Geschichtsphilosophen und Nahostexperten Arnold Toynbee:

»Durch die Bereitschaft der Araber, auf der Basis der vor-1967-Waffenstillstandslinie mit Israel zu koexistieren, ist der Weg für einen echten und dauerhaften Frieden frei. Ich glaube, alle palästinensischen Araber, von einer sehr kleinen Minderheit militanter Guerillas abgesehen, würden diese Lösung akzeptieren. Ich denke, dass die Schlüssel für Frieden die sind: 1. den Palästinensern eine nationale Heimat zu geben, in der sie einen neuen Start zum Leben bekommen, ich hoffe, mit generöser internationaler Hilfe, und 2. dass man Arabern und Israelis durch die Präsens befreundeter ausländischer Truppen jene Sicherheit schafft, die keine der beiden Seiten mit eigener, militärischer Macht erreichen kann.«

Eine Lösung des Nahostproblems versprach George Bush Senior 1991 den Saudis als Preis für die Stationierung amerikanischer Streitkräfte in Saudi Arabien. Das ist der zweite, große Konfliktstoff für die islamische Welt und für die Teilnahme – und den Waffenkauf – der Saudis an der multinationalen Koalition. Deswegen ist das reiche Saudi-Arabien heute noch tief in den roten Zahlen.

Jetzt ist keine Zeit mehr zum Warten. Umgehende Verhandlungen über alle noch offenen Fragen, zur Erfüllung der Resolution 242 wie die Regelung der Wasserrechte gehören nicht mehr in den Nahen Osten oder nach Washington, sondern an den Runden Tisch der Vereinten Nationen.

»Das erste Ziel ist Sicherheit, das Endziel: eine der Europäischen Union entsprechende Lösung.«

Mit dem gewachsenen Prestige des neuen Friedensnobelpreisträgers sollte UN-Generalsekretär Kofi Annan zu einer kleinen Runde einladen. Die Teilnehmer könnten die Außenminister der USA, Russlands und der an Israel angrenzenden arabischen Staaten, für Israel und Palästina die Friedensnobelpreisträger Peres und Arafat, für die übrigen arabischen Staaten – wegen der schwierigen panarabischen Akzeptanz – der General-Sekretär der Arabischen Liga und schließlich der Vertreter der Europäischen Union sein. Vielleicht noch Mubarak und Clinton.

Für die arabische und die gesamte islamische Welt gilt es anzuerkennen, dass die Stationierung amerikanischer Streitkräfte auf sensitivem Boden, das Ergebnis eines Überfalls eines der Ihren auf ein kleines Brudervolk war. Saddam Hussein hatte Kuwait überfallen und sich, vor Bildung der Koalition aus 28 Nationen, über Appelle der UN, Sanktionen und internationale Verurteilungen hinweggesetzt.

Schon vor dem Waffengang hatte der damalige britische Botschafter in Bonn, Sir Christopher Mallaby, in der »Welt«, Vorschläge für eine Friedenslösung gemacht. Er schlug vor, die KSZE könnte Vorbild für Nahost sein und islamische Länder – wie Ägypten, die Türkei, Syrien und Pakistan – entscheidende Rollen spielen. Dies heute umgesetzt, würde einen schnellen militärischen Rückzug der US-Streitkräfte von der arabisch/islamischen Halbinsel ermöglichen. Schon die Ankündigungen würden bestehende Spannungen reduzieren.

Das erste Ziel, schrieb ich einem bekannten amerikanischen Juden, »ist Sicherheit, das Endziel eine der Europäischen Union entsprechende Lösung, in der alle Länder der Region vertreten sind«.

Auf Dauer sollte das Bagdad einschließen. Bei entsprechenden Sicherheiten für seine Nachbarn, auf dem Wege über die Arabische Liga sollte es keinen Grund geben, Irak weiter zu isolieren und mit die Bevölkerung treffenden Sanktionen zu bestrafen.

Nach Abbau der Spannungen wird es auch über durchlässige Grenzen mit den semitischen Vettern in Israel zur Zusammenarbeit kommen. Moslems, Juden und Christen haben einen gemeinsamen Gott und teilen die Lehren des Alten Testaments. Toleranz und Respekt, auch vor den Religionsformen des Anderen, sollten die Basis für das Zusammenleben der Kulturen sein. Es gibt keine andere Wahl.

Schluss

Arnold Toynbee, britischer Historiker und Geschichtsphilosoph, galt als glänzender Nahost-Kenner.

Dok. 14

Initiative Gedenkstätte für alle Opfer des Nationalsozialismus

»Noch ist es nicht zu spät, das Mahnmal umzuwidmen«

Von Rolf Dressler

Berlin (WB). Nach außen hin scheint alles gemäß dem Beschluss des Deutschen Bundestages vollzogen zu werden: Das Mahnmal zum Gedenken an die vom Hitler-Regime ermordeten Juden Europas soll wie geplant im Zentrum Berlins, in unmittelbarer Nähe vom Reichstag und Brandenburger Tor in Gestalt eines 2700-Beton-Stelen-Feldes nach dem Entwurf des amerikanischen Architekten Peter Eisenman errichtet werden. Doch in den politischen Kulissen der deutschen Hauptstadt, in denen in den letzten Wochen alles andere durch den Konflikt über die Zuwanderung überlagert worden ist, verstärkten sich unterdessen nachhaltige Bemühungen, die Holocaust-Gedenkstätte in ein Mahnmal für alle Opfer des Nationalsozialismus umzuwidmen. An diesen Aktivitäten ist schon seit längerem, wie vom WESTFALEN-BLATT bereits ausführlich berichtet, der aus Bielefeld stammende Politologe, Politiker-Berater und »gelernte« Bonner Zahnmediziner Manfred Freise maßgeblich beteiligt. Er und seine Mitstreiter setzen auf die Einsichtsfähigkeit der Entscheidungsträger.

Der parteilose Freise, im Jahre 1969 ein federführender »Architekt« der sozialliberalen Regierung von SPD und FDP und später viele Jahre lang enger Berater des FDP-Außenministers Hans-Dietrich Genscher, appelliert an die Spitzen der heutigen Regierung und Opposition, »wegen der vitalen Zukunftsinteressen Deutschlands« das Mahnmal allen Opfern der nationalsozialisten Gewaltherrschaft zu widmen. Eine falsche Entscheidung dürfe nicht sakrosant sein, vielmehr müsse man sie mit Bedacht korrigieren, wenn sich daraus resultierende Verwicklungen oder sogar politische Folgeschäden schon jetzt absehen ließen. Und Freise findet mit dieser Einschätzung Gehör und inhaltliche Zustimmung:

Anstoßgeber im Parlament war zunächst der stellvertretende Vorsitzende der CDU/CSU-Bundestagsfraktion, Günter Nooke, gewesen. Der neue Spitzenmann der Berliner CDU und Mitglied des Mahnmal-Kuratoriums hatte in einer Rede vor dem Deutschen Bundestag am 25. Januar 2002 grundsätzliche Gedanken dazu vorgetragen, das geplante Mahnmal allen Opfern der NS-Diktatur zu widmen.

Nookes Vorstoß nahm sodann der Fuldaer CDU-Bundestagsabgeordnete Martin Hohmann auf. In einem persönlichen Schreiben vom 20. März 2002 an alle Abgeordneten des Deutschen Bundestages fasste er den aktuellen Planungs- und Diskussionsstand zusammen und rief die Parlamentarier dazu auf, sich noch vor Baubeginn einer interfraktionellen Initiative zur Umwidmung des Holocaust-Mahnmals anzuschließen.

Die Hoffnung Nookes, Hohmanns und Freises gründet sich auch darauf, dass sich unlängst in einer Sendung des ZDF erstmals auch ein Spitzenpolitiker der Union, Brandenburgs Innenminister Jörg Schönbohm, öffentlich für die Umwidmung in ein Mahnmal für alle NS-Opfer ausgesprochen hatte.

Manfred Freises Engagement im Mahnmal-Streit begann vor inzwischen vier Jahren. Seinerzeit hatten sich parteiübergreifend Führungspolitiker aller demokratischen Parteien in einem gemeinsamen Appell gegen die »selbstächtende Monströsität« in der Mitte der alten und neuen Hauptstadt Berlin gewandt. Zudem hatte auch der SPD-Politiker Johannes Rau Manfred Freise gebeten, seine guten Verbindungen zum damaligen Bundeskanzler Helmut Kohl zu nutzen, und zwar mit dem konkreten Ziel, die überzogen monströse Gestaltung des Mahnmal-Areals mit ursprünglich sogar 4000, bis zu 7,50 Meter hohen Beton-Stelen abzuwenden.

Denn genau das, so erinnert sich Manfred Freise, entsprach der damaligen Position der SPD-Spitze, die sich ausdrücklich gegen eine Art »Reichsopferfeld in Speerschen NS-Dimensionen« wandte.

Als unterdessen auch der damalige Vorsitzende des Zentralrates der Juden in Deutschland, Ignatz Bubis, im Gespräch mit Manfred Freise signalisierte, dass er ein Mahnmal mit höchstens 1000 Stelen für angemessen und ausreichend erachte, veranlasste Helmut Kohl persönlich eine entsprechende Neu- bzw. Umplanung für das Mahnmal.

Der damalige CDU-Kanzler fühlte sich darin durch die Äußerung des SPD-Spitzenpolitikers Wolfgang Clement im »Spiegel« bestärkt, er halte es sehr wohl für möglich, dass die SPD ihren Beschluss zur Errichtung eines Mahnmals für die Holocaust-Opfer »später revidieren« werde. Dazu kam es jedoch bisher nicht, zumal der CDU-Kanzler Kohl die Angelegenheit bis nach der Bundesstagswahl 1998 vertagen musste, dann jedoch nicht wiedergewählt wurde.

Teil 2 in der morgigen Ausgabe: Unterstützendes von Ernst Cramer, Marion Gräfin Dönhoff und Helmut Schmidt.

»Die Politik muss das Unbehagen in der Bevölkerung gegenüber der Größe und der Zuwidmung des geplanten Holocaust-Mahnmals ernstnehmen. Sie sollte sich hüten vor dem Missverständnis, dass solche Gedenkstätten wie auch Gedenktage jeder neuen Generation Schuldgefühle vermitteln sollen.«

Johannes Rau, Bundespräsident

»Wir suchen nach neuen, angemessenen Formen des Gedenkens und Erinnerns.«

Wolfgang Thierse (SPD), Bundestagspräsident

»Ich plädiere dafür, das Ausmaß des allzu monströsen Holocaust-Mahnmals von 2700 auf etwa 1000 Beton-Stelen zu verringern. Im übrigen könnte ich sogar auch mit einem Nein des Deutschen Bundestages zu dem gesamten Vorhaben durchaus leben.«

Ignatz Bubis, inzwischen verstorbener Präsident des Zentralrates der Juden in Deutschland im Jahre 1998

Seine Stärke ist Beharrlichkeit

Manfred Freise, gebürtig aus Bielefeld, versteht sich als Mittler zugunsten einer Umwidmung des Holocaust-Mahnmals im Herzen Berlins. Um dieses Ziel zu erreichen, nutzt er seine jahrzehntelangen, sehr guten Verbindungen zu Spitzenpolitikern aller demokratischen Parteien. Freises Vater, ein von den Nazis verfolgter liberaler Reichsbannerführer, sah sich bereits im Jahre 1932 mit den Bielefelder Sozialdemokraten Arthur Ladebeck und Carl Severing darin einig, dass eine etwaige Machtübernahme durch Adolf Hitler für Deutschland »Krieg bedeuten« werde. Manfred Freise, im »Brotberuf« Zahnarzt, ist zudem Politologe und beriet viele Jahre lang den FDP-Außenminister Hans-Dietrich Genscher. Für die Umwidmungsinitiative fand er namhafte Mitstreiter.

Seiner Heimatstadt Bielefeld bis heute verbunden: Manfred Freise.

Dok. 15

Eine tollkühne Zusage

Schröder in Ankara: Es war ein Fehler. Ein anderes Europa?

Kanzler Schröder und Franz Müntefering verdienen Dank und Respekt für den Mut, die Sozialsysteme zu reformieren. Das Tempo darf nicht nachlassen und die Opposition ist, über eine große Sachkoalition, aufgerufen, hier, ohne Abstriche, am Gelingen mitzuwirken. Aber was Gerhard Schröder in Ankara zugesagt hat, ist tollkühn und widerspricht sowohl den deutschen als auch den europäischen Interessen. Denn es ist für jedermann erkennbar, dass unsere vor dem Kollabieren stehenden Sozialsysteme mit Sicherheit zusammenbrechen würden, wenn wir hier noch ein Heer von Millionen arbeitslosen Türken mit ihren Familien einführen sollen. Ganz gleich, ob das heute ist oder nach der viel beschworenen Übergangszeit. Mit unserem Kollaps würde das ganze EU-System zerbrechen, mit sozialen Unruhen, hier und überall.

Mittelfristig ist die Entwicklung von Parallelgesellschaften in allen deutschen Großstädten angelegt, wie in der Hauptstadt, in Neukölln, schon heute für jedermann erlebbar. Gerhard Schröder weiß sicher, dass diese Einwanderer unser Bildungsniveau senken, dass wegen schlechter oder völlig fehlender Sprachkenntnisse der Ausländerkinder das Leistungsniveau in den Klassen sinkt und dass viele Türkenschüler – auch aus der dritten Generation – den Hauptschulabschluss nicht schaffen. Was wird aus denen? Sozialhilfeempfänger wie die Millionen, die wir noch aufnehmen sollen?

Weil die Einstellung der Amerikaner mit dem gängigen Satz „There is no free lunch!" richtig beschrieben ist, war es in Washington schon unter Clinton nicht schwer, mit Welfare Bill die Anreize für Einwanderung in die USA zu verringern. Migranten werden von automatischem Anspruch auf Sozialhilfe abgekoppelt. Wer nicht mindestens zehn Jahre in Amerika gearbeitet hat und Social-security-Beiträge gezahlt hat, erhält keine Sozialhilfe. Eine Lösung auch für uns?

Frau Merkel hat bei ihrem Besuch in Ankara die Dinge beim Namen genannt, hat, auch im Geist einer historischen Freundschaft zwischen Deutschen und Türken eine „privilegierte Partnerschaft" angeboten; mit dem Versprechen, die Türkei in ihrem Reformprozess mit Rat und Tat zu unterstützen. Das ist viel, weil es ehrlich gemeint ist. Diese Partnerschaft erhält beiden Seiten die notwendige Identität und die unerlässlichen eigenen Strukturen.

Die FAZ schreibt zu Recht: „Schröder und Fischer wollen ein anderes Europa ... Am 13. Juni können die Deutschen bestimmen, ob ihre Regierung dafür ein Mandat hat."

Dr. Manfred Freise, Bonn

Dok. 16

MONTAG, 23. DEZEMBER 2002

Eine Menschenschlange *bildet sich bei der Eröffnung eines türkischen Döner-Geschäftes in Berlin-Kreuzberg. In der Bundeshauptstadt wohnen und leben rund 200 000 Menschen türkischer Abstammung.*
FOTO: DPA

Fehler nicht mit einem Fehler korrigieren

Artikel und Kommentare von Helmut Herles zum Türkei-Beitritt

Alle Beiträge von Helmut Herles sind, wie üblich, klar und für die empfindlichen Türken feinfühlig genug. Der Beschluss von Kopenhagen zur Türkeifrage hat den Bundeskanzler außenpolitisch aus der Schusslinie genommen, ihn aber innenpolitisch unter Druck gesetzt. Darauf zu setzen, dass die Türkei, bis Ende 2004, die Aufnahmebedingungen ohnehin nicht erfüllen kann, ist die Fortsetzung des unehrlichen Spiels, das schon 40 Jahre betrieben wird. Zukünftige Entscheidungen können nur lauten: Besonders gute Beziehungen zur Türkei – wie zu Russland – aber keine Vollmitgliedschaft und keine Freizügigkeit.

Die Interessen der EU befolgen heißt, sich an dem auszurichten, was ihre Architekten, Altkanzler Schmidt und der frühere französische Staatspräsident Giscard d'Estang unlängst dazu gesagt haben.

Helmut Schmidt beklagte in der „Zeit" und im Gespräch mit Frau Maischberger, dass wir uns mit sieben Millionen Ausländern übernommen hätten. Das gälte besonders für die weitgehend integrationsunwilligen und nicht integrationsfähigen Türken. Es wäre ein Fehler gewesen, sie hereinzuholen und erinnert an eine, schon ein Vierteljahrhundert zurückliegende, Forderung des türkischen Premiers, der wegen der Bevölkerungsexplosion in seinem Land von ihm verlangt hätte, fünf Millionen Türken in Westdeutschland aufzunehmen. Was den beschriebenen Fehler betrifft, sollten wir an das englische Sprichwort denken, dass es ein Fehler ist, einen Fehler mit einem Fehler zu korrigieren.

Giscard d'Estang sagte es kurz und klar. „Die Türkei ist kein europäisches Land!" Die Aufnahme der Türkei würde sogar das Ende der Europäischen Union bedeuten. Was uns Deutschen bevorstände, weil die große Mehrheit der wartenden Millionen nach hier will, das zeigt das durch Massenzuwanderung veränderte Istanbul. Viele Bezirke gleichen einem riesigen anatolischen Dorf. Es gilt festzustellen, verantwortlich für die Situation in der Türkei sind die Türken und ihre Regierung.

Die von den USA verbreitete These, die Türkei würde ohne Vollmitgliedschaft und Freizügigkeit den eingeschlagenen Reformkurs verlassen und in einen radikalen Islamismus der Region abgleiten, widerspricht den Realitäten, dem klaren Eigeninteresse des Landes. Aufgrund der geschilderten Konsequenzen schadet der massive Druck Washingtons auf die EU den vitalen Interessen aller Europäer.

Dr. Manfred Freise, Bonn

Dok. 17

Sommerzeit – Urlaubszeit: *Sonnenhungrige am Strand von La Grande-Motte bei Montpellier in Frankreich* FOTO: AFP

Weltmeister in Urlaubmachen und Weltreisen

Artikel „Quadratur des Kreises" von Joachim Westhoff am 30. Juni

Der Kommentar der BBC World zum Thema vorgezogene Steuerreform lautet: Die Deutschen können es sich nicht leisten, das nicht zu tun. Die Lösung: Die Staatsausgaben senken, Reform der Sozialsysteme und alle Subventionen – von jetzt 146 Milliarden Euro – pauschal sogar um 20 Prozent herunterfahren. Das geht nur im parteiübergreifenden Konsensverfahren. Das schafft allerseits Vertrauen und stimuliert das Konsumverhalten. Für alle notwendigen Abstriche braucht man allgemeinverständliche Erklärungen. Bei Einsparungen muss das Gebot der Fairness obenan stehen. Es gilt in allen Bereichen Vorbildfunktionen wieder herzustellen; im Bundestag zum Beispiel die Korrektur der schamlos überzogenen eigenen Altersversorgung.

Wenn Deutschland nicht scheitern soll, gilt es vornehmlich, die klar aufgelistete Kritik des ehemaligen US-Botschafters in Bonn und langjährigen US-Notenbankchefs Arthur Burns zu beherzigen: Reform der Sozialsysteme heißt auch weniger Urlaub, weniger Feiertage, weniger „Segnungen" aus dem sogenannten sozialen Netz. Sie stammen aus der Rubrik Gewerkschaftsstaat und von Wahlgeschenken unverantwortlicher Politiker aller Parteien. Das zu korrigieren bedarf mutiger Männer wie Wolfgang Clement. Es setzt Einsichten voraus. Auf diesen nie bezahlbaren sogenannten sozialen Errungenschaften bestehen zu wollen, ist dummdreist und realitätsfremd. Wie Burns das schon vor fast 20 Jahren in der New York Times detailliert aufgelistet hatte, leben wir seit Jahrzehnten maßlos über unsere Verhältnisse. Dazu kamen die Vereinigungskosten.

Zum Vergleich mit unseren großen Außenwirtschaftskonkurrenten: In China, das heute nicht nur Textilien und Möbel, sondern auch schon Stahl nach Deutschland exportiert, gibt es keinen Jahresurlaub, nur sechs staatliche Feiertage. Und in den USA gab es nie mehr als 14 Tage Urlaub. Die dortige Arbeitsmoral charakterisiert der Werbespruch der Continental Airlines: „Work hard and travel right."

„Experten" wollen uns weismachen, wir seien doch noch so gut, seien mit unserem Außenhandelsüberschuss immer noch auf der Gewinnerseite. Das ist nicht wirklich so. Ja, wir hatten einmal die besten Schulen und Universitäten; in Fleiß und Arbeitsmoral waren wir Weltmeister, heute im Urlaubmachen und bei Weltreisen. Wer weiß und bedenkt, dass der Überschuss mehr und mehr durch Verlagerung von Arbeitsplätzen ins lohn- und abgabenniedrigere Ausland, durch Erhöhung der eigenen Arbeitslosenzahlen, erwirtschaftet wird? Wer weiß schon, dass fast alle Motoren von Audi in Györ, Ungarn, produziert werden, dass ein Teil der VW-Produktion bei Skoda, in der Tschechei, stattfindet?

Von Amerika kommt der Spruch: „There is no free lunch!" Auch unsere Freunde verstehen uns nicht mehr, nicht mehr die deutsche Spaß- und zweimal Urlaubs- und Brückentagegesellschaft.

Michael Stürmer schrieb schon 1997 von der großen Gefahr des Zerfalls der europäischen Wohlstandsdemokratien durch Globalisierungsfallen zu „Industrie- und Sozialmuseen". Er schrieb mir ... „ich habe hier und da gewarnt. Damit muss es dann bei einem Berater sein Bewenden haben. Die Operateure tragen die Verantwortung". So ist auch dieser Beitrag zu verstehen. **Dr. Manfred Freise,** Bonn

Dok. 18

Im Nahostfriedensprozeß - Die Stunde der Europäer. Die Ursachen des Terrors am Fall von Bin Laden.

von Dr. Manfred Freise

Im Libanonkrieg haben die Tatsachen Israel endgültig eingeholt: Israel ist überall verwundbar und Israels Militär kann keine Kriege mehr gewinnen und braucht, bei umgeschlagener Weltmeinung gegen Israel, europäische Schutztruppen zur Grenzsicherung.

Damit bestätigt sich das, was Arnold Toynbee schon 1974 geschrieben hatte. Der Weg sei frei für eine echte und dauerhafte, friedliche Lösung durch die Bereitschaft der Araber mit Israel zu koexistieren, und zwar entlang endgültiger Grenzen, die mit den Waffenstillstandslinien vor 1967 zusammenträfen. Er glaubte, dass alle Palästinenser, bis auf eine kleine intransigente Minderheit militanter Guerillas, diese Lösung akzeptieren würden. Die Schlüssel für den Frieden seien 1. eine nationale Heimat für die Palästinenser (er hoffte, mit generöser internationaler Hilfe) und 2. die Präsenz von befreundeten, ausländischen Truppen, die sowohl Arabern als auch Israelis jene Sicherheit gäben, die keine der Parteien durch eigene militärische Kräfte gewinnen könnte.

Dieser Lösung stimmte schon vor zehn Jahren die Arabische Liga zu, am Ende auch Präsident H.al-Assad.

Die Wiederbelebung der Road-Map, in Verbindung mit der Genfer Vereinbarung, so einer der führenden Unterhändler der israelischen Seite, sei die schärfste Waffe gegen den Terror. Die Regierungschefs des G-8-Gipfels waren sich darin einig, dass das Fehlen eines umfassenden Friedens im Nahen Osten die Wurzel der regionalen Probleme darstellt. Hoffnungsvoll stimmt die geläuterte, sympathische, neue Außenministerin Israels, Zipi Livni, die offen vertritt, dass die 1967 eroberten Gebiete zu räumen sind.

Die Genfer Vereinbarung hat folgenden Wortlaut:

- Israel wird sich auf die Grenzen von 1967 zurückziehen, das heißt, alle besetzten Gebiete werden zurückgegeben.
- Die Palästinenser werden auf 100 Prozent des im Sechstagekrieg eroberten Territoriums einen Staat errichten.
- Damit nicht alle Siedler ihre Häuser räumen müssen, gibt es die Möglichkeit eines Territoriumsaustausches auf der Basis 1 : 1.
- Die Palästinenser werden auf ihren Anspruch des Rückkehrrechts verzichten. Die Flüchtlinge werden sich mit finanziellen Abfindungen zufrieden geben und damit sich eventuell auf dem Territorium des Palästinenserstaates niederlassen.
- Der Palästinenserstaat wird entmilitarisiert sein.
- Bezüglich Jerusalem sagt das Schreiben: Die jüdischen Viertel der Stadt werden die Haupt-

Dok. 19

stadt des Staates Israel sein, die arabischen die des Palästinenserstaates. Die Souveränität über die Heiligen Stätten der Juden und Moslems am Tempelberg wird Gott überlassen. Die Juden werden die Verantwortung für die Klagemauer (die Westmauer des Tempelberges) haben, die Moslems die Verantwortung für den Tempelberg (die Moscheeanlagen auf dem Tempelberg). Beide Seiten verpflichten sich, dass damit die Fehde endgültig beendet ist.

Nach Veröffentlichung dieses Dokuments, das 2003 von beiden Seiten gemeinsam entworfen und veröffentlicht worden war, schrieb der angesehene Publizist William Pfaff in der International Herald Tribune: » Die europäischen Nationen sollten historisch bedingte Hemmungen beiseite schieben, auch nichts auf die amerikanische Ablehnung europäischer Einmischung im Nahen Osten geben, sondern sich mit ihrem ganzen Gewicht hinter den Genfer Plan stellen. Das wäre der größtmögliche Dienst, den sie Israel und den Palästinensern erweisen können – und übrigens auch den Vereinigten Staaten.«

Den weltweiten Terror bekämpfen heißt seine Ursachen zu kennen. Darauf hat unlängst eine Sendung von CNN mit der Lebensgeschichte von Osama Bin Laden, des weltweit gesuchten Hauptterroristen, aufmerksam gemacht.

Als sich Präsident Anwar el-Sadat entschloss, die jahrzehntelangen Kriege mit Israel zu beenden und eine Versöhnungspolitik einzuleiten, setzte er voll auf die Vereinigten Staaten als den ehrlichen Makler. Präsident Carters tägliche Aufzeichnungen, in seinen Erinnerungen KEEPING FAITH - MEMOIRS OF A PRESIDENT abgedruckt, sind gewichtige Quellen über die Jahre vor und nach dem Camp David Abkommen. Schon im Vorfeld der Verhandlungen hatte Ministerpräsident Begin Präsident Carter die biblischen Prophezeihungen dargelegt und damit die Siedlungspolitik im militärisch besetzten Westjordanland zu rechtfertigen versucht. Arnold Toynbee, der britische Historiker, hatte israelische Ansprüche als verjährt abgetan. Carter begegnete Begin mit dem Hinweis auf die UN Resolution 242, mit der Aufforderung auf Abzug aus den besetzten Gebieten. Darüber hinaus bedeutete Carter Begin, für die USA wäre die Besiedlung der besetzten Gebiete ein klarer Bruch des Internationalen Rechts.

Zu dem Zeitpunkt, im Juli 1977, lebte Osama Bin Laden noch in Saus und Braus, nach fünf Ehen und als Sohn eines mehrfachen $ Milliardärs, als einer der Söhne von fünfzig Frauen. Er trat in die gleichen Fußstapfen als größter Bauunternehmer Saudi Arabiens. Es gab keine Aversion gegen die Ungläubigen.

Der Geist von Camp David war schon verflogen, als die Tinte unter dem Vertragswerk kaum getrocknet war. Da verkündete Begin in Washington und New York vor amerikanisch-jüdischen Gesellschaften, er habe den Vertrag nur unterschrieben, um jetzt mit seiner Siedlungspolitik im Westjordanland freie Hand zu haben. Das war Wasser auf die Mühlen der arabischen Vertragsgegner und für offen verkündete Todesandrohungen gegen Sadat und seine fortschrittliche Frau Jehan, die couragierte Tochter einer sehr britischen Lady. Trotz des gemeinsamen Friedensnobelpreises für Sadat und Begin, im Jahre 1978, setzte Begin seine provozierende Siedlungspolitik fort und gab Präsident Sadat damit den Attentätern der Moslems Brotherhood frei zum Abschuss. Das war der Start für die totale Kehrtwendung für Osama Bin Laden, es den Moslem Brüdern gleich zu tun, den Ungläubigen und besonders den Amerikanern, die Israel gegen die Palästinenser bedingungslos unterstützen, den hasserfüllten Kampf anzusagen, hin bis in die Twin Towers.

Für das illegale Großisrael bieten die USA alle Mittel, Geld und Waffen, die Israel und die Zionistische Lobby in den USA von Washington verlangen. Hin bis zu jedem Veto gegen Israel kritische Resolutionen in der UNO. Bezeichnend sind leider auch die steuerlich absetzbaren Spenden für den Bau dieser illegalen Siedlungen beim US-Fiskus. Das wissen 1,4 Milliarden Moslems, in 53 moslemischen Ländern der Erde. Hierher stammt der Hass der Selbstmörder, die keine anderen Waffen haben als das persönliche Opfer. Der ungerechtfertigte Angriffs-krieg der USA und von Großbritannien gegen Irak haben dem früher hohen Ansehen der USA den Rest gegeben.

Die Menschen in Nahost brauchen unsere unparteiische Hilfe - auch unseren Schutz. Wenn wir, für viele viel zu bereitwillig, deutsche Truppen zur Sicherung von Israels Nordgrenze entsenden, dann kann das nicht heißen zum Schutz des von Scharon angelegten Bantustaates (s. Primor TERROR ALS VORWAND), eines israelischen Protektorats auf palästinensischem Boden. Wenn die Europäer von der neuen nationalen Koalition in dem wieder besetzten Gaza die Anerkennung Israels verlangen, dann doch sicher nur das Israel in den Grenzen des Genfer Abkommens, nach Freilassung aller Gefangenen.

Es ist kein gutes Omen, wenn Premier Olmert 690 neue Siedlungen genehmigt hat, um seine Haut zu retten, auch nicht wenn er seine Aussenministerin zu Bush geschickt hat, um zu verhindern, dass Washington konzessionsbereit ist. Dreiviertel aller Deutschen distanzieren sich inzwischen - trotz Auschwitz - von diesem Israel und stimmen wohl dem zu, was Evelyn Hecht-Galinski, die Tochter des verstorbenen Zentralratspräsidenten Heinz Galinski, unlängst in der FAZ geschrieben hat: ...«Immer mehr jüdische Menschen in allen Ländern protestieren gegen diese Politik des ständigen Verstoßes gegen die Genfer Konvention seit 39 Jahren. Andauernde Besetzung, Entrechtung, Unterdrückung und tagtägliche Demütigungen der Palästinenser, die unzähligen militärischen Übergriffe gegen ein Volk ohne Staat, gezielte Tötungen, willkürliche Landenteignungen, Zerstörung der Infrastruktur, Sprengung von Häusern, hemmungsloser Zaun- und Mauerbau und ungebremster Siedlungsbau sowie der neue Angriffskrieg gegen den Libanon und Gaza können von uns (*Europäische Juden für einen gerechten Frieden*) nicht länger schweigend hingenommen werden... Der stereotype Kreislauf: Zerstörung durch Israel, Aufbau durch die Europäer, neuerliche Zerstörung durch Israel und die damit herbeigeführte Massenverarmung, wirtschaftlicher Niedergang der besetzten Gebiete muss durchbrochen werden.«

In dieser Stunde seien die gläubigen Juden an die Verheißungen aus Psalm 146 erinnert: ...Der Herr macht die Gefangenen frei. Der Herr macht die Blinden sehend. Der Herr richtet auf, die niedergeschlagen sind. Der Herr liebt die Gerechten.

Israels Realpolitiker sollten John le Carrés Appell an ihre Vernunft beachten. Der Appell an alle muss lauten: Kehrt zurück zum Respekt für das Internationale Recht.

Das umzusetzen hat Israel eine sichere Geheimwaffe: Zipi Livni als neue Ministerpräsidentin.

Zur deutschen EU-Ratspräsidentschaft:

Wie kann es Frieden geben für Israel und Palästina?

Schalom 5767: Berliner Erklärung

Seit Jahrzehnten leben das israelische und das palästinensische Volk als Nachbarn. Es gäbe viele Möglichkeiten zur Zusammenarbeit und zur gemeinsamen Entwicklung. Stattdessen wird ihr Leben vergiftet durch Krieg und Gewalt, durch Bedrohung und Terror, durch gegenseitigen Hass, Verachtung und Respektlosigkeit.

Das Grundübel ist die seit 1967 andauernde israelische Besetzung palästinensischen Gebiets. Die Besetzung bedeutet Entwürdigung und Entrechtung der Palästinenser. Sie lähmt ihr wirtschaftliches, politisches und soziales Leben. Darüber hinaus verhindert dieses täglich neu erlebte Unrecht einen friedlichen Ausgleich des alten Unrechts, das den Palästinensern mit der Vertreibung von 1948 angetan wurde. All dies treibt die Spirale der Gewalt an.

Es ist an der Zeit, diese Spirale zu durchbrechen und einer dauerhaften Friedenslösung den Weg zu bereiten, die

- dem palästinensischen Volk ein selbstbestimmtes Leben in Würde ermöglicht
- beiden Nationen die Existenz in international anerkannten Grenzen sichert
- die gesamte Region befriedet und dadurch die ganze Erde friedlicher und sicherer werden lässt

In beiden Gesellschaften, der israelischen wie der palästinensischen, gibt es seit langem Stimmen für Verständigung; die „Genfer Vereinbarung" ist dafür wegweisend (www.genfer-initiative.de). Diese Stimmen brauchen Unterstützung.

Nur wenig Unterstützung kommt jedoch aus Deutschland. Das hat seinen Grund: Vor 61 Jahren endete mit der Niederlage Nazi-Deutschlands der unter Führung von Deutschen begangene Massenmord an den Juden Europas. Scham und Trauer über dieses Verbrechen lässt viele Menschen zur Politik des jüdischen Staats Israel schweigen.

Aber dieses Schweigen ermöglicht neues Unrecht. Um in diese erstarrte Situation Bewegung zu bringen, haben wir, Jüdinnen und Juden aus Deutschland, als Erstunterzeichnende diese Erklärung auf den Weg gebracht. Denn wir sehen mit Entsetzen, wie der mit so großen Hoffnungen gegründete Staat Israel in einer Sackgasse der Gewalt feststeckt.

Wir fordern die deutsche Regierung auf, mit der Europäischen Union

- die israelische Besatzungspolitik nicht länger zu tolerieren
- kurzfristig den Boykott der Palästinensischen Autonomiebehörde zu beenden
- endlich die Verwirklichung eines lebensfähigen palästinensischen Staates ernsthaft anzustreben, in Gaza und dem gesamten 1967 besetzten Westjordanland einschließlich Ost-Jerusalems, mit voller Souveränität und freiem Verkehr.

Damit wird eine Sicherheitsregelung für die Staaten der Region zu verbinden sein, besonders für das sich bedroht fühlende Israel, ebenso wie für seine Nachbarstaaten. Fragen des Rückkehrrechts der von Israel 1948 vertriebenen Palästinenser können einvernehmlich gelöst werden, wenn Israel als Zeichen der Versöhnungsbereitschaft die Vertreibung als Unrecht benennt. Der Status Jerusalems als Doppelhauptstadt wird zu klären sein. Ein Vorschlag der Arabischen Liga zur Einigung mit Israel liegt vor. Der Frieden wäre greifbar nahe.

„Was Dir verhasst ist, tu Deinem Nächsten nicht an." So fasste vor zweitausend Jahren Rabbi Hillel das Wesen des Judentums zusammen. Das sollte auch heute der Leitfaden menschlichen Handelns sein, – auch in der Politik.

Bitte unterstützen Sie mit Ihrer Unterschrift diese Erklärung, oder tragen Sie sich ein: auf www.schalom5767.de

Jüdische Erstunterzeichnende: Vera Ansbach (Ökonomin, Berlin), Ursula Ansbach (Lehrerin, Berlin), John Attfield (Geschäftsführer, Buchholz), Dr. Hanna Behrend (Historikerin, Berlin), Dr. Friedel Beier (Rechtsanwältin, Berlin), Edna Bejarano (Sängerin, Hamburg), Esther Bejarano (Sängerin, Hamburg), Joram Bejarano (Musiker, Hamburg), Susan Berger (Berlin), Jutta Bergt (Rentnerin, Weil am Rhein), Judith Bernstein (München), Stacey Blatt (Duisburg), Sharon Blumenthal (Juristin, Köln), Prof. Dr. Y. Michal Bodemann (Soziologe, Berlin/Toronto), Iris Borchardt-Hefets (Biologin, Berlin), Marion Brasch (Journalistin, Berlin), Prof. Dr. Almut Sh. Bruckstein (Philosophin, Berlin), Tsafrir Cohen (Journalist, Berlin), Gerty Golden (Rentnerin, Berlin), Martin Golden (Maler, Berlin), Hilary Coleman (Ärztin und Übersetzerin, Düsseldorf), Ruth Czichon (Berlin), Marianne Degginger (Berlin), Prof. Dr. Wolfgang Edelstein (Bildungsforscher, Berlin), Ursula Epstein (Musikpädagogin, Aachen), Erica Fischer (Schriftstellerin, Berlin), Alfred Fleischhacker (Journalist, Berlin), Dr. Michael Fleischhacker (Biologe, Berlin), Bettina Fraenkel (Behindertenpädagogin, Berlin), Ruben Frankenstein (Lehrbeauftragter und Publizist, Freiburg), Ruth Fruchtman (Autorin, Berlin), Kurt Goldstein (Ehrenvorsitzender Internationales Auschwitz-Komitee, Berlin), Werner Goldstein (Journalist, Berlin), Harri Grünberg (Politologe, Berlin), Kurt Gutmann (Berlin), Hella Händler (Berlin), Werner Händler (Berlin), Doreet Harten (Kuratorin, Berlin), Michal Kaiser-Livneh (Psychotherapeutin, Berlin), Schira Kaiser (Studentin, Berlin), Dr. Inge Lammel (Autorin, Berlin), Dr. Kate Leiterer (Biologin, Berlin), Angelika Levi (Regisseurin, Berlin), Gabriel Lévy (Psychologe, München), Dr. Oswald LeWinter (Autor, Seligenstadt), Dr. Erika Lifsches (Ärztin, Mühlheim/Ruhr), Dr. Edith Lutz (Lehrerin, Köln), Petra Mendelsohn (Bibliothekarin, Berlin), Abraham Melzer (Verleger, Neu-Isenburg), Michael Moos (Rechtsanwalt, Freiburg), Gerhard Moss (St. Peter-Ording), Deborah Philips (freie Künstlerin, Berlin), Margalith Pozniak (Zahntechnikerin, Hamburg), Sara Reifenberg (Rentnerin, Berlin), Prof. Dr. Fanny-Michaela Reisin (Informatik, Berlin), Michael Riese (Lehrer, Alsfeld), Dr. Ruth Rosenberg (Tierärztin, München), Rafi Rothenberg (Kameramann, Köln), Ruth Rürup-Braun (Innenarchitektin, Karlsruhe), Dr. Sonja Sager (Juristin, Berlin), Shelly Steinberg (Studentin, München), Dr. Klaus Sternberg (Lehrender, Berlin), Dr. Maria Striewe (Ärztin, Neuss), Richard Szklorz (Journalist, Berlin), Prof. Dr. Jochanan Trilse-Finkelstein (Germanist, Berlin), Prof. Dr. Ernst Tugendhat (Philosoph, Tübingen), Nora van der Walde (Lehrerin, Buchholz), Prof. Dr. Rolf Verleger (Psychologe, Lübeck), Mordechaj Wejnryb (Rentner, Berlin), Dr. Susan Winnett (Literaturwissenschaftlerin, Hamburg), Dr. Andrea Zielinski (Anthropologin, Hamburg)

V.i.S.d.P.: Prof. Dr. Rolf Verleger, Postfach 11 01 37, 23534 Lübeck. Diese Anzeige wurde zu rund 40 % aus Spenden finanziert. Spenden für die fehlende Summe und weitere Anzeigen: R. Verleger, 130 101 397 bei Sparkasse zu Lübeck, BLZ 230 501 01.

Dok. 20

Diese Erklärung von jüdischen Erstunterzeichnenden wendet sich an die deutsche Regierung. Daher möchten wir gerne Unterschriften von allen Deutschen und Bewohnern Deutschlands, nicht nur von jüdischen. Unterschriften von außerhalb Deutschlands werden wir separat zählen.

Ich unterstütze die Berliner Erklärung „Schalom 5767".
Durch „x" neben der Unterschrift erkläre ich mich mit der Veröffentlichung meines Namens und Wohnorts auf www.schalom5767.de einverstanden.

Name, Vorname (Titel / Beruf)	PLZ Wohnort	Unterschrift
Freise,Manfred, Dr.med.dent. Politologe	53177 Bonn	x [illegible]
Doll, Diethelm, Apotheker Unternehmer	53177 Bonn	x D. Doll
SCHMIDT, Dr. Michael Botschafter a.D.	53343 WACHTBERG	x [illegible]
Köpfler, Dr. rer. nat. Friedrich Dipl.-Chem.	50389 Wesseling	x F. Köpfler
Wichelhaus Manfred Prof. Dr. theol. Uni Köln	50858 Köln	Manfred Wichelhaus x
Silberhorn,Martin,Dr.med Facharzt f.Neurologie u.Psych.	53604 Bad Honnef	[illegible]
Buhr,Michael,Dr.med. Orthopäde	53127 Bonn	x [illegible]
Lang.Manfred,Dr.med.dent Prof.New York University	90402 Nürnberg	x M. Lang
Movassaghi,Parvis,Dr.med .habil Prof.Neurologie u.Psychiatrie	44780 Bochum	x P. [illegible]
von Wedel , Dr. Hasso Professor Universit.Köln	53127 Bonn	x [illegible]
von Elten,Caroline Modedesignerin	53177 Bonn	x [illegible]
KLINGE, Jürgen Dozent i.R. Pastor	53177 Bonn	x [illegible]
Diehl, Helga	53424 Oberwinter	x Helga Diehl
JUNKER, Reinhard Rechtsanwalt	53173 Bonn	x Reinhard Junker

desweiteren: Dr. H. Herles, Prof. Dr. med. T. Nedjabat, Dr. med. J. Wyrabniewicz, Dr. med et med dent J. Siemonsmeier, Dr. med Juergens, Dr. med G. Freise-Buhr, Dr. med M. Steinberg, M. Düren, Dr. G. Janetzke, Dr. M. Hartmer, Dr. E. Otte, G. Schulze, Dr. med R. Emmerich.

Dok. 21

DFZ 5/2006

Im Gespräch: Dr. Manfred Freise (re) mit Arthur Burns, der einst Deutschland scharf kritisierte

Die Deutsche Krankheit, Anamnese und Therapie

Wie kommen wir raus aus der Misere von Arbeitslosigkeit, leerer Kassen und einem desolaten Gesundheitswesen? Eine Betrachtung von Dr. Manfred Freise aus Bonn. Er gilt als der Vater der sozial-liberalen Koalition.

Die Große Koalition unter Kiesinger und Brandt war – trotz der 68er Unruhen – ein Erfolg. Beide Parteien hatten ihre Besten ins Kabinett delegiert. Die wesentlichen Pfeiler waren die Fraktionsvorsitzenden Helmut Schmidt und Rainer Barzel. F. J. Strauß und Karl Schiller hatten gemeinsam gute Arbeit gemacht. Der Arbeitslosenstand von 1969 lag bei 192.000, bei einer Arbeitslosenquote von 0,9 Prozent und mit 1.000 Kurzarbeitern.

Beim 69er Wahlkampf war es folglich nicht um Arbeits- und Wirtschaftsfragen gegangen. Bei der Koalition aus SPD und FDP ging es um Ost- und Entspannungspolitik. Die Erfolge von SPD und FDP, von Brandt und Scheel in der Deutschland- und Ostpolitik waren spektakulär, die Sicherheits- und Bündnispolitik der Regierung Schmidt und Genscher bewahrten uns Frieden und Freiheit. Die Zusammenarbeit mit allen europäischen Nachbarn und den Vereinigten Staaten von Amerika durch die Regierung Kohl/Genscher ermöglichte die Wiedervereinigung unseres geteilten Landes.

Die Kehrseite der Medaille – und damit beginnt die Deutsche Krankheit – waren die weitgehend selbst gemachten wirtschaftlichen und arbeitspolitischen Probleme. Willy Brandt verstand nichts von Wirtschaft und ließ den sozialromantischen 68ern zu lange die lange Leine. Deren Motto war die Belastbarkeit der Wirtschaft – durch Forderungen nach immer mehr Geld für immer weniger Arbeit – zu testen, bis der Wirtschafts- und Finanzminister der SPD, Karl Schiller, sein Amt hinschmiss.

Diese Tendenzen auch aus dem Gewerkschaftslager missachteten bewusst oder aus Unkenntnis die schwache Eigenkapitaldecke der deutschen Wirtschaft und die leeren Kassen bei Bund und Ländern. 1983 lag der Arbeitslosenstand bei 2.283.000, die Arbeitslosenquote betrug 11,1 Prozent und die Zahl der Kurzarbeiter 244.000.

Arthur Burns, zu Kanzler Schmidts Zeiten amerikanischer Botschafter in Bonn, von Haus aus Ökonom der Columbia Universität, Notenbankchef unter den Präsidenten Nixon, Ford und Carter, hat die Bundesrepublik mit Lob und Tadel begleitet. Bevor er 1984 die Bundesrepublik verließ, schickte er von New York einen vernichtenden Zustandsbericht des deutschen Wohlfahrtstaates: „...mit exzessiven Ausgaben für Arbeitslosigkeit, Rente, Krankheit, Arbeitsunfähigkeit, Kindergeld, Mutterschutz, öffentlichen Wohnungsbau, Gesundheitswesen und alle Wechselfälle des Lebens. Die höchsten Löhne, die meisten Urlaubstage und ein 13. Monatsgehalt. Das kann auf Dauer nicht gut gehen."

Es gilt, wie Meinhard Miegel schon früher verlangt hat, sich auf „dreißig magere Jahre" einzurichten. Niemand hat sich häufiger und detaillierter zum Problemstand und über Lösungsvorschläge geäußert als Helmut Schmidt, der einzige Ökonom unter allen bisherigen Bundeskanzlern. Es gibt keine Alternativen. Sonst gelten die inzwischen klassischen Sätze von Michael Stürmer: „Entweder der Wohlfahrtsstaat wird durch „meaner and leaner" gerettet, oder er zieht wegen fortschreitender Unbezahlbarkeit, Generationskonflikten und Legitimationszweifeln den Staat und die Demokratie mit sich." Wahrheits-Sagen (Helmut Schmidt) und das Durchsetzen mutiger Reformen sind die Legitimation für die Große Koalition. Das ist Teil der Therapie. Aus der Sicht amerikanischer Erfahrungen sollte man bedenken, ob bei uns die Einführung des steuerlichen „self-assessment" nicht auch vorteilhaft ist. Bei der gängigen Praxis, dass Deutschland Arbeitsplätze exportiert und Sozialhilfeempfänger importiert, sollte ernsthaft geprüft werden, ob wir nicht Bill Clintons Welfare Bill auch hier einführen sollten: Sozialleistungen nur auf jene Empfänger zu beschränken, die mindestens zehn Jahre Leistungen, d. h. Zahlungen erbracht haben.

Wenn man sich auf die schnelle Umsetzung der Prioritäten geeinigt hat, geht es weiter um die Änderung des Grundgesetzes in den folgenden Punkten

- Neugliederung der Länder in etwa sieben
- Einschränkung der Mitwirkung des Bundesrates auf Einsprüche gegen Bundesgesetze, d. h. Abschaffung des Zustimmungsrechts
- Alleinvertretung des Bundes in Europa
- Verlängerung der Wahlperiode auf fünf Jahre
- Synchronisierung aller Landtagswahlen auf den gleichen Termin zwischen den Bundestagswahlen
- Auflösung des Finanzausgleichs zwischen Bund und Ländern sowie der Länder untereinander
- Einführung substanzieller eigener Länder- und Gemeindesteuer (Vorbild die Schweiz)
- Einführung von bis zu fünf Bundeshochschulen (Vorbild ETH Zürich)

Hinzu kommt die Notwendigkeit der Sanierung der Staatsfinanzen durch

- Grundlegende Reform des Steuerrechts (Vorschläge der Bareis-Kommission Mitte der 90er Jahre)
- Mehrwertsteuererhöhung auf durchschnittliche europäische Standards
- Abbau aller Subventionen in fünf 20-Prozent-Schritten

Ferner bedarf es der Reform aller sozialen Sicherungssysteme unter der Überschrift „Mehr Eigenverantwortung"

- Ausbau der Eigenvorsorge durch Kapitalpflichtversicherung (über Riester hinaus)
- Entkoppelung der Sozialversicherung von den Arbeitskosten
- Einführung des Prämienmodells in der Krankenversicherung
- Reduzierung der Anzahl der gesetzlichen Krankenkassen
- Integration der Pflegeversicherung in die Krankenversicherung
- Einführung der Individualrechnungslegung für die gesetzlich Versicherten

Für das stetige Wachstum unserer Industrie bedarf es eines rundum erneuerten Energiewirtschaftsrechts, das sich den Weltrealitäten öffnet und alle Energieerzeugungsangebote vernünftig berücksichtigt.

Dok. 22 (Abdruck aus: **DER FREIE ZAHNARZT**, Mai 2006. Siehe auch Brief 96)

Brief an Barack Obama

Empfehlung von Hillary Clinton als Secretary of State

Dr. Manfred Freise   URGENT CONFIDENTIAL   53177 Bonn

[redacted]

Senator Barack Obama
[redacted]

September 8th,2008

Dear Senator Obama,

as a concerned European,who has been involved for years in various peace initiatives,particularly in the Middle East, which have been kindly acknowledged in many quarters,may I come to you today with a suggestion regarding the future composition of your team for government.

Naturally I fervently hope,as most Europeans do,that November 4th will turn out alright for you and that America will see "a new birth of freedom",as it were, a liberation,too,of its image in the world from its current depressed state.

Further to my letter to you in June of this year,my thoughts today are heading in the direction of US foreign policy,more precisely in the direction of how you could,at one fell swoop, stimulate public excitement with a personell choice of a singularly inspired nature.Namely, to ask Hillary Clinton to join your future administration as Secretary of State and let the public in on this plan as soon as possible.

Too many women in America are still undecided as to which way to vote, a good number of them on account of their disappointment that Mrs.Clinton did not get the Democratic Party`s nomination for President. Now Mrs.Palin has launched herself on a campaign to collar all these disaffected voters which makes it doubly imperative to win them over to your cause without delay.

Nothing, I humbly submit,could achieve this more successfully than to integrate Hillary Clinton into your team.The highly visible portfolio of Secretary of State would fit the bill beautifully.

May I close by saying that this suggestion of mine comes entirely off my bat,is not advanced on anyone`s behalf but,rather, owes its inspiration exclusively to my concern that everything goes right for you on November 4th.

With all best wishes, I am

sincerely yours

Dr.Manfred Freise

encl.:fotocopy

Personenregister

Reihe GLAUBE UND LEHRE

Band 9

HANS HÜBNER

Politische Theologie und existentiale Interpretation

Zur Auseinandersetzung
DOROTHEE SÖLLEs mit RUDOLF BULTMANN

MCMLXXIII

LUTHER-VERLAG WITTEN

Umschlaggestaltung von Claus-E. Heeger
Satz und Druck von G. Meiners, Schwelm
Printed in Germany · ISBN 3-7858-0179-3

Inhaltsverzeichnis

Vorwort

Die in dieser Schrift vorgetragenen Überlegungen sind aus meiner Bochumer Antrittsvorlesung über Politische Theologie und existentiale Interpretation (Mai 1972) und einem Vortrag vor der neutestamentlichen Sektion des Zweiten Europäischen Theologenkongresses in Wien über existentiale Interpretation und das Problem des historischen Jesus (Oktober 1972) erwachsen.

Nach *Ernst Käsemann* hat die Theologie stets eine antithetische Spitze, wenn sie nicht ins Blaue hinein getrieben wird, und ist deshalb stets ein gefährliches Unternehmen, weil sie zu Einseitigkeiten oder dialektischen Systemen neigt.[1] Der hier vorgelegte theologische Versuch hat sogar zwei antithetische Spitzen, nämlich gegen das Mißverständnis von *Bultmanns* existentialer Interpretation durch Vertreter der Politischen Theologie und gegen *Bultmanns* Abwertung des historischen Jesus. Aber gerade durch diese doppelte antithetische Spitze sollen Einseitigkeiten vermieden werden. Ja, es geht gerade darum, durch die doppelte Spitze Überspitzungen auf zwei Seiten zurückzunehmen und so die berechtigte Grundposition sowohl der Theologie der existentialen Interpretation als auch der Politischen Theologie herauszuarbeiten.

Dann ist Kritik von mindestens zwei Seiten zu erwarten. Kritik aber will diese Schrift finden, und zwar auch und gerade von seiten derer, mit denen sie sich kritisch auseinandersetzt. Hier soll eben nicht nach *Augstein*-Manier nur die Kritik jener erbeten werden, die im selben Lager stehen.[2] Denn die hier vorgelegte Studie will den Dialog intendieren. Sie will auch, und nicht im geringen Maße, als *Frage* an den Gesprächspartner verstanden werden. Der Dialog hat bereits zum Teil begonnen, sei es brieflich, sei es mündlich. Für kritische Einwände danke ich an dieser Stelle sehr herzlich. Ich nenne u. a. die Professoren *Walter Schmithals*, Berlin, und *Kurt*

[1] EVB II, 63

[2] KNA Nr. 229 vom 30. 9. 1972: *Augstein* wünscht sich als Rezensenten seines Jesus-Menschensohn-Buches »Atheisten und solche Laien, die der Kirche nicht nahestehen«! (zitiert nach *M. Hengel, Augstein* und der Menschensohn, EvKom Nov. 1972, 668)

Niederwimmer, Wien, vor allem aber *Rudolf Bultmann* selbst, der es sich trotz seines Augenleidens nicht nehmen ließ, in ausführlichen Briefen die anstehenden Fragen zu diskutieren. Die Antwort von Frau *Sölle* steht noch aus.

Diese Schrift will das wissenschaftliche Gespräch über die Problematik der existentialen Interpretation, des historischen Jesus und der Politischen Theologie weiterführen. Sie möchte aber auch denjenigen informieren, der sich erst mit dieser Thematik vertraut machen will. Dem, der sich noch nicht mit theologischen und philosophischen Fragen befaßt hat, sei vorgeschlagen, nach der Einleitung erst einmal das dritte und vierte Kapitel zu lesen, da die im ersten und zweiten Kapitel geführte theologisch-philosophische Grundsatzdebatte nicht ohne eine gewisse Fachterminologie auskommt. Was aber die beiden ersten Kapitel angeht, so hoffe ich, daß es zumindest dem einen oder anderen von Berufs wegen mit Theologie Befaßten aufgeht, wie leichtfertig die weithin im evangelischen Raum praktizierte Abwertung und Vernachlässigung philosophischen Denkens ist. Man urteilt über *Bultmann*, ohne *Heidegger* verstanden zu haben; man zitiert aus dem Zusammenhang herausgerissene *Marx*-Zitate, ohne *Hegel* und *Marx* studiert zu haben; man treibt Konversation über Gottesbeweise, ohne eine einzige Zeile von *Kant* gelesen zu haben; man redet mit Eloquenz von Ideologiekritik, ohne sich mit *Horkheimer* oder *Habermas*[3] intensiv beschäftigt zu haben. Diese Bequemlichkeit zahlt sich nicht aus! Gerade in der heutigen Situation ist jeweils neues geistiges Engagement notwendig. Es ist ein Armutszeugnis, sich hinter griffigen Formeln zu verschanzen.

In dieser Schrift werden Tagesprobleme der Politik nicht gebracht. Es geht um die viel grundsätzlichere Frage – aber eben um diese Frage im Dienste dessen, was täglich neu an aktuellen Problemen auf uns zukommt.

Hans Hübner

[3] Auf den Problemkreis des Verhältnisses von Hermeneutik und Ideologiekritik (s. die Diskussion zwischen *Gadamer* und *Habermas*) bin ich in dieser Arbeit nur am Rande eingegangen. Ich werde voraussichtlich in einer späteren Publikation diese Thematik aufgreifen, und zwar im Blick auf Fragestellungen der neutestamentlichen Exegese.

Einleitung

Theologie ist in einem unausweichlich gefordert: Sie hat auf Fragen zu antworten, die Menschen umtreiben. Wo diese in entscheidenden Punkten beunruhigt sind, Theologie aber jenseits der Beunruhigung auf eine ruhige Insel der Seligen entrückt ist, da hat sie sich selbst um den ihr zukommenden Stellenwert betrogen. Da kann es dann so weit kommen, daß sie ihr Theologie-Sein als solches verfehlt.

Zu den Fragen, die heute Menschen umtreiben, gehört sicherlich die Frage nach politischer Verantwortung. Daß Zeitgenossen in politischer Lethargie und Apathie dahinvegetieren, erscheint vielen als Gipfel der Verantwortungslosigkeit. Daher fordern sie, sofern sie sich als Christen verstehen, vielfach energisch eine Politische Theologie. Theologie ohne politische Implikation erscheint ihnen sinnlos. Für andere dagegen ist Politik auf keinen Fall Gegenstand der Theologie; nein, die Vermengung von Kirche und Gesellschaft bzw. von Theologie und Gesellschaftswissenschaften ist für sie das Grundübel schlechthin. Politische Theologie ist für sie garstige Theologie, wie weiland für Brander in Auerbachs Keller ein politisch Lied ein garstig Lied war.[1] Läßt aber die Frage nach der Politischen Theologie viele Menschen einfach nicht mehr los, so darf sie aus der theologischen Diskussion nicht ausgeklammert werden.

Nun ist jüngst aus der Feder der durch das Kölner Nachtgebet weithin bekannten *Dorothee Sölle* eine kleine Schrift erschienen, die den Titel trägt: »Politische Theologie, Auseinandersetzung mit *Rudolf Bultmann*.«[2] In diesem Bändchen wird der Versuch unternommen, die Grundprinzipien der Politischen Theologie und der Theologie der existentialen Interpretation, wie *Bultmann* sie vertritt, zu vergleichen und die existentiale Theologie auf ihre Ergiebigkeit für das Grundanliegen der Politischen Theologie zu prüfen.

Es wird den meisten Lesern bekannt sein, daß *Rudolf Bultmann* bemüht war, die Philosophie *Martin Heideggers* für sein theologisches Denken fruchtbar zu machen. Genauer: daß er sich in diesem Bemühen der Begrifflichkeit der Analyse des menschlichen Daseins

[1] J. W. v. *Goethe*, Faust, Erster Teil [2] Stuttgart 1971

bedient, wie sie *Heidegger* in seinem 1927 erstmals erschienenen Hauptwerk »Sein und Zeit« vorlegte. *Bultmanns* grundlegende theologische Überzeugung war es zeit seines Lebens, daß jedes Reden von Gott zugleich ein Reden vom Menschen sein muß: ein Reden *aus* menschlicher Existenz und in einem damit *von* menschlicher Existenz; denn Gott als alles bestimmende Wirklichkeit bestimmt auch den Menschen in seiner Existenz. Dieser kann also nicht sozusagen in neutraler Distanz »über« Gott als über ein von ihm isoliertes, erkennbares Objekt sprechen. Bestimmt nämlich Gott die menschliche Existenz, so kann der Mensch nicht so tun, als stände es in seinem Vermögen, außerhalb der Wirklichkeit seiner Existenz und mithin außerhalb Gottes über Gott zu sprechen. Jedes theologische Reden, das dennoch von der konkreten Situation des Redenden absieht und sich in solcher Abstraktion in allgemeingültigen Wahrheiten über »Gott« ergeht, redet nach *Bultmann* von allem andern als von Gott.

Stellt man sich diese Intention vor Augen – *Bultmann* ist nie an ihr irre geworden, er hat sie stets mit Energie durchgehalten –, so versteht es sich von selbst, daß er bemüht war, eine *angemessene Begrifflichkeit für die Darstellung der Existenz* zu finden. Ein Theologe vom Range *Bultmanns,* der sich um saubere Begrifflichkeit seiner Arbeit bemüht, war einfach nicht in der Lage, in einer verwaschenen, unscharfen Terminologie unverbindlich zu reden. Er mußte sich, wenn er ernsthaft theologische Wissenschaft betreiben wollte, in die Zucht einer möglichst eindeutigen Begrifflichkeit begeben. *Bultmann* fand die der Beschreibung der Existenz angemessene Begrifflichkeit in der Daseinsanalytik *Heideggers.* Er erkannte, daß diese sich für die ihm vor Augen stehende Aufgabe eignete (wohlgemerkt: sich dafür eignete, die Existenz des Menschen zu umschreiben, nicht aber, Gott zu definieren oder gar, wie man in der Tat *Bultmann* unterstellt hat, Gott in purer Menschlichkeit aufgehen zu lassen). Die Aufnahme von Gedanken und Begriffen *Heideggers* war nicht nur die Frucht der Lektüre, sondern vor allem der Begegnung der beiden Männer während ihrer Lehrtätigkeit an der Universität Marburg. *Bultmann* ist dort seit 1921 ordentlicher Professor. *Heidegger* lehrte dort von 1923 bis 1928.

Sicherlich ist *Bultmann* nicht der Meinung, daß es keine bessere Philosophie der Existenz geben könne als die Daseinsanalytik *Heideggers*. Aber er sah, daß ihm faktisch keine bessere zur Verfügung stand.[3]
Um also *Bultmann* zu verstehen, ist es unumgänglich, sich auf Terminologie und Gedankenführung *Heideggers* einzulassen. Eine Auseinandersetzung mit *Bultmann* wird da zu ärgstem Dilettantismus entarten, wo sie nicht aus der intensiven Beschäftigung mit *Heideggers* Fundamentalanalytik erwächst. Wer eine Auseinandersetzung mit *Bultmann* ohne solche Kenntnisse unternimmt, wird ihn niemals recht verstehen. In einem solchen Fall würde Ignoranz nur zur Ungerechtigkeit im Urteil führen. Wie oft sich gerade in der Auseinandersetzung mit dem Marburger Theologen Unkenntnis in das eitle Gewand pharisäischer Besserwisserei kleidete, weiß der mit der Materie Vertraute zur Genüge.
Wer also an der Auseinandersetzung *Dorothee Sölles* mit *Rudolf Bultmann* in einem nicht nur seichten und oberflächlichen Sinne interessiert ist, wird nicht umhinkönnen, auch einmal diesen oder jenen Gedanken *Heideggers* genauer zu verfolgen. Zuweilen habe ich bewußt, um den Leser mit in diese Art des Denkens hineinzunehmen, *Heidegger* breiter referiert. Derjenige Leser, der mit seiner Analytik schon näher vertraut ist, möge bitte an solchen Referaten keinen Anstoß nehmen. Aber diese Schrift verfolgt ja, wie schon im Vorwort gesagt, auch den Zweck, den Interessierten, der weder *Bultmann* noch *Heidegger* gelesen hat, zu informieren.
Daß also die Thematik der Existenz – der theologischen wie der politischen Existenz – verlangt, sich intellektueller Mühe zu unterziehen, liegt auf der Hand. Um diese Mühe muß ich den Leser bitten. Wem es zuviel wird, sich auf das gedankliche Fundament der Theologie der existentialen Interpretation einzulassen, der möge bitte auch nicht über das Verhältnis von politischer und existentialer Theologie urteilen.

[3] vgl. *F. Gogarten*, Entmythologisierung und Kirche, Stuttgart, o. J., 3. Aufl., 57 Anm. 2 von S. 56: »Selbstverständlich muß es nicht *Heidegger* sein, bei dem man es lernt. Meint man es anderwärts besser lernen zu können, dann ist es gut. Nur: gelernt werden muß es so oder so.«

I. Kapitel
Existentiale Interpretation als individualistische Engführung?

Rudolf Bultmanns Konzeption der existentialen Interpretation, etwa für zwei Jahrzehnte vom größeren Teil der deutschen evangelischen Neutestamentler vertreten, sieht sich einer immer stärker werdenden Kritik ausgesetzt. *Ein* Vorwurf ist es vor allem, von sehr unterschiedlicher Seite her gemacht, der sich immer mehr verdichtet. Man kann ihn auf folgenden gemeinsamen Nenner bringen: Die *individualistische Engführung* der auf Existenzphilosophie beruhenden Theologie *Bultmanns* hat zum Realitätsverlust verführt. Der marxistische Philosoph *Ernst Bloch* spricht von *Bultmanns* guter religiöser Stube, von seiner individualistischen Heideggerei: »Es ist der private Strohhalm dieses Je-meinigen und seines biblischen Angesprochenseins, angeblich eines rein individualistischen (ohne soziales ›Man‹, ohne welthaft ›Seiendes‹), was dem Restchristen dieser Art übrig bleibt.«[1] Aber auch *Walther Künneth*, prominenter Sprecher der Bekenntnisbewegung, schlägt in dieselbe Kerbe. Das neue Existenzverständnis *Bultmanns* sei lediglich eine andere Variante jenes anthropologischen Ansatzes, dem auch der alte Subjektivismus der Bewußtseinstheologie, etwa *Schleiermachers*, entstamme.[2] Eine seltsame, sicherlich ungewollte Allianz zwischen Marxismus und Bekenntnisbewegung! Ein gewisses Maß an *Gesellschaftsvergessenheit* wirft, darin *Bloch* nahekommend, der Theologe *Theodor Lorenzmeier* in seiner Prager Dissertation »Exegese und Hermeneutik«[3] *Bultmann* und seinen Schülern vor: »Trotz der Betonung, daß die Theologie es zu tun habe mit dem Menschen und seiner Wirklichkeit, bleibt diese Wirklichkeit eigenartig schemenhaft: die Gesellschaft und die Gesellschaftslehre unserer Zeit . . . werden ignoriert.

[1] *E. Bloch,* Atheismus im Christentum, Frankfurt 1968, 69ff
[2] *W. Künneth*, Glauben an Jesus?, Die Begegnung der Christologie mit der modernen Existenz, Hamburg 1963[2], 296
[3] Hamburg 1968

Es ist bezeichnend, daß weder bei *Bultmann* noch bei *Braun* oder *Ebeling* die Soziologie überhaupt zur Kenntnis genommen, geschweige denn in ihrer Relevanz für die Anthropologie . . . erkannt und ausgewertet ist . . .«[4]
Auch *Dorothee Sölle*, deren Auseinandersetzung mit *Rudolf Bultmann* in besonderer Weise Gegenstand unserer Überlegungen sein soll, äußert ähnliche Kritik. Auch ihren Vorwurf *Bultmann* gegenüber können wir mit dem Begriff »Gesellschaftsvergessenheit« umschreiben. Doch wirft sie ihm nicht, wie etwa *Bloch*, Heideggerei vor. Im Gegenteil! Sie bewertet es als positiv, daß er mit *Heidegger* die menschliche Existenz geschichtlich sehe. Ausdrücklich heißt es: »Das geschichtliche Verständnis der menschlichen Existenz . . . prädestiniert den *Bultmann*schen Ansatz zu einem politischen und gesellschaftlichen Verständnis des menschlichen Lebens . . .«[5] Wenn sie ihm auch vorwirft, die Offenheit für die Zukunft apolitisch zu denken[6], weil er die Sinnfrage auf die individuelle Existenz reduziert habe[7], so erklärt sie jedoch, für eine solche »individualistische Verengung«[8] liege im theoretischen Ansatz der Existenzphilosophie kein Grund vor.[9]
Dorothee Sölle will sich von *Rudolf Bultmann* durch ein anderes hermeneutisches[10] Prinzip absetzen: »Das Interesse der *existentialen Theologie* war auf den Menschen gerichtet, das leitende hermeneutische Prinzip war die Frage des *einzelnen* nach sich selber, nach *seiner* Möglichkeit, *authentisch zu leben.*«[11] Jedoch: »*Politische Theologie* nun geht von einem veränderten Vorverständnis aus. Ihr leitendes hermeneutisches Prinzip ist die Frage eines *authentischen Lebens für alle Menschen.*«[12]
Mit dieser Gegenüberstellung hat *Dorothee Sölle* auf die präziseste und deutlichste Weise gesagt, inwiefern sie mit *Rudolf Bultmann* übereingeht und inwiefern sie mit ihm differiert. Sie stimmt mit ihm darin überein, daß sie die hermeneutische Fragestellung als

4 ebd 188 5 Pol. Th., 62 6 ebd 56 7 ebd 63
8 ebd 63 9 ebd 56
10 Hermeneutik = Lehre vom Verstehen
11 Pol. Th., 76; Hervorhebungen von mir
12 ebd 77; Hervorhebungen von mir

solche bejaht, daß sie also zumindest die Intention hat, nicht einem naiven Objektivismus positivistischer Provenienz zu verfallen. Ob sie diese Intention durchhalten kann, ist eine andere Frage. Doch soll unser Interesse zunächst darauf gerichtet sein, ob durch die Gegenüberstellung der unterschiedlichen hermeneutischen Prinzipien der Theologie der existentialen Interpretation und der Politischen Theologie, wie sie in dem eben gebrachten Zitat zum Ausdruck kommt, *Bultmanns* Verständnis von Theologie richtig getroffen ist. Dafür ist es aber unerläßlich zu erkennen, in welcher Weise die Grundintention seiner Bemühungen auf *Heideggers* »Sein und Zeit« beruht.

Bultmann ist Neutestamentler. Das heißt, ihm geht es um *Verstehen* und im Verstehen um Auslegen, um *Interpretieren* biblischer Texte. Ist nun das Stichwort »biblische Texte« gefallen, so ist, nach *Bultmann*, sofort zu bedenken, daß für die wissenschaftliche Erforschung des Neuen Testaments gilt, was für jede wissenschaftliche Erforschung historischer Texte zutrifft, nämlich die Notwendigkeit der Einsicht in die *Geschichtlichkeit* des Menschen, die sich dem Leser, der selbst ein geschichtliches Wesen ist, in derartigen Texten erschließt. Es geht also sowohl im Verstehen von Texten vergangener Zeiten im allgemeinen als auch von Texten des Neuen Testaments im besonderen darum, die in ihnen zum Ausdruck kommenden Möglichkeiten menschlicher Existenz als die eigenen zu verstehen.

Lassen wir *Bultmann* selbst im Blick auf sein Verständnis von Geschichtlichkeit zu Wort kommen! Inwiefern er gerade in diesem Punkte auf *Heidegger* fußt, zeigt eine Stelle aus seinem Aufsatz »Die Bedeutung der ›dialektischen Theologie‹ für die neutestamentliche Wissenschaft« (1928).[13] Indem er sich vom romantisch-naturalistischen Verständnis des menschlichen Seins absetzt, erklärt er: »Wir meinen das Dasein des Menschen richtiger zu verstehen, wenn wir es als *geschichtlich* bezeichnen. Und wir verstehen unter der *Geschichtlichkeit* des menschlichen Seins dieses, daß sein Sein ein

[13] Diesem Aufsatz liegt ein Vortrag zugrunde, den er am 19. Okt. 1927 beim Theologentag in Eisenach gehalten hat.

Sein-Können ist. D. h. daß das Sein des Menschen seiner Verfügung entnommen ist, jeweils in den konkreten Situationen des Lebens auf dem Spiele steht, durch Entscheidungen geht, in denen der Mensch nicht je *etwas für sich* wählt, sondern *sich selbst als seine Möglichkeit* wählt.«[14] Auch für *Heidegger* ist das Sein des Daseins (unter Dasein versteht er terminologisch immer das menschliche Dasein; diesem Sprachgebrauch wollen wir uns in dieser Untersuchung anschließen) grundsätzlich ein geschichtliches. Das heißt, indem ich bin, *bin* ich als ein je aus meiner Geschichte Herkommender, als ein je in meiner Geschichte Lebender; in meiner Geschichte nämlich, die mich in der je konkreten Situation vor Daseinsmöglichkeiten, von mir zu ergreifenden Daseinsmöglichkeiten stellt, in denen ich mich je selbst gewinnen oder verlieren kann. Geschichtlichkeit ist somit als *Existenzial* verstanden, d. h. als Seinsbestimmung des Daseins, nicht als Seinsbestimmung von solchem Seienden, das nicht Dasein ist (dessen Seinsbestimmung nennt *Heidegger* »Kategorie«; es ist also streng zwischen Existenzialien und Kategorien zu unterscheiden; in »Sein und Zeit« geht es *Heidegger* vor allem um die *existenziale* Analytik des Daseins).

Also: Geschichtlich im Sinne *Heidegger*s – und, wie aus dem letzten Zitat ersichtlich, auch im Sinne *Bultmann*s – ist nicht etwa ein Ereignis, dessen Faktizität, dessen tatsächliches Geschehensein durch den Terminus »geschichtlich« konstatiert werden soll. Geschichtlich ist vielmehr der Mensch in seiner Existenz, der in seiner je eigenen Geschichte seinem Sein-Können überantwortet ist.[15]

Geschichtlichkeit ist nach *Heidegger* in der Grundverfassung des Daseins begründet, nämlich im *»In-der-Welt-sein«*. Auch hier kommt wieder alles darauf an, daß »Welt« nicht falsch verstanden wird. Nur im vordergründigen Sinne bedeutet für *Heidegger* Welt soviel wie »das All des Seienden, das in der Welt vorhanden« ist. Dem, was Welt im Sinne der existenzialen Analytik meint, kommt man aber durch die Wendung »das, *›worin‹* ein faktisches Dasein lebt« näher. Doch geht es hier zunächst noch um eine existenz*ielle* Aus-

[14] GuV I, 118; Hervorhebungen von *Bultmann*
[15] SuZ., §§ 72–75

sage: Der Mensch hat jeweils seine konkrete Welt, in der er lebt, von der er betroffen ist. Geht es aber nicht mehr um konkrete Betroffenheit, sondern um eine Aussage, die die Struktur des Daseins als solche meint, so nennt *Heidegger* sie existenz*ial*. Eine derartige existenziale Bestimmung des Daseins, insofern dieses *immer schon* in einer Welt lebt, insofern es gar nicht anders als grundsätzlich in einer Welt seiend gedacht werden kann, bezeichnet er als *»Weltlichkeit«*. Weltlich meint dann im Sinne eines Existenzials die Grundverfassung des *Daseins*, nicht im Sinne einer Kategorie die Bestimmung eines Seienden in der »Welt«. Dasein *ist* In-der-Welt-sein.[16] Weltlichkeit meint also die Struktur eines konstitutiven Moments des In-der-Welt-seins.

Auch an dieser Stelle stimmt *Bultmann* mit *Heidegger* überein. Wiederum sei auf eine charakteristische Stelle aus seinem eben genannten Aufsatz verwiesen. Als Beispiel für das geschichtliche Verstehen des Neuen Testaments führt er an: »Es wird z. B. κόσμος verstanden (*Bultmann* polemisiert hier gegen die damals übliche Art der Exegese) als die Welt, innerhalb deren sich der Mensch als vorkommendes Wesen befindet, als Natur-Welt, als ein *Was*, während κόσμος für Paulus in existenzieller Bedeutung als das Worin gemeint ist, in dem ein faktisches Dasein als dieses lebt, κόσμος also letztlich nicht als ein *Was*, sondern als ein *Wie* des menschlichen Seins zu bezeichnen ist.«[17]

Was ist also für *Bultmann »existentiale Interpretation«* des Neuen Testaments? Nun, nichts anderes als die Befragung des Neuen Testaments nach den in ihm erschlossenen Möglichkeiten des Sein-Könnens. Und zwar geschieht diese Befragung durch den, der selber als Dasein die Möglichkeit seines Sein-Könnens ist. Anders formuliert: Der das Neue Testament so Befragende fragt nach den dort enthaltenen Möglichkeiten menschlicher Existenz, die ja eben *seine* Möglichkeiten sind! *Er als geschichtliches Wesen fragt* nach dem, was

[16] SuZ, § 14; ebd 65: »Die Abwandlung ›weltlich‹ meint dann terminologisch eine Seinsart des Daseins und nie eine solche des ›in‹ der Welt vorhandenen Seienden. Dieses nennen wir weltzugehörig oder innerweltlich.«

[17] GuV I, 129

im Neuen Testament für ihn geschichtlich bedeutsam ist. Als in der Geschichte Stehender befragt er aus der Geschichte kommende Texte. Er kann sie gar nicht anders befragen, es sei denn, er könnte in neutraler Distanz jenseits der Geschichte als ungeschichtliches Wesen stehen, indem er zuvor aus der Geschichte herausgesprungen wäre. Da das nicht geht, bedeutet also die Erfassung der im Neuen Testament als Niederschlag geschichtlichen Denkens enthaltenen Möglichkeiten zugleich die Erfassung je meiner Existenz.

Ist aber existentiale Interpretation so zu verstehen, wie verhält es sich dann mit dem Vorwurf der Gesellschaftsvergessenheit? Wie verhält es sich dann mit dem Vorwurf der individualistischen Engführung? Eigentlich müßte das bisher Gesagte, nämlich die Übereinstimmung *Bultmanns* mit *Heidegger* im Verständnis von Geschichtlichkeit als In-der-Welt-sein, also im Verständnis der grundsätzlichen Weltlichkeit der Existenz, schon zur Genüge gezeigt haben, daß ein solcher Vorwurf in der Wurzel falsch ist. Auch wenn es ein Mann vom Range *Ernst Bloch*s ist, der von individualistischer Heideggerei redet, so bleibt dies nichts anderes als unsinniges Gerede. *Sölle*, wie gesagt, hat ihren Vorwurf nicht so artikuliert. Aber wenn sie meint, es sei nicht *Heideggers* philosophischer Ansatz, der bei *Bultmann* die apolitische Offenheit für die Zukunft begründe, sondern dessen Begrenzung der Offenheit auf die »individualistische Existenz«, so ist zu fragen, wie es möglich ist, ihm angesichts seiner bewußten Rezeption des Begriffs »Geschichtlichkeit der Existenz« die Annahme einer »*individualistischen* Existenz« vorzuwerfen.[18] *Dorothee Sölle* begründet ihre Behauptung mit dem Hinweis auf *Bultmann*s Verständnis der paulinischen Heilsvorstellung. Sie zitiert den die paulinische Theologie interpretierenden Satz: »Die Vorstellung vom Heil ist am Individuum orientiert.«[19] Das heißt aber doch nicht, daß das am Individuum orientierte Heil keine Auswirkung über das Individuum hinaus habe! Warum hat sie nicht auch zitiert, was bereits auf der nächsten Seite bei *Bultmann* zu lesen ist, nämlich den be-

[18] Pol. Th., 56; meint *Dorothee Sölle* wirklich »individu*alistische* Existenz« oder nur »individu*elle* Existenz«?

[19] ebd 56; *Bultmann*, Geschichte und Eschatologie, Tübingen 1964², 48

tonten Hinweis auf die »Geschichtlichkeit des menschlichen Seins, das heißt die Geschichte, die jeder Mensch erfährt oder erfahren kann und in der er erst sein Wesen gewinnt«? Und weiter schreibt *Bultmann:* »Die Geschichte des Menschen kommt zustande durch die *Begegnungen*, die ein Mensch erfährt, Begegnungen des Schicksals wie Begegnungen von Personen, und durch die Entscheidungen, die er ihnen gegenüber fällt.«[20] Zwar wird hier nicht expressis verbis von der Gesellschaft gesprochen, in der sich solche Begegnungen vollziehen, sondern »nur« von Begegnungen mit Personen. Soviel ist aber schon einmal klar: Der das am Individuum orientierte Heil erfahrende Mensch ist als geschichtliches Wesen kein Robinson vor der Ankunft des Wilden Freitag. *Bultmann* führt weiter aus: Christliche Existenz ist Leben in der Freiheit; der so Befreite »ist befreit zum echten geschichtlichen Leben, das heißt zur selbständig-verantwortungsvollen Entscheidung je in den Begegnungen des Lebens«[21]; daß aber diese Begegnungen des Lebens nur als Begegnungen in esoterischer Zweisamkeit verstanden werden dürften und nicht auch als Begegnungen in der gesellschaftlichen Wirklichkeit, muß man erst behaupten bzw. unterstellen, um es zum Vorwurf machen zu können. Wo bestreitet denn *Bultmann*, daß »ein ernsthaftes Verständnis auch der individuellen Existenz ohne gesellschaftliche Vermittlung nicht zu denken ist«[22]?

Wie wenig existentiale Interpretation lediglich Interpretation der »individualistischen« Existenz ist, zeigt sich, wenn wir unser Augenmerk darauf richten, was Verstehen und Auslegung bzw. Interpretation im Sinne der existenzialen Analytik meinen. Von *Heidegger* ist *Verstehen* in einem grundsätzlicheren Sinne begriffen als zuvor von *Dilthey*, der Verstehen als den geisteswissenschaftlichen Vorgang der Erkenntnis einer anderen Individualität vom naturwissenschaftlichen Erklären absetzt. Verstehen in seiner eigentlichen Bedeutung ist für *Heidegger* als »fundamentales Existenzial« »Grundmodus des *Seins* des Daseins«[23]. Dieses Verstehen ist als Sich-Verstehen das Verstehen von »In-der-Welt-sein«. Es ist das Verstehen von Welt,

[20] ebd 49f; Hervorhebung von mir
[21] ebd 51 [22] Pol. Th., 57 [23] SuZ, § 31

zu der sich das Dasein als Seiendes *schon immer* verhält.[24] So kann *Heidegger* sagen: »Im Verstehen von Welt ist das In-Sein immer mitverstanden, *Verstehen der Existenz* als solcher ist immer ein *Verstehen von Welt.*«[25] »*In jedem Verstehen von Welt ist Existenz mitverstanden und umgekehrt.*«[26] Deutlicher kann wohl kaum zum Ausdruck kommen, daß nach dem fundamentalontologischen Ansatz *Heideggers* Existenz ohne Welt nicht verstanden werden kann. Zur Verdeutlichung sei hinzugefügt: Es geht *nicht* darum, daß man im Verständnis der eigenen Existenz seine Welt mitverstehen *soll*, daß es sich hier um eine gestellte, aber übersehbare und weithin übersehene Aufgabe handelt. Es geht vielmehr im ontologischen Sinn darum, daß der Verstehende weltlich *ist* (Existenzial!) und daß er im Sich-Verstehen dieses weltlich-*Sein* gar nicht ausschalten kann. Noch anders formuliert: Eine »individualistische« Existenz ist eine ontologische Unmöglichkeit. Daseinsanalyse ist Ontologie und nicht Ethik. Eine individualistische Haltung ist aber Sache einer verfehlten Ethik. *Bultmanns* existentiale Interpretation beruht auf *Heideggers* Ontologie, nicht aber auf einer als Ethik mißverstandenen Ontologie!

Man mag einwenden, eben sei ja lediglich vom Verstehen die Rede gewesen, sofern es als »fundamentales Existenzial« und somit als »Grundmodus des Seins des Daseins« begriffen werde, nicht aber vom Verstehen, sofern es als Verstehen geistesgeschichtlicher Phänomene dem naturwissenschaftlichen Erkennen und Erklären gegenübergestellt werde. *Bultmann* jedoch, so mag man weiter einwenden, setze doch gerade das Verstehen geschichtlicher Texte vom naturwissenschaftlichen Erklären ab. Was soll dann überhaupt jenes Argumentieren mit dem fundamentalen Existenzial? Sicherlich, es ist richtig, daß *Bultmann* nicht expressis verbis diese philosophische Fundierung des Verstehens reflektiert. Aber es darf doch nicht übersehen werden, daß auch nach *Heidegger* Verstehen, insofern es als eine Methode der geistesgeschichtlichen Hermeneutik beschränkt und begriffen wird, als ein »existenziales Derivat des

[24] ebd 86 [25] ebd 146; Hervorhebung von mir
[26] ebd 152; Hervorhebung von mir

primären, das Sein des Da überhaupt mitkonstituierenden Verstehens interpretiert werden« muß.[27] Alle Methodologie der historischen Geisteswissenschaften wurzelt als das, was nur abgeleiteterweise »Hermeneutik« genannt werden kann, in der »Hermeneutik in der ursprünglichen Bedeutung des Wortes«, nämlich in der Phänomenologie des Daseins, in dessen Auslegung.[28]

So kann also das sekundäre Verstehen, das sich als abgeleitetes nur auf geschichtliche Texte bezieht, gar nicht aus dem In-der-Welt-sein entlassen werden. Auch dieses abgeleitete Verstehen ist als Existenzial zu begreifen, wenn auch nicht als »fundamentales Existenzial«. Daß bei *Bultmann*, gerade was das Verhältnis von primärem zu sekundärem Verstehen angeht, eine nicht geringe Problematik vorliegt, wird im nächsten Kapitel an der Frage nach der Möglichkeit bzw. Unmöglichkeit der Objektivierung ersichtlich. Im jetzigen Stadium unserer Überlegungen genügt es, zu erkennen, daß man *Bultmann*, da er Existenz als geschichtliches Existieren im Sinne des verstehenden In-der-Welt-seins faßt, eine individualistische Engführung nicht unterstellen darf. Wer dies dennoch tut, muß es sich gefallen lassen, gefragt zu werden, ob er denn überhaupt verstanden hat, was Existenz-Verstehen bei *Heidegger* und *Bultmann* beinhaltet; er muß sich fragen lassen, ob er nicht in überholten Klischees denkt und somit noch in recht reaktionären Denkstrukturen befangen und gefangen ist. Verstehen *Heideggers* und *Bultmanns* Kritiker Existenz nicht viel »individualistischer« als die Kritisierten?

Halten wir fest: *Verstehen von Existenz* heißt *Verstehen von Welt*. Und umgekehrt: Verstehen von Welt heißt Verstehen von Existenz. Und da Auslegung existenzial im Verstehen gründet[29], läßt sich sagen: *Auslegung von Existenz* heißt *Auslegung von Welt* und umgekehrt. M. a. W.: *Existentiale Interpretation* ist sinnlos geworden, wenn sie die Weltlichkeit der Existenz als ihre Geschichtlichkeit ignoriert.

Schauen wir noch auf eine Explikation des In-der-Welt-seins durch *Heidegger!* Zu meiner Welt, in der ich ja als In-der-Welt-sein bin,

[27] ebd 143 [28] ebd 37f [29] ebd § 32

gehören auch andere Menschen, also solche, die selbst Dasein sind. Meine Welt habe ich *mit* diesen gemeinsam. So ist je meine Welt »Mitwelt«. Mein Dasein ist *»Mitsein mit Anderen«*. Das innerweltliche Ansichsein dieser ist »Mitdasein«[30]. Das Mitsein mit Anderen ist es aber, was je meine Geschichtlichkeit ausmacht. Nun wird man zugeben müssen, daß in den Veröffentlichungen von *Bultmann* die Termini »Mitsein« und »Mitdasein« kaum zu finden sind. Andererseits könnten gerade sie einen fruchtbaren Ansatzpunkt für eine existentiale Fundierung einer Politischen Theologie abgeben. Man darf aber nicht übersehen, daß es ja nicht auf den einzelnen Begriff ankommt, den *Bultmann* wörtlich aus »Sein und Zeit« übernimmt. Im Begriff der Geschichtlichkeit ist ja schon die Begegnung mit anderen impliziert (s. o.)!

Mag also der Begriff »Mitsein« bei *Bultmann* kaum auftauchen, so gibt es doch einen, zwar in »Glauben und Verstehen I« abgedruckten[31], in der Literatur aber wenig zitierten Aufsatz, in dem ein nahezu identischer Begriff eine entscheidende Rolle spielt. Es ist der 1930 zuerst in französischer Sprache in der »Revue d'Histoire et de Philosophie religieuses« publizierte Aufsatz »Das Gebot der christlichen Nächstenliebe«. Diese kleine Studie wird auch in *Dorothee Sölles* Bändchen nicht erwähnt – wie sie auch den *Heidegger*schen Terminus »Mitsein mit Anderen« nicht reflektiert. *Bultmann* hebt hier wiederum das Sein des Menschen als geschichtliches Sein pointiert hervor. Dieses Sein wird als *»zeitlich-geschichtliches Miteinandersein«* artikuliert.[32] Die Liebe begreift er als »ein ganz bestimmtes Verstehen der Verbundenheit von Ich und Du und zwar nicht (als) ein theoretisches, sondern ein praktisch-geschichtliches Verstehen«. Wir werden in anderem Zusammenhang noch einmal auf diesen Aufsatz zurückkommen.

Nun fällt im Gesamtwerk *Bultmanns* eine eigentümliche Doppeldeutigkeit dessen, was Welt meint, auf. Eine merkwürdige Distanz zur Welt wird dem philosophischen Ausgangspunkt des In-der-Welt-seins kontrastiert. Wir werden in den beiden nächsten Kapiteln ausführlich darauf zu sprechen kommen. Diese Eigentümlichkeit

[30] ebd 118 [31] 229–244 [32] ebd 235; vgl. SuZ 384

soll an dieser Stelle nur deshalb erwähnt werden, weil sich vielleicht *Dorothee Sölle* dadurch zu der von ihr formulierten Gegenüberstellung des je unterschiedlichen hermeneutischen Prinzips, also des je unterschiedlichen Verstehens- und Auslegungsprinzips von existentialer und Politischer Theologie veranlaßt sah: Einerseits gehe es, so lasen wir bereits, der existentialen Theologie um die Frage des einzelnen nach sich selber, nach seiner Möglichkeit, authentisch zu leben; andererseits gehe es der Politischen Theologie um die Frage eines authentischen Lebens für alle Menschen. Doch dürfte diese Gegenüberstellung auch dann falsch sein, wenn *Bultmann* die Welt grundsätzlich negieren wollte (was er jedoch nicht tut; s. 2. Kapitel!). Denn das hermeneutische Prinzip, das nach der eigenen authentischen Möglichkeit fragt, ist ja, wenn man Hermeneutik im Sinne der Daseinsanalyse faßt, ein rein formales Prinzip.[33] Selbst wenn *Bultmann* die existentiale Interpretation im individualistischen Sinne völlig falsch verstanden hätte (was er jedoch nicht getan hat!), ist die von *Dorothee Sölle* vorgenommene Gegenüberstellung eine Verkennung dessen, was existentiale Interpretation will, was existentiale Interpretation leisten kann. Es ist doch erst Aufgabe der *Theologie*, den existen*zial*-ontologischen Aufweis des geschichtlichen Existierens (als eines Sich-entwerfens auf seine Eigentlichkeit hin) nun existen*ziell*-ontologisch zu konkretisieren. Erst dabei stellt sich heraus: Eigentliches Existieren oder, mit *Dorothee Sölle*, authentisches Leben ist im Sinne der Forderung des Neuen Testaments und im Sinne des im Neuen Testament verheißenen Geschenks »authentisches Leben für alle Menschen«.

Es sei hier nur als Frage ausgesprochen: Hat *Dorothee Sölle* nicht – jedenfalls drängt sich mir der Eindruck auf – gewisse Gedanken *Heideggers* ein wenig eklektizistisch aufgegriffen? Ihr Vorwort insuggeriert zumindest den Verdacht, sie habe halt einmal auch die Brauchbarkeit der Existenzanalyse – als eine Möglichkeit unter anderen! – für die Realisierung von Politischer Theologie bedacht, von daher und nur von daher *Bultmanns* Ansatz bei der Geschichtlich-

[33] Das hätte *Dorothee Sölle* auch in KuM II, 191ff nachlesen können!

keit des Daseins[34] gutgeheißen, ohne daß sie Geschichtlichkeit als grundlegendes Existenzial begreift. Wenn sie schließlich bei *Bultmann* die Preisgabe der Frage nach dem Sinn der Geschichte moniert[35], ohne zugleich heftigst gegen den § 75 von »Sein und Zeit« (Die Geschichtlichkeit des Daseins und die Welt-Geschichte) zu protestieren (wie dies der von ihr inkriminierte *Pannnberg* tut[36]), dann wird der Verdacht noch stärker, daß hier ein Mangel philosophischer Reflexion vorliegt – trotz ihres Ja zu einer philosophischen Fragestellung, trotz ihres hermeneutischen Programms, existentiale Interpretation mit Hilfe ideologiekritischer Methode (Ist Ideologiekritik eine Methode?) zur Politischen Theologie weiterzuentwickeln[37]. Was Ideologiekritik ist, habe ich von *Horkheimer* und *Habermas* gelernt. Aus *Sölles* Schrift über die Politische Theologie dürfte es jedoch nicht klar werden.

✲

Dorothee Sölle steht mit ihrem Mißverständnis der existentialen Interpretation nicht allein da. Immerhin beruft sie sich auf andere, die wie sie die Grenzen einer solchen Interpretation erkannt hätten. Sie nennt u. a. *Jürgen Moltmann* und den katholischen Theologen *Johann Baptist Metz*[38], einen Schüler *Karl Rahners*.
Deshalb sei wenigstens kurz auf die Position eines dieser ihrer Gewährsmänner eingegangen, nämlich auf die *Moltmanns*. In seinem Aufsatz »Existenzgeschichte und Weltgeschichte, Auf dem Wege zu einer politischen Hermeneutik des Evangeliums«[39] stellt er Glanz

[34] Pol. Th., 62: »Das geschichtliche Verständnis der menschlichen Existenz . . . prädestiniert den *Bultmann*schen Ansatz zu einem politischen und gesellschaftlichen Verständnis des menschlichen Lebens . . .«
[35] ebd 63
[36] ZThK 60 (1963), 99ff. *Pannenberg* setzt sich hier zwar nicht explizit mit SuZ §§ 75 u. 76 auseinander; wohl aber intendieren seine Ausführungen eine implizite Abrogation des in diesen Paragraphen Gesagten.
[37] Pol. Th., 53
[38] *J. B. Metz*, Zur Theologie der Welt, Mainz/München 1958; ders., »Politische Theologie« in der Diskussion, in: Diskussion zur »politischen Theologie«, Hg. *H. Peukert*, Mainz/München 1969, 267–301
[39] EvKom 1 (1968), 13–20

und Elend »existentialer Interpretation des Geschehens von Wort und Glaube« gegenüber. Ihr Glanz liege in der Verständlichkeit der neuen Existenz des Glaubenden, ihr Elend oder ihre Grenze in der Unausweisbarkeit des Grundes von Kerygma und Glaube. Und er fährt fort: »Genügt es aber, die Bedeutung des christlichen Kerygma in der Korrelation von Anspruch und Entscheidung im je eigenen Dasein wahrzunehmen? Muß nicht um der Verkündigung selbst willen ihre Bedeutung in einem *gesamtgeschichtlichen Horizont* wahrgenommen werden, damit das besondere Christusgeschehen als der Grund des Kerygma mit seinem eigenen Ziel, dem Reich Gottes und der Freiheit, vermittelt werden kann und die Verkündigungsgeschichte inklusive der neuen Existenz im Glauben als diese Vermittlung begriffen wird?«[40] In diesem Zusammenhang wird dann gegen *Bultmann* polemisiert. So einleuchtend es sei, wenn dieser erkläre, nur der durch die Teilnahme an der Geschichte Bewegte könne die Sprache der Geschichte verstehen, so wenig könne man der Behauptung folgen, allein der durch die Frage nach seiner eigenen Existenz Bewegte vermöge den Anspruch der Geschichte zu hören. *Moltmann* begründet diese Kritik damit, daß doch die Teilnahme an der Geschichte Teilnahme an der Geschichte der Menschheit sei, an politischer, sozialer und wissenschaftlich-technischer Geschichte. Diese Teilnahme führe aber weit über die Frage nach dem Sinne des eigenen Daseins hinaus.[41]

Nun ist unbestritten, daß die je eigene Teilnahme an der Geschichte Teilnahme an der Geschichte der Menschheit ist. Aber damit ich den Anspruch dieser so komplexen Menschheitsgeschichte hören kann, muß ich doch zuvor als Hörender wieder mit im Spiel sein. Daß von anderen meine Teilnahme in mir unbekannte Zusammenhänge besser eingeordnet werden kann als von mir selbst, daß damit diese anderen das Sinngefüge meines Horizonts in einem weiteren Blickwinkel sehen als ich und daß somit in der Tat meine Teilnahme an der Geschichte über die Frage nach dem Sinn meines eigenen Daseins hinausführt, kann keiner leugnen. Der Einblick in den Wirkungszusammenhang

[40] ebd 15; Hervorhebung von mir [41] ebd 15

und Sinnzusammenhang, in dem ich stehe, wird sicherlich manch anderem besser möglich sein als mir selbst. Aber das bestreitet doch *Bultmann* gar nicht! Um diesen Sachverhalt geht es doch gar nicht in dem von *Moltmann* zitierten Satz! *Bultmann* geht es doch hier lediglich darum, daß ich nur in dem Maße, wie ich mit meiner Existenz in der Geschichte stehe, deren Anspruch zu vernehmen in der Lage bin. Gerade hier muß wieder darauf aufmerksam gemacht werden, daß Existenz geschichtliche Existenz aussagt, daß es ihr Sein in der Menschheitsgeschichte ist, das das Hören des Anspruchs eben dieser Geschichte ermöglicht, und zwar im Maße der jeweiligen Teilnahme an der Geschichte. Dieses mein Hören ist per definitionem Teil meines Bewegtseins durch die Frage nach meiner Existenz; denn nur die zu *meiner* Geschichte gewordene Geschichte gehört zu meinem geschichtlichen In-der-Welt-sein. Der »durch die Frage nach Existenz Bewegte« ist doch nicht der Mann der Bauchnabelschau! Wer an der Geschichte interessiert ist, ist immer schon von seiner Existenz bewegt. *Dieses Bewegtsein muß aber nicht immer bewußt sein!*

Wenn *Moltmann* dann von der »Verantwortung für die Zukunft des Ganzen und des Gemeinsamen« spricht und in dieser Verantwortung nach »Ziel, Ende und Sinn des Geschichtsverlaufes im ganzen« fragt[42], so bleibt sinnleer, was »das Ganze«, was »Ziel, Ende und Sinn des Geschichtsverlaufes im ganzen« aussagen soll. Man mag vielleicht Zukunftsprogramme für einen bestimmten zeitlichen Abschnitt entwerfen, man ist u. U. dazu verpflichtet. Und man ist sogar gehalten, dabei so universal wie möglich zu planen. Aber wie will man »das Ganze«, wie will man Ziel und Ende des Geschichtsverlaufes verifizieren?[43] Man mag vielleicht ein Ideal konstruieren,

[42] ebd 15

[43] Immerhin folgt *Dorothee Sölle* an dieser Stelle *Moltmann* nicht. Zu *Bultmanns* Formulierung: »Der Sinn der Geschichte liegt je in der Gegenwart« (Geschichte und Eschatologie, Tübingen 1964, 184) schreibt sie: »Bultmann wehrt in diesem Satz die Anmaßung derer ab, die das Ende der Weltgeschichte zu kennen glauben. Als kritischer Satz gegen eine biblizistische Apokalyptik, die eine aus dem späten Hellenismus stammende Weltenderwartung sinnlos perpetuiert und ontologisiert, ist diese kritische

man mag vielleicht in säkularisierter oder nichtsäkularisierter Weise ein Reich der Freiheit und der Menschlichkeit in prophetischer Vollmacht voraussagen. Aber man kann doch nicht »das Ganze« konkretisieren! Besteht nicht gerade hier die Gefahr des Formalismus, die *Moltmann* angesichts derjenigen Hermeneutik beschwört, die er zu überwinden trachtet?

Moltmann fordert eine »geschichtliche Hermeneutik«, die die Mittel und Methoden praktischer Befreiung entwirft. Theologie diene nämlich der künftigen Freiheit, sofern sie dieser in historischer Kritik, in Ideologiekritik und endlich in Institutionenkritik den Weg bereite. Für eine so im Dienste an der Freiheit stehende »politische Hermeneutik« sei die Politik der umfassende Lebenshorizont des Menschen.[44] Ich sehe nichts, was seitens einer existentialen Interpretation dem widersprechen würde. Ich selbst bin durchaus in der Lage, diesen Formulierungen *Moltmanns* zuzustimmen.[45]

Nicht mehr folgen kann ich ihm allerdings, wenn er schreibt: »Mit ihrem Gottesdienst, ihrer Verkündigung und ihren Streitgesprächen

Reduktion berechtigt und richtig.« (Pol. Th., 65) Sie gibt aber nicht zu verstehen, daß *Bultmann* damit implizit auch *Moltmann* mit Recht kritisiert hat.

44 EvKom 1, 17f

45 *Moltmann* schreibt: »Christliche Hermeneutik kann sich nicht ausschließlich auf Verkündigung und Sprache erstrecken, weil diese selbst schon im größeren politischen und sozialen Forum der Öffentlichkeit stehen. Darum gehören die politische Gestalt der Kirche und die ethische Lebensform der Christen in die hermeneutischen Überlegungen hinein ... *Hermeneutik* ist dann nicht nur die *›Verstehenskunst* schriftlich fixierter Lebensäußerungen‹, sondern *aller geschichtlichen Lebensäußerungen im politischen Kontext.«* (ebd 19; Hervorhebungen von mir) Auch dem vermag ich zuzustimmen. Wenn aber *Bultmann* seine hermeneutische Arbeit auf die Interpretation von Texten, nämlich biblischen Texten, beschränkt, so deshalb, weil er Neutestamentler ist. Faßt man aber existentiale Interpretation im Vollsinn des Wortes, dann kann man vom Grundansatz dieser Interpretation, vom Verstehen als »fundamentalem Existenzial«, in dem alles Interpretieren fundiert, keinen Einspruch gegen das soeben gebrachte Zitat *Moltmanns* erheben. *Moltmann* und ich differieren jedoch im Blick auf das, was existentiale Interpretation leisten kann; denn *Moltmann* faßt den Begriff »existentiale Interpretation« anscheinend wesentlich enger als ich.

haben sie[46] nicht nur die Welt auslegen und sich selbst verstehen, sondern (!) etwas Neues in die Welt bringen wollen.«[47] Sicherlich wollten sie *Neues* in die Welt bringen. Aber es geht doch gerade darum, daß sie angesichts dieses Neuen die *Welt und sich selbst neu auslegen.* Wenn Paulus z. B. 2 Ko 5, 17 sagt: »Siehe, Neues ist geworden!«, dann kommen darin die ihm und seinen Gemeinden in Christus neu gewordene Welt und in einem damit die neu gewordene Existenz zum Ausdruck. *Bultmann* will doch nun wirklich nicht mit Hilfe der existentialen Interpretation Welt und Existenz außerhalb des neumachenden Glaubens und somit außerhalb des neuschaffenden Gottes aussagen. Wird *Bultmann* wirklich getroffen, wenn *Moltmann* fordert, die Schrift sei nicht länger als Urkunde unserer Religion oder Tradition zu lesen, sondern (!) sie sei als schöpferisches Zeugnis der Berufung und Sendung in die Welt zu verstehen?[48] *Moltmann* reißt hier eine Alternative auf, die für *Bultmann* nicht zutrifft. Somit gilt seine Polemik lediglich einem *Bultmann*, den er erst künstlich mit dieser Alternative in Zusammenhang gebracht hat. Noch einmal: Es geht um das Verständnis dessen, was existentiale Interpretation bedeutet und was existentiale Interpretation leisten kann. Im übrigen sei hier auf das nächste Kapitel verwiesen.

Noch ein kurzes Wort zu einem Abschnitt aus *Moltmanns* »Theologie der Hoffnung«[49]! In Kap. III, § 7 »Die formgeschichtliche Frage nach den Osterberichten und die Fraglichkeit ihrer existentialen Interpretation« stellt er Existenzwahrheit und Sachwahrheit gegenüber. Der existentialen Interpretation unterstellt er hier, sie sei nur auf Existenzwahrheit aus, Sachwahrheit aber klammere sie aus. So kann er erklären, daß die Ostertexte, indem sie von Gott und seiner Tat an Jesus reden und indem sie von der Welt und der Zukunft reden, dies keineswegs nur als »Ausdruck« eines neuen Selbstverständnisses meinen.[50] Aber reißt *Moltmann* hier nicht wieder Weltverständnis und Selbstverständnis in einer Weise, die dem Ansatz

[46] gemeint sind die urchristlichen Gemeinden, auf die die betreffenden biblischen Texte zurückgehen
[47] EvKom 1, 18 [48] ebd 18 [49] München 1966⁵ [50] ebd 170

der existentialen Interpretation nicht entspricht, auseinander? Argumentiert er auch hier nicht wieder in unechten Alternativen? Diese Kritik – es sei eigens gesagt, um Mißverständnisse zu vermeiden – bedeutet aber keine Kritik an seiner Gesamtkonzeption der Theologie der Hoffnung. Diese Gesamtkonzeption kann hier nicht Gegenstand unserer Erörterungen sein.
Es zeigt sich, *Dorothee Sölle* steht mit ihrem Mißverständnis der existentialen Interpretation nicht alleine da.

*

Es ist in diesem Kapitel ein Letztes zu bedenken. Vielleicht ist es sogar die entscheidende Frage: *Ist Bultmanns Interpretation des Neuen Testaments überhaupt existentiale Interpretation*, und zwar existentiale Interpretation im Sinne der Daseinsanalyse *Heideggers*? Diese Frage mag vielleicht überraschen. Sie ist aber nicht um eines billigen Überraschungseffekts formuliert. Sie stellt sich nämlich mit Notwendigkeit.
Es wurde bereits im Verlauf dieser Darlegungen darauf hingewiesen, daß Verstehen im Sinne der Fundamentalontologie *Heideggers* ein »fundamentales Existenzial« ist, daß Verstehen als »Grundmodus des Seins des Daseins« begriffen wird und daß schließlich Interpretation in solch fundamental begriffenem Verstehen gründet. In derart grundsätzlicher Weise spricht aber *Bultmann* nicht von existentialer Interpretation. Sie scheint für ihn zunächst einmal lediglich eine Methode der Auslegung zu sein, und zwar eine Methode unter anderen.[51] In seiner Studie »Jesus Christus und die Mythologie«[52] stellt er in diesem Sinne die Frage: »Welche Methode und welche Vorstellungen sind der Sache angemessen? Und auch, welches ist . . . der Lebensbezug, den wir im voraus zu der *Sache* der Bibel haben, von dem aus unsere Fragen und unsere Vorstellungen erwachsen?«[53] Er antwortet: Die für die Bibelauslegung angemessene Frage lautet: *Wie wird die menschliche Existenz in der Bibel ver-*

[51] so zB KuM II, 184 Anm. 1
[52] zunächst in englischer Sprache veröffentlicht: Jesus Christ and Mythology, New York 1958; in deutscher Übersetzung sowohl Furche-Stundenbuch 47, Hamburg 1964, als auch GuV IV, 141–189 [53] GuV IV, 167

standen?[54] Diese »angemessene Art zu fragen« sei aber nicht nur »das letzte Motiv« der Bibelauslegung, sondern *aller* historischen Forschung und aller Auslegung geschichtlicher Dokumente.[55] Existentiale Interpretation ist von *Bultmann* somit als *allgemeines* hermeneutisches Prinzip der Auslegung geschichtlicher Texte herausgestellt.

Trotzdem gewinnt man bei der Lektüre der Schriften *Bultmanns* den Eindruck, daß existentiale Interpretation nicht nur nicht als fundamentales Existenzial begriffen wird, sondern noch nicht einmal als *grundsätzlich* zu handhabende Methode bei der Interpretation neutestamentlicher Texte. Denn – bleiben wir bei den Ausführungen von »Jesus Christus und die Mythologie« – existentiale Interpretation und Entmythologisierung werden in eins gesetzt: ».... daß ich die Entmythologisierung eine Interpretation nenne, eine Existentialinterpretation«[56]. Sowohl Entmythologisierung[57] wie existentiale Interpretation werden wechselseitig als hermeneutische Methode bezeichnet. Der ganze Duktus der Darlegungen *Bultmanns* scheint darauf abzuzwecken, die Methode der existentialen Interpretation *um der Interpretation des Mythos willen* eingeführt zu haben. Weil es nun ein bestimmtes Existenzverständnis ist, auf das die eigentliche Intention des Mythos zielt, ist unter den vielen Möglichkeiten der Interpretation eben die existentiale Interpretation angebracht. Bereits in seinem programmatischen Vortrag »Neues Testament und Mythologie« vom 1. Juni 1941 vor der »Gesellschaft für Evangelische Theologie« sagte *Bultmann:* »Der eigentliche Sinn des Mythos ist nicht der, ein objektives Weltbild zu geben; vielmehr spricht sich in ihm aus, wie sich der Mensch selbst in seiner Welt versteht; der Mythos will nicht kosmologisch, sondern anthropologisch – besser: existential interpretiert werden.«[58] Und in »Jesus Christus und die

[54] ebd 168 [55] ebd 168

[56] ebd 163; s. auch KuM II, 184: »Positiv ist die Entmythologisierung existentiale Interpretation, indem sie die Intention des Mythos deutlich machen will, eben seine Absicht, von der Existenz des Menschen zu reden.«

[57] zB GuV IV, 146. 163

[58] KuM I, 22; s. auch zB ebd II, 184; GuV IV, 146: »Die Mythologie ist der Ausdruck eines bestimmten Verständnisses der menschlichen Existenz.«

Mythologie« versichert er, der Wert der Entmythologisierung als Deutungsmethode werde am besten verständlich, wenn man die Bedeutung der Mythologie allgemein erkläre; die Bedeutung der Mythologie wird aber dann als Ausdruck eines bestimmten Verständnisses der menschlichen Existenz beschrieben.[59] An anderer Stelle wird der doppelte Aspekt der Entmythologisierung herausgestellt und damit der Eindruck erweckt, bei der existentialen Interpretation handle es sich lediglich um eine Funktion der Entmythologisierung: Negativ sei Entmythologisierung Kritik am Weltbild des Mythos, sofern dieses die eigentliche Intention des Mythos verberge; positiv sei sie existentiale Interpretation, indem sie die Intention des Mythos deutlich machen wolle, nämlich seine Absicht, von der Existenz des Menschen zu reden.[60]
Ich hoffe, es ist verständlich geworden, warum die *grundsätzliche* Frage zu stellen ist: *Ist nach Bultmann existentiale Interpretation nötig, weil der Mythos im Neuen Testament existential interpretiert werden will, oder ist existentiale Interpretation nötig, weil Interpretation von geschichtlichen Texten grundsätzlich existential geschehen muß?*
Nun läge es vielleicht nahe, für die existentiale Interpretation nichtmythologischer Texte auf *Bultmanns* Jesusbuch[61] zu verweisen. Heißt es doch bereits in der Einleitung, daß der Mensch selbst ein Stück Geschichte ist und daß er, wenn er sich der Geschichte zuwendet, sich einem Zusammenhang zuwendet, in den er selbst mit seinem Sein verflochten ist. Die Darstellung des Jesusbuches solle dazu führen, »Jesus als ein Stück Geschichte zu sehen, in der auch wir unsere Existenz haben«[62]. Die Überwindung des Subjekt-Objekt-Denkens gerade in der Geschichtswissenschaft scheint angedeutet, wenn er erklärt, es könne nicht in *dem* Sinne objektive Geschichtsbetrachtung geben, wie es objektive Naturbetrachtung gebe.[63] Doch hat *Bultmann* zu verstehen gegeben, daß er sich zur Zeit der Niederschrift des Jesusbuches noch nicht mit *Heideggers* Philosophie

[59] ebd 146 [60] KuM II, 184
[61] *Bultmann*, Jesus, Tübingen 1961 (= 1926)
[62] ebd 7f [63] ebd 7f

beschäftigt hatte.[64] Folglich ist es nicht mehr möglich, diese Schrift für eine existentiale Interpretation der nichtmythologischen Jesusworte anzuführen. Vielleicht gibt aber das Jesusbuch einen Fingerzeig darauf, warum sich Bultmann später so intensiv mit *Heideggers* Philosophie auseinandersetzte: In seinem Denken, in seiner Art zu denken, war er geradezu für eine Aufnahme der Philosophie *Heideggers* prädestiniert.

In dem bereits erwähnten Aufsatz »Das christliche Gebot der Nächstenliebe« (1930)[65] werden nebeneinander die Liebesforderung der Bergpredigt und das Hohe Lied der Liebe 1 Ko 13 existential interpretiert.[66] Hier geschieht in der Tat existentiale Interpretation nicht um des Mythos willen. Hier geht es in der Tat nicht darum, sich der existentialen Interpretation zu bedienen, um dem modernen Menschen den Mythos nahezubringen. Und *Bultmann* selbst verweist eigens auf diesen Aufsatz als Beleg dafür, daß er mit *Heidegger* darin einig ist, daß Existenz-Auslegung auch Welt-Auslegung und daß Dasein »In-der-Welt-sein« ist.[67] So ist es nur konsequent,

[64] Als Beispiel für die existentiale Interpretation nichtmythologischer Texte des Neuen Testaments habe ich mich auch bei meiner Bochumer Antrittsvorlesung auf das Jesusbuch bezogen. *Bultmann* hielt mir aber dann entgegen, daß er das Buch geschrieben habe, ehe er von *Heidegger* etwas wußte und von seinen philosophischen Gedanken etwas kannte. (Brief *Bultmanns* vom 5. Juni 1972)

[65] GuV I, 229–244

[66] ebd 235

[67] So in dem bereits erwähnten Brief vom 5. Juni 1972. Bezeichnend für ein gängiges, weitverbreitetes Verständnis der existentialen Interpretation durch *Bultmann* scheint mir die Reaktion eines Hörers meiner Antrittsvorlesung: Der Hinweis auf den Aufsatz über die Nächstenliebe könne nicht beweisen, daß für *Bultmann* existentiale Interpretation auch außerhalb der Interpretation mythologischer Texte sinnvoll sei, da das Gesamtgefälle der *Bultmann*schen Schriften die existentiale Interpretation nur als Kehrseite der Entmythologisierung aufweise. — So war ich auch nicht erstaunt, als mir auf mein Referat (über das Verhältnis von existentialer Interpretation und dem Problem des historischen Jesus) vor der neutestamentlichen Sektion auf dem Zweiten Europäischen Theologenkongreß in Wien (Okt. 1972) entgegengehalten wurde, daß von *Bultmann* existentiale Interpretation nur als Auslegungsmethode mythologischer Texte gedacht sei, niemals aber als Auslegungsmethode nichtmythologischer Jesusworte.

wenn *Bultmann* erklärt: »Wenn existentiale Interpretation eines Textes bedeutet, nach dem Verständnis, das ein Text von der Möglichkeit menschlicher Existenz hat, zu fragen, so ist es selbstverständlich, daß existentiale Interpretation das hermeneutische Prinzip aller Texte ist, *auch der nichtmythologischen.«*[68] Er schränkt hier sicherlich das Verständnis des Begriffs »existentiale Interpretation« gegenüber dem, was in »Sein und Zeit« darunter im fundamentalen Sinne einer Daseinshermeneutik verstanden ist, ein. Aber es geht *Bultmann* ja in dem Zitat um die Frage nach der Interpretation nichtmythologischer *Texte*, nicht aber um die grundsätzliche Frage einer existentialen Analytik.

Wir können also zusammenfassen: *Bultmann* versteht unter existentialer Interpretation grundsätzlich das hermeneutische Prinzip aller Texte, einschließlich der nichtmythologischen. Zumeist bedient er sich aber dieser Interpretation, um die mythologischen Texte des Neuen Testaments auszulegen.

Zu bedenken wäre *Helmut Fahrenbachs* Vorschlag, bei *Bultmann* besser von »existenzial begründeter Interpretation« statt von »existenzialer Interpretation« zu sprechen.[69] Die Begründung sei hier, zumal sie anscheinend weitgehend unbekannt ist, wörtlich zitiert: »*Bultmann* bezieht diese ontologische Auslegung der Existenz, die selbst im Verstehendsein des Daseins ihre Einheit hat, in seine hermeneutische Fragestellung ein und verwandelt dadurch den Begriff der existenzialen Interpretation. Denn bei *Bultmann* bezeichnet existenziale Interpretation nicht selbst eine Methode ontologisch-formalisierter Daseinsauslegung, sondern die methodische Hinsicht einer existenzialontologisch begründeten Hermeneutik existenzieller Möglichkeiten. Sie will geschichtliche Aussagen ›auf das in ihnen liegende Existenzverständnis hin‹ interpretieren. Und Existenzverständnis meint hier primär das existenziell vollzogene Sich-verstehen und Sich-auslegen geschichtlicher Existenz — wenn darin auch immer bestimmte ontologische (existenziale) Einstellungen mitgesetzt

[68] so wiederum in seinem Brief vom 5. Juni 1972; Hervorhebung von mir

[69] H. *Fahrenbach*, Selbstverständnis als hermeneutisches Prinzip der »existenzialen Interpretation«, KuM VI/1, 88

sind. Daß *Bultmann* gleichwohl mit Recht von existenzialer und nicht existenzieller Interpretation spricht, ergibt sich aus dem allgemeinen methodischen Charakter existenzial begründeter Interpretationsweise. Existenzielle ›Interpretation‹ (besser: existenzielles Verstehen) kann der Existierende je nur für sich selbst in der Entscheidung seines Sich-verstehens vollziehen. Existenziale Interpretation will den Text auf die Möglichkeit solcher Entscheidung hin auslegen, ist aber nicht selbst ihr Vollzug. Unmißverständlicher wäre es allerdings, wenn *Bultmann* nicht einfach von existenzialer Interpretation, sondern von existenzial begründeter Interpretation sprechen würde.«[70] Wenn im folgenden dennoch von existentialer Interpretation die Rede ist, dann geschieht dies, weil sich dieser Begriff eingebürgert hat. Es wird im folgenden auch deutlich, wie *Bultmann* zuweilen in bemerkenswerter Weise von *Heidegger* abweicht.

[70] ebd 88

II. Kapitel
Christuskerygma und historischer Jesus

1. Das Problem der Objektivation bei Bultmann

Das *Verhältnis* von *existentialer Interpretation* und *historischem Jesus* bei *Bultmann* ist in der neueren Diskussion um die hermeneutische Grundsatzdebatte ausführlich behandelt und kritisiert worden, so zB von *Ernst Käsemann*[1], *Gerhard Ebeling*[2], *Ernst Fuchs*[3] und *James M. Robinson*[4]. Hier sei der Versuch unternommen, einen weiteren Zugang zu dieser Problematik zu eröffnen.

In *Bultmanns* bereits genanntem Aufsatz von 1941, »Neues Testament und Mythologie«, in dem er zwar kaum auf den historischen Jesus eingeht und dies auch später mit der Thematik des Aufsatzes begründet[5], findet sich dennoch eine für unsere Problematik äußerst bezeichnende Stelle. Zunächst heißt es, Jesus Christus sei als Gottes Sohn, als präexistentes Gottwesen eine *mythische* Gestalt, zugleich aber auch ein bestimmter *historischer* Mensch, Jesus von Nazareth. Also: »Historisches und Mythisches sind hier eigentümlich verschlungen.«[6] Aber nur der Mythos, die mythologische Rede, ist nach *Bultmann* in der Lage, die *Bedeutsamkeit* der historischen Gestalt Jesu und ihrer Geschichte zum Ausdruck zu bringen; denn: *»Was er für mich ist,* erschöpft sich nicht in dem, ja *kommt gar nicht in dem zutage, als was er für die historisch-feststellende Betrachtung erscheint.«*[7]

Nahezu zwanzig Jahre später wird er diesen Gedanken ähnlich formulieren, nämlich in seiner programmatischen Heidelberger Rede

[1] Das Problem des historischen Jesus, in: EVB I, 187–214

[2] Theologie und Verkündigung, Ein Gespräch mit *Rudolf Bultmann*, Tübingen 1963² = HUzTh 1

[3] Zur Frage nach dem historischen Jesus, Ges. Aufs. II, Tübingen 1965²

[4] Kerygma und historischer Jesus, Zürich/Stuttgart 1967²

[5] so brieflich am 5. Juni 1972 an den Verfasser

[6] KuM I, 41

[7] ebd 41; Hervorhebungen von mir

»Das Verhältnis der urchristlichen Christusbotschaft zum historischen Jesus«[8], in der er sich mit seinen Schülern auseinandersetzt, die fast ausnahmslos seine Position hinsichtlich des theologischen Stellenwertes des historischen Jesus zu überwinden trachten: »Die *kritisch-historische Forschung* entfernt gerade diese Beleuchtung (die Beleuchtung der Geschichte durch das Licht der kerygmatischen Christologie; Zusatz des Vf.), um im *objektivierenden Sehen* die *›objektive Geschichtlichkeit‹ der Person und des Wirkens Jesu* aufzuzeigen.«[9] *Bultmann* hält also seinen Gedanken durch, daß das durch historische Forschung notwendig objektivierte Jesusbild für die glaubende Existenz nicht bedeutsam sei. »Dieses (das Kerygma, also die Predigt von Jesus als dem Christus; Zusatz des Vf.) ist nicht an der ›objektiven Geschichtlichkeit‹ über das Daß hinaus interessiert, sondern es fordert den Glauben an Christus den Gekreuzigten und Auferstandenen, und von da aus versteht es die Geschichte Jesu . . .«[10]

Fassen wir so zusammen: Für *Bultmann* ist ein historisch rekonstruiertes, also durch objektivierende Geschichtsforschung festgestelltes Jesusbild unbrauchbar, um die Bedeutsamkeit Jesu für den Glauben zum Ausdruck zu bringen. Er unterscheidet demnach zwischen zwei grundsätzlich andersartigen Betrachtungsweisen: 1. der historisch-objektivierenden Sicht und 2. dem Befragen auf Bedeutsamkeit hin. Diese beiden Betrachtungsweisen – das muß festgehalten werden – schließen sich nach *Bultmann* gegenseitig völlig aus. Objektivierende Sicht hat seiner Auffassung nach überhaupt nichts mit der Frage zu tun, inwieweit etwas für mich bedeutsam sein kann. Man achte auf die exklusive Formulierung »kommt gar nicht in dem zutage«. Wo aber soll uns das neutestamentliche Kerygma, das Eigentliche der im Neuen Testament ausgesprochenen Heilszusage Gottes, zuteil werden, wenn es sich uns nicht im historischen Jesus bzw. in dessen authentischer Verkündigung erschließt? Die Antwort *Bultmanns* auf diese Frage ist eindeutig: Die existentiale Interpretation

[8] Sitzungsberichte der Heidelberger Akademie der Wissenschaften, Phil.-historische Klasse, Jg. 1960, 3. Abhandlung
[9] ebd 13; Hervorhebungen von mir [10] ebd 13

der neutestamentlichen Mythologie führt uns zu einem neuen Selbstverständnis. In diesem Selbstverständnis verstehe ich, was Gottes Gnade bedeutet.[11] *Bultmann* stellt gegenüber: »Der objektive Historiker als solcher kann nicht sehen, daß eine geschichtliche Person, Jesus von Nazareth, das ewige Wort, der Logos, ist. Aber ausgerechnet die mythologische Beschreibung Jesu Christi im Neuen Testament macht es klar, daß wir Person und Werk Jesu Christi auf eine Weise sehen müssen, die nicht in die Kategorien paßt, durch die der objektive Historiker die Weltgeschichte versteht, wenn anders Person und Werk Christi als die göttliche Heilstat verstanden werden müssen.«[12]

Nun ist uns aber auch dieser *Mythos* nicht anders als *in Objektivationen gegeben.*[13] Folglich geht es dann doch auch bei der existentialen Interpretation des Mythos um die Interpretation einer Objektivation, und zwar einer Objektivation, die aufgrund historischer Rekonstruktion geschaffen ist. Und daß wir bei dieser Rekonstruktion gar nicht so sehr auf gesichertem historischen Boden stehen, hat sich bei der Diskussion um die Anfänge des Gnostizismus mit Deutlichkeit gezeigt.[14] *Bultmann* rekonstruiert somit den neutestamentlichen Mythos auf dem Hintergrund eines für das erste Jhdt. n. Chr. erst noch zu rekonstruierenden Erlösermythos! Ist aber dann der neutestamentliche Erlösermythos nicht auch das Ergebnis einer historisch-objektivierenden Sicht? *Bultmann* sagt sogar sehr klar, daß auch er den Mythos als Objektivation versteht, wenn auch als Objektivation eines primitiven, vorwissenschaftlichen Denkens; zugleich sieht er aber das objektivierende Denken des Mythos[15] in gewisser Analogie zum objektivierenden Denken der Wissenschaft[16],

[11] GuV IV, 162 [12] ebd 185

[13] G. *Ebeling*, Theologie und Verkündigung, 38. 55, spricht deshalb mit Recht vom Kerygma als »historischer Größe«.

[14] s. u. a. *C. Colpe*, Die religionsgeschichtliche Schule, Darstellung und Kritik ihres Bildes vom gnostischen Erlösermythos, Göttingen 1961; *R. McLachlan Wilson*, Gnosis und Neues Testament, Urban-Taschenbuch 118

[15] KuM II, 187 [16] ebd 188

vor allem der Geschichtswissenschaft.[17] So hebt er immer wieder von neuem hervor: Der Mythos, das mythologische Denken *objektiviert* das Jenseits zum Diesseits und damit zum Verfügbaren.[18] Doch kommt für *Bultmann* alles darauf an, daß man nicht bei der Objektivation stehenbleibt. Ich möchte es so formulieren: Die Objektivation trägt in sich die Tendenz, — sit venia verbo! — »entobjektiviert« zu werden. *Bultmanns* Grundthese, in seinem Vortrag von 1941 bereits ausgesprochen, haben wir schon kennengelernt: »Der eigentliche Sinn des Mythos ist nicht der, ein objektives Weltbild zu geben; vielmehr spricht sich in ihm aus, wie sich der Mensch selbst in seiner Welt versteht; der Mythos will nicht kosmologisch, sondern anthropologisch — besser: existential interpretiert werden.«[19] Somit ergibt sich ein paradoxer Sachverhalt: *Das eine Mal* ist es gerade die *Objektivierung*, die die *Frage nach dem Existenzsinn verbietet*, nämlich die Objektivation des Jesusbildes und der Jesusverkündigung; *das andere Mal* ist es gerade die *Objektivierung*, deren *eigentliche Intention auf den Existenzsinn hinzielt*, nämlich die Objektivation des Mythos! Diesem paradoxen Sachverhalt entspricht eine weitere Paradoxie, die vor allem in dem Beitrag zum Ausdruck kommt, den *Bultmann* für das römische Colloquium über das Problem der Entmythologisierung (16.—21. Januar 1961 am Instituto di Studi Filosofici, Rom) geschrieben hat: »Zum Problem der Entmythologisierung.«[20] Denn gerade im Blick auf das, was Objektivierung aussagen soll, sind die Darlegungen dieses Beitrags nicht eindeutig. *Bultmanns* Formulierungen führen hier sogar in eine Aporie. Um diese Aporie aufzuzeigen, seien seine divergenten Aussagen zur Objektivierung gegenübergestellt.

[17] GuV III, 180 (unter Berufung auf KuM II, 182f.): »Wenn ich den Gegensatz von mythischem und modernem Denken betont habe, habe ich doch keinen Zweifel daran gelassen, daß zwischen beiden eine Gemeinsamkeit besteht, nämlich darin, daß *beide objektivierendes Denken* sind und daß man also in einem gewissen Sinne das mythische Denken als ein primitives wissenschaftliches Denken bezeichnen kann.« Hervorhebung von mir.

[18] so zB KuM II, 184; GuV IV, 134. 146 [19] KuM I, 22

[20] KuM VI/1, 20—27 = GuV IV, 128—137; im folgenden zitiert nach GuV IV

1. *Objektivierung von Geschichte ist nicht möglich.* Gegenüber einer Sehweise des positivistischen Historismus in der Geschichtswissenschaft, in der sich der Historiker bemüht, der Geschichte als dem Objekt als beobachtendes Subjekt gegenüberzutreten und sich so als Spektator außerhalb des in der Zeit verlaufenden historischen Prozesses zu stellen, hält *Bultmann* mit Entschiedenheit daran fest, daß es ein solches Gegenüber nicht gibt. Das Wahrnehmen des geschichtlichen Prozesses ist ja selbst ein geschichtlicher Vorgang. Der Abstand eines neutralen Sehens vom gesehenen Objekt ist daher unmöglich. »Das *scheinbar* objektive Bild geschichtlicher Vorgänge ist immer von der Individualität des Sehenden geprägt, die selbst geschichtlich ist und nie ein außerhalb der geschichtlichen Zeit stehender Spektator sein kann.«[21] Damit hat *Bultmann* eindeutig bestritten, daß in der Geschichtswissenschaft Objektivierung möglich ist. Aus den bisherigen Ausführungen dürfte hervorgehen, wie bei dieser *grundsätzlichen* Bestreitung von Objektivierung *Heidegger* Pate gestanden hat.
2. *Objektivierung von Geschichte ist nötig*, ist unverzichtbar, weil sie die erforderliche Ergänzung der existentialen Interpretation ist. Die existentiale Interpretation bedarf der »objektivierenden Betrachtung der historischen Vergangenheit«[22].
Diese Paradoxie ist nach *Bultmann* möglich, weil er zwischen dem *Erfassen des geschichtlichen Sinnes* einer Tat, eines Ereignisses, und der *Feststellung von Tatsachen* unterscheidet.[23] Im Zusammenhang

[21] GuV IV, 129; Hervorhebung von mir
[22] ebd 132
[23] ebd 132; Bezeichnend ist auch, daß *Bultmann Käsemann* vorwirft, er habe das Verhältnis von existentialer zu objektivierender Interpretation mißverstanden: »Es dürfte notwendig sein, sich zunächst über den Sinn der objektivierenden Sicht der historischen Phänomene zu verständigen. Unter dieser verstehe ich die Interpretation aus der Distanz des Sehens. Sie nimmt die Phänomene zunächst soweit wahr, als sie datierbar und lokalisierbar sind; sie fragt sodann, ob und wie sich ihre zeitliche Folge als kausale Verknüpfung erkennen läßt, und sie fragt somit nach der historischen Kontinuität. Diese im sog. Historismus ausgebildete Sehweise ist keineswegs erledigt; sie bleibt unentbehrlich. Aber sie liefert keine eigentliche Interpretation der geschichtlichen Phänomene. Diese werden in ihrem

damit unterscheidet er zwischen dem Feld der menschlichen Entscheidungen (= Geschichte) und den konkreten Situationen, in denen sich diese Entscheidungen vollziehen.[24]
Jedoch, darf man so scharf Tatsachen und geschichtlichen Sinn gegenüberstellen? Ist doch schon allein der Blickwinkel, unter dem Tatsachen anvisiert werden, je von meiner Geschichtlichkeit bestimmt. Gibt es überhaupt in der Historie »Tatsachen«, die keinerlei Sinn implizieren? Schon darin, daß es ohne Auswahlprinzip nicht geht, offenbart sich die Unmöglichkeit einer fein säuberlichen Trennung von Tatsachen der Historie und geschichtlichem Sinn. Soviel dürfte klar sein: Was das Konstitutionsproblem angeht, steht *Bultmann* an dieser Stelle nicht mehr auf dem Boden der von *Heidegger* gewollten Überwindung des Auseinanderreißens von erkennendem Subjekt und erkanntem Objekt. Ein solches Auseinanderreißen geschah in der Philosophie *Descartes'*. Dieser verstand das erkennende Subjekt als res cogitans und das durch seine Ausdehnung bestimmte Objekt als res extensa. Durch den methodischen Zweifel gelangt die res cogitans zu der Gewißheit, daß sie als Zweifelnde und somit als Denkende existiert, notwendig existiert: Cogito ergo sum. *Heidegger* aber führt gegen diese Argumentation an, die Frage nach der Seinsart des erkennenden Subjekts sei nicht gestellt, *Descartes* habe nicht bedacht, daß Erkennen eine Seinsart des In-der-Welt-seins ist.[25] Im ersten Kapitel unserer Untersuchung wurde bereits auf das Existenzial der Weltlichkeit des Daseins aufmerksam gemacht. Dieses Existenzial kommt jedoch bei *Descartes* überhaupt nicht zum Tragen. Fällt aber *Bultmann*, wenn er die objektivierende Betrachtung der historischen Vergangenheit und das Feststellen von Tatsachen so pointiert herausstellt, nicht wieder hinter *Heidegger* zurück? *Alberto*

vollen Gehalt erst wahrgenommen, wenn das Phänomen mit seiner Zukunft zusammen gesehen wird. Insoweit damit nach den historischen Folgen eines Phänomens gefragt wird, bewegt sich die Interpretation freilich noch im Rahmen der objektivierenden, nach der Kausalität fragende Sehweise.« (GuV IV, 192) Aber gibt es, wenn man nicht wieder den fundamentalontologischen Ansatz verläßt und ins Subjekt-Objekt-Denken zurückfällt, »eine Interpretation aus der Distanz des Sehens«?

[24] ebd 130f [25] SuZ, 60ff 89ff

Carraciolo erteilte auf dem eben genannten römischen Colloquium dem objektivistischen Positivismus und Historismus sicherlich eine stärkere Abfuhr als *Bultmann*, als er erklärte: »Diese Unterscheidung (historisch und geschichtlich, objektivierend und existentiell; Zusatz des Vf.) scheint aber unhaltbar. Die ›Historie‹ . . . ist bei genauerer Prüfung keine indifferente Chronik, sondern ein deutendes Begreifen des Konkreten, d. h. solcherart, daß es schon eine existentielle Einstellung und eine philosophische Stellungnahme in sich einschließt.«[26]

Bezeichnend ist, daß *Bultmann* in dem soeben bedachten Beitrag zu dem römischen Colloquium sowohl Unmöglichkeit und Notwendigkeit objektivierender Betrachtung in der Geschichte als auch die Tatsächlichkeit der Objektivierung des Jenseits zum Diesseits durch das mythologische Denken hervorhebt. Somit findet sich bei ihm eine *Mehrdeutigkeit* des Begriffs *»Objektivierung«*. Daß er auf der einen Seite, nämlich bei der Bestreitung der Möglichkeit von Objektivierung, auf *Heidegger* fußt, wurde bereits gesagt. Wo aber sind die philosophiegeschichtlichen Wurzeln des zweiten Verständnisses von Objektivierung zu suchen? Nun spielt der Begriff der Objektivierung bzw. der Vergegenständlichung in der Philosophiegeschichte der beiden letzten Jahrhunderte eine nicht geringe Rolle. Nach *Hegel* hat sich der Geist im Staat und seinem Recht objektiviert; der Geist eines Volkes in seinem Bewußtsein von sich muß sich gegenständlich sein.[27] Was *Marx* angeht, so sei nur auf den Gegen-

[26] KuM VI/1, 205; vgl. auch *Ebeling*, Theologie und Verkündigung, 55f: »Obwohl *Bultmanns* ganze Arbeit von der Auseinandersetzung mit dem positivistischen Geschichtsverständnis sowie mit dem Versuch, ihm durch einen Methodendualismus zu entgehen, bestimmt ist, entsteht der Eindruck, daß dieses Problem noch nicht hinreichend durchreflektiert ist. Zwar läßt sich von der Geschichte der historisch-kritischen Methode her einiges dafür geltend machen, sie auf ein objektivierendes Tatsachendenken festzulegen. Ich halte aber diese Einengung hermeneutisch für bedenklich, die eine Kluft zu existentialer Interpretation bedingt, während doch diese selbst, wo sie am Platze ist, mE verstanden werden muß als eine sachgemäße Gestalt historisch-kritischer Methode.«

[27] *Hegel*, Theorie-Ausgabe, Suhrkamp, Bd 12, 73; Bd 10: Enzyklopädie, 3. Teil, 2. Abt.: Der objektive Geist, § 483–552

satz Entfremdung – Vergegenständlichung hingewiesen.[28] In beiden Fällen wird Objektivierung als möglich angesehen. Wenn aber *Bultmann* von der Notwendigkeit objektivierenden Sehens und von vollzogenen Objektivationen spricht, so steht dahinter weniger das dialektische Denken von *Hegel* und *Marx*. Vielmehr dürfte es sich um die *Dilthey*sche Komponente in *Bultmanns* Denken handeln. *Wilhelm Dilthey* »begreift das geschichtliche Leben als eine permanente Selbstobjektivation von Geist«[29]. Für ihn artikuliert sich Leben in Objektivierungen. Lebensäußerungen werden als »objektivierter Niederschlag von Leben« definiert.[30] »Geschichtlich-gesellschaftliche Wirklichkeit«[31] ist uns nur in dieser Art von Objektivation gegeben. Wir können hier unberücksichtigt lassen, daß es bei *Dilthey* in Anknüpfung an und in Absetzung von *Hegel* um die Frage geht, was Manifestation des objektiven Geistes ist. (*Hegel* schrieb Philosophie, Kunst und Religion dem absoluten Geist, *Dilthey* dem objektiven Geist zu.) Hier genügt es zu sehen, daß die Verbindung der Konzeption vom objektiven Geist mit der Lebensphilosophie die Voraussetzungen dafür schaffte, sowohl die Geschichtlichkeit der Existenz als auch die Möglichkeit von Objektivierung anzunehmen. Die Geschichtlichkeit des Menschen ereignet sich also nach *Dilthey* in einem Zweischritt:

1. Das Leben schafft Objektivationen seiner selbst.
2. Objektivationen werden »in die volle ganze Lebendigkeit« zurückübersetzt.[32]

Vergegenwärtigen wir uns noch einmal: *Bultmann* sieht mit *Heidegger* in der Objektivierung von Geschichte ein in sich unmögliches Unterfangen. Der geschichtliche Betrachter steht nicht außerhalb von Zeit und Geschichte. Er kann nicht neutraler Spektator sein. Also übernimmt *Bultmann* an dieser Stelle *Heideggers* Verständnis

[28] *K. Marx*, Die Frühschriften, Hg. *S. Landshut*, Stuttgart 1968, 240f, 361ff; s. auch »Historisches Wörterbuch der Philosophie«, Hg. *J. Ritter* (ehemals *R. Eisler*): *K. Röttgers*, Art. Entäußerung, II, 504ff; *E. Ritz*, Art. Entfremdung, II, 509ff

[29] *J. Habermas*, Erkenntnis und Interesse, Frankfurt 1968, 187

[30] *W. Dilthey*, Gesammelte Schriften V, Göttingen 1968, 265

[31] ebd 265 [32] ebd 265

von Objektivierung. Faßt er aber den Mythos als Objektivation einer Existenzaussage, einer Aussage über die Geschichtlichkeit des Menschen, so ist hier unschwer *Diltheys* Handschrift wiederzuerkennen. Denn gerade beim Mythosverständnis *Bultmanns* ist es augenfällig, wie der eben genannte Zweischritt *Diltheys* wiederkehrt:

1. Der Mensch, der sich in seiner Existenz vor Gott versteht, formuliert in primitiver Weise sein Daseinsverständnis in der Objektivation des Mythos.
2. Diese Objektivation wird durch Entmythologisierung, dh Entobjektivierung, in das ursprüngliche Daseinsverständnis zurückübersetzt.

Also gerade für *Bultmanns* zentrales Anliegen, Entmythologisierung als existentiale Interpretation zu verstehen[33], ist dann Objektivierung nicht im Sinne *Heideggers*, sondern im Sinne *Diltheys* begriffen. *Objektivation* meint dann im Verständnis *Diltheys* und *Bultmanns* einfach das *Zustandegekommensein geschichtlicher Zeugnisse*. Objektivierung, in diesem Sinne begriffen, intendiert notwendig geschichtliches Verstehen. Die Intentionalität der Objektivation auf Verstehen hin ist solchem Verständnis von Objektivation wesentlich.
Es ist aber nicht damit getan, das doppelte Objektivierungsverständnis *Bultmanns* aufzuweisen. Vielmehr stellt sich nun erst die eigentliche Aufgabe: Welche *Intention* steht hinter diesem doppelten Objektivierungsverständnis? Welches ist das leitende Interesse für einen so äquivoken Umgang mit dem Begriff Objektivierung?
Die Antwort besteht in einem Hinweis auf zwei Sachverhalte: Erstens sind die Aporien zu nennen, in die die Leben-Jesu-Forschung des 19. Jhdts. geführt hat und die *Bultmann* mit besonderer Aufmerksamkeit als Warnung vor historischer Begründung des christlichen Glaubens betrachtete. Und zweitens muß man das theologische Interesse sehen, das *Bultmann* dem paulinischen Theologumenon von der Entweltlichung schenkt.
ad 1) *Albert Schweitzer* hat in seiner »Geschichte der Leben-Jesu-

[33] »Positiv *ist* die Entmythologisierung existentiale Interpretation ...« KuM II, 184; Hervorhebung von mir

Forschung«[34] gezeigt, wie die Leben-Jesu-Forschung des 19. Jhdts. in eine Sackgasse geführt hat. Der Versuch, aus dem Glaubenszeugnis der Evangelien, in dem Jesus als der Christus bekannt wird, den Lebenslauf des historischen Jesus von Nazareth herauszudestillieren und so den »historischen Jesus« gegen den »dogmatischen Christus« auszuspielen, ist gescheitert. Es ist heilsam, zu lesen, wie sich dieser Versuch, in endlosen Variationen durchgeführt, selbst ad absurdum geführt hat. *Schweitzer*s Buch kam bereits 1906 in erster Auflage heraus. Aber heute, mehr als 65 Jahre nach seinem Erscheinen, ist seine Lektüre für jeden, der sich mit der Leben-Jesu-Forschung befaßt, immer noch unverzichtbar. Und das Buch wird noch für Jahrzehnte ein theologisches Standardwerk bleiben, auch wenn sich die am Ende von *Schweitzer* angebotete Lösung als unhaltbar herausgestellt hat. Der Leser, der über vielen erheiternden Partien (zB der Darstellung des gescheiterten, schließlich als Gastwirt geendeten *Karl Friedrich Bahrdt* oder der gekonnten, so plastischen Schilderung *Ernest Renans*[35]) dann die ernste Konsequenz zur Kenntnis genommen hat, wird verstehen, warum *Bultmann* vor den Jesus-Bildern der liberalen Theologie zurückschreckt. Und so schreibt dieser bereits 1924, damals noch ganz im Lager der Dialektischen Theologie *Karl Barths* stehend, in seinem Aufsatz »Die liberale Theologie und die jüngste theologische Bewegung«: »Die Geschichtswissen-

[34] jetzt zweibändig als Siebensterntaschenbuch 77/78 und 79/80

[35] zB Bd 1, 208f: »Und es war nicht bloß ein Ereignis für die katholische Welt: *Renans* Leben Jesu bedeutet ein Ereignis in der Weltliteratur.« Jedoch: »Es gibt kaum ein Werk, daß so von Geschmacklosigkeiten – und der grauenhaftesten Art – wimmelt, wie *Renans* Leben-Jesu. Es ist ›christliche Kunst‹ im schlechtesten Sinne des Wortes, Wachsfigurenkunst. Den sanften Jesus, die schönen Marien und die minniglichen Galiläerinnen, die das Gefolge des ›charmanten Tischlers‹ bilden, hat er miteinander aus den Schaufenstern der christlichen Kunsthandlungen der Place St. Sulpice gestohlen. Dennoch ist es ein Wunderwerk. Es verletzt und zieht wieder an. Ganz fertig ist man nie damit, und übertroffen wird es auch kaum jemals werden, denn die Natur geizt mit den Menschen, die so schreiben können, und nur selten wird ein Buch so als Kind der Begeisterung geboren, wie das Werk, das *Renan* dort auf den Hügeln entwarf.«

schaft kann überhaupt nicht zu irgendeinem Ergebnis führen, das für den Glauben als Fundament dienen könnte, denn alle *ihre Ergebnisse haben nur relative Geltung*. Wie verschieden sind die Jesusbilder der liberalen Theologie, wie unsicher das Bild des historischen Jesus: Ist er überhaupt noch für uns erkennbar? Mit einer großen Frage endigt hier die Forschung – so *soll* sie endigen!«[36] Und kurz danach (1927) heißt es in seinem so oft zitierten Aufsatz »Zur Frage der Christologie«: »Weisere Leute wie *P. Althaus* und *Fr. Traub* haben sogar durchschaut, daß ich mich aus meiner Skepsis zu *Barth* und *Gogarten* gerettet habe. Sie müssen mir verzeihen, daß mir ihre Weisheit komisch vorkommt. Ich habe mich in meinem Radikalismus noch nie unbehaglich gefühlt, sondern ganz behaglich. Ich habe aber vielfach den Eindruck, daß meine konservativen Kollegen im Neuen Testament sich recht unbehaglich fühlen; denn ich sehe sie immer bei Rettungsarbeiten begriffen. Ich lasse es ruhig brennen, denn ich sehe, daß das, was da verbrennt, alle die Phantasiebilder der Leben-Jesu-Theologie sind, und daß es der Χριστὸς κατὰ σάρκα[37] selbst ist. Aber der Χριστὸς κατὰ σάρκα geht uns nichts an; wie es in Jesu Herzen ausgesehen hat, weiß ich nicht und will ich nicht wissen.«[38]

Bultmann geht also davon aus, daß die Leben-Jesu-Forschung gescheitert ist. Er zieht daraus die Konsequenz, daß *grundsätzlich* die Frage nach dem, was zum historischen Jesus zu sagen ist, für den christlichen Glauben verboten ist. Für den Glauben ist lediglich das nackte »Daß« seines Gekommenseins, das Daß seiner Historizität erheblich. Jedoch: Wenn es auch nicht möglich ist, eine Biographie Jesu zu schreiben – und diesen Tatbestand sollte man nicht bestreiten –, bedeutet das aber, daß es keine für den Glauben relevanten *Momente* des Wirkens und Redens Jesu gibt? Wird hier nicht einem Extrem – wie so oft! – ein anderes Extrem gegenübergesetzt? Schließlich ist doch auch das von *Bultmann* festgehaltene »ein wirklicher historischer Mensch«[39], schließlich

[36] GuV I, 3; Hervorhebungen von *Bultmann*
[37] der Christus dem Fleische nach
[38] ebd 101 [39] KuM I, 48

ist doch auch »das Daß seiner Verkündigung«[40] nichts anderes als ein »Ergebnis der Geschichtswissenschaft«, dem schon gründlich widersprochen worden ist (zB *Arthur Drews*, Die Christus-Mythe, 1909)! Auch das bloße Daß des Gekommenseins Jesu, auf das *Bultmann* immer rekurriert (andernfalls werde der erhöhte Christus zur Chiffre einer mythischen Gestalt), kann doch *nur* mit Hilfe der »objektivierenden« Geschichtswissenschaft verifiziert werden. Aber das Ernstnehmen des Scheiterns der liberalen Leben-Jesus-Forschung durch *Bultmann* und die von ihm in diesem Zusammenhang artikulierte *grundsätzliche* Skepsis gegenüber historischen Ergebnissen, also gegenüber historisch gewonnenen Objektivationen, führten ihn eben zunächst dazu, das mit Hilfe der Geschichtswissenschaft über den historischen Jesus Gesagte als unerheblich für den christlichen Glauben zu behaupten. Noch einmal sei auf den Sachverhalt hingewiesen, daß *Bultmann* andererseits den neutestamentlichen Mythos existential interpretiert, den er doch auf dem Hintergrund eines erst historisch rekonstruierten gnostischen Erlösermythos nun seinerseits rekonstruiert! Und daß gerade die Annahme, der gnostische Erlösermythos sei schon zur Zeit der Niederschrift des Neuen Testaments bekannt gewesen, äußerst umstritten ist, wurde bereits gesagt.

Die Skepsis *Bultmanns* gegenüber einem objektivierten Jesusbild, die sich auf das Scheitern der liberalen Jesus-Forschung beruft, wird aber noch durch eine systematisch-theologische Überzeugung, von seinem Lehrer *Wilhelm Herrmann* übernommen, gestützt: Glaube darf in geschichtlichen Beweisen keine Stütze suchen; denn der Glaube wird allein durch seinen Inhalt erzeugt.[41] Dabei wird allerdings übersehen, daß, wenn man einerseits aus der Glaubensbegründung die Dimension der Geschichte ausklammert, andererseits jedoch mit *Heidegger* die Geschichte in der Geschichtlichkeit fundiert sieht[42], man eigentlich auch die Geschichtlichkeit des je eigenen Glaubens ignoriert. Denn auch der Glaube des je einzel-

[40] zB GuV I, 265

[41] GuV I, 102; s. jedoch auch seine Auseinandersetzung mit *Herrmann*, ebd 101–108 [42] SuZ, § 76

nen hat seine Geschichtlichkeit samt seiner Geschichte! Und zur je eigenen Geschichte kann auch ein »objektiviertes« Jesusbild gehören.[43] Dieser Einwand stößt in die gleiche Richtung wie jener andere, der nämlich fragt, warum die Objektivation des Mythos in der existentialen Interpretation, dh der Entobjektivierung, für den Glauben relevant ist, die Objektivation der vita Jesu aber nicht. Unsere beiden, miteinander zusammenhängenden Einwände fragen jeweils, warum *Bultmann* mit zweierlei Maß mißt.

ad 2) Als zweite Intention *Bultmanns* für das Operieren mit doppeltem Objektivierungsverständnis wurde das Insistieren auf dem paulinischen Theologumenon von der *Entweltlichung* genannt. 1 Kor 7, 22ff heißt es: »Das aber sage ich, Brüder, die Zeit ist kurz. Somit gelte forthin: Die, die Frauen haben, seien so, als ob sie keine hätten, die weinen, als ob sie nicht weinten, die fröhlich sind, als ob sie nicht fröhlich wären, die kaufen, als ob sie es nicht behielten, und die sich der Welt bedienen, als ob sie sie nicht nutzen. Diese Welt vergeht nämlich!«

Um *Bultmanns* Verständnis von Entweltlichung darzulegen, empfiehlt es sich, zuvor sein Verständnis von *Welt* zu untersuchen. In seinem Aufsatz »Welchen Sinn hat es, von Gott zu reden?« (1925)[44] stellt er betont heraus, daß man weder die eigene Existenz noch Gott

[43] An dieser Stelle ist ein Einwand *Ebelings*, Theologie und Verkündigung, 55, zu bedenken: »Das von *Bultmann* für illegitim erklärte Zurückfragen hinter das Kerygma steht zwar im Zielicht zwischen dogmatischer Charakterisierung des Wesens von Kerygma und einer methodischen Anweisung für die Interpretation des überlieferten Kerygmas. Sobald aber das Kerygma als historische Größe, also in Gestalt bestimmter überlieferter Texte, in Frage steht, wäre es sinnlos, hier das historische Fragen zu verbieten als Zurückfragen, sei es etwa hinter das paulinische Kerygma zum Kerygma der Urgemeinde, sei es hinter dieses zu Jesus selbst. Berechtigt ist es allerdings, dafür Sorge zu tragen, daß die Weise dieses Zurückfragens sachgemäß sei. Im Sinne einer Warnung vor dem soeben gekennzeichneten unsachgemäßen Beweisenwollen ließe sich dem Verbot des Zurückfragens hinter das Kerygma auch eine in methodischer Hinsicht berechtigte Weisung entnehmen. Aber eines ist die Warnung vor unsachgemäßem Zurückfragen zur *›Legitimation‹* und ein anderes ist die Notwendigkeit sachgemäßen Zurückfragens zur *Interpretation.*«

[44] GuV I, 26–37

objektivieren dürfe; die eigene Existenz nicht, da wir uns nicht als Objekt unter Objekten betrachten, da wir nicht aus der eigenen Existenz »herausspringen« können; Gott nicht, da wir nicht »über« Gott, da wir nicht unabhängig von unserer Existenz von Gott sprechen können. Auch Gott kann ich eben nicht als Objekt des Denkens ansehen, einen Standpunkt außerhalb Gottes kann es nicht geben, wenn Gott als die »Alles bestimmende Wirklichkeit« verstanden wird. Gleichwohl ist Gott auch »der Ganz Andere«: »Daß Gott, der meine Existenz bestimmt, gleichwohl der Ganz Andere ist, kann also nur den Sinn haben, daß er mir als dem Sünder gegenübersteht als *der* Ganz Andere; daß er, sofern ich *Welt* bin, mir gegenübersteht als *der* Ganz Andere.«[45] Aus diesem Zitat folgt aber, daß der Mensch, sofern er Welt ist, Sünder ist. Welt-sein und Sünder-sein koinzidieren. Gott ist »der Ganz Andere« nicht, sofern er sich außerhalb der Welt, außerhalb meiner irgendwo befindet; er ist es vielmehr, »sofern diese Welt als die gottlose sündig ist«[46].
Bultmanns Begriff »Welt« ist somit an dieser Stelle negativ qualifiziert: Sofern der Mensch aus dieser Welt lebt, sofern er sich an die Welt als den Inbegriff des Verfügbaren hält, bleibt er Sünder. Die Entscheidung, die der Mensch zu treffen hat, ist eben die zwischen Gott und Schöpfung, wie Paulus zeigt.[47] Erinnern wir an seinen Beitrag zum römischen Colloquium: Der Mensch steht in der Versuchung, die verfügbare Welt als die eigentliche Wirklichkeit anzusehen.[48] Nur wo der Mensch seine Existenz als von Gott geschenkt betrachtet, wo er glaubt, »daß Gott, indem er uns die Existenz gibt, uns aus Sündern zu Gerechten macht«[49], da lebt er nicht mehr aus der verfügbaren Welt, sondern aus der unverfügbaren Gnade der Sündenvergebung.[50]
Deutlich zeigt sich hier die Diskrepanz zu *Heidegger*. Zunächst im Blick auf den Begriff *»verfügbar«*. *Bultmann* setzt ausdrücklich »verfügbar« mit »vorhanden« gleich.[51] *Heidegger* kann zwar auch sagen, daß die moderne, objektivierende Forschung über das Seiende

[45] ebd 30; Hervorhebungen von *Bultmann*
[46] ebd 33 [47] Theol., 229 [48] GuV IV, 132 [49] ebd I, 36
[50] vgl. ebd 37 [51] KuM I, 28. 31

verfügt.[52] Damit hat auch er das Verfügbare abgewertet. In seinem phänomenologischen Ansatz von »Sein und Zeit« jedoch wird das innerweltlich Seiende gerade darin verfügbar, daß es »zuhanden«, nicht »vorhanden« ist.[53] Weder Zuhandenheit noch Verfügbarkeit sind in diesem Ansatz despektierlich verstanden. Nach dem Sprachgebrauch *Bultmanns* aber ist Leben aus der verfügbaren Welt grundsätzlich synonym mit Leben aus der objektivierten Welt, derjenigen Welt nämlich, an die man sich verliert und somit sein Dasein verfehlt. Die *verfügbare Welt ist also für ihn die Welt der Sünde.*

Und was den Begriff *»Welt«* selbst angeht, so wird die Diastase zwischen *Bultmann* und *Heidegger* noch augenfälliger. Während Welt für *Bultmann* nahezu adäquat mit Sünde ist, wird dieser Terminus von *Heidegger* ethisch und religiös ambivalent gebraucht. Für diesen ist ja mit dem Existenzial des In-der-Welt-seins die Grundbefindlichkeit des Daseins ausgesagt. Welt ist ja im Sinne von »Sein und Zeit« vornehmlich verstanden als »das, ›worin‹ ein faktisches Dasein als dieses ›lebt‹« (so Welt im ontischen Sinn); darüber hinaus bezeichnet Welt, wie wir sahen, den ontologisch-existenzialen Begriff der Weltlichkeit: *Der Mensch ist* als In-der-Welt-seiender *weltlich* (Weltlichkeit ist ja als Existenzial, als Seinsbestimmung des Daseins, nicht als Kategorie verstanden!).[54]

[52] *M. Heidegger,* Holzwege, Frankfurt 1963⁴, 80

[53] SuZ, 69

[54] ebd 65; ebd: »Ein Blick auf die bisherige Ontologie zeigt, daß mit dem Verfehlen der Daseinsverfassung des In-der-Welt-seins ein *Überspringen* des Phänomens der Weltlichkeit zusammengeht. Statt dessen versucht man die Welt aus dem Sein des Seienden zu interpretieren, das innerweltlich vorhanden, überdies aber zunächst gar nicht entdeckt ist, aus der Natur ... ›Natur‹ als der kategoriale Inbegriff von Seinsstrukturen eines bestimmten innerweltlich begegnenden Seienden vermag nie *Weltlichkeit* verständlich zu machen.« Überspringt *Bultmann,* wenn er von Welt redet, nicht auch im Sinne des hier artikulierten gravamen *Heideggers* das In-der-Welt-sein? Verwendet er Welt nicht vielmehr in dem Sinne, wie *Heidegger,* SuZ, 64, sie in einem vorläufigen Sinne definiert, nämlich als ontischen Begriff, der »das All des Seienden, das innerhalb der Welt vorhanden sein kann«, umfaßt, also in jener Bedeutung, die *Heidegger* durch Anführungszeichen signalisiert?

In seinem Humanismusbrief an *Jean Beaufrais* (1946) geht *Heidegger* eigens auf das Verhältnis von In-der-Welt-sein und Gott ein. Dieser Brief ist zwar das Dokument seiner sog. »Kehre«; doch will er diese nicht als Änderung des Standpunktes von »Sein und Zeit« gelten lassen.[55] Der für unsere Frage wichtige Passus lautet: »Der Hinweis auf das ›In-der-Welt-sein‹ als den Grundzug der Humanitas des homo humanus behauptet nicht, der Mensch sei lediglich ein ›weltliches‹ Wesen im christlich (!) verstandenen Sinne, also abgekehrt von Gott und gar losgebunden von der ›Transzendenz‹ ... ›Welt‹ bedeutet jedoch in dem Namen ›In-der-Welt-sein‹ keineswegs das irdisch Seiende im Unterschied zum Himmlischen, auch nicht das ›Weltliche‹ im Unterschied zum ›Geistlichen‹. ›Welt‹ bedeutet in jener Bestimmung überhaupt nicht ein Seiendes und keinen Bereich von Seiendem, sondern die Offenheit des Seins ... Von der Ek-sistenz her gedacht, ist ›Welt‹ in gewisser Weise gerade das Jenseitige innerhalb der und für die Eksistenz.«[56] So folgert *Heidegger* mit Recht: »Der Mensch ist nie zunächst diesseits der Welt Mensch als ein ›Subjekt‹ ... Er ist auch nie erst und nur Subjekt, das sich zwar immer zugleich auch auf Objekte bezieht, so daß sein Wesen in der Subjekt-Objekt-Beziehung läge.«[57] Also: »Der Satz: das Wesen des Menschen beruht auf dem In-der-Welt-sein, enthält auch keine Entscheidung darüber, ob der Mensch im theologisch-metaphysischen Sinne ein nur diesseitiges oder ob er ein jenseitiges Wesen sei.«[58]

Der Eindruck verstärkt sich also, als ob sich *Bultmann* in der Tat da von *Heidegger* absetzt, wo er von Welt spricht. Dann wäre allerdings der paradoxe Sachverhalt gegeben, daß *Bultmann* zwar auf *Heideggers* Verständnis von der Geschichtlichkeit des Daseins rekurrierte, nicht aber auf die Voraussetzung, nämlich auf das In-der-Welt-sein als Grundbefindlichkeit des Daseins. Geschichtlichkeit fundiert doch in *Heideggers* Konzeption im In-der-Welt-sein!

Noch verwirrter erscheint die Situation, wenn wir dann wieder zur Kenntnis nehmen, daß *Bultmann* dennoch Dasein als In-der-Welt-

[55] Über den Humanismus, Frankfurt, o. J., 17
[56] ebd 35 [57] ebd 35f [58] ebd 36

sein versteht: »Mit *Heidegger* bin ich darin einig, daß Existenz-Auslegung auch Weltauslegung ist und daß Dasein ›In-der-Welt-sein‹ ist.«[59] Außerdem meint er, mit *Heidegger* eins zu sein im Blick auf die Beurteilung des *faktischen* Daseins. Was die Bibel über die Weltverfallenheit des Menschen aussage, werde von *Heideggers* Daseinsanalyse geteilt: »Vor allem scheint *Martin Heideggers* Analyse des Daseins nur (!) eine profane philosophische Darstellung der neutestamentlichen Anschauung vom menschlichen Dasein zu sein: der Mensch, geschichtlich existierend in der Sorge um sich selbst auf dem Grunde der Angst, jeweils im Augenblick der Entscheidung zwischen Vergangenheit und Zukunft, *ob er sich verlieren will an die Welt des Vorhandenen, des ›man‹*, oder ob er seine Eigentlichkeit gewinnen will in der Preisgabe aller Sicherungen und in der rückhaltlosen Freigabe für die Zukunft! Ist nicht so auch im Neuen Testament der Mensch verstanden?«[60] Es ist zuzugeben, *Heidegger* sieht das Existenzial des »Man« als ein solches, dessen Seinsweise durch die »Durchschnittlichkeit« und die »Alltäglichkeit« konstituiert wird. Im Aufgehen in der Welt wird das Sein des Seienden als Vorhandenheit begriffen.[61] Nur kommt dann bei *Bultmann* gar nicht zum Tragen, daß in diesem »Man«, wie *Heidegger* es versteht, die *Welt* eben nicht entdeckt und gerade darin das Dasein nicht erschlossen wird.[62]

Wie reimt sich dies alles zusammen? Einmal Dasein als In-der-Welt-sein, also einmal Dasein als weltlich verstanden, und zwar ohne Diskriminierung. Und dann wiederum Welt als Synonym für Sünde. Wirkt nicht die Behauptung *Bultmanns,* auch er verstehe Dasein als In-der-Welt-sein, angesichts der zumindest zeitweilig vorgenommenen Gleichsetzung von Welt und Sünde als Kaschierung seines eigentlichen Denkens? Ist es nicht der Versuch, die brüchige Stelle der Koalition mit *Heidegger* deklaratorisch zu übertünchen?

[59] so noch einmal brieflich (5. Juni 1972) an Vf.
[60] KuM I, 33; Hervorhebung von mir. Am Rande sei nur gefragt: Verbaut sich *Bultmann* nicht mit dieser Äußerung seine späteren, unermüdlich wiederholten Versicherungen, er übernehme *Heideggers* Daseinsanalyse nur als eine rein formale? (zB KuM II, 191ff)
[61] SuZ, 126–130 [62] ebd 129

Sind wir nicht gerade hier an jenem Punkte angekommen, an dem offenbar wird, daß Bultmann mit seiner Theologie die politische Veränderung der Welt nicht erreichen kann – eben weil Welt für ihn nur etwas ist, von dem der Mensch Abstand halten sollte? Sind wir nicht hier an dem Punkte angekommen, an dem sich zeigt, daß *Dorothee Sölle* im Prinzip doch recht hat mit ihrer Kritik an *Bultmann* – obwohl sie, wie ihre Gegenüberstellung des jeweils unterschiedlichen hermeneutischen Prinzips von existentialer Theologie und politischer Theologie offenbar macht, die Reichweite der existentialen Interpretation und damit in eins deren Wesen nicht ganz adäquat erfaßt hat? Hat sie dann nicht doch recht, wenn sie ihm Gesellschaftsvergessenheit vorwirft, weil er Welt und *somit* den Bereich von Gesellschaft und Politik disqualifiziert? *Zeigt sich hier nicht Gesellschaftsvergessenheit in ihrem tieferen Sinn als Weltvergessenheit?* Daß sich die Frage so stellen kann, liegt auf der Hand.

Dorothee Sölle erklärt: Obwohl eigentlich im theoretischen Ansatz der Existenzphilosophie, wie *Bultmann* sie verstehe, kein Grund für eine apolitische Offenheit für die Zukunft gegeben sei[63], müsse man seine Theologie doch als apolitisch begreifen. Das Verständnis von Sünde sei gesellschaftlich nicht aufgeschlüsselt. Und weiter kritisiert sie: Aus der protestantisch-pauschalen Tradition der Ohnmacht und entsprechend der Abwertung aller (!) Aktivität und Kreativität des Menschen habe sich *Bultmann* kaum befreit. Übergehen wir die Karikatur, die sie von der protestantischen Tradition zeichnet, eine Karikatur, entstanden durch eine mehr als oberflächliche Pauschalierung! (Sie selbst aber erhebt diesen Vorwurf der Pauschalierung!) Achten wir vielmehr darauf, wie sie im Zeichnen dieser Karikatur fortfährt: *Bultmann* habe jene Abwertung aller Aktivität und Kreativität des Menschen durch die Aufnahme des *Heidegger*schen Begriffspaares »verfügbar – unverfügbar« verstärkt. Er habe sie in seiner »antiinstitutionellen Polemik« immer weiter substanzialisiert, als sei Spontaneität immer geistgewirkt und

[63] Pol. Th., 56

unverfügbar, Organisation und Plan aber immer fleischlich und sündig.[64]

Dorothee Sölle verkennt jedoch das *dialektische* Verständnis *Bultmanns* von Welt und somit von Institution und dergleichen.[65] Die Frage, ob Welt Inbegriff des Bösen ist, hat sich dieser selbst vorgelegt; sie gehört sozusagen zum roten Faden, der sich durch fast alle seine Arbeiten zieht. Schon in seinem programmatischen Vortrag von 1941 kommt er in seiner Auseinandersetzung mit *Wilhelm Kamlahs* Buch »Christentum und Selbstbehauptung«[66] auf diese Problematik zu sprechen. *Kamlah* habe aufgrund eines Mißverständnisses die »*Entweltlichung* des Glaubens undialektisch als eindeutig negatives Weltverhältnis verstanden, indem jenes paulinische ›als ob nicht‹ nicht zur Geltung gebracht wird«[67]. Dann aber ist Entweltlichung für *Bultmann* per definitionem nicht mit der Behauptung identisch, die Welt sei in sich schlecht. Welt ist dann nicht im gnostischen Sinne das materielle Prinzip des Bösen. Daß die Materie nicht in sich schlecht ist, betont er im selben Vortrag an anderer Stelle.[68]. Ausdrücklich rekurriert *Bultmann* in seiner abschließenden Stellungnahme in Kerygma und Mythos II auf den Schöpfungsgedanken, aufgrund dessen die Ausgrenzung heiliger Bezirke im Bestande und im Geschehen der Welt abzuweisen sei; hätten wir doch durch Luther gelernt, daß es keine heiligen Plätze im Raum der Welt gäbe und daß die ganze Welt eine profane Stätte sei. *Bultmann* fährt fort (es sind die letzten Sätze des Aufsatzes und somit Sätze von besonderer Betonung): »Ebenso ist aber auch das Gefüge von Natur und Geschichte profan, und nur sub specie des verkündigten Wortes gewinnt, was in Natur oder Geschichte geschehen ist oder geschieht, für den Glaubenden gegen den Schein den Charakter einer Tat Gottes, eines Wunders. Gerade

[64] ebd 113f

[65] Über dieses dialektische Denken *Bultmanns* ist im 3. Kapitel unter der Thematik »Glaube und Vernunft« noch zu verhandeln.

[66] Frankfurt 1940; in Neuauflage unter dem Titel »Christentum und Geschichtlichkeit«, Frankfurt 1951; der entscheidende Passus aus der 1. Aufl. aber in »Der Mensch in der Profanität«, Frankfurt 1951

[67] KuM I, 33; Hervorhebung von mir [68] ebd 27

für den Glauben wird die Welt profan und ihrer eigenen Gesetzlichkeit als das Arbeitsfeld des Menschen zurückgegeben. Aber das Verhältnis des Glaubenden zur Welt und (!) zum Weltbild der Wissenschaft ist eben deshalb das paradoxe des ὡς μή[69].«[70]
Profanität der Welt ist also ein dialektischer Begriff. Er beherbergt einerseits die Möglichkeit der Verfallenheit an die Welt im Sinne der Gottesferne – das ist es, was durch die Sünde der Objektivierung zum Ausdruck gebracht werden sollte. Der Begriff der Profanität beherbergt aber auch die Möglichkeit zur Eigentlichkeit menschlicher Existenz mitten in der Welt als Arbeitsfeld des Menschen, das dem Menschen von Gott gegeben ist, damit er in ihm für den Nächsten lebt. Indem die Welt als verfügbare zwar die Sünde der Objektivation aussagt, zugleich aber die Stätte des Profanen markiert, die dem Menschen vom Schöpfer zugewiesen ist, soll mit Hilfe, besser: auch mit Hilfe der philosophischen Terminologie (verfügbar, Objektivation) die *paradoxe Situation des Christen* zum Ausdruck gebracht werden. Wenn man so will: ein *philosophisch formuliertes »simul iustus et peccator«*[71].
In diesem Sinne dürfte auch der Widerspruch in dem Aufsatz von 1963 zu deuten sein: einmal Abweisung des objektivierenden Sehens als eine Unmöglichkeit, dann aber Behauptung der Notwendigkeit dieser Art des Sehens. Sicherlich ist *dieses* philosophisch artikulierte »simul peccator et iustus« keine glückliche Formulierung. *Bultmann* hätte das ganze verständlicher, unmißverständlicher, ja vielleicht sogar eindeutig aussagen können, wenn er hier, gerade was das »In-der-Welt-sein« angeht, näher bei der Terminologie *Heideggers* geblieben wäre. Trotzdem kann man sich die Kritik an *Bultmann* nicht so leicht machen, indem man seine Konzeption als gesellschafts- und institutionsfeindlich bezeichnet. Vielmehr hat derjenige, der ihn an dieser Stelle angreift, die Aufgabe, sich mit der aufgezeigten Paradoxie auseinanderzusetzen. Ihm obliegt die Last der Beweisführung, diese Paradoxie als falsch aufzuweisen. Es scheint aber, als habe Sölle sie nicht einmal gesehen.

69 »als ob nicht«, 1 Ko 7,29ff; s. o.
70 KuM II, 208 71 »Gerechter und Sünder zugleich« (Luther)

Wir haben weit ausgeholt, ja, weit ausholen müssen, um nicht angesichts komplizierter Sachverhalte kurzschlüssig zu urteilen. Blikken wir nun, um uns noch einmal den Weg unseres Vorgehens zu vergegenwärtigen, kurz zurück: Es ging um die Frage, ob der mit Hilfe geschichtswissenschaftlicher Forschung gewonnene »historische Jesus« für unser glaubendes Selbstverständnis bedeutsam sein kann. Raffen wir das bisher Gesagte:

1. Nach *Bultmann* ist der historische Jesus Resultat historischer Objektivierung. Als solcher kann er für das glaubende Selbstverständnis nicht bedeutsam sein.
2. Der Mythos, zugegebenermaßen eine Objektivation, ist nach *Bultmann* auf existentiale Interpretation, die das Selbstverständnis des Glaubenden zur Sprache bringen soll, angelegt.
3. Um die Paradoxie der christlichen Existenz (peccator simul et iustus) zum Ausdruck zu bringen, bedient sich *Bultmann* der Argumentation mit dem Janus-Gesicht der Objektivation: Diese ist in sich unmöglich und zugleich als mögliche erforderlich.

Diese drei Punkte sind untereinander nicht stimmig. Und vielleicht vermag ihr hartes Nebeneinander das besonders zum Bewußtsein zu führen. Es zeigt sich, wie *Bultmann* wohl bemüht ist, sein theologisches Anliegen auch philosophisch zu artikulieren, es zeigt sich aber auch, wie der von ihm – begrüßenswerterweise! – betretene Weg noch nicht zu Ende gegangen ist. Soviel dürfte vielleicht ebenfalls deutlich geworden sein: *Bultmann*s dialektische Denkweise, die man bestens an seiner Behandlung des Welt-Begriffs ablesen kann und die sich vor allem in seinem doppelten Gebrauch von Objektivierung zeigt, bietet in keiner Weise eine Stütze für das soeben unter Punkt 1 Gesagte. Gerade das übrige Einbringen philosophischer Argumentationsweisen in sein theologisches Denken kann die philosophische Begründung für das theologische Anliegen des Punktes 1 nicht erhärten.

Eigentlich war es dann doch nur konsequent von ihm, wenn er in seiner bereits erwähnten Heidelberger Akademierede von 1960 bereit war, die Frage nach der existentialen Interpretation der authentischen Jesusworte zuzulassen und sogar selbst darauf einzugehen.

Er sagte: »Der Weg zu einer Antwort scheint sich zu eröffnen, wenn die objektivierende historisch-kritische Betrachtung des Wirkens Jesu *ersetzt, oder besser: ergänzt oder weitergeführt* wird durch eine Interpretation der Geschichte, die auf der geschichtlichen d. h. existentiellen Begegnung mit der Geschichte beruht. Sie sucht das Selbstverständnis zu erfassen, das *hinter den für das objektivierende Sehen wahrnehmbaren geschichtlichen Phänomenen* liegt bzw. in ihnen waltet. Sie beruht auf der Begegnung, insofern sie sich offen hält für die sich in der Geschichte anbietenden Möglichkeiten des Selbstverständnisses als Möglichkeiten des eigenen Selbstverständnisses. Die Geschichte ist für sie Anrede, und sie besteht sozusagen im Hören, nicht im distanzierten Sehen.«[72] Daß *Bultmann* seinen Schülern auf dem von ihnen eingeschlagenen Weg dann doch nicht folgt, liegt nun nicht mehr daran, daß man aus der objektivierenden Betrachtung des Lebens Jesu keine Folgerungen im Blick auf die Existenz des Glaubenden ziehen dürfe, sondern an inhaltlichen Aussagen des Neuen Testaments. Deshalb müssen auch wir uns mit der »Frage nach dem sachlichen Verhältnis« bzw. der »sachlichen Kontinuität« (so die Formulierung *Bultmanns*[73]) von urchristlicher Christusbotschaft und historischem Jesus beschäftigen.

2. Das Problem der existentialen Interpretation authentischer Jesusworte

Bultmann anerkennt also in seiner Heidelberger Akademierede die Möglichkeit, nach dem Existenzsinn der von der historisch-kritischen Forschung erarbeiteten authentischen Jesusverkündigung zu fragen. Nachdem er nun selbst die Frage nach der geschichtlichen, existentiellen Begegnung mit dem Wirken Jesu aufgegriffen hat, läßt er die Auffassungen vor allem seiner Schüler geradezu Revue passieren, indem er kritisch dazu Stellung nimmt. Es kann nicht unsere Aufgabe sein, seine Stellungnahmen im einzelnen zu referieren. Für

[72] Christusbotschaft, 18; Hervorhebung von mir; ich würde allerdings nicht formulieren: »*hinter* den ... Phänomenen«, sondern »*in* den ... Phänomenen«

[73] ebd passim

unsere weiteren Überlegungen ist es aber zweckdienlich, kurz auf sein Urteil über *Herbert Braun* und *James M. Robinson* einzugehen. *Braun* habe, so lobt *Bultmann*, die Intention der existentialen Interpretation am konsequentesten durchgeführt: Die sachliche Einheit des Christus-Kerygmas mit der Verkündigung Jesu zu erweisen sei ihm in der Tat gelungen, indem er das Selbstverständnis des Glaubenden als die Konstante, die Christologie dagegen als das Variable betrachte. Wie auch sonst im Neuen Testament, komme in den Worten Jesu die paradoxe Einheit der radikalisierten Tora und der radikalen Gnade zum Ausdruck. Das heißt im Blick auf das Selbstverständnis des Glaubenden: Er versteht sich in der Kontrapunktik der Offenheit für den Nächsten, also des totalen Gefordertseins, und der totalen Angewiesenheit auf Gott.[74]
Also: *Bultmann* dürfte *Braun* darin zustimmen, daß die sachliche Einheit zwischen Christus-Kerygma und authentischer Jesusverkündigung in der genannten Paradoxie des Selbstverständnisses des Glaubenden gegeben ist. Anders formuliert: *Bultmann* gibt zu, daß die geschichtliche Begegnung mit den authentischen Jesusworten und die geschichtliche Begegnung mit dem Christus-Kerygma zum selben Selbstverständnis des Glaubenden führen. Ob ich demnach der authentischen Jesusverkündigung oder ob ich der Christusverkündigung des Neuen Testaments existentiell begegne – ich verstehe mich jedesmal als den total Geforderten und in einem damit als den total Begnadeten.
Unklar ist dagegen, inwieweit *Bultmann Robinson* zustimmt. Einerseits erklärt er, *Robinson* »erreicht« durch Kombination der Frage nach dem historischen Jesus mit der Frage nach der sinnvollen Existenz, »die Identität des Wirkens Jesu mit dem Kerygma aufzuzeigen«[75]. Aber dann sagt er wieder: »Das Bemühen *Robinsons*, aus der formalen Struktur der Herrenworte die ›existentiale Dialektik‹ der glaubenden Existenz (nämlich das dialektische Verhältnis von Gegenwart und Zukunft) zu erheben . . ., ist allerdings nicht überzeugend. Wirkliche existentiale Dialektik liegt m. E. nur bei Paulus und Johannes vor.«[76]

[74] ebd 21f [75] ebd 22 [76] ebd 23, Anm. 72

Die zumindest teilweise Zustimmung zu dem Bemühen seiner Schüler, die sachliche Einheit von authentischer Jesusverkündigung und neutestamentlichem Christuskerygma aufzuweisen, stellt er jedoch wieder dadurch in Frage, daß er als den für ihn enscheidenden Punkt das »merkwürdige Problem« artikuliert: *»Warum mußte der Verkündiger zum Verkündigten werden?«*[77], und zwar nicht als Frage nach der historischen Kontinuität, sondern nach der inneren Notwendigkeit. Der Ton liegt also auf dem »mußte«. Anders formuliert: Warum blieb der Verkündiger in der Lehre seiner Schüler nicht (bloß) der Verkündiger? Wenn doch, so fragt *Bultmann* weiter, die Verkündigung und das Wirken Jesu den Hörer schon vor die Entscheidung stelle, ihm somit schon die Möglichkeit einer neuen Existenz erschließe, hätte sich dann die apostolische Predigt nicht einfach darauf beschränken können, die Verkündigung Jesu zu *»wiederholen«?* Wenn bereits eine solche Wiederholung in die Situation der Entscheidung gegenüber Jesus führen könne, habe dann das Christuskerygma nicht *seinen Sinn verloren*, sei es dann nicht *überflüssig* geworden? Und er zitiert zustimmend *Reginald H. Fuller*, nach dem der Aufweis der Kontinuität zwischen Jesus und dem Kerygma bedeutet, die Differenz zwischen beiden zu verwischen und das Kerygma unnötig (unnecessary) zu machen.[78]

Dieser Argumentation ist aber zweierlei entgegenzuhalten:

1. *Bultmann* fragt, warum sich die apostolische Predigt nicht darauf beschränkt habe, die Verkündigung Jesu einfach zu wiederholen, warum sie dazu noch, oder vielmehr in erster Linie, den Glauben an ihn fordere, ja, warum die Christusbotschaft von der Wiederholung sogar »ganz absehen« konnte (Paulus und Johannes). Doch, war es überhaupt möglich, daß nach Ostern Jesu Jünger »einfach . . . die Lehre ihres Meisters wiederholen« konnten? Waren sie doch solche, denen nicht nur die Begegnung mit dem historischen Jesus, sondern auch die Ereignisse von Karfreitag und Ostern widerfahren waren! Sie konnten doch die Worte Jesu nur »wiederholen«, *indem* sie sie in den Kontext ihrer Deutung von Karfreitag und Ostern stellten. *Nur* als die von diesen Ereignissen Betroffenen und als dieses ihr

[77] ebd 23; Hervorhebung von mir [78] ebd 23f

Betroffen-sein Artikulierende haben sie die Verkündigung Jesu »wiederholen« können. Und so haben sie die Predigt Jesu weitergegeben, zT ziemlich wörtlich, zT aus ihrem Betroffen-sein sie deutend.

Dann aber muß die von *Bultmann* gestellte Frage nach der sachlichen Kontinuität bzw. nach dem sachlichen Verhältnis von Jesusverkündigung und Christusbotschaft präzisiert werden. Genauer: sie muß auf zwei Fragestellungen hin differenziert werden:

a) Es ist zu fragen, inwieweit sachliche Kontinuität besteht zwischen authentischen Jesusworten, soweit sie als solche rekonstruierbar sind, und Worten, die auf solchen authentischen Jesusworten beruhen, die aber durch die Deutung der Urgemeinde eine Modifikation erfahren haben. Ich nenne die Differenz zwischen beiden Arten *»kerygmatische Differenz* innerhalb *der Jesusworte«* (Kerygma hier verstanden als Predigt über Jesus).

b) Es ist zu fragen, inwieweit sachliche Kontinuität besteht zwischen authentischer Jesusverkündigung und neutestamentlicher (expliziter) Christologie, soweit diese eben nicht auf authentische Jesusworte rekurriert, sondern Aussagen über die Person Jesu (zB Präexistenz, Jungfrauengeburt) und über Karfreitag und Ostern bringt. Ich nenne die Differenz zwischen beiden Arten von Aussagen *»kerygmatische Differenz* gegenüber *den Jesusworten«*.

Indem zwischen diesen beiden Arten von kerygmatischer Differenz unterschieden wird, ist dem Einspruch gewehrt, die *ganze* synoptische Jesusüberlieferung sei vom Glauben der Urgemeinde geformt.[79] Denn achtet man auf die kerygmatische Differenz *innerhalb* der Jesusworte, so geht es doch eben darum festzustellen, an welcher Stelle wir auf jenes Stadium der Jesusworte stoßen, wo noch keine Formung der Gemeinde anzunehmen ist. Eine derartige historisch-kritische Operation als prinzipiell undurchführbar abzulehnen dürfte sicherlich nicht im Sinne des *Bultmanns* der »Geschichte der synopti-

[79] So hält *Bultmann* dem, was ich in meiner Antrittsvorlesung kritisch zu seinem Verständnis des historischen Jesus gesagt habe, entgegen: »In der neutestamentlichen Wissenschaft wird ja gerade heute betont, daß die Berichte der Synoptiker *durchweg* vom nachösterlichen Glauben der Gemeinde geformt sind.« (Brief vom 5. Juni 1972; Hervorhebung von mir)

schen Tradition« liegen. Denn in diesem Werk kommt er ja auf Worte zu sprechen, die Charakteristisches, Neues enthalten: »Also wenn irgendwo, so muß hier das Charakteristische der Verkündigung Jesu zu finden sein.«[80] Als solch Charakteristisches nennt *Bultmann:* Worte, die aus dem Hochgefühl der eschatologischen Stimmung gesprochen sind wie Mk 3,27, Worte, die von der Energie des Bußrufs getragen sind wie Mk 8,35, endlich Worte, die die neue Gesinnung fordern, wie das Wort von der Reinheit (Mk 7,15)[81], von den Kindern (Mk 10,15), von Hochmut und Demut (Lk 14,11; 16,15), von der Wiedervergeltung (Mt 5,39b–41) und Feindesliebe (Mt 5,44–48).[82]

Erkennt man die Voraussetzung der kerygmatischen Differenz innerhalb der Jesusworte an, nämlich das Nebeneinander von nichtmodifizierten und aufgrund der Osterereignisse modifizierten Jesusworten, so ist das Axiom, nur das aus dem Osterglauben formulierte bzw. umformulierte Wort könne in die eigentliche Entscheidung vor Gott stellen, äußerst fraglich geworden. Hält man nämlich dieses Axiom aufrecht, so kann das im Osterglauben modifizierte Jesuswort *nur insoweit* zum eigentlichen Heilsereignis werden, als es die Modifikation aussagt. Das aber wäre eine Hypothese, die schon auf den ersten Blick unwahrscheinlich vorkommt. Damit sie überzeugen könnte, müßte sie evident machen können, daß der ursprüngliche Sinn eines Logions Jesu und der Sinn der Modifikation durch das Osterkerygma völlig auseinanderfallen. Das aber würde bedeuten, daß nach jenem Axiom die Umformung der authentischen Jesusworte durch den Glauben der Urgemeinde eine *totale* Sinnumbiegung beinhaltet.

Da man dies nicht annehmen sollte, ist zu folgern, daß entweder auch das aus dem Osterglauben umformulierte Jesuswort noch nicht Kerygma ist – aber das kann ja nicht *Bultmanns* Meinung sein, wenn er sich eben darauf beruft, daß die Berichte der Synoptiker durchweg vom nachösterlichen Glauben der Urgemeinde geformt sind – oder daß das Heilsgeschehen als Wort auch die authentischen Jesusworte impliziert. So führt die Annahme, die Worte des histo-

[80] Trad., 110 [81] s. 4. Kap. dieses Buches [82] Trad., 110

rischen Jesus gehörten nicht zum Heilsgeschehen im eigentlichen Sinne, sie seien nicht in der Lage, in die Entscheidung vor Gott zu rufen, in jene Entscheidung nämlich, in der es um Ergreifen oder Verfehlen von Eigentlichkeit der Existenz geht, in arge Verlegenheit. Diese Annahme geht schon rein logisch nicht auf. Von daher wird auch die grundsätzliche inhaltliche Unterscheidung, die *Bultmann* hinsichtlich der Verkündigung Jesu und dem Christus-Kerygma macht (s. u.), mehr als fraglich.

2. Der Argumentation *Bultmanns*, es sei zu fragen, ob das Christus-Kerygma nicht überflüssig werde, wenn schon die »Wiederholung« der Verkündigung Jesu in die Situation der Entscheidung gegenüber Jesus führen könne, ist aber noch ein Zweites entgegenzuhalten. Tendiert diese Argumentation nicht allzusehr auf ein simplifizierendes *Entweder-Oder*? Denn entweder tut schon die Predigt Jesu das Ganze – oder dies tut erst das Kerygma der explizierten Christologie. Entweder ist nur das eine nötig – oder es ist nur das andere erforderlich. Nun geht es *Bultmann* doch darum, daß existentiale Interpretation aus einer existentiellen Vorentscheidung, also aus einer ganz bestimmten Fragestellung auf ein ganz bestimmtes Woraufhin praktiziert wird. Dies hat er in seinem Aufsatz »Das Problem der Hermeneutik« einleuchtend dargestellt.[83] Als geschichtliches Wesen geht ja der Mensch an den Text des Neuen Testaments heran. Dh, er geht an ihn heran in einer jeweils konkreten, eben in dieser Konkretheit von anderen Situationen unterschiedenen Situation. So soll das Neue Testament nach *Bultmann* keine »allgemeinen Wahrheiten«, also Wahrheiten, die unabhängig von der jeweiligen Situation gelten, vermitteln. Gerade deshalb ist für ihn das neutestamentliche Kerygma keine allgemeine Wahrheit. Dann aber ist nicht einzusehen, warum nicht in unterschiedlichen Situationen des Glaubenden in je unterschiedlicher Weise entweder authentische Jesusworte oder Sätze des expliziten Christuskerygmas oder auch beides zur eigentlichen Entscheidung führen kann.

Es wäre jedoch unrecht gegenüber *Bultmann*, wollte man seine Gegenüberstellung von Jesusverkündigung und urchristlicher Christus-

[83] GuV II, 211–236

botschaft als ein bewußt intendiertes unverbundenes Nebeneinander zweier erratischer Blöcke sehen. Auch er bemüht sich, jenes Entweder-Oder aufzuweichen. In seinem Heidelberger Vortrag ging es ihm ja gerade um das *Verhältnis* der urchristlichen Christusbotschaft zum historischen Jesus. Und um eine seiner frühen Veröffentlichungen zu nennen, auch der zweite Teil seines 1929 publizierten Aufsatzes »Die Bedeutung des geschichtlichen Jesus für die Theologie des Paulus« ist ähnlich überschrieben: »Das *Verhältnis* der Theologie des Paulus zur Verkündigung Jesu.«[84] Einige Passagen des Heidelberger Vortrags bleiben übrigens in der straffen Konzentriertheit ihrer Aussagen unverständlich, wenn man sie nicht von dem in jenem frühen Aufsatz Gesagten her versteht.

Wie will nun *Bultmann* das starre Entweder-Oder überwinden? Er tut es, indem er gerade das *Gegensätzliche* der Predigt Jesu und des Christus-Kerygmas als *aufeinander bezogen* sieht. Den Gegensatz als solchen hält er jedoch in aller Deutlichkeit fest: Es besteht der »grundsätzliche Unterschied« zwischen der Verkündigung Jesu und dem Christus-Kerygma, der sich in zwei Punkte aufgliedern läßt:

1. Jesus *blickt in die Zukunft,* auf die kommende Gottesherrschaft. Das Christus-Kerygma *blickt zurück:* Die Wende der Äonen ist schon erfolgt.[85]

2. »Jesus predigt das *Gesetz* und die Verheißung, Paulus predigt das *Evangelium* in seiner Bezogenheit auf das Gesetz, wie denn Gesetz und Evangelium eine Einheit bilden und das Gesetz nur mit der Verheißung, das Evangelium nur mit dem Gesetz richtig verstanden wird.«[86]

Insofern aber bringen nach *Bultmann* Jesus und Paulus Gleiches zum Ausdruck, als beide faktisch die Situation des Menschen als des Sünders vor Gott aufdecken.[87] ». . . ich behaupte, daß in der Theo-

[84] GuV I, 202 [85] GuV I, 200; Christusbotschaft, 26

[86] GuV I, 201; Hervorhebung von mir; s. auch Christusbotschaft, 26f; »Weil die ›Wiederholung‹ vor allem die Verkündigung des Willens Gottes, seiner Forderung, ist, so entsteht damit auch das die Geschichte der Kirche bewegende Problem des Verhältnisses von Gesetz und Evangelium.«

[87] GuV I, 198

logie des Paulus die Situation explizit wird, in die der Hörer der Bergpredigt faktisch gestellt wird.«[88] Aber *der* Paulus, der die Situation des Menschen als des Sünders vor Gott aufdeckt, ist ja nur Paulus, insofern er die Situation des Menschen unter dem Gesetz darstellt. Dh aber, lediglich im Blick auf ihre Gesetzesauffassung sind nach *Bultmann* Jesus und Paulus im Prinzip einig, nicht aber in dem, was das Evangelium angeht.

Wollen wir zunächst mit unseren exegetischen Bedenken gegenüber diesem »grundsätzlichen Unterschied« zurückhalten und uns nur die Folgerungen vergegenwärtigen, die *Bultmann* aus diesem exegetischen Befund zieht. Mit *Käsemann* sieht er die »Lösung des Problems« darin, daß das Kerygma das *»Einmal«* des historischen Jesus in das *»Ein-für-allemal«* verwandelt hat, daß also die Geschichte Jesu als das entscheidende eschatologische Ereignis in der Verkündigung der Kirche präsent bleibt. Daß also Jesus ins Kerygma auferstanden und somit im Kerygma wirklich gegenwärtig sei. *Sein* Wort ist es, das den Hörer im Kerygma trifft.[89]

Dann aber stellt sich mit Notwendigkeit die Frage, ob es denn nur der Gesetz predigende Jesus ist, der jeweils im Kerygma präsent wird, also nur derjenige Jesus, der, indem er das Gesetz als Forderung der Sittlichkeit hinstellt, den Menschen als Sünder überführt. Aber damit ist doch gerade das nicht getroffen, was *Bultmann* meint, wenn er schreibt, die »Geschichte Jesu« sei in der Verkündigung als »das entscheidende eschatologische Ereignis« präsent.[90] Jedenfalls dürfte doch nicht die Intention *Bultmann*s darin bestehen, daß das Kerygma, indem es das »Einmal« des historischen Jesus in das »Ein-für-allemal« verwandelt, lediglich das »Einmal« des Aufdeckens der Sünde in das »Ein-für-allemal« dieses Aufdeckens verlängert! Ist doch das Kerygma als Zusage der Vergebung der Sünde eben nicht bloßes Aufdecken der verlorenen menschlichen Situation! Natürlich will *Bultmann* nicht in dem eben vorgetragenen Sinne verstanden werden. Er wird aber schwerlich bestreiten können, daß seine Darstellung ein solches Verständnis provoziert.

[88] ebd 199, Anm. 1
[89] Christusbotschaft, 25–27
[90] ebd 25

Hat aber *Bultmann Käsemanns* Auffassung überhaupt adäquat wiedergegeben? Wenn dieser nämlich von der merkwürdigen Verschmelzung des »einmal« und »ein für alle Male«[91] spricht, dann geht es ihm jedenfalls nicht um das Gesetz, sondern um das Evangelium, und zwar um das Evangelium, insofern es vom historischen Jesus seinen Ausgang nimmt.[92] Dies zeigt vor allem der locus classicus im Schlußabsatz seines Aufsatzes über den historischen Jesus: »Die Frage nach dem historischen Jesus ist legitim die Frage nach der *Kontinuität des Evangeliums* in der Diskontinuität der Zeiten und in der Variation des Kerygmas.«[93]

Mir scheint, daß *Bultmann*, wenn er davon spricht, daß die älteste Gemeinde die Geschichte Jesu als das entscheidende eschatologische

[91] EVB I, 200

[92] *Käsemann* antwortet auf die Heidelberger Akademierede mit seinem Aufsatz »Sackgassen im Streit um den historischen Jesus« (EVB II, 31–68, vor allem 42–68). Er kehrt die Frage *Bultmanns* »Warum mußte der Verkündiger zum Verkündigten werden?« um: »Wie konnte es von der Doxologie des Verkündigten nochmals zur Erzählung vom Verkündiger kommen, und zwar im Rahmen des Kerygmas?« In diesem Zusammenhang bringt nun auch er noch einmal die Doppelformel »Einmal« – »Ein-für-alle Mal«: »Verfügbar und manipulierbar wird, wie die korinthischen Enthusiasten zeigen, durch Menschen nicht nur die Historie gemacht, sondern auch der Geist. Der Rückgriff auf die Form des Evangelienberichts, auf die Erzählung vom palästinischen Verkündiger, auf das ›Einmal‹ gegenüber dem ›Ein-für-alle-Mal‹, auf historisierende Darstellung im Rahmen des Kerygmas und nicht zuletzt auf den durch Palästina wandernden Jesus erfolgte als eine theologisch relevante und deshalb von der Kirche aufgenommene und festgehaltene Reaktion, in der es um die Unverfügbarkeit des Christus, des Geistes, des Glaubens ging.« (66) *Käsemanns* Fazit ist nicht weit von unserer Auffassung entfernt: »So ergibt sich zum Schluß die für uns heute allerdings reichlich paradox klingende These, daß gerade das, was *Bultmann* nur unter dem Aspekt des Objektivierbaren zu sehen vermag und darum schroff von der existentiellen Begegnung trennt, urchristlich dazu diente, die Unverfügbarkeit des Heils, das Prae des Christus vor den Seinigen, das Extra nos der Botschaft, die Notwendigkeit des Exodus der Glaubenden aus sich selbst herauszustellen.« (67) *Bultmanns* »Antwort an *Ernst Käsemann*« s. GuV IV, 190–198; s. Anm. 23 dieses Kapitels!

[93] EVB I, 213; Hervorhebung von mir

Ereignis verstanden hat, das in der Verkündigung präsent bleibe, vor allem das Kreuz Christi vor Augen hat.[94] Wenn er aber im Zusammenhang damit *Käsemanns* »ausgezeichnete« Formulierung (»einmal« und »ein-für-allemal«) nennt, so gehen hier zwei Dinge durcheinander, nämlich Jesu Geschick am Kreuz und seine Verkündigung (um letztere geht es ja vor allem *Käsemann*!).

Der Versuch *Bultmanns*, das Verhältnis der urchristlichen Christusbotschaft zum historischen Jesus präzise zu formulieren, dürfte zu einer Aporie geführt haben. Ein wirkliches Überwinden jenes starren Entweder-Oder ist ihm nicht gelungen.[95]

[94] vgl. KuM I, 48: ». . . daß Gottes eschatologisches Handeln sich in einem Menschenschicksal vollzieht . . .«

[95] Wie schwierig es für *Bultmann* ist, aus dem Entweder-Oder auszubrechen, zeigt auch folgender Satz aus seinem Heidelberger Vortrag: »Wenn die bloße ›Wiederholung‹ der Verkündigung Jesu – sei es durch die in den Synoptikern verarbeitete Tradition, sei es durch die moderne Geschichtsschreibung – die Vergangenheit in der Weise präsent macht, daß sie den Hörer (oder Leser) vor die Entscheidung für (oder gegen) eine in der Verkündigung des historischen Jesu erschlossene Möglichkeit des Selbstverständnisses stellt, so fordert das Christus-Kerygma den Glauben an den in ihm präsenten Jesus, der nicht nur, wie der historische Jesus das Heil verheißen, sondern es schon gebracht hat.« (25) Hier ist nun nicht die Rede davon, daß der historische Jesus von der Gesetzespredigt her verstanden werden müsse. Vielmehr geht es hier um die Entgegensetzung: Der historische Jesus hat das Heil verheißen, der im Kerygma präsente Jesus hat das Heil gebracht. *Existential formuliert* würde das heißen: Dem Hörer der authentischen Jesusworte (doch wohl: damals wie heute!) wird die Möglichkeit heilserfüllter Daseinsmöglichkeiten erschlossen, dem Hörer des Christus-Kerygmas wird diese Möglichkeit als eine grundsätzlich verwirklichte erschlossen. An dieser, freilich interpretierenden, Formulierung zeigt sich aber die Unschärfe der von *Bultmann* vorgenommenen Gegenüberstellung. Denn wenn mir doch schon in der Predigt Jesu die Möglichkeit heilserfüllten Daseins erschlossen und dadurch die Gelegenheit gegeben ist, sie zu ergreifen, dann ist das doch genauso, als ob ich die bereits in Christus verwirklichte Daseinsmöglichkeit ergreife. Das eben ist doch der Sinn von Möglichkeit, daß für sie die Verwirklichung von Wirklichkeit nicht verstellt ist; per definitionem steht für die Möglichkeit die Wirklichkeit offen. Wenn mir also in der Predigt Jesu Daseinsmöglichkeiten erschlossen sind, was soll dann die Steigerung, daß in Christus diese Möglichkeiten bereits verwirklicht sind? Nehme ich also die existen-

Einige Bemerkungen noch zu dem von *Bultmann* behaupteten grundsätzlichen Unterschied inhaltlicher Art zwischen der Jesusverkündigung und dem Christus-Kerygma! Kann man wirklich sagen, daß für Paulus die Rechtfertigung schon erfolgt sei, Jesus aber im Gegensatz dazu erst auf die kommende Gottesherrschaft blicke? Ist nur für Paulus die Wende der Äonen schon erfolgt? Hat *Käsemann* unrecht, wenn er behauptet, für Jesus sei die Wende der Äonen mit dem Täufer abgeschlossen?[96] Steht Jesus wirklich so sehr auf Seiten des Gesetzes, wie *Bultmann* anzunehmen geneigt ist?[97] M. E. ist gerade das Gegenteil zu vermuten. Ich kann dies hier nicht näher ausführen und verweise deshalb an dieser Stelle nur auf meine Schrift »Das Gesetz in der synoptischen Tradition«[98]. Gerade die Gesetzesüberwindung in der Predigt Jesu[99] ist konstitutiv für das, was unter dem Terminus »Evangelium« zu fassen ist. Und was Paulus angeht: Schaut er nur zurück? Ist die Rechtfertigung aus dem Glauben nicht Antizipation des noch ausstehenden Endgerichts, geht es in ihr nicht gerade um die Zukunft, paradox gesprochen: um die Zukunft mitten in der Gegenwart?

Ist nun einerseits bei Paulus die Spannung zwischen dem Schon-jetzt und dem Noch-nicht konstitutiv, so zeigt sich andererseits bei Jesus genau diese Spannung in seiner Verkündigung der Gottesherrschaft, wie *Kümmel* eindeutig nachgewiesen hat.[100] Lk 11,20 / Mt 12,28 darf nicht in seiner Bedeutung für die Verkündigung Jesu heruntergespielt werden: »Wenn ich mit dem Finger (Mt: dem Geiste) Gottes

tiale Interpretation als solche ernst, so ist die von *Bultmann* gebrachte Gegenüberstellung sinnlos.

[96] EVB I, 210 [97] GuV I, 191ff [98] Witten 1973

[99] Mit Recht spricht *Käsemann* von Jesu »grundsätzlicher Kritik der Tora«: »Die Tora ist unteilbar. Jesus hat sie jedoch nicht unteilbar gelassen. Gerade hier wird für mich seine Überwindung des Judentums am sichtbarsten, und ich würde mich nicht scheuen, von einem Bruch mit dem Judentum an der entscheidenden Stelle zu sprechen . . .« Fraglich wird allerdings die Fortsetzung des Satzes: ». . . den allerdings erst die Hellenisten als solchen erkannt zu haben scheinen.« (EVB II, 60) s. meine in Anm. 98 genannte Studie, S. 171ff!

[100] *W. G. Kümmel,* Verheißung und Erfüllung, Untersuchungen zur eschatologischen Verkündigung Jesu, Zürich 1956[3]

die Dämonen austreibe, dann *ist* die Gottesherrschaft zu euch gekommen (ἔφθασεν!).« Deshalb ist auch *Bultmanns* Vorwurf gegenüber *Braun* und *Robinson* unberechtigt, sie seien faktisch durch das Kerygma geleitet, wenn sie in den Worten des historischen Jesus das bereits Spezifische der nachösterlichen Predigt fänden.[101]
Halten wir als Ergebnis fest: Die Weigerung *Bultmanns*, in den Worten des historischen Jesus Konstitutives für das Evangelium des Neuen Testaments zu sehen, führt in eine Sackgasse. So bleibt für uns die Frage, ob nicht gerade die institutionskritischen Worte der authentischen Jesuspredigt Entscheidendes für eine politische Theologie abgeben können. Oder besser gesagt, ob nicht eine existentiale Interpretation dieser Worte zu einer fundierten Konzeption einer politischen Theologie führen kann. Ehe wir aber einen derartigen Versuch skizzieren (4. Kapitel), muß noch *Dorothee Sölles* Verständnis der paulinischen »Entweltlichung« untersucht werden und damit in einem die Fundierung ihres atheistischen Gottesbegriffs.

Exkurs: Der »historische Jesus« bei *Walter Schmithals*

Nahezu die ganze *Bultmann-Schule* ist, was die Konzeption des Verhältnisses von Christus-Kerygma und historischem Jesus angeht, von ihrem Lehrer mehr oder weniger abgerückt. Nicht gilt dies aber von *Walter Schmithals*.[102] Wie aus seiner soeben erschienenen Aufsatzsammlung »Jesus Christus in der Verkündigung der Kirche«[103] ersichtlich ist, geht sein bis zum heutigen Tage konstant durchgehaltenes Bemühen dahin, das Erbe *Bultmanns* gerade in diesem Punkte zu wahren. Ganz ohne Kritik an dessen Position sind aber auch *Schmithals*' Darlegungen nicht. Man wird sogar sagen können, daß er durch diese Kritik die Diastase zwischen Christus-Kerygma und historischem Jesus noch mehr vertieft.

[101] Christusbotschaft, 26
[102] s. aber auch *H. Conzelmann*, Grundriß der Theologie des Neuen Testaments, München 1967, 15f
[103] Neukirchen 1972

Seine *historische* Konzeption läßt sich so skizzieren:
1. Die frühe Christenheit war am heute sogenannten »historischen« Jesus uninteressiert.[104] Das zeigt sich u. a. daran, daß sich Paulus in seinem Desinteresse am historischen Jesus auf die Jerusalemer Urgemeinde beruft.[105] Diese ist *nur* am Bekenntnis zum erhöhten Herrn interessiert.
2. Authentische Jesusworte konnten deshalb *nur* in Gemeinden weitergegeben worden sein, die vom Ostergeschehen keine Notiz genommen hatten (Jesus-Sekte in Galiläa).[106]
3. Zur Zeit des Markus ist dessen Gemeinde, wohl infolge der Wirren des jüdischen Krieges, mit Gliedern der vorösterlichen Jesusgemeinden zusammengetroffen. Das Markus-Evangelium ist von daher als der missionarische Versuch zu begreifen, diese Jesusgemeinden für das kirchliche Kerygma zu gewinnen.[107]
4. Die ursprünglich von den Jesusgemeinden tradierten und schließlich von der kirchlichen Verkündigung rezipierten Jesusworte wurden freilich nicht als Tradition vom »historischen« Jesus, sondern als Teil des Christuskerygmas aufgenommen und verstanden.[108]
5. Die Kirche hat sich für das Was und Wie des Lebens Jesu nie interessiert.[109]
Nun stellt sich *Schmithals* die Frage, *warum* denn »die Urgemeinde das Wirken und das Glauben des irdischen Jesus übersprungen hat, wenn sie ihren Glauben an Jesus formuliert«[110]. Seine Antwort läßt sich wieder in zwei Punkten zusammenfassen:
1. Die Frage nach dem »historischen Jesus« ist eine durchaus moderne Frage, die an die Jesus-Überlieferung von außen herangetragen wird.[111] Der historische Jesus ist als Kind der Aufklärung eine *dogmatische* Konstruktion, mittels derer der dogmatische, biblische

[104] ebd 24 [105] ebd 17 [106] ebd 71f [107] ebd 73
[108] ebd 75; 69: »Denselben ›Sitz‹ im Leben der frühen Christenheit haben aber Wundergeschichten und Apophthegmen (d. h. kleine Szenen mit einem Ausspruch Jesu als Sinnmitte; Zusatz des Vf.) ... In diesen beiden ›Formen‹ der synoptischen Tradition handelt nicht der irdische Jesus, sondern der erhöhte Herr, der Kyrios des Bekenntnisses, in himmlischer Vollmacht.«
[109] ebd 75 [110] ebd 19 [111] ebd 25

Jesus Christus aus dem Bekenntnis der Kirche entfernt werden sollte. Der historische Jesus ist daher wie der biblische Christus ein »dogmatischer Jesus«, eine »dogmatische Wirklichkeit«, einerlei ob als der konsequent eschatologische Jesus, als die absolute Persönlichkeit Jesus, als der mitmenschliche Jesus, als der aufgeklärte Jesus oder als der fromme Rebell Jesus.[112] Angesichts des eindeutig dogmatischen Charakters des historischen Jesus und des biblischen Christus ist eine theologische Kombination beider Größen nicht möglich.[113]

2. Jesus predigte die Heilserwartung. Aber erst Ostern geschieht der »Umbruch« von der Heilserwartung zur Heilsmitteilung. »Erst die nachösterliche Gemeinde des Christus crucifixus versteht sich als eschatologische Heilsgemeinde.«[114]

Wie sieht dann aber *Schmithals* das Problem von *Kontinuität* und *Diskontinuität* hinsichtlich des Umbruchs von der vorösterlichen zur nachösterlichen Zeit? Die Antwort lautet:

1. »Die Kontinuität von Jesus zu Christus« und »die Identität des Erhöhten mit dem Irdischen« kann »nicht Konstanz desselben bedeuten«[115].

2. Deshalb ist zwischen dem *»historischen Jesus«*, dem *»irdischen Jesus«* und dem *»biblischen Jesus Christus«* zu unterscheiden. »Sowohl der historische Jesus wie der biblische Jesus Christus sind bestimmte Ausprägungen des wirklichen irdischen Jesus von Nazareth. Der historische Jesus stellt das Ergebnis wissenschaftlichen Bemühens dar, durch das vom Glauben der Gemeinde geprägte Bild Jesu hindurch zum wirklichen irdischen Jesus durchzustoßen. Der biblische Christus ist dieser selbe irdische Jesus, wie er sich dem Auge des (Oster)glaubens zeigt.«[116]

Schmithals zieht aus allem die *Konsequenz:* Die Wiederhinwendung zum historischen Jesus führt zum Verzicht auf Jesus. Wörtlich heißt es: »Die Entwicklung von *Käsemanns* Aufsatz von 1953 hin zu solchen Äußerungen (gemeint ist der Protest radikaler Studenten gegen

[112] ebd 82f [113] ebd 88 [114] ebd 76 [115] ebd 74

[116] ebd 81; *Schmithals* fährt fort: »Hinsichtlich des *Anspruchs,* den wirklichen irdischen Jesus zu repräsentieren, besteht also zwischen dem historischen Jesus und dem biblischen Christus Jesus kein Unterschied.«

die autoritäre Fixierung an der Person Jesus und die Forderung, sich statt dessen unmittelbar an gesamtgesellschaftlichen Problemhorizonten zu orientieren und die Vorbilder in der Gegenwart zu suchen; Zusatz des Vf.), das heißt der Weg von der theologischen Orientierung am historischen Jesus bis zum Verzicht auf Jesus, ist durchaus konsequent, weil *alles* Historische den Charakter der Relativität an sich trägt und darum mit anderen historischen Größen vertauscht werden kann.«[117] Anders argumentiert er aber, wenn er schreibt: »Wo aber einmal der ›historische‹ Jesus aufgeboten wird, den biblischen Christus ›ethisch‹ zu ergänzen, ist er schnell im Begriff, ihn auch zu ersetzen. Dann stoßen wir auf die ›Theologie nach dem Tode Gottes‹, die ihre ›Christlichkeit‹ dadurch auszuweisen sucht, daß sie wenigstens den historischen Jesus in ihr Konzept einbezieht. Gott ist tot, aber Jesus hat gelebt; Gott gibt es nicht, aber Jesus hat es gegeben . . . Zwischen diesem Jesus und dem Jesus Christus der biblischen Verkündigung, zwischen dem ›historischen‹ Jesus und dem ›Herrn‹ Jesus als der Krisis alles Historischen muß man sich freilich entscheiden.«[118] Einmal besteht demnach die Konsequenz im Verzicht auf Jesus, dann aber im Verzicht auf Gott.

Was ist zu dieser Gesamtkonzeption zu sagen? Zunächst eine grundsätzliche Vorbemerkung! Mit *Schmithals* bin ich einig, daß für *Bultmann* die existentiale Interpretation ein allgemeines hermeneutisches Prinzip ist, daß sie aber von ihm im wesentlichen auf die Entmythologisierung beschränkt bleibt. Des weiteren bin ich mit ihm einig, daß auf existentiale Interpretation nicht verzichtet werden kann. Und fernerhin bin ich mit ihm in Konsequenzen einig, die noch im Laufe unserer Untersuchung zu nennen sind. Unter diesem Vorzeichen soll der nun zum Ausdruck kommende Dissenz relativiert werden.

Es ist festzuhalten, daß *Schmithals'* Konzeption konsequent, in sich geschlossen ist. Sie ist in sich widerspruchsfrei. Wie aber steht es mit den Voraussetzungen dieser Konzeption? Bereits seine Auffassung vom Desinteresse der frühen Christenheit und im besonderen der Jerusalemer Urgemeinde am historischen Jesus überzeugt mich

[117] ebd 64 [118] ebd 30

nicht. Sicherlich dürfte Paulus, wenn er 1 Ko 15,3ff ein kurzes Glaubensbekenntnis zitiert, dies im Einklang mit Jerusalem tun. Bedeutet aber V. 11 wirklich, daß die Jerusalemer Urgemeinde, wenn sie in diesem Glaubensbekenntnis mit Paulus übereingeht, »auf den ›historischen‹ Jesus keine Rücksicht nimmt«[119]? Hat denn ein solches *Credo exklusive Wirkung?* Schließt denn das Bekenntnis zum gekreuzigten und auferstandenen Herrn notwendig die Weitergabe von Erinnerungen an den vorösterlichen Jesus aus?! *Schmithals* macht also, wenn seine Beweisführung schlüssig sein soll, die unausgesprochene Voraussetzung, daß das Bekenntnis zur Heilstat Gottes an Jesus und somit an uns die Tradierung von authentischen Jesusworten unmöglich macht. Diese Voraussetzung ist keineswegs zwingend. Daß ein Glaubensbekenntnis, dessen »Sitz im Leben« ein liturgischer ist, sich eher auf wenige Ereignisse als auf die Fülle einer Lehre bezieht, ist eher einleuchtend.[120] Deshalb scheint mir keinesfalls der »überraschende Schluß« überzeugend, daß in der palästinischen Urtradition die Überlieferungen vom irdischen Jesus nicht weitergereicht wurden, weil Paulus sich allen seinen klaren Äußerungen zufolge an die Jerusalemer Tradition anschließe.[121]
Dann aber ist es nicht mehr nötig, zu folgern, die authentischen Jesusworte hätten zunächst von Jesusgemeinden überliefert werden müssen, die vom Ostergeschehen keine Notiz genommen haben.[122]
Wie steht es mit *Schmithals'* These, daß die Urgemeinde deshalb nicht am »historischen Jesus« interessiert sein konnte, weil man so erst in der Aufklärung gefragt hat? Aber per definitionem ist dort

[119] ebd 17
[120] M. E. hat *J. Jeremias* recht, wenn er im Anschluß an *C. H. Dodd* zwischen *Kerygma* und *Didache*, zwischen Verkündigung und Lehre, unterscheidet; s. *J. Jeremias*, Abba, Studien zur neutestamentlichen Theologie und Zeitgeschichte, Göttingen 1966, 180ff
[121] *Schmithals*, 68
[122] Im übrigen ist es doch seltsam, daß *Schmithals* einerseits argumentiert, daß das von Markus rezipierte Material der Jesusgemeinden »durch und durch vom Christuskerygma geprägt« (68), dh daß der irdische Jesus nicht anders als im kerygmatischen Gewand zu haben sei, er aber dann andererseits gerade aufgrund dieses kerygmatisierten Jesusmaterials auf kerygmafreie Jesusgemeinden schließt.

der Begriff »historischer Jesus« als Widerspruch zum biblischen Christus, zum erhöhten, nachösterlichen Herrn als der Grundlage des christlichen Glaubens gefaßt. Dann hat sich die nachösterliche Gemeinde natürlich nicht am vorösterlichen Jesus als dem »historischen Jesus« orientiert, um ihren eigenen Glauben zu sabotieren! Darin stimmen *Schmithals* und ich überein: *Der dogmatisch verstandene »historische Jesus« ist nicht der Jesus des Neuen Testaments.* Aber *Schmithals* behauptet ja nicht nur, daß die Urgemeinde das Wirken und Glauben des historischen, sondern auch des *irdischen* Jesus übersprungen habe.[123] Diesen irdischen Jesus begreift er jedoch, wie wir sahen, als den *»wirklichen* irdischen Jesus«. Und vom biblischen Jesus Christus spricht er als »Ausprägung« des irdischen Jesus.[124] Wenn, wie *Schmithals* meint, der biblische Christus mit dem irdischen Jesus, wie er sich dem Osterglauben zeigt, identisch ist[125], dann ist doch der *Osterglaube am irdischen Jesus interessiert!* Unter *dieser* Voraussetzung wäre ich durchaus bereit, seiner Formulierung zuzustimmen, daß in den synoptischen (authentischen) Jesusworten der auferstandene und erhöhte Herr spricht.[126] Denn der Urgemeinde ging es doch darum, daß der erhöhte Herr der irdische *ist.* Gerade dieses Anliegen sieht *Schmithals* selbst in der Polemik des Paulus

[123] ebd 19

[124] doch wohl als der *sachgemäßen* Ausprägung, da *Schmithals* den »historischen Jesus« als Widerspruch zum biblischen Christus konzipiert, als die nichtsachgemäße Ausprägung

[125] ebd 81

[126] ebd 69. Meine Frage an *Schmithals*, ob er in der Lage sei, das Ver hältnis von irdischem Jesus zum biblischen Christus im Sinne der »Wirkungsgeschichte« *(Gadamer)* zu verstehen, hat er verneint. Man müsse dann Ostern psychologisieren und das Kerygma mit einer gesteisgeschichtlichen Entwicklung erklären, während es sich selbst doch gerade auf einer Tat Gottes begründet. (Brief vom 23. Dez. 1972) Ist es aber nicht möglich, auch das gottgewirkte Widerfahrnis der Osterereignisse als den neuen Horizont zu begreifen, in dem nun der vorösterliche, in der Terminologie von *Schmithals* der irdische, Jesus neu gesehen und verstanden wird? Keinesfalls ist es meine Absicht, Ostern psychologisch zu erklären. s. *H.-G. Gadamer*, Wahrheit und Methode, Grundzüge einer philosophischen Hermeneutik, Tübingen 1965², 284ff.

gegen die korinthischen Gnostiker in seiner überzeugenden Exegese von 1 Ko 12, 1–3! [127]

Daß ich die von *Schmithals* artikulierte Konsequenz nicht teilen kann, versteht sich nach dem Gesagten von selbst.[128]

[127] *W. Schmithals*, Die Gnosis in Korinth, Eine Untersuchung zu den Korintherbriefen, Göttingen 1965², 117ff

[128] Die briefliche Diskussion zwischen *Schmithals* und mir konzentriert sich z. Zt. auf das Verhältnis von Gesetz und Evangelium im Blick auf die Ethik Jesu. Diese Diskussion ist nicht abgeschlossen. Deshalb verzichte ich bewußt darauf, diesen Punkt hier zu bringen.

III. Kapitel
Glaube und Vernunft

Dorothee Sölle wendet sich mit großer Leidenschaftlichkeit gegen eine Auffassung vom Glauben, in der dieser, ohne Bezug zur Praxis verstanden, zur reinen Theorie degradiert wird. Dem Auseinandergerissensein von Denken und Tun gilt ihr temperamentvoller Kampf. Ihre Schrift beginnt mit einem Zitat *Bonhoeffer*s, in dem dieser die kommende Generation anredet: »Bei uns war das Denken vielfach der Luxus des Zuschauers, bei euch wird es ganz im Dienst des Tuns stehen.«[1] *Habermas* erfährt Zustimmung, wenn er an programmatischer Stelle schreibt: »Einheit von Theorie und Praxis bezeichnet die Wahrheit, die herzustellen ist, und zugleich den obersten Maßstab der Vernunft, soweit innerhalb der Entfremdung bereits alle Anstrengungen vernünftig heißen dürfen, die auf Herstellung der Wahrheit zugehen – Vernunft ist der Zugang zur künftigen Wahrheit.«[2] Allerdings lasse sich, so meint *Dorothee Sölle*, theologisch bezweifeln, ob der Begriff der Vernunft, wenn er, wie bei *Habermas*, von seinen theologischen Wurzeln und Implikationen befreit sei, möglich ist. Vielleicht müsse es heißen: »Glauben ist der Zugang zur künftigen Wahrheit.«[3] Doch sieht sie Glaube und Vernunft in analoger Weise. Beide Begriffe implizieren die Tendenz auf die zukünftige Einheit von Theorie und Praxis. Somit integriert *Sölle*s Verständnis von Glaube die wesentlichen Momente von Vernunft. Einheit von Theorie und Praxis als oberster Maßstab der Vernunft bedeutet dann für eine Politische Theologie, daß *Glaube Vernunft impliziert* und gerade deshalb nicht als etwas Theoretisches, als Hinnehmen einer Lehre begriffen werden darf, die auf Ergänzung durch die caritas angewiesen ist; durch solche Ergänzungsbedürftigkeit wird die Praxis an die »instrumentelle Vernunft« (im Sinne von *Horkheimer* und *Habermas*) preisgegeben.[4] Die Spitze gegen

[1] *D. Bonhoeffer,* Widerstand und Ergebung, München 1954, 203
[2] *J. Habermas,* Theorie und Praxis, Politica Bd 2, Frankfurt 1963, 316; zitiert Pol. Th., 96 [3] Pol. Th., 96 [4] ebd 98ff

die Nur-Verkündigung wird eigens formuliert: »Offenbar enthält der von *Habermas* formulierte Begriff des ›Zugangs zur künftigen Wahrheit‹ mehr Eschatologie als eine existentiale Interpretation, die ihre Konkretion nicht durch gesellschaftliche Vermittlung, sondern nur durch ›Verkündigung‹ gewinnen will. Politische Theologie aber bezieht ihr Wahrheitsverständnis auf die jetzt noch nicht erschienene Einheit von Theorie und Praxis.«[5]

Für *Dorothee Sölle* gilt also: Glaube und Vernunft – Vernunft im Sinne der Kritischen Theorie – gehören wesensmäßig zusammen, sind zum großen Teil, wenn auch nicht ganz, inhaltlich deckungsgleich; Glaube als Theorie bedeutet aber Trennung von der Vernunft, die nun ihrerseits zur »instrumentellen Vernunft« depraviert ist.

Auch bei *Bultmann* geht es um das Verhältnis des Glaubens zu . . . Der Zuordnung von Glaube und *Vernunft* bei *Dorothee Sölle* entspricht bei ihm die Zuordnung von Glauben und *Verstehen*. Diese Zuordnung von Glaube zu einem *impliziten* Korrelat[6] ist der eigentliche Streitpunkt zwischen beiden Kontrahenten. Darin allerdings steht *Bultmann* in der Nähe von *Dorothee Sölle*: Auch Verstehen als Korrelat zu Glauben ist kein praxisloser, rein intellektueller Akt. Daß *Bultmann* keinesfalls ein Ausklammern der Praxis aus dem Verstehen intendiert, gibt aber auch *Sölle* unumschränkt zu. Diejenigen, die nach ihrer Auffassung die Praxis an die instrumentelle Vernunft preisgegeben haben, sind, im Rückfall hinter *Bultmanns* Ansatz, die Vertreter einer »kerygmatischen Neoorthodoxie«, zu denen sie *E. Grässer* und *W. Schmithals* zählt. Aber insofern sei *Bultmann* an dieser Neoorthodoxie nicht unschuldig, als er selber seinem eigenen Ansatz gegenüber nicht konsequent geblieben sei; habe er doch die Realisierung der Wahrheit durch gesellschaftliche Konkretion außer acht gelassen. M. a. W., *Bultmanns* Konzeption vom glaubenden Verstehen führe letzten Endes doch in die Theorie der reinen Lehre.

[5] ebd 96; s. auch *G. Otto*, Wider den »Mythos« der Verkündigung, Theologia Practica 4 (1972), 316–324

[6] implizit, weil der Glaube entweder die Vernunft oder das Verstehen implizieren soll

Ist dieser Vorwurf berechtigt? Vergegenwärtigen wir uns, um hier urteilen zu können, einige Äußerungen *Bultmanns* über das Verhältnis von Glauben, Verstehen und Tun! Dafür empfiehlt sich sein bereits 1933 in »Glauben und Verstehen I« veröffentlichter Aufsatz »Der Begriff des Wortes Gottes im Neuen Testament«. Nachdem er herausgestellt hat, daß für das Neue Testament die Worte Gottes im Alten Testament Anrede und nicht theologische Lehre sind, sagt er: »Ebenso ist nun im Neuen Testament der Begriff ›Wort Gottes‹ verstanden, wenn er die Größe bezeichnet, für die er überwiegend gebraucht wird: das christliche *Kerygma*. Es ist ein Wort, das Macht hat, das wirksam ist. Das Gesprochenwerden ist wesentlich für dieses Wort, es wird verkündigt und muß gehört werden. Es ist Weisung, Befehl, und *muß getan*, gehalten *werden*.«[7] »Denn *Gottes Wort ist immer Anrede* und wird nur als solche verstanden, wenn die Anrede verstanden, im eigentlichen Sinne *gehört* wird. Eben deshalb hat Gottes Wort keine Legitimation, sondern fordert Anerkennung. Aus der Neutralität heraus kann es nicht als Gottes Wort verstanden werden.«[8] Als autoritatives Wort ist es eben verständliches Wort. Heute würde man wahrscheinlich so formulieren: Wäre Gottes Wort als autoritatives Wort nicht verständliches Wort, so hätte es faschistoiden Charakter. (Wieviel Worte müßte man heute als faschistoid oder gar faschistisch bezeichnen, wenn man als Kriterium des autoritativen Wortes die Verständlichkeit forderte! Wieviel ideologische Parteiworte, gleich welcher politischen Richtung, könnten hier einem kritischen Hinterfragen nicht standhalten!)
Gerade weil wir hier einen so entscheidenden Punkt der *Bultmann*schen Grundüberzeugung vor uns haben, sei noch ein Zitat gebracht, aus dem ersichtlich ist, wie sehr alles auf das Verstehen des Wortes Gottes ankommt: »Ohne seine Verständlichkeit wäre es nicht im ech-

[7] GuV I, 279f; Hervorhebungen von mir

[8] ebd 282; Hervorhebungen von *Bultmann*. Diese Darlegungen *Bultmanns* hat *G. Otto* anscheinend nicht berücksichtigt, wenn er dessen Gleichsetzung von Glaube und Gehorsam (»Glaube in jener unkommentierten Absolutheit als Gehorsam ...« [!]) in die Nähe von *Adolf Eichmann* und *Rudolf Höss* setzt (aaO, 322f). So argumentierte schon *E. Stauffer*, Die Botschaft Jesu damals und heute, Dalp-Tabu 333, 17ff!

ten Sinne Anrede. Echte Anrede ist nur ein Wort, das dem Menschen ihn selber zeigt, ihn sich selbst verstehen lehrt, und zwar *nicht* als *theoretische* Belehrung über ihn, sondern so, daß das Ereignis der Anrede ihm eine Situation des existentiellen Sich-Verstehens eröffnet, ihm eine Möglichkeit des Sich-Verstehens eröffnet, die in der Tat ergriffen werden muß.«[9] Glaube als Geber des Lebens und Glaube als wirkliches Verstehen ist eines. Warum? »Die Antwort ist die: das Wort ist deshalb das Wort des Lebens, weil es als das Leben die Vergebung, die Rechtfertigung verkündigt. Und das wird im Neuen Testament allerdings vorausgesetzt, daß jeder Hörer verstehen kann, was Vergebung ist, und daß er die Vergebung als das Leben verstehen kann.«[10] Dann aber dürfte klar sein: Eine Forderung nach einem »objektiven« Verifikationskriterium ist, wenn Verstehen aus Existenz geschieht, ein un-sinniges Unterfangen. Die Wirklichkeitsblindheit, die mit der Art des Fragens im positivistischen »Sinne« aufgrund der selbstgewählten Horizontverengung notwendig gegeben ist, offenbart sich nirgends deutlicher als beim Überspringen der Problematik des Verstehens aus Existenz.[11]

Daß Verstehen für *Bultmann* praxisbezogen ist, anders formuliert: daß Verstehen ohne Praxisimplikation eben kein Verstehen ist, zeigt auch eine Stelle aus dem bereits mehrfach zitierten Aufsatz »Das christliche Gebot der Nächstenliebe«. Hier wird nun Verstehen nicht so sehr vom Glauben als vielmehr von der Liebe her interpretiert. *Glaube und Liebe treffen sich also im Verstehen.* Liebe ist »ein praktisch-geschichtliches Verstehen«, »sie versteht je meine Verbundenheit mit meinem Nächsten in der jeweiligen Situation. Sie entdeckt nicht den Begriff des Nächsten, sondern sie entdeckt je den Nächsten, und sie endeckt damit, was ich je tun soll.«[12] Wird aber Verstehen geradezu als die das *Tun* entdeckende Liebe definiert, ist es also das Verstehen, das den Nächsten, nicht aber den Begriff des

[9] ebd 282f; Hervorhebung von mir
[10] ebd 283f
[11] Darin dürfte uns jedoch *D. Sölle* zustimmen; s. ihre Kritik an *W. W. Bartley: D. Sölle,* Atheistisch an Gott glauben, Beiträge zur Theologie, Olten/Freiburg 1970[4], 90f!
[12] GuV I, 235

Nächsten entdeckt, so ist Verstehen von *Bultmann* von vornherein nicht als praxislose oder praxisblinde Theorie begriffen. Erst im Verstehen erschließt sich das zu Tuende. Indem ich mich verstehe, mein Sein aber, um mit *Bultmann* (und *Heidegger*) zu sprechen, von vornherein ein Sein mit Anderen ist, weil ja menschliches Sein als geschichtliches Sein Miteinandersein ist, *impliziert Selbstverständnis* als Verständnis je meines Geschichtlichseins *mein intententionales Sein auf verantwortliches Tun*. Dies ist in aller Deutlichkeit und in aller Eindeutigkeit *Bultmanns* Auffassung.[13] *Dorothee Sölle* müßte also, wenn sie behauptet, daß seine Konzeption letztlich doch in ein Verständnis vom praxisverneinenden Glauben als bloßer Theorie, in eine sog. kerygmatische Neoorthodoxie abgleite, starke Gründe dafür anführen, um dies angesichts der massiven Aussagen zu beweisen, mit denen er den Praxisbezug des glaubenden Verstehens, das sich in der Liebe konkretisiert, betont. Hat sie solche Gründe? Lassen wir sie am besten selbst zu Worte kommen: »*Bultmann* allerdings löst das Problem, wie eine allgemeine Wahrheit realisiert wird, nicht durch Konkretion, sondern rein formal, indem er die Form der Wahrheitsmitteilung ändert. ›Das bedeutet: der Mensch kann sich das nicht selber sagen (Warum nicht? er kann es doch lesen!); vielmehr: es muß ihm gesagt werden – je mir zugesprochen werden. Und eben das ist der Sinn der christlichen

[13] Auf der Ebene der philosophischen Hermeneutik hat vor allem *Gadamer*, Wahrheit und Methode, die *Applikation* als *»ein Moment des Verstehens selber«* (XVIII) betont herausgestellt. Der Abschnitt »Das hermeneutische Problem der Anwendung« (290–295) kann als philosophische Untermauerung gerade dessen verstanden werden, was soeben als Auffassung *Bultmanns* dargelegt wurde. – Anders *E. Betti*, Die Hermeneutik als allgemeine Methodik der Geisteswissenschaften, Philosophie und Geschichte 78/79, Tübingen 1972², vor allem 48ff. Ihm gibt *K.-O. Apel* recht: »Die hermeneutischen Geisteswissenschaften werden mE durch die (existenzialistische oder auch marxistische) Zumutung einer verbindlichen Applikation ihres Verstehens genauso ideologisch korrumpiert wie durch die positivistische Verdrängung des geschichtlichen Engagements als einer Bedingung der Möglichkeit ihres Verstehens von Sinn.« (Szientistik, Hermeneutik, Ideologiekritik, in: Hermeneutik und Ideologiekritik, Hg. *J. Habermas* u. a., Frankfurt 1971, 35) *Betti* hat aber an wesentlichen Grundgedanken *Heideggers* und somit *Gadamers* vorbeigesprochen.

Verkündigung.‹ Es bleibt uneinsichtig, wieso allgemeine Wahrheiten aus ihrer Versteinerung befreit werden, wenn man den Sprecher, den Ort und die Lautstärke wechselt; nicht durch das bloße Gesagtwerden, nur durch die gesellschaftliche Konkretion kann sich Wahrheit realisieren.«[14]

Was *Dorothee Sölle* hier sagt, ist schlechtweg ärgerlich, und das aus drei Gründen.

Erstens: Was soll die Gegenüberstellung »bloßes Gesagtwerden« und »gesellschaftliche Konkretion«? Ist denn das in jedem Fall eine echte Antithese? Kann »Sagen« nicht auch eine gesellschaftlich konkrete Dimension haben? Kann nicht durch ein Wort machtvoll in den gesellschaftlichen Prozeß eingegriffen werden?

Zweitens: Wenn sich Wahrheit »nur« durch gesellschaftliche Konkretion realisieren läßt, dann ist zu fragen – wohlgemerkt: zu fragen unter der Voraussetzung, in der ich mich mit *Dorothee Sölle* völlig einig weiß und um derentwillen wir den Versuch, mit ihr ins Gespräch zu kommen, nicht aufgeben sollten: Ein ernsthaftes Verständnis auch der individuellen Existenz ist ohne gesellschaftliche Vermittlung nicht zu denken! –, ob sich Wahrheit immer und in jedem Fall nur *durch* gesellschaftliche Konkretion realisieren läßt, ob also Wahrheit immer und in jedem Fall einen *direkten* Bezug zum gesellschaftlichen Gefüge haben muß, oder ob sich Wahrheit nicht auch einmal so auf den Menschen beziehen kann, daß seine gesellschaftliche Verflochtenheit nur *indirekt* zum Ausdruck kommt. Natürlich – und das sollten wir keinesfalls vergessen –, der Mensch ist auch in einem solchen Falle derjenige, von dem das In-der-Welt-sein auszusagen ist. Aber wenn einer sich zB vor sich selbst Rechenschaft ablegt, inwiefern sein gesellschaftliches Handeln, das »objektiv« vielleicht Bestes für die Gesellschaft abwirft, aus echter Motivation oder doch nur mehr oder weniger aus Vortäuschung einer solchen Motivation entspringt, dann mag ein derartiges Mit-sich-ins-Gericht-gehen u. U. keine Änderung seines äußeren, konstatierbaren Verhaltens zur Folge haben, weil der Betreffende weiterhin in vollem Maße seiner gesellschaftlichen Verpflichtung nachkommt.

[14] Pol. Th., 93; das *Bultmann*-Zitat: Geschichte und Eschatologie, 180

Aber er ist in einem solchen Prozeß ein anderer geworden, weil ihm über seine bisherige Halbherzigkeit oder Heuchelei, oder was immer seine Grundhaltung gewesen sei, die Wahrheit aufgegangen ist. In diesem Falle hätte sich aber Wahrheit nicht *durch* die gesellschaftliche Konkretion realisiert, sondern »nur« im Dasein als einem »*In*-der-Gesellschaft-sein«. Die Formulierung »Wahrheit realisiert sich nur durch die gesellschaftliche Konkretion« ist dann doch etwas zu eng.[15]

Drittens: *Sölle* kritisiert *Bultmann*, weil dieser erklärt, dem Menschen müsse die Wahrheit gesagt werden; denn er könne sie sich nicht selber sagen. Warum nicht?, wirft sie ein, er kann doch lesen! Man kann zunächst entgegnen, sie bringe den Einwand, weil sie *Bultmann* an *dieser* Stelle gröblich mißverstanden hat. Denn in seinem eben schon erwähnten Aufsatz über den Begriff des Wortes Gottes im Neuen Testament hat er immerhin überdeutlich zum Ausdruck gebracht, daß es ihm doch wahrlich nicht um den physikalischen Vorgang des Redens und Hörens geht, doch wahrlich nicht darum, daß meßbare Schallwellen das Ohr des Hörers treffen, sondern daß »Hören« »im eigentlichen Sinne« gemeint ist, Hören als Sich-Einlassen auf das im Evangelium Gesagte, Hören als Sich-An»sprechen«-lassen von dem im Evangelium Gesagten – und sei es durch Lesen! Obwohl *Bultmann* das hier und anderswo so eindeutig und unmißverständlich sagt, hat *Dorothee Sölle* es entweder nicht verstanden oder laufend darüber hinweggelesen. Der Gegensatz, auf den es *Bultmann* ankommt, ist expressis verbis der von Auf-das-Wort-Gottes-Hören und Auf-sich-selbst-Hören.[16] Wenn *Dorothee*

[15] Vielleicht wäre es in diesem Zusammenhang hilfreich, wenn *D. Sölle* etwas mehr verdeutlichen könnte, was sie unter »Gesellschaft« versteht. Dieses Desiderat wird um so dringender, je öfter und auch je verflachender man diesen so vieldeutigen Begriff verwendet!

[16] s. ua auch *Bultmanns* Aufsatz »Kirche und Lehre im Neuen Testament«, GuV I, 153–187. Hier fragt er, ob denn auch »Lehre« (= kirchliche Lehre) meine Daseinsmöglichkeiten erschließen kann. In diesem Zusammenhang spricht er von Lehre als *»theoretischer Besinnung* und deren Vermittlung«, die mein implizites Daseinsverständnis explizit macht (157). »Dieser Lehre gegenüber, die selbst zu dem in ihr Gelehrten gehört, hat das Verstehen den Charakter des ›Hörens‹, des Sich-Angeredet-Wis-

Sölle dann schreibt: »Es bleibt uneinsichtig, wieso allgemeine Wahrheiten aus ihrer Versteinerung befreit werden, wenn man den Sprecher, den Ort und die Lautstärke (?) wechselt«, so zeigt diese Formulierung, wie es möglich ist, einen entscheidenden Gedankengang, den ein Autor prononciert formuliert hat, völlig mißzuverstehen. Soviel ist auf jeden Fall klar: Der Beweis, den *Dorothee Sölle* antreten wollte, um *Bultmanns* Inkonsequenz aufzuzeigen, aufgrund derer er andere zur kerygmatischen Neoorthodoxie verführte, ist ihr nicht nur nicht gelungen; die Beweisführung ist geradezu peinlich.

Wurde nun eben darauf hingewiesen, daß *Dorothee Sölle* an *dieser* Stelle *Bultmann* mißverstanden hat, so ist doch damit das Entscheidende noch nicht gesagt. Es ist nämlich zu fragen, wieso es denn überhaupt dazu kommen konnte, daß sie hier so gröblich fehlinterpretiert. Ist ihr Mißverständnis vielleicht *Symptom* für ein noch gravierenderes Mißverständnis, nämlich das Mißverständnis der von *Bultmann* behaupteten Dialektik von Glaube und Vernunft, der Dialektik von Geschichtlichkeit als In-der-Welt-sein und Entweltlichung?

Nun hat sich bereits bei den Erörterungen im 2. Kapitel gezeigt, daß *Dorothee Sölle* einfach nicht zur Kenntnis genommen hat, wie *Bultmann* dialektisch von Welt spricht (Kritik an *Kamlah!*). Von daher erklärt sich, daß sie auch danebengreift, wenn sie ihm — doch wohl in grundsätzlicher Weise — »antiinstitutionelle Polemik«[17] vorwirft. *Bultmanns* Gesamtkonzeption ist nicht durch den Vorwurf getroffen, sie disqualifiziere »Organisation und Plan . . . immer (als) fleischlich und sündig«[18].

Für *Bultmann* stellt sich hier das Problem Glaube — Vernunft anders als für *Dorothee Sölle*. Sie sieht, wie gezeigt wurde, in der Vernunft ein implizites Element des Glaubens. *Bultmann* dagegen betrachtet auch das *Verhältnis Glaube — Vernunft* als ein *dialektisches*, und zwar in Analogie zur Dialektik von transzendenter und irdischer

sens, der Entscheidung.« (160) Auch dieses Zitat macht deutlich, daß *Bultmanns* Wendung »es muß ihm gesagt werden« nicht die Intention verfolgt, den Vorgang Sagen — Hören einem Vorgang Lesen — Auffassen zu kontrastieren.

[17] Pol. Th., 114 [18] ebd 114

Wirklichkeit. So schreibt er zB in seinem Aufsatz »Der Gottesgedanke und der moderne Mensch« (1963)[19]: »Der christliche Glaube redet von einer Offenbarung und meint damit Gottes Handeln als ein Geschehen, das dem objektivierenden Denken der Vernunft nicht sichtbar ist, ein Geschehen, das als Offenbarung nicht Lehren mitteilt, sondern die Existenz des Menschen trifft und ihn lehrt, oder besser: ermächtigt, sich zu verstehen als getragen von der transzendenten Macht Gottes.«[20] Allerdings hat er hier der Vernunft als dem für das Verstehen der Immanenz zuständigen Organ allein das objektivierende Denken zugeschrieben. Übergehen wir aber an dieser Stelle das im 2. Kapitel ausführlich abgehandelte Objektivierungsproblem und verweisen wir auf unsere dort zum Ausdruck gebrachte Kritik! Unabhängig davon läßt sich *Bultmanns* Auffassung auf folgende Formel bringen: Für ihn erfaßt der Mensch die Dinge dieser Welt kraft seiner Vernunft, das Wort Gottes aber kraft seines Glaubens. Organisation, Plan, Institution und dergleichen aber sind Dinge dieser Welt. Deshalb ist der Glaube nicht für sie zuständig. So antithetisch dies auch formuliert ist, so wenig darf man hier bei einer reinen Antithese stehenbleiben. Denn der *Glaube* ist mit den *Dingen dieser Welt*, mit dem Bereich der Immanenz, *in dialektischer Weise befaßt*, und zwar eben in der Weise, wie auch Glaube und Vernunft und wie auch Transzendenz und Immanenz in einem dialektischen Verhältnis untrennbar einander zugeordnet sind.
Ähnlich äußert sich *Bultmann* in »Die protestantische Theologie und der Atheismus«[21]: »Man wird am treffendsten sagen, daß das Verhältnis von Weltlichkeit und Glauben an eine transzendente Wirklichkeit ein dialektisches ist, weil der Mensch einerseits die weltliche Wirklichkeit als wissenschaftlich erforschbare und verfügbare versteht und verstehen muß, um in ihr überhaupt verantwortungsvoll handeln zu können, und weil er andrerseits in dieser Wirklichkeit einer transzendenten Wirklichkeit inne wird und in ihren Gaben und Aufgaben das Unbedingte wahrnimmt.«[22]

[19] GuV IV, 113–127 [20] ebd 120
[21] ZThK 68 (1971); 376–380, deutsche Fassung eines Beitrags in dem italienischen Sammelwerk: L'Ateismo contemporaneo, Vol. IV, Società editrice internazionale, 1970 [22] ebd 378f

Differieren nun *Bultmann* und *Sölle* im Verständnis der Zuordnung von Glaube und Vernunft, so ist jedoch zu fragen, ob nicht doch trotz dieser Differenz eine, wenn auch nur gewisse, Affinität zwischen den Grundüberzeugungen beider besteht. Ich meine, dies sei in der Tat der Fall.

Nach *Dorothee Sölle* kommt es darauf an, die *Tendenz* Jesu zu erkennen und zu bejahren, ihr kommt es darauf an, Jesu Ziele aus unserer Welt neu zu realisieren.[23]

Als *Faktum* wird von ihr hingestellt: Jesus hat die »strukturellen Bedingungen«, unter denen Zöllner Zöllner und Huren Huren werden, nicht analysiert oder kritisiert. Er hat diese Menschen nur angenommen. Sie *begründet* dies so: Er hat nicht analysiert, weil – marxistisch gesprochen – die Produktionskräfte nicht den Entwicklungsstand hatten, innerhalb dessen soziale Umstrukturierungen erst technisch möglich würden.[24] Also: Jesus konnte, weil die Geschichte noch nicht so weit war, die für uns heute so entscheidende Frage nach der sozialen Umstrukturierung nicht stellen. Dennoch hat er eine »Tendenz seines Verhaltens« zu erkennen gegeben, die in ihrer *Unableitbarkeit* uns fordert und begnadet. Wenn aber Politische Theologie aus dem Evangelium das »unableitbare Versprechen und die Forderung von Frieden, Freiheit und Gerechtigkeit für alle«[25] nimmt, so handelt es sich doch, wenn wir *Dorothee Sölle* richtig verstanden haben, um ein auch *von der ökonomischen Basis unableitbares Versprechen* und eine *von eben dieser ökonomischen Basis unableitbare Forderung*. Dann ist die Tendenz Jesu von *Dorothee Sölle* zumindest nicht in das monokausale marxistische Erklärungsprinzip »ökonomische Basis – ideologischer Überbau« hineingepreßt. Evangelium ist dann nicht nur eine Funktion der jeweils historisch gegebenen ökonomischen Zustände. Ob sie hier dieses Schema *bewußt* sprengt oder ob die Kraft der Worte Jesu so stark war, daß sie einfach die Unfähigkeit einer monokausalen Erklärung aufdecken, ist schwer zu sagen. Doch kann man zumindest einige Indizien dafür anführen, daß *Dorothee Sölle* nicht dem allzu einfachen Schema, nach dem alle Wirklichkeit einzig auf ökonomische

[23] Pol. Th., 82 [24] ebd 82f [25] ebd 97

Verursachung zurückgeführt werden muß, erlegen ist. (Daß wir Theologen andererseits durch das marxistische Erklärungsprinzip mit der Nase auf manch übersehene ökonomische Wirklichkeit gestoßen wurden, daß wir gelernt haben und auch noch lernen, das Bedingungsgefüge für geistige und religiöse Sachverhalte *auch* im Ökonomischen zu suchen, ist sicherlich das Verdienst von *Karl Marx* und der marxistischen Geschichtsschreibung! So schreibt zB der Dogmenhistoriker *Bernhard Lohse* in seinem Aufsatz »Thomas Müntzer in marxistischer Sicht«[26]: »Die marxistische Geschichtswissenschaft hat sich insofern ein Verdienst erworben, als sie zum ersten mal nachhaltig auf die Bedeutung wirtschaftlicher Faktoren in der Geschichte hingewiesen hat. In der Zeit vor dem Aufkommen des Marxismus, ja im Grunde noch bis in unsere Tage, ist dem Gewicht der ökonomischen und allgemein-gesellschaftlichen Faktoren nicht die genügende Aufmerksamkeit geschenkt worden, auch im Bereich der Kirchen- und Dogmengeschichte nicht.«[27])

Versuchen wir, *Sölles* Auffassung von der Unableitbarkeit des Evangeliums noch besser zu verstehen. Setzen wir jetzt an jener Stelle an, wo sie das Evangelium zu charakterisieren versucht. Dieses, so

[26] Luther, Zeitschrift der Luthergesellschaft, 1972, 60–73

[27] ebd 62; s. aber auch 71: »Eine bloße Konfrontation zwischen ›bürgerlicher‹ und marxistischer Müntzer-Forschung ist darum nicht mehr angebracht. Dies gilt zunächst unmittelbar für die Person und das Denken von Thomas Müntzer. Hier gibt es weder in der Methode noch auch in den erreichten Ergebnissen der neuen Forschung grundsätzliche Unterschiede, sondern höchstens solche der Akzentsetzung. Aber auch im Hinblick auf die Deutung von Müntzer kann von einem bloßen Gegensatz nicht die Rede sein. Es bleibt selbstverständlich die gravierende Differenz in der Bewertung der wirtschaftlichen und gesellschaftlichen Faktoren. Hinsichtlich der Ableitung von Theologie und Frömmigkeit aus der ökonomischen Basis wird eine Verständigung nicht möglich sein. Aber auch hier sind heute die Fronten nicht so klar, wie es vor einigen Jahren noch scheinen konnte. Denn die Ablehnung eines Vulgärmaterialismus auf marxistischer Seite räumt den ›Überbaufaktoren‹ eine gewisse Eigenbedeutung ein. Auf der anderen Seite dürfte kein sogenannter ›bürgerlicher‹ Historiker oder Theologe die Relevanz wirtschaftlicher Faktoren auch für die Geistes- und Theologiegeschichte heute noch in Abrede stellen können.«

meint sie, »versteht sich« von der Sache der *Freiheit aller* her. Sache des Evangeliums ist die *Befreiung aller*.[28]

Wie aber sind Freiheit und Befreiung zu verstehen? Diese Frage will gestellt werden, da »Freiheit« bekanntlich zu jenen Begriffen gehört, die immer schon äußerst mehrdeutig waren. In welchem Kontext steht hier die die Sache des Evangeliums ausmachende Freiheit? *Dorothee Sölle* sieht das Interesse des sich von der Freiheit her verstehenden Evangeliums »bei den Unterdrückten, den Armen, den Weinenden« gelegen.[29] Kurz danach formuliert sie als Aufgabe einer Politischen Theologie, die sie als Nachdenken über den Glauben versteht, die Wahrnehmung der gesellschaftlichen Situation der Beschädigten und die Aufdeckung der gesellschaftlichen Ursachen ihrer Beschädigung.[30] Der ganze Duktus ihrer Ausführungen zielt *allein* auf die Beseitigung sozialer Schäden hin, die durch den »so großen Feind«, der Gesellschaft heißt, entstanden sind. Hier wird also nur eine Ursache des Bösen genannt.

Dann aber stellt sich die Frage: Basiert die Forderung Jesu, die Zumutung Jesu an jeden, mit allen Unterdrückten solidarisch zu sein, nicht doch lediglich auf ökonomisch-gesellschaftlichen Gegebenheiten? Ist damit die Aussage *Dorothee Sölles*, das Evangelium sei unableitbar, nicht doch letztlich aufgehoben?

Dies ist für *Dorothee Sölle*, wenn wir sie richtig verstehen, deshalb nicht der Fall, weil sich ja die Forderung Jesu nicht an die Einsicht der Angesprochenen in immanente Zusammenhänge richtet. Wenn sie davon spricht, daß uns die Bibel – gemeint ist dem Zusammenhang nach das authentische Jesuswort – *zumutet*, das Interesse an der Freiheit aller als unser eigenstes Interesse zu begreifen, dann ist ein solches Begreifen kein intellektueller Akt, der aus dem Verstehen ökonomischer Gegebenheiten erwächst (etwa in dem vordergründigen Sinne: wenn auch die Armen am Reichtum partizipieren, sind Unruheherde beseitigt). Vielmehr werden wir daraufhin angesprochen, den Mut zu haben, uns um anderer willen einzusetzen, und wenn es sein muß, mit der ganzen Person; uns um anderer willen aufzugeben, und wenn es sein muß, ganz und gar. Die Reso-

[28] Pol. Th., 85 [29] ebd 85 [30] ebd 86

nanz in uns für diese Zumutung ist nicht unser Verstand, sondern wir jeweils als Person, als individuum ineffabile. Somit ist die ethische Forderung Jesu kein einsichtiger Lehrsatz, der aus gesellschaftlichen Verhältnissen deduziert werden kann. Die Zumutung Jesu ist nicht aus sogenannten objektiven gesellschaftlichen Faktoren zu verifizieren. In ihr sind wir auf die Begegnung mit den Menschen, eben weil sie *Menschen* sind, hingewiesen.

Haben wir mit diesen Ausführungen die Intention *Sölle*s in etwa getroffen, ist es uns geglückt, eine angemessene Paraphrase zu geben, so hat sie mit ihrer These von der Unableitbarkeit des uns zuzumutenden Evangeliums dieses nicht mehr als Ausdruck einer immanent begründeten Forderung ausgesagt, sondern auf seinen transzendenten Charakter hingewiesen. Für sie ist also der *Weg zur Transzendenz nicht ganz verstellt*, mag sie sich auch alle Mühe geben, gerade dies zu tun (»nach dem Absterben der religiös unmittelbaren Beziehung zu Gott«[31]).

Dies zeigt sich auch an einem ihrer sympathischsten Aufsätze, der den damals noch provozierenden Titel trägt: »Atheistisch an Gott glauben?«[32] Sie geht auf den »Haupteinwand« all derer ein, die mit Christentum nichts mehr zu tun haben wollen: »Wenn ihr die reine Menschlichkeit wirklich wollt . . ., warum bekennt ihr euch dann nicht zum Humanismus, der *keiner transmundanen Begründung . . . bedarf?* Wenn es euch um die gleiche Sache geht, die des Menschen, was soll dann der Umweg über Christus, *warum nennt ihr das Glaube, was doch nur Ethik ist?«*[33] Sie antwortet mit einem Vergleich: »Sowenig sich ein Brunnen in Wasser auflöst – und sosehr er es tut, solange er ein Brunnen ist –, so wenig löst sich das Verständnis vom Menschen, das der christliche Glaube hat, formuliert und reflektiert, in Ethik auf.«[34] So kann auch kein Verständnis des Menschen diesen abschließend definieren.[35] Die genaueste Interpretation der menschlichen Existenz ist das Kreuz Christi. »Auch

[31] ebd 115

[32] zuerst erschienen in: Merkur, Dezember 1966, jetzt in: Atheistisch an Gott glauben, 77–96 (danach hier zitiert)

[33] ebd 85; Hervorhebungen von mir

[34] ebd 86 [35] ebd 87

dieser Satz enthält den Absolutheitsanspruch des Christentums, aber er enthält ihn nicht mehr autoritär gesetzt und gefordert, sondern im kritischen Vergleich angenommen: die Horizontale, nicht die Vertikale ist auch hier weltliche Ebene der Entscheidung für oder gegen eine solche Interpretation. In Jesu Leben und Sterben können wir erkennen, wie menschliches Leben aussehen kann.«[36] Diese Wahrheit Christi ist jedoch »nicht als eine von Gott beglaubigte ausweisbar, aber sie kann vergleichend, kritisch, rational reflektiert als Wahrheit erwiesen werden«[37]. Dieses rationale Reflektieren darf aber nicht mit positivistischer Frageweise verwechselt werden. *Dorothee Sölle* spricht nun selbst von der »Transzendenzbereitschaft des Menschen« als einem »Über-sich-Hinausfragen« (im Sinne der Weltoffenheit des Menschen der phänomenologischen Anthropologie *Gehlens*, *Portmanns* und *Buytendijks*; also nicht im Sinne eines Offenseins auf Gott als »überweltlich Rettendes«[38]!). »Es gibt einen *Überschuß* an Fragen, an Hoffnung, einen Traum vom Reich Gottes – jener Versuch, das Ganze des Lebens so zu erfahren und zu verstehen, daß keine Träne umsonst geweint, kein Leben umsonst gelebt und nichts Sinnloses mehr sei. Könnten wir diesen Fragen entkommen, könnten wir uns einrichten im Ablauf von Produktion und Konsum, so hätte das Christentum tatsächlich seine weltgeschichtliche Aufgabe damit erfüllt, daß es eine der Voraussetzungen der technischen Zivilisation darstellte und ihr einige Spielregeln des Zusammenlebens übermittelt hat. Solche Art Ethik ist allerdings nicht gemeint, wenn von einer Umsetzung oder Verwandlung des christlichen Verständnisses vom Menschen in Ethik die Rede war.«[39] Ausdrücklich *setzt sie sich vom Positivismus ab*. Es sei doch mehr als fraglich, ob sich die Transzendenzbereitschaft des Menschen technisch-rational erübrigen lasse.[40] Unmöglich sei es, die Fragen nach dem Dasein des Menschen für »sinnleer« zu halten. Dem *Popper*-Schüler *William W. Bartley*, der Engagement mit Ideologie und autoritärem Denken gleichsetzt, hält sie entgegen: »Woher aber die Kritik kommen soll, wenn sie sich die Frage nach der Rechtfertigung

[36] ebd 88 [37] ebd 88 [38] ebd 87
[39] ebd 89f; Hervorhebung von mir [40] ebd 90

— von so überflüssigen Fragen wie denen nach Glück oder Sinn oder Wahrheit ganz zu schweigen — verbietet, weil sie nur system- beziehungsweise theorie-immanent vorgehen darf, das bleibt im Nebel. Ist der Geist, der bewußt auf die Frage nach der Wahrheit verzichtet und sie durch die nach der Zweckmäßigkeit einer Theorie ersetzen will, wirklich ›offen‹?«[41] Und schließlich: »Was dem ›pankritischen Rationalisten‹ psychologisch unrealistisch und philosophisch unhaltbar erscheint — nennen wir es das Verlangen nach dem Absoluten — eben das wird von einer theologischen Anthropologie ernst genommen. Vermutlich ist die positivistische Selbstbescheidung, die mit einem an die Stoa erinnernden Ethos vernünftiger Einsicht ins Menschenmögliche einhergeht, heute der bedeutendste und eindeutigste Gegner des Glaubens.«[42]

Dieser »Überschuß«[43], von dem *Dorothee Sölle* spricht, ist es, wo sie zumindest in Richtung auf das geht, was *Bultmann* intendiert. Deshalb wurde hier ihr Aufsatz so ausführlich referiert. Die Nähe zu *Bultmann*, aber auch die nicht zu verschweigende Differenz wird deutlich, wenn dieser noch einmal zu Worte kommt: »Ob die Antwort auf diese Frage (gemeint ist die Frage nach dem, was mich unbedingt angeht; Zusatz des Vf.) gehört wird in dem Wort Gottes, das die christliche Botschaft verkündigt, ja, ob das Unbedingte überhaupt als Gott bezeichnet wird, ist nicht entscheidend. Entscheidend ist, daß in solchem Fragen und in solchem Selbstverständnis das

[41] ebd 91 [42] ebd 91

[43] s. auch ebd 93f: »Solcher Überschuß an Fragen, den jeder erfährt, ist nicht ein von den Christen eingepflanzter, übertriebener Anspruch an das Leben, sondern die einzige Begründung eines Humanismus, der es wagt, Frieden zu versprechen, der höher ist als alle Vernunft und Anpassung. Das konkrete Symbol dieses Friedens ist ein Symbol des Scheiterns und des Leidens — kein kleiner chinesischer Glücksgott, wie *Bertolt Brecht* ihn pries, und nicht Hammer und Sichel, die Symbole der Arbeit, sondern eben diese in Blut und Tränen gemachte Erfahrung, daß unsere Aufgabe unendlich ist in einer endlichen Welt; daß der hier unendlich angenommene und geglaubte Sinn — ich zögere, das Wort Liebe für ihn einzusetzen, obwohl ich kein besseres weiß — zum Scheitern verurteilt, also das Schicksal dieser Liebe in der Welt der Tod ist, ein Tod allerdings, der sie nicht zunichte macht.«

Wissen um eine transzendente Wirklichkeit lebendig ist oder wenigstens lebendig wird, und zwar in der Weise, daß sich der Mensch als von ihr getragen wie auch gefordert versteht. Solches Selbstverständnis sucht die Wirklichkeit Gottes nicht jenseits und außerhalb der Welt, sondern in ihr. Für solches Selbstverständnis ist, wie *Dietrich Bonhoeffer* es formuliert, das Jenseitige nicht das unendlich Ferne, sondern das Nächste.«[44] Und: »Da der christliche Glaube an Gott nur echt ist, wenn er aus der Frage der Existenz erwächst, so sind christlicher Glaube und bewußter Atheismus im Wissen um eine transzendente Wirklichkeit einig, und man kann fragen, ob man diesen bewußten Atheismus noch als Atheismus bezeichnen soll.«[45] Doch kehren wir wieder zu *Dorothee Sölle*s Schrift über die Politische Theologie zurück! Dort erklärt sie ja die unmittelbare Beziehung zu Gott als überholte, unbedingt preiszugebende Nebensächlichkeit im Neuen Testament. Dieses Urteil macht sie blind für den Sachverhalt, daß Jesu Hinwendung zu und Parteinahme für die Armen, daß sein ganzes Verhalten gerade von ihm selbst als die Widerspiegelung göttlichen Verhaltens verstanden wurde. Dafür, daß es zB zu den wesentlichen Elementen der Predigt Jesu gehört, Heuchelei und frommen Selbstbetrug aufzudecken, die letztlich in ureigener Verantwortlichkeit des einzelnen liegen, hat *Dorothee Sölle* kein Organ.[46] Sicherlich hat die von Jesus aufgedeckte Heuchelei auch ihre gesellschaftliche Komponente. Sicherlich gab es auch ein »Mitsein mit Anderen« in jener von Jesus gegeißelten Haltung, gab es gesellschaftliche Komponenten, die das Blindsein für den eigenen religiösen Egoismus mitbedingten. Aber eben nur: *mit*-bedingten in einem »Bedingungszusammenhang«[47]! Es ist eine schlechthin durch

[44] ZThK 68, 378 [45] ebd 379

[46] Diese Heuchelei wird letztlich dadurch aufgedeckt und überwunden, daß der Mensch auf *den* Gott hingewiesen wird, der ihn immer schon angenommen hat, der sich von Gott angenommen wissende Mensch weiß sich zugleich zum Guten hin befreit.

[47] Dieses Begriffes bedient sich auch *Th. Nipperdey* in seinem Aufsatz »Die Reformation als Problem der marxistischen Geschichtswissenschaft«, in: *D. Geyer* (Hg.), Wissenschaft in kommunistischen Ländern, 1967, 228–258. Gegenüber dem monokausalen Erklärungsschema »ökonomische

Einseitigkeit ausgezeichnete Behauptung, wenn Schuld lediglich als etwas außerhalb des Menschen Liegendes betrachtet wird. Ja, man sollte an diese Auffassung die Frage stellen, ob nicht auch hier jener unbewußte, nur diesmal eben nicht fromm motivierte Selbstbetrug geschieht, in welchem das erkenntnisleitende Interesse die persönliche Schuld als nur ideologischen Überbau, als nur abgeleitete Sekundärerscheinung herunterspielt. So wird etwa das »gesellschaftlich nicht aufgeschlüsselte, daher heteronom dekretiert erscheinende (!) Verständnis von Sünde bei *Bultmann*« angeklagt.[48] Der Theologie wird dabei pauschal, reichlich pauschal vorgeworfen, aufgrund ihres herrschenden entpolitisierenden Sündenverständnisses kämen die Kollektive, in denen wir leben – Völker, Rassen, Klassen, Gemeinden, Gruppen – nicht in den Blick[49]; die individuelle Dimension verliert man aber aus dem Blick und entschuldigt sich somit elegant von jeder individuellen Schuld. Ist diese Einstellung nicht auch stark ideologisch?

Diese Einseitigkeit und der damit gegebene Realitätsverlust können von uns nicht bejaht werden. Die extreme Externalisierung der Sünde verharmlost letzten Endes sogar die von *Dorothee Sölle* so stark betonte Schuldverflochtenheit. *Daß* sie diese so betont, ist, trotz der genannten Verharmlosung, sicherlich ein Verdienst ihres Büchleins. Man wird zugeben müssen, daß Schuld in der kirchlichen Verkündigung und der Theologie oft zu stark individualisiert wurde und wird, daß insbesondere der so unglückliche Begriff der Erbsünde oft in leib- und geschlechtsfeindlicher Weise interpretiert wurde. Es ist gut, wie *Dorothee Sölle* Erbsünde auf dem Hintergrund all jener Zwänge transparent zu machen versucht, in die wir hineingeboren werden. Erbsünde wird so verständlich als Kollaboration mit diesen Zwängen, in denen wir aufgrund gesellschaftlicher Strukturen einfach zum Sündigen genötigt werden. Sie führt als Beispiel an: »Mit jeder Banane, die ich esse, betrüge ich diejenigen,

Basis – ideologischer Überbau« spricht er, speziell im Blick auf die Reformation, von einem Bedingungszusammenhang zwischen politischer, ökonomischer, gesellschaftlicher, geistiger und religiöser Entwicklung. Auf *Nipperdey* bezieht sich auch *B. Lohse*, aaO, 71.

48 Pol. Th., 113 49 ebd 107

die sie anbauen, um den wichtigeren größeren Teil ihres Lohnes und unterstütze die United Fruit Company bei der Ausplünderung Lateinamerikas.«[50] Vergebung der Sünde wird dann als Befreiung begriffen, die nur als Befreiung *aller* möglich ist. Hier aber steckt der Pferdefuß. Denn auf eines hat *Dorothee Sölle* nicht geantwortet, ja, sie hat die Frage gar nicht erst gestellt: Ist damit, daß alle gesellschaftlichen Strukturen in ein Optimum verwandelt werden, wirklich die Garantie dafür gegeben, daß die Menschheit von *allem* Übel befreit ist? Ist der dem Übersehen dieser Frage zugrundeliegende Optimismus nicht seinerseits eine Behauptung, die nicht verifiziert ist und die auch nicht verifiziert werden kann? Eine solche Verifizierung wäre doch nur dann möglich, wenn einmal eine herrschaftsfreie Gesellschaft in einer Welt des heutigen technischen Fortschrittes empirisch beobachtet werden könnte. Doch gerade das ist nicht möglich[51]! Außerdem: Bedürfte die Begriffskomposition »herrschaftsfreie Gesellschaft« nicht auch einer schärferen Reflexion? Wird nicht allein der Begriff »Herrschaft« fast naiv als eindeutig angesehen?
Ich gebe also *Dorothee Sölle* ganz und gar recht, daß es Sünde ist, in politischer Apathie einfach verderbliche Strukturzwänge als unveränderliches fatum hinzunehmen. Aber der Optimismus, der die Voraussetzung ihrer Vergebungslehre ist, ist der Preis für die totale Verlagerung der Schuld in gesellschaftliche Konstitutionsprinzipien.[52]

[50] ebd 106
[51] Deshalb ist auch der Hinweis auf die Arbeiten von *M. Mead* (ebd 110) nicht beweiskräftig.
[52] Zum Problem der Erbsünde und des Bösen s. auch *P. Ricouer*, Hermeneutik der Symbole und philosophisches Denken, KuM VI/1, 44—68! *Ricouer* setzt sich u. a. mit *Kant* auseinander, der die Frage nach der Möglichkeit, den Ursprung des Bösen zu erkennen, als unbeantwortbar erweisen will. Vgl. *I. Kant*, Die Religionen innerhalb der Grenzen der bloßen Vernunft, Theorie-Werkausgabe Bd VIII, 693: »Der Vernunfturspr ung ... dieses Hanges zum Bösen bleibt uns unerforschlich, weil er selbst uns zugerechnet werden muß.« Vgl. auch *Ricouer*, 48: »Das Böse ist *nur* ein Böses, *insofern ich* es vollziehe, *aber* gerade innerhalb des Vollzuges des Bösen wird eine Verführungskraft des *schon-da-seienden* Bösen offenbar ...» (Hervorhebungen von mir) *Sölle* geht leider auf diesen, u. a. erkenntnistheoretischen, Problemkreis gar nicht ein.

Und weiterhin sollte man auch einmal darauf hinweisen, daß die bisherige Theologie keineswegs nur eine extrem individualistische Sünden- und Erbsündenlehre vertreten hat. Leider kann man *Dorothee Sölle* hier den Vorwurf nicht ersparen, den ihr gegenüber in anderem Zusammenhang *Gollwitzer*, ihr in vielem sicherlich näherstehend als ich, schon einmal erhoben hat: Sie kennt die theologische Literatur nur sehr unzureichend.[53] Es geht nicht darum, nun *Dorothee Sölle* auf diese Weise zu »erledigen«. Und ich denke, ich habe in den ganzen Ausführungen zur Genüge gezeigt, daß es mir darum geht, sie zu verstehen und ihr weithin berechtigtes Anliegen zu vertreten. Ihre mangelhafte Kenntnis der theologischen Literatur muß aber genannt werden, da sie den Theologen vorwirft, übersehen zu haben, was sie bei ihnen nicht gelesen hat.
Da ist der wirklich extrem lutherische *Werner Elert*, ein Mann der Erlanger Schule, *Karl Barth* so fernstehend wie irgend möglich. Er erklärt ausdrücklich, daß die Verfallenheit des Menschen an die Sünde nicht so gemeint ist, »als ob es jeder nur für sich, in persönlicher Isolierung gegen den anderen wäre«, er spricht von »einer einzigen weltgeschichtlichen Schicksalsgemeinschaft«, zu der wir durch Abstammung verbunden sind.[54] Für *Barth* verweise ich nur auf »Kirchliche Dogmatik« IV/1, 561ff. Daß die Sünde kosmische Bedeutung hat, wobei κόσμος die Sphäre der menschlichen Beziehungen meint[55], haben die Exegeten vor allem in der Auslegung von Röm 5, 12ff immer wieder betont. Die noch nicht erlöste Menschheit ist es, die unter der Herrschaft der von Paulus nahezu personifizierten Sünde steht. Sünde wird von ihm nicht als Einzeltat, sondern als Macht begriffen. Im Blick auf dieselbe Stelle Röm 5, 12ff spricht

[53] *H. Gollwitzer*, Von der Stellvertretung Gottes. Zum Gespräch mit *D. Sölle*, 1968², 35: »Von dem, was man ... die ›exklusive‹ ... Versöhnungslehre nennt, hat sie nur eine ziemlich krause Vorstellung, über Anselm hinaus scheint sie davon kaum etwas zur Kenntnis genommen zu haben, – *Barth* jedenfalls nicht (was sie von ihm in ›Kirchliche Dogmatik‹, IV 1, nachgeschlagen hat, ist so wenig und so wenig verstanden, daß sie sich genieren müßte, damit vor die Öffentlichkeit zu treten) ...«
[54] *W. Elert*, Das christliche Ethos, Hamburg 1961², 198
[55] *R. Bultmann*, Theologie, 255

Otto Michel von der »Strukturveränderung des ganzen kosmischen Daseins«[56].

Die Frage, die sich im Anschluß an die Zuordnung von Glaube und Vernunft bzw. von Transzendenz und Immanenz stellt, ist die nach der Zuordnung von *Theologie* und *Humanwissenschaften. Dorothee Sölle* fordert ausdrücklich die Hilfe der Humanwissenschaften für die Theologie.[57] Ihr ist darin zuzustimmen. Doch die ganze Problematik zeigt sich ja erst in dem Augenblick, wo das Zueinander und – wohlgemerkt! – Ineinander von Theologie und Humanwissenschaften zu reflektieren ist, und zwar zu reflektieren gerade im Blick auf ihr dialektisches Zugeordnetsein, das seinerseits das dialektische Verhältnis von Glaube und Vernunft impliziert. Diese Thematik kann hier aber nicht mehr ausgeführt werden. Es sei lediglich auf den m. E. an diesem Punkte weiterführenden Aufsatz von *Martin Honecker* »Weltliches Handeln unter der Herrschaft Christi, Zur Interpretation von Barmen II« verwiesen.[58]

[56] *O. Michel*, Der Brief an die Römer, Meyer IV, Göttingen 1957[11], 122

[57] Pol. Th., 112; vgl. dagegen im »Kursbuch 30« *Horst Kurnitzky*s Ausführungen über die Kim Il Sung-Universität in Pjöngjang, Volksrepublik Korea: »Sie ist in zwölf Fachbereiche gegliedert. Der Fachbereich Gesellschaftswissenschaften z. B. setzt sich aus den Fächern Philosophie, Geschichte, koreanische Sprache, politische Ökonomie und koreanische Sprache für Ausländer zusammen. *Soziologie oder Psychologie sind in Korea unbekannte Fachgebiete«* (S. 100). »Der Wissenschaftsbetrieb beschränkt sich im wesentlichen auf das Auswendiglernen von Texten, die dann abgefragt werden. Alte koreanische Philosophie und Geschichte z. B. wird studiert, damit man auf die Vergangenheit stolz sein kann, und europäische Philosophie wird nach der Methode des Dschutsche behandelt, d. h. man übernimmt davon, was für Korea gut ist: so die Auskünfte von Philosophiedozenten der Universität. *Der historische Materialismus ist eine unbekannte Wissenschaft«* (S. 101); Hervorhebung von mir. Diese Kritik hat ihr Gewicht vor allem darin, daß sie gerade im »Kursbuch« geäußert wird!

[58] ZThK 69 (1971), 72–99

IV. Kapitel
Politische Theologie und historischer Jesus

Machen wir nun die Probe aufs Exempel! Kann man die authentischen Jesusworte existential so interpretieren, daß sich ein für die Fragestellung der Politischen Theologie relevantes Ergebnis gewinnen läßt? Ich greife als Beispiel Mk 7,15 heraus, ein sicherlich vom historischen Jesus gesprochenes Logion: »Es gibt nichts außerhalb des Menschen, das diesen unrein machen könnte, wenn es in ihn hineingeht. Was aber aus dem Menschen herauskommt, das ist's, was ihn unrein macht!« Daß dieses Wort Jesu bewußt gegen die alttestamentliche Speisegesetzgebung gerichtet ist, habe ich an anderer Stelle zu zeigen versucht.[1] Lev 11 (Dt 14) wird zwischen reinen und unreinen Tieren unterschieden. Die reinen Tiere darf man essen, die unreinen aber nicht. Denn derjenige, der Unreines ißt, verunreinigt sich dadurch selbst.[2] Rein und Unrein sind im Alten Testament kultische Begriffe. Wer nun kultisch unrein geworden ist bzw. sich kultisch unrein gemacht hat, hat einen Keil zwischen sich und Gott getrieben. Unreinheit trennt nämlich von Gott, trennt von Jahwe.[3]

Im Pharisäismus zur Zeit Jesu war man äußerst penibel, äußerst korrekt im Blick auf die Reinheitsgebote. Selbst solche Vorschriften, die im Sinne des mosaischen Gesetzes nur für Priester galten, verpflichteten nach pharisäischem Verständnis auch den Laien. Mk 7,15 bedeutet aber, daß Jesus die Speisegesetzgebung sozusagen mit einem Federstrich außer Kraft setzte. Damit wandte er sich nicht nur gegen die Überinterpretation des Gesetzes durch die Pharisäer, sondern auch gegen das Gesetz selbst, gegen die heilige Thora. Und dies tat er, während man sich im Volk beispielsweise das Martyrium des Eleazar erzählte, eines Märtyrers um der mosaischen Speisegesetze willen. 4 Makk 5 berichtet vom Dialog zwischen dem Syrerkönig Antiochus IV. Epiphanes (regierte 176/75—164), der das Hal-

[1] *Hübner*, Das Gesetz in der synoptischen Tradition, 4. Kap.

[2] *K. Elliger*, Leviticus, HAT I, 4, Tübingen 1966, 150

[3] *R. Rendtorff*, Art. Rein und Unrein, RGG[3] V, 942

ten der Speisegesetze bei Todesstrafe untersagt hatte, und diesem Eleazar. Selbst wenn 4 Makk in die Zeit nach Jesu zu datieren wäre (was mE nicht wahrscheinlich ist), so dürfte, wenn man einmal von der stoischen Grundstimmung des Dialogs absieht, die in ihm zum Ausdruck kommende Einstellung des Märtyrers zur Thora bekannt und bewundert gewesen sein. Um diese Haltung kurz zu beleuchten, sei ein Abschnitt aus dem Dialog wiedergegeben. Antiochus: »Ich für mein Teil, bevor ich die Folter an dir beginnen lasse, mein Alter, möchte dir den Rat geben, dich durch Kosten des Schweinefleisches zu retten.« Eleazar: »Wir, Antiochus, die wir ein göttliches Gesetz gehorsam befolgen, sind der Meinung, einen stärkeren Zwang gebe es nicht als den treuen Gehorsam gegen unser Gesetz. Deshalb halten wir es in keinem einzigen Falle für recht, gegen das Gesetz zu handeln . . . Darum glaube du ja nicht, es sei eine kleine Sünde, wenn wir Unreines essen.« Die Strafe für Eleazar, der nicht im geringsten nachzugeben gewillt ist, ist grausam. Er wird zuerst gegeißelt. Schließlich schleppt man ihn auf das Feuer, brennt ihn mit grausam ersonnenen Werkzeugen und gießt ihm stinkende Brühe in die Nasenlöcher, bis er schließlich stirbt (Kap. 6). Oder es sei auf das Martyrium der Sieben Brüder verwiesen, die um der Speisegesetze willen fürchterlich zu Tode gequält wurden (Kap. 8ff). Sie wurden gerädert, man zog ihnen die Haut ab vom lebendigen Leibe, einem schnitt man die Zunge ab usw.

Man muß sich diese Legenden vergegenwärtigen, um sich das Ethos verständlich machen zu können, das hinter dem Halten der Speisegebote stand. Dann erst wird man ermessen, wie frivol, wie blasphemisch, wie rüde eine Äußerung Jesu, in der das mosaische Reinheitsgesetz so einfach abgetan wurde, auf die Frommen damals gewirkt haben muß. Mißachtung, ja Verachtung der verehrungswürdigen Märtyrer hörte man aus solchen Worten heraus, vor allem aber eine unüberbietbar freche Attacke auf Gottes Willen, auf Gott selbst.

Erst auf diesem Hintergrund wird die Radikalität des von Jesus Gesagten klar. Er hat also nicht etwa gegen ein rein äußerliches frommes Getue Stellung genommen. Nein, die Wucht seines Wortes erkennt man erst dann, wenn man sieht, daß hier *Ethos gegen Ethos* steht. Man muß also erst das jüdische Ethos hinterfragen, um Jesu Stellungnahme zu verstehen.[4]

Setzen wir bei unserer existentialen Interpretation des Jesuswortes bei dem an, was *Heidegger* über die Grundbefindlichkeit der *Angst* als einer ausgezeichneten Erschlossenheit des Daseins darlegt.[5] Er unterscheidet zwischen Furcht und Angst. Das »Wovor der Furcht« ist immer »je ein innerweltliches, aus bestimmter Gegend, in der Nähe sich näherndes, abträgliches Seiendes, das ausbleiben kann«[6]. Das »Wovor der Angst« hingegen ist das In-der-Welt-sein als solches, es ist also mein Dasein selbst. Somit ist dieses Wovor der Angst völlig unbestimmt. Es gibt keine Angst vor einem bestimmten »Hier« und »Dort«. So kann *Heidegger* sagen: »Daß das Bedrohende *nirgends* ist, charakterisiert das Wovor der Angst.«[7] Der Mensch hat somit Angst vor sich selbst, vor seinem Ich, vor seinem (im existenzialen Sinne!) weltlichen Ich (s. o.). Dem Menschen ist in seiner Angst »unheimlich«; *Heidegger* spricht daher vom »existenzialen ›Modus‹ des Un-zuhause«[8]. Von dieser Voraussetzung her entwickelt er den für ihn so bezeichnenden Gedankengang, in dem das Sein des Daseins als *Sorge* bestimmt wird.[9]

4 Zwar nicht im Blick auf das Gesetz selbst, wohl aber im Blick auf die das Gesetz mit Akribie haltenden Pharisäer sagt *Ernst Haenchen:* »Jesus hat die Pharisäer nicht bekämpft, weil es ihnen mit ihrer Frömmigkeit nicht ernst war. Nein, das Schwere für Jesus war, daß er nicht mit einer Bande von ehrgeizigen, verlogenen, sich selbst schonenden und gewissenlosen Egoisten und berechnenden Heuchlern im Streit lag, sondern – aufs Ganze gesehen – mit Männern, welche die Forderungen Gottes bitter ernst nahmen und sich den Gehorsam nicht leicht machten. Nicht Immoralisten, sondern gerade ›Moralisten‹ waren seine Feinde, weil just sie es nicht begriffen, daß er zu den Zöllnern und Sündern ging. Daß er damit Gottes Willen und Art zu folgen behauptete, mußte ihnen als Lästerungen erscheinen.« (Gott und Mensch, Tübingen 1965, 51)

5 SuZ, § 40

6 ebd 185

7 ebd 186

8 ebd 189

9 ebd § 41

Die Unterscheidung von Furcht und Angst geht bekanntlich auf *Kierkegaard* zurück.[10] Seine Differenzierung blieb nicht unwidersprochen. So erklärt zB *O. Haendler:* »Diese Unterscheidung (Furcht vor bestimmten Objekten, Angst vor dem Unbestimmten; Zusatz des Vf.) . . . reicht nicht aus . . . Der Unterschied liegt vielmehr im Subjekt selbst und zwar in der Wirkung des Phänomens auf die Person. In der Furcht (vor Bedrohung etwa, aber auch vor nicht objektiven Gegebenheiten, zB eigenem Versagen ua) bleibt man Person . . . Angst dagegen liegt sozusagen hinter der Person im Urgrund als auflösendes Moment . . .«[11] *Haendler* dürfte mit seiner Spitze gegen *Kierkegaard* auch *Heidegger* treffen wollen. Dann aber ist der Vorwurf verfehlt, die Differenzierung von Furcht und Angst sei von unterschiedlichen Objekten, nicht aber, wie erforderlich, vom Subjekt aus angelegt. Denn es ist doch gerade das Dasein als In-der-Welt-sein und somit die Überwindung des leidigen Subjekt-Objekt-Denkens, an dem *Heidegger* alles liegt.

Gerade das Beispiel des wissenschaftlichen Erfassens des Phänomens der Angst zeigt, wie schwierig die Verständigung im *interdisziplinären* Gespräch ist. Auch *S. Freud* unterschied Angst und Furcht: »Ich meine nur, Angst bezieht sich auf den Zustand und sieht vom Objekt ab, während Furcht die Aufmerksamkeit gerade auf das Objekt richtet.«[12] Deutlich ist noch eine gewisse Nähe zu der durch *Kierkegaard* getroffenen Unterscheidung zu erkennen, aber auch die inzwischen erfolgte Verschiebung der Fragestellung. Eine völlig andere Welt eröffnet sich, wenn man zB *J. Wolpe*s Artikel »Angst« im »Lexikon der Psychologie«[13] heranzieht[14]. Dieser meint, »die von *Freud* vorgeschlagene (!) Unterscheidung zwischen Furcht und Angst (sei) wenig sinnvoll«[15]; *allein* eine operationale Definition sei hinreichend: Angst ist das autonome Reaktionsmuster auf Reizung durch ein schädigendes Agens.[16] *Wolpe* bezieht sich bei der Ablehnung der *Freud*schen Unterscheidung nicht auf dessen »Vorlesungen zur Einführung in die Psychoanalyse« (1917), sondern auf die Studie »Hemmung, Symptom und Angst« (1926).[17]

[10] *S. Kierkegaard*, Der Begriff der Angst, 1844; jetzt: Gesammelte Werke, 11./12. Abtlg., Düsseldorf, 1965[3]

[11] Art. Angst, RRG[3] I, 385

[12] *S. Freud*, Studienausgabe Bd 1, Frankfurt 1969, 382; die Rückführung der Angst auf den Geburtsakt kann hier unberücksichtigt bleiben

[13] Freiburg 1972 [14] ebd Bd 1, 103–108 [15] ebd 105

[16] ebd 104 [17] *Freud*, aaO, Bd 6, 227–308

Setzt man eine derartige operationale Definition als einzig möglichen Zugang zum Phänomen der Angst, so ist der Weg zum Verständnis ihrer fundamentalontologischen Grundlegung verbaut. Umgekehrt erlaubt es aber der fundamentalontologische Ansatz, auch die genannte operationale Definition gelten zu lassen, solange sie nicht als exklusiv behauptet wird. Wir gehen hier davon aus, daß die *Heidegger*sche Unterscheidung von Furcht und Angst (einschließlich ihres *Kierkegaard*schen Erbes) zu jenen Elementen des fundamentalontologischen Ansatzes gehört, die nur unter Substanzverlust für diesen Ansatz aufgegeben werden können.

Wie sieht es nun mit Angst und Furcht aus, wenn die Überzeugung gegeben ist, daß Gott Richter ist, daß er belohnt und bestraft, daß alles, aber auch wirklich alles Gottes Gericht unterliegt, bis in die kleinste Einzelheit hinein? Dann gilt es doch, sich in jedem Augenblick für dieses Gericht Gottes zu sichern. Man lebt in der andauernden Angst, sich selbst zu verfehlen und somit im göttlichen Gericht nicht zu bestehen. Man hat Angst vor sich selbst, vor sich selbst angesichts der je neu eintretenden, unvorhersehbaren, unberechenbaren Situation. Man hat Angst vor seinem eigenen Offen-Sein für die Zukunft, die einem unbekannt, unvertraut, un-heimlich ist. Man hat Angst vor dem Ungeborgensein angesichts der verborgenen Zukunft mit ihren jeweils wechselnden Forderungen. Das ist ja allgemeine menschliche Erfahrung: Man hat sich als der Zukunft preisgegebenes Wesen nicht ganz in der Hand, nicht so in der Hand, daß man sich selbst durch und durch transparent, berechenbar wäre. Man weiß im Blick auf das eigene Ich um das Unverfügbare, um das, was beim eigenen Ich und im eigenen Ich überraschend kommt. Ist aber das eigene Ich so unberechenbar, dann ist auch das Gericht Gottes unberechenbar. Die Angst vor diesem Gericht ist also die Angst vor sich selbst, vor dem eigenen geschichtlichen In-der-Welt-sein.

Soviel ist vielleicht deutlich geworden: Es ist *Angst* vor dem Gericht Gottes, *nicht Furcht* vor dem Gericht Gottes, was den Menschen verunsichert. Furcht ist ja nur vor einem genau Bestimmbaren gegeben, und gerade dies ist das Gericht Gottes nicht – selbst wenn man sich, wie dies etwa in apokalyptischen Schriften der Fall ist, die einzelnen

Gerichtsszenen sehr genau ausmalt. Wie ist nun der Unsicherheitsfaktor des Gerichts, mit dem ja der Unsicherheitsfaktor des eigenen Ichs identisch ist, zu beseitigen? Wie bekommt der Mensch das Gericht in den Griff? Nun, der Mensch kann sich dann das Gericht verfügbar machen, wenn er sich selbst verfügbar gemacht hat. Das ist dann der Fall, wenn die *Angst* vor sich selbst *umgewandelt* wird *in Furcht* vor dem Verfehlenkönnen genau bestimmbarer, berechenbarer Akte. Sein Gesamtverhalten macht man sich dadurch verfügbar, daß man es atomisiert. Die einzelnen Verhaltensatome aber sind so beschaffen, daß ein Versagen nicht unbedingt zu befürchten ist. Der *Mythos der Machbarkeit des Lebens* ist geschaffen. Eine endliche, überschaubare Anzahl vorhersehbarer Fälle (casus) samt den Möglichkeiten, sie zu lösen, sie zu beherrschen, macht das primitive Menschenbild der *Kasuistik* aus. In späterer rabbinischer Formulierung heißt das dann so: »Berechne den Verlust durch Gebotsübung ihrem Lohne gegenüber und den Gewinn durch Übertretung ihrem Schaden gegenüber.« (Rabbi Jehuda der Fürst (+ 217), Aboth II, 1)[18]

Schauen wir in diesem Zusammenhang wieder auf die Speisegesetze! Es steht *genau* fest, wann ich mich kultisch verunreinige und somit meine Existenz verfehle und dem Gericht Gottes verfalle. Und es steht auch *genau* fest, wann ich kultisch rein bleibe und somit meine Existenz nicht verfehle und nicht dem Gericht Gottes verfalle. Das jeweils unterschiedliche Verhalten zu den Dingen dieser Welt garantiert Verfehlen oder Nichtverfehlen und somit das Urteil Gottes über mich. Es ist jetzt *alles sehr einfach geworden:* Im Sich-Verhalten zum zuhandenen innerweltlich Seienden entscheidet sich das Heil des Menschen. Die Angst vor meinem In-der-Welt-sein ist umfunktioniert in die Furcht vor dem Zuhandenen. Aus der Unberechenbarkeit des Daseins, das die Unberechenbarkeit des göttlichen Gerichts impliziert, ist die Berechenbarkeit des Heils geworden. Der Mensch hat endlich das Gericht Gottes in seine Hand bekommen, er hat es sich angeeignet. Oder anders formuliert: *Aus*

[18] s. *H. Braun*, Spätjüdisch-häretischer und frühchristlicher Radikalismus, 1. Bd. Das Spätjudentum (BzhTh 14, 1) Tübingen 1969², 6

der Angst vor sich selbst und damit vor Gott und seinem Gericht ist die Furcht vor den Dingen geworden, dh, aus der undurchschaubaren Angst ist die transparente und deshalb letztlich nicht zu fürchtende Furcht geworden.

Dieses Verständlichmachen der Reinheitsgesetze ist natürlich keine historische Erklärung. Eine solch historische Erklärung müßte mit größter Wahrscheinlichkeit auf folgende religionsgeschichtliche Hintergründe verweisen: Das Schwein zB war für verschiedene Völker, deren Religionen Israel ablehnte, Opfertier gewesen. Doch schon zur Zeit der Niederschrift der priesterschriftlichen Gesetze (also während oder nach dem Babylonischen Exil) sind die historischen Wurzeln abgestorben. »Klassifizierung der Tiere nach Rein und Unrein und die damit zusammenhängenden Vorschriften für die Kultgemeinde gründen zuletzt einfach in Jahwes vor langen Zeiten erklärtem Wille.«[19] *Aus Gottes Willen* ist eine *rein formale Autorität geworden.*

Diese *Verharmlosung* der Angst vor dem Dasein als Sein vor Gott durch Umwandlung in die Furcht vor harmlosen Dingen – wohlgemerkt: ein keineswegs nur bewußter Prozeß! – ist es, die Jesus im ersten Teil von Mk 7,15 aufdeckt: »Es gibt nichts außerhalb des Menschen, das diesen unrein machen könnte, wenn es in ihn hineinkommt.« *Jesus »entlarvt«* (um dieses heute so beliebte Verb zu gebrauchen) *den Versuch des Menschen, Gottes Gericht zu beherrschen.*

Und ein Weiteres geschieht: Jesus deckt nicht nur das depravierte Verhalten einzelner auf. Es handelt sich vielmehr um eine sehr massive Kritik an einer religiös begründeten gesellschaftlichen Verhaltensnorm. Es liegt ein *institutionskritisches Wort* vor, wenn man Institution in soziologischer Begrifflichkeit als eine »in einer Gruppe oder Gesamtgesellschaft kulturell gültige Regel oder Form des Verhaltens, auf deren Respektierung Wert gelegt wird«[20], begreift. Immerhin prägten die Speisegesetze das Verhalten der Juden auch

[19] *Elliger*, Lev., 150

[20] *E. Wallner*, Soziologie, Einführung in Grundbegriffe und Probleme, Heidelberg 1972², 112

als gesellschaftliche Größe. Mk 7,15 geschieht also in der Tat *Religionskritik als Gesellschaftskritik.* Und es geschieht hier auch ein Stück *Herrschaftskritik.* Indem sich die Avantgarde der kultischen Reinheit, nämlich die Pharisäer, für die Ausweitung der kultischen Reinheitsbestimmungen einsetzt, bemüht sie sich, ihren Anhängern eine dominierende Stellung zu verschaffen, eine Stellung über dem einfachen Volk, das das Gesetz nicht kennt (vgl. Joh 7,49!), über den ammê-ha-arez. Wie deutlich das Jesus zum Ausdruck bringt, zeigt sich nicht nur an seinen Worten, also nicht nur an Mk 7,15 oder an seinem provozierenden, die Frommen seiner Zeit beleidigenden Diktum Mt 21,31: »Zöllner und Dirnen werden statt euer in die Gottesherrschaft eingehen«, sondern auch an seinem Verhalten (s. Mk 2,14–17: Mahlgemeinschaft mit Zöllnern und Sündern; Mt 11,19: »Siehe, ein Fresser und Weinsäufer, Genosse der Zöllner und Sünder«).[21] Die Pharisäer üben diese Herrschaft über das gesetzesunkundige Volk aus, weil sie durch diese Herrschaft ihr eigenes Heil, ihr so berechenbares Heil zum Ausdruck bringen wollen. Der von Gott Angenommene soll herrschen. Jesus dagegen erklärt: »Wer unter euch der erste sein will, der sei aller Diener.« (Mk 10,44)
Was also Jesus hier in Wort und Verhalten tut, ist, wenn man so will, »Ideologiekritik«. Nur daß diese Ideologiekritik eben im Zusammenhang mit einem unerschütterlichen Vertrauen auf Gott als den Vater steht, daß, wie noch zu zeigen ist, diese Ideologiekritik erst von daher ihren eigentlichen Sinn gewinnt. Deshalb wäre es falsch, Jesus einfach als Ideologiekritiker hinzustellen, ohne gleichzeitig zu sagen, daß das Spezifikum seiner »Ideologiekritik« sein Verhältnis zum Vater ist.
Durch Mk 7,15a ist also Herrschaftsanspruch aufgedeckt worden: Die Herrschaft über die Dinge intendiert Herrschaft über Gott und die Menschen. Die Kehrseite ist aber, daß die Dinge zu Herrschern über Menschen werden. Zwar ist es vordergründig leichter gewor-

[21] vgl. *E. Fuchs,* Die Frage nach dem historischen Jesus, in: Zur Frage nach dem historischen Jesus, Gesammelte Aufsätze II, Tübingen 1965, 155: »Das bedeutet aber doch, daß *Jesu Verhalten* selber der eigentliche Rahmen seiner Verkündigung war! . . . Es genügt, wenn wir in Wort und Tat Jesu dieselbe Richtung finden.«

den, vor Gott zu bestehen; denn Gottes Gericht ist domestiziert. Der Mensch wird aber zum Sklaven der leblosen Dinge entwürdigt. Er liegt an der Kette von Verboten und Geboten, die ihn zur Marionette eines Verbots- und Gebotsmechanismus degradiert. Dieses dialektische Verhältnis von Herrschaft des Menschen und Beherrschtwerden des Menschen zeigt, in welch paradoxe Situation sich hineinmanövriert, wer die Heilsfrage verdinglicht.

Während also in Mk 7,15a deutlich wird, wie sich der Mensch seiner eigentlichen Verantwortung entledigt, will V. 15b ihn dahin stellen, wo sich in Wahrheit seine Bewährung vor Gott erweisen soll, nämlich in der *Begegnung* mit dem bzw. den Mitmenschen: »Das, was aus dem Menschen herauskommt, ist's, was ihn unrein macht!« Die Verse 21 und 22 erläutern in Form eines hellenistischen Lasterkatalogs, was an Bösem aus dem Menschen herauskommen kann. Dieser Katalog ist kaum ein authentisches Jesuswort, sicherlich aber ein sachgemäßer Kommentar des hier verhandelten Logions: Aus dem Herzen des Menschen kommen die bösen Gedanken, Unzucht, Diebstahl, Mord, Ehebruch usw. Zunächst ist ein Mißverständnis auszuräumen. Keinesfalls ist mit V. 15b gesagt, daß *alles*, was aus dem Menschen herauskommt, per se schlecht ist. Jesus ist kein Matthias Flacius Illyricus, der vom Menschen erklärt: totam substantiam corruptam.[22] Vieles von dem, was Jesus sonst sagte, würde sinnlos, wenn er zugleich den Menschen als absolut unfähig zum Guten betrachtet hätte. Er stellt immerhin ungemein hohe sittliche Forderungen an den Menschen, und das in der Erwartung, daß sie erfüllt werden. Aber er spricht auch von der Sünde. Diese ist für ihn nicht nur Widerspiegelung rein ökonomisch-gesellschaftlicher Zustände. Sicherlich ist sie für Jesus *auch* das. Aber sie ist grundsätzlich Sache des Menschen selbst. Jesus solidarisiert sich auf der einen Seite mit den Sündern, er hält Mahlgemeinschaft mit ihnen. Insofern stellt er sich mit ihnen in eine Reihe vor Gott. Aber auf der anderen Seite tadelt er unbarmherzig, wo er sieht, daß Sünde als Frömmigkeit ausgegeben wird. Aufdecken menschlicher Schuld und Zusage göttlicher Vergebung – beides sieht er als seine

[22] Disputatio de originali peccato, 1560

Aufgabe. Daß er auch die gesellschaftlich bedingte Komponente der Schuld erkannt hat[23] – intuitiv, nicht durch exakte soziologische Analyse, die ihm natürlich nicht zu Gebote stand –, sollte man nicht a priori apodiktisch bestreiten.[24]

Das also will Jesus in Mk 7,15b herausstellen: Der Ort, wo der Mensch vor Gott besteht oder nicht besteht, ist sein Verhalten zu seinen Mitmenschen. In der Begegnung mit ihnen steht er *jeweils neu* in der Entscheidung, sich zu bewähren oder sich zu verfehlen. Wer den Nächsten verfehlt, verfehlt sein eigenes Dasein. Wer den Nächsten nicht verfehlt, verfehlt sein eigenes Dasein nicht. Etwas überspitzt formuliert: Nicht über die toten Dinge, über den Nächsten führt der Weg zu Gott. *Nicht das Ding, sondern der Mensch!* In die gleiche Richtung geht Mk 2,27: »um des Menschen willen«. Auch hier haben wir ein institutionskritisches Wort vor uns: Der Sabbat – im gleichen Sinne wie die Speisegesetzgebung eine Institution mit religiöser Legitimation (s. o.) – ist es sogar, der um des Menschen willen gemacht ist! Institutionen haben also ihren Sinn nur auf den Menschen hin. Jedoch, um des Menschen willen, nicht um des isolierten Individuums willen! Der in der Isolierung lebende Mensch kommt in der Predigt Jesu nicht vor, höchstens der in die Isolierung getriebene, vertriebene Mensch. Jesus blickt auf den

[23] Gesellschaft als sozialer Wirkungszusammenhang verstanden

[24] *Sölle*, Pol. Th., 82, erklärt: »Jesus von Nazareth hat die strukturellen Bedingungen, unter denen Zöllner Zöllner und Huren Huren wurden, nicht analysiert oder kritisiert. Er nahm die Menschen an, ohne danach zu fragen, wer sie dazu gebracht hat, Zöllner oder Hure zu werden. Er konnte diese Frage nicht stellen, weil – marxistisch gesprochen – die Produktionskräfte nicht den Entwicklungsstand hatten, innerhalb dessen soziale Umstruktuierungen erst technisch möglich wurden. Die Fragestellung nach der Veränderbarkeit in diesem Sinne ist daher, wenn sie an das Neue Testament als ein antikes Dokument gestellt wird, ahistorisch und darin vormarxistisch.« Überspitzt hier *Sölle* nicht, indem sie ihren marxistischen Ansatz dogmatisiert und ideologisiert? Es kommt natürlich darauf an, wie sie im ersten der zitierten Sätze »analysiert« und »kritisiert« versteht. Man muß aber zumindest fragen, ob Jesus nicht doch den oft unentrinnbaren Zwangsmechanismus, in dem Zöllner Zöllner und Huren Huren wurden, klarer gesehen hat, als *Sölle* vermutet.

Menschen nur in seinem »Mitsein mit Anderen«, wenn man einmal von ganz vereinzelten Stellen (zB Mt 6,6; aber handelt es sich hier um ein authentisches Jesuswort?) absieht.

In diesem ganzen Kontext ist Mk 7,15b zu verstehen. Ist das Verhältnis zu den Mitmenschen in Ordnung, so ist auch das Verhältnis zu Gott in Ordnung. Ist aber das Bestehen in der je neuen Begegnung mit dem Mitmenschen bzw. mit den Mitmenschen das Entscheidende, so ist der Mensch als *geschichtliches Wesen* ernst genommen, nämlich in seiner *Offenheit* für diese je neue Begegnungen (vgl. Lk 10,30ff, das Gleichnis vom barmherzigen Samariter). Das heißt aber, daß die von Jesus geforderte Ethik nicht auf ein System berechenbarer Regeln reduziert werden kann. Gott, der in der von Jesus bekämpften Ethik so schön greifbar und verfügbar geworden ist, verfügbar einschließlich seines Gerichts, entzieht sich jetzt dem allzu sicher gewordenen Menschen. Erst indem dieser sich offen zeigt für die ihm Begegnenden, eröffnet sich ihm Gott. Die geschlossene jüdische Ethik muß einer offenen Ethik weichen. Dann aber ist ein auch noch so kompliziertes System ethischer Normen, auf jede erdenkliche Situation zugeschnitten, sinnlos geworden. Es verkennt den Menschen als Menschen.

Rufen wir uns noch einmal den Ausgangspunkt dieser Überlegungen in Erinnerung: Um seiner und des Gerichts Gottes sicher zu werden, wurde unberechenbare Angst in berechenbare Furcht verwandelt. Jesus demaskiert das Sich-klammern an kultisch reine Dinge als ein Depotenzieren Gottes und seines Gerichts. Ruft also Jesus wieder zur Angst zurück? Will er, daß wir anstelle der nicht zu fürchtenden Furcht wieder Angst haben? Keineswegs! Er will eben die Angst nicht durch Furcht kompensieren. Er will dem Menschen die Angst nehmen. Macht er ihm wieder bewußt, daß seine Situation eine je offene ist, daß er sich folglich nicht in einer geschlossenen kasuistischen Ethik sichern kann, so gibt er gleichzeitig zu verstehen, daß jede offene Situation bei Gott aufgehoben ist. Daß Angst, die ja angesichts des offenen, unüberschaubaren Daseins herrscht, gerade dieser Herrschaftsrolle beraubt ist. Jesus sagt Gott in die offene Situation hinein zu. Das ist es, was man eigentlich mit *Sölles* Formulierung auch als jenen Versuch umschreiben könnte, das Ganze des Lebens so zu erfahren und zu verstehen, daß keine Träne umsonst geweint, kein Leben umsonst gelebt und nichts Sinnloses mehr sei.[25] Aber wir haben auch gesehen (3. Kapitel), daß sie mit diesen Formulierungen eben nicht das Wirken eines persönlichen Gottes meint. Jesus ging es aber darum, die Zusage des den Menschen meinenden Gottes für das offen verstandene Dasein zu verkünden und so die Angst zu nehmen. Vertrauen soll Angst ablösen, Vertrauen, das auch um Vergebung vergangener Schuld weiß, um dadurch frei zu sein für ein neues Leben der Liebe. Damit ist der Mensch freigesetzt zur Tat, zum verantwortlichen Tun. Denn hinter allem Tun, hinter allem Dasein steht: »Euer Vater weiß, was ihr braucht.« (Mt 6,32 / Lk 12,30). Personaler formuliert: Euer Vater *weiß um* euch. Von hier aus wird erst richtig verständlich, was Mk 7,15 als Wort *Jesu* besagt. Von hier aus erst ist es möglich, vordergründige Exegese des Wortes zu überwinden. Nimmt man aber demjenigen Worte Jesu, von dem der große jüdische Gelehrte *C. G. Montefiore* gesagt hat: »It is one of the greatest sayings in the history of religion«[26] den zugehörigen Kontext, so bricht man in hermeneutisch bedenklichster Weise ein Stück aus seiner Sinnmitte heraus.[27]

Was bedeuten die bisherigen Darlegungen dieses Kapitels für das Grundanliegen der Politischen Theologie? Diese insistiert ja, um mit *Dorothee Sölle* zu sprechen, zu Recht darauf: Ein ernsthaftes Verständnis auch der individuellen Existenz ist ohne gesellschaft-

[25] *Sölle*, Atheistisch an Gott glauben, 89

[26] *C. G. Montefiore*, The Synoptic Gospels, Vol. I, London 1927², 153

[27] Das »Kollektiv 17 Bochum« schrieb 1969: »Die autoritäre Orientierung am Bibeltext behält diese Theologie bei und tauscht die Inhalte aus: revolutionärer historischer Jesus statt seine Interpretation durch die reaktionäre Gemeinde. Wie spekulativ dieser Versuch ist, zeigt sich darin, daß die säkularen Revolutionäre fragen, warum die Revolutionstheologen sich auf Jesus berufen, obwohl das zur Ableitung einer Revolutionstheorie nicht nötig ist, und die Träger religiösen Bewußtseins wehren sich gegen den politischen Mißbrauch, der mit ihrem Jesus getrieben wird.« (Theologiestudenten 1969, Dokumente einer revolutionären Generation, Stuttgart 1969, 113) Wenn die Worte Jesu aus dem Kontext einer mit Gott rechnenden Theologie gelöst werden, hat das Kollektiv 17 recht!

liche Vermittlung nicht zu denken, auch in den individuellen personhaften Entscheidungen sind wir von gesellschaftlichen Verhaltensmustern bestimmt.[28] Soviel dürfte deutlich sein: Indem wir in unserem Bemühen, authentische Jesusworte in diesem Sinne fruchtbar zu machen, bei Mk 7,15 angesetzt haben, ist ein derartiger Ausgangspunkt bereits von unserer Frage und dem hinter dieser Frage stehenden Vorverständnis abhängig. Indem wir als Theologen der siebziger Jahre das Anliegen der Politischen Theologie hören, es als ein ernsthaft geäußertes weder überhören können noch überhören dürfen – es sei denn, wir kapselten uns schalldicht ab –, sind *wir* es als die von dieser Fragestellung Betroffenen, die nun notwendig danach schauen, ob hier und wo hier das Neue Testament Resonanz geben könnte. Es ist also keineswegs erstaunlich, wenn gerade in der heutigen Zeit unsere Aufmerksamkeit auf die institutionskritischen und somit gesellschaftskritischen Worte Jesu gerichtet sind. Der Fragehorizont der Politischen Theologie ist nun einmal sichtbar geworden, und folglich wäre es geradezu unverständlich, wenn solche Worte unbemerkt blieben.[29] Und es ist auch nicht verwunderlich, wenn vorher, zu einer Zeit, in der im Bewußtsein des kirchlichen Lebens Gesellschaftskritik nicht präsent war, an dieser Stelle niemand aufmerksam werden konnte. Im Magnetfeld einer Thron-und-Altar-Theologie war der Theologe eben derart fixiert, daß er einfach nicht bis zu jenem Ort gelangen konnte, von wo aus die in diesem Kapitel herausgearbeitete Perspektive überhaupt möglich ist. Der Blick war ihm verstellt.

Wenn wir nun in unserer Zeit nach der gesellschaftskritischen Relevanz der Predigt Jesu fragen, so geschieht dies, indem uns

[28] Pol. Th., 57

[29] Man sollte aber auch nicht übersehen, daß im Rahmen der exegetischen Diskussion um die Gesetzesfrage bei Jesus dessen institutionskritische Worte bereits größte Aufmerksamkeit gefunden hatten. Insofern hat die neutestamentliche Forschung in gewisser Weise den Boden für die Politische Theologie bereitet. Dies gilt besonders für die *Bultmann*-Schule. – s. aber »Theologiestudenten 1969«, 114: »Die historisch-kritische Methode ist Ausdruck der Krise bürgerlicher Religion. Die große Illusion etwa der *Bultmann*-Schule besteht aber darin, daß sie meint, sie hätte durch ihre historische Kritik diese Krise wesentlich mitgestaltet.«

diese Fragestellung wiederum gesellschaftlich vermittelt ist. Wir als uns unseres gesellschaftlichen Daseins Bewußte fragen auf diese Weise. Weil wir uns in unserem »Mitsein mit Anderen« verstehen, ist dies das Vorverständnis, von dem aus wir nach der Bedeutsamkeit der Worte Jesu für eben dieses unser »Mitsein mit Anderen« fragen. Indem wir an dieser Stelle unser Vorverständnis reflektieren, wird uns bewußt, warum wir gerade *heute* und warum gerade heute *wir* so fragen. Gesellschaftliche Gegebenheiten sind uns nicht mehr selbstverständlich. Deshalb bringen wir uns selbst mit ins Spiel und sind uns dessen auch bewußt, wenn wir danach Ausschau halten, wo denn auch Jesus institutionelle Gegebenheiten hinterfragt hat. Dabei ist es durchaus möglich, daß wir Jesu Kritik, etwa die soeben bedachte von Mk 7,15, schärfer sehen als er selbst, daß wir sie deutlicher artikulieren, als er es selbst vermocht hätte. Wir tragen dann nicht etwa fremde Gedanken in seine Verkündigung hinein, treiben nicht etwa unverantwortliche Eisegese. Vielmehr explizieren wir nur das von ihm Gesagte in unserem naturgemäß weiter gewordenen Horizont. Gerade diese Horizonterweiterung bzw. Horizontverschmelzung[30] ist es, die *Dilthey* mit Recht sagen ließ: »Das letzte Ziel des hermeneutischen Verfahrens ist es, den Autor besser zu verstehen, als er sich selber verstanden hat.«[31] Es wäre eine elende Sache, wenn wir das, was einer einmal gesagt und verstanden hat, nicht schärfer sagen und nicht besser verstehen könnten — vorausgesetzt, der damalige Horizont ist für uns sichtbar.

Jesus praktizierte also Institutionskritik. Er leugnete damit die göttliche Sanktionierung der betreffenden Institutionen. Nun ist es aber gerade die »antiinstitutionelle Polemik *Bultmanns*«[32], die *Sölle* attackiert. Da bekanntlich Jesus auch nicht in Institutionen dachte, bestehende Institutionen aber, wie wir gesehen haben, kritisch hinterfragte, wäre zu klären, ob der Vorwurf, der gegen *Bultmann* erhoben wird, nicht letztlich *Jesus* selber trifft: Er *baute Institutionen ab, aber nicht auf*. Noch nicht einmal die verfaßte Kirche des Urchristentums kann strukturell auf ihn zurückgeführt werden. So

[30] *Gadamer*, Wahrheit und Methode, 286ff
[31] *Dilthey*, V, 331; vgl ebd 335 [32] Pol. Th., 114

schreibt *Werner Kümmel:* »Für Jesus wirkt die kommende Gottesherrschaft nur in seiner Person und deren Wirken in die Gegenwart voraus, nicht aber in seinem Jüngerkreis oder gar in einer irgendwie abgeschlossenen endzeitlichen Gemeinde. Und daraus folgt, daß der Kirchenbegriff der Urgemeinde keine *direkte* Anknüpfung bei Jesus hat.«[33] Des weiteren baute Jesus Rechtsinstitutionen ab, nicht, um an ihre Stelle neues Recht, sondern um nur jeweils den einzelnen forderndes Ethos zu setzen. Das ius talionis aller alttestamentlichen Gesetzbücher, nämlich jenen Mt 5,38 zitierten Rechtssatz »Auge um Auge, Zahn um Zahn«[34], setzte er außer Kraft, einen Rechtssatz, dessen ursprüngliche Funktion es einmal war, ein Übermaß an Rache zu verhindern und die Bestrafung in angemessener Weise zu reduzieren, m.a.W., dessen Funktion ursprünglich in der Humanisierung des Strafrechts bestand. Wenn er statt dessen verlangt: »Widerstehet dem Bösen nicht!« (Mt 5,39), dann setzt er eben nicht neues Recht. Vielmehr schafft er nahezu Rechtslosigkeit. Die Rechtsinstitution hat der Privatisierung ins bloße Ethos hinein zu weichen!
So richtig diese Feststellung ist, so falsch ist sie, wenn sie isoliert ausgesprochen wird. Denn Jesus ging es nicht um den Abbau von Institutionen aus einer grundsätzlichen Verneinung des Institutionellen heraus. Vielmehr hat Jesus in *diesem* Falle die Rechtsinstitution angegriffen, da sie geeignet ist, einen unendlichen Kreislauf von Reaktionen in Gang zu setzen. Der Mensch muß erkennen, wo es in seiner Macht steht, diese leidige, unheilvolle Kette immer neuer Vergeltungen zu zerreißen. Anders gesagt: Wo Institutionen der Verwirklichung des Ethos der Gottesherrschaft im Wege stehen, da werden sie als abrogiert erklärt. Unsere Aufgabe kann es nun an dieser Stelle nicht sein, die Konsequenz der fünften Antithese der Bergpredigt Mt 5,38f zu durchdenken. Hier ging es lediglich

[33] *W. G. Kümmel*, Kirchenbegriff und Geschichtsbewußtsein in der Urgemeinde und bei Jesus, Göttingen 1968², 42
[34] Ex 21, 23ff: Leben um Leben, Auge um Auge, Zahn um Zahn, Hand um Hand, Fuß um Fuß, Brandmal um Brandmal, Wunde um Wunde, Strieme um Strieme; vgl. Lev 24,18ff; Dt 19,21

darum zu zeigen, daß Jesus nicht absolute, sondern nur *relative Institutionskritik* übte. Und schließlich darf auch nicht übersehen werden, daß Jesus in der Naherwartung lebte, daß er das Ende der Dinge dieser Welt für die nächste Zukunft erwartete, folglich also an den Institutionen dieser Welt wenig interessiert sein konnte. Wenn wir nun in dieser Naherwartung nicht den eigentlichen Inhalt seiner Verkündigung sehen, sondern lediglich den zeitlichen Ausdruck des Überzeugtseins von der existentiellen Nähe Gottes, dann können wir nicht umhin, die Gleichgültigkeit Jesu gegenüber Institutionen als solchen auch als zeitgebundenes Moment seiner Verkündigung zu beurteilen. Heute geht es nicht ohne Institutionen, heute geht es nicht ohne Recht. Dann aber gilt es zu schauen, wie die Grundaussage der Predigt Jesu im Blick auf die von uns erkannte Notwendigkeit von Institutionen durchgehalten werden kann. Diese Aufgabe hat bereits Lukas in Angriff genommen, als er bei der Niederschrift seiner Apostelgeschichte sich jenseits der Epoche der Naherwartung wußte und nun das Verhältnis zum Imperium Romanum neu durchdachte.[35]

Die Grundaussage der Predigt Jesu läßt sich, sehr vereinfacht, so formulieren: Er kündigte die in gewisser Weise in seiner Person schon präsente Gottesherrschaft für die nächste Zukunft an. In dieser Gottesherrschaft sind in der Unmittelbarkeit des Menschen zu Gott dessen radikale Forderung und dessen radikale Begnadigung gegeben, und zwar so, daß Forderung und Begnadigung nicht als isolierte Einzelelemente gesehen werden können. Es ist Gott, der als der Fordernde, und es ist Gott, der als der Begnadende dem Menschen nahe ist. Gott als Fordernder und Begnadender ist einer! Forderung und Begnadigung konkretisieren sich jedoch in der je neuen Begegnung mit dem und mit den Mitmenschen.

Aus einer so verstandenen Verkündigung lassen sich aber keine konkreten Institutionsstrukturen deduzieren. Doch ist das kein Manko! Denn Aufgabe der Theologie ist es ja, um noch einmal mit *Dorothee Sölle* zu sprechen, »die Transzendenzbereitschaft des Menschen, die sich nicht beruhigen läßt und um das Linsengericht des besseren

[35] *E. Haenchen*, Die Apostelgeschichte, Meyer III, Göttingen 1968[15], passim

Funktionierens willen nicht verschachert werden kann«[36], einzubringen. Transzendenzbereitschaft heißt aber nicht, die »Heilsfrage zu privatisieren«. Denn der »Überschuß«[37] der Sinnfrage nach dem Dasein stellt sich doch auch mitten in den drängenden gesellschaftlichen Problemen. Diese gesellschaftlichen Probleme bestimmen ja auch ihrerseits den Sinn des Daseins mit, sie gehen in den Sinn des Daseins ein, ohne daß – bei allem Angewiesensein auf soziologische und psychologische Antworten – dieses Eingehen soziologisch und psychologisch restlos verrechnet werden kann. Wenn es also um diesen »Überschuß« im Blick auf den Sinn des immer schon gesellschaftlich bestimmten Daseins geht, dann dürfen – sicherlich auch nach *Dorothee Sölle* – keinesfalls bestimmte Institutionen als solche, keinesfalls bestimmte Gesellschaftsstrukturen als solche als letztes Ziel angesehen werden. Wer meint, durch das optimale Funktionieren von Institutionen letzte Sinnfragen menschlicher Existenz, gesellschaftlich vermittelter Existenz, beantworten zu können, der verfällt mit Notwendigkeit *kasuistischem* Denken, also gerade jenem Denken, das im Neuen Testament überwunden ist! Der verfällt dem schon genannten Mythos der Machbarkeit. Er hat nicht nur Jesus von Nazareth, sondern auch *Karl Marx* und *Ernst Bloch* gegen sich. Man lese nur den Schlußabsatz in *Bloch*s »Das Prinzip Hoffnung«[38]!

Das aber ist die Chance der Theologie und insonderheit der Politischen Theologie: Ihr obliegt die Frage nach dem Sinn des Menschen und gerade auch des Menschen in seinem »In-der-Welt-sein« als »In-der-Gesellschaft-sein«. Gerade von daher darf es in der Politischen Theologie nicht um die Lösung konkreter soziologischer oder politischer Fragen gehen. In diesem Punkte dürfte *Dorothee Sölle* auch gar nicht so weit von *Bultmann* und sogar von *Schmithals* stehen. Ich stelle nebeneinander:

Dorothee Sölle: »›Politisch‹ hat in der Zusammensetzung mit Theologie nicht die Bedeutung, als solle die Theologie nun ihr Materialobjekt mit dem der Politologie vertauschen; mit genau dem gleichen

36 *Sölle,* Atheistisch an Gott glauben, 89
37 ebd 89 38 Frankfurt 1969 (= 1959) III, 1616ff

Unrecht hat man vor einer Generation der existentialen Theologie einen Themawechsel unterschieben wollen und behauptet, sie spreche ›nur noch‹ vom Menschen. Es handelt sich auch nicht um ein aus dem Glauben zu entwickelndes konkretes politisches Programm oder um eine andere Art social gospel, in dem die Praxis die Theorie einfach verschluckte. Es gibt keine spezifisch christliche Lösung der Weltprobleme, für die eine politische Theologie die Theorie zu entwickeln hätte. Politische Theologie ist vielmehr theologische Hermeneutik, die in Abgrenzung von einer ontologischen oder einer existential interpretierenden Theologie einen Interpretationshorizont offenhält, in dem Politik als der umfassende und entscheidende Raum, in dem die christliche Wahrheit zur Praxis werden soll, verstanden wird.«[39]

Rudolf Bultmann: »Die Kirche . . . hat das Wort Gottes zu verkündigen, aber nicht politische Urteile abzugeben. Ein politisches Urteil in einer konkreten politischen Situation ist nicht das Wort Gottes. Die Theologie hat streng darüber zu wachen, daß keine Vermischung des christlichen Glaubens mit einem politischen Programm eintritt.«[40]

»Natürlich soll der Christ auch im praktischen Leben und somit auch in der Politik als Christ handeln. Aber das kann doch nichts anderes heißen, als daß er sich auch für das politische Leben verantwortlich weiß und in solcher Verantwortlichkeit handelt. Solche Verantwortung kann er nur tragen, wenn er ein möglichst umfassendes Sachverständnis zu gewinnen sucht, eine möglichst weite Orientierung über die vorliegenden politischen Möglichkeiten und die Konsequenzen des Handelns, und dieses in offener Diskussion mit anderen in Kritik wie in Lernbereitschaft. Dazu hat er die Vernunft, um zu einem selbständigen Urteil zu gelangen und seine Entscheidungen zu treffen. Diese Verantwortung haben Theologie und Kirche deutlich zu machen und den Hörern der Predigt einzuschärfen.«[41]

Walter Schmithals: »Die politische Theologie, die sich am Wort des Evangeliums und nicht am Gesetz orientiert, sendet den Christen ohne ein Programm christlicher Aktion dorthin, wo er in dieser Welt lebt und handelt, damit er *dort*, wo seine politischen Entscheidungen

[39] Pol. Th., 75 [40] GuV III, 195 [41] ebd 196

fallen, auch seine Entscheidungen trifft, nämlich trifft nach dem Maß dessen, was dort, wo gehandelt werden muß, empirisch überschaubar, vernünftig einsichtig und praktisch realisierbar ist . . . Kein klerikaler Besserwisser informiert ihn über das, was er zu tun habe, oder vertröstet ihn auf die zu gegebener Zeit erfolgenden Konkretionen (›was nicht ist, kann ja noch werden‹). Keine Kirche schreibt ihm vor, wie er konkret zu handeln habe, auch wenn sie ihm in der Verantwortung politischer Diakonie ggf. Entscheidungshilfen mitteilt. Vielmehr ist der im Glauben Freie an seinen und seiner Mitarbeiter Sachverstand gewiesen, der bei jedem – nicht zuletzt bei den Theologen – beschränkt ist, den aber zugleich jeder an *seinem* Ort in der Welt besitzt.«[42]

Sicherlich sind dies keine exakt konvergierenden Aussagen. Ein gewisses gemeinsames Gefälle läßt sich jedoch nicht leugnen.

[42] *Schmithals,* Jesus Christus in der Verkündigung der Kirche, 140

Nachwort

Eine der Grundaussagen dieser Studie ist es, die *Antithese Individuum – Gesellschaft* als *in sich falsch* herauszustellen. Denn das Sein des Individuums, des einzelnen, ist immer schon »Sein-in-der-Gesellschaft«, ist immer schon, um mit *Heidegger* zu sprechen, »Mitsein mit Anderen«. Die Gesellschaft jedoch ist ihrerseits immer schon dadurch Gesellschaft, daß sie, wenn auch in bestimmten Strukturen, aus einzelnen, aus Individuen, besteht. »Mitsein mit Anderen« ist aber nicht Sache der Einstellung oder des Ethos. Es geht nicht um die Aufforderung: Du sollst dir bewußt sein, daß du mit anderen existierst. »Mitsein mit Anderen« ist eine Seinsaussage, eine ontologische Aussage. Die alte Frage, was eher da war, das Ei oder die Henne, gilt analog für das Verhältnis von Individuum und Gesellschaft.

Nach *Bultmann* bedeutet von Gott sprechen zugleich vom Menschen zu sprechen. Dann aber gilt, daß, *wer von Gott spricht, zugleich vom Menschen als gesellschaftlichem Wesen sprechen muß*. Wer nun theologisch über den Sinn des auch gesellschaftlich vermittelten Daseins reflektiert, wird humanwissenschaftliche Fragestellungen berücksichtigen, er wird aber vor allem das diese Fragestellungen transzendierende Moment thematisieren. Wer jedoch von einem positivistischen Ansatz herkommt, wird gegen diese Betrachtungsweise mit Notwendigkeit den Vorwurf der »Leerformel« erheben; denn für ihn ist jede nicht »objektiv« verifizierbare Aussage sinnleer. Ein Gespräch mit dem Marxismus kann für die evangelische Theologie fruchtbar sein. Um so schwerer ist es für sie, mit dem Positivismus eine gemeinsame Diskussionsbasis zu finden.

Wenn eben gesagt wurde, daß, unter Berücksichtigung humanwissenschaftlicher Fragestellungen, das diese Fragestellungen transzendierende Moment zu thematisieren sei, so ist das nicht im additiven Sinn gemeint, als ob man erst die psychologischen und soziologischen Fragen beantworten könnte und dann erst die Sinnfrage. Vielmehr geht es um jenes schon mehrfach genannte dialektische Zueinander

beider Fragekreise, das dem dialektischen Verhältnis von Vernunft und Glaube entspricht.
Die Diskussion um die Politische Theologie geschieht weitgehend im Magnetfeld *marxistischen* Denkens. Man mag das bedauern, man mag das begrüßen – auf jeden Fall besteht das Faktum, daß sich viele auf marxistisches Denken eingelassen haben, auch, ja gerade Theologiestudenten. Somit bleibt selbst demjenigen Theologen die Auseinandersetzung mit dem Marxismus nicht erspart, der früher noch nicht zur Kenntnis genommen hatte, daß dieser zur Wirkungsgeschichte der Philosophie *Hegel*s zu rechnen ist, darüber hinaus, daß *Marx* nicht nur in die Philosophiegeschichte, sondern auch genuin in die Theologiegeschichte hineingehört.
Weithin hat man nun den Eindruck, daß sich Christentum und Marxismus, grob gesprochen, dahingehend unterscheiden, daß das Christentum bzw. die christlichen Kirchen ein privatisiertes Heil verkündigen, der Marxismus aber den Primat der Gesellschaft vor dem Individuum. Diese Entgegensetzung ist falsch. Schon *Marx* ging es nicht um die Gesellschaft gegen das Individuum. Bezeichnend ist ein Abschnitt aus »Nationalökonomie und Philosophie«: »Allein auch wenn ich *wissenschaftlich* etc. tätig bin, eine Tätigkeit, die ich selber in unmittelbarer Gemeinschaft mit anderen ausführen kann, so bin ich *gesellschaftlich*, weil als *Mensch* tätig. Nicht nur das Material meiner Tätigkeit ist mir – wie selbst die Sprache, in der der Denker tätig ist – als gesellschaftliches Produkt gegeben, mein *eigenes* Dasein *ist* gesellschaftliche Tätigkeit; darum, das was ich aus mir mache, ich aus mir für die Gesellschaft mache und mit dem Bewußtsein meiner als eines gesellschaftlichen Wesens.«[1] Fast meint man, einen Vorboten *Heidegger*s zu vernehmen, wenn es weiter heißt: »Es ist vor allem zu vermeiden, die ›Gesellschaft‹ wieder als Abstraktion dem Individuum gegenüber zu fixieren. Das Individuum *ist* das *gesellschaftliche Wesen*.«[2] *Marx*ens Religionskritik ist nur als Kampf um den Menschen in seiner Freiheit und »Wesenhaftigkeit« zu verstehen.[3] Sein Mißverständnis besteht darin, daß er eine Karikatur

[1] *Landshut*, 238; Hervorhebungen von *Marx*
[2] ebd 238; Hervorhebungen von *Marx*
[3] ebd 248; *Bloch*, Das Prinzip Hoffnung, III, 1607

des Christentums, in der das Heil jenseitig privatisiert ist, für das wirkliche Christentum gehalten hat.
Zitieren wir noch den polnischen Marxisten *Adam Schaff*: »Es zeigte sich, daß man auch im Sozialismus unglücklich sein konnte, jedenfalls aber, daß der Sozialismus niemandem persönliches Glück garantieren kann, selbst wenn er imstande wäre, die Ursachen des Unglücks der Massen endgültig zu überwinden. Es zeigte sich, daß auch im Sozialismus Menschen sterben, und daß dies das größte Problem ist, das auch die Philosophie nicht zu lösen vermag. Daß die Frage nach dem Sinn des Lebens auch im Sozialismus ihren Sinn hat. Daß auch im Sozialismus das Problem der Freiheit die Menschen bewegt, und sogar, daß auch der Sozialismus hier manchmal einen Kummer bereiten kann, der sich auch mit den schönsten Worten nicht ›wegreden‹ läßt. Daß auch im Sozialismus die Menschen über das persönliche Glück nachdenken.«[4] »Als Gesellschaftsordnung der postulierten vollen Blüte der menschlichen Persönlichkeit ist der Sozialismus ex definitione eine Gesellschaftsordnung der wahren und vollen Entfaltung der Individualität jedes Einzelmenschen. Das verhinderte jedoch nicht, daß sich in der Praxis antiindividualistische Tendenzen mehrten, nicht nur im Sinne einer Ablehnung des psychischen Erbes des Kapitalismus, sondern auch im verfehlten Sinn der Negation des Rechtes auf Individualität, einer Negation, die einen realen Nährboden und den Stoff der Utopien à la Orwell schuf. Das hatte nichts mit Marxismus gemein, dafür hatte es etwas gemein mit dem Antiintelligenzler-Geist, der so lange spuken wird, als es noch Generationen mit Animosität gegen die Intelligenz geben wird, einer Animosität, die charakteristisch ist für die Arbeiterklasse im kapitalistischen System, insbesondere in schwach entwickelten Ländern. Dieser Antiindividualismus ist ein Element, das die Entwicklung der sozialistischen Gesellschaft hemmt durch die Einwirkung von Ressentiments, die aus dem alten System herrühren.«[5]
Die Formel »Gesellschaft statt Individuum« gibt also ein Zerrbild

[4] *A. Schaff*, Marxismus und das menschliche Individuum, rde 332, 138
[5] ebd 142

des Marxismus wieder wie die Formel »Individuum statt Gesellschaft« ein Zerrbild der biblischen Botschaft!

Daß *Bultmann* kein von der Gesellschaft isoliertes Individuum konzipiert, wurde zu zeigen versucht. Es ist von der Wurzel her falsch, wenn zB *Christian Link* vom »isolierte(n) ›pro me‹ der Existenztheologie«[6] spricht. Während *Dorothee Sölle Bultmann* tadelt, daß er mit Paulus die Vorstellung vom Heil am Individuum orientiert sehe[7], erklärt *Bultmann* eindeutig: »Die Anschauung des Paulus beruht darauf, daß er *den Menschen nicht als isoliertes Individuum sieht*, das sich in der Verfügung hat, das – im griechischen Sinne – jeweils für sich neu anfangen und sich zu einem Kunstbild ausbilden kann. Für Paulus *steht der Mensch von vornherein und immer in einem geschichtlichen Zusammenhang*, aus dem er in sein Jetzt kommt, und durch den er bestimmt ist.«[8] Ausdrücklich wendet er sich gegen ein »individualistisches Daseinsverständnis«.[9]

Treffen also Marxismus und evangelische Theologie in der Zusammenschau von Individuum und Gesellschaft zusammen, ja, gehen sie sogar darin überein, daß sie bloße Vorhandenheit als ungenügend betrachten und deshalb Transzendenz, wenn auch sehr unterschiedlich verstanden, anstreben, so bleibt doch die entscheidende Frage, ob es sich bei diesem unterschiedlichen Verständnis von Transzendenz um eine graduelle oder eine wesentliche Differenz handelt. *Dorothee Sölle* wird hier sicherlich anders urteilen als ich.

Diejenige Frage, auf die es in diesen Überlegungen in besonderer Weise ankam, war: Hat eine *existentiale Interpretation authentischer Jesusworte* eine im eigentlichen Sinne theologische Relevanz? Diese Frage wurde hier eindeutig bejaht. Dabei steht diese Antwort zwischen den Positionen von *Rudolf Bultmann* und *Dorothee Sölle*. Jener vertritt die existentiale Interpretation – hat er sie doch ins theologische Denken eingeführt! – wehrt sich aber dagegen, in der existentialen Interpretation authentischer Jesusworte den Ausdruck

[6] *C. Link*, Theologische Perspektiven nach *Marx* und *Freud*, Stuttgart 1971, 40

[7] Pol. Th., 56

[8] GuV I, 168; Hervorhebungen von *Bultmann*

[9] ebd 158 Anm. 2 von S. 157

neutestamentlicher Heilsansage zu sehen. Diese sieht in der existentialen Interpretation *Bultmann*scher Prägung eine unzulässige individualistische Verengung, will aber in ihrem hermeneutischen Grundansatz auf den historischen Jesus nicht verzichten.[10]

Bultmann hat keine hermeneutisch befriedigende Antwort geben können, warum er den historischen Jesus so abwertet. *Sölle* dagegen hat *Bultmann*s existentiale Interpretation mißverstanden. M. E. ist eine existentiale Interpretation der authentischen Jesusworte, besonders der institutionskritischen Worte, in der Lage, auf entscheidende Fragen der Politischen Theologie zu antworten. Gerade in diesen institutionskritischen Worten zeigt sich die Kraft der Verkündigung Jesu. Nicht nur 1 Ko 7,29ff sagt »Entweltlichung« aus. Auch in den institutionskritischen Worten Jesu kommt eine derartige dialektische Distanz zur reinen Vorfindlichkeit zum Ausdruck. Von daher mag sich eine Politische Theologie in je neuer Situation als kritisches Moment gegenüber jeder Versteinerung inhuman gewordener Institutionen erweisen. Gerade dadurch, daß die Theologie die Kirche davor bewahrt, sich mit den Institutionen dieser »Welt« zu identifizieren, erfüllt sie eine ihrer entscheidenden Aufgaben.[11] Nicht etwa, weil diese Institutionen in sich böse sind! Geht es doch gerade darum, daß Theologie und Kirche durch ihre kritische Distanz das Beste auch der Institutionen wollen und so im Dienste der mit ihnen befaßten Menschen stehen. Daß dadurch auch immer wieder Konfliktsituationen hervorgerufen werden, liegt in der Natur der Sache. Es gibt eben auch eine »Welt«, die auf »Entweltlichung« allergisch reagiert. Die »Welt« Jesu tat es. Seine Kritik war in ihren Augen

[10] Auf die Unschärfe des Pol. Th., 82, Gesagten sei hier nur kurz aufmerksam gemacht: Die »Tendenz« von Jesu Verhalten kann man doch nur erkennen, wenn man zuvor »die dem Historiker erkennbaren Worte und Taten« Jesu erkannt hat!

[11] Der Utopismus unserer Zeit läßt sich so beschreiben: Man will die Strukturen der Gesellschaft so sehr verbessern, daß sie nicht mehr dekadent werden kann. Aber gerade vor einer solchen Unmöglichkeit muß eine neutestamentliche Theologie mit ihrer Forderung der kritischen Distanz warnen. Der Schritt von der Perpetuierung bestimmter Staatsstrukturen zur heute üblichen Unterscheidung von Staat und Gesellschaft (Pol. Th., 58f) ist nur ein erster Schritt dahin.

zu frivol, zu rücksichtslos. Sie sah sich gegen ihren Willen hinterfragt. Und das verunsicherte ihre Selbstsicherheit. Auf die Kritik Jesu im Namen Gottes antwortete sie mit ihrer Krisis, mit ihrem Gericht. Wer hinterfragt, muß sterben! *Heinrich Heine*, unter dessen »frivoler Hülle ein ungebrochener religiöser Instinkt« lebendig war[12], hat dem in unvergleichlicher Weise Ausdruck verliehen:

Sie haben dir übel mitgespielt,
Die Herren vom Hohen Rate.
Wer hieß dich auch reden so rücksichtslos
Von der Kirche und vom Staate!

Ach, hättest du nur einen andern Text
Zu deiner Bergpredigt genommen,
Besaßest ja Geist und Talent genug,
Und konntest schonen die Frommen!

Geldwechsler, Bankiers hast du sogar
Mit der Peitsche gejagt aus dem Tempel —
Unglücklicher Schwärmer, jetzt hängst du am Kreuz
Als warnendes Exempel!

(Deutschland,
Ein Wintermärchen,
aus Caput 13)

[12] *M. Greiner*, Art. *Heinrich Heine*, RGG[3] III, 201

Zitierte Literatur

Apel, K.-O., Szientistik, Hermeneutik, Ideologiekritik, Entwurf einer Wissenschaftslehre in erkenntnisanthropologischer Sicht = Hermeneutik und Ideologiekritik, 7ff

Barth, K., Die Kirchliche Dogmatik IV/1, Die Lehre von der Versöhnung, 1. Teil, Zürich 1960

Betti, E., Die Hermeneutik als allgemeine Methodik der Geisteswissenschaften, Philosophie und Geschichte 78/79, Tübingen 1972²

Bloch, E., Das Prinzip Hoffnung, 3 Bd., Frankfurt 1969 (= 1959)

– Atheismus im Christentum, Frankfurt 1968

Bonhoeffer, D., Widerstand und Ergebung, München 1954

Braun, H., Spätjüdisch-häretischer und frühchristlicher Radikalismus, 2 Bd., Tübingen 1969² = BZhTh 14

Bultmann, R., Jesus, Tübingen 1961 (= 1926)

– Glauben und Verstehen, 4 Bände, Tübingen 1933ff (zietiert: GuV)

– Die liberale Theologie und die jüngste theologische Bewegung = GuV I, 1ff

– Welchen Sinn hat es, von Gott zu reden? = GuV I, 26ff

– Zur Frage der Christologie = GuV I, 85ff

– Die Bedeutung der »dialektischen Theologie« für die neutestamentliche Wissenschaft = GuV I, 114ff

– Kirche und Lehre im Neuen Testament = GuV I, 153ff

– Die Bedeutung des geschichtlichen Jesus für die Theologie des Paulus = GuV I, 188ff

– Das christliche Gebot der Nächstenliebe = GuV I, 229ff

– Die Christologie des Neuen Testaments = GuV I, 245ff

– Der Begriff des Wortes Gottes im Neuen Testament = GuV I, 268ff

– Das Problem der Hermeneutik = GuV II, 211ff

– In eigener Sache = GuV III, 178ff

– Der Gottesgedanke und der moderne Mensch = GuV IV, 113ff

– Zum Problem der Entmythologisierung = GuV IV, 128ff

– Jesus Christus und die Mythologie = GuV IV, 141ff

– Antwort an Ernst Käsemann = GuV IV, 190ff
– Neues Testament und Mythologie = KuM I, 15ff
– Zum Problem der Entmythologisierung = KuM II, 179ff
– Das Verhältnis der urchristlichen Christusbotschaft zum historischen Jesus, Sitzungsberichte der Heidelberger Akademie der Wissenschaften, Phil.-historische Klasse, Jg. 1960, 3. Abhandlung
– Geschichte und Eschatologie, Tübingen 1964[2]
– Die Geschichte der synoptischen Tradition, Göttingen 1966[5] = FRLANT NF 12 (zitiert: Trad.)
– Theologie des Neuen Testaments, Tübingen 1968[6] (zitiert: Theol.)
– Die protestantische Theologie und der Atheismus, ZThK 68 (1971), 376ff

Caracciolo, A., Entmythologisierung und zeitgenössisches Denken = KuM VI/1, 201ff

Colpe, C., Die religionsgeschichtliche Schule, Darstellung und Kritik ihres Bildes vom gnostischen Erlösermythos, Göttingen 1961

Conzelmann, H., Grundriß der Theologie des Neuen Testaments, München 1967

Dilthey, W., Gesammelte Schriften, V. Band, Göttingen 1968[5]

Diskussion zur »politischen Theologie«, Hg. *H. Peukert*, Mainz/München 1969

Ebeling, G., Theologie und Verkündigung, Ein Gespräch mit Rudolf Bultmann, Tübingen 1963[2] = HUzTh 1

Elert, W., Das christliche Ethos, Hamburg 1961[2]

Elliger, K., Leviticus, HAT I, 4, Tübingen 1966

Fahrenbach, H., Selbstverständnis als hermeneutisches Prinzip der »existentialen Interpretation« = KuM VI/1, 87ff

Freud, S., Studienausgabe, Bd. 1 u. 6, Frankfurt 1969/1971

Fuchs, E., Zur Frage nach dem historischen Jesus (Aufs. 2. Band), Tübingen 1965[2]

Gadamer, H.-G., Wahrheit und Methode, Grundzüge einer philosophischen Hermeneutik, Tübingen 1965[2]

Gogarten, F., Entmythologisierung und Kirche, Stuttgart, o. J., 3. Aufl.

Gollwitzer, H., Von der Stellvertretung Gottes, Christlicher Glaube in der Erfahrung der Verborgenheit Gottes, Zum Gespräch mit Dorothee Sölle, München 1968
Greiner, M., Art. Heinrich Heine, RGG[3] III, 200f
Habermas, J., Theorie und Praxis, Politica Bd. 2, Frankfurt 1963
– Erkenntnis und Interesse, Frankfurt 1968
Haenchen, E., Die Apostelgeschichte, Meyer III, Göttingen 1968[15]
– Gott und Mensch, Gesammelte Aufsätze, Tübingen 1965
Haendler, O., Art. Angst, RGG[3]I, 385f
Hegel, G. W. F., Theorie-Werkausgabe, Bd. 10 u. 12, Frankfurt 1970
Heidegger, M., Sein und Zeit, Tübingen 1960[9] (zitiert: SuZ)
– Holzwege, Frankfurt 1963[4]
– Die Zeit des Weltbilds = Holzwege, 69ff
– Über den Humanismus, Frankfurt, o. J.
Hermeneutik und Ideologiekritik, Hg. *J. Habermas* u. a., Frankfurt 1971
Historisches Wörterbuch der Philosophie, Hg. *J. Ritter* (ehemals *R. Eisler*), Darmstadt 1971ff
Honecker, M., Weltliches Handeln unter der Herrschaft Christi, Zur Interpretation von Barmen II, ZThK 69 (1971), 72ff
Hübner, H., Das Gesetz in der synoptischen Tradition, Studien zur These einer progressiven Qumranisierung und Judaisierung innerhalb der synoptischen Tradition, Witten 1973
Jeremias, J., Abba, Studien zur neutestamentlichen Theologie und Zeitgeschichte, Göttingen 1966
Käsemann, E., Exegetische Versuche und Besinnungen I u. II, Göttingen 1960[2]/1964 (zitiert: EVB)
– Das Problem des historischen Jesus = EVB I, 187ff
– Sackgassen im Streit um den historischen Jesus = EVB II, 31ff
Kamlah, W., Christentum und Selbstbehauptung, Frankfurt 1940
– Christentum und Geschichtlichkeit, Frankfurt 1951
– Der Mensch in der Profanität, Frankfurt 1951
Kant, I., Theorie-Werkausgabe, Bd. 8, Frankfurt 1956
Kerygma und Mythos I, Hg. *H.-W. Bartsch*, Hamburg 1960[4] = Theologische Forschung 1

Kerygma und Mythos II, Hg. *H.-W. Bartsch*, Hamburg 1952 = Theologische Forschung 2

Kerygma und Mythos VI/1, Entmythologisierung und existentiale Interpretation, Hg. *H. W. Bartsch*, Hamburg 1963 = Theologische Forschung 30

Kierkegaard, S., Gesammelte Werke, 11./12. Abt., Düsseldorf 1965[3]

Kümmel, W. G., Verheißung und Erfüllung, Untersuchungen zur eschatologischen Verkündigung Jesu, Zürich 1956[3] = AThANT 6

– Kirchenbegriff und Geschichtsbewußtsein in der Urgemeinde und bei Jesus, Göttingen 1968[2]

Künneth, W., Glauben an Jesus?, Die Begegnung der Christologie mit der modernen Existenz, Hamburg 1963[2]

Kurnitzky, H., Chollima Korea: Ein Besuch im Jahre 23, Kursbuch 30, Dezember 1972

Lexikon der Psychologie, 3 Bd., Hg. *W. Arnold* u. a., Freiburg / Basel / Wien 1971/72

Link, Ch., Theologische Perspektiven nach Marx und Freud, Stuttgart 1971

Lohse, B., Thomas Müntzer in marxistischer Sicht, Zeitschrift der Luthergesellschaft, 1972, 60ff

Lorenzmeier, Th., Exegese und Hermeneutik, Eine vergleichende Darstellung der Theologie Rudolf Bultmanns, Herbert Brauns und Gerhard Ebelings, Hamburg 1968

Marx, K., Die Frühschriften, Hg. *S. Landshut*, Stuttgart 1968

Metz, J. B., Zur Theologie der Welt, Mainz/München 1968

– »Politische Theologie« in der Diskussion = Diskussion zur »politischen Theologie«

Michel, O., Der Brief an die Römer, Meyer IV, Göttingen 1957[11]

Moltmann, J., Theologie der Hoffnung, Untersuchungen zur Begründung und zu den Konsequenzen einer christlichen Eschatologie, München 1966 = BzeTh 38

– Existenzgeschichte und Weltgeschichte. Auf dem Wege zu einer politischen Hermeneutik des Evangeliums, EvKom 1 (1968), 13ff

Montefiore, C. G., The Synoptic Gospels, Vol. I, London 1927[2]

Nipperdey, Th., Die Reformation als Problem der marxistischen Geschichtswissenschaft = Wissenschaft in kommunistischen Ländern, 228ff

Otto, G., Wider den »Mythos« der Verkündigung, Theologia Practica 4 (1972), 316ff

Pannenberg, W., Hermeneutik und Universalgeschichte, ZThK 60 (1963), 90ff

Rendtorff, R., Art. Rein und Unrein, II. Im AT, RGG[3] V, 942ff

Ricoeur, P., Hermeneutik der Symbole und philosophisches Denken = KuM VI/1, 44ff

Ritz, E., Art. Entfremdung, in: Historisches Wörterbuch der Philosophie II, 509ff

Robinson, J. M., Kerygma und historischer Jesus, Zürich/Stuttgart 1967[2]

Röttgers, K., Art. Entäußerung, in: Historisches Wörterbuch der Philosophie II, 504ffb

Schaff, A., Marxismus und das menschliche Individuum, rde 332

Schmithals, W., Die Gnosis in Korinth, Eine Untersuchung zu den Korintherbriefen, Göttingen 1969[3]

– Jesus Christus in der Verkündigung der Kirche, Aktuelle Beiträge zum notwendigen Streit um Jesus, Neukirchen 1972

Schweitzer, A., Geschichte der Leben-Jesu-Forschung, Siebenstern-Taschenbuch 77–80

Sölle, D., Atheistisch an Gott glauben, Beiträge zur Theologie, Olten/Freiburg 1970[4]

– Atheistisch an Gott glauben? = Atheistisch an Gott glauben, 77ff

– Politische Theologie, Auseinandersetzung mit Rudolf Bultmann, Stuttgart 1971 (zitiert: Pol. Th.)

– Stellvertretung, Ein Kapitel nach dem »Tode Gottes«, Stutt-
– gart 1967[4]

Stauffer, E., Die Botschaft Jesu damals und heute, Dalp-Taschenbuch 333

Theologiestudenten 1969, Dokumente einer revolutionären Generation, Stuttgart 1969

Wallner, E., Soziologie, Einführung in Grundbegriffe und Probleme, Heidelberg 1972[2]
Wilson, R. M., Gnosis und Neues Testament, Urban-Taschenbuch 118
Wissenschaft in kommunistischen Ländern, Hg. *D. Geyer*, 1967
Wolpe, J., Art. Angst, in: Lexikon der Psychologie I, 103ff

Personenregister